中国近百年政治史

李剑农 著

中华书局

图书在版编目(CIP)数据

中国近百年政治史/李剑农著. —北京:中华书局,2019.4
(2024.12重印)
(国民阅读经典)
ISBN 978-7-101-13790-3

Ⅰ.中… Ⅱ.李… Ⅲ.政治制度史-中国-近现代 Ⅳ.D69

中国版本图书馆 CIP 数据核字(2019)第 039498 号

书　　名	中国近百年政治史
著　　者	李剑农
丛 书 名	国民阅读经典
策划编辑	徐卫东
责任编辑	李洪超
装帧设计	毛　淳
责任印制	管　斌
出版发行	中华书局
	(北京市丰台区太平桥西里 38 号　100073)
	http://www.zhbc.com.cn
	E-mail:zhbc@zhbc.com.cn
印　　刷	三河市鑫金马印装有限公司
版　　次	2019 年 4 月第 1 版
	2024 年 12 月第 5 次印刷
规　　格	开本/880×1230 毫米　1/32
	印张 21⅜　插页 2　字数 460 千字
印　　数	15001-16500 册
国际书号	ISBN 978-7-101-13790-3
定　　价	55.00 元

出版说明

在二十一世纪的当代中国，国民的阅读生活中最迫切的事情是什么？我们的回答是：阅读经典！

在承担着国民基础知识体系构建的中国基础教育被功利和应试扭曲了的今天，我们要阅读经典；当数字化、网络化带来的"信息爆炸"占领人们的头脑、占用人们的时间时，我们要阅读经典；当中华民族迈向和平崛起、民族复兴的伟大征程时，我们更要阅读经典。

经典是我们知识体系的根基，是精神世界的家园，是走向未来的起点。这就是我们编选这套《国民阅读经典》丛书的缘起，也因此决定了这套丛书的几个特点：

首先，入选的经典是指古今中外人文社科领域的名著。世界的眼光、历史的观点和中国的根基，是我们编选这套丛书的三个基本的立足点。

第二，入选的经典，不是指某时某地某一专业领域之内的重要著作，而是指历经岁月的淘洗、汇聚人类最重要的精神创造和知识积累的基础名著，都是人人应读、必读和常读的名著。

第三，入选的经典，我们坚持优中选优的原则，尽量选择最好的版本，选择最好的注本或译本。

我们真诚地希望，这套经典丛书能够进入你的生活，相伴你的左右。

中华书局编辑部
二〇一八年五月

写在前面

　　李剑农（1880—1963），生于湖南省邵阳县滩头镇（今属隆回县）。早年入湖南中路师范学堂（后改为湖南第一师范学校）史地科学习，1906年加入中国同盟会，1910年赴日学习。武昌起义爆发后，弃学回国，参加革命活动。1913年因反对袁世凯独裁，遭通缉，赴英留学。1916年夏回国后，曾任上海《中华新报》编辑、汉口明德大学教授、《太平洋》杂志编辑部主任、湖南省务院院长兼教育司长，后受聘于武汉大学、国立师范学院、湖南大学，任教授。1950年后，曾任湖南军政委员会顾问。主要研究领域为中国近代政治史和中国古代经济史，著有《中国近百年政治史》、《中国经济史讲稿》、《政治学概论》等。

　　1930年，李剑农出版《最近三十年中国政治史》。后因教学需要，将鸦片战争到中日甲午战争这段历史补写了三章，更名为《中国近百年政治史》，1942年由位于蓝田的国立师范学院史地学会印行。1943年又交蓝田书报合作社印刷发行。

本书内容，起自鸦片战争，止于北伐战争，将近百年来中国的政治变化分为三大段落：从鸦片战争到甲午战争，为第一个段落；从戊戌变法到辛亥革命，为第二个段落；从民国成立到北伐战争，为第三个段落。作者不仅详细阐述了近百年中国政治演进的过程及影响，而且从思想文化的角度，进行了深层次的解读与审视。称得上一部真正的中国近代政治通史。

后来本书又有多个版本。1946年蓝田启明书局出版线装四册本；1947年商务印书馆印制平装本，分上下两册，1948年再版。台湾商务印书馆曾于1963年刊行该书，后又于1992年再版。1956年由美籍学者邓嗣禹和J. Ingalls编译成英文版，由D. Van Nostrand公司出版，后在美国、印度多次再版。近些年，复旦大学出版社、武汉大学出版社、湖南教育出版社等先后再版。2011年，商务印书馆将其列入"中华现代学术名著丛书"，重新出版。

值得一提的是，1943年印行时作者在"卷头语"后，紧接着有一小段"再版补充语"："去岁由史地学会印行之本，字迹既甚模糊，讹误之字又多，谬蒙读者垂爱，甚感惭愧。兹以各处尚有来函索者，而史地学会已无存书，蓝田书报合作社愿意再承印，遂复付梓。讹误之字虽勉为校正，但恐尚不能免，乞读者垂谅。民国三十二年二月著者附识"但此后印行的各种版本，均没有这段"附识"。

本次出版，我们以1948年商务印书馆本为基础，除纠正讹误及作了一些技术处理外，其他则一仍其旧，字词用法亦保留作者的习惯；个别地方参考了商务印书馆2011年本，谨致谢意。

目录

Zhongguo Jinbainian Zhengzhishi

卷头语

　　十余年前，予曾述《最近三十年中国政治史》，起戊戌变法，至民国十五年国民革命军出师北伐时止。脱稿后，适承乏国立武汉大学中国近代政治史讲席，即用前书为同学参考之资。惟讲授课程，以近百年为范围，因复从鸦片战争时起至甲午战争时止，草草编制讲稿三章，略与前述三十年史相衔接。但讲授时，资料之搜集考证既欠周密，编制亦甚不善，舛误尤属难免，除由学校印发受课之同学外，不敢刊行问世。近复承乏国立师范学院中国近代政治史讲席，史地系同学以参考书不易购得，请将前编之讲稿及《三十年政治史》合印为一，名曰《中国近百年政治史》，暂应急需。予不能却，遂许由本院史地学会印行。然误谬之处自不能免，尚乞读者进而教正之为幸。

民国三十一年五月　李剑农识

导　论

一　百年前的世界趋势

我们要知道近百年内中国政治上发生大变化的由来，非将百年前世界的新趋势，和中国内部的情形，作一度简略的比较观察不可。因为一切历史事变，都是难于斩然截断的。但此处所谓百年前，我们不能追溯得太远，只能从一八四〇年追溯到一七四〇年顷，约当中国的乾隆、嘉庆两代。这个时期，在中国是清朝的最盛时期（但已有衰兆），在西方是政治经济思想及国际情势发生极大变化的时期。

最重要的推动力，是英国的瓦特（Watt）所发明的蒸汽机。瓦特生于一七三八年，殁于一八一九年。蒸汽机的发明，在一七六四年，初应用于矿山的吸水器，渐至应用于各工厂，到一八〇七年，美国的福尔敦（Fulton）更应用它创造蒸汽船。在瓦特发明蒸汽机以后约数年，即一七六八年，英国还有一个发明纺织机的阿克莱特

（Arkwright）开始创设纺织公司。这是所谓工商业革命的开始。

就政治思想方面说，此时期中，法国有三大名人：一个是孟德斯鸠（一六八九——一七五五年），研究各种政制，发表所谓《法意》的名著；一个是福禄特尔（一六九四——一七七八年），发表许多文学作品，攻击贵族、僧侣等上流社会；一个是卢梭（一七一二——一七七八年），发表有名的《民约论》：这都是促起政治社会产生变化的推动力。就经济思想上说，在英国有一亚丹·斯密（一七二三——一七九○年）发表所谓《原富》的名著，成为近代经济学的鼻祖；在法国有一个圭斯尼（Quesnay，一六九四——一七七四年），为重农学派的倡导者：这都是鼓吹经济上自由主义的。有了这些经济上及思想上不断的新发展，于是西方的政治、经济、社会，都不能维持原来的形势，并且变动的波澜，将由西方而及于全世界。

再就此时代西方的国际形势，及政治实际上的变动观察。自东西航路发见后，殖民地的争夺，已遍于东西两半球。十七世纪西班牙在海外的优越势力到了十八世纪，渐渐地移于英国。（十七世纪新世界殖民事业，西班牙领地最大，法兰西、葡萄牙次之，英吉利最小。）十八世纪的初期，欧洲各国的政治，法国已完成强固的中央集权，英国且由君主的中央集权进于国会内阁政治，其他各国的政治组织，散漫微弱，远不及英法。在欧洲本部的政争，英与法常处于敌对的地位，因此在海外殖民地的争夺，英法两国也常常彼此对抗。当十八世纪的中期，英法两国在东半球的印度和西半球的美洲都有剧烈的战争。两国在印度的势力，起初本不相下，印度人并且多倾向法国的方面；一七四一年后，英法在欧洲因为奥国皇位继承问题发生战争，于是两国在印度也开始争夺；从一七四三年起，连年战争不断，到一七五六年，欧洲又发生所谓"七年战争"，英法又成劲敌，两国在印度的争夺更凶；结果英以东印度公司社员克莱夫的奋斗，卒于一七六〇年将法国在印度的势力摧毁，从此印度成为英国的囊中物。到一七八四年，由英政府发布条例，将监督权由东印度公司移归政府，树立英国雄飞于东方的基础。英法两国在北美洲的势力，当十八世纪的初期也是法国优于英国；两国在北美洲的争夺，约与在印度的争夺同时；最烈的战争，也是在欧洲"七年战争"时。一七五九年，英国攻陷魁北克，次年遂占领加拿大，于是英国在北美洲也独据优势。

自英法两国殖民地争夺的胜负决定后，于是更要发生世界的大政变了：一为英国殖民地北美十三州的独立，一为法国的大革命。英国的热心争夺殖民地，起初是想由母国垄断殖民地的利益，北美的殖民就有些不平；自经累年的对外战争以来，国库的负担增加，因于一七六五年课税于北美殖民地；殖民地以在国会无发言权，坚不承认；英政府想用兵力强制；到一七七五年，十三州就联合树起独立的旗帜来了。独立的战争自一七七五至一七八三共经八年。欧洲大陆各国，都有点嫉视英国海上的势力（尤其是法国），对于独立军予以种种援助，英政府卒归失败；到一七八七年，十三州制定了一种联邦新宪法，正式成立一个联邦共和国，开近代民主共和国的先声。北美联邦共和国成立后仅二年（一七八九年），法国的大革命发生了。法国也因为在不断的战争中，国库弄得很空虚，又加以王室和贵族的奢侈滥费，弄得财政没有方法整理；社会上的人士受了福禄特尔、卢梭一辈人学说的熏染，加以北美独立战争的刺激，于是以召集三级全体议会为导线，引出大革命的活剧；到一七九二年，由国民公会将国王路易十六处以死刑，宣布法国为共和国；再经过几年的混乱，政权落入拿破仑第一之手，到一八〇四年，拿破仑称帝了。当法国革命初起时，欧洲各国的君主贵族政府，群起恐慌，想用兵力来扑灭法国的革命势力，但是完全失败；及拿破仑专政，一手举自由旗，一手提指挥刀，横行全欧，把欧洲大陆的封建残余尸骸踏入泥涂；除了极北的俄国和隔离于海上的英国外，大都皆被拿破仑所慑服。一八一二年，拿破仑由俄败归，兵力衰退，英、俄、普、奥各国，乘势合力攻法，始于一八一四——一八一五两年，把拿破仑打败，将他流放于圣希列拉岛；由维也纳会议恢复欧洲的和平秩序。

一八一五年后，欧洲的和平秩序虽然恢复了，法国也再由拿破仑的帝政反于包本王统的王政了，算是反动势力的伸张时期；但是法国的王政，已非从前的王政，路易第十八须用宪法来敷衍国民；其他各国的国民，虽然连一纸宪法都不曾取得，但是自由民权的思想，已潜伏在各国人民的脑识里，不能拔除了。到了一八三〇年，法国又发生所谓"七月革命"，更换了一个新王统，由包本王家的支裔俄连公爵路易·菲立普取查尔十世而代之。这次革命的意义，就是以新兴工商业的中流阶级势力，战胜反动的贵族、僧侣传统势力。法国的"七月革命"，对于欧洲其他各国，虽未发生绝大的波动，但也多少受了一点影响；其中受影响而发生最良好的结果的，要算是英国一八三二年国会改革案的成立（即中国道光十二年，鸦片问题将要发生了）。英国的政治，在一八三二年以前，虽已成为国会的内阁政治，但国会为旧贵族、地主的优越势力所宰制；经一八三二年的改革后，新兴工商业的中流阶级势力，始得及于国会。自此，英国的国会内阁政治，比从前的精神更不相同，向外发展的力量，比从前更形充实，欧洲大陆各国的国民隔岸羡慕，有望尘莫及之感。但是有了那种蒸汽机和其他思想学术上不断的新发展作推进器，民权自由的势力，不久也要弥漫全欧，终非那神圣同盟的力量所能遏止。

上面所述是百年前世界新趋势的大概。

二 百年前中国内部的情形

中国在十八世纪，是清政府文治武功极盛的时代。（乾隆帝即位于一七三六年，禅位于一七九六年，他在位的时期，正值英法争雄于欧陆和印度、北美殖民地；北美联邦共和国的成立，也是当他在位的后期；法国的大革命，起于他在位的末期。嘉庆帝时代，则为拿破仑第一称雄时代。蒸汽机的发明，在乾隆二十九年，到了嘉庆十二年，已应用它造成汽船了。）就中国的学术思想说，此时也算是放了一点光彩。清代最有名的汉学中坚人物，所谓戴、段、二王（戴震、段玉裁、王念孙及其子引之），皆会萃于此时。（戴为乾隆时举人，曾任四库全书馆纂修；段为戴之弟子，亦乾隆时进士；王念孙为乾隆时进士；引之则嘉庆时进士也。）他们治学的方法，也是一种极有科学精神的方法；可惜他们的科学精神，全用在故纸堆中，他们的工作还只能比于欧洲文艺复兴时代的工作，对于中国当时的政治及社会生活，未能发生若何的影响。其中第一个重要人物戴震，算是很能注意于实用方面（戴氏曾著有《勾股割圜记》等书），但终为旧时代所谓"王政"的观念所拘，未能突入近代自然科学的核心；戴氏的哲学理论，也很与西方边沁派的功用主义相接近，但当时一般人多只注意他的考证，罕有人注意他的哲学上的理论的；因此盛极一时的所谓汉学，全没有与西方同时代新文化潮流相抵抗的效能。（咸同时代，中国人且有"天下不乱于长发贼而乱于汉学"的诬说。平心而论，谓天下乱于汉学固属诬说，谓汉学没有抵抗西方文化潮流的能力则属事实。）并且在乾隆奖励学术的用心，与其说是启道民智，毋宁说是想把优秀人士的聪明才力锢蔽于故纸堆中，帝开四库全书馆，与明太祖用八股文来锢蔽民智，差不多是同样的手段。他一面开四库全书馆，一面颁布禁书令，凡明末清初有关于满汉民族消长的著述，皆称为逆书，一律销毁；由乾隆三十九年至四十六年，销毁所谓逆书凡二十四次，被销毁之书达五百三十八种，共一万三千八百六十二部；犹恐未能禁绝，到五十三年尚严谕陆续搜禁。乾隆五十八年（即一七九三年），英国派来中国的特使马甘尼（Macartney）归述所见，说中国的科学知识远不如他国；说招待他的赵大人，看见他从衣袋中取小盒自来火擦之而燃，大为惊异；说他在热河与各大臣会见时，于欧洲各种发明物中特述氢气球一事，劝中国备置一球于北京，并劝中国宜聘用西方各种专门技师，传授各项专门学术，各大臣皆不注意他的劝告；说乾隆帝虽意气盛旺，自负心极强，诸事不欲落人后，但实际所见不远，还不及康熙帝的通达，只知道防止汉民族的活动，不知启导民智。我们看马甘尼所述，便知道当清代文教极盛的朝廷已为西方人所轻视了。

再就政治的组织上说，此时可称为名实相符的君主专制政体。中国的君主专制政体，本是从秦汉以来几千年相承不替的；不过到了清代，组织上更为完密。我们要懂得清代后期政治势力的变化，不妨在此处将清代几种主要的政府机关，略略加以分别的说明如次：

一、内阁与军机处　清代中央政府的重心，最初在内阁，到了雍正、乾隆时代，完全移于军机处。但是清代所谓内阁，与现世君主立宪国的所谓内阁，完全不同；内阁的阁员称某殿（如保和、文华、武英等）或某阁（如文渊、东阁、体仁之类）大学士，满汉各二人乃至六人不定；以外又有协办大学士、内阁学士等。大学士的职权，在清初除了接受各处章奏上之皇帝、替皇帝撰拟谕旨并批答奏牍外，还参与重要机务。经康、雍、乾三朝屡次用兵平乱，产生军机处。军机处本是专管军机秘密事情的，后来因为作军机大臣的人就是作内阁大学士的人（如乾隆时之鄂尔泰），内阁大学士的权就被军机处吸收去了。乾隆中期以后，内阁大学士，不过是赏给有功大臣一种特别荣贵的头衔罢了，他的职掌，除了谕旨奏牍的收发，几于别无所事了。军机大臣，也是没有一定的员额（起初没有满汉并立的规定，但事实上总是满人。洪杨之役以来，渐有汉人充军机大臣的），随皇帝的意旨于皇族内阁大学士或各部尚书中选充，与皇帝最亲近。他的职权，凡政务的裁决、官吏的任免黜陟、用兵时的军事方略，无不参与。但有两点最宜注意的：一、无论内阁或军机处，都没有特别独高的首长，首长就是皇帝；二、无论内阁大学士或军机大臣，都没有向各部或各省督抚直接发命令的权，向各部或各省督抚直接发命令的，只有皇帝——就是上谕或谕旨。

二、六部　清代的中央行政机关，在预备立宪以前，只有吏、礼、户、兵、刑、工六部，这是沿袭前代的旧制。各部的主要人员，从清初就定为满汉二人并立（对于重要的各部，有时特派皇族为管部大臣）；各部通常的长官称尚书，次官称左右侍郎，通称曰堂官。但是有最可注意的二点：甲、六部虽为中央行政机关，对于各省的政务可以核议准驳，但各部的长官却没有向地方长官（督抚）直接发命令的权（要向督抚发命令就要以皇帝的谕旨行之）；乙、尚书与侍郎，各有单独的上奏权，尚书与侍郎意见不合时，除了两方相互奏请皇帝裁决以外，别无办法。然则就中央与各省言，六部不能算作总辖全国的行政首长；就尚书与侍郎言，各部并没有统率全机关的唯一首长；无论对地方或对本机关，最后的解决，也只有问皇帝。

三、都察院　都察院是清代的总监察机关。它的主要职员有都御史一人，副都御史二人；所属有给事中二十人，监察御史四十四人；给事中监察京内官府，分为各科；监察御史监察地方官府，分为各道（给事中及监察御史总称之为科道官）。这些科道官虽然因处理事务上及地域上设有分界，但是他们的监察权在性质上并无限制；无论甚么阶级的官，他们都可以参劾，无论甚么性质的事，他们都可以举发或反对；大小官府的陈奏，他们固然可以指摘，就是皇帝的谕旨，他们也可以拒驳；不能上奏的小官，可由他们代奏，百姓有冤抑，也可由他们代伸：总括一句，国家政务的全部无不受他们的监察。但是有几点应该注意的：甲、这种监察权的行使，不是用都察院的机关全体去行使，是用都察院各员的官衔单独去行使，从都御史到所属各科道官，各人都有单独的参劾上奏权，并不要经过全体机关的取决；乙、这种监察官的选任，并不必要有政治或行政经验的人，也不是一种有特别保障的终身官，随时可以改任或升迁，一旦作了普通官，同样的要受他人监察，有特别权势的人可以暗中干涉他们的进退；丙、这种监察官自身的责任问题，全以皇帝一人的意旨为断，皇帝喜欢容纳直言的，对于他们的诬劾诬说，也不问他们的责任，倘若触犯了皇帝的私好偏爱，就是参劾的确实，也要受谴责。

四、各省督抚　清代的总督、巡抚，也是沿袭明代的旧制（在明初皆非常设之官，但是后来总督、巡抚的职权性质都渐次变了）。总督大约是兼辖两省（晚清的东三省总督兼辖三省），但也有单辖一省的；辖两省的所属有两个巡抚，总督初无直辖地；辖一省的则以总督兼授巡抚衔，其下不别设巡抚。原来总督、巡抚的职权本不相同，依雍正即位时的上谕说："总监地辖两省，权兼文武，必使协和将吏，辑绥军民，乃为称职；巡抚则凡一省之事，察吏安民转漕裕饷，皆统摄之。"乾隆时修的《大清会典》上也说："总督统辖文武，诘治军民，巡抚统理教养刑政。"但是，后来督抚的职权都有变化（变化大都起于洪杨之役，此后总督、巡抚的职权渐次无有差别）。督、抚不受内阁、军机处和六部的直接命令，上面已经说过，但是还有一点应该注意的：就是总督还兼一个右督御史衔，巡抚还兼一个右副都御史衔，都有单独的参劾权及上奏权；总督固然可以参劾巡抚，巡抚也可以参劾在他上面的总督；他们是地方的行政长官，也都是全体政务的监察官；督、抚意见不合时，也和六部的尚书和侍郎一样，除了相互奏请皇帝裁决以外，别无办法。所以在形式上督、抚彷佛有上下从属的关系，实际上还只有皇帝是高高在上的一个人。

就上面所说明的几种机关来看，我们可以得到下面两个结论：一、一切权都在皇帝手里，没有一个机关可以宰制别一个机关；二、无论甲机关与乙机关，就一个机关内部的甲人员与乙人员，都有互相监视、互相牵制的意味，要想保持权位，除非取得皇帝的信用，博得皇帝的欢心。所以说中国的君主专制政体，到了清代，组织上更为完密了。但是这种完密的君主专制的组织，须得君主是一个雄才大略的君主，方能运用如意；若遇着一个庸主，必使机关的全部失去它的重心。乾隆帝确是能运用这种机关的人，所以在乾隆时代的政治，可称为名实相符的君主专制政治。自嘉庆帝以后，"一蟹不如一蟹"，加以外力渐次侵入，于是这种最完密的君主专制政治的组织，渐有"捉襟见肘"之势了。

上面是专就政治的机关上观察。再就乾嘉时代的政治实质说，乾隆帝确是很厉精图治的，在位六十年，年纪已满八十五岁；始禅位于嘉庆帝，对于重要的政务，嘉庆帝还是须禀命而行。当乾隆帝年逾八十时，他自诩为古来罕有的皇帝，自作《御制十全记》，叙述他十全的功绩。所谓十全，就是当他在位期中，平定准噶尔两次，平定回部一次，平定金川两次，平定台湾一次，降缅甸、安南各一次，受廓尔喀之降二次，合之为十大武功。但是他的武功虽盛，终究掩盖不了他内治的弱点；他信任一个贪黩不堪的和珅达二十年，援引许多贪黩的督抚，如国泰王亶望、陈辉祖、郝硕、伍拉纳之徒，赃款累累，动辄数百万，在他尚未禅位的时候，已经屡次发生赃贿的大狱；这些赃贿案，实际都是由和珅在内隐为驱迫而成；但是乾隆帝至死不知道这些赃案的根源所在，他的监察人员也终究不敢触动到这个根源上。直到乾隆帝死后，嘉庆帝方把和珅处以死刑，抄没他的家产共计一百零九号，约值八万万两。（当时查抄其家产金额列为一百零九号，内中已估价者仅二十六号，约占金额四分之一，计银二二三八九五一六〇两，故其金额约为八万万两云。）当时人为之语曰："和珅跌倒，嘉庆吃饱。"因为当时中国国库岁入额并不甚大（每岁不过七千万两上下），和珅二十年宰相所蓄的八万万，超过了国库岁入十年的总额。因为有这么一个贪黩的宰相在内，驱使一班贪黩的地方大吏在外搜刮，无所不至，于是民力凋敝，到嘉庆帝一即位，地方的乱事就起来了。在乾隆六十年，已有湖南、贵州红苗之变；到嘉庆元年，白莲教之乱起，蔓延及于五省，经过八九年的长时间，耗去军费二万万两，才告平定；同时，海寇蔡牵等以安南为窟穴，侵扰两广、闽、浙各处，到嘉庆十五年才平定；天理教的李文成、林清等扰乱山东直隶，至于震动畿辅宫禁之地；到嘉庆末道光初，边境又有回部张格尔的乱事，官军大举征伐，经过七年的长时间，才告平定；这些乱事，大都是在乾隆后期已经酝酿潜伏着，到嘉庆时才陆续爆发的。所以，乾隆帝的十全大功，可以说就是嘉庆以后的民乱种子。

在白莲教乱当中，满清的政治，还暴露一个大弱点，就是军备已经失了作用。满清的所谓经制兵即常备军，原有八旗兵与绿营两种；到嘉庆时代，这两种常备军都已腐败不能作用。当嘉庆民乱，有记述当时情形者，谓："交战时以乡勇为先锋，汉人之绿营次之，其素称骁勇绝伦之旗兵在最后，贼军亦驱难民以当锋镝，真贼在后观望；乡勇与难民交战，而官兵则与贼兵不相值。乡勇伤亡，则匿而不报，或稍得胜利，则冒为己功；然与贼会之时甚稀，惟尾追而不迎击，甚至地方村民备粮请兵，拒而不纳，常求无贼之地以驻军。军中费用之侈，骇人听闻；有建昌道石作瑞者侵渔五十万两，皆耗于延请将帅之宴饮，尝于深菁荒麓间，供一品值五两之珍馐，一席至三四十品之多；有某尚书初至营中，得贿珍珠三斛、蜀锦一万匹，他物称是……"军纪这样腐败，所以白莲教乱，延到八九年。白莲教乱的平定，并不是这种常备军打平的，乱事蔓延到无可如何的时候，采用两种政策：一、坚壁清野；二、团练乡勇。坚壁清野的政策由德楞泰建议，就是令地方市镇坚筑堡垒，不给贼以掠夺机会，待其自灭；此法初行于湖北随州，颇有效力，后乃命川、陕、豫各省仿行。团练乡勇的政策由合州知事龚景瀚建议，他因为八旗官兵不可恃，所过地方，受害甚于盗贼，故主张募集乡勇，给以武器，举办团练，既可替国家节省军费，又可灭免地方的扰害。当时有反对此说的（陕督长麟），说团练乡勇以保乡里虽未尝不可，但恐民间有兵，难免将来的纷扰危险；但终不能不采团练的政策。四川一省的乡勇，至有三十万人；到了乱事平定之后，又把乡勇的兵器收回。政府的常备军既不足以平内乱，自然更没有捍御外侮的能力，所以后来一与西方武力接触，便无不失败。这是百年前中国内部的大概形情。

三　百年来中国政治变化的概要

百年前世界的趋势既如彼，中国内部情况又如此，所以鸦片战争的失败，不是偶然的事。鸦片战争失败后，中国的门户既被打破，于是西方的势力，节节相逼而入，造成近百年的政治局面。

百年来中国的政治变化大，概可分为三个大段落：从鸦片战争到甲午中日战争，为第一个段落；从甲午后维新变法运动到辛亥革命，为第二个段落；从民国成立到国民党由广东出师北伐，为第三个段落。第一段为外力侵入，新思想酝酿的时代；第二段为革命势力进展，满清皇位颠覆时代；第三段为革命势力与满清残余的军阀势力斗争时代。若从这三大段中间重要的政治事变再加剖析，又可分出下列的小段落来：

一、因为英国人扩充商场的热望屡为清政府所阻遏，遂以鸦片问题为导火线，惹起一八四〇年（道光二十年）的鸦片战争；结果于一八四二年与英国签订《南京条约》，割香港一岛，并开五口为通商口岸：是为外人打破中国门户的开始。

二、中国自受此挫辱，一方面汉民族对于清廷的威力渐渐看破，一方面感受西方潮流的影响，到一八五〇年（道光三十年）就有洪杨革命军的崛起；洪杨战役连亘十五年，至一八六四年渐告平定：是为汉民族势力复活的时期。

三、在洪杨战役中，又有英法联军入北京，咸丰帝避难热河之事（一八六〇年，咸丰十年），结果与英法结城下之盟，外力压迫的程度又进一层；并且在平定洪杨的战役中，得了外国人军事上一点助力；于是到平定洪杨以后，所谓中兴的新人物中，颇有感觉西方军事艺术优长的人，讲求所谓洋务，在造船、制械、练兵、裕饷上，尽力模仿西法；所以，由同治朝到光绪中叶可称为洋务讲求时代，亦可称为西法模仿时代。不过，这种支毛上的西法模仿，终于不能发生抵抗外力的效能，到一八八五年（光绪十一年），对于安南问题，和法国发生争议，结果模仿西法的第一根据地马尾船厂，被法军破毁，失去安南的藩属地；但是皮毛上模仿西法的方针并不因此改变。到一八九四年，便有所谓甲午战争的大挫败。至此中国的弱点完全暴露。

上面是第一大段中的几个小段落。

四、由甲午战败的刺激，惹起士大夫阶级里面一部分人对于中国政治制度的怀疑，遂有维新变法的运动；到一八九八年（光绪二十四年）的夏间，运动达于最高潮，便有所谓戊戌"百日维新"的事业：是为维新运动的初步。

五、由"百日维新"的失败，西太后再行临朝；到一九〇〇年（光绪二十六年），因为亲贵利用拳民，争夺政权，排斥新党，惹起外国联军入京的大祸：是为维新运动反动时期。

六、由《辛丑条约》的耻辱，清政府始感觉维新变法的必要，于是有督抚派的维新运动；到一九〇四年（光绪三十年），日俄战争勃发，结果日胜俄败，更感觉立宪优于专制，于是有派遣五臣出洋考察宪政之举：是为维新运动再起的时期。

七、自"拳乱"以后，国民对于满清政府的反感，已非虚伪的立宪招牌所能缓和了；在一九〇五年五臣出洋考察宪政时，中国同盟会在日本东京成立；自此一方面预备立宪，一方面进行革命，进于革命与立宪对抗运动的时期；立宪的虚伪，一天一天的暴露，革命的潜势力，一天一天的膨胀。到一九一一年秋间，便有武昌革命军的崛起。

上面是第二大段中的几个小段落。

八、从一九一一年秋间武昌起义，到次年春初中华民国成立，为中国政权由满清朝廷移入北洋军阀首领袁世凯手中的时期，是即由第二大段转入第三大段的关键。

九、由一九一二年春间临时政府北迁，中国同盟会改组为国民党，与北洋军阀首领袁世凯开始斗争；到次年春夏间，因"宋案"而惹起赣宁之役，国民党失败，国会被破毁：是为国民党与北洋军阀斗争的初期。

十、国会第一次破毁后，袁世凯图谋帝制，第一步修改约法，第二步成立筹安会；到一九一五年秋冬间，袁氏公然要称帝了；反帝制的各派联合奋起，与袁氏决斗，到次年夏间，卒将袁氏打倒：是为帝制运动与反帝制运动的对抗时期。

十一、袁世凯死后，北洋军阀的势力依然不可侮，他们不利于旧约法，因是发生新旧约法的争议；结果旧约法虽然恢复了，到一九一七年因为对德宣战问题惹起国会第二次的解散，演为长期的护法战争，成为南北对立之局。在护法战争中，一方面北洋军阀分为直、皖两派，他方面西南的小军阀也渐形跋扈；到一九二〇年秋间，北洋军阀的直、皖两派，公然打起仗来了，西南的军政府也瓦解了：是为护法运动与南北各军阀分裂的时期。

十二、自一九二〇年北方直、皖两派分裂，西南军政府瓦解，护法的战争，虽然尚未终了，但因南北两方都失了重心，于是进于所谓联省自治的运动。但是这种运动，徒为割据地盘的各军阀所利用，各军阀间势力扩充的斗争仍未能免；从一九二〇年到一九二三年秋冬间曹锟篡窃大位时止，可称为联省自治运动与南北各军阀混战的时期。

十三、自一九二四年春，中国国民党改组，南方的新势力，一天一天的充实，北方曹锟颠覆后，成立一个临时执政政府；到一九二六年春夏间，执政政府消灭，国民党准备北伐的工作完成，于是北洋的军阀嫡系势力将归消灭了：是为第三大段的最后一段。

上面三大段中的十三个小段落，便是近百年中国政治史的总纲目，以下便依照这个总纲目分章叙述。

第一章　鸦片战争

一　鸦片战争前中国对外一般的关系

一八四〇至一八四二年的中英战争，中国习称为鸦片战争；因为中国方面，认此次战争以禁止鸦片为唯一原因，但在英国方面，开战的动机，却不在禁止鸦片，而在屡次受中国政府的蔑视凌辱；战机的潜伏，已经有了几十年，禁止鸦片，不过为此次战争最近的导火线。我们要了解所谓鸦片战争的真意义，须先明了战争前的中英关系，并且须明了战争前中国对外一般的关系。

战争前中国对外一般的关系，可分三点来说明：

一、中国在政治上是孤立的国家，未加入所谓国际社会团体　在鸦片战争前，西方各国虽与中国有历史上相沿的通商、传教的事实，但除俄国以外，都不曾与中国成立一甚么通商修好条约。俄国因为与中国西北国境争议的原因，在一六八九年（康熙二十八年）订立《尼布楚条约》，后四年又订立《北京通商条约》，一七二七年（雍正五年）又订立《恰克图条约》；以外各国都与中国为无约国。就是葡萄牙的租领澳门，也是沿袭明代已成事实，在此时尚与清政府无条约关系。澳门的主权还是在中国，受中国的控制。

二、通商制度之不合理　在鸦片战争前，中国与外人通商制度之不合理的处所有三：第一，税则不可靠。中国向来对于商税的征收，不若田赋规制的谨严。税吏的额外苛索，成为不可拔除的恶习。外国商人初到中国时，因为语言隔阂，一切情形皆不谙晓，税吏对于他们的额外苛索自然更甚。第二，商埠的限制。清代初年，外国商人，大都皆以广东为集中地点。广东的大小官吏，自然有特别发洋财的机会。有时外国商人，不堪那种额外苛索之苦，改向闽浙的厦门、宁波等处图发展，但是这些地方的大小官吏，也想发洋财，对于外商的待遇也是一样，甚至于额外的苛索更重，因是广东仍为外商的集中地。清政府因为防范夷人的不测，也不愿夷商窜扰到广东以外的地方去。第三，公行的专利。广东方面，因为外商特别的多，买卖货物，不免与本地人民间时常惹起纠纷来，于是在康熙年中便生出一种经纪人的所谓官商，由政府指定的，凡洋商输出入货物，皆须经此种官商之手。外国商人，都受限制，很感不便，曾经一度废止，到康熙末年，由广东商人成立一种所谓"公行"的组织，取官商之地位而代之。公行组织，虽非由政府的命令，实由官厅非正式的许可（暗中且为官吏渔利的工具），一时虽经内外商人抗议废止，但不久又复成立。公行既操对外商业的专利权，外商所负担的额外苛征，日益加重；然政府所得，仍极微薄，其大部分皆入于大小官吏与公行员之私囊，虽经外商屡次要求减免，皆归无效。这是在乾隆以前的大概情形。到乾隆中叶以后，上面所述后二种不合理的情形，更为具体化：其一，即一七五七年（乾隆二十二年）由皇帝颁布谕旨，将外人通商口岸，限于广东一处，闽浙各口，皆不准外国商船入口，英商运动在厦门、宁波另辟通商根据地全归失败。其二，即一七六〇年（乾隆二十五年）正式认可公行为经理对外通商之机关。（乾隆三十六年，虽因公行多数破产，负欠税金及外人债务，曾经一度解除，然未几即复另行组织。）公行的任务，不但外人输入货物，须由其评价及买卖，并且成为政府与外商间的传递机关。货物的纳税报关，固须由公行经手，即外商要向中国政府有所陈诉，也不能自由进禀，必须由公行代呈，否则政府不予受理，政府对于外国商人的行动，也责令公行监督。于是，公行成为政府与外国商人间的重要机关。原来在乾隆二十几年时，粤督李侍尧对于洋人深怀疑忌，奏请设法防范（一七五九年即乾隆二十四年）。乾隆帝对外的观念，也不若康熙帝的宽大，因采用李侍尧奏请的所谓防范外夷之"五事"，颁行一种限制外商的规则（乾隆二十五年），命洋商（即公行员，中国政府公文书对于公行皆称洋商）向外国商馆宣布。自此一直行到鸦片战争时，不过时有修改，条目增减前后不同。最后由卢坤、祈𡎸、彭年进呈章程八条（在道光十五年即一八三五年），其要点如下：

（一）外国战舰不得入虎门以内。

（二）外国妇人，不可偕来商馆；商馆内不得储藏铳炮枪械或其他武器。

（三）外船雇用之领江及买办人员，须在澳门同知衙门注册（此时澳门尚保留中国主权，中国设有同知衙门），由该衙门发给执照，随身携带备查。

（四）外商雇用中国仆役人数，须有一定限制（初时禁止雇用，后经修改，但限名额）。

（五）外人住居商馆者，不得任意乘船出外游行，仅于每月初八、十八、二十八三日，得往各花园及河南寺庙散步游玩，但须带翻译随行；如有不当行为，翻译须负责任。

（六）外人不得自由向官厅进禀，如有陈诉，须由公行代呈。

（七）公行有指导及保护外人之责，不得负外人债务。

（八）外人每岁在广东商馆住居经营商务，须有一定期限（大约为四十日，有时得延长），事毕即须退去，如不归国，只能在澳门居住。

这些限制当然不能严格的生效，但大部分必须遵守，尤其是向官厅直接进禀的一层，是万不能行的。外商既无向官厅直接陈诉之权，于是不能不事事受公行员的抑勒。公行员的专利权，既由官厅取得，也不能不事事听官厅的指挥。不肖的大小官吏与公行员因缘为奸，外国商馆，便成为他们发洋财的渊薮。因是一般的外商，对于这种通商情况皆不满足。

三、此时中国与世界各国的商业关系以与英国为最密切　原来各国与中国发生商业关系最早的，要算葡萄牙，其次为西班牙，其次为荷兰，英国较迟。在十八世纪的百年内，英国海上的势力已经凌驾各国，于是对于中国的通商，也渐次跃居第一位了。一七五一年（乾隆十六年），外国商船来到黄埔的总计十八艘，其中英船九艘、荷兰船四艘、法国船两艘、丹麦船一艘、瑞典船两艘。到一七八九年（乾隆五十四年），外国商船来粤的增至八十六艘，其中英船六十一艘、美船十五艘、荷兰船五艘、法国船一艘、丹麦船一艘、葡萄牙船三艘。在拿破仑第一时代，英法对抗，欧洲大陆诸国，皆受法国的宰制，但对于英国海上的优越势力，终不能推翻；惟美国因守局外中立，不受影响。所以在此期内，英国对于中国的通商势力，仍旧是有增无已，其次则为美国。然英国有较近的印度为根据，美则在东方尚无根据地，故终以英国居第一位。

这是鸦片战争前，中国对外通商一般的大概情形。

二　鸦片战争前的中英交涉

中国与英国虽与其他各国同为无约国，该国的商人亦与其他各国人受同样的待遇，但在商业上既居于第一位，来船之多远非他国可比，则希望中国的门户开放，亦必较他国人为更切。自十八世纪末期以来，至鸦片战争发生时止，英国向中国图谋增进商业的关系，最重要的交涉有三次：

一、为一七九二年（乾隆五十七年）英国第一次特使的派遣：任特使者为伯爵马甘尼（Macartney），于一七九三年八月到大沽口，清政府照例以贡使待之，凡使节进口所乘的舟车，皆由政府供给，树立"英吉利朝贡"的大字旗。（清代初年，葡萄牙、西班牙、荷兰等国，亦曾屡次派大使来中国，求结通商条约，清政府皆目为贡使，视诸国与藩属国同等，必令其大使向皇帝或御座行三跪九叩礼，诸国之使亦皆勉强遵行。）此时，乾隆帝方在热河行宫，即令英使往热河赐见；一切招待，算是极其优渥，对于皇帝所行礼节，因马甘尼坚持，再三磋商，准其用谒见英王最隆重之礼了事，算是很优待了。马甘尼在热河呈递国书后，随即赐宴，并于次日赐游御园；未几，返北京，想与清廷交涉缔约通商问题，清廷军机大臣除以寒暄语相与欵洽外，对于其他提议皆避而不谈，并且微露促其速即出京返国的意思。马甘尼知道不能久留，乃致一函于军机大臣提出下列七项：

（一）许英国商人在舟山、宁波、天津诸港通商；

（二）英国人愿效以前俄国人在北京设一停货仓库；

（三）于舟山附近无城砦之岛，设一停货仓库，并设租界；

（四）于广东附近与以同样的许可；

（五）废止澳门与广东间之通行税，或减少其税额；

（六）英商得中国皇帝许以居住权者，不强制出税；

（七）允许英人在中国传教自由。

但是清政府所派定护送马甘尼出京的专员，已经要出发了；军机大臣，对于他所要求的六项，告以在皇帝敕谕中已经答覆，马甘尼便匆匆出京，除受了清政府的优礼款待外一无所得而归。

二、为一八一六年（嘉庆二十一年）英国第二次派遣的特使来华：此次任特使的为阿姆哈斯（Lord Amherst），（刘彦《帝国主义压迫中国史》谓，嘉庆十年英国曾派使东来，政府斥不许谒见，并作傲慢之国书致英王约翰二世。考是年英国并无遣使事实，且是时英王为乔治三世，英之汉洛菲王统且并无所谓约翰二世者，不知刘氏何所根据而云然。）于是年七月初到天津。中国政府当然依旧目为贡使，在天津赐宴时，中国大吏便要他向皇帝牌位行三跪九叩礼以谢宴；英使拒绝，因是便已生出纷扰。时清帝已峰旨，定于初七日赐觐，初八日赐宴颁赏，初九日赐游万寿山，十一日赴礼部筵宴，十三日遣行出京；又恐英使不知礼节，特派专员迎赴通州，教以跪拜礼仪，若能如仪，然后带领来京。但英使坚不肯从，专员含糊具奏，于初六日促令入京，次晨即迫其入觐。英使以长途跋涉极疲，且因行李在后，礼服、国书皆未到，辞以须稍缓时日；再三被促迫，英使不为所动；招待的大臣、专员，无可如何，乃奏称英使行至宫门病倒；皇帝不知实情，谕令正使回寓，赏医调治，命副使入见；旋又奏副使亦病倒；皇帝大怒，说英使如此傲慢，侮视"天下共主"，降旨勒令即行出京回国，并下一道训饬英皇的敕谕。其实英使何尝有傲慢的情节，不过是那些招待的大臣、专员们，对于礼节问题，没有方法解决，便用一种逼迫和蒙蔽的手段，把英使弄回去罢了。第一次的特使，虽未达到缔约的目的，还受了相当优待；此次的结果，则更不堪设想，清帝说使臣侮视天下共主，英使则说清廷侮辱英国的使节，除了增加两方的恶感以外，一无所得。

三、为派遣商务监督的纠纷问题，此问题发生于一八三四年（即道光十四年，鸦片战争发生以前的六年）。中英的战机，在此时已经很迫切了。其原因起于英国东印度公司的解散。在一八三四年前，中国的对外商业操在专利的广东公行员之手，英国的对华商业则操在专利的东印度公司之手。当时美国的对华商业没有这种专利的机关，比较很自由，很活泼，因此，英国从事工商业的人，主张仿美的自由办法，废止东印度公司的对华专利权，成为很有力的舆论，至此便见诸实行了。当东印度公司未废止时，凡英商与华商间的问题，英商方面皆责成该公司的委员长（中国名之曰大班）处理，粤督李鸿宾听说东印度公司将要解散，恐怕解散后英商没有头脑，无法管理，故在未解散前（一八三〇年即道光十年）曾命公行员向该公司当事人建议，谓该公司若或解散，仍宜设一总管之人如大班者，处理商业交易事项。英国方面听说中国当局希望设一总管商业之人，认为绝好的机会，于废止东印度公司时，根据国会的议决案在广东设一英商的监督机关，置主务监督一人（Chief Superintendent），其下置第二、第三副监督各一人。特任律劳卑（Lord Napier）为主务监督，勃罗登为第二监督，带威为第三监督。律劳卑出身贵族，曾受海军大佐之职，在英国是很有身份的；英政府所以选出他来作主务监督，其目的不仅在监督商人，且希望他能够觅得一种机会，增进中英国交亲善的关系；就职务的名义上说，仅仅是一个商业主务监督，就他所负的责任上说，实具有公使的性质——在这一点上，已与粤督原来所希望的相歧。原来粤督只希望再有一个商人的大班，如前此东印度公司的大班；而英政府所派遣的竟为具有公使性质的监督，两方面的心理已大相左。英王及其外务部给与律劳卑的正式训令的要点：甲、主务监督对于英国商民有行使裁判权，但非重大事件不得开庭；乙、监督管辖范围以在广东港内为限；丙、对于中国官厅，宜持和平态度，不可用恐吓之语、使用武力，军舰不得驶入虎门，对于中国法令、习惯宜慎重遵守。律劳卑临出发时，英外务大臣巴马斯顿（Palmerston）又给予他一道特别训令，要他慎重将事，训令中的要点如次：

（一）抵广东时，即直接函告两广总督。

（二）所负的责任，除保护在广东的英国商业外，最重要的目的，首在查探能否扩张商业于他埠。

（三）为达此目的，万不可失去使中英两政府间可以增进商业关系的良好机会；且欲达此目的，以能与北京朝廷直接交通为宜，务须注意求得一最好的方法以作成此种直接交通的途径。

（四）但宜十分慎重，万不可促起中国政府的恐惧心，或触犯其癖习，恐以求速之故，反危及现存关系；为符此慎重，非遇意外事故，不可轻与中国发生新交涉或谈判；如有发起谈判的机会，宜立即报告政府候训，在未得训令前，不可进行；但如有可使中国当局相信英王诚心欲与中国皇帝亲善并共同促进两国人民的幸福者，不在此限。

我们看英外相这道训令，可以想见英政府对于此种商务监督的希望心和慎重的态度。但是这种慎重、希望的里面，便已含着几分矛盾性：一方面要他促进两政府间交际关系，一方面又要他遵守中国的法令、习惯，莫触犯中国的嫌忌和癖习；要他到广东时即直接函告总督，这一点便是当时的中国法令、习惯所难容许的。因此律劳卑一到广东，便生出不可解决的纠纷问题来。

律劳卑于一八三四年（道光十四年）阳历七月十五日抵澳门，二十五日即入广州城外英国商馆。粤督卢坤于律劳卑未入广州前，听说新来了一个英国"夷目"，便传命公行员查问新来的人是否如旧时大班；结果知道与旧时大班不同，便于二十一日派公行员二人携带命令往澳门，告知新来的夷目，略谓该首长来华目的，是否因东印度公司解散，商改通商办法而来；依中国法规，除商人与其大班外，非先得北京政府照会，无论何人，皆不许入广州；该首长如带特别职务而来，必须俟总督奏探朝旨之准否，方可定夺。此命令虽于二十一日发出，因传达公行展转濡滞，及所派公行员到澳门时，律劳卑已经到了广州了。公行员赶到广州，律劳卑方在命翻译缮写致总督之函，得粤督命令书；婉言拒绝，说他自己是英王的代表，不受命令的文书；其致粤督函，大意说：我是被英王任命的商务监督，还有同僚二人，我们有保护并促进英国商业之权，并得随时行使司法之权，希望与贵总督面晤，商议一切。二十六日，将此函直接送往总督署，送函者至靖海门，递交门卫官，请转达。门卫告以一切夷禀须由洋商转呈；后城守协某至，亦以直接函禀违背先例，且函面系平行款式，拒不收受。公行员劝其解用呈文形式，由公行转呈，律劳卑坚不肯从，但终无法使其函得达督署。卢坤以新来的"夷目"如此不谙成规，不先领取红牌，遽来广州滋扰，于二十七日复下令责成公行及通译人等向律劳卑明白开导，制止其目无法纪之行动，若不开导，即该员等亦当受处分。令文大略：一、外人止许在澳门居住，若因商事来广州，须向税关领取红牌；二、此次律劳卑初来，不谙中国法规尚可原谅，关于商情，仍许其调查，但调查告终后即须返澳门；三、中国大臣，向不许与外人私通信函，该夷目来信例不可受；四、官宪对于商务琐事，向由洋商（即公行）取理，该夷人如欲变更通商规则，须与洋商接洽，连合陈请于官厅，待奏明皇上，得谕旨许可，方得施行。公行员一面迭受官厅的督责，一面又无法使律劳卑退去广州，势处两难，因于八月十日，约集英国商人开会，商议调和办法。律劳卑不欲放弃其主务监督的资格，又以公行并无挽回总督意思的能力，不许英商到会；结果公行所召集的会议，英商无一人到者，乃将督署迭次所下命令送交英商。十六日，公行员为保全自身地位计，议决停止英人通商，凡英商货物，一概停止装卸，一面禀请官厅宣布封仓。卢坤于十八日下令，略谓：夷目律劳卑之目无法纪，破坏成规，实由彼一人顽钝无知之咎，该国王向来恭顺，决不愿其所派之人如此；且该国恃吾茶叶、大黄、绢丝以为生，彼运来之呢绒、毛布于中国并非重要，即停止与彼通商，于我国无所损；惟因该夷目一人越纪犯分之故，使彼国人失其生活必需之具，非天朝所以怀柔远人之道，姑宽待数日，以候该夷目之悔悟。但是事实上，公行对于英商已经停止货物的交换了。二十三日，卢坤复命同知潘尚楫及广州府协二人亲往英商馆，面向律劳卑查问三事：一、彼来广东的理由；二、彼所受于本国职务的性质；三、何时回澳门。律劳卑对于第一点，答谓彼之来此，实根据一八三一年粤督命令公行员告知东印度公司，于该公司解散后，须派一有力代表来此整理商务；对于第二点，答谓彼致总督函中已明白叙述，若开阅该函即知，但开阅后须将该函带交总督；关于第三点，答以视彼之便宜而定。二人自然不肯开阅他致总督的书函，无结果而退。英国商人因商业被停止，于二十五日，结合组织商业会议所，律劳卑藉向该会议所表示意见的机会发表宣言，责粤督卢坤的无理，大略说：前任的粤督要求英国于东印度公司解散后，派一有力的代表来整理商务；现彼为英王特任之代表，求与现任粤督一通信函而不可得，反任彼公行商人停止对英之商务；英人对华通商是谋两方面的相互利益，决不愿放弃两国平等的重要主旨。到九月二日，粤督正式宣布停止与英人通商。自此命令宣布后，广州顿形骚扰，粤政府对于英商馆严重防范，施行检查及种种迫胁行动，使英人大感不安。律劳卑于九月五日下令于其随来之护卫舰二艘驶入虎门；岸上炮台发炮制止，二舰还炮，强航至黄埔；律劳卑并于八日发出布告（系用向英商宣言体），痛诋粤督，说他的言论、行动对于中国皇帝为欺诈，现已到了引起战争的程度；并且盛夸英国王的威力，决不受此种无理的压迫。卢坤于十一日也向公行下令，要他们告知英商，说他们要将大班改为酋长虽未尝不可，但中国大员除贡使外，向未与外国夷目发生直接交涉；即就英国此次派来之律劳卑而言，该国事先既无正式照会，彼又未携有信任状，何由知彼为该国派来之员。且贸然闯入，并不容督署有向朝廷请旨之犹豫期间，且以战舰驶入为威吓，其胆大妄为已极；若不退去，决以兵力制服之。此时两国的战机，已经很迫切了。但事实上，律劳卑受自英政府的职权既极有限制，随来的护卫舰兵力亦极薄弱，加以律劳卑劳愤交集，于九月初旬忽生热病；十四日，据英商得自公行的消息，说彼若退往澳门，并将英舰开出，停止通商的命令可以收回；医生见他病重，也劝他往澳门去休息；律劳卑于二十一日命二舰退出虎门，他自己别乘小艇，也于二十六日退往澳门。二十九日，粤督解除停止通商令。十月十一日，律劳卑病殁于澳门。一场大纠纷，至此暂告一段落。

此次的纠纷，虽由卢坤过于固执，不肯接受律劳卑平行的书函，但我们不能怪卢坤，只能怪当时的君主专制政体，和一般士大夫的无知识，不认世界上有与中国同等的民族和国家。卢坤是固守成例；固守成例是在满清专制政府下面作官的唯一官箴；他说中国的大臣不许与外国人私通信函，也是本于所谓"大夫无私交"的"春秋之义"。所以当他奏陈处置新来夷目的办法时，皇帝的批谕说他"所办尚妥，所见亦是"；及将英舰闯入虎门的事情奏闻时，皇帝便将他革职留任，说他不早为防备。所以卢坤的根据成规以抵抗新来的夷目，在他是认为很应该的。再就英国政府方面说，英外相巴马斯顿虽然算是十分慎重，但他的慎重政策也有失当之处。当律劳卑离英时，要求政府发给他一纸信任状，并须先行通知北京朝廷或广东当局；巴马斯顿认为不必，竟不肯给他一纸信任状，也不通知中国当局，只命他到广东时，自己通函告知粤督；不知道这时候外人与中国大员直接通函是不容易的。关于这一点，非但卢坤执为拒绝律劳卑的口实，就是英人后来评论此事的，也说巴马斯顿不对，说当时粤督若竟接受律劳卑的函书，允许与他面晤，及到面晤时，要他提出信任状来，并责问他既无信任状，英政府何以并不先行照会，他将狼狈不堪。所以，巴马斯顿也不能不负缺乏东方知识之咎。

律劳卑退往澳门后，通商恢复，一时虽告无事，但此问题并未解决，好比一包炸药潜埋在地下，只等装上引火线便要爆发的。律劳卑死后，以带威升任主务监督；次年（一八三五年），带威辞职回国，又以鲁滨孙升任主务监督；一八三七年（道光十七年），鲁滨孙又退职，甲必丹·义律（Captaia Elliot）升任主务监督。义律升任主务监督时，已不设第二、第三监督，仅主务监督一人，职权性质已有变更，中国因称之为领事。带威曾任东印度公司事，久于东方，能华语，深通东方情形，律劳卑之行动必无结果，彼早已料及。当彼升任主务监督时，并不与粤督通信，亦不往广州，住居澳门，概守静默，惟将种种情形报告英政府，事事候政府之训令；鲁滨孙任主务监督时，一切依循带威的办法，惟增设事务所于伶仃岛。但是英商对于继任监督的静默政策，很不以为然，说他们无能，曾联合向英政府请愿，陈述意见，大略说：政府所派的监督，权限太小，不能直向北京抗议；政府既设此监督，即宜赋予以特权，并宜备以相当兵力，一旦有事，便可向北方进行，与中央政府交涉，通商口岸宜扩张于广东以外；若如现时情况，事事听命于中国，实为难忍。及义律接任主务监督时，英外务大臣已为英商之建议所动，训令义律，大略说：以平和手段维持对中国的商业关系，本为政府所希望，惟此等和平政策，为居住广东之英商所反对，即吾意亦觉欲使商务发展，非可以寻常的手段成就。这就是表示政府将要采用非常手段了。义律就职后，试与粤督交换公文书，恐被拒绝，书面权用禀单形式，粤督（此时粤督为邓廷桢）接受了；答复时，仍用命令书由公行转交，叫他暂居澳门，候皇帝谕旨许可；未几，果得谕旨许可了，义律始入广州。义律报告英外务部，谓已与粤督交换公文书，系用一种巧妙之方法，其形式虽同于中国官吏对于长官之报告，然非英语之所谓请愿书。英外相巴马斯顿不以为然，再三训令义律，说与中国总督交换公文书，无论如何，不可经公行之手，且不可用禀单形式；意思就是要他务必取得与总督平等的权利。义律得到此种训令后，向粤督试探，但所得到的，只是粤督严厉的训饬侮辱。（粤督对义律所下的训饬，如曰"大班"不用天朝之敬语，而用对等之"贵国""殊为不合"；如曰"大清帝国之威严，大班勿再凌辱"；如曰"该大班去澳门以后，无论何时，当报告地方行政官厅"；如曰"汝宜善保其地位勤勉厥职"云云。）于是，义律报告其本国外务部说：若欲取得对等主权利，非诉诸武力，不能有效。此时中国禁止鸦片问题渐趋严重，故义律报告其本国又说：鸦片问题，早晚必起冲突，希望政府派遣相当兵力东来。英政府因于是年（一八三七年，道光十七年）十一月，命在东印度之舰队司令、海军少佐曼特兰（S. F. Maitland，中国官文书译为吗咃喻）率军舰数艘赴中国，训令要旨：一、保护英人利益，有正当理由对于中国官吏申诉事，主务监督可左袒之，应提议时可即提议；二、广东英商，对于主务监督的主张，务必顺从。此时候，英政府已放弃从前的和平主旨，决计采用非常手段，来打破中国的门户了。而清政府的大小官吏，还在睡梦之中，时向公行发命令，要他们好好约束夷人，毋得任令夷人肆行无忌；不知埋在地下的炸药，安上引火线就要爆发了。鸦片问题，就是绝好的引火线。

三　鸦片问题的发生与林则徐的严切手段

中国在唐时便有所谓罂粟，即鸦片之别名，但是专用为药品。把它制成烟膏来吸食的习惯，大约在明末清初的时代（即十七世纪上期）。此时东方的海上商业势力，还操在葡萄牙人手中，鸦片也是由他们从印度输入；但是每年输入不甚多（明万历十七年关税表中有鸦片十斤，税银二钱。见《东西洋考》）。到一七二九年（雍正七年），因为东南沿海各省的人民传染吸食的习惯渐广，始由雍正帝第一次发布禁止吸食的上谕。此时，每年输入尚不过二百箱上下。但是禁令是禁令，吸食的依然吸食，并且渐次增加，输入的数量也每年增加，（因为雍正七年的禁令，止禁吸食，未禁输入，输入仍列为药品，报关纳税。乾隆十八年，广东税关的记录中，鸦片一担，税三两，是认为正当的输入品。）大约每年增加二十箱；到一七六七年（乾隆三十二年），输入已达一千箱。到一七七三年（乾隆三十八年），英国东印度公司取得东方商业的专利权，对中国的鸦片贸易权，也渐次落入其手；至一七九○年（乾隆五十五年），鸦片的输入超过四千箱了。（关于鸦片输入的增加数量，各人记载不同，有谓此时已超过五千箱者，有谓仅四千余箱者，大约在四五千箱之间。）此时西方各国对中国的商业，英国已居第一位，即以鸦片输入增加之故；英国对中国的贸易，起初鸦片仅占输入品六分之一，到十八世纪末（即乾隆晚年），则已占输入品二分之一以上。（其次之重要输入品为印度棉花，约占输入品四分之一，英本国产物输入者为毛织物，仅占总数八分之一。输出品中，茶与五分之三，生丝及丝织物占五分之一，尚有少数棉织物亦为输出品之一种。此时，英国对华通商与印度略成三角形势；即以英国制造品输入印度，以印度产品输送中国，以中国产品送可英本国，其余银或送回英国，或送回印度不定。）至一七九六年（嘉庆元年），因为吸食鸦片的恶习弥漫全国，输入有加无已，北京朝廷依广东总督的建议，始发布禁止输入的上谕；四年后，又重曰禁令。此后，鸦片已成绝对的禁止输入品了。但是未禁止输入以前，输入尚不过四五千箱；禁止输入以后，输入反更加多。（此后关于输入数目字的记载，各人更不相同了。因为自禁止输入以后，输入不经海关，故其真确数目字，比前尤难查考。）据外人记载，到一八一〇年以后（嘉庆末年），输入已近一万箱；及由一八二〇年至一八三〇年（由嘉庆二十五年至道光十年），平均每年约有一万六千箱；到一八三六年，每年已有两万多箱了。鸦片贸易的受授，一八〇〇年（嘉庆五年）以前，由广州各公行与东印度公司，在广州处理；自此年重申禁谕以后，受授的地点由广州移至澳门与黄埔去了。到一八二一年（道光元年），道光帝又下了一道禁令；是年，因为广州各大小官吏间，关于分配鸦片私税贿赂品不均匀的原故，发生争论，大起纠纷，故又重申禁令（时两广总督为阮元，元因此奏请重申禁令）。是年以前，处理受授的地点，虽由广州移至澳门与黄埔，仍为半公开的秘密行为；自此禁令颁布后，更把处理受授的地点移到伶仃岛、金星门、急水门及香港等处去了。自此，输入的数量更多。为什么越禁越多呢？其原因就是在未禁止输入以前，输入必报关纳税，虽然税吏也免不了额外苛索与贿赂，正当的税款还是国家的；自成为禁品以后，大小官吏通同结合（仅有皇帝不知道，总督或者间有不知道的），一手拿禁谕，一手拿钱袋，和商人联为一气，不惟暗中保护，藉分余润，甚至于作合股的买卖，把经营的命脉都操在官吏的手中；货物受授的地点，虽然再三向广州以外移转，货物的销畅，比前更无阻滞，甚至于用公家的船替商人分运；如此，安得不越禁越发达呢！这种情形，除了皇帝及特别清廉的总督以外，大概都知道的。但是有一个问题发生了，就是：以前货物的输出、输入差足相抵（起初且为输出超过输入）。自鸦片神秘输入增加，皆用现银交易，事实上成为输入超过输出，现银流出，发生银价腾贵的问题。于是在一八三五——一八三六年间（道光十五六年间），因为银价腾贵的原故，对于鸦片买卖，发生两派的议论：一派主张弛禁，公认鸦片为合法的商品，以太常寺少卿许乃济为代表；一派主张绝对的禁止，加重科罚，以鸿胪寺卿黄爵滋为代表。是为鸦片输入成为严重问题之始。许乃济曾经作过广东按察使，对于广东鸦片贸易的内幕情形比较明白，因于道光十六年夏间，奏请将鸦片认为合法商品。奏章的大意说：鸦片本属一种药品，历来准其纳税输入；因人民滥行吸食，成为癖习，遗害社会，才禁吸禁卖；但禁令愈严，税吏、奸商互相勾结之弊实愈深，秘密输入之量愈增；因有巨利可图，故弥不畏死；无论何种法令，皆难实施有效；前此公开纳税输入，尚属以物易物，现银不至漏出；自由奸商秘密输入以来，买卖皆用现银，现银流出之量日增，银价日腾，国日益贫；不如弛禁，仍准纳税输入；但只准用茶叶、大黄、丝绢等现物交易，不许用现银；一面准国内自种罂粟以图抵制；对于人民吸食，除官吏、勇兵、士人须严禁外，余可放任不理。道光帝对于许氏这种建议，犹豫未决，谕交粤督与在粤各大吏熟议奏闻。此时粤督为邓廷桢，邓氏得旨后，令在粤各吏及公行员各抒所见，以便具奏；结果皆赞成弛禁，并拟定种种弛禁的条件（如交易不许全用现银之类），邓氏及粤抚据以奏闻。英商得到鸦片将要弛禁的消息，更形踊跃，于是在这两年之内输入更多（约达五万箱）。但到一八三八年（道光十八年）闰四月，黄爵滋复上奏请严塞漏卮以培国本，道光帝谕令各省督抚各抒所见，妥议章程，迅速奏复，大都皆趋重严禁。此时林则徐方为湖广总督，条奏禁止方法，道光帝大为感动，于是决意雷厉风行的严禁，并降许乃济之职，令其去官。是年十一月，便任林则徐为钦差大臣，驰往广东查办海口事件，委以军事上、行政上的全权，想把这种多年遗下来的祸毒，立即拔去，于是中英的战机将要成熟了。

林则徐于一八三九年（道光十九年）春初到广东。在先年冬间，林氏未到广东以前，广东已经发生纷扰。原来粤督邓廷桢，闻知皇帝已下决心，非严厉执行所定的禁令不可。而在内外商人及下级吏员的心理，以为这不过如天变一时的暴风雨；暴风雨过了，仍旧无事。因为中国官场向来的习惯如此。尤其是英国商人，绝对不相信中国政府，真有将鸦片禁绝的决心和能力。因为习知中国的大小官吏，无不是假国家法令以为营私之具的。于是在粤督严切执行禁令之中，秘贩秘运的活动依旧不息，并且仍有许多官艇，代替商人输送（相传此时官艇每艘一星期可得数千元之利益）。粤督闻知将有钦差大臣来粤，更不能不督饬所属严切执行禁令。适有在商馆前上岸的鸦片被查出，立命该船退出广东，并以停止通商压迫外商。未几，又将所捕获的鸦片犯人，在商馆前施行绞刑，群众麕集，外人相率下旗表示抗议；粤督不顾。英政府此时所注重的，尚在关于交涉上之对等权利，关于鸦片问题，尚无袒庇英商的意思，观其致义律通告英商的文中，说英国政府不愿英国国民蹂躏通商国的法律；苟因犯法行为而受损害，则损害皆其自取，政府无保护之义务。盖英国此时，虽早蓄有打开新局面的意思，似不欲以不名誉之鸦片贩卖问题与中国开衅。倘若此时中国人士稍有近世国际知识，不以野蛮视外人，决不至因禁止鸦片的原故惹出大祸来。但是历史事实的进展，往往要走曲线，东西两方人士的观念，不易如是直切的接近。不应惹起战争的问题，毕竟要惹起战争来。

林则徐在道光时代的大吏当中，是一个实心任事、超出流辈的卓卓者。他那恺切至诚的精神，我们至今还是应该敬仰佩服。但他对外的思想知识，为时代所拘，因之所采用的手段方法，也不能不错误，我们不能为他讳饰。他的注意点，专在鸦片一件毒物上面：第一要消灭已经到了广东的鸦片，第二要断绝以后鸦片的来源。凡他所认为可以达此目标的一切手段，尽量采用。他到广东后第八天（阳历三月十八日）偕同粤督抚传集公行员当堂发给谕帖两道，一谕中国商人，一谕外国商人，恺切晓以贩卖鸦片之非法与不道德。其谕帖的要点：一、须将现存在华各船内的鸦片，一律缴出，不许有丝毫隐匿；二、出具夷汉合同文的甘结，声明"嗣后来船，永远不敢夹带鸦片。如有夹带，一经查出，货尽没官，人即正法"字样。谕帖发出后的第二天，即令在广州所有的外商，当鸦片未缴清以前，暂时一概不许离开广州；未几，外人商馆周围的要口，布置兵卫，稽查出入，凡商馆与黄埔、澳门间的船舶往来，一并截断，不能私通信息；未几，并将外人所雇用的中国买办、仆役，一并撤退，不许再入商馆；于是所有外人皆被围禁于商馆之内，有若狱囚。（刘彦《帝国主义压迫中国史》，谓"林则徐将领事、教师、与密卖事件无关系者，尽捕之下狱，且禁给商馆食物，又悉夺其船舶，以绝归路"云云，皆非事实。盖据外人记载，谓外人皆被拘禁于商馆之内，商馆成为囚狱，刘氏因误为悉捕之下狱也；又以禁止广州与黄埔、澳门之交通，误为悉夺其船舶也；至于禁给商馆食物一事，亦不如外人所记之甚，不过取得食物比前较难。据林则徐之奏称，"距撤退买办之期业已五日，夷馆食物，渐形窘乏，臣等当即赏给牲畜等物二百数十件"。则何尝有禁给商馆食物之事。故谓禁给食物者，外人因恶林之故，而故甚其词，刘氏不察，据为史实。）林为什么采用这种强迫手段？因为英商闻知林钦差将到，恐怕他将派兵来搜索他们的船舶，因将所有贮藏鸦片之趸船，开往伶仃岛以外。林欲将各趸船所存之鸦片销除净尽，又无法使各趸船回受检查。"因思船之存贮虽在外洋，而贩卖之奸夷多在省馆，虽不必遽绳以法，不可不喻以理而怵以威。"（见林氏奏语）他以为把他们围禁于商馆之内，他们没有方法，不能不自己将鸦片缴出来了。这就是他消灭已到广东的鸦片的手段。围禁后数日，英商呈缴鸦片一千○三十七箱，林氏查知贮存鸦片之趸船二十余艘，每艘所贮约千箱，共约二万余箱，区区千余箱，仅得实数二十分之一，拒不收受。当下令围禁商馆时，英商务监督义律方在澳门；他于下令后来广州（阳历三月二十四日）。林氏正欲得一英商之主脑者，使之负责，故义律于围禁后得入商馆无阻；但他一入商馆时，见商馆所有中国仆佣、买办，无一人留者，而一入之后，即不能复出。于是以函向林钦差要求英人全体通行券；林答以鸦片未缴清时，不能照准。义律始通令英商将所存鸦片缴出，并通知林钦差承认英商所有鸦片，共得二万二百八十三箱，愿悉缴出，请指定地点交割（三月二十七日）。因贮存鸦片之趸船散在各处，且数量如此之多，一一调集点交，很费时日，约经两个月工夫（至五月二十一日），始完全缴清（缴清后奉旨就地销毁）。在陆续缴呈期内，商馆的围禁，虽未完全撤消，实际上买办、仆役，皆已陆续回馆，稽查亦不如前此之严，不过外商尚不能离去广州罢了。义律所以甘愿令英商将鸦片缴出，一则迫于无可如何，二则欲以坐实中国当局剥夺英人财产生命自由的强暴责任，以促起英政府的愤怒，向中国开始武力行动。鸦片缴出，林则徐消灭现存毒物的目的算是达到了，但还有一个断绝毒物来源的问题未能解决，因为他所要求外商出具甘结的一点，义律坚不承认。义律以为，查出带有鸦片，不经审判证确，货即没官，人即正法，是一种非常的强暴行为，与英人法律观念万不相容，故绝对不肯出具这种甘结。义律于鸦片缴清、商馆解围后，即令英商全体退去广州，移居澳门；自此，留居广州商馆的仅有美国商人数十名。

林则徐于谕令缴出鸦片时曾再三声明，只要将鸦片缴出，出具不再带鸦片入口的甘结，便可如旧通商。英商颇有一部分愿意具结的；但其主务监督义律不许。义律早已想打开新局面，不过此时尚未得到英政府的明白训令，已经派来的军舰也尚不过三两艘，兵力极单弱，而他所受于政府的权限也尚极微薄，不便立即决裂。故他退去广州移住澳门时，想暂时假澳门为维持英商目前的地位，曾请林钦差派员赴澳会议善后办法，旋在澳又函达林钦差，谓在未奉到英政府训令以前，请准在澳门起卸货物。林氏对于派员赴澳会议一层，即委佛山同知刘开城往澳，惟对于在澳门起卸货物一层，则绝对不允；因为他恐怕陆续新来的英国商船，假澳门为囤积鸦片的处所。他的办法，凡船舶苟非携带鸦片者，必进口至黄埔报验，装卸货物；既不进口报验，即须离粤回国；若不进口报验，又逗留海口不去，显系装载鸦片，私图秘卖；若准在澳门装卸货物，则适堕其计中；不知义律的计划尚不在此。及刘开城到澳门，义律便不理会，诘其前请派员赴澳会议的理由，答以既不许在澳门装卸货物，便无可会议。此后，林氏有公文与义律，他也不接受了。（刘彦《帝国主义压迫中国史》谓："义律请则徐派员至澳会议，则徐斥不许。"与事实全然不符。）到五月二十七日（阳历七月七日），又发生林维喜被英国水夫殴毙的事件，遂成为战争的直接导火线。

林维喜是香港附近尖沙村的居民，英国水夫多人，因为买酒不得，对于该地的人民，加以暴行，林维喜无故被殴致死。义律也知道是由英国水夫殴毙，因在海上组织海军裁判，义律为裁判官；起诉杀害者为英国水夫长，水夫五人与有关系，审判时对于杀害最初之起诉，付之不问，由水夫五人自承有罪；于是判决三人处二十镑罚金，监禁六个月，二人处五十镑罚金，监禁三个月，并声明此监禁须在英国监狱执行。当义律组织裁判时，曾通告中国当局，谓如中国派遣高级官吏出席观审时，当以相当之敬礼待遇之。但中国当局以犯罪之地点在中国领土内，不承认英国有裁判权，要求将凶犯交出，由中国审判。义律对于此要求，概以未得主要凶犯延抗之。迁延一个多月，不得结果，林则徐因沿照嘉庆时抵制英人先例，禁止供给英人柴米食物，放逐英人于澳门之外。（此事据林奏语，在阴历七月初八九开始施行。林氏奏称：谕令义律交出凶夷，照例办理，将及两月，延不肯交。臣等给与谕函，亦竟始终不接。恭查嘉庆十三年英国兵头都路厘等在澳门违犯禁令，钦奉谕旨，即实行禁绝柴米，不准买办食物等因。钦此。此时义律与各奸夷均住澳门……种种顽抗，自应遵照嘉庆十三年之例，禁绝英夷柴米食物，撤其买办、工人……查例载夷商消货后不得在澳逗留等语，今该夷既不进口贸易，又不销货，即不当住澳，应与奉逐奸夷均照例不准羁留。臣等谕饬之后，澳内西洋夷目〔指葡萄牙人〕亦即遵谕一同驱逐，自七月初九日至十九日，一旬之内，义律率其家眷并澳内英夷共五十七家，悉行迁避出澳，悉住尖沙嘴。）继命香山县发出布告，其要点：一、未带鸦片之船准入口报关验货，开舱营商，不入口之船须即退出，不得在口外逗留；二、杀害林维喜之犯人，即与断绝关系，庇护犯人者同之。自此所有英人，悉拘促于船中，飘泊于香港附近各处。义律曾向九龙中国官吏提出抗议，并以武装船数艘向中国水师船开炮示威，且欲封锁珠江；但终以兵力微弱，封港之举未实行。此时英商中有因逼迫难受，请向中国出具甘结，入口通商者，义律心中不愿，但不能阻止，因在阳历十月中旬，有英国商船二艘，具结入口。林则徐以为英人可以渐就屈服，但以多数英国商船仍不肯具结入口，必由义律把持，或携带鸦片，图谋秘卖的原故，一面令水师及珠江各处炮台严密防范，一面严催义律交出杀人犯，及各船入口报验，否则实行驱逐。到十一月初（阴历九月底），义律与新到军舰舰长斯密斯协议，率舰数艘进至穿鼻，向中国当局要求解除压迫英人的行动。水师提督关天培，见英国军舰渐次逼近，严阵以待；英舰首先开炮，关天培应战，彼此交换炮火，结果中国炮船被击沉三艘。林则徐以数月来办理的经过及穿鼻海战情形，陆续上奏；未几（阴历十一月，阳历次年一月初），由上谕正式宣告停止英国通商，两国的战端从此开始。

四　战争的经过及其结果

穿鼻海战及此次海战以前的行动，皆为义律临机应变的行动。英国方面得到义律陆续的报告及穿鼻海战的消息后，朝野议论，渐趋喧嚣；政府党谓中国侵害英人生命财产自由，侮辱英国民族，主张向中国开战；反对党则责备政府对于鸦片贸易不早取缔，使中国不知英政府真正意向之所在，此次事变，政府宜负责任，反对开战。但是伦敦各工商业团体，都想扩张新商场，和在中国的英商表同情，力促政府采用强硬敏活的手段，主战的空气渐浓厚。巴马斯顿遂承认义律的行动，到一八四〇年春初，在国会中经过一番论战之后，便得多数赞助出兵。中国方面，道光帝对于林则徐的处置行动也十分激励他，叫他不要畏葸，（道光帝对于林则徐上奏的硃批，有"朕不虑卿等孟浪，但诚卿等不可畏葸"，又谕言"该夷目自外生成，有心寻衅，既已大张挞伐，何难再示兵威"等语。）林于是大治战备，不过他所治的战备，只是防制夷船闯入的战备，并且实际上没有真能防制的效能。从开战到最后《南京条约》签订，前后约三年（一八四○年至一八四二年），经过的事实，可分为三个段落：

一、由开战至琦善任钦差大臣，在广东与义律签订议和草约

一八四○年春初，英政府特任佐治·义律（George Elliot，中国官文书译为加至·义律或懿律，即甲必丹·义律之从兄弟）为全权，派遣多数军舰陆续东来，伯麦大佐（Sir. J. G. Rremer）为陆战队司令官，佐治·义律任海陆两军总司令官。六月，抵广东口外，（计军舰十六艘有大炮五百四十门，武装轮船四艘，军队输送及各种军需运送船二十八艘，武装完整之陆军四千人。）即下令宣告封锁珠江及广东海口；又由甲必丹·义律署名发布一道译成汉文的布告，大略说：中国大使林、邓等违玩诏旨，压迫英国商务监督及商人，以欺骗之词蒙蔽中国皇帝，故大英国主特命大员来中国海疆各境，畀将各项实情，上达中国朝廷，以求和平及商务之发达。……各地居民对于英国军民苟不抵抗，英军一律保护，其有携带货物接济英军者，尤必从优给价。且自林、邓捏词请停止英国贸易后，中外商人皆受亏累；现英国将帅遵国主谕旨，不许内地船只出入广东各海口，必候英国通商恢复后，始准各船出入，惟各处商船来英国船只停泊之所贸易者，一概无阻。这种布告是想把中国商民和政府分开，即所谓勾诱汉奸的术策；以违玩诏旨、欺骗皇帝的罪名加诸林、邓，使中国朝廷不信任林、邓，又是一种反间的术策（这两种术策都发生了效力）。中国的记载，往往说则徐设防甚严，英军无隙可乘，故舍广东而北进；其实英军最初不向广东进兵，而以封锁广东向北方进行交涉，为英军预定的计划。当佐治·义律由英出发时，巴马斯顿于训令外，附以外务部致中国大吏公函三件，并译成汉文：其一，使相机送交广东当局，如广东不能达目的，则北上，以第二函送交扬子江口附近的大吏；再不能达，则再北上，以第三函送交天津白河口附近的大吏。佐治·义律等至广东，知林则徐方在意气盛旺的头上，故即采封锁广东，向北方进行的政策。（刘彦《帝国主义压迫中国史》谓"义律遣使至广东议和，则徐不应"，似非事实。查林则徐奏牍中绝无此事，林氏在粤所办各事，即极细微者，亦据实奏闻，如有义律遣使议和之事，林必奏明。查外人记载，亦未有义律遣使至广州议和事。）佐治·义律及甲必丹·义律于六月三十日，率舰队由广东海面北进，七月二日过厦门，命一快走舰树白旗，谋将第一函送达福建当局，厦门守吏开炮拒之（此时中国方面尚不知白旗为停止攻战的记号），英舰还炮应战，第一函不能达。七月四日，英舰队达舟山列岛之定海，该地全无战备，英军于次日占领。十日，进至宁波，复用小艇树白旗，谋将第二函送达浙江大吏；此次送函之船虽未遭抵抗，但当局得函后，照录一份，仍将原函拒却。（浙省当局亦未将函中内容奏明，但云"英夷勒令民船夫送书求奏朝廷许可通商，奸计叵测，故拒未收受，现已加倍防范"云云。）义律等于是又将宁波及扬子江口一带支配兵舰封锁。于七月二十八日向天津白河口进发。八月十五日，第三函始得由直隶总督琦善接受。琦善接受该函后，曾与甲必丹·义律会晤，经过一番谈判，并将英外务部原函的内容大略奏明朝廷，谓英吉利"递字诉屈"。他想用柔软手段，把义律兄弟及英国舰队弄回广东方面去，了事。原来自义律发出前记的布告，说林、邓捏词蒙蔽朝廷后，接着沿海各省，皆受英舰的侵扰，各省大吏，对于林则徐的行动都不满足，以为他邀功惹祸，蜚语四起；此时当权的军机大臣为穆彰阿，也不以林氏的主动为然，从中鼓煽，渐至道光帝对于林氏的信任也动摇起来，以为英人别有委屈，林氏或真有捏词蒙奏的处所（其实林氏在粤的行动，无一不据实奏明）。英舰队在白河口外示威，北京朝廷极感不安，琦善既居直隶总督地位，对于畿辅的安全负有重责，万一英舰闯入白河口，惊扰畿辅，他必受严重处分，故以使英舰队离去白河口南下为唯一要图。因此另简大员赴粤查办，成为当时的庙谟；对于义律，也便以事端真相，须往粤查明后方能定夺为词，请其率舰南旋，以广东为谈判地点。义律以为有谈判可能，于九月十五日离去白河，返舟山列岛之定海。前此定海失守后，伊里布被任为钦差大臣，驰往浙省查办，相机收回定海；至此复命琦善为钦差大臣，驰往广东查办（未几，兼任粤督），林则徐、邓廷桢皆革职交部议处。（林免职在是年九月，初命来京听候部议，旋命留粤备查问差委，旋又命赴浙效力，明年五月命从重发往伊犁效力，旋命赴东河效力，未几，卒发往伊犁效力。）义律在舟山与伊里布关于舟山方面休战事情，略事接洽后，便南下澳门。琦善于十二月十六日到广东，旋与义律从事谈判。琦善以为英人的目的，不过在通商，只要许他们恢复通商，便可和平了事。在天津时，百方敷衍义律，使他离开北方。及至他自己到了广东，仍想用敷衍手段了事，对于义律，表示十分和平的态度，尽反林则徐的强硬抵抗政策。惟对于义律要求割让香港一事，则以割让领土，不能得皇帝的许可拒绝他。义律见他不肯让步，便准备进攻，于一八四一年一月七日（阴历十二月十五日）攻陷虎门外的沙角、大角二炮台，并有进攻虎门之势。琦善大惊，遣使再向义律继续和议，旋于一月二十日与义律签订草约，其要点如下：

（一）以香港全岛割让于英国，惟商业上正当诸税，仍须纳税中国政府，如在黄埔时；

（二）偿金六百万元于英政府，即交一百万元，其余分年于一八四六年止交清；

（三）两国公事上交际用对等形式；

（四）广东通商于阴历新年十日后即行恢复。（琦善所奏呈之早约，与英人所发表者不同。第一条为："准令英人仍来广东通商，并准就新安县属之香港地方一处寄居，应永远遵照，不得再有滋扰并不得再赴他省贸易。"第二条无。第三条："所有一切贸易事宜亦应仍旧，与例设洋商妥为议办，不必与天朝在粤官吏通达公文。"）

此草约签订，同时义律允即交还大角、沙角二炮台及舟山列岛之定海。琦善希望以收回此等地方，缓和皇帝的怒气。于是于签订草约后，一面英人即撤退舟山列岛舰队，以定海交还伊旦布，大角、沙角之兵亦撤退；一面即由琦善布告香港由英人管辖（一月十三日），义律便宣布组织香港行政厅，建屋开埠，视为己有了。是为此次战争经过的第一段。

二、由琦善签订草约至奕山任钦差大臣，第二次与义律签订休战条约　琦善与义律所定的草约，两方面的政府都不承认。英政府谓义律未能遵守政府训令的意思，偿金既太少，而香港的割让，尚须交纳诸税，则不能完全算为英国所有；故于凌到报告后，即召还义律，另派璞鼎查（Sir. Honry Pottinger）为全权（璞氏未到以前，仍由义律主持一切）。中国政府方面，琦善虽为代表皇帝的钦差大臣兼两广总督，但他的主要任务是查办："查"就是查探林则徐对于英人的处理是否失当；如有失当，即纠正之。所"办"的，只能办到纠正林氏的失当而止；即要增开商埠，亦所不许，何况割地偿金呢？（观道光二十年十二月历次批答琦善的谕旨可知。）琦善一面迫于皇帝的威压，一面迫于英人的要挟；起初以为英人可以敷衍搪塞，及到无可敷衍，始奏称："英吉利……向共知其仅长水战。今讵料其并有陆兵，战船则大小悉备，火器则远近兼施，占夺炮台后，势将直击虎门，进攻省垣，拒守实难，不得已允其代为奏恳于外洋寄寓一所……"其实，此时已将香港让给英人了。皇帝接到他的奏折，大发雷霆，立刻任命皇侄奕山为靖逆将军，领钦差大臣，尚书隆文、提督杨芳为参赞大臣，调遣大军驰赴广东剿办；以为大军一到，可以立刻把英军扫尽。琦善得到派兵来粤的消息，十分狼狈，又奏称："英吉利现已遣人前赴浙江交还定海，并将沙角、大角炮台及原夺师船、盐船，逐一献出，均经验收；兵船全数退出外洋；奴才查勘各情形，地势则无险可扼，军械则无利可恃，兵力不固，民情不坚，若与交锋，实无把握，不如暂示羁縻。"皇帝批谕说："朕断不能似汝之甘受欺侮，迷而不返，胆敢背谕朕旨，仍然接受夷书恳求，实出情理之外，是何肺腑，无能不堪之至；汝被人恐吓，甘为此遗臭万年之举，今又摘举数端恐吓于朕，朕不惧焉。"未几，即将琦善革职，锁拿解京，所有家产查抄入官。

义律知道大兵将到，便以先发制人的策略，进兵虎门，于二月二十六日占领虎门诸炮台，关天培战死，珠江以内的防御工事为前此林则徐所设施的，悉被破毁。此时，提督杨芳所领的大军万人虽已到了广州，然珠江要害，已尽为英军所占，杨芳束手无策，由各国商人介绍请求休战，义律虽允许，战备未撤。到了四月三十日（阴历二月十三日），奕山、隆文及他们所率领的大军到了广东，又经营战备，义律来文诘问，不得要领，战事复起。到五月二十五日，广州城周围的炮台及各要害，悉被英军占领，广州城全被包围，大军数万人，都闭处城内，丝毫不能有为。奕山决计请和，英军初不听，后命公行商人某及广州知府余宝纯临英人阵地哀请，始允休战，成立休战条约如下：

（一）于一星期内，交纳英军费六百万元，签约日即交一百万（二十七日）；

（二）官军退去城外六十英里以外之地；

（三）英军退出虎门；

（四）香港割让事，俟异日协定；

（五）交换俘虏。

这不过是将六百万元的巨款，延救广州城的生命，但是奕山奏上皇帝则说是英军请和。道光帝起初天天盼望捷报，当杨芳奏请休战时，尚严旨切责，说他迁延观望，有意阻挠；及接到奕山的奏请，虽知道奕山已迫于无可如何，但仍以为请和休战，真是出于英人的意思，批答奕山的谕旨谓："朕谅汝等不得已之苦衷，准令通商，惟当严谕该目，立即将各兵船退出外洋，交还炮台，仍须懔遵前定条例，只准照常通商，不准夹带违禁烟土。"不知道还有割地的大问题留待解决。休战后一个多月，奕山对于割地的严重问题，还是迁延敷衍，不敢向皇帝道及一字，皇帝始终如在梦里，还要他"饬令英夷出具切实甘结，遵守约束"。（到是年九、十月间，皇帝屡下谕旨责问奕山何不收复香港，奕山奏报还说："香港地方，洋人并不久居。"）英人对于香港的割让，虽知道中国皇帝尚未裁可，但已经组织了香港行政厅，颁布各种港务规则，作为大活动的根据地了。是为此次战争经过的第二段。到八月十日，英国新任全权璞鼎查抵澳门，开始最后一段的大活动。

三、战事再起至《南京条约》 璞鼎查由伦敦出发时，巴马斯敦教授与他的训令，叫他对于广东方面，除保持香港作根据地外，不要在广东和中国大吏进行谈判，宜即向北方进展，将已交还之定海，再行占领，进据扬子江要地，或北达白河口时，方可开始谈判；谈判时要求赔偿，务须详细调查细目，获得满足的结果，对于将来英商安全的保障，商埠的扩张，香港的割让，务必达到目的而后罢手。故自璞鼎查到澳门后，广东方面反归无事。璞氏留兵舰数艘守香港，率领其余各舰，于阳历八月二十六日攻陷厦门，留兵据守鼓浪屿，再北进，九月五日达定海，定海自前次英兵退去后已增设防御工事，并驻重兵，但终无抵抗的力量，到十月一日卒为英军所占领；十日英军又陷镇海。十三日又陷宁波，钦差大臣裕谦投水死；于是浙东全被英军势力所宰制。

道光帝闻厦门及浙东各地失陷，异常愤怒，任奕经为扬威将军，征调川陕各省军队，并许招集江淮沿海义勇兵数万人，谋规复已失各地。英政府也于九月下旬，就印度方面增发海陆援军。璞鼎查于攻陷浙东各地后，援军未到前，乘机休养兵力，自回香港，处理香港及广东方面商务关系。（广东自奕山与义律订立休战条约后，即开始通商，此后广东以北沿海各省虽在战争状态中，广东与英人通商，并未停止。奕山惟填河筑堡以防英军再攻，其实英军已不理广东了。）英国增发的援军到后，（计有军舰二十艘，载炮六百六十八门，武装轮船十四艘，载炮五十六门，病院船九艘，以外尚有测量船、运送船多艘，陆军除炮兵外，步队达一万人以上。）再开始由宁波进军活动。奕经规复浙东的计划，完全失败。英军于一八四二年五月十八日攻陷乍浦，六月十六日攻陷吴淞，十九日陷上海，自此沿江西进，七月二十一日便攻陷镇江。镇江是当日南北运道的要冲，被陷后，公私皆大受创痛。英军占领镇江后，进行还不曾停止；于镇江配置相当的守兵，便向南京进兵。八月十日，南京已在英军炮火威胁之下，和议的机会，至此始十分成熟。

此时江浙方面的重要大员为钦差大臣署杭州将军耆英、伊里布（前任钦差大臣，因定海失陷夺职，旋复授七品顶戴，令赴浙效力）、浙江巡抚刘韵珂、两江总督牛鉴等。自规复浙东失败后，这一班人都失了抵抗的勇气，极力运动讲和；但是他们求和的苦衷，一方面不易得英军的信任谅解，一方面不易得皇帝的许可。他们向英军求和的信使，由乍浦尾随至吴淞上海，英军并力西进，全然不为所动。他们向皇帝上奏请和，尤难措词，因为皇帝在盛怒之下，极难表示和意；牛鉴于吴淞、上海失守后，奏请仿照乾隆年间征缅罢兵仍许朝贡事，准予英人通商，皇帝批答他说："朕之用兵实出于万不得已，若将征缅之事比拟，事不相类，拟甚不伦，想卿必为伊里布簧惑矣；朕愈加忧愤，倘将士有所窥伺，稍有解体，将成瓦解，可设想耶，总因朕无知人之明，自恨自愧。"牛鉴岂不自知以征缅相比，为拟甚不伦，因恐触犯皇帝的盛怒，故有此拟甚不伦的请求；但皇帝还是不肯表示和意。及到镇江失守后，皇帝才知道他自己的兵威是靠不住的了，对于牛鉴、伊里布、耆英等各人的奏请才有允许的表示。（但是那种允许和议的表示，还带有假装硬汉的声口，如说"万一仍不受抚，不得不大张挞伐，奋力攻剿"；又如说"如果就我范围，即可筹定大局……如情词恭顺，再遣职分较大之员，速行定议；倘竟桀骜不驯，难以理喻，现在兵力已集，地险可守，全在该大臣等激励将士，或竟出奇致胜，懋建殊勋，该大臣之功甚伟也"。）耆英等得到允许讲和的表示，再三向英人乞求，璞鼎查起初以他们没有讲和的全权，拒绝他们的请求；后经提出全权的证据（八月十四日），璞鼎查开出讲和最低限度的条件，限立即承认，否则即行炮击南京；耆英等无法，只得将各项条件全部承认。八月二十六日，议定条文，二十九日由耆英、牛鉴、伊里布往英国军舰"孔回利斯号"（Cornwallis）与璞鼎查签字。条约全文共十三条，其主要之点如下：

（一）中国政府纳赔偿银二千一百万元与英国政府——内军费赔偿一千二百万元，公行积欠债务三百万元（公行专利制度从此永远废止），鸦片偿还六百万元——分年交清。英军于第一年收到六百万元时，即退去扬子江各要隘驻军；舟山、鼓浪屿二处，须俟偿金全纳，通商五口岸开放后，方行退去。

（二）中国政府以香港全岛，永远割让于英国。

（三）中国政府将广州、福州、厦门、宁波、上海五处开为通商口岸，许英国设立商馆，英商及其家族得自由居住往来。

（四）英商货物进出口税，应秉公议定则例；英商货物照例纳进口税后，准由中国商人贩运内地各处，不得再加税课。

（五）以后两国往来文书，用平等款式。

此次的条约真是所谓"城下之盟"；事先并未订有什么休战条约，英军开出条款时，只许有翻译文字及条文细目的商酌，不许有内容的修改变更；这就是不平等条约的"嚆矢"。后来英国人批评说：在欧洲的外交家，对于一种条约的字句命意，迟回审慎，不知如何的敏锐警惕；但当时的《南京条约》，定议于俄顷之间，不曾费中国当局片刻的注意审慎，因为他们全被那种惶恐不安的心理所宰制；他们的视线所集注的唯一重要点，就是如何使英军立即退去，这是很实在的情形。因为他们以免去英军的炮击及其退去为唯一的目的，故对中国所视为战争原因的鸦片问题，订约时除赔偿被销毁的鸦片价值外，关于以后贩卖应该禁止与否竟不涉及；而英国方面向来所不满足的皆一一满足，并且超过满足点以外，如香港的取得及关税协定权便是。割地偿金是战败国所应该忍受的，故香港的丧失，犹有可说，关税自主权被束缚的一点，实为中国的致命伤；但当时政府中一般的当局者，无一人梦想及此。他们所最伤心的，除割地偿金外，就是以后两国交际来往公文，须用平等款式的一点；以堂堂的天朝，须与夷人用平等款式，真是"冠履倒置"、"天翻地覆"了；但一时敌不住夷人的炮火，只好暂时忍受，再等机会罢了。

五　鸦片战争的意义

此次的战争，表面上是因禁止鸦片问题而起，是中英两国的战争，然就战争的真意义说，可称为中西文化的冲突。因为中西人士，对于国家政治及一切社会生活的观念，完全不同，所以才生出许多不易解决的纠纷问题来。前此的通商交际，形式上虽然久已接触，根本的思想观念上，还是隔着一条鸿沟。试举其重要不同之点如下：

一、国际社会的观念不同　所谓平等的国际社会观念，本是近世史的产物，在欧洲，也是到一六四八年《卫斯特发里亚和约》以后，才渐渐地确立。中国自进于有史时期，便已构成了一个天下统于一尊的世界国家观念，《尚书》所谓"元后"，便是立于无数"群后"之上的最高主权者，便是天下的"共主"。春秋战国时代，诸雄并立，颇有近世欧洲平等国际社会的形式，但是各诸侯的上面，还是有一个虚名的周天子，《孟子》还在那里引用孔子的话"天无二日，民无二王"。因为古代所谓天下，意思就是全世界；天上只有一个太阳，天下便应该只有一个人王。自秦始皇统一中国后，这个天下统于一尊的观念，更为具体化，并且自此长期的固定下来了。但在长期的历史事实上，这个比于天日的人王的权力，常常不能宰制全人类；有许多不服王化所管的僻远社会团体，常常要和这个人王作对；于是把理想中的天下，画起几条华夷的界限来；《禹贡》上的五服——五百里甸服，五百里侯服，五百里绥服，五百里要服，五百里荒服——便是儒家理想中的华夷界限，便是中国人士的世界国家观，便是中国人士的国际社会观。这种观念相传几千年，从不曾打破；不过自秦汉以来，汉民族的文化区域越扩越大，华夷的界限也越推越广，不限于《禹贡》二千五百里的理想罢了。因为有这种根深蒂固的观念，在一般中国人脑识里面，所以对于西方各国派来请求通商修好的专使，一概以贡使看待；对于互派公使驻京，平等交际的请求，一概严词拒绝。因为在中国历史上，除了立在周天子下面的鲁、卫等国可以称兄弟以外，汉与匈奴和亲，宋与契丹约为兄弟，都视为莫大的耻辱；现在对于这些碧眼赤须儿，又安可屈尊，把华夷的界限轻于打破呢？欧洲在罗马帝国时代，也构成了一个天下统于一尊的世界国家观念；但自罗马帝国崩坏以后，由多数的封建国家渐变为民族国家，到《卫斯特发里亚和约》以后，渐成为民族平等的国际社会。虽蕞尔之邦，在国际社会中都认为有平等的资格；何况英吉利有海外广大的殖民地，已自成一帝国，安肯常受中国政府的侮慢呢？

二、经济生活的观念不同　欧洲自封建制度崩坏以后，所谓重商主义久，已成为国民经济生活的中心，到了十九世纪工业资本主义日益发达，更视国际贸易为国民经济生活的命脉。中国因蒙受地大物博的天惠，又拘守"不贵异物"、"不宝远物"的所谓"经训"，并且还有一种重农轻商的僻见，对于国内的工商业者尚且视为"末作"，何况含有破坏华夷界限的危险性的国际贸易，当然更不重视了。但是人类社会经济生活的范围，有趋于扩大的自然倾向；即在中国，西北陆路和东南海疆的所谓夷汉互市，久已成为历史的事实。不过在中国的士大夫看起来，这些事实，是根于古先圣王一种怀柔远人的政策，并非国民经济生活所必需；若夷人不守约束，侵陵中国的政教，便当闭关绝市，以严华夷之防；互市是夷人的利，不是中国之利；绝市是夷人的害，不是中国的害。这种观念，我们在清代中叶以前对外交涉的文件中，随处可以看见。例如：乾隆帝与英王的敕谕中说：

> ……天朝物产丰盈，无所不有，原不藉外夷货物以通有无。特因天朝所产茶叶、瓷器、丝斤，为西洋各国及尔国所必需之物，是以加恩体恤，在澳门开设洋行，俾得日用有资，并沾余润……

又如林则徐拟谕英王的檄文中说：

> ……如茶叶、大黄，外国所不可一日无者也；中国若吝其利而不恤其害，则夷人何以为生。又外国之呢羽、哔叽，非得

中国丝斤，不能织成；若中国亦靳其利，夷人何利可图。其余食物自糖料、姜桂而外，用物自瓷器、绸缎而外，外国所必需者，曷可胜数。而外来之物，皆不过以供玩好，可有可无，既非中国需要，何难闭关绝市。乃天朝于茶、丝诸货，悉任其贩运流通，绝不靳恤，无他，利与天下共之也。……

又如林则徐的奏语说：

……查从前每年来船不过数十只，而关税并不短绌，近年多至一百数十只，而鸦片愈以盛行。且每船自夷商以至水手，总不止于百人，合而计之，殊嫌太众；与其多聚奸宄，孰若去莠存良。……论者或恐各夷商因此裹足，殊不知利之所在，谁不争趋？即使此国不来，彼国岂肯不至；纵或一年偶少，次年总必加多。且闻华民惯见夷商获利之厚，莫不歆羡垂涎，以为内地人民，格于定例，不准赴外国贸易，以致利薮转归外夷；此固市井之谈，不足以言大义。然就此察看，则其不应无人经商，亦已明矣。……

惟其把互市看作一种柔远政策，不认为国民经济生活所必需，所以对于外商，动以奸夷目之，对于本国人民潜赴外洋贸易的，也动辄目之为奸民。如林则徐请将窜越夷船严行惩办的奏语说：

……臣等近日访闻，乃知此等夷奸，并未领照经商，而敢偷渡越窜，若被该国查出，在夷法亦必处以重刑；况天朝禁令森严，岂有转以内地各洋为其逋逃薮之理。且如内地奸民出海潜赴外洋滋事，揆诸国法，正宜按例治罪。倘在外已被夷人戕害，适足蔽辜，岂尚听其鸣冤，许为报复乎。……

西人认互市为两方有利之事，总不解中国当局，为什么要设种种的限制，妨碍自然的国民经济生活。

三、法律的观念不同　酿成此次战争的直接纠纷问题，就是围禁商馆，勒令具结，及因"林维喜案"禁止供给英人柴米食物的几件事。英人对于这几件事，皆认为强暴非法；但在林则徐及当时的中国人士，则认为很合法的。英人以为法律与命令当有分界，政府随便的一个命令，不能立刻构成新罪名；法律上行为的责任，应该只限于当事者，不得随便加诸当事者以外的关系人；构成法律责任的事实，当具有充分的证据，不得专凭一面的执词，在犯罪的事实未明确以前，不得随便剥夺人的身体自由权，或危及其生命。具此观念来判断林则徐的行动，所以无处不觉其强暴非法：勒令具"货尽没官，人即正法"的甘结，是随便可以入人于罪；围禁商馆，断绝柴米食物的供给，是不待责任事实的明确，随便将责任加诸一切外人，无故剥夺外人的身体自由权，危及外人的生命；所以都是不合法的行动。但在中国君主专制政体下面，所谓"皇言如纶"，皇帝的谕旨，可以构成新法律，可以变更旧法律；官厅的命令行为，得皇帝谕旨明白认可，或默许，也可以成为法例；带有钦差大臣的关防的尤可"便宜行事"；换言之，皇帝差不多就是法律的源泉；皇帝既为法律的源泉，自然可由皇帝的谕旨，或根于皇帝之明许或默许，随时构成新罪名。至于法律上行为的责任问题，虽有"一人犯事一人当"的俗语，但在法律习惯上，所谓"连坐"的范围，往往漫无限制：一人犯事，连累一家，一家犯事，连累一村一乡，甚或至于族灭；找不着犯人问地保是很普通的常例；这种办法，本是含有"以威止奸"的意味，意思就是你们要免去连坐的危险，就应该监察你们的家族邻里及一切关系人，不要作奸犯科；由这种"以威止奸"的观念，构成法律上一种连带责任的观念。皇帝的谕旨，既认贩卖鸦片为犯罪，林则徐又带有钦差大臣的关防，得以便宜行事，则勒令具结有什么不合法呢？围禁商馆，不许一切外商出入，就是要他们负连带责任，把那种犯罪的违禁品扫除（所以林氏的奏语对于此事说是"不可不喻以理而怵以威"）；义律是英国的"夷目"，对于贩卖鸦片的英夷，尤应该负连带责任，中国商人拖欠外人的债务，曾由中国当局由官库拨银代还，是中国当局对于中国商人的行为尚且负责，为什么英国夷目对于英夷的行为不应负责呢？所以连义律也围禁于商馆之内，非待英商将鸦片全缴，不许离开商馆。林维喜既是英夷船上的人打死的，英夷不肯将凶犯指明交出，便是庇护罪犯，自然也应该负连带责任，义律尤应负责，"依嘉庆十三年之先例，禁绝柴米食物"，又有什么不合法呢？这是当时中国人士的法律观念。

由上述种种观念不同的冲突，构成连续不断的冲突事实，遂终至于以炮火相见，造成《南京条约》，中国蒙受莫大的耻辱。但是这种冲突的根本问题，依然还是存在，不曾解决。因为当时的中国人，还是认中国为世界文化之宗，不承认西洋夷人也有什么可称为文化的，不承认西洋炮火的威力是文化的威力，只认此次的屈辱为"蛮夷猾夏"，如旧历史上偶然间发的事象。而在西方人士，则把所谓远东古文明国的实力看穿，以为远东人士的知识能力，也和非洲的黑人、南洋群岛的土人相去不远，所谓远东的文化，只有空空洞洞的虚名，一无足取，于是趁火打劫的思想一步步的进展，中国没有"高枕而卧"的时候了；接着在洪杨战役期中，便有英法联军入京更大的耻辱。

第二章　洪杨革命时代

　　洪杨革命军，起于鸦片战争结束后八年，即一八五○年（道光三十年）；一八五一年，建国号曰太平天国；一八五三年，占领南京为首都；一八六四年，南京被清军攻陷，太平天国覆灭；前后共十五年。这十五年间的战争，可称为满汉两民族斗争的试验时期。在此试验的斗争期内，革命军虽然失败，但是失败于汉民族自身，汉民族的势力，却已伸张起来了。不过西方势力的侵入，也更深了一层，从此汉民族的政治负担，比以前更为艰巨。兹就此时代经过的重要情事，分节叙述如次。

一　洪杨崛起以前的社会背景

　　洪杨革命军起，虽在一八五○年，若就他的背景分析，当溯之于鸦片战争以前，而鸦片战争，则为其近的导线。兹列述其大概。

　　其一，为经济上的背景。中国历史上有一种所谓"一治一乱"

的周期律，每次统一约二三百年之间，必要经过一二次的小屠杀；到了二三百年又要经过一次大屠杀。自秦汉以来，这种周期律的表现是历历不爽的。对于这种周期律的解释虽有多方面，其最主要的，就是中国从秦汉以来，生产方法不曾有重大的革新，因之国民的经济生活全凭着土地的自然生产力；人口增加到了超过耕地面积和生产力所能容纳供给时，就发生多数的失业群众；结果就只有假手几个枭雄，率领一班生活无靠的群众，来实行屠杀；屠杀到了减少与耕地面积相当时，于是又归于平静。清代人口的增加数字约如下表：

顺治一八年（公历一六六一）	二一〇六八六〇九口
康熙五〇年（一七一七）	二四六二一三三四口
乾隆六年（一七四一）	一四三四一一五五九口
乾隆一四年（一七四九）	一七七四九五〇三九口
乾隆二七年（一七六二）	二〇〇四七三二七五口
乾隆五七年（一七九二）	三〇七四六七二七九口
嘉庆六年（一八〇一）	二九七五〇一五〇八口
道光元年（一八二一）	三五五五四〇二五八口
道光二一年（一八四一）	四一三四五七三一一口

前表中顺治、康熙两朝的数字是不可靠的，因为当时有丁税，户口的报告，隐瞒者多。雍正朝定"丁随地起"之制，以丁税摊入田赋中，无田的人不要纳丁税，户口调查的方法也变了，故至乾隆六年，人口数字一跃而达一万四千余万有奇。由乾隆六年到道光二十一年（即太平军暴发的前十年）共一百年，人口的增加约及三倍。（中间因白莲教乱，经过一次小屠杀，故嘉庆六年的人口数字较乾隆五十七年降低。）至于垦田面积的增加则如何呢？约如下表：

顺治八年（一六六一）	五四九三五七六顷有奇
康熙二四年（一六八一）	六〇七八四三〇顷有奇
雍正二年（一七二一）	六八三七九一四顷有奇
乾隆三一年（一七六六）	七四一四四九五顷有奇
嘉庆一年（一八一二）	七九一五二五一顷有奇
道光一三年（一八二三）	七三七五一二九顷有奇

观前表，垦地的面积彷彿也是增加，但是增加的数字比起人口增加的数字来，实在小得可怜。并且到了道光十三年，比较前十一年，还减少了五十四万余顷。在此种情形之下，自然是土地不够分配了。一家之中，耕地不能与人口同时增加，若无别种生活方法则日贫；贫则由借债而至于卖田以济饥，于是助成商贾富豪的兼并；渐至土地集中于少数富豪地主之手，造成贫富悬隔多数群众失业的现象。若在工业生产发达的国中，没有土地的人，有多数都会的大工厂可容纳。我国在道咸以前，既然没有大工厂可以容纳多数贫困失业的群众，屠杀的周期律自然要随机表现了。加以对外贸易的鸦片输入逐年增加，现银流出日多，铜钱的价格低落，物价日趋腾贵，田赋的负担因银价腾贵而加重，农民的生活益困。并且在道光晚年，连岁皆有水旱的天灾；灾区之广，几遍于黄河及长江流域的各省。这都是促起屠杀的周期律表现的因子。此为经济上的背景。

其次，为政治的背景。关于乾嘉时代的政治实质，在导论中已摘要说及，此处不必多说。不过导论中所说及仅在官吏贪污的一方面；道光朝的政治，除了贪污以外，还别有一种作风，曾国藩名曰"掩饰弥缝，苟且偷安"。广西的龙启瑞上梅伯言书，描写"掩饰弥缝，苟且偷安"的现象及原因则如下：

……抑某窃有进者，奸民固非重州县之权不办，今州县虽无权，然察一结盟聚党之奸民，固力有余也。特上之督抚，不肯担待处分，又乐以容忍欺饰为事。有一二能办之员，且多方驳饬之，使逆知吾意不敢为。然督抚亦非真以为事之宜如此也，大抵容身固宠，视疆场若无与，苟及吾身幸无事，他日自有执其咎者。又上之，则有宰相风示意旨，谓水旱盗贼，不当以时入告，上烦圣虑；国家经费有常，不许以毫发细故，辄请动用。……为督抚者类皆儒生寒索，夙昔援引迁擢，不能不借助于宰相，如不谘而后行，则事必不成而有碍，是以受戒莫敢复言。盖以某所闻皆如是也。金田会匪萌芽于道光十四五年，某作秀才时已微知之。彼时巡抚某公（指梁章钜）方日以游山赋诗饮酒为乐。继之者犹不肯办盗，又继之者（指郑祖琛）则所谓窥时相意旨者也。

　　盖在道光朝，继续用两个庸相：一个为曹振镛，他尝向皇帝说："今天下承平，臣工好作危言，指陈阙失以邀时誉。若遽罪之，则蒙拒谏之名。惟有抉其细故之舛谬者交部严议，则臣下震于圣明，以为察及秋毫，自莫敢或纵。"这是造成臣僚缄口的第一个人。一个为穆彰阿，庸暗无能，尤过于曹氏。龙启瑞书中所指的时相就是他。这时候相继作广西巡抚的，梁章钜日以文酒征逐为务，若有谈整饬吏治的，便说他是"俗吏"。周之琦承其后，也没有什么振作。郑祖琛承周之后更放任无为，他是信佛的人，日以念佛消灾为事。这是政治的背景。

　　又其次，为民族思想的背景。自满清入主中国以后，明代遗民，播散在民间的"反清复明"的种子，虽经康、雍、乾三朝用摧残和驯柔的手段，尽力芟除，但终未能消灭。一七八六年（乾隆五十一年）天地会的林爽文，首起革命军于台湾，与清军相抗经一年之久。林爽文虽然失败了，到一七九三年（乾隆五十八年），又有白莲教的刘之协，拥小童王发生，假托朱明后裔谋起事。刘之协等虽然被捕失败（刘旋即脱逃），但是白莲的党徒已遍布长江上游及西北各省，随即到处暴发，成为嘉庆初年的白莲教乱。经过几年骚动，白莲教虽然被戡定了，他们所用"反清复明"的口号思想，依然潜藏在群众的脑识中，一遇缘会，即行复现。自道光纪元（一八二一年）鸦片战争爆发前，此处彼处，时有不断的小乱事发生。例如：道光二年，河南新蔡教民朱麻子滋事；六年，台湾粤民黄文润滋事；十一年，湖南三合会与瑶民滋事，遂有赵金龙之乱。十五年，山西赵城县教民曹顺滋事，知县杨延亮全家被杀。这些构乱的份子，在北省的大约称为"教党"，在南省的大约称为"会党"。教党以白莲教为首，其流有"白阳"、"八卦"、"红阳"等名目；会党以天地会为首，其流有"三合"、"三点"等名目。多依托旧的宗教仪范，以"反清复明"口号相结合。北京朝廷屡次谕令各省大吏"严拿会匪"，"捕治教犯"。道光十二年且定有"教匪首犯，遇赦不赦"的严例。但是事实上，不惟旧的种子不能消灭，西方新宗教流入中国以后，尚有新的民族革命种子，又要依托它发芽了。这是民族思想的背景。

到鸦片战争发生，又有几方面的直接影响：其一，腐败军队对于地方的扰害。当命奕山为靖逆将军驰往广东时，由河南、江西、湖南、贵州、广西各省调往广东的军队，共计在三万以上。这些军队，用以对外作战虽无用，而扰害经过及驻屯的地方则有余。王均《金壶浪墨》引《羊城日报》说，此种军队"奉调之初，沿途劫夺"，

"抵粤以后，喧呶纷扰，兵将不相见，遇避难百姓，指为汉奸，攘取财物。教场中互相格斗，日有积尸"。又说"楚兵尽夺十三行，背负肩担而去。呼群结党，散赴各乡，累日不归，不知所事"。这是当时军队遗害地方的事实。其二，团练义勇队的集散。广东方面，自发生林维喜被英兵杀害的事件后，林则徐便布告沿岸各地方，令他们购备军械，团练自卫。及战端既开，虑经常官军不足抵御，更添募义勇队至二三万。其后，团练义勇队以次解散，武器亦随而散播于民间。这也是助成民乱的诱因。其三，社会心理方面的刺激。在鸦片战争前，潜伏于民间的种族思想，本为"反清复明"，及鸦片战争暴发，共注集于"驱逐洋鬼"的一点，如广东三元里的"平英团"，一呼而聚集万人。及见清军的御侮不足，残民有余，于是痛恨"洋鬼"的心理，又渐回到"反清"两字上面去了。当英军围攻广州城时，英兵总数不过二千，而闭居城内的清军超过二万。以十倍于敌的兵数，不敢出与敌抗，甘受城下之盟，向民间搜索巨额的赔偿金，以求免死。清军如此的无用，尚安得不为人民所藐视。《羊城日报》说："百姓以兵不击贼，反阻民勇（指三元里"平英团"）截杀，自是咸怀愤激，益轻视官兵矣。"后来往说洪秀全攻取南京的浙江监生钱江，便是曾在广州倡导反抗英军的人。鸦片战争及于社会心理上的影响，于此可见。

概括说，自有鸦片战争，社会的受病更深，清政府的威力全堕，乱机更形迫切。从一八四一年到一八五〇年的十年间，无一年不有民乱，仅就见于《东华录》的谕旨所涉及的，如：

一八四一年，湖北崇阳县人钟人杰，聚众三千人，设立都督大元帅府，自称钟王，攻占崇阳、通城二县，到次年始平定。

一八四三年，湖南武冈人曾如炷、曾以得，因阻米出境，聚众戕官，据守洪崖洞，谋起事，旋被捕。

一八四四年，台湾嘉义县人洪协，与武生员郭崇高聚众二千余人谋起事，旋被捕；又湖南耒阳县段、阳二姓因抗粮起衅聚众千余人，由阳大鹏统率进攻县城，经月始平。

一八四五年，山东捻匪滋事，聚众拒捕，与官兵接仗。

又广东各属土匪四起，谕军机，谓："…… 有人奏称广州府一带土匪，劫掠为生，结党聚会数万余人；其著名积匪，如香山、新会、顺德等处，姓名皆历历可数；上年查拿之卧龙、三合等会匪，搜捕未静，嗣后复有新安、新宁各县匪徒，在香山之港口及隆都乡，引人入会，千百为群，肆行无忌；又香山，下沙地面，近来匪类渐多，地方文武，不肯实力查拿，以致农民不安耕作……又香山县城内外，自上年冬至今年春夏之交，报劫者不下数千案……并有香山巡检鲁凤林被盗劫去，剃须勒赎等语。"

一八四六年，山东峄县兰山等处，盗劫频行，并有掳人勒赎之案，谕令剿捕；又因广东盗劫频行，谕令认真清查保甲。

一八四七年，湖南新宁县与广西全州交界之黄坡岗瑶人雷再浩，与人民李辉、陈名机结党纠众，谕湘桂两省合力剿办，经年未平。

一八四八年，谕军机，谓："有人奏广西盗劫各案……北流县境有陈、李二姓，于道光二十六年为盗匪掳掠，横州所属南乡墟地界，本年五月内有商船二十余号，并遭劫抢，计赃一万余金……"著桂抚郑祖琛认真查办。

一八四九年，广东阳山、英德等县匪徒滋事，命徐广缙等剿办。

又广西盗匪在广东毗连一带地方，聚众滋事，都司邓宗珩督兵追捕，负伤毙命；该匪并有铁炮甚多，被官兵夺获十二尊。

又湖南新宁县城被匪攻陷，戕杀知县全家，经月始收复。

一八五〇年，因湘抚冯德馨剿匪不力，谕令两湖总督裕泰督兵会同广西员弁进剿由湘窜桂之匪。

这是见于谕旨官书的；但当时一班大小官吏，仍皆以文饰隐蔽为务，实际上北京朝廷所知道的，不过其一部分。此时各省的民乱，几于无省不有，而尤以两广及湖南的南部为甚；这三省毗连各境，真是群盗如毛；在广西各境的，如庆远的钟亚春，柳州的陈亚癸、山猪羊，武宣的刘官方、梁亚九，象州的区振组，浔州的谢江殿，都是当时著名的会党头目，拥众各千百；在广东的如陆和、李和、李善法、黎东狗、大鲤鱼、大头羊等各头目，号称拥有八千子弟，和广西各股通声气；湖南方面的头目，虽不若是著名，但人数也不少。洪杨崛起后，曾国藩奏称："湖南会匪自粤逆入楚，大半附之而去；然犹有'串子'、'红黑'、'边钱'、'香会'等，成群啸聚；如东南衡永郴桂，西南宝庆、靖州，万山崇薄，为卵育之区；有司亦深知其不可遏，特不欲其祸自我而发，相与掩饰弥缝，苟且偷一日之安……"广西巡抚郑祖琛就是第一个"苟且偷一日之安"的人，"洪水"的暴发，也就以广西为第一"决口"。

二　洪秀全与太平天国的树立

洪杨战役的主脑人物，一方为洪秀全，一方为曾国藩。洪部最有权势的人，起初是东王杨秀清，故以洪杨并称；在满清时，称为发贼；曾氏以平定发贼之功，死后谥曰文正公。满清颠覆后，大家认洪秀全为革命的先驱，他的贼名消灭了；曾国藩又得了反革命的罪名。贼与非贼，随时势与感情为转移，本来没有一定，不过，我们研究历史的人，最宜注意的就是要以客观的事实下判断，不要以主观的感情下判断。洪秀全与曾国藩的功罪，我们固然不可以两方的成败来断定，但也不可为感情所蔽，抹杀历史的事实。本节先就洪秀全树立太平天国的经过来观察：

一、洪秀全及首事诸人的略历　洪氏及首事诸人，事业虽不成功，却惊动了许多人的耳目，成为传说中的人物；因此记述他们的稗官野史，也就好比记述《水浒传》中的人物一样，人各一说，关于他们的出处、经历，难得一致的、最正确的记载。兹就各说中比较可靠的采取一二说：

洪秀全，广东花县人，生于一八一三年一月十日（嘉庆十七年十二月初九日）。一八三三年（道光十三年），由花县赴广州应试，归途中遇一中国基督教徒梁亚发，与以《劝世良言》一书（宣传基督教义之册子），洪氏并未阅读。一八三七年，又往广州应试，落第，归而大病，四十日间，几濒于死。病中妄梦至一广厦，庄严如宫殿，见一金须黑衣之老翁，命往下界扫除妖魔，救济一切兄弟姊妹；又见一身长寻丈之士人，称为彼之长兄，亦谆谆训以扫除妖魔之事，且谓当为之助。六年后，即一八四三年（道光二十三年），偶然间翻阅前此所得《劝世良言》之小册子，忽忆及六年前之梦中境况，觉得那个梦不是妄梦，梦中的黑衣老人与身长寻丈之士人，必为天主上帝与耶稣基督，要他扫除妖魔、救济一切兄弟姊妹，就是要他信奉上帝、救世济民之意，这本小册子，恐怕就是承受天命的天书。自此便倾信基督教，并劝他人信奉基督教。一八四四年，与其同学最契之友人冯云山，共往广西桂平县紫荆山，创设上帝会。后闻香港有一美国牧师名罗伯兹（L. J. Roberts）甚属有名，便于一八四七年特往香港，求教于罗伯兹；二月后归花县，再往广西与冯云山相晤，则上帝会的会员已近二千人，洪氏遂为其首领，其后会员日益增加。这是洪氏信奉基督教义的由来一说。（英人 Meadows 及 Williams 的记载大概与此所述者相同。）

李秀成的供状，关于洪氏和首事诸王的来历的叙述，大略如下："天王洪秀全兄弟共三人，长名仁发，次名仁达，皆前母所生；天王为继母所生。仁发、仁达皆务农，秀全独读书。南王冯云山，为天王同窗友，彼此最相契。道光二十七年（即一八四七年，或谓在道光十七年即一八三七年，此处所言二十七年，疑为李秀成误记），天王大病，昏迷七日，醒后，忽出异言，劝人信奉上帝，谓信奉上帝者，可免灾难，凡不信上帝者，必为蛇虎所吞食。天王本为花县人，因往广西说教，行数千里。信奉的兄弟散布各处劝说，天王常密藏深山中，积年，信者日众，但读书明理之人多不信，信者多种田贫苦之人。凡种田贫苦之家，每十家必有三五家或七八家信奉。参与起事密谋者仅东王杨秀清，西王萧朝贵，南王冯云山，北王韦昌辉，翼王石达开，天官丞相秦日昌（一作秦日纲）六人；其余附从之人，一无所知，大都皆为谋衣食计。东王杨秀清，住桂平县平隘山，以种山烧炭为业，本不知兵，信奉上帝后，深得天王信用，一切事权，由他掌管，号令严肃，赏罚分明。西王萧朝贵是武宣县卢陆峒人，在家种田种山为业，娶天王之妹为妻，故亦重用，为人勇敢，冲锋第一。南王冯云山在家读书，甚有才干，六人之中首谋立国者，皆出其谋。北王韦昌辉，桂平县金田人，此人在家出入衙门，是监生出身，见机灵敏。翼王石达开，桂平县白沙人，家富读书，文武兼全。天官丞相秦日昌，亦桂平白沙人，在家佣工，并无才情，只有忠勇诚实，故天王重信。起事教人拜上帝者，皆是六人劝化。我在家之时，并未悉有天王名号，每村每处只知有洪先生而已。"这是李秀成口供中的起事诸人的略历。（其他关于洪氏及诸王的传说尚多，不备述。）

二、太平军崛起的最近原因　在一八五〇年以前，洪秀全等宣传教义于桂平武宣诸州县时，正是广西群盗如毛，各会党大肆活动的时候。但是洪氏并未参与他们的活动。洪氏宣传教义的各州县，有所谓客民与土民的分别，客民大都多由广东迁入的；洪氏本为广东人，故加入洪氏的教会的，大概都是客民。土民与客民极不相容，常起冲突。值此盗匪蜂起的时候，各乡村举办团练以自卫，而团练之权，操在土民的士绅的手中，辄借端诬陷客民。客民为自卫计，也组织所谓"保良攻匪会"与团练相抗。而"保良攻匪会"的权，则操在上帝会领袖的手中。（林则徐在粤禁烟时，所上《议覆叶绍本条陈捕盗事宜折》中即谓"各县绅衿中，多有保良攻匪之公约，不知起自何时"云。）因此被官兵搜捕的会党头目，与被团练迫害的客民，皆与上帝会发生最密切的关系，"保良攻匪会"的势力渐大。土民的士绅见"保良攻匪会"与匪党和异教会党联为一气，一则激于仇怨，二则恐酿成大乱，屡次鸣官缉捕上帝会头目。洪秀全与冯云山，皆曾经被捕下狱，得会中极力营救始免。李秀成的供状也说："道光二十七八年上下，广西盗贼四起，扰乱城镇，各居户多有团练，团练与拜上帝之人，两有分别。拜上帝人与拜上帝人为一伙，团练与团练为一伙，各自争气，各自逞强，因而逼起……"一八五〇年，大黄江巡检黄基带领兵勇，往捕大盗陈阿贵，归途经过鹏隘山下，对于该处的烧炭工人勒索敲诈。那些工人，大都皆是上帝会的徒党，便集合许多人和黄基的勇兵相对抗。勇兵敲诈不遂，大骂而去。骂的话大略说："你们这些拜上帝会的造反的贼子，大兵不久就到了，看你们出钱不出钱。"冯云山得信，便把这群被敲诈威胁的工人领到金田村韦昌辉家去，用一种激奋的语言鼓动他们，此为发难的起点。当他们正在谋发难时，又有一个上帝会信徒陈玉书的，妾在新墟被黄基的部下所劫取。玉书来金田投报，便如火上添油。于是发难之议遂定。

三、太平天国的树立　冯云山、杨秀清等各首领在金田聚议时，洪秀全方匿居花洲村胡以晃家，起兵之议既决定，乃遣人往迎洪氏至金田，推戴为首领；一面派人往各州县，招集上帝会的党员，声势渐大。于是其他会党的头目也有率众来附的，如贵县的林凤祥、揭阳的罗大纲等，各率大股会党来附，有众渐近万人。清廷因广西群盗四起，特派固原提督向荣带兵往剿；九月，命林则徐（时为云贵总督，因林前在两广得人望，故命之）为钦差大臣，旋又令兼署广西巡抚；郑祖琛革职。林则徐行抵广东病殁，复命李星沅为钦差大臣，接任督办剿匪事。十一月，清军攻金田失利，清将伊克坦布战死。一八五一年二月（咸丰元年正月），洪秀全率军由金田进至大黄江，与清军战，又大胜，始称太平王；任杨秀清为左辅正军师，萧朝贵为右弼又正军师，冯云山为前导副军师，韦昌辉为后护又副军师，石达开为左军主将。清廷此时才十分注意，复命广州副都统乌兰泰与向荣会剿；继又特命大学士赛尚阿为钦差大臣，带兵往楚粤之交防堵；四月，李星沉病殁，赛尚阿便负剿办的全责。洪军自在大黄江战胜清军后，虽曾略受小挫，但人数日益加多。加多的原故，半由吸收其他会党，半由裹协，李秀成自述加入太平军的原因说："天王由思旺到大黄墟，分水旱两路行营上永安州，路经大黎（李秀成为大黎附近之居民），屯扎五日，将里内之粮食衣服，逢村即取；西王在我家近村居住，传令：凡拜上帝之人，不必畏逃，同家食饭，何必逃走；临行营之时，凡是拜上帝之家，房屋俱要放火烧之。寒家无食，故而从他。"（此李氏自谓）到了闰八月初一日，便攻陷永安州，即在永安州城内建国号曰"太平天国"，颁新历，封杨秀清等以下诸首领为王。为什么以"天国"为国号呢？就是根于他们的教义——万物皆主于天，天又主于天主，天主名耶火华，为天父，耶稣基督为天父之长子，秀全为天父之次子，故称耶稣为天兄（这是洪氏的"三位一体"说）；秀全承天父天兄之命降世，扫除群妖，救济天下兄弟姊妹，使共享太平幸福，故国号为"太平天国"，自称"天王"。他们所颁的新历，既不是中国旧式的阴历，也不同欧西的阳历，定一年为三百六十六日，单月三十一日，双月三十日；以公历一八五二年二月四日（咸丰元年十二月十五日）为太平天国元年正月元日；年号之上仍冠以干支甲子等字，但将地支中的"丑"改为"好"，"卯"改为"荣"，"亥"改为"开"，如癸丑称"癸好"，乙卯称"乙荣"，癸亥称"癸开"。这就是他们的新历法。洪氏自称王，不称皇帝，杨、冯等为什么也皆封为王呢？我们看他所下的封王诏书便知，诏书说：

　　　　天王诏令通军大小兵将，各宜认实真道而行。天父上主皇上帝才是真神，故天父上主皇上帝以外皆非神也。天父上主皇上帝无所不知，无所不在，又无一人非其所生养，才是上，才是帝，故天父上主皇上帝以外皆不得僭称上，僭称帝也。继自今众兵将呼称朕为主则止，不宜称上，致冒犯天父也。天父是天圣父，天兄是救世圣主，天父天兄才是圣也，继自今众兵将呼称朕为主则止，不可称圣，致冒犯天父天兄也。天父上主皇上帝是神爷，是魂爷，从前左辅、右弼、前导、后护各军师，朕命称为王爷，姑从凡间歪例，据真道论，有些冒犯天父，天父才是爷也。今特封左辅正军师为东王，管治东方各国；封右弼又正军师为西王，管治西方各国；封前导副军师为南王，管治南方各国；封后护又副军师为北王，管治北方各国；又封达胞（石达开）为翼王，羽翼天朝。以上所封各王，俱受东王节制。另诏后宫称娘娘，贵妃称王娘。钦此。（此诏下于辛开十月二十五日，时在永安。）

这道诏书，有两点可以使我们注意的：一、杨秀清等诸人，在攻陷永安前已称"王爷"。原来洪氏在宣传教义的时候，凡入会者不称师徒，皆称兄弟，妇女则称姊妹；盖欲以平等的精神，网罗群雄，扩张声势，而又恰合天主一尊之旨，故以石达开、杨秀清诸雄，也皆与之合作。但诸人皆志不在小，既属平等兄弟，洪氏作了太平王，他们自然也应该称王爷。不过方在对清军作战的时候，人人称王，近于群龙无首，号令不能齐一，这种平等的精神，不能不有妨碍；若把皇帝之号奉诸洪氏，杨、石诸人未必愿意；没有方法，只好以"天王"之名奉诸洪氏，而称之为"主"，其余诸雄则以东西南北等字冠之，既不抗，又不卑，于统一组织之中，仍不失平等的主旨，这是当时位置分配的折衷办法；其实当时的势力，还不出永安州，安有所谓"东方各国"等等给他们管治呢？二、所封各王，皆受东王节制。在对清军作战的时候，天王之下还要一个总司号令的人，也是当然的事；但与洪氏最相投、最亲密的，起初为冯云山，他又是首先建议起事的人（据李秀成供状所言）；若论才干、知识，又当首推石达开；杨秀清不过是一个由种山烧炭起家的土豪，为什么用他来总司号令呢？原来洪氏的魔力，全在假手神权以慑众；这一班枭雄，要拥洪氏为傀儡，所以也附和他的神权说；杨秀清对于神权的利用，更越过洪氏一层；他常假天父附身、传达天语的方法钳制洪氏，洪氏既畏杨之奸狡又喜其多谋，故更深与结纳，委以重权，这是杨秀清揽握大权的由来。（《太平野史·东王杨秀清传》谓："秀全怵人，每托诸宗教与神权……秀清知其诈，遂自言能通天语，谓秀全为天兄，天父特命降世为真主，信者益众。秀全喜。秀清更托天父降其身，谓天兄有过，令秀全跪而授杖以制之；己有过，亦令人杖不少贷。诇人阴私，摘发多奇中。秀全虽不堪，无如何也。……"）

在上述两点上，我们可以看出太平天国最初组织的不巩固，后来太平天国的内乱，也便发生在这两点上面。

四、天京定都及各种建置与精神　清政府见洪氏等建立国号，改易正朔，知道与寻常的盗匪不同，严命赛尚阿等尽力剿办。向荣和乌兰泰等倾全力围攻永安，经月不能下。一八五二年三月（咸丰二年二月），太平军由永安溃围，北出阳朔，趋桂林；清军尾追，乌兰泰战死。太平军围攻桂林三十日，不能下，弃而北走；陷全州，弃不守；入湖南，遇江忠源所率团练楚勇于蓑衣渡，冯云山中炮死。（这是太平军第一次被团练兵战败，丧失大将的事实。江忠源曾受浙江知县，丁忧回籍，因新宁毗连桂境，盗匪势盛，举办团练为防卫邑境计，赛尚阿闻其名，令其率所练募勇，助攻太平军。此在曾国藩创办湘军之前。）太平军虽受小挫，势不少衰，继取道州，分军东出桂阳、郴州，向北急进，达醴陵。七月至长沙，围七十余日，不能下，萧朝贵战死。九月，太平军弃长沙，向西北常德进军，经益阳掳船数千，转渡洞庭湖，陷岳州，得清军所贮存之军械大炮无数；沿江而下，十二月，遂陷汉阳、武昌；清湖北巡抚常大淳以下皆被杀。太平军留武昌一月，复东下，两江总督陆建瀛由南京率兵西上迎敌，闻风奔逃，太平军以次攻陷九江、安庆、芜湖。到一八五三年三月（咸丰三年二月），遂陷南京。当太平军攻陷武昌时，进兵方向，一时未能确定，或欲西趋荆襄，规取川陕为根据地，传说因浙江人钱江献策，乃东下江南。及得南京，杨秀清欲分兵留守，更北进取河南开封为建都地；据李秀成供状，谓因湖南老水手之言，始定都南京。（供状谓："有一驾东王坐船之湖南水手，大声扬言：亲禀东王，不可往河南；云河南水小而无粮，敌困不能救解；今得江南有长江之险，又有舟只万千；南京乃帝王之家，城高池深，民富足余，尚不立都而往河南何也。他又云：河南虽系中州之地，只称稳便，其实不及江南，请东王思之。后来东王竟依这老水手之言，故而未往，遂移天王驾入南京。"）改名曰天京。

　　天京定都后，于是陆续颁定种种建置。关于太平天国各种建置的理想，最好是看他们所颁布的《天朝田亩制度》的公文书。这种公文书，其名称虽曰《天朝田亩制度》，实则将他们的军政、民政、财政、经济、司法、教育等全部包括在内。试分别举其大略如次：

第一，军民合一的组织。原文云：

> 凡设军每一万三千一百五十六家先设一军帅；次设军帅所统五师帅；次设师帅所统五旅帅，共二十五旅帅；次设二十五旅帅各所统五卒长，共一百二十五卒长；次设一百二十五卒长各所统四两司马，共五百两司马；次设五百两司马各所统五伍长，共二千五百伍长；次设二千五百伍长各所统四伍卒，共一万伍卒；通一军人数，共一万三千一百五十六人。凡设军以后，人家添多，添多五家，另设一伍长；添多二十六家，另设一两司马，添多一百零五家，另设一卒长，添多五百二十六家，另设一旅帅；添多二千六百三十一家，另设一师帅；共添多一万三千一百五十六家，另设一军帅。未设军帅前，其师帅以下官，仍归旧军帅统属。既设军帅，则归本军帅统属。凡天下每一夫有妻、子女约三四口或五六七八九口，则出一人为兵，其余鳏寡孤独废疾免役，皆颁国库以养。（这是本于《周礼》五人为伍，五伍为两，四两为卒，五卒为旅，五旅为师，五师为军的组织，兵农合一的。）

第二，设官等级，朝内由军师下递至将军，地方由钦命总制下递至两司马，内外一气相含。原文云：

> 凡一军典分田二、典刑法二、典钱谷二、典入二、典出二、俱一正一副，即以师帅、旅帅兼摄。当其任者掌其事，不当其任者亦赞其事。凡一军一切生死黜陟等事，军帅详监军，监军详钦命总制，钦命总制次详将军、侍卫、指挥、检点、丞相，丞相禀军师，军师奏天王，天王降旨，军师遵行。（总制以下为地方官，将军以上为朝内官。东西南北各王皆为军师。

各王府皆有丞相。丞相各以天、地、春、夏、秋、冬等字冠之，又分"正"、"副"、"又正"、"又副"四位，如"天官正丞相"、"天官又正丞相"、"天官副丞相"、"天官又副丞相"。地官、春官以下皆同。因此丞相一等，专就天王府言，已达二十四人。合东王等各府计之，则更多矣。）

第三，两司马为最下层之基本单位，管理财政、教育、司法等一切政务。原文云：

> 凡二十五家中设国库一、礼拜堂一，两司马居之。……凡两司马办其二十五家中婚娶吉喜等事，总是祭告天父上主皇上帝，一切旧时歪例尽除。……其二十五家中童子俱日至礼拜堂，两司马教读《旧遗诏圣书》、《新遗诏圣书》及《真命诏旨书》焉。凡礼拜日，伍长各率男妇至礼拜堂，分别男行女行，讲听道理，赞颂天父上主皇上帝焉。(教育) 凡二十五家中力农者有赏，惰农者有罚。或各家有争讼，两造俱赴两司马，两司马听其曲直。不息，则两司马挈两造赴卒长，卒长听其曲直。不息，则卒长尚其事于旅帅、师帅、典执法及军帅，军帅会同典执法判断之。既成狱辞，军帅又必尚其事于监军。监军详总制、将军、侍卫、指挥、检点及丞相，丞相禀军师，军师奏天王，天王降旨。……(司法)

第四，经济财政制度，又分三点：(一) 土地公有依人口平均分配；(二) 余粮余财归公，由公家支配运用；(三) 自给自足的经济政策。原文云：

> 凡田分九等：其田一亩早晚两季可出一千二百斤者，为尚尚田；可出一千一百斤者，为尚中田（自此以下每少一百斤

则降一等），可出四百斤者，为下下田。尚尚田一亩当尚中田一亩一分；当尚下田一亩二分；当中尚田一亩三分五厘；当中中田一亩五分；当中下田一亩五分七厘；当下尚田二亩；当下中田二亩四分；当下下田三亩。凡分田照人口，不论男妇，算其家口多寡，人多则分多，人寡则分寡，杂以九等。如一家六人，分三人好田，分三人丑田，好丑各一半。凡天下田天下人同耕，此处不足则迁彼处，彼处不足则迁此处。凡天下丰荒相通，此处荒则移彼丰处，以赈此荒处；彼处荒则移此丰处，以赈彼荒处。务使天下共享天父上主皇上帝大福，有田同耕，有饭同吃，有衣同穿，有钱同使，无处不均匀，无处不饱暖也。凡男妇每一人十六岁以上受田，多于十五岁以下一半；如十六岁以上分尚尚田一亩，则十五岁以下减其半，分尚尚田五分。又如十六岁以上分下下田三亩，则十五岁以下减其半，分下下田一亩五分。（此土地公有，依人口平均分配。）

　　凡当收成时，两司马督伍长，除足其二十五家，每人所食可接新谷外，余则归国库。凡麦、豆、苎、麻、布、帛、鸡、犬各物及银钱亦然，盖天下皆是天父上主皇上帝一大家，天下人人不受私，物物归上主，则主有所运用，天下六家处处平均，人人饱暖矣。此乃天父上主皇上帝特命太平真主救世旨意也。但两司马存其钱谷数于簿，二其数于典钱谷及典出入。……凡二十五家中所有婚娶弥月喜事，俱用国库，但有限式，不得多用一钱。如一家有婚娶弥月事，给钱一千，谷一百斤。通天下皆一式，总要用之有节，以备兵荒。（此余粮余财归公，由公家支配运用。）

凡天下树墙下以桑，凡妇蚕绩缝衣裳。凡天下每家五母鸡，二母彘，勿失其时；凡二十五家中陶、冶、木、石等匠，俱用伍长及伍卒为之。农隙治事。……（此自给自足的经济主义。太平天国的人物脑识中，不需要有交换的商事与商人。）

　　以上是太平天国各种建置的概要。这种建置的理想来源，大都是出于《周礼》、《孟子》，而以天主一尊、人人平等的宗教理论贯串之。但是上列各项，都能见诸实行么？关于军民的组织及官制等各项，都是实行的。关于经济、财政各点，最重要的是土地公有依口平均分配的一事，则徒为纸上的空文。因为太平军所占领的，只有各都会城镇；纵使有些乡区地方，也在他们的政令管辖之下，但当军事扰攘之时，人民心理对于太平军尚怀反感；这种制度，实无施行的可能。但是财物归公一项，则在太平军起事之初，即严格实行。凡他们所掳获的各种物品，无论粮食衣服及一切金银钱货，不许私藏隐没。及至天京定都以后，在天京设立所谓"圣库"及"圣粮馆"。凡行军所得各物，一切皆纳诸圣库或圣粮馆。军需、官俸，男女口粮，皆由圣粮馆及圣库颁给。如有私藏银十两金一两者，即为犯天条。无论何人，犯者皆依天条治罪。但是到了杨韦之乱以后，这种天条就等于具文了。至于太平天国的全精神，可以看他们的《天讨胡虏檄》；那篇檄文，是在永安建国后发布的，节录首段于下：

　　……予惟天下者，上帝之天下，非胡虏之天下也；衣食者，上帝之衣食，非胡虏之衣食也；子女人民者，上帝之子女人民，非胡虏之子女人民也。概自满洲肆毒，混乱中国，而中国以六合之大，九洲之众，一任其胡行，而恬不为怪，中国尚得谓有人乎。妖胡虐焰燔苍穹，淫毒秽宸极，腥风播于四海，妖氛惨于五胡，而中国之人，反低首下心，甘为臣仆。甚矣哉，中国之无人也。夫中国首也，胡虏足也；中国神州也，胡虏妖人也。中国名为神州者何？天父上帝真神也，天地山海是其造成，故从前以神州名中国也。胡虏目为妖人者何？蛇魔阎罗妖邪鬼也，鞑靼妖胡惟此敬拜，故当今以妖人目胡虏也。奈何足反加首，妖人反盗神州，驱我中国悉变妖魔也。……

这篇檄文所表显的精神有两个方面：一、尊奉天主；二、排满。概括的说，就是将神权主义与种族主义融合为一。洪氏最初是假托天主利用神权的人；但就天主的教义理论说，凡人民皆为天父之子女，皆属平等，便不宜有种族的界限，则与排满的种族主义不相容。但当时先上帝会而存在者，已有许多"反清复明"的会党，如三合会等种种名目，颇能鼓动一般人心，势力却是不小。洪氏要把当时各会党的势力压倒，将各会党纳入自己势力范围之下，非将排满的种族主义纳入神权主义之中不可。日人稻叶君山说："洪王尝语人曰，三合会之目的，在反清复明，其会之组织在康熙朝，其目的亦可谓适当；然至二百年后之今日，反清可也，复明则未知其是。吾既恢复旧河山，不可不建立新朝；今时尚复用复明之语，焉能振起人心耶？若吾人说真教，赖上帝有威力之援助，则吾辈数人，可抵敌人百万，予不知所以尊奉孙膑、吴起、孔明等名将者何在，且彼三合会诸豪杰有何价值也。"（见稻叶君山《清朝全史》）这就是要用神权主义吸收种族主义的意思。虽然容许排满，但须在尊奉天主的教义之下排满。故太平天国的主义精神，表面上虽有种族主义与神权主义的两端，实际的主要精神，完全是利用神权；故国曰"天国"，王曰"天王"，一切建置皆称天；诏曰"天命诏书"，法律曰"天条书"，王宫曰"天宫"，金库曰"圣库"，粮栈曰"圣粮馆"，开科取士曰"天试"，天试的命题有"天父七日造成山海论"、"真道岂与世道相同论"，所颁行教育小孩的"三字经"起首两句便是"皇上帝，造天地"，幼学诗的起首两句便是"真神皇上帝，万国尽尊崇"。所颁的田制，虽然沿用中国历史上的均田制，但是采用均田制的理由，也是说天下之田，皆为天父上主所造，即为天父上主所有，天下之人，宜均享天父上主之福，有田同耕，有饭同吃；不许私藏财物金银的理由，也是说天下的金银财宝，皆为天父上主所有，只能归诸圣库、圣粮馆，大家公用；形成一种天国的共产组织。盖无处不表显其利用神权的精神。所以太平天国在形式上对于中国的宗教、政治、经济，彷佛都是革命的，但在精神上，这种革命，实在不是合乎现代精神的革命。

三　曾国藩与湘军的崛起

当洪秀全等在金田起兵时，曾国藩还是一个侍郎，在北京朝廷供职；一八五二年太平军向长沙进兵时，曾氏被任为江西乡试正考官，在安徽太湖的途次，闻母丧，丁忧回湘。此时正值太平军围攻长沙，曾氏在家守制。是年十二月，清廷谕湖南巡抚张亮基，谓："丁忧侍郎曾国藩，籍隶湘乡，于湖南地方人情，自必熟悉，著该抚传旨，令其帮同办理本省团练搜查土匪事宜，伊必尽心不负委任……"这道谕旨，便是曾氏出当大局与洪秀全对抗的出发点。但此时太平军已经攻陷武昌，清廷要曾氏帮办团练，只是要他帮办搜查本省土匪之事，并不是要他越境去打太平军。后来的湘军，虽以团练为起点，而团练的最初目的，并不是要使它成为一种平定大局的正式军队。由团练变为湘军，就是清廷的兵权，移入汉人手中的起点；其经过的情形，不可不分别叙明。

一、团练的由来与本旨　嘉庆时的教乱，是用坚壁清野与团练的方法平定的，在导言中已经说及；在道光朝晚年，两广盗匪蜂起，地方士绅举办团练，洪秀全等在金田起事，也是由于"保良攻匪会"与团练相对抗，前节也已经说及；江忠源在蓑衣渡击破太平军，损去太平军一员大将，也是由一种团练军变成的楚勇；楚勇之名，实先湘军而成立。在曾国藩出任团练事务之先，罗泽南及其弟子王鑫已在湘乡举办团练，为后来湘军的核心。凡此种种事实，皆足表明清廷经制军之无用，早已失去制服汉民族的效能。但各地方举办团练的本旨，纯为保持乡土的安全；就是曾国藩劝湖南各州县绅士举办团练的书，也是以保卫地方为言，书中说：

> ……团练之道非他，以官卫民，不若使民自卫，以一人自卫，不若与众人相卫：如是而已。其有地势利便、资财丰足者，则或数十家并为一村，或数百人结为一寨，高墙深沟，屹然自保；如其地势不便，资财不足，则不必并村，不必结寨，但数十家联为一气，数百人合为一身，患难相顾，闻声相救，亦自足捍御外侮。农夫、牧童皆为健卒，耰锄、竹木皆为兵器，需费无多，用力无几，特患吾民不肯实心奉行耳。……

曾氏作的《保守平安歌》三首，劝告乡人，第一首题曰《莫逃走》，第二首题曰《要齐心》，第三首题曰《操武艺》，都是劝导乡人齐心讲求自卫方法的话调。就是清廷对于团练的主旨，也只希望各地方，自己保持自己的安全而止，并没有要使他们能供政府调遣的意思。一八五二年（咸丰二年）冬间的上谕说：

> ……团练乡勇，乃民间自为守御，借以保卫身家，或各村自为一团，其经费应由绅董自行经理，岂可官为抑勒。且以守望相助之侪，辄复纷纷调遣，必至迁地弗良，转滋流弊。……

次年正月的上谕，又说：

> 嘉庆年间，川楚教匪，蔓延数省，嗣行坚壁清野之法，令民团练保卫，旋就荡平。……著各该督抚，分饬所属，各就地方情形妥筹办理。并出示剀切晓谕，或筑寨浚濠，联村为保；或严守险隘，密拿奸宄；无事则各安生业，有事互卫身家；一切经费，均归绅者掌管，不假胥吏之手；所有团练壮丁亦不得远行调遣。……

然则团练的本旨很明白，就是饷归地方人民自筹自管，团兵专卫地方，政府并不调出外省。所以当时举办团练的，并不止湖南一省，奉命举办团练的，也不仅曾国藩一人（安徽的吕贤基亦奉旨回籍举办团练，后竟死于舒城）。但事实上，清廷的正式军队既已无用，而太平军又非嘉庆时的白莲教党可比，汉族的人才，不能不由团练军露出头角来了。

二、由团练变为湘军　江忠源在新宁县所办的团练兵，既早由赛尚阿从新宁调赴广西，以楚勇的名义，立功于蓑衣渡，大为清廷所赏识；太平军由湘而鄂，直下江南，清廷的经制军，惟向荣所统率的，尚能紧随太平军之后，时与太平军接触；一八五二年，向荣授为钦差大臣（赛尚阿因剿贼无功革职，徐广缙继任钦差大臣，徐又无功革职，乃以向荣继任）；太平军攻陷南京后，向荣所统大军，尾追至南京，驻南京城外，号曰江南大营。江忠源因所率楚勇屡立战功，一八五三年，授湖北按察使，令赴江南大营，帮办军务；于是，第一个举办团练的人，变为正式军队的要人了。江忠源授命后，率师东下，行至九江，闻太平军将由湖口进攻江西省城，江氏便先由九江疾趋至南昌拒守；太平军也随即到了南昌，江氏兵少，遂为太平军所困。江氏是曾国藩最赏识的好朋友；曾氏接奉帮办团练的谕旨后，因持母丧不欲出，郭嵩焘力劝，乃赴长沙任事；此时罗泽南、王鑫所练的团兵约千人，已由湘抚张亮基调赴长沙帮助防守；曾国藩见当时正式军队腐败无用，便令罗泽南、王鑫将所募团兵仿明代戚继光的兵法部署操练，作为"异军特起"的柱石。曾氏尝与其友文任吾书，谓：

> ……鄙意欲练勇万人，呼吸相顾，痛痒相关，赴火同行，蹈汤同往，胜则举杯酒以让功，败则出死力以相救；贼有誓不相弃之死党，吾亦有誓不相弃之死党，庶可血战一二次，渐新民之耳目，而夺逆贼之魂魄。自出省以来，日夜思维，目今之急务，无逾于此。

因为曾氏看定清廷正式军队第一弱点，在"败不相救"四字，故其言如此。及江忠源被困于南昌，驰书向湖南求救，曾国藩便令罗泽南等所部的团练兵，由醴陵等处驰赴南昌，援救江忠源，号曰湘勇；于是湘乡的团练军，由长沙到了江西，变为湘军了；不得"远行征调"的谕旨，已没有人想及了。这就是湘军的起点。

湘军到了南昌，南昌城外的太平军仅有文孝庙营垒数座，湘军屡攻不能下；此时，郭嵩焘在湘军营中襄助军务，探知太平军的主力全在文孝庙后面的舟中水师，文孝庙的营垒不过为翼蔽水师之用，故湘军无如之何。郭嵩焘因向江忠源建议说："东南各行省州县多阻水；江湖一日遇风可数百里，贼舟瞬息可达；官军由陆路蹑之，其势常不及；长江数千里之险，遂独为贼所有。且贼上犯以舟楫，而官军以营垒御之，求与一战而不可得，宜贼势之日昌也。……"江忠源很同意于此说，立刻奏请清廷饬湖南、湖北等省仿照广东拖罟船式，各造战舰数十，饬广东制备炮位，以供战舰之用，并交曾国藩管带部署。奉旨即如所请办理；于是帮办团练的曾国藩，又要进一步创练长江水师了。

曾国藩在长沙经营团练军时，提督鲍起豹，异常嫉视他，兵与勇时起冲突，曾氏十二分的受气；他接到创办水师的命令后，托言衡永郴桂一带匪徒甚多，请移驻衡州，就近调度各处团兵剿治土匪，实则不欲再在长沙受鲍起豹一班人的压迫，要往衡州去独力经营水师。于一八五三年八月往衡州，得着彭玉麟、杨载福两个经营水师的柱石，便在衡州大造战舰，选将购炮（所用的炮多由广东购入，由陆路运衡）。此时太平军已弃南昌，陷九江，再向湖北进攻，武昌危在旦夕。是年十月，清廷谕曾国藩，说：

> 曾国藩团练乡勇，甚为得力；剿平土匪，业经著有成效；着酌带练勇驰赴湖北，所需军饷，着骆秉章（时为湖南巡抚）筹拨供支。两湖唇齿相依，自应不分畛域，一体统筹也。……

前此的上谕说团练兵"不得远行征调"，现在说"两湖唇齿相依，自应不分畛域"了。此时曾国藩抱定一个宗旨，就是"非把水师的基础弄巩固，湖南内部的土匪肃清，根据地不受影响时决不出与太平军作战"。清廷屡次下谕要他挑选练勇，酌配炮位、船只，顺流东下，救援湖北安庆，他总是坚决的不动。到了后来，咸丰帝急得无可如何，发起脾气来了，亲用硃墨批答他的奏折，说：

> ……现在安省（安庆）待援甚急，若必偏执己见，则太觉迟缓。朕知汝尚能激发天良，故特令汝驰援，以济燃眉。今观汝奏，直以数省军务，一身克当；试问汝之才力，能乎否乎？平时漫自矜诩，以为无出己右者，及至临事，果能尽符其言甚好；若稍涉张皇，岂不贻笑天下。着设法赶紧赴援，能早一步，即得一步之益。汝能自担重任，迥非畏葸者可比。言既出诸汝口，必须尽如所言，办与朕看。钦此。……

但是曾氏还是不为所动，奏称："饷乏兵单，成效不敢必，与其将来毫无功效，受大言欺君之罪，不如此时据实陈明，受畏葸不前之罪。……"咸丰帝又抚慰他，用硃批答他说："成败利钝，固不可逆睹；然汝之心，可质天日，非独朕知。若甘受畏葸不前之罪，殊属非是。"到了一八五四年春间，太平军再入湖北，两湖总督吴文镕战死于武昌。再太平军并且溯江西上，向岳州进攻了。清廷急如星火，督促曾国藩出兵的上谕如联珠而下，如说："曾国藩素明大义，谅不至专顾桑梓，置全局于不问，北重于南，皖鄂重于楚南，此不易之局也。"又如说："此时得力舟师，专恃曾国藩水师一军；倘涉迟滞，致令汉阳大股窜踞武昌，则江路更形阻隔。朕既以剿贼重任畀之曾国藩，一切军情，不为遥制。"又如说："曾国藩以在籍绅士，专顾湖南，不为通筹大局之计，平日所以自许者何在。"这是表明清廷穷蹙到了万分，完全没有办法，除非汉民族自己出来治兵，才能平定汉民族的内乱。曾国藩经营了几个月，至此基础渐固，于是统率水陆各军，顺流而下；虽在靖港受了一个大挫折，随即在湘潭大获胜仗；乘胜北进，到了是年八月，汉阳、武昌收复。

咸丰帝闻捷大喜，向军机大臣说："不意曾国藩一书生，乃能建此奇功。"当时有一位忌刻曾氏的伴食军机大臣祁隽藻答说："曾国藩以侍郎在籍，犹匹夫耳；一呼崛起，从之者万余人，恐非国家之福也。"咸丰帝听到祁氏这么说，便默然变了颜色。但因此便不用曾氏，不用湘军么？其势又不可能；九月的上谕说："曾国藩既无守土之责，即可专力进剿，但必须统筹全局，毋令逆匪南北分窜。"旋又谕："曾国藩经朕畀以剿贼重任，事权不可不专；自桂明以下文武各员，均归节制；倘有不遵调遣，迁延畏葸，贻误军机者，即着该侍郎专衔参奏，以肃戎行。"自此，曾国藩的湘军，便成为对抗太平军的中坚柱石，满清政府的兵权移入汉民族之手，也成为不可免的事实了。

三、湘军的精神　日人稻叶君山说曾国藩的湘军，并不是勤王之师，其目的全在维持名教，实无异于一种宗教军；此说大概是对的。但说曾氏无一语及于勤王，则非事实。太平军攻下南京后，曾氏与江忠源书，说："……逆贼在金陵恐不遽去；扼天下之喉，盐漕两事，不复可问；而京师饷项支绌，实有日不能支之势。为人臣子，一筹莫展，清夜自维，能无愧死。……"这不是表示要勤王的意思么？我们须知道：勤王忠君，就是所谓"名教"的一部分；既说他是以维持名教为目的，又说他不是勤王之师，这是稻叶氏未能看清"名教"两字的内容。曾氏讨粤匪的檄文说：

　　……粤匪窃外夷之绪，崇天主之教，自其伪君伪相，下逮兵卒贱役，皆以兄弟称之，谓惟天可称父，此外凡民之父皆兄弟也，凡民之母皆姊妹也。农不能自耕以纳赋，而谓田皆天王之田；商不能自卖以取税，而谓货皆天王之货；士不能诵孔子之经，而别有所谓耶稣之说，《新约》之书。举中国数千年礼义人伦诗书典则，一旦扫地荡尽，此岂独我大清之变，乃开辟以来名教之奇变，我孔子孟子所痛哭于九原，凡读书识字者，又乌可袖手安坐，不思一为之所也。自古生有功德，没则为神，王道治明，神道治幽，虽乱臣贼子，穷凶极恶，亦往往敬畏神祇，李自成至曲阜不犯圣庙；张献忠至梓潼，亦祭文昌。粤匪焚郴州之学官，毁宣圣之木主，十哲两庑，狼藉满地；自是所过郡县，先毁庙宇，即忠臣义士，如关帝岳王之凛凛，亦皆污其官室，残其身首，以至佛寺道院，城隍社坛，无庙不焚，无像不灭，斯又鬼神所共愤怒，欲一雪此耻于冥冥中者也。

　　稻叶氏因为檄文中没有骂洪秀全反叛皇帝，只骂他破坏名教，破坏旧道德旧宗教，便说他是一种宗教军，而不是勤王军。其实维持名教，便是尊王。故说湘军含有宗教军的精神是不错的，说他不是勤王军则误。当时中国士大夫阶级的大多数，都是笼盖在旧道德旧宗教之下；就是非士大夫阶级的群众，也是一样。再看得深透一点，便是太平军中的名将忠王李秀成，与其说是信服洪氏的天主神权说，毋宁说是全为名教的精神所涵濡；李氏的名教精神在他的供状中随处流露，如说：“天王加封我与陈玉成二人……那时我为合天侯，任副掌率之权，提兵符之令；我是为兵出身，任大责重；见国乱纷纭，主又蒙尘，尽臣心力而奏谏。……”又如说：“主与我母，被困在京，那时我在全邑（即全椒），日夜流涕。”又如说：“我主不问政事，只是教臣认识天情，自有升平之局。……严诏下颁，令我领本部人马，去取苏、常，限我一月回奏。人生斯世，既为其用，不得不从。……”又说：“……天王迷信过深，竟说天父天兄自能佑助，不必将政事办好……后来人心乱了，粮食尽了，还是讲天话，全靠天心，不挽回大局。"李氏攻陷杭州后，清政府的浙抚王有龄死节，李氏优礼送王榇回乡，说："各扶其主，各有一忠。……生各扶其主，两家为敌，死不与为仇。"这不是李忠王的脑筋里面名教的观念多于神权的观念么？然而李忠王的价值并不因此而有增减。曾国藩既是旧道德中的人物，他所吸引的一班同志也是和他一样，自然都是以维持名教为己任，不容异教的天主神权说来破坏社会的秩序。我们须知人类虽然是进化的动物，进化的程序是有时间性的。我们研究历史，不要忘了这个时间性去下判断。当时多数人既时浸渍在名教的观念之中，所以洪氏的天主神权说不能为社会所容，他们的天国平均制度也不能为人所承认。至于他们的排满主义，仿佛可以鼓动一部分人士，但当鸦片战争失败不久后，一般人痛恨"洋鬼子"的心理尚未全消，用洋鬼子的洋教来排满，反把排满主义的效力打消了；所以，太平军的神权主义，在时间性上是必失败的。曾氏的名教维持主义，还是时间性上的宠儿，就是到了甲午以后，还有许多人以渎乱圣经排挤康、梁，何况在甲午以前数十年的曾国藩，安得不用名教来抵抗洋教呢？

四　太平天国被摧倒的经过

太平天国从一八五三年定都南京，与清廷对抗约十一年，至一八六四年颠覆。这十一年间对抗争斗的经过，可分为三个时期：第一期以长江上游的争夺为主（由一八五三年至一八五六年）；第二时期以长江中部的争夺为主（一八五七年至一八六〇年）；第三时期以长江下游的争夺为主（由一八六〇年至一八六四年）。分别略述如次：

第一时期 太平军从永安州冲出，所向无前，一直冲到南京，弄得清廷措手不及，算是太平军的大成功。但是成功之中，有几点大失败的地方：一、未能将长沙攻破，占领湖南，使曾国藩得据为经营湘军的根据地；二、凡所攻陷之城，皆掳掠一空而去，自安庆以上，未尝固守一城，即武汉如此重要之地，也弃而不守，使南京常受上游的威吓；三、占领南京后，又未能从速将江苏全省勘定，旋即受清廷的所谓江南大营与江北大营所牵制。所谓江南大营，是清廷钦差大臣向荣所统率的军队，尾随太平军之后，由广西跟踪而至的，驻屯南京城外孝陵卫附近；江北大营是琦善所统率由北方开来的军队，驻屯江北的扬州，为防堵太平军北窜之计。这种大营，虽无攻破天京的能力，但很足以威吓天京。幸此时清廷尚无水师，而太平军已陆续由上游掳得许多船只，构成一种水上队伍，得出入自由。于是太平军除分派军队渡江，向皖北、河南，进攻直隶，以牵制清廷北方的兵力外（太平军派往北方军将，一为林凤祥，一为李开芳，皆能达到黄河以北，因无继续而进之援军，二人皆败死），并力争长江上游，自九江再行进攻武汉。此时曾国藩的水师尚未成军，遂由武汉再入湖南。到一八五四年春夏之间，曾国藩的水师出来了，于是太平军节节败退；到是年八月中，武汉遂为湘军所恢复。湘军乘胜水陆并进，围九江，图江西；太平军坚守九江，湘军不能攻下，而曾国藩所率领的水师，因进行过猛，冲入湖口，被太平军截为两段，曾氏自己率领一部陷入湖内，一部尚在外江；于是曾氏坐困江西境内，往来于南昌、南康之间，经年不能有为。太平军一面固守九江，一面分兵复向上游进攻；到一八五五年二月，武昌复为太平军所陷（此为第三次攻陷）。太平军此次攻陷武昌后，据守的时间颇长（至一八五六年十一月始被胡林翼所恢复）。在此时期内，湘军颇受了十分的艰苦；曾国藩在江西，常被江西的巡抚掣肘，九江又未能攻下，去湖南的根据地又远，交通既不方便，又时被阻遏，接济十分困难。时清廷因武汉失守，乃依曾国藩的推荐，令胡林翼署湖北巡抚谋恢复，曾国藩令罗泽南分兵援湖北，与胡林翼合攻武昌，经年未能下，罗泽南战死于洪山。江西方面，曾国藩孤居南昌，南昌以外各州县，大都皆为太平军所攻陷；曾氏又求援于胡林翼。胡氏既要图武汉，又要分兵援救江西，因此武汉益难攻下。

南京附近各地，因受向荣的所谓江南大营所威胁，到一八五六年五月顷，太平军一军由南京冲出，一军由镇江方面西进，两面夹攻，遂把江南大营攻破，向荣负伤，以部将张国樑死力救护，得逃至丹阳，因伤病殁：所谓江南大营第一次瓦解。清廷旋命和春继任钦差大臣，领其残余部队，再图整理补充。

此时太平军在上游既能固守武汉，在天京附近又能将向荣打倒，算是能维持一点局面了；但是天国朝廷的内部，发生大变化了。由永安所封的五王，到南京时，只存东王杨秀清、北王韦昌辉、翼王石达开三个大首领。天国的大权，全操于东王杨秀清一人之手，杨氏把天王当作傀儡，表面上奉之为天父下降的神圣，一切朝臣不许与天王直接相晤，谓恐亵渎天王的尊严；对于韦昌辉、石达开二人，则令之出征，不使留居天京；于是天王渐成为孤立的偶像。攻破向荣的江南大营后，所谓"外宁即生内忧"，杨秀清以为天京的危险从此去了，可以大乐了，便想取天王之位而代之。天王见杨氏势焰日逼，不能忍受，阴令人招北王韦昌辉回天京，密防杨氏。韦昌辉久不满于杨氏之所为，得天王密信，便由江西回天京，乘杨氏不备，杀杨氏及其全家，并捕杀杨氏的党羽无数。韦氏把杨氏杀了以后，专横更过于杨氏。石达开本来也是不满于杨氏的，闻变，由鄂皖回天京，见韦氏屠杀过惨，颇不满意；韦氏以为石氏也是杨党，想把石氏也杀了，石氏见机离去南京，韦氏遂杀石氏之全家。自此，天京内人人自危，天王更不自安，乃密令杨氏余党捕杀韦昌辉，招石达开回京。石氏回京后，朝臣都希望他柄政；但是天王经过杨氏之乱后，恐怕石氏也将和杨、韦一样的专横，不敢信任；表面上推重翼王，请其翼赞天国，实则异常猜忌他；天王的两位哥哥洪仁发（封为安王）、洪仁达（封为福王）和一班亲戚佞臣包围天王，教他不要再把大权交与别人。石达开知事不可为，离去南京，谋另辟新天地；于是天国的大权全落于洪氏亲族戚党及一班小人之手。这是一八五六年秋冬间的事。到是年十一月，武昌也被胡林翼攻克，太平军又失去长江上游的根据地；湘军得胡林翼坐镇于武汉，根据地渐趋巩固；两方的胜负，至此略定。

第二时期　此时期两方面争斗的重心，移于赣皖；太平军失势于赣，在皖省的势力尚能维持；而在南京附近，又以李秀成之力第二次摧毁清廷的江南大营，扩其势力于苏、常；是为此时期形势变化的大概。

清廷方面，胡林翼恢复武昌后，一面整饬吏治，培养民力，一面扩充军实，以为进图皖赣两省的基础；自此，湘军后方的根据地由湖南扩展到湖北。不过曾国藩于此时期之初，即一八五七年春间（咸丰七年二月），因父丧由江西回籍，在家守制，至次年五月始再出任事。在曾氏守制的期内，湘军的中心人物实为胡林翼；胡氏的职位为湖北巡抚，上面还有一个两湖总督，为满人官文。胡氏初因官文既无能力，又复滥耗财赋、任用私人，极不满于他，想上奏参劾他；后因胡氏幕友阎铭敬的谏阻陈说，乃转采利用官文的政策，极力与他结纳，于是官文成为胡氏的傀儡。清廷对于胡氏言听计从；胡氏的事权既归划一，地位也日益巩固，湘军也就立于不败之地了。

太平天国方面，石达开离去南京后，天国的朝廷失去活动的中心人物，于是有两位后起之秀的人才陈玉成、李秀成，同时为天王所拔擢。二人之中，犹以李氏为重要，他几乎成为维持残局的唯一大人物。李秀成出身的经过，据他自己的供状，大略如下：父名世高，母陆氏，生秀成及弟明成二人，家极贫苦，以种山帮工度日；秀成八岁至十岁时曾随舅父读书，十岁后即随父母庸工求食以度日；二十六岁，方知有洪先生教人拜上帝。太平军起，焚民舍，裹胁居民从行，秀成全家无所依止，乃从太平军行。由广西出时，秀成为兵卒，攻陷南京后，始随春官丞相胡以晃理事。胡氏带兵攻庐州时，始授秀成为二十指挥。天京内讧，军事无胜任之人，经朝臣查选，秀成乃与陈玉成（时为十八指挥）同被擢用，封为地官副丞相。这就是李秀成出身的经历（李氏后又被封为合天侯，进封忠王；陈氏被封为成天豫，又进封英王）。陈、李二人被擢用的原故，完全因为军事没有人能够担负，二人虽被授以军事，只有打仗的责任，没有主持朝政的权力。内外实权皆操于天王兄弟仁发、仁达之手；天王的佞臣蒙得恩结托仁发、仁达窃据大权；陈、李二人皆须受蒙氏之调度；纲纪沦乱，人心因此解体。据秀成供状说："此时各人皆有散意，而心各有不敢自散者，因闻清朝将兵，凡拿是广西之人，斩之不赦，是以各结为团，未敢散也。若清朝早肯赦宥广西之人，解散久矣。"李秀成见大势危发，上奏苦谏天王，劝其"择才而用，定制恤民，肃正朝纲，明定赏罚，仍重用翼王，不用安、福二王"（李氏供状语），反被黜革。李氏再上奏，得陈玉成等援劝力争，始恢复李氏职爵。这是此时期之初天国方面的情形。

陈玉成、李秀成二人的活动，陈氏以在安庆上下游的江北岸为多，李氏则兼顾天京内外附近各要地，驰驱于江南江北不定。湘军的健将李续宾于一八五八年四月，攻克九江，太平军在江西的势力次第丧失，湘军渐次并力图皖。时石达开活动于赣南、闽、浙交界各州，另求出路；曾国藩于九江克复后一月，因清朝督促，由家再出，受命援浙，驰至江西境，浙势稍安，又受命援闽；未几，石达开由赣南入湘南，有将由湘境窜入四川之势，曾氏又受命防川。曾氏再出后一月余（一八五八年即咸丰八年七月），胡林翼又因母丧丁忧回湘。十月，图皖各军大败于三河，李续宾及曾国华（国藩之弟）等皆战死。清廷因于是年十二月再起复胡林翼回鄂抚原任，督师图皖。从是年夏秋间至次年（一八五九年即咸丰九年）夏秋间，湘军一部分因在三河大受打击，曾国藩所部的一分，因援浙援闽防川的方向不定，而太平军方面得李、陈二人的合力奋斗，又与皖北的捻军相联络，他们在江西的势力虽然丧失了，而在皖省的势力依然能够维持，安庆仍为太平军的重要根据地。曾氏受命援川后，旋因石达开在湖南宝庆被击退（石后由湘南转入黔桂边境，谋取四川，在川边被擒），乃在鄂境与胡林翼合议，定计并力图皖，于是陈玉成渐有措手不及之势。

南京附近，自向荣的大营溃败后，和春继任钦差大臣，驻江南，依向荣的旧将张国樑之力，把所谓江南大营整理补充，实力渐就恢复。张国樑原名张嘉祥，本来也是广西的会党首领，因与洪秀全宗旨主义不合，曾在广西浔州别树一帜，向荣前在广西剿匪时，张氏受了向荣的招抚，将他的徒党收编成军，勇悍异常，渐成为向荣的中坚部队，向荣所以能经久维持一点势力。及向氏败死，和春接任钦差，张国樑又是和春的股肱心膂之将，而所谓江南大营者，仍以张氏的部队为中坚。故江南大营，表面上是清廷的经制军，实际上所以能经久存在于江南，牵制太平军的活动的原故，还是靠着一个汉族受招抚的会党首领，率领一班强悍的会党作大营的柱石。和春倚张国樑而得势，因将江北大营的继任主持者德兴阿参劾罢职，江北军务统由江南大营主持（江北大营日久无功，常倚江南之救援，故和春参罢德兴阿），于是江北大营之名不存。太平军方面，陈玉成围困。李秀成困极计生，知道所谓江南大营的饷糈供给，全靠杭州、苏州等处（此时苏州为江苏巡抚驻在地，故极重要），乃用兵法上所谓"攻其所必救"的策略，分兵四出扰乱各境，自率一军直攻杭州，陷其外域，和春果派重兵援杭。李秀成知江南大营兵力已分散，乃由杭州秘密退兵，猛扑江南大营，张国樑抵御八昼夜，不能支，和春、张国樑皆战死。江南大营全军覆没。李秀成乘胜进攻常州、苏州，皆无抵抗取得；于是天京围解，天国的朝廷复安。这是一八六〇年春间的事（咸丰十年闰三月）。

第三时期 江南大营第二次破毁，所以成为第二期与第三期划界的事变，因为此事发生后，两方面的情形，都起了一种大变化：

在清廷方面，自和春、张国樑死后，不再派钦差大臣去恢复江南大营的机关了。两江总督何桂清因弃常州不守，被苏抚徐有壬所奏参，徐氏殉难于苏州，何氏逃上海，被清廷革职拿问。清廷议江督继任人物，咸丰帝想用胡林翼，肃顺以宗室亲贵入值军机处，建议说："胡林翼在湖北甚得手，未可轻动，不如用曾国藩总督两江，则上下游皆得人。"曾国藩遂被任为两江总督，旋又命兼任钦差大臣并督办江西军务（次年又命统辖江苏、浙江、江西、安徽四省军务）。前此清廷的军队势力，有两个中心，一个是上游的湘军，一个是江南的大营；现在只有湘军的一个中心势力了，于是军事的计划渐归统一。前此曾国藩仅仅是一个督办军务的在籍侍郎，没有地方长官的职责，也就没有统筹地方事务的实权，处处受人牵制，朝廷内部又有祁寯藻一派的人忌刻他，幸喜在湖南有一个骆秉章，在湖北有一个胡林翼，作他的后援，才得支持起来一个局面；现在既有兵权，又有地方长官的实权了，肃顺又极力推崇他，在咸丰帝前作他的靠山，咸丰帝自此便以平定太平天国的全权交与他。这是清廷军事势力与事权集中的一个大变化。所以江南大营的消灭，在清廷反为一个良好的转机；左宗棠听说和春、张国樑失败，便说："天意其有转机乎？"或问其故，他答说："江南大营，将蹇兵疲，岂足讨贼！得此一番洗荡，后来者庶可措手耳。"事实果不出其所料。不过曾氏受命不久后，便发生英法联军攻陷北京、咸丰帝避往热河的大事变（在一八六〇年八月），曾国藩、胡林翼又想带兵北上勤王；幸英法和议旋即成立，曾氏未至动摇。

在太平军方面，前此李秀成为江南大营所牵制，不得向长江下游发展；和春、张国樑战死时，上游的安庆尚为太平军所守，皖省方面尚有陈玉成负责支撑，李秀成因得并力向长江下游发展，苏浙两省遂成为李氏活动的大舞台。这又是天国方面一个好的转机。但是这个转机已来迟了，李秀成方在向上海方面活动的时候，又来了一位姓李的（鸿章）对头了。

李秀成占领常州、苏州后，分兵沿江东下，数月之间，破江阴、吴江，取昆山、太仓、松江等县，又分兵入浙，取嘉兴等县，次年（一八六一年），攻陷杭州省城；于是苏浙两省的各名城，十九皆为太平军所有。李秀成的行动，与前此太平军各首领的行动大异：前此的太平军，专以掳掠粮食、财物运往天京为务；李氏所至，对于居民则十分抚恤，对于士绅则百计延揽，对于死难的清吏及家属，则加以礼遇并保护周恤。他在苏杭两处的行动，尤为人民所敬服。假使以前其他太平军的举动都是如此，天国的命运必不至如是的短促；可惜太平军中只有一个李秀成，而李秀成的出头又太迟了。

李秀成抚定苏浙各要地后，他的目的便注集于上海。上海为东南财赋集中之地，太平军不能早早占领，虽因受江南大营牵制的原故，但也不能不归咎于洪天王部下的人才没有眼光。太平军取得南京后的几个月，有一个三合会支派的首领、广东人刘丽川，招集各会党二千余人闯入上海县城，清吏或逃或死，县城遂为刘氏所占领。英、美、法等国的外人皆严守中立。刘丽川派人到天京接洽，天京朝廷查知刘氏等为三合会党，不是信奉天主的同志，置之不理。清军攻围上海县城，竟不能下；因为清军侵犯外人的中立，且为英美水兵所逐。此时外人对于太平军甚怀好感；假使太平军中有人收刘丽川为己用，一面增派重兵驰赴上海，援助刘氏，一面善用外交手段，取得外交上的援助，上海未尝不可成为天国的重镇。乃竟置之不理，坐观清军围攻上海县城，延至十七个月之久（并有法国兵援助清军）。一八五五年二月，刘丽川始因粮尽溃围而逃。此后的上海，遂成为苏省殷实商民逃避兵乱的“桃花源”，又成为苏省财赋的策源地。及李秀成进图上海，内外商民栗栗危惧，此时外人对于太平军的观感也变了。旅沪苏人及殷富商民，乃招募义勇队谋自卫；英、美、法等国的旅沪投机军人，遂为华商所雇用；由美人华尔（Ward）、白齐文（Burgevine）领导，组织一种义勇军（即后来常胜军的基础），谋抵抗李秀成的进攻。但是这种义勇军终没有防止李秀成侵入的力量。到一八六二年，旅沪苏绅钱铭鼎，代表上海商民在安徽求援于曾国藩，上游的湘军也次第东下，李秀成便没有取得上海的机会了。

曾国藩于受任两江总督兼钦差大臣后，驻军皖赣两省交界地的祁门，屡为太平军所困，令其弟国荃围攻安庆，到一八六一年八月，始将安庆攻陷；捷报至清廷，咸丰帝已于前月崩驾于热河；胡林翼也在攻陷安庆后，病殁于武昌官署。清廷以安庆既克，便要曾国荃带兵去援苏浙，国荃以攻取南京为目的，说："金陵为敌之根本，急攻金陵，敌必以全力来援，而后苏浙可图。"曾国藩从其言，便命国荃进攻南京，以援浙之任委之左宗棠，援苏之任委诸李鸿章。

左宗棠前在湘抚骆秉章幕府主持湘政，为人所忌，受了都察院的奏劾；因郭嵩焘、肃顺、曾国藩、胡林翼内外互相应援，得以保全，并被命以四品京堂，襄办曾国藩军务，屡立战功，授太常寺少卿；安庆攻克后，遂以曾国藩的疏荐，受命督办浙江军务，归曾节制，旋即受为浙江巡抚。李鸿章本为曾国藩的门生，曾在安徽与吕贤基举办团练，又曾入皖抚福元修幕府，不得志，乃往依曾氏，受曾氏训练既久，曾氏见其才气伟大，乃保奏于清廷，说他"才大心细，劲气内敛，堪膺封疆重寄"。及钱铭鼎由上海到安庆来求援的时候，清廷也催促曾国藩令饬其弟国荃带兵赴沪；曾国藩遂请以李鸿章带兵驰赴下游（并继续请令李氏署理江苏巡抚，在李氏出发后），得旨许可，曾氏遂命鸿章往淮南招募淮勇数千人，悉仿湘军编制训练，又选湘军宿将程学启、郭松林及湘军一部，并授李统率，是为后来淮军的基础。一八六二年，上海商民雇用外国轮船十艘，并饷银十八万两，到安庆迎接援师，李鸿章遂于是年三月率领全军抵上海。五月，曾国荃军已逼南京驻屯雨花台；陈玉成于安庆失守后奔走皖北，在是年春间为捻首苗沛霖所诱，被擒于寿州；于是李秀成孤立无助，上下不能兼顾，天国的末运逼近了。

李鸿章以新编成军的劲旅，又得华尔等所组织的义勇军（后名曰常胜军，华尔战死后，由白齐文统率；白齐文不受节制，李鸿章解其职，另用英人戈登统率；白齐文投入李秀成部下）为之援助，参用西方新式军械，把李秀成在上海附近的势力以次扫去，渐渐进逼苏州。两李方在下游拚命角斗的时候，天京的形势日趋危急，洪天王急如星火的督促李秀成回救天京；秀成乃以苏杭之事分交部下诸将，自回天京。他知道天京已无保全的希望，劝洪天王舍弃天京，率众闯出，别图根据地，洪天王不从，且严责秀成说："朕奉天父皇上帝及天兄耶稣圣旨，下凡作天下万国主，独一真王，何惧之有？不用尔奏！政事不由尔理！尔欲外出，欲在京，任由于尔！朕铁桶江山，尔不扶，有人扶。尔说无兵，朕之天兵，多过于水，何惧曾妖乎？”这与王莽所说的“天生德于予，汉兵其如予何”可算是同样的自己骗自己，以宽解自己。他以为还是在永安州被围的时候一样，不知道此时的神权精神已经失了作用了。李秀成无计可施，纠合内外诸将猛攻雨花台，曾国荃屡濒于死，卒能固守不动。秀成见天京之围没有可解的希望，又往苏州；及抵苏，苏围亦急，各守将因天京朝廷举措乖方，渐渐解体，知苏州亦无可救，又回天京，劝洪天王弃天京他走。李氏再离苏，苏州即降于李鸿章，是为一八六三年冬间之事。一八六四年，左宗棠陷杭州，天京外援皆绝；四月，洪天王仰药死，诸王扶其子洪福为天王；六月，曾国荃攻陷天京，李秀成翼卫洪福溃围出，中途相失；秀成被擒于城北涧西村，洪福落荒至江西，后在江西石城县被擒，太平天国颠覆。

五　太平军失败与湘军致胜的原因

太平军的所以失败，湘军的所以致胜，有几种原因：

第一，就军略上说，太平军只顾向前，不顾后方的安全与否；到了他们想谋根据地安全的时候，已经没有机会了。湘军的方面，曾国藩、胡林翼辈都是脚踏实地，一步一步的进展，对于后方安全的问题一点不放松。这是胜败所系的一个关键。

第二，就政策上说，太平军只顾攻城，不顾治地；只顾掠食，不顾抚民；等到李忠王想要治地抚民的时候，已经不容他有展布的余暇了。曾国藩有一个骆秉章和胡林翼，分任上游治地抚民的事务。这是胜败所系的又一个关键。

第三，就人才上说，太平军的战将，固然不少，兼有政治才干的人实在是太缺乏；杨韦之乱后，以一石达开而不能容；李忠王确实是一个有能力、有心性的人才，但天京朝廷一切皆为洪氏的家族亲戚所把持，而彼等又皆贪污庸碌，无知无能，以一忠王立于群小环视之中，真所谓"一木安能支大厦"。湘军的战将，固然未必优于太平军，有政治才干知识的人，则远非太平军方面所可比；曾国藩在战争的前半期中，固然也受过地方疆吏的掣肘，后来渐渐取得清廷坚固的信任，运用他自己观察人才锐敏的眼光，将他所认识的人才尽量拔擢，各如其才器之大小短长，分布适当，使各人皆能发舒其所长而无遗恨。这是胜败所系的一个重要关键。

第四，就主义上说，太平军的种族主义，既已被神权主义所吸收，褪了颜色，失了效力，而所持的神权主义，又不合于当时中国大多数人的对神观念。湘军的名教主义，在中国已经有了几千年的历史，根深蒂固，加以曾国藩、罗泽南一辈人的鼓舞激励，自然非太平军的神权主义所能抵抗。这是胜败所系的又一个重要关键。

最后还有一层最重要的原因，就是：洪秀全辈的神权主义精神是假的，曾国藩辈的名教主义精神是真的（此处所谓真假，不是指主义本质上的真假，只是指信奉主义者精神上的真假）；换言之，前者只是利用神权，假托神权，对于神权并没有真实的信仰，不过借此来满足个人的野心欲望；后者却是真实的信仰名教，诚心诚意的要维持名教，并不是利用名教、假托名教，来图达别一个目的。主义的对不对，又属别一个问题；假的和真的斗争，假的一定失败；因为真的精神，始终有一种精神，有一种信仰，而假的精神，实际等于没有精神，没有信仰，安能保持他人的精神信仰？两方面的真假何从分别呢？可用事实来证明：

先就曾氏一面说：曾氏被命帮办团练时，初因母丧不肯出来，经朋友再三解说出来后，不久又遭父丧，终于回家去守了几个月服制；现在看起来好像是末节，但在他却是力求不背于名教的举动；屡次为清廷立功，屡次辞受清廷的褒赏；清廷屡次畀以重权，屡次退让；南京恢复后，他立即请将湘军遣散。这些事实，虽然是他避免清廷疑忌、避免他人嫉妒的小心办法，但也不能不说他是力求言行相顾的人。我们不能说他的同僚个个是同他一样的人，但至少也有几个主要的人物，与他的精神相差不远的，或是受了他的熏陶的。

再就洪氏方面看：他们说自己是天父所生的平等兄弟，结果弄到兄弟相杀；他们说女子是天父所生的平等姊妹，结果天王役使宫婢至二三百人，有妃嫔至六十余人，其他诸王的妃妾无不多至半打以上。这是基督教义所许的么？这是得了天父的同意的么？他们说一切土地、财物是天父所赐，应该人人共享的，结果诸王和洪氏的家族贵戚人人囊橐丰盈，而南京城内的苦百姓弄到食甘露；到了危急的时候，李忠王劝导诸王侯蓄有钱财的人，向外购屯粮食，结果非有洪氏家族亲戚所发出的执照，粮食不能入城，这是天国共产制所规定的么？关于天国的腐败情形，中国官书及其他中国人的记载批评，或者有故意诬蔑他们的处所；欧美人士起初是对于他们表同情的，请把当时欧美人士的报告批评节译二三段附录于后，以证明他们的主义精神的虚假。

一、一八五三年（即太平军占领南京的第一年），英前香港总督文翰（Sir. G. Bonham）考察南京情形后，对于英国外务大臣克林敦（Lord Clarendon）的报告说：

  ……对于上述五种小册子（指太平天国所颁宣传教义及条

规的各种刊物）既举其概要，读者可以自己构成一种意见。依我们所见，此时想要得到一种确定的结论，似觉极难。因为其间含有一部分好而又好的东西，令我们推想这些刊物的作者是受过神圣教育的，使我们抱持一种希望心，以为将有不少的人可由此找着一条进入极乐国土的途径。但其间有一部分的东西使我们十分难于赞同，有不少自逞新异，直接传达天语的处所，其间所表现的神道，与我们所习见于《圣经》的远不相同，含有增高个人权位、满足自己的野心的作用。叛党若果成功，可预期的利益——一、宗教及通商事业，可以开放；二、可以引入科学的改进，于授者、受者两方面都属有益。若各基督教国家竟帮助清政府来扑灭这个运动，则为大不幸事，因为这些叛党有一种活动力，并且有进于改革的倾向，而这种倾向，清帝国政府从不曾表现过，且永不能有表现的希望。将来能否成为一个基督教国，虽然尚属疑问，但叛党既以此自任，若果成功，必远胜于现在中国人所习尚的偶像崇拜。——清政府不得外人的援助，若竟能扑灭这些叛党（似甚难能），他们排外与傲慢的程度将比以前更甚。——现在我们所应采的适当政策，似以置身局外，勿与任何一方发生正式的关系为好。不过，我们外国人，须预备充分的武力防止他们的侵害罢了。

此时太平军初入南京，弱点还未暴露，英国人因为不满意于清政府的顽固态度，而太平军竟以信奉基督教义相号召，故甚表好感于太平军；但表示好感之中，已含有怀疑的意味，对于他们的教义宣传上，已认为有野心作用。

二、一八六一年，英国来华特使布鲁士（F. Bruce）根据英人宓捷（A. Michie）在南京考察所得的报告，转达于英国的记载说：

……我们在南京，停住了一星期……现在请用极简括的话，把我们对于太平革命党观察所得的结论报告于你……

他们除了急需购买枪械、火药、轮船以外，绝无奖进商业的表征。……事实上，他们的生活全靠掳掠；在他们能够掳掠的时期以内，他们既不工作，又不营商。我看他们内部，现在的生活状况比我所预想的好；他们穿的极好，吃的也好。南京的人差不多完全是公职员；没有一只船、一件东西与军政界无关系的，可被允许进入他们的大门。我估计他们的人口恐怕在两万人以下；这个数目之内，军人极少，大部分皆为由国内各处掳俘而来的，或竟为奴隶。南京城及其附郭地的明代华美的陵墓，与著名的瓷砌宝塔，一切皆被破坏。城垣极高，周围约二十英里；但是城内以前宽广平坦的市街，只留下一些穿过瓦砾堆中的小径了。诸王的官殿很刺目的挺立在那些残垣废墟之中，这些官殿都是新的；旧衙署、旧寺庙及满人驻防城，一切都被破毁了。路旁此处彼处稀稀落落排列的房屋，据我看起来，至多不过能供给两万人的住居而已。天王有一所极大的官殿。他的使役人员都是女子，其数有三百，以外还有嫔妃六十八人，除了诸王之外，没有人可以看见他，他的身体尊严神圣，是不可亵视的。但他决不是一个木偶，因为他是结合此次运动的唯一人物。……

我对于这种叛党的运动，认为绝无良好的希望；也没有一个正当的中国人愿意和他们行动。他们的工作就是烧、杀、破坏；除此以外，别无所事。国内一切人民都嫌恶他们，就是南京城内的人民，除了他们的所谓"老兄弟"外，都恨他们。他们占领了南京已有八年，没有一点谋兴复改造的征兆。工商业是他们禁止的。他们的土地税比清政府加重三倍。他们绝不采用何种安慰人民的政策。他们的行动，并且不像是与这块地方有永久利益关系的。他们不注意通常缓慢而永固的收入财源，专靠劫掠来维持生存。我可以坚决的说：在他们里面，我不能看出一点有永固性的要素，也没有一点可以博取我们的同情的东西。……

此时英国人对于太平天国已绝望了。

三、一八六一年，美国宣教师罗伯滋（I. J. Roberts，即洪秀全从受基督教义的教师）的报告批评（罗氏被天王招往南京，从一八六一年至一八六二年在南京留居十五个月，此为一八六一年底在南京所记者）说：

> ……此间的事情，有两种很不同的景况：其一是光明的，我们所期望的；其他是黑暗的，所不期望的。不幸，我们预想的，仅在光明的一面，因是，当我认识黑暗的一面后，使我大大的感觉失望。光明的一面，都是消极的，例如：在此城内，不许有偶像的崇拜，不许有娼妓，不许有赌博，也不许有其他不道德的事情。……但一到了宗教的观点上，以及其他政治与民事的污点上，其黑暗的景况，使得我心中异常苦恼，立刻要离开他们。但我很怜愍这些苦百姓，他们也有永生的灵魂，并且真正是受苦者，是永世的可怜虫。

> 天王所热心宣传的宗教意旨，我相信，在上帝的眼中是可憎恶的。实际，我相信他（指天王）是一个精神错乱者，特

别在宗教的事情上，我不相信他对于任何事件有确实的理性。……他称他的儿子为世界的少年救主，他自己为耶稣基督的真兄弟；但是说到神圣的精神上，他却把他自己放纵于他的"三位一体"说之外去了，毫不悟及他自己的工作是要感化世人的。

他们的政治系统和他们的神学，是一样的薄弱可怜。我不相信他们有任何的政治组织，并且不相信他们知道要组织一个政府。一切要务，好像完全存于军法，由最上级到最下级的当权者，都是在杀人这条线上走。这种屠杀的景况，把我弄得十二分的厌恶了。一八六〇年，从苏州到南京的途次，我所目见横陈于路旁的死人有十五个到二十个之多；当中有几个是刚被杀了的，杀的人并不是他们的敌人，而是他们自己的人。

使我更嫌恶苦恼的，就是他们故意设置一些陷阱，来捕杀人民。一个是他们的布告，说"凡剃发的人不许入城"，但在人民知道有此布告以前，已经有十七八个人堕入这个陷阱，被他们捕杀了；当中有几个，恐怕永不曾知道有此布告。……这类事情，可举一件最特出的：就是有一天，有两个住在我下面房子里的书记因为在呈奏天王的公文上写错了几个字，两个人都被天王亲自宣告死刑，并不加以审讯，三天内就把他们的头砍了。我说天王是一个精神错乱者，即此可以证明。我不相信在这样一个恶魔专制的统治下面，能发生什么好处。

他要我到此地来，但不是要我来宣传耶稣基督的福音，劝化人民信奉上帝；是要我来做他的官，宣传他的主义，劝导外国人信奉他。我宁愿劝导他们去信奉"摩斗"（多妻教）主义，或别种不根于经典而远于魔道的主义。我相信在他们的心里，他们实在是反对耶稣福音的，不过在政策上，与以宽容罢了。但他们必定妨阻福音的实现，至少在南京城内。……我也知道我传道的工事是没有成功的希望了，也并不期望再有何人到此地来，和我共同进行这种工事。我已决计要离开此地了。……

六　洪杨战役期中的外患及清廷政权的推移

太平天国，虽在一八六四年摧倒了，但在此内乱期中，发生了一件最大的外交事变，即一八六〇年英法联军攻入北京之事。自经此事变后，外国的势力遂由门户深入堂奥。清廷政治的中心势力，在此内乱外患的当中，也发生了绝大的变化，分别略叙其梗概如次：

一、英法联军入京的原因及其结果　为什么在内乱最甚的当中，竟惹出这种大外患来呢？其详细经过现在不及详说，其直接的原因为"亚罗船争议事件"，其远因则由鸦片战争联贯而来的。一八四二年《南京条约》成立后，欧美各国皆纷纷派使东来，求仿英国例，订立通商条约。美国于一八四四年六月与中国成立修好条约；法国也在是年九月与中国成立修好条约；依《南京条约》所开的五商埠，法美各国皆得同享通商利益。不过这五个商埠之中，上海、宁波、厦门、福州四处，都于换约后次第开放，独广州一处，因广东人民对于英人的恶感特别深，依旧向政府要求，不要英人入城。粤督耆英势处两难，终以与英人订立"舟山列岛不割让与他国"为条件，将广州把开放之事延期二年。不久，耆英去粤，徐广缙继任粤督，叶名琛为广东巡抚，英国的香港总督文翰又请履行开放广州城的条约；徐、叶二人密嗾广州人民纠集团练数万人，于文翰与徐督会晤时虚声恫喝；文翰因为两国和约成立未久，不欲激成变故，又把入城的问题放弃了。徐、叶二人大得意，清廷也大得意（封徐一等子爵，封叶一等男爵），以为民气可恃，外人不足惧了。到了一八五二年，太平军进入湖南，徐广缙爹督两湖，叶名琛升任粤督，英国的香港总督文翰也去了职，由俁林（Bowring）继任。保林又请履行入城之约，叶名琛根据与文翰所约，拒绝他。叶氏因为前次拒绝英人入城成功，又因为在广东防御太平党及剿匪筹饷认真，清廷十分倚重他，他也异常自负，开口闭口要雪国耻、尊国体，对于英人，态度非常傲慢强硬；保林与广东英领事巴夏礼（Harry Barkes）十二分恼恨他。到一八五六年，更发生所谓"亚罗船争议事件"。

此时闽粤沿海各地的海盗，和密贩鸦片的奸商，多以香港为遁逃薮，假借英人的势力，揭英国旗帜，往来于闽粤各海口。香港政府，为图香港的繁荣发达起见，对于华人的船只同香港政厅请求登记的，也照章许可，于是以华船而揭英国国旗者不少。"亚罗船"，便是一只华人所有的船，而揭英国国旗的，于一八五六年九月由外海入珠江，巡河水师探闻该船有秘密不法行动，特假英国国旗为护符，登船搜索，在船上捕去华人十余名（中国的记载多为十三人，据巴夏礼所记似仅有十二人），又曾将英国国旗拔下。英领事巴夏礼提出抗议，叶名琛应付失当，巴夏礼乃与香港总督保林决计用武力压迫叶氏。（巴夏礼初次要求将捕去之华人十余名送交英领事讯明，如有罪，再由中国政府提去。叶氏答以已讯明十二人中三人有罪，余九人可送还。巴夏礼不受，因商同保林提出严重交涉：

一、须将十二人送还原船；二、须具书辩白引咎；三、须保证以后不再有此不法行为。叶氏答以船为华船，虽曾向香港政厅登记，已于被搜前期满，所捕者为华人；对于英方要求不允照办。保林与巴夏礼乃进一步提出最后通牒，限四十八小时圆满答复，过时即采自由行动。叶氏乃将十二人送往领事署，但无辩白书，巴夏礼以与所要求不合，又不受。叶氏亦竟不为后图，置之若无事。英人遂用海军炮击珠江各要塞堡垒，衅端遂启。）九月二十六日，英军攻陷黄埔炮台，叶名琛派人诘问，巴夏礼答以须入城面议，盖欲乘此解决入城问题，叶氏拒不许。十月初，英军攻入广州省城，叶氏逃匿。但英军此举，初未得英本国政府训令，攻入广州的军队也不过千人内外，不过想用武力屈服叶氏，并无占领广州的意思，所以随即退出。英军退出后，至次年年底，始再与法国联军攻陷广州，因印度发生叛乱，派来之援军中途折回，故至一八五七年年底，始再发生战事。广州人民见英军退出，便用焚烧广州城外的洋行来泄愤，不分国别，连法美各国的洋行也烧了。

英政府得到报告，便想联合法、美、俄诸国，共向中国趁火打劫；美俄虽亦派使东来，谋与中国修改商约，但皆不欲与中国开衅。法国正当拿破仑第三僭主法国的时候，想借此扬威海外，以博国人的欢心，又因是年春间有一个法国牧师在广西被杀，便允许与英国共同出兵，是为英法联军的由来。

英法联军于一八五七年阳历十二月后旬，攻陷广州城，捕获叶名琛，送往印度（后死于印度），用广东巡抚满人柏贵为傀儡以临华民，实际上，广州成为英法联合军统治的局面。英法军占领广州后，乃约同俄美两国的特使于次年（一八五八年，咸丰八年）

一月，联合致书清廷首相大学士裕诚（书由两江总督署转送北京），请清廷选派全权大臣到上海来和他们会议；四使一面率舰队共来上海。清廷还不知外交情势的严重，对外观念依然未变，说："大学士参谋内政，无预闻外交之例，外交事当各就边臣议之。"乃用裕诚名答以英、法、美三国交涉事，已派黄宗汉（新任两广总督）为钦差大臣赴广东会议；俄国交涉事，已派黑龙江办事大臣办理。英法各使见清廷不依所请，便由上海率舰队北上，于三月初抵白河口。四月初，攻陷大沽炮台。清廷失措，始派大学士桂良、吏部尚书花沙纳为全权大臣，往天津接洽和议。英国开出条款五十六款，法国四十二款，内容大略相同，迫令清政府承诺；清廷无计可施，一一承认；这便是所谓《天津条约》，其内容的重要点如下：

中英条约要点

（一）英国得派公使长驻北京，中国亦得派使驻伦敦；

（二）增开牛庄、登州、台湾、潮州、琼州五处为商埠；长江流域俟内乱平定后，许选择三口为商埠（后选定汉口、九江、镇江三处）；

（三）英人犯罪由英领事惩办，华人加害英人由中国地方官惩办，两国人民争讼由中英会同审判；

（四）改正税则由两国协定；

（五）英人得往内地游历；

（六）赔英商损失二百万两，军费二百万两。

中法条约要点

（一）与中英约同；

（二）增开琼州、潮州、台湾、淡水、登州、江宁六口为商埠，惟江宁一口，俟内乱平定后始开放；

（三）法商所至之商埠，法国得派兵船停泊，法船得游弋各通商口岸；

（四）法教士得入内地传教，法人得游历内地；

（五）法人与法人讼案由法领事审判，法人与华人讼案，法领事不能处理时，请华官协同处理；

（六）协定税则；

（七）赔法商损失及军费二百万两；

（八）以后中国许与他国特权时，法国得享最惠国待遇。

两约成后，英法各使皆回上海，在上海协定税则；俄美两使也在上海与中国缔结最惠条约。但换约的期限，定在一年后。次年（一八五九年），各使向赴北京换约；英法两使各率护卫舰随行，谋驶入天津。清廷前此因大沽失陷，被迫定约，所谓清议之士无不愤激，清帝也不甘心；各国军舰退去后，由僧格林沁大修武备，费巨款，于白河口内增设很坚固的防御工事，以阻遏军舰之闯入。及各公使率护卫舰入口时，被阻不得入。设防的本意，并不是一定要废前约，不过是怕外国军舰再闯入白河口，惊动畿辅而已。英法两使以为清廷不愿意换约，率舰强入白河口，清当局请其由北塘登岸，拒不听，谋破毁防御工事，发炮，僧格林沁令两岸炮台开炮抵抗，英法舰队败退南下，受损甚巨。于是战端再启。清廷见英法舰队败退，大喜，以为洋人不敢再来了，一般无知的士大夫也以为《天津条约》可以废弃了。次年（一八六〇年），英法两国增派援军，向天津进发，军队由北塘登岸，僧格林沁统大军力抗，节节败退，英法联军便以是年八月攻入北京，咸丰帝逃往热河。俄国特使假调停之名，操纵于英法与中国之间；旋以俄使为介，由恭亲王奕䜣与英法两使分别再定和约于北京，是为《北京条约》，其要点如下：

中英条约要点

（一）《天津条约》除此次改正条款外皆有效；

（二）增开天津为商埠；

（三）割香港对岸九龙司一区，为英管辖地；

（四）赔款改为八百万两。

中法条约要点

（一）与中英条约同；

（二）与中英条约同；

（三）法国教士得在内地购买土地建筑自便；

（四）赔款改为八百万两。

英法联军退去北京后，俄公使借口调停和议，有功于清廷，乘机索割乌苏里江以东之地，清廷竟与定约，将乌苏里江以东滨海的一大块国土让与俄国。此次战争的结果，除丧地赔款不计外，中国国权最大的损害就是内河航行权、最惠国的条款及领事裁判权、协定税则的确定。后来外国对于中国不平等条约的实质，皆于此次交涉造成。

中国前此对外的交涉事务，皆由各省处理，中央则由理藩院统辖，因为把各国看作藩属国的原故。此次定约后，始依恭亲王的奏请，新设一个总理各国事务衙门，命恭亲王与大学士桂良及户部左侍郎文祥等管理该衙门事务。同时又命崇厚为办理天津、牛庄、登州三口通商大臣（后来称为北洋通商大臣），命江苏巡抚薛焕为办理广州、厦门、宁波、上海、潮州、琼州、台湾、淡水及长江三口通商大臣（即后来所称的南洋通商大臣），这两大臣的位置职务，就是地方的外交官。这种新衙门、新官职的增置，可算是清廷政府机关破例的创举，也就是对外观念渐有变化的表示。

二、清廷政权的推移　此时期中清廷政权的推移，可分两方面观察：（一）中央方面，渐启佞幸揽权之机；（二）地方势力渐次加重。先就中央方面说：

当英法联军入京、咸丰帝逃往热河时，扈从车驾同去的，有军机大臣兵部尚书穆荫、吏部左侍郎匡源、署礼部右侍郎杜翰、太仆寺少卿焦祐瀛、御前大臣额驸景寿；以外，还有三个为帝所亲信的宗室要人，为怡亲王载垣、郑亲王端华、户部尚书肃顺（端华之同母弟），但此三人，皆非咸丰帝的最近亲属；帝之亲弟恭亲王奕䜣受命留守北京，主持与英法联军媾和之事。载垣、端华，皆于咸丰初年袭爵，俱官宗人府宗正，领侍卫大臣；肃顺初为户部郎中，以端华之荐入内廷供奉，旋升户部尚书入军机。三人皆喜为狭邪游，善迎合帝意，以声色之事献媚于帝，为帝所爱幸，渐至参与机要政务，实权在各军机大臣之上，及随帝同往热河，权势更张。与英法和议成后，恭亲王及留京各朝臣，奏请车驾回京，辄为肃顺等所阻；于是清政府分为两个中心势力：热河以肃顺为中心，北京以恭亲王奕䜣为中心，各树党援，互相暗斗。延至一八六一年（咸丰十一年），咸丰帝在热河驾崩，正后（后称东太后）无子，仅帝之宠妃那拉氏（后称西太后）有一子名载淳，年仅六岁，遗诏立为皇太子，即帝位。于是发生一件宫廷的大政争事件。

咸丰帝未死时，肃顺等三人的权势既已超过各军机大臣，帝死后，其他几位随驾的大员，当然更惟三人之命是听了。于是肃顺等八人，在咸丰帝的遗诏上共同取得"赞襄王大臣"的名位（后来宣布他们的罪状，说他们是矫诏；但果否为矫诏，不可得知。咸丰帝既宠幸他们，或不一定是由矫诏而来的）；他们又谕令恭亲王不要往热河去奔丧。于是一切大政皆由他们八人定夺取决，实际上全由肃顺一人操纵。此时生出两方面反感：一在热河方面，两位太后对于肃顺的专横十分恼恨；一在北京方面，恭亲王及与肃顺有积怨的一派人，也十分不满。咸丰帝驾崩后约一月，首由在北京的御史董元醇出名上奏，请两宫皇太后垂帘听政，并派近支亲王一人辅政，两宫皇太后得奏后便想照准实行；肃顺抗议说"本朝无太后临朝故事"，令军机处拟旨驳还。两太后对于他们的行动若有异议，他们便说他们是赞襄王大臣，不能听命于太后，就是请太后看折，亦属多事，因此两太后十二分的不能容忍了。不久，恭亲王赴热河叩谒梓宫，太后召见，便与定诛锄肃顺等三人之策。恭亲王随即回北京，布置网罗。太后于恭亲王回京后，即传命回京；肃顺等方阻，两太后不听。九月二十三日，派肃顺护送先帝御梓先行回京，两太后率幼帝于次日别由间道疾驰，载垣、端华扈从。此时北京方面又由大学士贾桢、周祖培，户部尚书沈兆霖，刑部尚书赵光四人，联名上奏，再请两宫皇太后垂帘听政，奏语中一段说：

> ……权不可下移，穆则日替。……我皇上钦奉先帝遗命，派怡亲王载垣等八人赞襄政务，两月以来，用人行政，皆经该王大臣议定谕旨，每有明发，均用御赏同道堂图章，共见共闻，内外皆相钦奉。臣等寻绎"赞襄"二字之义，乃佐助而非主持也；若事无巨细，皆凭该王大臣等之意先行议定，然后进呈皇上，一览而行：是名为佐助而实则主持，日久相因，能无

后患。今日之赞襄大臣，即昔日之军机大臣；向来军机大臣，事事先面奉谕旨，办驳可否，悉经钦定，始行拟旨进呈；其有不合圣意者，硃笔改正：此太阿之柄，不可假人之义也。为今之计，正宜皇太后敷宫中之德化，操出治之威权，使臣工有所禀承，不居垂帘之名，而收听政之实。昔汉之邓皇后，晋之褚皇后，辽之萧皇后，皆以太后临朝，史册称美，宋之高太后有女中尧舜之称。……我皇上聪明天亶，正宜涵咏诗书，不数年即可亲政。……

同时，钦差大臣胜保也奏请简近支亲王辅政，以防权奸之专擅。两太后及幼帝车驾于十月朔日到北京，立即用周祖培（前与肃顺同为户部尚书时，屡受肃顺之欺凌侮辱）之言，免肃顺、载垣、端华等赞襄王大臣之职，密旨任恭亲王为议政王，另派大学士桂良，户部尚书沈兆霖，户部左侍郎文祥、右侍郎宝鋆，鸿胪寺少卿曹毓英，为军机大臣。肃顺尚在途中，载垣、端华虽与太后同时到京，也梦不得知。次日（十月初二日），恭亲王入朝，载垣、端华先入，见恭亲王至，大声喝止，谓外臣不得入宫；少顷，恭亲王受诏宣示，将载垣、端华、肃顺革去爵职，拿交宗人府治罪。载垣、端华还厉声抗议说："我等未入，诏从何来？"但是那些侍卫已走来将二人的冠带摘去，拥往宗人府幽禁了；肃顺在途中被捕。初六日，诏赐载垣、端华自尽，肃顺斩立决。两太后垂帘听政，恭亲王奕訢以议政王名号辅政。前在热河时，已决定改明年为祺祥元年，至此藉口"祺祥"二字意义重复，又改明年为同治元年，颇寓两宫皇太后共同听政的意思。

这种政争，本来不过是爱新觉罗氏家族内的斗争，彷彿于中国政局无甚关系，然而关系却是很大。论清室祖宗的家法先例，本无太后临朝的故事，肃顺等所持，并非无根据；开国初期，顺治帝也是以幼冲即位，但未尝许太后临朝，而由幼帝之叔父睿王多尔衮摄政。清政府事事拘守先例，尊重祖宗家法；现在对于此事，独不顾先例，不守家法；贾桢等奏请太后垂帘，竟援引汉、晋、辽、宋各贤良太后的故事，忘记汉代还有一个极不贤的吕后，唐代还有一个极不贤的武后；若说由多数赞襄王大臣主政，恐怕威柄下移，又何不援引多尔衮摄政的先例，直截了当请由恭亲王奕䜣摄政呢？我并不是说太后绝对不宜主持政务，不过说以事事尊重家法先例的清廷，公然不要家法先例，实为清廷政治史上一个大变局。以当时清室的人物臧否而论，肃顺虽非近支亲属，他知道满人不中用、无能力，劝咸丰帝重用曾国藩、胡林翼、左宗棠等，可见他不是没有眼光的人；两太后与奕䜣一派人的政治知识、才干，虽然未必劣于肃顺，也未见得果在肃顺之上，肃顺好为狭邪游，西太后也不是不狭邪的。肃顺排斥恭亲王，确是他可议之处；他抑制太后不许其干政，未见得于清室、于中国有何不利。清廷的大权，以前全操于皇帝手中；皇帝以下，权势最大的为军机处；肃顺在咸丰帝死后，将军机处的权移到赞襄王大臣，失败后，政权并未回复到军机处，而分寄于皇帝之上的两个太后及议政王奕䜣，实际议政王与军机处皆仰两太后鼻息；而两太后之中，东太后才力、知识既极薄弱，又因幼帝非己所生，事事谦退缄默，实权又全操于西太后。同治帝刚及成年即死去，无嗣，又拥一个年甫四岁的光绪帝为傀儡，东太后旋亦死去；于是西太后独揽大权，纵欲无度，宠幸阉宦，佞幸干政，渐至内外大僚想要保持权位，非与阉宦相结纳不可。故自同治帝即位以后，大权在握的皇帝变为无用的偶像，而终清之世，中央的实权操于几个女子、小人之手；清廷的颠覆固然由此决定了，中国政治的前途，也从此更入于艰险之途了。一般粉饰升平的士大夫，因为太平天国打倒了，美其名曰同治中兴，颂扬两宫皇太后的圣德，那知爱新觉罗氏的龙椅已经折了腿，中国四万万人的生命也几乎要被那拉氏断送呢！

再就地方势力的变迁说：

在洪杨战役以前，各省巡抚大概没有兵权（初惟晋、鲁、豫三省巡抚兼授提督衔，可以典兵，因其上无总督，兵事无人统理故也），总督虽然兼理军民，有兵权，但全国的军队编制额数、驻扎地点、布置调遣，皆根据一种经常的统一军制；军政军令的总机枢，悉操于皇帝之手；全国的军队是一个单元体，遇有重要军事行动，辄由皇帝特简钦差大臣，总司兵符。就是在洪杨战役的初期，这种总司兵符钦差大臣，还是很重要。但是因为经制兵不中用的原故，钦差大臣的轻重，全视其下所统辖的军队的实质以为轻重。例如向荣、和春、官文，都是总司兵符的钦差大臣，曾国藩后来也取得了钦差大臣的职位。向荣、和春的钦差大臣位置，以张国樑的军队来维持，张国樑的军队破毁了，他们的钦差大臣也根本消灭了。官文的钦差大臣位置，以湖北巡抚胡林翼的军队来维持，钦差大臣实际上作了湖北巡抚的傀儡。只有曾国藩是一个名实相符的钦差大臣，因为他的军队是他自己所编练的军队，他的权位是由自己的军队势力取得的。故虽同为钦差大臣，实权的轻重，不存于名位，而潜移到军队的本身上去了。

洪杨战役中，经制兵与地方临时编练的非经制兵（称之曰

"勇"），两两相形，前者的效力远不如后者；于是前者虽仍存在，而后者遂有不能废止之势。曾国藩兄弟于攻陷南京后，因为那些妒功忌能的人，蜚语中伤，清廷也暗中疑忌，曾氏自请将湘军的主要部分遣散，清廷立即允准，彷佛不要这种临时编练的募勇了。但是北几省还有所谓捻匪的巨大流寇，势力日张，不能不借重这种地方临时编练的募勇。湘军的主要部分虽然遣散了，李鸿章的淮军又代湘军而起，李鸿章是由曾国藩卵翼而成，淮军也是由湘军卵翼而成。后来曾、李二人相续任直隶总督，编练新军队，大概以淮军为基础；再后一点，袁世凯的创练新军，又渊源于李鸿章的基础。所以，北洋军阀的老祖宗，可远溯至李鸿章；而湘军势力移于淮军，则又为其最远的伏线。

又在杨洪战役期中，许多人的巡抚、总督位置，全由军功取得，一面作督抚，一面带兵打仗。如江忠源、胡林翼、李鸿章、左宗棠、刘长佑等，不计其数。自此，领兵成为地方疆吏当然之事，不问是总督或是巡抚。此后的督抚，不惟有领兵之权，并且兼有随意编练兵队之权。因为在洪杨战役中，地方编练临时军队虽须奏明，由清廷裁可，但发意率由地方疆吏；兵数的多寡，饷械的筹备，皆由地方疆吏定计后，奏明皇帝；皇帝因为急于平乱，只要地方有办法，没有不裁可的；裁可后，即由各地方疆吏及领兵大员自由施行；需要补充或扩大额数时，又用同一的办法，一面奏报，一面办理。湘军都是由此种程序成立、扩大的。因此不知不觉之间，练兵成为地方疆吏一种当然的职权。一八六八年（同治七年），曾国藩调授直隶总督，入京陛见，几次与西太后对答的话语，很可寻味：

是年十二月十四日，陛见，西太后说："直隶甚是空虚，汝须好好练兵！"曾氏答："臣的才力怕办不好！"同月十六日，陛见，西太后又说："直隶空虚，地方是要紧的，汝须好好练兵！……"曾氏答约如前。

次年正月十七日入见，西太后又问："汝到直隶办何事为急？"

曾氏答："遵旨以练兵为先，其次整顿吏治。"

西太后又问："汝打算练二万兵么？"

答："打算练二万人。"

问："还是兵多些，勇多些？"

答："现尚未定，大约勇多于兵。"

问："刘铭传之勇（即淮军的一部）现扎何处？"

答："扎在山东境内张秋地方。他那一军有一万一千余人，此外尚须练一万人，或就直隶六军增练，或另募北勇练之，候臣到任后察看，再行奏明办理。"

问："近来外省督抚，也说及海防的事不？"

答："近来因长毛捻子，闹了多年，就把海防事都看松些。"

问："这是一件大事。"

答："这是第一件大事。兵是必要练的，那怕一百年不开仗，也须练兵防备。兵虽练得好，却断不可先开衅。讲和也要认真，练兵也要认真，二事不可偏废，都要细心的办。"（此段问答见《曾文正公大事记》）

曾氏到任后，奏称"直隶练兵，当参用东南练勇之法"，奉旨报可。我们在前面的问答词中，可以想见洪杨战役后，清廷对于地方疆吏的职权，认练兵为其最重要职权之一，绝无疑义。后来因中日战争失败，各省督抚以力求自强相号召，更相率创练新军；于是清代单元体的军队组织，完全化为多元体。那些多元体的军队，就是后来革命党的工具，也就是后来各省分立小军阀的老祖宗；而洪杨战役期中，由地方自由编练临时军队，则又为其最远之伏线。

概括起来，清政府地方势力在洪杨战役期中的变化不外两点：一、督抚取得军事上的实权，其势渐重；二、军犰由单元体化为多元体，中央失去把握之权。这两点是清廷颠覆的秀因，也是民国时代军阀割据的诱因。

此外，还有一种新起的地方势力，就是地方的缙绅阶级。洪杨战役中，长江流域及南部各省举办团练，皆由各本省巨绅司其事；这些巨绅，因募兵饷筹剿匪，渐参与各本省的重要政务，或且被延揽入本省督抚的幕府，如左宗棠、李鸿章，皆曾在本省巡抚幕中主持要政。那些明敏的督抚，看到局势艰难的情形，知道要应付这些艰难，非得本省有名望的缙绅的援助不可，故处处尊重地方缙绅的意见；地方的缙绅阶级，不知不觉，养成一种潜势力，甚至在有些省内，有左右并动摇地方长官的能力。后来变法维新，运动立宪，主张的和反对的两方面，都有这种地方势力参在里面。追索这种势力的来源，也是由洪杨时代培养起来的。

故洪杨战役，为后此几十年政治变化的一个大关键。

第三章　西法模仿时代

从一八六四年太平天国被推倒，至一八九四年中日战争发生，共三十年；这三十年中，除了前一小段，南部尚有太平军的余党，北部尚有捻军，西北及西南尚有回乱外，总算是内部的平安时期；重要的事变，全在对外的关系上，就是藩属的丧失。此时期中比较明敏的政治家，也看到中国对外的问题日趋紧迫，尽力讲求所谓洋务。洋务如何讲求呢？最重要的就是模仿西法。于是，"西法模仿"四字，成为此时代的政治中心问题。从一八六五年创设江南制造局起，作到成立北洋海军舰队；到一八九四年中日战争发生，北洋海军被日本摧毁，西法模仿的成绩归于泡影；于是有人进一步要讲维新变法了，西法模仿的时期至此终止。

一　同光两代的朝局及政治上的中心人物

西法模仿时代，跨同治、光绪两朝。在前章的末节，已将清廷政治势力的推移，略略说过一遍，本节再就同光两代的朝局变化及政治上的中心人物，分别叙述一下：

一、同光时代的朝局　肃顺等失败后，中央的政权，形式上分寄于两位太后和议政王奕䜣三人，实际上东太后和奕䜣都不过是西太后的工具。太平天国颠覆后一年（一八六五年，同治四年），因为西太后所宠幸的太监安德海窃窥政权，嫌忌奕䜣，西太后本人也忌刻奕䜣，于是在是年三月里，藉口奕䜣信任亲戚，不能破除情面，平时于内廷召对，多有不检之处，命奕䜣毋庸在军机处议政，并撤去一切差使，这是西太后第一步向奕䜣立威。但此时皇室中及在廷臣工还有替奕䜣鸣不平的人，惇亲王绵愷、醇亲王奕譞、通政使王拯、御史孙翼谋相率上奏力争；给事中广诚的奏语更为切直，他说：“庙堂之上，先启猜嫌；根本之间，未能和协；骇中外之观听，增宵旰之忧劳。……”西太后看到这种情势，还有一点顾忌，旋令奕䜣仍在内廷行走，并仍管总理各国事务衙门；未几，又命他仍在军机大臣上行走，但毋庸复议政王名目。在面子上，奕䜣算是恢复了一部分名位，但是站在军机大臣以上的议政王，变了在军机大臣上的行走，而此时军机大臣的势力又远不如从前；自此，奕䜣俯首帖耳，变了西太后的驯仆，西太后第一步的立威成功。

至于东太后和西太后之间，形式上东太后应该立于优势；但西太后通文字，而东太后不大通文字，同治帝又是西太后的亲生子，因此东风不敢与西风抗衡，表面上保持圆满。及同治帝渐长，看到自己生母不正当的行为，甚不满意，反倾心于东太后；到同治帝将要成婚立后时，东太后看中了一个阿鲁特氏（崇绮之女），西太后看中了一个察富氏（凤秀之女），阿鲁特氏年已十九，察富氏年仅十四；西太后利用察富氏年幼，可以听自己的指挥，持之颇力，而东太后不欲，相持未定，要同治帝自己取决；同治帝同意于东太后，遂于一八七三年立阿鲁特氏为后，立察富氏为慧妃，帝于是年亲政（此时年已十八）。西太后因为选后的竞争失败，便用母权干涉同治帝及帝后间的关系，不要帝后常相亲近。同治帝愤而独居，郁郁寡欢，行为渐不规则，形式上的亲政仅一年有余，便患病死了。（同治帝之死因，私家记载多谓由近侍引出微行，感染花柳病而死。恽毓鼎力为辨证，谓系患痘症。薛福成的记载，亦认有"太监越礼状"，大概谓患痘者掩饰之词也。帝死时年仅十九岁，即一八七四年。）同治帝没有生子，病危时，召其师傅李鸿藻入见，口授遗诏，谋以贝勒载澍承继大统。鸿藻持遗诏赴西太后处，以诏草进，西太后览草大怒，命鸿藻出。少顷，帝崩，外间尚不知道；西太后召宗室各亲王密议继统之人，西太后说："帝疾不可为，继统未定，谁其可者？"有人说："溥伦长，当立。"惇亲王奕誴说："溥伦疏属，不可。"西太后说："溥字辈无当立者。奕譞（醇亲王）长子，今四岁矣，且至亲，予欲使之继统。"所谓"溥"字辈者，在爱新觉罗氏的世系，为同治帝以下之一辈（同治帝为"载"字辈），若立"溥"字辈人继统，则为同治帝立嗣，同治帝后将为太后，而两太后将为太皇太后，不得再有垂帘听政之权；若立"载"字辈中年长的人继统，两太后也不便再行垂帘。奕譞的长子，便是光绪帝载湉，他的母亲是西太后的姊妹，所以西太后说是至亲；用他来接承咸丰帝统，两太后依然是太后，依然可以把持政权，所以西太后不用"溥"字辈人。那些宗室亲王慑于西太后的淫威，没有人敢反对，于是在清室的皇位继承法中又开一个传弟不传子的新例，而载湉堕入苦海。

光绪帝继统后七年（一八八一年），东太后也死了。据恽毓鼎所记，东太后之死亦由西太后进毒所致（参看恽毓鼎《崇陵传信录》）。在东太后未死以前，西太后虽纵欲无度，尚有所忌惮。（西太后所宠的太监安德海行为不法，朝臣敢怒而不敢言。一八六九年即同治八年，安德海奉西太后命往广东织造龙衣，道经山东，招摇不法，山东巡抚丁宝桢执而杀之。丁氏实受东太后及同治帝密旨行事。满清祖制，太监不许出北京，违者拿获就地正法。当丁氏奏上时，东太后持祖制为言，西太后无如之何，从此心甚快快。）至此便没有一个人在她的目中了。当同治初年，有一位御史满人德泰，由安德海授意，奏请修复圆明园，并代呈内务府库守贵祥所拟筹款章程，向京外各地方按户按亩抽捐；为恭亲王奕䜣所格沮，不得行。同治帝亲政时，因为一个广东奸商李光昭想作官发财，向内务府呈请报效木植，修复圆明园，以备两宫太后燕息。同治帝或者也想借此安顿他的母亲，省得她来干政，于是准行，赏李光昭道员，任为工程监督，往各省采办木植。御史沈淮上奏反对，无效。不久，李光昭除了在各省勒索横行外，又因为购买外国洋木，虚捏价目（以五万两实价报至三十万），和外国商人闹出一件大讼案来，命李鸿章查办；结果，李光昭被革职处刑，又把圆明园的工事暂行停止。到光绪帝时代，东太后去世后，游宴土木之费日增月累；修造颐和园没有钱，便挪用海军经费。总管太监李莲英的招权纳贿，更远出安德海之上；安德海以违背祖制出京，被丁宝桢杀之于山东；一八八六年，醇亲王受命往天津巡视海口，西太后公然命李莲英同往；御史朱一新因此上奏，请慎防宦寺流弊，便得到一个降职的处分。一八八九年，光绪帝大婚，形式上，太后虽已归政于帝，说是由帝亲政了，但事实上，皇帝一切用人行政还是要禀命于太后，皇帝仍不过是一个偶像。概括的说，同治以后的朝廷，全为西太后的朝廷。总管太监的权势，渐至驾乎各亲王及军机大臣之上。前此肃顺当权时，疏请太后临朝的，说是怕威柄下移；现在一班亲王大臣们眼睁睁的望着威柄移于阉宦，除了阿附以外，别无办法。于此可见满清皇族及在廷各大僚中，没有一个有能力的人；换言之，满清朝廷已成了一个空空洞洞、没有实力的朝廷。

但是西太后以一弱女子，为什么有这种笼盖一切的能力呢？她所倚靠的就全在道德上的名教影子。就她的本身说，她是不顾名教，并且是名教主义的罪人；但她对付别人，却全恃名教主义的威力。她自己不循祖宗的家法，对付皇室亲贵，对付皇帝、皇后、皇妃，动辄藉口祖宗家法；亲贵稍不如她的意旨，即拿交宗人府议罪；皇后、皇妃稍逆己意，轻则叱面，重则弛衣受杖，皇帝不敢庇护；对付在廷各臣僚，用伦理上母子君臣的名分，捧着一个儿皇帝作傀儡，把他摆在全面，各人不敢不低首于皇帝之下，便不敢不低首于皇帝的母亲之下；"圣人以孝治天下"，久成为名教主义的金科玉律，没有人敢违背这条金科玉律，便没有人敢违抗她。东太后在时，这条金科玉律的把柄还是操在她们两人手里，故仍有所顾忌；东太后死后，祖宗的家法及一切名教上的威权都成了她个人的囊中物，故就可以为所欲为了。她还看清了一点：太平天国是名教主义之敌，若不将此敌消灭，她便快乐不成；满洲的亲贵大僚已没有力量；难得曾国藩、李鸿章、左宗棠一班人，浸渍在名教主义的精神里面，愿意出死力，替她保持那种可以控制一切的名教；所以她就一心一意的依靠他们，将巨大的事权委给他们，用崇高的名位羁住他们；有了他们替她抵御朝廷以外的敌人，朝廷以内可以安然无事，她就可以享乐。关于这一点，她的眼光，不惟与肃顺相同，并且比肃顺还要看得深切。所以对于信用汉人以制服汉人的政策，她便踏着肃顺的旧路走去；到了太平天国平定后，还是守着这种方针不变。这是西太后的眼光锐敏处，也便是她所以能够维持长久局面的原故。

二、政治上的中心人物　依前段所说，西太后所顾虑的在朝外不在朝内，她所倚靠的实在势力，也是在朝外不在朝内，事实上已成为外重内轻之局；因此这时期政治上的中心人物，也不在朝内而在朝外。前一个时期是曾国藩的时期，这时期，差不多可以说是李鸿章的时期；曾国藩于一八七二年去世，李鸿章便是继续曾氏负当时重望的人物。

洪杨战役中李鸿章与胡林翼、曾国荃、左宗棠，同属曾国藩一个系统的要人。胡林翼在太平天国颠覆前已经去世。曾国荃因为受了别人的攻击，于攻克南京后依其兄所主张将所领湘军的大部分率领回乡遣散，他自己也请假休息，处于闲散的地位（后虽再出历任疆圻，但非重要）。左宗棠于一八六三年授闽浙总督，仍兼浙抚，平定浙省后，辞浙抚，督军入闽；一八六五年，扫平闽省的太平军余党，又受命入粤，剿灭粤省太平军的余党；次年（一八六七年）正月回闽，八月，调授陕甘总督，担任剿捻（西捻）、剿回的工作；此后左氏的活动区域限于西北，直到一八八〇年，始由新疆调回北京。（时新疆回乱平定，因伊犁问题，调左回京，令左氏在军机大臣上行走；不久，出任两江总督。中法战起，又令督办闽省军务，旋病逝于闽。）曾国藩、李鸿章于平定江南时，曾氏任江督，李氏任苏抚；一八六五年，曾氏授命为钦差大臣赴山东河南一带剿捻，命李鸿章署理江督；旋曾氏因多病乞休，不许，乃命李氏继任钦差大臣督师剿捻，曾氏仍回江督原任，兼筹剿捻军后路军火；一八六七年，东捻平，次年西捻亦平；曾氏受直隶总督，江督以马新贻继任，李氏赏太子太保，以湖广总督，协办大学士（未到任），旋命署湖北巡抚；一八七〇年，"天津教案"起，曾氏办理"天津教案"，为一般士大夫所不满意，曾氏不自安，恰好两江总督马新贻被刺死，清廷又调曾任两江总督，李鸿章继任直隶总督。曾氏于一八七二年在两江总督任内去世，李鸿章作直隶总督一直作到一八九五年中日战争失败时止，前后共二十五年（中间仅因母丧丁忧回籍，离去直督任数月耳）。这是洪杨战役后，曾李一派要人的略历。为什么要把他们的略历如此琐叙呢？就是要使读者明白他们几个人在此时期内的地位关系。此时代是一个西法模仿时代，西法的模仿，以福州的马尾、江南的上海、直隶的天津，为三个中心地点。而曾、左、李三人，便是主持这三个地方模仿西法的要人；左氏专征西北后，福州模仿西法的事务交与沈葆桢，没有多大的发展；曾氏去世后，江南模仿西法的要人又去了；只有李鸿章一个要人留在直隶总督的地位，继续努力模仿西法的工作（福州、江南的工作并未停止，不过主持的人不如以前的认真）达二十五年。并且自各省的乱事平定后，东南各省的督抚地位虽然重要，到底不如直隶总督；直隶密迩畿辅，为北京朝廷的屏蔽，与北京声息相通；曾国藩去世后，李鸿章又是所谓中兴立功的唯一重臣，为西太后所倚任；除领有直隶总督的本任外，又兼任北洋通商大臣，并且戴有大学士的头衔（初为协办大学士，后升任大学士），部下又有兵有将，可以指挥如意；所以李氏成为此时代唯一的中心人物。他在直督任内的二十余年，不惟为主持西法模仿的要人，凡此时代的重要外交问题，大抵皆由他主持；其他各种要政，西太后也多征求他的意见。外国人的眼中，也只有一个李鸿章，要办甚么交涉，也多向李鸿章进行。故此时代的直隶总督，几有成为清政府第二朝廷的趋势，李鸿章便是这个第二朝廷的主脑人物。但是，排斥洋务、痛恨西法的士大夫，也多把李氏看作怪物，甚至骂他作汉奸；不过心里虽然嫉恶他，却没有方法打倒他，因为西太后信任他的原故；一旦遇有罅隙可乘，便群起而攻；所以李鸿章一方面为此时期中的幸运儿，一方面又是此时期之末的最不幸者。

二　西法模仿与士大夫心理的反感

中国需要模仿西法的动机，最早起于鸦片战争结局时。魏源在此时所成的《海国图志》序文内说："是书何以作？曰：为以夷攻夷而作；为以夷款夷而作；为师夷之长技以制夷而作。"师夷之长技以制夷，便是模仿西法的动机。因为受鸦片战争的挫败，知道夷人也有夷人的长技，非中国人所能及，非师其长技不足以制之。在洪杨战役中又受了一次英法联军入北京的大耻辱，这种感觉愈加迫切。李鸿章、左宗棠在江浙两省与太平军斗争，除得外国军人的援助外，并得了外国枪炮、轮船种种利器的援助，对于夷之长技，更得了一番实地的经验。李鸿章在同治二年（一八六三年）四月，致曾国荃的函说："……此间于三月望日。克复太仓，实借戈登大炮之力。程方忠督所部逼扎昆山城下，该逆死拒不出。中隔大河，无法攻打，仍须参用开花炮或可得手。……"是月中，李氏又两次致书曾国藩，其一次书中说：

> ……西洋炸炮，重者数万数千斤，轻者数百数十斤，战守攻具，天下无敌。鸿章现雇洋人数名，分给各营教习；又募外国匠人由香港购办造炮器具，丁雨生即来监工。又托法英提督各代购大炮数尊，自本国寄来，大约今年底可渐集事。每思外国用兵，口粮贵而人数少，至多一万人即当大敌。中国用兵多至数倍，而经年积岁，不收功效，实由于枪炮窳滥。若果能与西洋火器相埒，平中国有余，敌外国亦无不足。俄罗斯、日本，从前不知炮法，国日以弱，自其国之君臣卑礼下人，求得英法秘巧，枪炮轮船渐能制用，遂与英法相为雄长。中土若于此加意，百年之后，长可自立。仍祈师门一倡率之。……

又一次的书中说：

> ……洋务最难措手。终无办法；惟望速平贼氛，请求洋器。中国但有开花大炮、轮船两样，西人即可敛手。日本小国，现与英人构衅，提督纠伯临之以兵，日本君臣欲与开仗，纠茜遂一再展期。此明证也。……

李鸿章倾心西法的精神，在此两书中已经表现得很清白。他以为只要有了开花大炮、轮船两样，便可以对付外人，故他们的西法模仿，便首先锐意于此两样；方在与太平军争斗中便购买造炮机器，设局制造。到一八六五年，便与曾国藩协议奏请设立江南机器制造局于上海（不久后又设分局于金陵）。是为积极的模仿西法之始。此后接续有下列各种的西法模仿事业：

（一）设轮船制造局于福州马尾（一八六六年由左宗棠奏请设立）。

（二）设机器制造局于天津（初设年岁未详，大约在曾国藩督直时已设立；一八七〇年，李鸿章继任直督，奏请扩充整理）。

（三）派选学生赴美国留学（一八七二年由曾国藩、李鸿章协同奏请而行，是为中国派遣留美学生之始，所派者皆年轻幼童，学问、思想多无根底）。

（四）设轮船招商局（一八七二年）。

（五）筹办铁甲兵船（一八七五年）。

（六）派武弁往德国学习水陆军械技艺，又派遣福建船政学生出洋学习（一八七六年是为中国派留欧学生之始）。

（七）购买铁甲兵船，设水师学堂于天津，又设南北洋电报局（一八八〇年）。

（八）设开平矿务商局，创设公司船赴英贸易（一八八一年）。

（九）筑旅顺军港船坞，又设商办织布局于上海（一八八二年）。

（十）设武备学堂于天津（一八八五年）。

（十一）成立北洋舰队（一八八八年）。

这些事业，除第三项以前由左宗棠、曾国藩与李鸿章共同计划外，以后各项皆为李氏所经营的事业。李氏对于所谓洋务与西法的心理，可以在他奏请设立江南机器制造局的奏语末段看出，他说：

> ……中国文物制度，迥异外洋獉狉之俗，所以郅治保邦，固丕基于勿坏者，固自有在；必谓转危为安，转弱为强之道，全由于仿习机器，臣亦不存此方隅之见；顾经国之略，有全体，有偏端，有本有末；如病方亟，不得不治标，非谓培补修

养之方即在是也。……臣于军火机器，注意数年，督饬丁日昌留心仿求又数月；今办成此座铁厂，当尽其心力所能及者而为之；日省月试，不决效于旦夕，增高继长，犹有望于方来。庶几取外人之长技以成中国之长技，不致见绌于相形，斯可有备而无患，此臣区区之愚诚所觊幸者也。……

他相信中国的文物制度，比外国獉狉之俗好，不过亟则治标，非取外人之长技以为中国之长技不可。故他的洋务事业的范围，不外造船，制械，筑军港，设电报局、招商局、织布局、矿务局，概括的说，不出于军事、经济的两方面，而经济方面又以裕饷为目的；就是兴学堂、派遣留学生，也是全为军事起见，否则为造就翻译通使人才起见；对于政治、教育思想及制度上的根本改进，完全没有梦想过，因为他认定中国的文物制度比外国好的原故。所以梁启超批评他，说他"知有兵事而不知有民政，知有外交而不知有内务，知有朝廷而不知有国民，知有洋务而不知有国务"（见梁启超著《李鸿章传》）。他所办的事业，郭嵩焘在中法战役以前，已知道不是根本救济中国的办法，不能靠着作用，不如日本模仿西法的方针正确。郭氏于一八七七年（光绪三年，时为中国驻英法公使）在伦敦致书李鸿章说：

> ……日本在英国学习技艺者二百余人，各海口皆有之，而在伦敦者十九人；嵩焘所见有二十人皆能英语。有名长冈良芝助者，故诸侯也，自治一国，今降为世爵，亦在此学习法律。其户部尚书恩屡叶欧摩，至奉使讲求经制出入，谋尽仿行之……而学兵法者绝少。盖兵者末也，各种创制皆立国之本也。中堂方主兵，故专意考求兵法。愚见所及，各省营制，万

无可整顿之理，募勇又非能常也。正虑殚千金之技以学屠龙，技成无所用之，嵩焘欲令李丹崖携带出洋之官学生，改习相度煤铁炼冶诸法，及兴修铁道电学，以求实用，仍饬各省督抚多选少年才俊，资其费用，先至天津、上海、福建各机器局，考求仪式，通知语言文字，而后遣赴外洋，各就才质所近，分别研习。……

郭氏写此书时，正是李鸿章第一次派遣学生到欧洲，学习军事及军械方面的艺术；派往德国的几人，由兵弁中选出来的，其他则由福建船厂中附设的船政学堂里（略如今日之职工学校）选出来的。郭氏看到这种办法远不如日本；他又看到外国的长处不仅在船坚炮利，故想劝李鸿章改变方针，把模仿西法的范围扩大。但李氏的答书说："……鄙人职在主兵，亦不得不考求兵法……兵乃立国之端要，欲舍此而别求其大者远者，亦断不得一行其志，只有尽其力所能为而已。……"梁启超说他知有洋务而不知有国务，实在不是过当的批评。

但是我们要知道，李鸿章虽然只知有洋务不知有国务，他还知道一点洋务；大多数与他同时代的士大夫阶级，连他所知道这一点洋务都根本的不承认。假使李氏再把西法模仿的范围扩大，他必定受人攻击得更利害，甚至于连地位都保不住。同治六年，北京设立了一个同文馆，廷臣中有人受了曾李一派人的影响的，提议于阁部翰林宫中，选年少聪颖者，入馆学习外国语言文字及天文、算学、造船、制器诸法。那位讲程朱之学的大学士倭仁极力反对，向皇帝上奏说：

> ……数为六艺之一，诚如圣谕为儒者所当知，非歧途可

比。惟以臣所见，天文算学，为益甚微。西人教习正途，所损甚大。……窃闻立国之道，尚礼义，不尚权谋；根本之图在人心，不在技艺。今求之一艺之末，而又奉夷人为师；无论夷人诡谲，未必传其精巧，即使教者诚教，学者诚学，所成就者不过术数之士。古今来未闻有恃术数而能起衰弱者也。天下之大，不患无才。如以天文算学，必须讲习，博采旁求，必有精其术者，何必夷人，何必师事夷人。且夷人吾仇也；咸丰十年，称兵犯顺，凭陵我畿甸，震惊我宗社，焚毁我园囿，戕害我臣民，此我朝二百年来未有之辱，学士大夫无不痛心疾首，饮泣至今，朝廷亦不得已而与之和耳，能一日忘此仇耻哉。议和以来，耶稣之教盛行，无识愚民，半为煽惑，所恃读书之人，讲明义理，或可维持人心。今复举聪明隽秀，国家所培养而储以有用者，变而从夷，正气为之不伸，邪气因而弥炽，数年以后，不尽驱中国之众咸归于夷不止。伏读圣祖仁皇帝御制文集，谕大学士九卿科道云：西洋各国千百年后，中国必受其累。仰见圣虑深远，虽用其法，实恶其人。今天下已受其害矣，复扬其波而张其焰耶。闻夷人传教，尝以读书人不肯习教为恨。今令正途学习，恐所习未必能精，而读书人已为所惑，适堕其术中耳。伏望宸衷独断，立罢前议，以维大局而弭隐患，天下幸甚。

还有一位倭仁的同乡、御史张盛藻附和其意，上奏说：

……天文算学，宜令钦天监天文生习之；制造工作，宜责成工部督匠役习之。文儒近臣，不当崇尚技能，师法夷裔。……

这些奏议传出，北京的士大夫人人称赏，说是至理名言。于是凡以"士君子"自尊自重的人，皆以读洋书为耻辱，没有人肯入同文馆；结果同文馆所收的学生，大半是想借当翻译通使谋饭吃的人才，没有远大的志趣思想。

左宗棠在福建设的造船厂，左氏专征西北后，交给沈葆桢主持，沈氏也颇能"萧规曹随"；但沈氏没有左氏那样强悍的魄力，蒙受了十分困难；到了一八七二年顷（同治十一年），因为船厂费去的钱很多，而成效又不见得很大，经费又十分支绌，便有人上奏，主张把它停止。清廷提交各疆吏复议，左宗棠闻知，在西北一再陈奏力争，李鸿章也极力反对停止，才勉强维持下去。李氏反对停止的奏语说：

> ……臣窃维欧洲诸国百十年来，由印度而南洋，由南洋而中国，闯入边界腹地，凡前史所载，亘古所未通，无不款关而求互市。我皇上如天之度，概与立约而通商……合地球东西南朔九万里之遥，胥聚于中国；此三千余年一大变局也。西人专恃其枪炮轮船之利，故能横行于中国，中国向用之器械不敌彼等，是以受制于西人。居今日而曰攘夷，曰驱逐出境，固虚妄之论；即欲保和局，守疆土，亦非无具而能保守之也。……士大夫囿于章句之学，而昧于数千年来一大变局；狃于目前苟安，而遂忘二三十年之何以创巨而痛深，后千百年之何以安内而攘外；此停止制造轮船之议所由来也。臣愚以为国家诸费皆可省，惟养兵设防，练习枪炮，制造兵轮之费万不可省。求省费则必屏除一切，国无与立，终不得强矣。……

可见李鸿章在当时的士大夫中，还是一个有特别见解的人物；

他知道此时为三千年来一大变局，而一般士大夫还是睡在梦里，口喊要攘夷，要驱逐洋人出境，不许学洋文，读洋书。外国人修成了的一段淞沪铁路，迫着政府出钱购回，把它拆毁，连铁轨都要丢到海里去（此光绪初年事）。因为他们认为火车、轮船为世界上最不祥之物，是洋鬼子的奇技淫巧；若有人使用轮船、机器，便要激起士君子的义愤来。郭嵩焘因为喜谈洋务，劝人不要空口攘夷，被一班守道的文人学士攻击得不能容身；他出使英法，到了伦敦，还有人参劾他；回国时，至于不敢入京；那种反对洋务西法的空气之浓厚，就可想而知了。郭氏在伦敦与李鸿章往来的书札，有两篇可以证明当时一般人反对西法的情形，附录于后，以备参证：

一、郭嵩焘与李鸿章书

前岁入都，本意推求古今事宜，办其异同得失；自隋唐之世，与西洋通商，已历千数百年；因鸦片之禁而构难，以次增加各海口，内达长江，其势日逼，其患日深，究明其本来，条具其所以致富之实，其发明，其用心，而后中国所以自处与其所以处人者，皆可以知其简要。谋勒为一书，上之总署，颁行天下学校，以解士大夫之惑；朝廷所以周旋远人之心，固有其大者远者，当使臣民喻知之。……道天津，亦曾为中堂陈之。声及至京师，折于喧嚣之口，噤不得发。窃谓中国之人心有万不可解者，西洋为害之烈，莫甚于鸦片烟。英国士绅，亦自耻其以害人者为构衅中国之具也，方谋所以禁绝之；中国士大夫，甘心陷溺，恬不为悔，数十年来，国家之耻，耗竭财力，无一人引为咎心。钟表玩具，家皆有之，呢绒洋布之属，遍及穷荒僻壤；江浙风俗，至于舍国家钱币而专行使洋钱，且昂其值，漠然无知其非者；一闻修造铁路电报，痛心疾首，群起阻难，至有以见洋人机器为公愤者；曾颉刚（即曾纪泽，国藩之子）以家讳乘南京小轮船至长沙，官绅起而大哗，数年不息；是甘心承人之害，以使朘吾之膏脂，而挟全力自塞其利源，蒙不知其何心也。办理洋务三十年，疆吏全无知晓，而以挟持朝廷曰公论；朝廷亦因而奖饬之曰公论。呜呼，天下之民气郁塞壅遏，无能上达久矣！而用其鸱张无识之气，鼓励游民，以求一逞，又从而导引之；宋之弱，明之亡，皆此鸱张无识者为之也。嵩焘楚人也，生长愚顽之乡，又未一习商贾与洋人相近，盖尝读书观理，历举古今事变，而得之于举世非笑之中，求所以为保邦制国之经，以自立于不敝，沛然言之，略无顾忌，而始终不相谅。窜身七万里外，未及两月，至一参再参，亦遂幡然自悔其初心，不敢复为陈论矣。……

二、李鸿章答书

　　……西洋政教规模，弟虽未至其地，留心谘访考察几二十年，亦略闻梗概。自同治十三年，海防议起，鸿章即沥陈煤铁矿必须开采，电线铁路必应仿设，各海口必添洋学格致书馆，以造就人才。其时文相（即军机大臣文祥）目笑存之；廷臣会议，皆不置可否，王孝凤、于连舫独痛诋之。曾记是年冬底赴京叩谒梓宫，谒晤恭邸（即恭亲王奕䜣），极陈铁路利益……邸意亦以为然，谓无人敢主持。复请乘间为两宫言之，渠谓两宫亦不能定此大计。从此遂绝口不谈矣。……鄙意铁路须由开煤铁矿作起，兴此大役，而铁尚须购自海外，绝难告成。目下鸡笼煤铁已有成效，武穴、池州均甫开局。魏温云亦在宝庆、衡州等处试采煤铁；但官绅禁用洋法机器，终不得放手为之。凡此皆鄙人一手提倡，其功效茫如捕风。而文人学士，动以崇尚异端，光怪陆离见责，中国人心真有万不可解者矣。……

三　西法模仿时代的对外关系问题（一）
——俄国侵占伊犁与新疆改设行省

李鸿章等模仿西法的时代，正是世界帝国主义积极发展的时代。（李鸿章于一八六五年开始模仿西法，至一八七〇年任直隶总督，这五六年间是世界政治史上最可注意的时期。美国的南北战争于一八六六年告终，联邦政府的权力渐趋巩固集中；德意志与意大利的统一事业皆于一八六六年至一八七〇年间完成；法兰西于一八七〇年普法战争后成立第三共和，政制确定，内乱归于静止，作成向外发展的基础；日本于一八六八年改元明治，迁都江户〔即今之东京〕，德川幕府归政，藩制废除，开明治维新之基，采定开国进取的方针。）帝国主义的精神是积极侵略的，进取的；李鸿章等模仿西法的精神，不外"缮防固边"四字，是消极防御的，保守的。前章所述曾国藩答西太后的话："兵是必要练的，那怕一百年不开仗，也须练兵防备。兵虽练得好，却断不可先开衅；讲和也要认真，练兵也要认真，二者不可偏废。"意思就是"能战而后能守，能守而后能和"。李鸿章一生治兵与对外的政策，也就是以这几句话为根本方针，一面模仿西法，一面务求避去对外的战争。依正当的道理说起来，不轻于对外开仗，未见得不是很对的；日本在明治初年，也是采不轻于对外开衅的方针。不过，中国的不轻于对外开仕，根本的精神上是保守的，而西法的模仿又仅得其皮毛，未能从政治的根本上有所刷新；那种保守的精神，实际上已有颓废衰败的倾向。一般多数的士大夫阶级，精神本已倾于腐化，知识又极固陋，但是那种虚憍之气却又高得不可当；一方面鄙夷西法，一方面凡遇对外问题发生，总是主张开战。清廷把这种虚憍之气，看作可靠的所谓"士气"，所谓"公论"。于是李鸿章等几个比较明白的人，一方面对外要应付侵略的帝国主义者，一方面对内要应付这种士气与公论，时常陷于极困难的苦境。结果，在此时期内，帝国主义者向中国的侵掠政策，无处不成功；中国"缮防固边"的政策，无处不失败。综计此时期中，中国对外最重要的问题有三方面：一、西北方面对俄；二、极南方面对法；三、东面及东北方面对日。这三方面的问题，只有西北一方面失败尚属有限，余则失败不堪言状。本节先就西北方面的问题略述其大概，其余于后二节分别述之。

一、俄国侵占伊犁的由来　在太平天国将要颠覆时，陕西、甘肃两省的回民，受了太平军及捻军的影响，发生叛乱，经年未能平定。回教徒中有一个阿浑妥明，一称妥得燐，曰陕甘出关，潜至乌鲁木齐谋起事；恰好该处有一个参将索焕章，早已蓄谋作乱，妥明乃与索氏结托，把该处的提督杀了，据有乌鲁木齐，在不久的时间，便把天山北路的各要城都占领了。天山南路回教徒的别派，也闻风而起，攻陷各要城。一八六六年（同治五年）正月，伊犁大城失守；二月，塔尔巴哈台亦失守，妥明自称清真王。当妥明横行天山北路时，浩罕的阿古柏乘机率兵侵入天山南路的喀什噶尔，夺取南路各要城，自称帕夏；到一八六九——一八七〇年间，又进入北路，攻破妥明之军，扩其势力于乌鲁木齐以西。此时，左宗棠方在征剿陕甘的回乱，清政府没有余力顾及关外。英国则暗中援助阿古柏，俄国则不愿阿古柏的势力扩大。当妥明的势力延至伊犁时，俄国已派兵分途进入伊犁境界，据守要隘；及阿古柏势力北进时，俄遂以维持边境安宁为名，于一八七一年（同治十年）公然占领伊犁，降服回目，并想进兵致乌鲁木齐，幸被汉民所起的义勇军徐学功所挫，乃不复进。俄政府于是年七月令驻北京俄公使，将占领伊犁事通告清廷；清廷叩其理由，俄使答以为维持边境安宁之必要，并无并吞土地的意思，俟中国政府威令能再行于伊犁，边境可保安宁时，当即退还。俄政府此时，以为中国的威令断无有再行于伊犁的可能，故如此说。清廷此时无可如何，也只好搁置。

二、左宗棠平定新疆　一八七三年，陕甘回匪肃清。清廷便决计派兵出关收复新疆，初令左宗棠将军事、饷事、统筹全局的详细办法奏闻。左氏雄心勃勃，便把收复新疆的出兵计划及所需军饷若干一一具奏；一八七五年（光绪元年），左氏受命为钦差大臣督办新疆军务。此时廷臣多以需用军费过大，成功又未必可靠，想把天山南路的八城放弃不要了，驻北京的英国公使也替阿古柏游说；左宗棠力持不可，上奏说："……臣年六十有五，岂思立功边域觊望恩施。顾事有万不容已者，乾隆中，准部既克，即平回部，于各城分设军府，然后九边靖谧者百数十年。今虽时异世殊，不必尽遵旧制；而伊犁为俄人所据，喀什噶尔各城为安集延（即指阿古柏）所据，事平后应如何布置，尚费绸缪；若此时即置之不问，似后患环生，不免有日蹙百里之患。……"清廷壮其言，遂命相机进行。左氏分路进兵，于一八七六年（光绪二年）收复天山北路；次年春，收复吐鲁番。吐鲁番为天山南路的门户，阿古柏恐惧，驻北京英公便又为阿古柏游说于清廷，劝清廷封阿古柏为王，立为被保护国。左氏反对，奏称："安集延非无立足之所，何待英人别为立国；即欲别为立国，则割英境与之，或即割印度与之可也。何乃索我腴地以市恩？"又谓："英人阴图为印度增一屏障，公然强我，回疆撤一屏障，此何可许？我愈示弱，彼愈逞强，势将伊于胡底？臣奉职边方，惟有勉效驽钝，不顾目前成败利钝图之。现在南路之师，拟于八月中旬、九月初旬分起进发，前闻英人遣使安集延，臣已驰告刘锦棠、张曜（左之部下两大将）善为接待，如论国事，则以奉命讨侵占疆土之贼，以复我旧土，他非所知；如欲议论别事，请向肃州大营（时左氏自驻肃州）。彼如来营，臣自有以折之。"阿古柏知事不可为，服毒死；是年冬，南路八城以次克复。除伊犁尚为俄人所踞外，新疆全定。

当南路八城将近克复时，清廷令左氏统筹全局，直抒所见，左氏复奏的语中有云："重新疆者所以保蒙古，保蒙古者所以卫京师。……俄人拓地日广，由西而东万余里，与我北境相连，仅中段有蒙部为之遮阂，不可不预为绸缪。今北路只伊犁未收……俄人方争土耳其，与英相持；我收复旧疆，兵以义动；设有意外，争辩在我，仗义执言，决无屈挠。窃以为地不可弃，兵不可停……至省费节劳，为新疆划久安长治之策，纾朝廷西顾之忧，则设行省。改郡县，其事有不容已者。……"于是收回伊犁与新疆改设行省，便成为对西北的两大问题。

三、收回伊犁的经过 俄人占领伊犁时，既以清廷威力能再行于西北即当交还为言；现在新疆既定，清廷向俄人要求交还，又值俄土战争，俄人不便说不交还；但答以须保证国境将来之安宁，并赔偿俄国代守伊犁之军政费。清廷乃于一八七八年（光绪四年）派侍郎崇厚为全权大臣赴俄京交涉。崇厚在圣彼得堡交涉许久不得要领，到次年始与俄政府定约十八条，规定中国于偿还俄国占领伊犁军费五百万卢布外，割伊犁南部特克斯河流域广大肥沃之疆土与俄国。崇厚受委时，仅以偿费及保证国境安宁两条件（即俄方原来要求之条件）为限；割让疆土，实属越权行为。条件传达北京，朝野上下皆大愤激，西太后也异常愤怒，不肯承认。崇厚又不待朝命，径自回国；回国后，立即下狱，议罪至斩监候；俄政府见清廷此种行动，认为侮辱俄国，也表示愤怒；国交便有破裂之势。俄国一面增兵伊犁，一面派海军舰队游弋中国海面示威；中国的士大夫阶级，议论激昂，大都主张向俄国开战；张之洞（时为翰林院侍读学士）便可说是主战派的代表，他的奏语中有一段说："……我之御俄，本有可胜之理，即或疆场之役，利钝无常，臣料俄人虽战不能越嘉峪关，虽胜不能破宁古塔，终不至制动全局；旷日持久，顿兵乏食，其势自穷，何畏之有。然则及今一战，乃中国强弱之基，尤人才消长之会；此时猛将谋臣，足可一战；若再越数年，左宗棠虽在而已衰，李鸿章未衰而将老，精锐尽澌，欲战不能……他日斗之于户庭，悔何及乎。……"这种主战的妙论真是幼稚得可笑。清廷为这种书生的空论所激动，一面命左宗棠布置战备，左氏即于一八八〇年（光绪六年）五月由肃州进至哈密；一面命李鸿章整备天津及附近各处海防，聘德人汉纳根筑旅顺黄金山炮台。一八八〇年的春夏间，中俄的战争几有不可免之势。李鸿章心中不愿意有战事，但慑于所谓公论，并且整理战备也是他所认为必要的，故也积极的准备。此时惟驻英中国公使曾纪泽，不主张开战。英人戈登因与李鸿章的旧关系，被招至中国，初与李鸿章会晤于天津，劝李氏勿轻于主战。旋至北京，力言中国战守准备不具，若开战，俄军必由黑龙江南下，震动北京。戈登的临别赠言中，至谓"中国有不能战而好为主战之议者，皆当斩首"，并且说中国一日以北京为建都之地，即一日不可与外国开战，因北京离海太近，中国无防御海疆之具，外兵容易侵入的原故。清廷在是年春间，已命曾纪泽由英赴俄，要求废弃崇厚所订之草约；曾氏在俄京费尽无穷口舌，于一八八一年与俄政府改订新约，将偿费一项由五百万卢布增至九百万卢布，割让于俄之土地仅限于霍尔果斯可以西的一小部分，又与俄人以通商上的各种权利；俄人则将伊犁交还。特克斯河流域广大的疆土算是救住了，收回伊犁的问题算是解决了。

四、新疆改设行省　此问题自左宗棠建议后，清廷也颇注意，但因事体重大，颇多怀疑；左氏力持设省之议。在南北路平定后、伊犁收回前，左氏便积极布置。他的大方针为"先实后名"四字，就是先把可以施行郡县制的实在，办理有条绪，再以郡县制之名行之。新疆的地方，原来就是汉代的西域。自汉代纳入中国的势力范围以来，历朝都是用一种羁縻政策应付之，所谓"因俗施治"，未能与内地"一道同风"。清代对于该地的统治机关有将军，有都统，有参赞大臣，有办事大臣，有协办大臣，有领队大臣；职分互相等夷，复杂而无系统，彼此不相上下。就大体上说，都是统兵的军官，并且多出自宫廷禁卫的武员；对于民治吏事，一切不懂。除了括取粮饷，用军队抑制变乱外，他们也没有要理民事的思想观念；朝廷也没有要开化边地的意思，一切皆放任，听其自然，民族又极复杂。所以最易发生变乱，一有变乱，便蔓延不易收拾。左宗棠采定"先实后名"的方针，于南北两路平定后，积极的进行民事：一、凿井开渠；二、广兴屯垦；三、清丈地亩；四、厘正赋税；五、铸造钱币；六、兴办蚕桑事业；七、分设义塾。第七项的关系异常重大，左氏的奏语说：

> ……新疆戡定已久（指清代初年之戡定），而汉回彼此扞格不入，官民隔阂，政令难施。一切条款，均藉回目宣传，雍蔽特甚。将欲化彼殊俗，同我华风，非分置义塾，令回童读书识字，通晓语言不可。臣与南北两路在事诸臣筹商，饬各局营，多设义塾，并刊发《千字文》、《三字经》、《百家姓》、四字韵语及杂字各本以训蒙童，续发《孝经》、《小学》，课之诵读，兼印楷书仿本，令其摹写。诸本读毕，再颁六经，俾与讲求经义。叠据防营局员禀，兴建义塾已卅七处；入学回童聪颖者，多甫一年，而所颁各本已读毕矣；其父兄竟以子弟读书为荣，群相矜宠，并请增建学舍，颁发《诗经》、《论》、《孟》，资其讲习。……并称蒙童试诵告示，皆能上口。……盖读书既能识字，而由音声以通语言，自易为功也。张曜因出《圣谕十六条附律易解》一书，中刊汉文，旁注回字，刊发缠民（即缠回），见者宝贵。……

这是左氏的教育同化政策。这种政策，若能继续的努力扩充，影响当然是很大的（可惜后来统治新疆的人不大注意于此）。左氏举办前列各种事业，无非想把新疆弄到和内地各省一样；换言之，就是要立定改设行省的基础。至于制度建置的方面，左氏的原意，想在天山北路的乌鲁木齐设一个总督，在南路的阿克苏设一个巡抚，管治各道的府厅州县。及伊犁争议问题发生，中俄战争将启时，清廷要左氏回北京备顾问，关外经营的事业，乃交与左之部属刘锦棠；刘氏仍能萧规曹随。伊犁收回后，再经一二年，改建行省的基础略具。到一八八四年（光绪十年）冬，清廷便行添设"甘肃新疆巡抚"，以乌鲁木齐为省治（即迪化府），裁撤乌鲁木齐都统等缺，任刘锦棠为巡抚，是为新疆施行与内地同等统治之始。为什么称为"甘肃新疆巡抚"呢？这又是刘锦棠变更的小心计划。刘氏曾经奏称："初议将新疆另为一省，臣颇不谓然。新疆与甘肃，形同唇齿，若划为两省，以二十余州县，孤悬绝域，势难自存，拟仿江苏建置大略，添设甘肃巡抚一员（原来甘肃无巡抚，由陕甘总督直接统治之），以乌鲁木齐为省治，改名迪化。"清廷也恐怕新疆还难自立为一省，因采刘氏的建议，暂设"甘肃新疆巡抚"，把行省建置的各种事宜责成刘氏办理，从一八八四年——一八八五年（光绪十年至十一年九月），府县建置的规模大定，新疆成为中国一行省的基础完全成立；几千年来视同藩服的羁縻地，现在纳诸与内地同等的位置了。这件事情，算是此时期中政治上一件成功的事。对伊犁的外交问题，虽有损失，也还损失得有限；新疆至今能够保持，不为安南、朝鲜之续，未尝不是因为在此时期，中作成了一个比较安固的基础。

四　西法模仿时代的对外关系问题（二）
—— 中法战役与海军衙门的创设

一、安南与中国的关系　安南与中国的关系，就历史上说，比新疆还要早；就文化上说，感受中国文化的程度比新疆更深，所有一切典章制度文物，无不成为中国化；但就政治上说，时隶中国版图，受中国的直接统治，时复脱离，仅为朝贡的藩属国。在清代的几百年间，便仅为中国的藩属国，按期向清廷朝贡，清廷对于它的内政外交，一切不加干涉；遇新王即位，与以册封；遇有内乱，则派兵征讨抚定之；定后仍听其自治。故在政治的关系上，还不如新疆的密切。因此，当其被法国势力蚕食时，中国政府全未注意；直到法国的势力由下交趾蔓延及于北部安南，影响于滇桂的边境，中国始有危险的感觉。及至感觉危险，已有不能救济之势了。

二、法国侵略安南的由来　法国与安南发生关系，远在法国大革命以前。安南王室本属黎氏，乾嘉时，阮、郑二族争权，发生内乱；阮嘉隆王（广南王阮定之侄）依赖法国的援助，取得安南的王位，渐受法国势力的支配。到洪杨战役期间，法国已用武力夺取下交趾，据西贡为根据地；此时清廷方为太平军所苦，自然没有余暇顾及藩属国的事情。再进至同治朝，法人因为湄公河不适于航行，旋以法国商人在云南贩卖军械（时云南有回乱，马如龙为剿灭回匪故，需要外国军械，由法商秋毕伊〔或译作屠甫夷，又或作久辟酉〕供给），发见北部安南的富良江（即红河）可以直通云南，便蓄并吞北部安南之志至。一八七四年（同治十三年），用诡诈的手段与安南政府成立一种条约，表面上说是承认安南为独立国，实际上已把安南作为法国的保护国了。条约共十条，其要点如次：

（一）法国以王礼待遇安南国王，承认安南为独立国；

（二）安南如有内乱外患，法国尽力援助，并供给安南各种军械及需要人员；

（三）此后安南之外交事务悉依法国指导；

（四）下交趾六州之地割让于法国；

（五）沿富良江至中国边境之河道，许法船自由航行。

法人与安南定约后，于次年（一八七五年，光绪元年）由驻北京法国公使以条约全文通告清廷总理各国事务衙门。清廷见约文中有承认安南为独立国的话句，覆书不承认。覆文的大意说："法安两国和约之副本已收到；然约中有承认安南为独立国之语，为中国政府所不解；安南自昔为中国属邦，故中国政府，不能公认此条约。"法公使署的华文翻译员，把中国的覆文译成法文时，译得极简单模糊，法公使以为中国已承认了。清廷既不承认，便应该再有一种积极的行动，但是把答覆法公使的覆文发出后，暂时竟别无何种积极的举动。

三、法国活动的进展与中法争议的酝酿　法国方面根据法安条约，积极施行预定的侵略政策，至一八八〇年（光绪六年），竟于北部安南富良江流域的河内、海防二府配置守兵，于江岸要地自行建筑堡垒。安南政府渐渐知道前次的条约不利于安南，仍旧想受中国的保护，与法订约后，仍旧向中国进贡两次（一八七六年及一八八〇年）；法人干涉不及。又安南政府想利用刘永福的黑旗党势力（刘永福本为太平军的余党，失败后率余党亡命安南边境，据地自雄）来对抗法人，富良江上游的法国航运常受其威吓妨害，故有配兵筑垒之举。法人在富良江配兵筑垒时，中国滇省的总督刘长佑见法人的行动可怕，奏请清廷注意，清廷至此始谋向法政府提出交涉。此时正值伊犁问题，与俄国发生最严重的争议；曾纪泽由英赴俄，经过巴黎，略向法国政府试采风色；清廷因为对俄交涉紧迫，不敢积极行动；次年（一八八一年，光绪七年），伊犁问题解决，曾纪泽回巴黎，向法政府提出关于安南事件的抗议，无结果。又次年（一八八二年），法国在安南已与黑旗党刘永福发生战事，法军炮击河内；曾纪泽又向法政府提出抗议。法国主张安南为独立国，谓中国无干涉之权；曾氏再三抗争，谓一八七四年的法安条约，中国早已声明不承认；法政府不为所动。清廷见法人在安南的军事行动日进无已，一八八三年（光绪九年），令由滇粤派兵进入安南边境。时李鸿章方丁母忧回籍，清廷强令出任艰难（因此时朝鲜方面亦与日本发生冲突）。法国方面亦发生内阁更迭的事情，继任内阁政策较平和，令驻华法公使与清廷会商平和解决方法。由李鸿章与法使会议，成立一种中法平和草约，把安南置诸中法两国共同保护之下。草约成后，法国内阁又更迭，继任内阁又属诸积极侵略派，不满于草约内容，未批准，并将原任法使调回，别任驻日法使脱利古来中国；一面由议会通过远征军费案，并另组远征舰队。中国方面见法国悔约，主战的空气也很浓厚，但是李鸿章极不愿意有战事发生；曾纪泽在法国，见清廷久无一定主见，十分焦虑。法国方面的军事行动，以讨伐黑旗匪党，迫令安南政府履行条约为口实；中国方面的进兵，始终仅以保护边境为词，因为李鸿章既不愿意有战事，清廷亦无对法开衅的勇气，故一面向法国主张对安南的宗主权，一面又不敢向法国作积极敌对的表示，所派去的军队只在安南边境上隐为刘永福的后援；安南政府全无实力，所靠者也全在刘永福的黑旗党。法军首先把安南首府攻下，迫令安南政府与法另结保护条约；中国仍旧只作口头上的抗争。此时中国的军队已达到安南的谅山、北宁、大原、兴化等处；刘永福已受清廷的任命，黑旗军已与中国的军队联合；但清廷仍是希望和平解决。到次年（一八八四年，光绪十年）春间，法军向北部进展，黑旗兵与中国的军队皆败退，北宁、大原、兴化等处皆为法军所占领。中法的战端事实上已经开始了，但是清廷仍无战意。

西太后听说战端已经开始，北宁等处失守，恐怕法国舰队乘间侵入沿海各省，异常愤怒，责备廷臣措置失当，将恭亲王奕訢以下各军机大臣一律免职，以醇亲王奕譞（光绪帝之父）代奕訢。旋以广东税务司德人德璀琳居间调停，清廷又命李鸿章与法使在天津开和平谈判，于是年四月，成立简单条约五款：

（一）法国保证不侵犯中国之边境；

（二）中国承认法国与安南所订之一切条约，现屯北部安南之中国军队悉撤至中国境内；

（三）法国不要求赔偿军费；

（四）自后法国与安南或结新约，或改正旧约，不插入有伤中国体面之词；

（五）由两国再派全权委员，对于本约各款拟定详约。

此约成后，李鸿章大受攻击，参劾他的奏章达四十七起。法国方面的侵略派，应该可以满足了；但是因为第四款尚含有默认中国对于安南保留宗主权的类似意味，仍不满足，未经议会批准，旋因谅山方面撤兵事，发生小冲突，又起一大波澜，中法的战争遂终不可免了。

（四）战争的破裂及结果 在谅山的中国军队，尚未接到撤兵的命令时，法军即迫欲交割；中国军队以未接到命令，不允，遂起冲突。结果，法兵死伤共约数十人，法人大噪，说中国违背条约上的撤兵期限，致令法军蒙此损失，要求巨额的损失赔偿金。此时李鸿章因为受了所谓清议的攻击，极不人望，西太后不敢再用他当谈判之冲，乃命两江总督曾国荃与法使会议于上海。李鸿章既以外交软弱之故，受了多数士大夫的唾骂，法人的要求又极无理，曾国荃当然倾于强硬的一方面，对于法使提出的要求不予承认。法人因曾氏不承认赔偿金，便命法舰队向中国开始军事行动，想占领中国沿海一要地以屈服清廷；清廷以主战派慷慨激昂之故，也下令备战守，但实际仍无战意。法军以舰队三数艘炮击基隆，谋占领该处，被守将击退。法使向清廷提出最后通牒，清廷不屈，法使下旗离北京，法政府也命驻法中国公使李凤苞（此时曾纪泽已回伦敦原任）离去巴黎，国交正式破裂。法舰队即于是年（一八八四年）七月闯入闽江口，破毁中国保护福州船厂之舰队十余艘，并船厂破毁之。清廷得报大惊，始发出宣战之布告。法舰队继续攻扰台湾及其附近岛屿，并封锁扬子江口以南各要埠，谋断绝中国南北海运的交通；北方漕运大感困难。适有一中国海关所辖管理沿海灯塔的小船，被法舰队捕去，不肯放还；总税务司英人赫德，电令其驻英代理人康普倍（Compbell）向法政府交涉放还该船事，并乘间探查法政府有无和解之意旨。此时法政府见清廷于福州船厂破毁后，并无屈服的表示，法国内部的党争又极纷扰，援军的派遣极感困难，急欲谋和（法舰队司令官请攻占旅顺口，法政府不许，以援军派遣困难故也），便密向康普倍表示可以和解之意。康氏电告赫德，遂以赫德为介，秘密进行谈判，成立一种简单的基本条件，即中国仍承认前次由李鸿章与法使所订之五款，法国不再提出别种要求。中国的陆军在谅山方面与法军交战，起初，中国军队节节败退，到次年（一八八五年，光绪十一年）春间，以冯子材奋战之力，法军大败于谅山。冯子材于攻克谅山后，方与诸将商议进取的方略，忽然奉到停战的命令，异常愤恨；岑毓英所统之军尚未接到停战命令，犹并力进攻，破法军，克广威、成祥，进逼兴化，安南人大喜，旋亦奉到停战令而止。因为清廷早已允许赫德所介绍之和议，一得到谅山的捷报，便认为议和的绝好机会；法政府得到安南方面的败报，主战派的威势更杀。于是由英国驻华公使出面调停，清廷仍命李鸿章为全权大臣，与法使巴特纳（Patenôtre）会议于天津，于是年（一八八五年）四月二十七日（阳历六月九日）签订条约十款，其要点略如下：

（一）中国承认法国与安南所订一切条约；

（二）中国择劳开以上、谅山以北二处，开为通商口岸；

（三）法国撤退基隆、澎湖之军队；

（四）中国将来筑造铁路可雇用法国工程师；

（五）两国另派委员勘定中国与安南之边界，协定陆途通商条约。

自此，安南与中国的藩属关系完全断绝。中国虽然免了赔偿费，但所蒙经济上的损失，共达一万万两以上（据李鸿章与曾纪泽书谓，因此战发生之新债物，亦达二千万），并且替法国开放了一条由安南进攻云南的途径。

此次法国的成功，成功于侥幸；中国的失败，失败于寡断。那些空口主战的清流书生，完全不懂得内外的情势，固不足道；曾纪泽是当时比较明白的人，平素与李鸿章同意志，又留驻欧洲有年，对于当时法国的内情，观察比较清楚，知道法国的弱点；李鸿章则只知道中国的弱点；故曾、李二人，对于此次的问题，意见也不一致。外国人的议论，谓李为主和派，曾为主战派，其实曾氏并不一定是主战，不过他是偏于强硬对付的一方面。他相信法国尚没有可以持久作战的兵力、财力，党派纷争，内阁三两月一倒，政策难于澈底；假使中国老早就表示强硬，积极的准备实行对抗，并不要真正开战，法国侵略派的威势是可以屈挠下去的；故他老早就希望政府采取断然不屈的态度。李鸿章认定中国此时断无对外作战的能力，那几艘微弱的军舰断不能防护辽远的海岸线，自己所部的陆军也不能开到安南去（因为此时朝鲜已发生问题，朝鲜比安南更重要），滇粤方面的军队未必可以作用（李鸿章与人书，谓南省军队对于新式军械尚不知使用），万一决裂，那一点经营多年的微弱海军基础，必根本破坏；他并不知道法国方面也有弱点，故他始终不主战议，即到法军炮击基隆时，尚不愿福州方面的海军取敌对行动（关于曾纪泽与李鸿章对此次事变的态度，可参看二人全集中之书札）。西太后一面相信李鸿章的稳重见解，一面又为那些空口主战的清议所激动、所包围；所以也是时硬时软，游移不定，直到福州方面海军覆没，始正式宣战。故此次中国的失败，可以说是失败于"游移寡断"四字。

　　五、朝局的小变动　在恭亲王奕䜣居军机首班时，朝局虽甚腐败，尚有一点畏惧清议。因为当时所谓清流的言官倚李鸿藻为后援，最喜欢以敢言博声誉，谋升迁；鸿藻亦居军机，与奕䜣相倚托。西太后早已不喜欢奕䜣。安南事急，别有一派夤缘势力的人物，想借此排去李鸿藻，游说当时的言官，谓枢臣应付法越事情失当，上章弹劾。（两广总督张树声于李鸿章丁忧期中，署理直隶总督，谋见好于张佩纶，奏调佩纶帮办北洋军务；反对者谓疆臣不得奏调京僚，佩纶因此不能即得外简，反恨树声之奏调为多事；树声恐佩纶不利于己，乃由其子游说言官，弹劾枢臣，以去佩纶之奥援李鸿藻。）西太后便乘此将奕䜣等所有军机大臣，一并免职，而代之以醇亲王奕譞。奕譞援引孙毓汶等入军机，自此朝局更腐败，所谓清流派的言官也失了倚伴，贿赂公行，上下俱无所忌惮了。这是此期中朝局一个小变动。

六、海军衙门的创设　福州的船厂和舰队，在此次战争中破坏了，但在北京方面却酝酿了一个海军衙门出来，使清廷对于李鸿章等平素主张扩张海军的信念更深一层。在中法战役以前，直隶、江南及闽粤各省已经有了若干艘新式小兵舰，分隶于各省；那些兵舰大概都是由各省督抚筹款制造或订购而来的，故悉由各该省调遣使用。一八七五年（光绪元年），因为台湾事变，与日本发生争议，筹备海防之说起，李鸿章主张向外国定购铁甲巨舰，得旨允行，自此陆续定购，到中俄伊犁问题发生时，已经向外国定购了铁甲舰若干艘，但尚多在制造中。英人戈登由天津回国时，向李鸿章提出临别赠言二十条，其第七、八两条说，中国宜先整顿陆军，然后再议水师；陆军劲旅无多，水师终于无用，急费巨款购舰，甚为失计；其第十四条又说："中国应有专管陆军大臣一员，并专管水师大臣一员，该二员须常往各处巡视一切。"（戈登临别赠言见《李鸿章全集》译署函稿中，多切中情弊语）戈登此时，已把中国军事无全体计划及不统一的根本毛病看出，故所言如此。佴李鸿章的地位是一个地方长官的直隶总督，没有统揽全局的权责，他虽把戈登的赠言录送总理各国事务衙门，该衙门也不是统筹全局的机关，并且管理该衙门事务的各大员，大都是些没有眼光的庸人，当然没有人注意戈登的建议。及中法战机迫切，法国海军舰队出没于中国海面，沿海各省所管的几艘兵舰，各欲恃为防护各该省海口之用，没有一个可以自由调遣的机关；那几艘薄弱的小兵舰，本来就没有防卫海疆的能力，加以在这种不统一的情形之下，势力更等于零。因此，始感觉戈登的赠言中所说甚有理由；初由翰林院侍读学士张佩纶建议于总理各国事务衙门，请创设水师衙门，管理全国水师。恭亲王甚以为然，便想要李鸿章担任办理此事。李氏乘机答覆总理衙门，请仿各国先例，在北京设立海军部，自己或可襄办其事，但是军机处不以为然。正在拟议间，恭亲王及各军机大臣忽被西太后免职，议途中止。未几，张佩纶受命会办福建海疆事宜，临出京时又奏请设水师衙门，特简重臣经划一切；奉旨饬下南北洋先行会议；此时方在一八八四年（光绪十年）的春夏间，中法战事尚未正式破裂，但已去破裂之期很近了。会议尚无结果，而福州舰队已被破毁；幸订购的铁甲舰尚多未完成，北洋及江南方面，也尚有残余的几艘。及和议既成，设立海军衙门的议论，便见诸事实了。一八八五年（光绪十一年）阴历九月的谕旨说：

> ……前因海防善后事宜关系重大，谕令南北洋大臣等筹议具奏……兹据奏称统筹全局拟请先从北洋精练水师一支，以为之倡，此外分年次第兴办等语，所筹深合机宜，着派醇亲王总理海军事务，所有沿海水师悉归节制调遣，并派庆郡王奕劻，大学士、直隶总督李鸿章会同办理，正红旗汉军都统善庆，兵部右侍郎曾纪泽帮同办理。现当北洋练军伊始，即着李鸿章专司其事，其应行创办筹议各事宜，统由该王、大臣等详慎规画，拟立章程，奏明次第兴办。

这道谕旨，便是设立海军衙门的正式公表。醇亲王奕譞以亲王资格总揽全权，下面设两个会办、两个帮办，都是一满一汉，恰与六部的堂官分为满汉两组同一办法。但醇亲王只有一个总司全局的空名，奕劻与善庆对于海军的事务都是莫名其妙，一切计划经营全出于李、曾二人。但李氏有直隶总督兼北洋大臣的职务在身，驻保定、天津的时候多，未能长在北京；后来在海军衙门实际任事的人便全靠曾纪泽。李鸿章于前记谕旨发表后，与曾国荃的书中说："鸿章在京，勾留两旬，召对五次。敷陈时事，愧无以仰赞高深，与当轴意见不能尽合。大抵禧圣（指西太后）与醇邸，锐意图政，欲力变从前媕娿虚饰之习，而诸臣墨守旧规，似不足振兴。亦不敢有所建白。……海军一事，条陈极多，皆以事权归一为主，鸿章事烦力惫，屡辞不获，虽得两邸主持而仍不名一钱，不得一将；茫茫大海，望洋悚惧，吾丈何以教之。"次年（一八八六年）阴历正月，又与曾纪泽一书，说："……海军之役，同舟共济，藉资赞襄，鄙人方幸卸肩有期，执事乃欲称病避事（曾纪泽此时尚在欧洲未归，尝引病辞却帮办海军之事）。受恩深重，只可鞠躬尽瘁，徐图干济时艰耳。法事平后，各省须还洋债近二千万；海军无可恃之饷，尚未能多购巨舰，将才尤乏。欲仿英制万分之什百，一时实办不到。甚盼及时采仿西国水师兵制，以备他日逐渐振兴，公其有意乎？"观此二书，可见李氏的苦心孤诣，及对于曾纪泽的期望。但是他虽向曾国荃说"禧圣……锐意图政，欲力变从前媕娿虚饰之习"，后来的海军衙门却变成了"禧圣"的"新内务府"。户部尚书阎敬铭，在户部千方百计的撙节，替海军衙门预备一点经费，那位"禧圣"时时向阎索取，弄得阎氏不能安于其位；阎氏一离户部，海军衙门的预备费变为"禧圣"的颐和园工程费了。曾纪泽后来在海军衙门，事事被满人帮办掣肘，因愤成病而死。北洋舰队虽于一八八八年成立了，有舰大小二十八艘，但是徒具形式，组织的内容及军需的设备腐败不堪。李鸿章于一八九〇年会同山东巡抚张曜亲出洋面校阅后，颇表示满意，谁知甲午的大耻辱，便在此时安置了伏线呢！

五　西法模仿时代的对外关系问题（三）
——中日战争

中日两国历史上的关系虽甚久远，但在清代，两国初无正式的国交；发生正式的国交，恰在李鸿章就任直隶总督时；李氏的政治生命，实与中日斗争相终始。自甲午战争失败，李氏在中国政治上的中心位置移交维新党去了。本节就中日斗争的经过，分别略述之：

一、日本近代侵略中国的发端　日本在明代即屡次侵害中国，现在不必远溯，但就其维新运动开始时略一考察。日本维新志士的老前辈吉田松阴在狱中所著的《幽囚录》中有云："今急修武备，舰略具，炮略足，则宜开发内诸侯，乘间夺加摸察加澳都加，谕琉球朝贡，会同内诸侯，责朝鲜纳质奉贡如古盛时，北割满洲之地，南收台湾、吕宋诸岛，渐示进取之势。然后爱民养士，慎守边围，则可谓善保国矣。"又其狱是帖中有言："培养国力，兼弱攻昧，割取朝鲜、满洲，并吞中国，所失于俄美者，可取偿于朝鲜、满洲。"还有一位佐藤信渊（德川时代人）所著的混同政策，略云："凡侵略他邦之法，必自弱而易取始。当今世界万国中，我日本最易攻取之地无有过于中国之满洲者。何则满洲之地与我日本之山阴、北陆、奥羽、松前等处隔一衣带水，遥遥相对，距离不过八百里，其势之易于扰乱可知也。故我帝国何时方能征讨满洲，取得其地，虽未可知，然其地之终必为我有，则无可疑也。夫岂但得满洲已哉，支那全国之衰微亦由斯而始。既取得鞑靼以后，则朝鲜、中国皆次第可图矣。"（以上均见《独立评论》刘叔雅论日本侵略中国的各文所引）

当英法联军攻陷北京时，日本有一个诸侯岛津氏说：中国以如此大邦，竟为英法所屈，日本为自卫计，宜先发兵略取中国一省——最好是台湾、福建——为根据地，扩张日本的势力，以免英法的东侵。但此时日本的内部，也方在幕府专政、封建割据的情形之下，锁国论与开国论竞争得很烈，断无余暇亦断无能力来进图中国，故岛津氏的议论也不过是一种空论。开国论战胜，明治维新的基础既定后，即派柳原前光来中国（一八七〇年，同治九年，即日本明治三年），求订通商修好条约；中国总理各国事务衙门初仅允通商，以李鸿章斡旋，始允立约。次年，日本命伊达宗臣为全权大使，与李鸿章订通商修好条约于天津，此为中日两国正式缔交的开始。在此约尚未批准交换时，台湾方面曾有生番杀害琉球难民之事；日政府早有并合琉球的意思，至此并想乘机略取台湾的生番地，归入日本的版图；于一八七三年（同治十二年）派外务大臣敷岛种臣来中国交换前次所订的条约，乘机向总理衙门提出琉球难民被台湾生番杀害的问题；总理衙门的毛昶熙只顾省事，避免中国的责任，答说：台湾的生番皆属化外，非中国政教所及，其杀人与中国无关。敷岛氏对于毛氏的答语不置辩；次年，日政府便派西乡从道带兵至台湾征讨生番，清政府始悟毛氏前此的答覆失计，一面诘问日本，一面派沈葆桢（时为福建船政大臣）督兵入台，促日本撤兵。日本先后派柳原前光、大久保利通来北京交涉，几至决裂，后以英公使调停，由中国赔偿抚恤难民费十万两，并日军在台修治道路及建筑房屋费四十万两，约束生番日后不再加害航民，日本始撤兵。此次交涉，台湾虽得保全，但无意中默认琉球为日本的属邦；日政府即于是年积极进行并吞琉球的计划；琉球屡向中国哀请救援，左宗棠颇主张救援，但以伊犁问题，正与俄国发生严重的争议，清廷付之默认，琉球遂入日本的版图，变为日本的一县（一八七九年，光绪五年）。

二、日本经营朝鲜的发端　日本向台湾、琉球进攻时，同时并已向朝鲜进攻。前次日使因台湾问题在北京与清廷交涉时，便乘间向总理衙门诉说朝鲜对于日本的无礼，希望中国负责，改善朝鲜对日本的关系；总理衙门的人只顾省事，也用避去责任的话答说：朝鲜虽为中国藩属，受册封，奉正朔，但内政、外交皆听其自主，我朝向不与闻。日使也默不置辩，回国后，遂与日政府议定以自由行动对付朝鲜。

此时的朝鲜王李熙，也是一个十二岁的小孩子，由旁系入继王统，由其父大院君握权（李熙继统在一八六三年，同治二年）。大院君是一个最顽固的持锁国论者；日本于明治建元时，遣使通旧好，大院君因日本国书中称大日本皇帝，拒不受，并以日本开国维新，用夷狄之法，尤至深痛恶，布告国人不许与日本人交际；故有日使向中国前述之诉说。在日使未来中国以前，急进的侵略派如西乡隆盛等，已大唱征韩之论；及得到中国总理衙门不负责任的答语，积极进攻的方针遂定。一八七五年（光绪元年），日政府派兵舰测量朝鲜及中国辽东半岛沿岸各地，过朝鲜江华湾，下小艇，溯汉江，被阻；日军开炮，毁岸上炮台，焚永宗城，交涉遂起。日政府旋于次年春初，派黑田清隆、井上馨率军舰六艘、陆军一队入朝鲜，迫胁朝鲜政府与之定约：(一)认朝鲜为独立自主国，与日本平等，彼此互派公使；(二)朝鲜开仁川、元山为商埠；(三)朝鲜沿海各境，准日人自由测量。是即所谓日韩《江华条约》，即法国对于安南的同一办法。当江华事变发生时，日政府曾遣森有礼至中国，向总理衙门告以对于朝鲜的行动意见；恭亲王奕䜣答以日本与朝鲜发生问题，宜先向中国交涉，不应直向朝鲜动兵；森有礼说：中国对于朝鲜的内政、外交既听其自主，则日本当然以自主国待之。及《江华条约》发表，中国竟无积极的反抗举动，于是日本第一步的政策成功。

三、中日两国对于朝鲜的角逐　朝鲜与日本定约，全由受迫所致，故约定后仍倚中国为上国。此后，美国及欧洲各国陆续与朝鲜结通商修好条约，皆由中国介绍，其外交皆由中国指导；欧美各国无不承认中国与朝鲜的宗属关系；惟日本自与朝鲜订约后，一切交涉皆取直接行动，不认中国有干涉之权。日人在朝鲜曾惹起两次大乱事：一为壬午之乱（一八八二年），一为甲申之乱（一八八四年）。

盖自《江华条约》定后，朝鲜的朝廷也分为新旧两派；新派以金玉均等为主脑，受了日本人的笼络，倚王妃闵族的势力，以抗大院君的旧派；大院君失势退隐，新派势力大张，聘日本人训练新军。一八八二年，因主持新军的金闵党人吞蚀军饷，发生兵乱，大院君谋乘机恢复政权，嗾使乱兵犯王宫，杀闵党要人，并杀训练新军的日本教练官，围攻日本使馆；日本公使花房义质逃归长崎；日政府派海陆军千余人随花房公使再入朝鲜问罪。中国方面得朝鲜变乱消息，即陆续派丁汝昌、吴长庆率北洋水陆军队数千人偕马建忠入朝鲜。时因安南问题已与法国发生争议，清廷恐日人藉端启衅，命马建忠等严重处分乱党，捕大院君送天津，一面向日人调停斡旋；日本拒不受。但中国的军队已经入朝鲜京城，变乱的"张本人"大院君也已经受了中国的处分，日人仅得向朝鲜责令赔偿谢罪；旋即成立一种议和条约：(一)由朝鲜赔偿抚恤费五万，军费五十万；(二)允日本驻兵朝鲜京城，护卫使馆，兵房设置费由朝鲜负担；(三)遣使往日本谢罪。自此中日两国同有兵驻扎朝鲜，是为壬午之乱的结果。

壬午乱后，清廷对于朝鲜也渐知注意。袁世凯曾随吴长庆军入朝鲜；吴军留驻，袁亦同留，阴与闵族相结托，以防制日本。日本仍用援助朝鲜维新独立之名，笼络朝鲜的所谓新党，挑拨离间，闵族又与新党的金玉均、朴泳孝等势同水火。到一八八四年(光绪十年)，驻朝鲜的日本公使竹添进一郎，见中国因安南问题已与法国开战，便想乘机驱逐中国在朝鲜的势力。是年冬间，竹添氏阴与金、朴等勾结，唆令新党乘邮局开幕宴客之夜即席刺杀闵族要人，于邻近放火；金、朴等赴王宫，矫令请日使带兵入卫王宫，并要杀闵党多人，挟制朝鲜王改组新政府。闵党求援于中国驻军，袁世凯奋勇率兵入王宫讨乱党，竹添氏督军拒战，不能敌，挟朝鲜王逃出宫门，朝鲜王旋逃入袁世凯营中，竹添氏失其所挟，乃自焚日本使馆，走仁川；所谓新党的要人金、朴等皆逃亡日本。日政府闻变，派外务大臣井上馨为全权大使，率海陆援军赴朝鲜；清廷得报，也命吴大澂为钦差大臣，率海陆军向朝鲜进发。井上氏到朝鲜，吴大澂也到了。井上氏与朝鲜政府开谈判，吴大澂想从旁监视，被井上氏拒却；朝鲜政府允偿费、惩凶、谢罪、修复日使馆等屈辱条约而罢。是即所谓甲申之乱。

此次的变乱，本为竹添氏投机冒险的行动，初非出于日政府的命令；日政府此时尚无与中国开衅的意思，故结局仅如是而止。次年（一八八五年，光绪十一年），日政府派伊藤博文为全权大使来中国，商议对于朝鲜的善后问题；清廷命李鸿章与伊藤氏会议于天津，定约三款：

（一）中日两国驻扎朝鲜之军队，各自撤退回国；

（二）朝鲜练兵，中日两国皆不派教练官；

（三）将来朝鲜有事，两国或一国如须派兵，须先行文知照。

此条约无异承认朝鲜为中日两国共同的保护国。李鸿章因为中法战争尚未结束，国库兵备皆极空虚，故终容纳伊藤氏一部分的主张，结此势力均等的条约。中日战争的伏线，即发端于此约。

四、东学党之乱与中日战争的破裂　自天津定约后八九年间，中日两国表面上无何种冲突；日本鉴于壬午、甲申两次的不成功，注重充实内部的势力，对朝鲜暂以维持条约上的权利而止；朝鲜王廷因金、朴等失败，亡命日本，所谓新党的势力衰落，仍倾心受中国的保护；袁世凯因当"甲申事变"时行动敏捷，为李鸿章所赏识，于天津定约后，奏授总理朝鲜交涉通商事宜，长驻朝鲜；朝鲜对外的一切关系皆受袁监视、指导。日人对袁十分嫉视，一方面拨弄朝鲜的亡命党人金玉均、朴泳孝等阴谋构乱；一方面密派少年军人策士多人，组织所谓"天佑侠团"潜入朝鲜，煽动朝鲜内部的不平份子，破坏秩序，制造出兵的机会。到一八九四年（光绪二十年）春间，发生金玉均、朴泳孝被刺的交涉;（金、朴在日本与朝鲜之同党通消息，谋乱，朝鲜王廷不安，乃密遣刺客赴日，谋刺金、朴。金氏被诱至沪，在沪被刺死。朴氏在日，谋刺朴氏之李逸植反被朴氏所捕，与李同谋之刺客权东寿等，逃入驻日朝鲜公使馆，日政府直向该使馆索捕权氏等，朝鲜公使俞箕焕愤而归国，日人不顾。金氏在沪被刺后，刺客洪钟宇亦被捕，沪当局以金尸并洪氏解归朝鲜，洪氏受朝鲜王廷庇护，金氏更受戮尸之刑。日人大愤，或主张向朝鲜问罪。)继又发生东学党的乱事，遂为中日战争的直接导火线。

所谓东学党，也是朝鲜的守旧党，其远源起于崔福成，杂取中国儒家及佛老之说，自衍为一派，称东学，以明人伦、诛污吏、救民生相号召。大院君当权时，禁天主教，捕治教党，牵及东学党，党人乔某被杀；至是党人请为乔某昭雪，不许；朝鲜人民为恶政所苦，多思乱，党人乘机煽动，乱事遂起；而从中操纵指挥者则为日本所密派的"天佑侠团"，东学党又实为日人构乱的工具。乱事初起于全罗道之古阜县，渐次蔓延，朝鲜政府剿治无效，乃请援于中国。当金、朴被刺案发生时，传闻日本有派兵入朝鲜之意，李鸿章电驻日中国公使汪凤藻及朝鲜袁世凯探查，袁氏两次回电，一次说："详审在韩日人情形及近日韩日往来各节，并日本时势，应不至遽有兵端；调兵来韩说，或未必确。"一次又说："探大鸟（日本驻朝鲜公使名大鸟圭介）词意，毫无生事端倪，并藉风闻有日本兵船数只将来韩，询以有无，大鸟笑答确无，必系谣言等语，似无生衅事。"（此二电均见《李文忠集》电稿中，汪公使覆电如何未可知）袁世凯大约相信日本此时尚没有积极进攻朝鲜的可能性。及东学党乱起，李鸿章方在小站一带检阅军队，得报，初亦无派兵助剿的意思。李鸿章四月二十一日电译署，谓："韩王未请我派兵援助，日亦未闻派兵，似未便轻动，俟续信如何再酌。"袁氏在朝鲜电李氏，也说："未闻日有派兵说。"但是日本实在已想出兵，并且怂恿中国出兵。（袁世凯四月二十八日电李鸿章，谓"日使译员郑永邦，以使令来……谓匪久扰，大损商务，诸多可虑，韩人必不能了……贵政府何不速代韩戡乱……我政府必无他意"等语。三十日，袁氏又电告李，谓："日使署杉村来晤谈，意亦盼华速代戡乱，并询华允否……杉与凯旧好，察其辞意重在商民，似无他意。"李鸿章电译署，亦谓驻津日本领事来晤，语意与杉村略同，皆足为日本怂恿中国派兵之证。）李鸿章、袁世凯，都相信此时日本尚不至有积极的行动。朝鲜政府向袁氏请求派兵助剿，袁氏告以须由该政府正式具文请求，一面电告李鸿章，谓："韩廷求华代戡，自为上国体面，未便固却。……乙酉约，华日派兵，只先行文知照，初无华派日亦派之文，日如多事，似不过藉保护使馆为名，调兵百余名来汉（指汉城朝鲜王京）。匪距汉尚远，日兵来，反骚动，韩外署应驳阻，各洋员（指各国驻朝鲜人员）尤不愿日先自扰。"这是袁世凯料度敌人的见解。李鸿章接袁氏转来朝鲜政府正式请兵之电文，便请奏派北洋陆军提督叶志超及总兵聂士成领兵一千五百人入朝鲜，屯驻牙山；一面行文知照日本政府（阴历五月初二日）。中国的知照公文尚未达到日廷，李鸿章在天津已接到日本驻津领事的通知，说日本已派兵入朝鲜保护使署及商民；北京的总理衙门与在朝鲜的袁世凯，也同时接到日本派兵的知照。中国派兵仅一千五百人，日本第一批即派出七千余人，直赴朝鲜的首都汉城。原来此时日本已施行宪政，召集国会，伊藤博文为内阁总理大臣，陆奥宗光为外务大臣；国会对于内阁攻击得很利害。袁世凯以为日本的国会方与内阁为难，决不能对外生衅，故有"日本时势应不至遽有兵端"之语；

谁知陆奥氏与伊藤氏等一决定出兵朝鲜，日本国民的视线全集中于对外的问题上面去了。朝鲜的东学党见中日两国皆派大兵到来，便无形消散。中国以乱事既平，要求日本与中国仍照约同时撤兵；日政府不惟不允撤兵，并且更进一步向中国提出共同改革朝鲜的内政案来。陆奥氏逆料中国对于日本的提案必不赞成；不赞成，则取单独的自由行动。李鸿章、袁世凯至此始有点心慌。清廷对于日政府的共同改革朝鲜内政案，当然不能赞同；起初以"日本既认朝鲜为自主，即不应干涉其内政"的理由，拒绝日本提案；后见日本继续增兵至朝鲜，李鸿章要求日本先撤兵再议改革。日本坚持不让，进兵愈亟。欧美各国的驻使也颇认日本的行动为过当。此时李鸿章与总理衙门各要人唯一的希望，在欧美各国出面干涉日本的行动，俄国尤为李氏等所重视。因为俄国公使起初曾向李氏表示积极干涉的意思，李氏以为俄公使的话十分可靠；英国也颇尽调停之力；美国亦曾忠告日本。但日政府方针既定，不为各国的调停所摇动，对俄略示不侵占朝鲜土地之意，俄国便立于旁观的地位。清廷见日政府的行动日趋强横，忙无主意。空论的书生派一面攻击李鸿章，一面鼓吹增派大兵。总理衙门想增派大兵，又怕激起兵衅；不增兵，而英俄各国的调停又茫无效果；但是他们总梦想英俄各国的调停或者可以生效，李鸿章以误信俄使所表示的原故，尤不愿增兵，惹起战端。袁世凯、叶志超等见日兵陆续增加，占据各要害地点，一面电请将叶军由牙山移近汉城，一面又电请增兵，李氏尚覆电令勿轻动，谓和平解决之希望未绝。日本大兵既据汉城，又将各兵事上的扼要地点占领了，便向朝鲜王廷提出强迫改革案，并向驻日英公使间接宣言（因英使从中调停之故），说中国既不赞成改革朝鲜内政，现日本已单独行之，中国若增派援军，即认为有意向日本挑战。这分明是要向中国宣战了。但是李鸿章和平解决的念头还是未断。直到最后，朝鲜王廷全落入日人的手中，预备实行驱逐在朝鲜的□国人员时，李鸿章始奏请下令增派援军八千人，由卫汝贵等统率向平壤进发；(据《李文忠集》电稿，增派援军在阴历六月十四日，去交涉开始时已一月有半。) 援军派出后，李氏犹电戒叶志超勿轻于开仗；(六月十八日，李覆叶电谓"日虽竭力预备战守，我不先与开仗，谅彼不动手，此万国公例，谁先开战，即谁理屈，切记勿忘，汝勿性急，顷奉寄谕，亦密嘱此节"，可见清廷与李氏始终无战意。) 英俄各使的调停动作也尚未完全终止，李氏犹希望有万一和解的可能。及中国援兵的运送船"高升号"在丰岛附近被日本海军轰沉 (并损失护送兵舰二艘)，驻牙山的叶军也受日军围攻，始知战事已无可免。

五、战争的结果 自阴历六月后旬战事破裂，至次年三月初休战条约成立，交战的期间虽有七八个月之久，但胜负的结果早已决定。日军早把军事上的要地占据，中国只能从北部的平壤进兵；日军以汉城为根据地，向平壤取包围的攻击；八月□旬，中国的陆军由平壤溃退。丁汝昌统率海军舰队十二艘，与日本舰队相遇于大东沟附近，苦战半日，中国的舰队仅存八艘，且皆受损伤，退归旅顺船坞修理；后移守威海卫，不敢复出，黄海的制海权全归于日本。日军自陆海两方得胜后，步步进逼，至十月中，旅顺、大连及奉天东南各要地悉被日军所占领。十二月，日军别队由山东荣成湾上陆，进图威海卫；丁汝昌率北洋各残舰死守，将卒皆不用命；至次年正月，日军招降，丁汝昌不屈，服毒自尽，部将遂以舰队及威海卫降于日军。中国的主战派当交涉逼紧时，气焰万丈，肆口攻讦李鸿章，鼓吹开战，到了旅顺、威海卫以次失守，渐渐丧胆。李鸿章受了清廷的革职处罚，一面还是要经营战守，一面仍不断的运动欧美各国公使向日本调停，求休战议和，皆无效。后以美国的诚意调停介绍，日本始略略表示可和意。清廷初派张荫桓、邵友濂二人为全权大臣，赴日本请和。日政府以二人所受文凭不合全权资格，拒不与议，无结果而回。李鸿章此时已为一般的所谓公论所唾骂，故清廷起初不想用他为议和专使，及张、邵二人被拒后，始任李为议和全权大臣。李于一八九五年（光绪二十一年）二月中抵日本马关。日政府起初提出严重的休战条款，尚未成议，李鸿章忽被一日本小民小山丰太郎（一名小山六之介）所刺伤；日政府恐受世界各国的舆论所责难，始允无条件休战（休战期限仅二十一日）。旋于休战期内，成立和约二十一款，其最要各点如下：

（一）中国确认朝鲜为独立自主国。

（二）中国割辽东半岛、台湾及其附近岛屿与日本。

（三）中国赔偿日本军费二万万两。

（四）中日两国以前所订条约一概废弃，另订新约，以中国与欧洲各国现在约章为基础，并增开沙市、重庆、苏州、杭州为商埠。

（五）日本人在中国各通商口岸，得自由从事各种制造工业；各种机器仅纳入口税，得自由装运入口；日本人在中国内地制造之货物，其一切课税均照日本输入货物之例办理，享受一切优例豁免。

前例最后一项，为中国国民经济上的最大致命伤；西方的帝国主义者屡次压迫中国受城下之盟，皆未曾提出如此的条款。自日约中有此条款，各国皆援最惠国待遇之例一并共享，于是，中国工业全被东西帝国主义的资本所压倒，不能抬头。此时中国处于战败的地位，已全无抵抗之实力，休战的限期又极短促，李鸿章无法，只得一一俯首承受。但是他知道俄国对于朝鲜东三省皆有野心，一面与日本磋商和议，一面将日本所提出的要求条款通知北京各外国公使，以激动各国的嫉妒心，引起干涉。及约文公表，俄国果约同德法各国出而干涉，迫令日本将辽东半岛退还中国；日本暂时无力抵抗，也只得俯从。李鸿章一生"以夷制夷"的外交策略，仅于此略略发生一点效力。但是此后的问题却更难应付了；辽东半岛的名义虽仍为中国所保留，不久，俄索旅大，德索胶澳，法索广州湾，英索威海卫，中国亦无不俯首屈从，日俄战争的大祸也伏机于此。

六、中国失败的原因　此次战争失败的原因详细的分析起来，有许多种；但概括的说，不外下面的几点：

（甲）腐败。这个腐败的病，从西太后起一直到最下级的小官吏，能免了的很少。西太后除了移用国家正当的军政费供自己个人的快乐外，又率领宫廷内的妃嫔及阉宦小人，相率出卖官缺，于是上行下效，凡供给于政府机关的人员，也相率以苞苴贿赂图谋个人位置的维持并升迁。北洋海陆军的重要将领及主管人员，多屈身于李莲英的门下称门生。苞苴贿赂品的来源，不外刻扣军饷，侵吞公帑，于是弄得军事上的设备窳劣不堪。据英人蒲兰德（Pland）的记述说：在战事发生前两年，汉纳根（在李鸿章部下服务的德国人）便请李鸿章购买多量克鲁伯厂所造的大开花弹，供战斗舰上大炮之用。李氏已经签发了命令，但是终于不曾实行。不实行的原因，就是因为当时主持军需事务的大人物张佩纶反对，说耗费巨款购买这种开花弹，储藏无用，太不合算；实则他所谓不合算，只是他们主管军需的人员的不合算。及到战争破裂时，李鸿章急急忙忙向英德各国添买军需品，各国因为限于守中立的原故，不能明卖；买得了，不易运到。当黄海海战时，至有两艘铁甲战斗舰共同只有三颗大口径的开花弹；因此在大半日的苦战当中，中国战舰所发射的炮都是小口径的炮，大口径的巨炮皆闲搁不能作用；这又安得不失败呢？至于中国自己制造的鱼雷，据严复所说，有用铁渣来代替火药装在里面的；这又安能守护海面呢？海军是李鸿章用全力经营的，内容的腐败如此，陆军就更不用说了。所以当朝鲜问题发生时，李鸿章十二分的不愿有战事，千方百计想用外交手段解决；那些书生参劾他，骂他畏葸，催他出兵，他总是迟疑不决，就是自己知道自己的弱点的原故。

（乙）不统一。这个不统一的病，包括当时政治上的各方面，军事上、外交上、财政上以及其他，无不如一盘散沙。形式上，皇帝握有一切大权，好像十二分的统一；事实上，皇帝只是一个偶像；皇帝上面的西太后，只有卖官鬻爵、黜陟官吏的大权；遇有外交问题，令多头并立的总理衙门协议；总理衙门又要与离开北京的北洋大臣或南洋大臣协议。李鸿章有担负外交事实上的责任，却没有主持外交事务的全权；总理衙门和南北洋大臣以外的许多学士们，御史们，尚书、侍郎、督抚们，对于外交问题，差不多人人可以发言，人人可以出主张，外交的全权到底不知道在何人手里。日本只有一个内阁总理，一个外务大臣，只要对付国会一个机关。李鸿章既不是内阁总理，不是外务大臣，要对付许多不负责任散漫庞杂的学士们、御史们以及其他的人；皇帝和太后也到底不知道谁的主张好。从问题发生到问题解决，一时一刻，千变万化，没有一个人今天知道明天如何行动，简单的说，就是自始至终无所谓方针。为什么不能有方针？就是事权不统一的原故。再就军事上说：海军衙门说是管理并指挥全国海军的，但是实际上仅能指挥北洋舰队；若要调遣北洋以外的南洋舰队，就非绕一个弯先打电报和南洋大臣商议不可。即海军衙门的本身，总理之下有两个会办，再加上两个帮办；总理有"权"无"能"，会办、帮办有"能"有"不能"，而"权"则彼此相掎；故在该衙门的自身，事事就不能统一。陆军的不统一，更甚于海军。兵部是配相的机关，各省的兵已经成了各省督抚的兵；李鸿章可以直接调遣的，限于北洋的陆军；其他各省的军队虽然可以奏调，但是编制、训练器械既不统一，指挥的将校又各不相习，那种散漫无纪的状况，比海军更甚。再就财政上说：户部说是管理全国财政的机关，但是事实上，有钱的机关是各省藩库；各省的督抚，权比户部更重。李鸿章负有支配军事费用的责任，却没有运用全国财政的权力；他所能直接筹备、支配的限于直隶一省的收入；若向他省要钱，必须奏拨，皇帝得奏，例交户部审议；部议准了，再以谕旨下之于指拨的各省；各省有时候也可以托词告乏；所以虽然奏拨准了，还要向指拨各省的主管机关讲人情。对外的问题发生了，说硬话的督抚是很多的，要他们供给军费，就要看对于各该本省的财政活动上有无妨碍。所以李鸿章说他自己是"以直隶一省，当日本全国"，这并不是他掩饰自己过失的话，而是实在的情形。

　　（丙）总原因。上面两点，是就当时政治上所表现的情形分别说的。还有一个总原因，就是日本已经成了一个近代新式国家的组织，政府是一个国民结合体的单位，有一个主脑的神经系，五官、四体运用灵活，无障无碍。中国还是停滞在旧时代中的国家，政府自为政府，人民自为人民；国家的各种机关，是皇家的机关；立于皇家最高位的人，又成了没有活动能力、没有灵敏感觉、没有振作精神与纯正德性的偶像；立于这个偶像之下供他役使的人员，无异于衰败之家的奴仆，各图各的利益与快乐，懒惰、偷窃、斗争，无所不为；有一二个忠实有为的人站在里面，想把那个衰落的门楣支撑起来，纵具三头六臂，也无所施其技。当李鸿章和伊藤博文在马关会议彼此应酬的闲谈中，李氏说："贵大臣之所为，皆系本大臣之所愿为；然使易地而处，即知我之难为，有不可胜言者。"伊藤博文答说："要使本大臣在贵国，恐不能服官也。"（语见《中东战记本末》）这虽是应酬的话，却是实情。原来日本所以制胜，因为日本已经过一次政治的革命，不流血的革命；维新党先制胜于内，故能制胜于外。中国此时最需要的也是政治革命，但是主持西法的新人物还是拘束在旧偶像之下，不敢作政治革命的活动，内部国民全无整个的活动新精神，对外安得不失败呢？不过有了这一次的失败，旧偶像的威力不能再维持下去了，政治革命的势力要开始发生了。

第四章　维新运动的初步

一　两个维新运动的领导人物——孙中山与康有为

中国在甲午战争以前，早已产生了两个新人物：一个是孙中山；一个是康有为。孙中山在光绪十一年（一八八五年）已决志倾覆清廷，康有为在光绪十五年（一八八九年）也就以诸生伏阙上书请变法。两人都是产生在广东——与西方文化接触最早的地方，又是鸦片战争爆发的地方——所受外来的刺激都是相同。但是两人所处的家庭环境，幼年时所受的教育熏陶却大有差别，所以两人维新的志愿方向及出发点，最初就不相同。请将两人少年的略历，写在下面：

孙中山　"中山本名文，字逸仙，又号德明，后因逃亡日本隐名为中山樵，遂以中山称于世。清同治五年（一八六六年）生于广东香山县翠亨乡。父道川，母杨氏，家世业农，举三男，长眉，字德彰，次早逝，中山其季也。……家贫，故中山在髫龄即助理耕作，闻乡人谈洪杨故事，即以洪秀全第二自任。年十三曾入其叔所设之私塾，旋于是年随长兄德彰赴檀香山。时檀岛有华侨约四万人。德彰在檀岛所属之茂宜岛营牧畜业甚久，后有牛至千数百头。中山随兄居檀，因入该地教会学校凡三年，继又入圣路易学校。光绪七年（一八八一年），由檀岛回国，寻入广州博济医学校，在校得交郑士良（号弼臣），郑固三点会员也。次年，转学于香港阿赖斯医院，又得交陈少白、尤少纨、杨鹤龄、陆皓东，昕夕谈革命；港澳间亲友，至呼中山与陈、尤、杨为四大寇。光绪十一年（一八八五年），中山年已二十，其自传曰：予自乙酉中法战败之年，始决倾覆清廷之志，由是以学堂为鼓吹之地，借医学为入世之媒。"中山二十岁以前的略历，大概如此。（所记中山由檀回后及入医校年岁，各人所记略有出入，兹以吴稚晖《中山年系》为据。）

康有为 "有为原名祖诒，字广夏，又号长素，咸丰八年（一八五八年）生于广东南海县，其先代为粤名族，世以理学传家。曾祖式鹏，讲学于乡，称醇儒。祖父赞修为连州教谕，专以程朱之学，提倡后进，粤之士林，咸宗仰焉。从祖国器当咸同间从左军，以功至广西巡抚。……父达初早逝，母劳氏，生子二人，长即有为，次广仁。有为既早孤，幼受教于祖父，七岁能属文，有神童之目……成童之时，便有志于圣贤之学，乡里俗子笑之，戏号之曰'圣人为'，盖以其开口辄曰圣人圣人也。（康生时，其祖赞修，方官钦州，锡名有钦，邮传濡滞，而其太伯祖先命名有为，后以祖诒名应试，乙未成进士，后名有为。据张伯桢《南海康先生传》。）……年十八始游朱九江之门授学焉。九江者名次琦，字子襄，粤中大儒也。其学根于宋明而以经世致用为主，研究中国史学、历代政治沿革，最有心得……从之游凡六年而九江卒。其理学、政学之基础，皆得诸九江。九江卒后，乃屏居独学于南海之西樵山者又四年……既出西樵，乃游京师。其时西学初入中国，举国学者莫或过问，先生僻处乡邑，亦未获从事也，及道香港、上海，见西人殖民政治之完整，属地如此，本国之进更可知，因思所以致此者，必有道德学问以为之本原，乃悉购江南制造局及西教会所译各书尽读之。彼时所译者，皆初级普通学，及工艺、兵法、医学之书，否则耶稣经典论疏耳。于政治、哲学毫无所及。而先生……别有会悟，能举一反三，因小以知大，自是于其学力中别开一境界。……"（据梁启超所著《康有为传》）康有为少年时的略历大概如此。

把他两人少年的略历比较，可以得到下面两点：

一、孙是出于先世业农的家庭。农业的家庭，在生活上是须奋斗的，在思想上是单纯素净的。虽然免不了几千年传统的习俗，但是所受名教思想的束缚比较甚浅。康是出于"世以理学传家"的家庭，祖父作过教官，从祖官至巡抚，读书作官的家庭，纵然"以理学传家"，那种理学本身的内面，就不免含着多少不健全的质素，不流于虚伪，便拘于网罗。所以，中山在十一二岁时便表现一种自然活泼的思想，不以作洪秀全第二为污辱；有为在成童时，便套入理学的圈子里去，口口声声要作圣人。

二、中山幼年所受的教育，是西方的新式教育，以科学为基础，对于西方文化的观感是直接的观感，所以他发出来的思想不涉于玄想；初闻其议论的人彷佛觉得谬妄胆大，然实际很切于事情。康所受的教育，是东方的旧式教育，以玄学为基础，对于西方文化的感受是间接的感受，所以他发出来的思想，总免不了玄杳空洞；初闻其议论的人觉得很新颖，但是实际上终不能脱去旧圈套。

总括一句话，两人少年所养成的精神，根本就不相同：一个是创造、奋斗，一个是倾于因时、修改；所以一个不惜为"四大寇"之一，一个勉力作"圣人为"。这是两个维新领导人物最初的差别。

二　适应一时环境的康有为

从甲午到戊戌（一八九四——一八九八年）的五年，可算是维新运动的初步时期。在此时期内，两位运动的领导者都开始活跃。孙中山在甲午战事发生后就往檀香山创立兴中会，本年十二月回国，次年春正月，在香港成立兴中会干部，谋于广东组织第一次的革命军。康有为在甲午年作了举人，次年，趁着会试就在北京发起"公车上书"，痛陈改革救亡的办法。但是此时的环境适合于康，不适合于孙，故此时期是康的时期，不是孙的时期。孙要领导活动，除了秘密会党以外，没有几个人肯受他的领导；康要领导活动，肯受他的领导的人却很多。如孙在檀香山发起兴中会的时候，所得的同志不过他的胞兄德彰和邓荫南等十余人；康在北京发起"公车上书"，签名的就有一千二三百人。第一次革命军在广州失败之后，国内人士虽然因此有知道孙文的名字的，但是报上讲到孙文都要把"文"字旁加上三点水作"汶"，形容他与强盗乱贼一样。……以为这位姓孙的有什么红眉毛、绿眼睛，是最利害的公道大王，想不到他是美秀而文，真是不愧名"文"（节录吴稚晖《我亦一讲中山先生》语）。次年（一八九六年，丙申），中山再往檀香山、美洲并英国各埠去推广兴中会，欢迎革命主义的，每埠不过数人或十余人。在与西人接触的国外尚且如此，国内更不待言了。是年，中山在伦敦被骗，拘入华使馆，倒是在英国惹起一般人的注意了，但是国内注意他的人仍是极少，就是注意他的人，仍把他放在"红眉毛、绿眼睛的公道大王"一类。例如康有为的信徒麦孟华在《时务报》上作的《论会匪宜设法安置》一文内说："今日之会匪，其势之大，其人之智，更非发逆所能望其肩背……哥老、理教、三合、兴中诸会匪，或泄于东南，或泄于西北，或动于内地……孙汶之案，沙侯诘难（沙侯即当时英外长沙斯伯里侯），徒辱国体，实张彼焰。忍而置之，则养痈贻患；起而救之，则乏下手之策。"维新志士的论调如此，我们可以知道中山当时所处的环境了。所以中山在此时期内的活动，除了在伦敦造出一个小小的外交风潮以外，在国内政界上不能发生出什么大风潮来。康有为的活动虽然也是归于失败，但是在国内造出的风潮就大了。上自在位的皇帝及内外大僚，下至在野的读书阶级，都被他掀动了，他所以能够造出较大风潮的原故就是因为他很合于当时的环境。第一，当时中国政治界的潜势力。以经生文人的士大夫阶级为中心，因甲午战败而发生一点反省的人，也只有这一个阶级。康有为新由举人得中进士（乙未年），是这个阶级里面的新贵。吴稚晖说："我起初瞧不起孙文，就因为他不是科第中人，不是经生文人，并且疑心他不识字。"康有为既是科第中的新贵，又是经生文人，并且能作激昂慷慨、洋洋洒洒上皇帝的万言书，所以就得到这个阶级人士的赏识了。第二，当时中国人的政治思想。在下层的小百姓，不用说对于皇帝认为天之子，是神圣不可侵犯的；至于经生文人的士大夫阶级，受了几千年来名教学说的浸渍，对于皇帝尤其不敢妄起不敬的念头。吴稚晖说："其时我虽然也进了一步，从温和的维新党变作了激烈的维新党，我终还忘不了光绪皇帝……觉得那种反叛的事业，做呢未尝不可做，终究像不正当，常想让孙汶去做罢，我是不做的。""君臣之义已定，天泽之分难越。""食毛践土，谁非臣子？"康有为的上皇帝书，随处不忘"列祖列宗及我皇上深仁厚泽涵濡煦育数百年之恩"，什么"公羊之义，臣于一例"，什么"圣清二百余年未有之大辱"，读起来又"正当"又"忠愤"，经生文人的士大夫阶级没有读了不动心的。所以虽是不十分看得他起的吴稚晖，也要到米市胡同的南海馆去看看这位爱国志士，谈谈除三害的事业。在此种环境之下，当时国内维新运动的领导权就，自然而然的要落到他的掌握里去了。

三　康有为维新运动的思想基础和进行方法

在上面所述的环境之下，康有为自然比孙中山容易得到维新运动的领导权。但是当时经生文人的士大夫阶级里面，不止康有为一个人是科第中的新贵，也不止他一个人是谨守君臣之义的人，并且当时向皇帝上书请变法的，也不止他一个人，为什么独有他做了维新运动的领导者呢？我们要知道他所以能做当时的领导者，因为他的思想见解在当时士大夫里面有些与众不同的处所。试看他上皇帝书里面的两句话说："窃以今之为治，当以开创之势治天下，不当以守成之势治天下。"这两句话便不是当时在位士大夫所敢说的，因为若说"开创"，便有蔑视列祖列宗的嫌疑了。但是专就这两句话上，还看不出他维新思想上的基础来。中国的政治向来是奉圣经为准衡，故六经就是中国的宪法。康有为的政治思想，也是由六经里面绅绎出来的，他所以能做维新运动的领导者，造成一时的大风潮，也是因为他对于六经先作了一番维新革命的工作。他的弟子梁启超在壬寅年曾说："今日中国闻立宪共和之论而却走者尚占大多数，不引征先圣最有力之学说以为奥援，安能树一壁垒，与二千年之劲敌抗耶？"所以康有为要作政治的维新运动，老早就从圣经里面去找维新的路径。梁启超叙述其师学术思想的来源如下：

> ……数新思想之萌蘖，其因缘固不得不远溯龚（定庵）、魏（默深），而二子皆治今文学。……今文之学，对于有清一代学术之中坚而怀疑者也。龚、魏及祖述龚、魏之徒则近于诡辩者也，而我思想界亦自兹一变矣。……其与龚、魏相先后而学统有因缘者，则有若阳湖李申耆、长洲宋于庭、仁和邵位西。宋氏傅会太过支离太甚，不足以当巨子；李并明算，长于地理，其治经则排斥《周官》特甚；邵氏则卓然一经师也。盖申耆始治今文《春秋》，默深始治今文《诗》、今文《书》，而位西则言今文体，著《礼经通论》，以《逸礼》三十九篇为刘歆伪造，自是群经今文说皆出，而湘潭王壬秋、壬秋弟子井研廖季平集其大成。……王氏以公羊说六经，公羊实今文学之中坚也，廖氏受师说而附益之，著书乃及百种。……吾师南海康先生，少从学于同县朱子襄先生，朱先生讲陆王学于举世不讲之日，而尤好言历史法制得失，其治经则综糅汉宋今古，不言家法。康先生之治公羊，治今文也，其渊源颇出自井研（廖平），不可诬也。然所治同，而所以治之者不同，畴昔言公羊者皆言

例，南海则言义。惟牵于例，故还珠而买椟，惟究于义，故藏往而知来。以改制言《春秋》，以三世言《春秋》者，自南海始也。改制之义立，则以为《春秋》者，绌君威而申人权，夷贵族而尚平等，去内竞而归统一，革习惯而遵法治，此南海之言也。畴昔吾国学子，对于法制之观念，有补苴，无更革；其对于政府之观念，有服从，有劝谏，无反抗。虽由霸者之积威，抑亦误学孔子，谓教义固如是也。南海则欲对此种观念施根本的治疗者也。三世之义立，则以进化之理，释经世之志，遍读群书而无所于阂，而导人以后来之希望，现在之义务。夫三世之义，自何邵公以来，久阒智焉……南海以其所怀抱，思以易天下，而知国人之思想，束缚既久，不可以猝易，则以其所尊信之人为鹄，就其所能解者而导之，此南海说经之微意也。……

……南海尊《礼运·大同》义，谓传自子游，其衍为子思、孟子。《荀子·非十二子》篇，其非思、孟之言曰"以为仲尼子游，为兹厚于后世"，是其证也。子夏传经，其与荀卿之渊源，见于《汉书·艺文志》，故南海谓子游受微言以传诸孟子，子夏受大义以传诸荀子，微言为太平世大同教，大义为升平世小康教。因此导入政治问题，美孟而剧荀，发明当由专制进为立宪共和之理。其言有伦脊，先排古文以追孔子之大义，次排荀学以追孔子之微言。此南海所以与井研异也。井研为无意识之排古，南海则有所为而排之，以求达一高尚之目的也。……

梁启超叙述康有为学术思想的来源如此。综其要点：一、以晚清的所谓今文学派为出发点，宗《春秋》的公羊家说；二、由公羊家所谓"张三世"(据乱、升平、太平)之义，衍为专制立宪共和政治进化的理论。他在甲午以前便著了两部书，一部是《新学伪经考》，一部是《孔子改制考》。《新学伪经考》所谓"新学"不是"新旧"的新，是"新莽"的新；说《周礼》、《逸礼》、《左传》及《诗》之毛传，凡刘歆所争请立学官的，都是刘歆的伪经；刘歆是王莽的国师，故对于这些经义的东汉学说，算不得"汉学"，只能算是"新学"。这部书的作用，是想借此打倒盛极一时的"汉学"，另辟思想界的新天地。《孔子改制考》说周秦诸子都是托古改制的人，如老子托黄帝，墨子托大禹，许行托神农。孔子作《春秋》，寓有改制创作的大义微言在里面，不是一般人所能懂得的。尧舜不过是孔子所托的人物，其人的有无不可知，经典中所称尧舜的盛德大业，都是由孔子理想所构成。公羊家说的"通三统"(谓夏、商、周三代不相沿袭)、"张三世"，深得孔子改制的精义。这部书的作用，就是想把陈旧古典的封面，粘上一纸"维新变法事例"的签条，借大成至圣孔子先师的牌位，镇服反抗变法的人。这便是他维新运动思想上的基础。(关于康有为学术思想的全部，可参看梁启超《清代学术概论》。)

至于康有为运动进行的方法上，与孙中山根本不同。孙是从下层社会着手，康是从上层社会着手。康的运动进行可分两个方面说：

一、设法抓住皇帝，作他的傀儡。他知道在中国的政治组织上，君主专制主义已经发达到了极点，一切权都在皇帝手里。倘若皇帝不信服你，随你有如何完美的主义、如何高强的本领，终归无所施其技；倘若皇帝信服了你，不知不觉作了你的傀儡，就可以为所欲为了。所以他向皇帝一次上书不达，就再次，由再次而三次，四次，至于七次，总要使皇帝赏识了他的议论，信服了他的主张，然后罢手。后来得徐致靖等的疏荐，由皇帝召见，皇帝果然赏识他了。（一般人的传言，都说康是由翁同龢荐的，但据翁的日记所载，翁与康的意见实有点不对，兹节录翁的日记数节如下："甲午五月初二日，看康长素《新学伪经考》，以刘歆古文，无一不伪，窜乱六经，而郑康成以下，皆为所惑云云，真说经家一野狐禅也，为惊诧不已。……戊戌四月初七日，上命臣索康有为所进书，令再写一份递进，臣对：'与康不往来。'上问何也？对曰：'以此人居心叵测。'曰：'前此何以不说？'对：'臣近见其《孔子改制考》知之。'四月初八日，上又问康书，臣对如昨，上发怒诘责，臣对：'传总署令进。'上不允，必欲臣诣张荫桓传知。臣曰：'张某日日进见，何不见谕？'上仍不允，退乃传知张君。……己亥十一月二十一日，新闻报记十八日谕旨，严拿康梁二逆，并及康为翁同龢极荐，有其才百倍于臣之语，伏读悚惕。窃念康逆进身之日，已微臣去国之后，且屡陈此人居心叵测，臣不敢与往来，上索其书，至再至三，卒传旨由张荫桓转索，送至军机处，同僚公封递上，不知书中所言何也。厥后臣若在例，必不任此逆猖狂至此，而转以此获罪，惟有自艾而已。……"可知康由翁荐并非事实，兹谓由徐致靖所荐。据恽毓鼎《崇陵传信录》所记。）他的著作，也得皇帝的御览了。戊戌四月，命以工部主事在总理各国事务衙门行走，从此渐与皇帝亲近，皇帝不难变作他的傀儡了。

二、向士大夫阶级里面广求同志，尽力宣传主义（含有造党的意味）。他知道虽然在政治制度上，一切权都在皇帝手里，但是在当时的政治，实际上皇帝一人没有运用这种政权的能力；因为可以向皇帝上奏说话的人太多了，皇帝实不容易应付；要实行变法，非在士大夫阶级里面广求同志，尽力宣传主义不可。他在甲午以前，已经得到几位弟子，最有力的就是梁启超。后来作了科第中的新贵，在北京大小各僚中，得到翰林院侍读学士徐致靖、御史杨深秀、给事中高燮曾以及张荫桓、李端棻、杨锐、林旭、刘光第等一辈同志；在督抚中得到陈宝箴；张之洞起初也是他的同情者。其他如黄遵宪、陈三立（陈宝箴之子）、徐仁铸（徐致靖之子）、汪康年、屠守仁、黄绍基等趋集于他旗帜下面的人，不胜列举。湖南的谭嗣同，尤算他同志中的急先锋。康氏宣传主义的方法，首先就是倡立学会，开办报馆。他在两广讲学的时候，曾经倡立了一个桂学会。丙申年，在北京遇到文廷式等一班名士，组织强学会，他就抓住这个强学会，推张之洞作会长；袁世凯（时官温处道）也是强学会的赞成人；又设分会于上海。北京的强学会，并附设强学书局，刊行一种报纸名《中外纪闻》。上海方面又发行一种《强学报》。但是因为《强学报》上以孔子降生纪年，把张之洞骇慌了，随即禁止发行。御史杨崇伊受人嗾使，说强学会的宗旨不正当，随即奏请把它封了。（后由御史胡孚辰奏请就强学书局改设官书局，李端棻又奏请推广学校，将官书局推广，改为京师大学，便是后来北大的前身。）上海方面的分会自然也被封禁，于是由黄遵宪、汪康年、梁启超、麦孟华、徐勤等组织一种《时务报》，大受时人欢迎；梁启超的声名由是噪起，康梁并称也就起于此时。天津方面，严复、夏曾佑等也发行了一种《国闻》杂志，与《时务报》相呼应；严复《天演论》就在该杂志上发表。（但这不是康的直系机关，不过和他表同情；并且严复对于康梁的议论，间有不同意的地方，严、梁二人尝有书札往复论难。）自强学会被封后，康的声势略略受了一点挫折；但是不久德国强夺胶州湾的事件发生，举国人士又好比打了一个吗啡针，大为震撼，康有为又趁此时在北京大大地活动，倡立保国会。又以"振作士气，乃保国之基础，欲令各省志士各为学会，以相讲求……于京师先倡粤学会、蜀学会、闽学会、浙学会、陕学会"等（梁启超《林旭传》中语）。这是以各省在京人士为基础，散布势力到各省的方法。此时，各省中感受这种维新运动最著的要算湖南；因为湖南在戊戌以前，由乙未至丁酉间，遇着一位贤明学使江标，提倡新学风，署理臬司黄遵宪、湘抚陈宝箴及其公子三立，皆与之赓同调，得湘人士谭嗣同、熊希龄、唐才常等同心协力，曾经创办了一个时务学堂（梁启超曾讲学于此），刊行一种《湘学新报》，又倡立了一个南学会，江标于丁酉冬去职后，继任学使徐仁铸（徐致靖之公子）又是同他们一气的，后又出了一种《湘报》。到戊戌春夏间，新的空气算是很浓厚了。

四　百日维新的失败——戊戌政变

维新运动，在戊戌年春夏之交，已经达到最高潮。北京方面，康有为最有力的奥援，大约要算徐致靖、杨深秀、杨锐几个人。最初由杨锐打通了高燮曾，上疏极荐，于是始谕令王大臣传康至总署，询问变法事宜；王大臣始取其上年呈请工部代奏之书以上；帝览之，指其篇中"求为长安布衣而不可得，及不忍见煤山前事"等语，谓军机大臣曰："康某何不顾死生乃尔，竟敢以此言陈于朕前。"然帝不之罪，仍命嗣后康某如有条陈，当即日呈递，毋许扞格，并宣取所著《日本变法》、《俄大彼得传》等书。(这事在戊戌年春间，即康有为得到皇帝赏识之始。)不久因徐致靖、杨深秀的先后奏请，于戊戌四月二十三日下诏定国是。陨即谕令翰林院侍读学士徐致靖保荐工部主事康有为等，着于本月二十八日召见。旋命有为在总理各国事务衙门行走。光绪帝本想更重用他，因为此时光绪帝名虽亲政，实际上凡二品以上大员的黜陟，皆须诣颐和园取进止，帝不得自专，故仅得到"总理各国事务衙门行走"的官职。从此所谓新政开始了。举其最要的如下：

一、命自下科始，乡会试及生童岁科各试，向用四书文者，改试策论。

二、赏举人梁启超六品衔，办理译书局事务。

三、定乡会试随场去取之法，并推行于生童岁科考，又停止朝考。

四、命删改各衙门则例。

五、命于京师设立农工商总局。

六、下裁汰冗官令，命裁撤詹事府，通政司，光禄寺，鸿胪寺，太仆寺，大理寺衙门，湖北、广东、云南三巡抚，并东河总督缺；其各省不办运务之粮道、向无盐场之盐道亦均裁撤。其余京外应裁文武各缺，命大学士、六部、各省将军督抚分别详议以闻。

尚有其他的所谓新政，不必列举。从四月到八月百余日内，要算是康有为最得志的时期，所谓"百日维新"就是这时期。但是在这时期中，康虽得了志，却有最不得志的地方：他虽抓住一个皇帝，但是皇帝上面还有一个西太后，皇帝下面还有一个军机处，北京以外还有一个兵权所寄的直隶总督。他以一个"总理衙门行走"，那能够制服这些人和机关呢？他入总理衙门行走时，西太后便命光绪帝将直隶总督实授荣禄，又命将裕禄放在军机大臣上行走。裕禄是西太后所宠信，特把他放在军机处侦探政局内情的。康有为既没有方法抓住军机处，终不能大行其志，于是在七月内得各方的运动保荐，掀动了光绪帝，命"内阁候补侍读杨锐，刑部候补主事刘光第，内阁候补中书林旭，江苏候补知府谭嗣同，均赏加四品卿衔，在军机章京上行走"。这是因为光绪帝不敢将军机大臣更换，故特擢此四人做军机处的实际办事员，想把军机处的实权拉过来的方法。梁启超说："自四卿入军机，然后皇帝与康先生之意始能少通，锐意欲行大改革矣。"可见此事的重要。从此凡有奏折，皆经四卿阅览；凡有上谕，皆经四卿属草，其余军机大臣就无不侧目而视。但是四卿握权不到十天，有名的大政变就起来了。

当谭、杨、林、刘四卿未入军机以前，有一件革斥礼部六堂官的事，原因是：有一位礼部主事王照向皇帝上书言事，礼部尚书怀塔布、许应骙等不肯替他代奏，王照当面责难他们，说他们违背帝旨，于是堂司交哄，闹到光绪帝知道了。光绪帝在此时，也想要借一件事情，黜退几个守旧大臣，立一点威风，便把怀塔布、许应骙并该部侍郎堃岫、溥颋、徐会澧、曾广汉所谓六堂官一齐革职，赏给王照三品顶戴，以四品京堂候补。（吴稚晖说，礼部六堂官革职的上谕，是康有为在南海馆用客人名片反面写好递入，光绪帝照抄，后来被太后在光绪帝处检得，故愤怒尤甚。）原来怀塔布的妻常在颐和园侍奉西太后，很得西太后的欢心。此事发生，她便向西太后哭诉，说光绪帝将把满人都去了。（其实所革六堂官，满汉一律。吴稚晖说，怀塔布的母亲是西太后长亲，哭诉于西太后的是怀之母亲。兹据《崇陵传信录》。）西太后听了她的话，就很不以光绪帝为然了。到四卿入军机后，更触犯了枢辅的嫉忌；而四卿新进气锐，恨不得将诸事立刻加以改革。恽毓鼎说："四卿愤上之受制，颇有不平语，上手诏答之，略谓'顽固守旧大臣，朕固无如何，然卿曹宜调处其间，使国富兵强，大臣不掣肘，而朕又上不失慈母之意，否则朕位且不保，何有于国。'（这便是后来所谓'衣带诏'。其实据此诏语意，虽有朕位不保之语，并无谋去西太后之意。据十五年二月《申报》所发表袁世凯《戊戌日记》载谭嗣同示彼之硃谕，语意亦略相同。）于是蜚语浸闻于西朝。"诏中所谓"朕位且不保"的话，是因当时已有一种谋废立的风传，即所谓"九月天津阅兵"的阴谋。当时荣禄作直隶总督，节制北洋三军（董福祥的甘军，聂士成的武毅军并袁世凯的新建军）。西太后不满光绪帝所为，与荣禄密谋，讽御史李盛铎奏请帝奉太后至天津阅兵，于帝至津时，因以兵胁之而行废立。李盛铎奏上，帝请于太后，太后欣然许诺，遂下谕定九月奉太后赴津阅兵。谕下后，废立风说日紧一日。四卿得到上记的手诏，知道光绪帝的地位很危险，一时忙下无计，便想罗致袁世凯去制服荣禄，并以制服西太后。（据梁启超《林旭传》所说，当时林旭独不赞成此计，曾作一小诗代简致之谭等，曰："伏蒲泣血知何用，慷慨何曾报主恩，愿为公歌千里草，本初健者莫轻言。"）他们以为"袁世凯久使朝鲜，讲中外之故，力主变法"（他又曾为强学会之赞成员），是可以拉过来的。于是密请皇上，结以恩惠，于八月初一日，召见袁世凯，开去其直隶按察使缺，以侍郎候补，专办练兵事务；初二日，复召见；初三日夜，谭嗣同便去游说袁世凯，要他在九月阅兵时保护圣主，复大权，清君侧，肃宫廷。袁世凯被谭嗣同胁住了，阳为表示同意。（关于谭嗣同游说袁世凯详情，梁启超《谭嗣同传》内所记，与《中国近百年史资料》中袁世凯《戊戌日记》所载大致相同，惟袁所记词气间有为自己及荣禄洗刷并表示谭等轻妄之意。请参观梁著谭传并《中国近百年史资料》。）但是等到袁世凯请训回津时，事变已经发动了，初六日即下谕抄捕南海馆；说皇帝病了，西太后复行临朝训政。"自四月以来，京师谣言，皆谓帝病重，然帝仍日日召见臣工，固未尝有病，及革礼部六堂官，擢四京卿，怀塔布及御史杨崇伊等，先后至天津，谒荣禄，遂相与定谋，檄调聂士成军五千驻天津，又命董福祥军移长辛店，三次急电至总理衙门，言英俄在海参崴开战，英舰七艘泊于天津，请饬袁世凯返津防御。世凯至津，荣禄即乘专车抵京，与怀塔布、许应骙、杨崇伊、张仲炘至颐和园，上封事于太后。请训政太后立命以荣禄之卫兵守禁城，令荣禄仍回津以候召命，会议至夜半而散。翌晨，新党谋围颐和园之谣起，（先是太监于茶店中创一种风说，言帝设谋倾害太后，且引外人助己，士大夫多深信之，互相传播。）太后垂帘之诏下。"这是《清史纪事本末》所记的。据恽毓鼎所记，则谓："御史杨崇伊、庞鸿书，揣知太后意，潜谋之庆王奕劻，密疏告变，请太后再临朝，袖疏付奕劻转达颐和园。八月初四日黎明，上诣宫门请安，太后已由间道入西直门，车驾仓皇而返。太后直抵上寝宫，尽括章疏携之去，召上怒诘曰：'我抚养汝二十余年，乃听小人之言谋我乎？'上战栗不发一语，良久嗫嚅曰：'我无此意。'太后唾之曰：'痴儿，今日无我，明日安有汝乎？'遂传懿旨以上病不能理万几为词，临朝训政。"（二者所说略有不同，但无关大旨。不过事变的发表确为初六日，而非初四日，恐怍记有误。）这时候康有为已经出京。原来在六月间军机大臣就想把康排去北京，由孙家鼐奏请命康往上海督办官报局（上海官报即由《时务报》改）；但康不愿去，光绪帝也不想他去，命他缓行；及至七月杪八月初，风声日紧，光绪帝连下密谕，要他赶快离京，他才于八月初五离京。初六日下诏捕拿时，他已到了海船上了。张荫桓、徐致靖、杨深秀、杨锐、林旭、刘光第、谭嗣同及康弟广仁，一齐被拘下狱。张、徐二人一戍边，一永禁；其余六人不久便杀了，所谓"六君子"者便是。康有为的维新工作，至此告终；他的政治生命，也可说在此时告终了；因为此后，便不是他的时期了（后来的保皇会和复辟运动，不过是他的余波罢了）。

五 维新运动失败的原因及其结果

戊戌变法失败的原因，表面上彷佛就是光绪帝和康有为斗不过西太后的法宝，问题的关键全，在帝与太后的权势消长上面。后来幻想和平改革的人，回忆此事，都只痛恨西太后，说当时若没有西太后掣肘，光绪帝一定可作日本的明治天皇，变法可以成功，不致有后来排满革命的大风潮，中国就早已进于富强的地位了。这种见解，未免把当时的事情太看简单了。光绪帝和康有为的失败，决不是西太后个人有制服他们的能力；问题的关键，也不全在帝与太后的权势消长上面。约略言之，可分三层，除了西太后不肯放弃权势的一层以外，还有两层大原因：

一、是因为康有为的维新学说，亵渎了圣典，触犯了一大部分经生文人的众怒。前面说康在此时，比较中山，是容易得士大夫阶级里面经生文人的赏识的，所以能取得维新运动的领导权。但是经生文人也有几多种，除了一种借"通经以致用"的人肯受他的领导外，其余一种以"卫道自任"和其他一种"假道求食"的多数人，就都要把他看作妖魔鬼怪了。例如朱一新是因参劾李莲英受处分的人（李莲英随醇王校阅海军时，朱上奏参劾李氏），当《新学伪经考》、《孔子改制考》刊行时，他便写信给康有为说：

> ……自伪古文之说行，其毒中于人心，人心中有一六经不可尽信之意，好奇而寡识者，遂欲黜孔学而立今文。夫人心何厌之有？六经更二千年，忽以古文为不足信，更历千百年，又能必今文之可信耶？……窃恐诋讦古人不已，进而疑经；疑经不已，进而疑圣；至于疑圣，则其效可睹矣。

又说：

> ……从古无不敝之法，有王者作，小敝则小修之，大敝则大修之。法可改，而立法之意不可改。……今托于素王改制之文，以便其推行新法之实，无论改制出于纬书，未可尽信，即圣人果有是言，亦欲质文递嬗，复三代圣王之旧制耳，而岂用夷变夏之谓哉。……乾嘉诸儒，以义理为大禁，今欲挽其流失，乃不求复义理之常，而徒备言义理之变。彼戎翟者，无君臣，无父子，无兄弟，无夫妇，是乃义理之变也。将以吾圣经贤传为平澹不足法，而必以其变者为新奇乎。有义理而后有制度，戎翟之制度，戎狄之义理所由寓也。义理殊斯风俗殊；风俗殊，斯制度殊。今不揣其本而漫云改制，制则改矣，将毋义理亦与之俱改乎。

这时候，康有为尚未得志，所以朱一新还是平心静气和他讨论，没有毒骂他。翁同龢也是主张变法的人，但是看见康的《新学伪经考》，就说他是"说经家的野狐禅"；看见他的《孔子改制考》，就向皇帝说"此人居心叵测"。等到他在北京大出风头，他的弟子梁启超在湖南替他宣传主义学说的时候，那些"卫道"的先生们就群起而攻。湖南曾濂在北京向皇帝上书，说"康有为可斩"；叶德辉说："宁可以魏忠贤配享孔庭，使奸人知特豚之足贵，断不可以康有为扰乱时政，使四境闻鸡犬之不安；其言即有可采，其人必不可用。"（见叶德辉《与皮鹿门书》）那时候，梁启超在湖南时务学堂，开口闭口，不是"公羊"便是"孟子"，不是"孟子界说"便是"春秋界说"，不是"通三统"便是"张三世"，使得王先谦、叶德辉一班"卫道"的先生们恨入骨髓。叶德辉与石醉六的书说："今之公羊学，非汉之公羊学也，汉之公羊学尊汉，今之公羊学尊夷。"又与黄、刘两生的书说："康有为……其貌则孔，其心则夷。"他们除了在湖南的《湘报》上打笔墨官司以外，还与北京"卫道"的先生、弟子、朋友们书札往还，互相应援，要尽力把这个渎乱圣教的妖魔鬼怪扑灭。我们可知道戊戌变政的失败，不单是"帝"、"后"权势消长的问题了。

二、是因为变法的进行，要打破许多人的固定饭碗，和得饭碗的机会。那些"假道求食"的先生们，是断不甘心的。我们试想想，一个裁汰冗官令下来，在北京要消灭詹事府、通政司、光禄寺、鸿胪寺、太仆寺、大理寺等六个吃饭的衙门，在外省要消灭湖北、广东、云南三个巡抚，一个东河总督和许多不办运务的粮道、无盐场的盐道衙门。并且说："其余京外应裁文武各缺，命大学士、六部、各省将军督抚分别详议以闻。"单这一道命令，打破了几多人的既得饭碗，激起若干人的恐慌。倘若让它进行下去，不知还要怎样。所以那道命令下来后，"群情大骇，谓帝大背祖宗制度，皆赴宁寿宫请太后保全，收回成命"；但是"太后笑而不言"。那道变更科举程式、废弃八股文的命令，彷佛并没有打破人家既得饭碗；但是那里面的饭碗机会却不少，范围且更大。不知有若干万人，费了若干的心血光阴，揣摩高头讲章，咿唔之乎也者，希望在里面得到"玉堂金马"，忽然要他们另换方法，岂不是前功尽弃么？年轻的人，还不难改弦易辙；年老的人，就难费事了。所以，岳麓书院里的先生们望着时务学堂里的人，无异"洋奴"、"汉奸"，因为他们所假以求食的"道"，忽然要"道其所道，非吾所谓道"了，安得不切齿痛恨呢？梁启超说：

> ……今守旧党之阻挠变法也，非实有见于新法之害国病民也。吾所挟以得科第者曰八股，今一变而务实学，则吾进身之阶将绝也。吾所恃以致高位者曰资格，今一变而任才能，则吾骄人之具将穷也。吾所藉以充私囊者曰舞弊，今一变而核名实，则吾子孙之谋将断也。……吾今日所以得内位卿贰，外拥封疆者，不知经若干年之资俸，经若干辈之奔竞而始获也。今既……不办一事，从容富贵，穷乐极欲，已可生得大拜，死谥文端，家财溢百万之金，儿孙皆一品之荫。若一旦变法，则凡任官者皆须办事；吾将奉命而办事耶，则既无学问，又无才干，何以能办；将不办耶，则安肯舍吾数十年资俸奔竞千辛万苦所得之高官，决然引退以避贤者之路哉。……（见梁启超《变法通议》）

这段话虽然说得太过火了，但是那些"假道求食"的先生们的心理，实在是如此。梁启超又说："张之洞尝与余言，以废八股为变法第一事矣，而不闻上疏废之者，盖恐触数百翰林、数千进士、数万举人、数十万秀才、数百万童生之忌，惧其合力以谤己而排挤己也。"康有为能够不"恐"不"惧"所以称为一时维新的领袖，亦惟不"恐"不"惧"所以失败。

有上面所述那些复杂原因，所以戊戌变法的失败，是必然不可避的，并不是偶然的。

至于此次维新工作的结果，除了失败本无成绩之可言，但是也有几种意想不到的成绩：第一，给予青年知识界思想上一种刺激。对于康有为的学说，无论接受与反对的人数怎么样，朱一新所谓"诋评古人不已，进而疑经；疑经不已，进而疑圣；至于疑圣，则其效可睹矣"，这种"可睹的效"，的确由此不远了。这是康有为的最大的成绩。第二，给予反动派一种更坚的自信力，使得反动派越趋于反动，激起后来的波澜（待后面详述）。第三，促起汉满种族恶感的复活。关于这一层，不惟康梁不肯承认，恐怕一般人都不大相信。因为康有为明明白白向皇帝上条陈，梁启超也明明白白著论说，要化除满汉的界限，怎么说他们"促起满汉种族恶感的复活"呢？但事实的表示却是如此。梁启超不是说"南海之奏对，其政策之大宗旨，曰满汉不分，居民同治，斯言为满洲全部人所不乐闻"么？不是又说"满人之仇视皇上，谓皇上有私爱于汉人，有偏憎于满人"么？不是又说"满洲某大臣之言，曰变法者汉人之利，而满人之害"么？当杨深秀奏请宗人府保荐王公贝勒等游历各国，蒙谕旨批准的时候，"亲贵大哗，谓帝破坏中国礼法，使满洲之权势处于危险地位"，帝不得已，又把谕旨取消。及下令"八旗人丁，如愿出京谋生计者，任其自由"，满洲人又"大哗不已"。政变起后，有一位满洲御史会章见当时株连党人太众，抗疏略谓"外间浮言，颇有以诛戮悉属汉人，遂疑朝廷有内满外汉之意"等语。这都是当时的事实。原来自咸同后，满汉的感情已有渐就融和的趋势。因为变法的原故，想把满汉界限完全消灭，反促起满洲人的怀疑，这是出于意料之外的结果。从此，这个满汉问题非等到爱新觉罗氏弃去皇位，不能解决了。

第五章　维新运动的反动

一　反动势力的解剖

从戊戌年（一八九八年）秋间到庚子年（一九〇〇年）的夏间，可称为维新变法的反动时期。反动的事实，以所谓"戊戌政变"开幕，以义和团大闹北京收场。但是我们要认识这次反动真正的内容，非先将当时的反动势力，略为解剖一下不可。因为这种反动势力，内容并不单纯，原因也不只一端。就势力的构成来说，上自西太后，下至小百姓，都包括在内，约略分之为三：

一、握有重权的亲贵（利用"拳匪"排外的人）；

二、一般士大夫阶级（鼓吹"拳匪"排外的人）；

三、失业的群众（"拳匪"）。

这三种人，虽然同含在这种势力以内，但就他们反动的心理上或精神上来解剖，却不尽相同；有彼此一致的处所，有所谋各殊的处所；也有可原恕的处所，有全不可原恕的处所。现在请就他们反动的心理上分别叙述：

一、民族的自尊 大凡个人在社会里面，不愿自居于劣等的地位，一个民族在民族团体里面，也没有自愿居于劣等民族的位置的，何况中国民族几千年来常常是居于优秀地位的呢？甲午以后，一部分醒悟的人士，固然知道现在所遇的外族不是往时的外族可比，但在大多数拘于旧历史观念的人，却以为现在的碧眼赤须儿，仍不过是往时匈奴、契丹、吐蕃、回纥等的一例，虽然一时在武力上受了逼迫，终久是要受我们的圣教感化的；一般新进之士不尽力宣扬自己的圣教去"用夏变夷"，反而自"变于夷"，这是何等可耻的事。我们试看叶德辉《与皮鹿门书》的书说：

> ……近世时务之士，必欲破夷夏之防，合中外之教，此则鄙见断断不能苟同者……昨读世兄歌辞（时皮鹿门之子作《醒世歌》，有"若把地球来参详，中国并不在中央。地球本是浑圆物，谁居中央谁四旁"等句），敢以管见所及，一明其是非。……地球圆物，不能指一地以为中，但合东西南北考之，南北极不相通，则论中外，当视东西矣。亚洲居地球之东南，中国居东南之中，无中外独无东西乎。四时之序先春夏，五行之位首东南，此中西人士所共明，非中国以人为外也。五色黄属土，土居中央，西人辨中人为黄种，是天地开辟之初隐与中人以中位。西人笑中国自大，何不以此理晓之。若以国之强弱大小定中外夷夏之局，则春秋时周德衰矣，何以存天王之名。鲁之弱小远于吴楚，何以孔子曰我鲁，此理易明，无烦剖辨。尧、舜、禹、汤、文、武之教，周公成之，孔子大之。三代而下，异教之为圣教澌灭者不可殚述。即以文字论，佛法盛

于六朝，而其梵夹之经典，反藉中文而后传；辽、金、元人凭
陵宋室，可谓至极，今三国之书不存一字，此第圣人糟粕中之
糟粕而已，潜移默运，扫荡异教于不觉，何论旁行诘屈之书
乎。……

叶氏与人书还有一段说：

  ……夫强邻逼处，势力之口亦乌足凭。甲申之役，法败
而中胜，则中国进于文明，甲午之役，中溃而日兴，则中国沦
于半教，驴鸣狗吠，诅日知时。蚕食鲸吞，无非肉弱。非我族
类，仇视宜然。独怪今之谈时务者，若祖若父，本中国之臣
民，若子若孙，皆神明之嫡脉，而亦幸灾乐祸，人云亦云，问
之此心，天良胡在。……

我们现在看他这种解释"中国"两字的妙论，什么"五行之位
首东南"，"五色黄属土，土居中央"，中国人是黄种，便是"天地
开辟之初隐与中人以中位"，真是要笑脱牙齿。但这种自尊自大的
口吻，确足代表当时一般人的心理；义和团的"坎字拳"、"乾字拳"
等等，与这种"五行之位首东南"、"五色黄属土"，思想渊源上也是
一贯的；义和团的首领曹福田说"吾奉玉帝敕，命率天兵天将，尽
歼洋人，吾何敢悖敕命"，与这种"天地开辟之初隐与中人以中位"
的见解，也没有多大区别的。御史徐道焜上奏说："洪钧老祖已命
五龙守大沽，夷兵当尽灭。"御史陈嘉言说："得关壮缪帛书，言夷
当自灭。"编修萧荣爵说："夷狄无君父二千余年，天将假手义民尽
灭之。"由有知识的士大夫阶级到无知识的群众，都认中国人是天
地神明特别重视的一种人，纵然受屈一时，天地神明必维持它永久
尊贵的地位。这种心理，从坏的方面说，自然是愚蠢可怜之极；但

从好的方面说，即所谓"民族的自尊"，却是民族立国的一种要件，愚蠢中尚有几分可以原谅。

二、公共的积愤 这种积愤的心理，是根于自尊而来的，从鸦片战争到中日战争，继之以德取胶州、俄索旅大等，累次受外国暴力的压迫，虽以神明华贵的民族，对于这种压迫却是无可如何；加以当时的基督教徒骄横、跋扈，动辄恃其后面的帝国主义势力，干涉中国的民政；所谓数十年的积愤，上下郁勃，无可发泄。我们试看下列两段拳乱中的故事就可以知道：

> ……联军既破京津来保定，廷雍（本直隶臬司，时升藩司，护理直督，率领拳匪仇杀西教士及言新学者）方护督，遂被执，并及保绅。各军公讯，雍云："保绅夙从令，可释，若焚杀汝人，皆我也。"叩以何为？雍曰："道光以还，汝曹欺我太甚，倘得势，孰不报汝，今至此斧钺由汝，问何为。"遂见杀，今地方人尚多哀之。（见酬鸣《书〈庚子国变记〉后》）

> 徐桐以汉军翰林至大学士，以理学自命，恶新学如仇。其宅在东交民巷，恶见洋楼，每出拜客，不欲经洋楼前，乃不出正阳门，绕地安门而出。……拳匪起京师，桐大喜，谓中国自此强矣，其赠大师兄（拳匪首领之称）联云："创千古未有奇闻，非左非邪，攻异端而正人心，忠孝节廉，只此精诚未泯；为斯世少留佳话，一惊一喜，仗神威以寒夷胆，农工商贾，于今怨愤能消。"

这两个人的声口，已很足表示当时积愤的心理；还有郎中左绍佐请戮郭崇焘之尸以谢天下；主事万秉鉴谓曾国藩办"天津教案"所杀十六人，请予议恤。他们以为中国累次屈辱，都由于郭、曾这辈人卖国，现在非把多年的积愤大大的发泄一番不可。

三、**生活的不安**　自五口通商以后，外国的经济势力侵入，中国固有的旧式工业受了压迫，失业的人渐次增多；加以累次对内对外的用兵，因军费赔款、横征暴敛而生出来的负担加重，军事完结后，兵勇的解散，溃卒的流亡；并且自光绪即位以来二十余年间，没有一年不被天灾，或大水，或大旱，或河决，北方几省尤甚（试参看文明书局出版的《清史纪事本末·光绪入继》一篇可知）：皆足以扩大失业人民的数量。概括言之，就是民众的生活上受了压迫（即所谓经济的压迫），社会上必然生出不安的现象来。但是这种经济的压迫，上面所举三种人的第一种（握有权位的亲贵），自然是不会感觉的；就是第二种（一般士大夫阶级），感觉的也很少。第三种所谓失业的群众，本是由经济压迫所产生，对于这种压迫，自然特别感觉痛苦。但是他们只知自己的生活无所依靠，却并不知他们的生活所以失靠的真正原因。他们很笼统的思维，以为使得我们穷困都是由于中国的不太平，不太平都是由于洋人的欺负。修铁路，开矿山，把我们的龙脉挖断了，地藏的宝气泄漏了；设教堂，把我们的神祇祖先侮蔑了：所以使得我们一天穷困一天。我们要想免除这种穷困，非把一切洋人驱逐出去不可，那班信洋教、讲洋学的人都是汉奸，也非一律杀掉不可。他们把一切的害恶，笼统归纳到"洋教"两个字上面。但是看见洋人的兵舰枪炮却着实利害，于是想到"封神"、"西游"在戏台上所表显的神通法力，必定是有几分可靠的；起初由少数的奸猾者借以哄骗多数，渐至彼此互相哄骗，久而久之，大家自己哄骗自己。这便是所谓群众的心理，由生活的不安演为借神力以排外。从德国夺取胶州湾后一年半间，山东一省闹出来的路、矿、教三项外交案，共达一千余件；从己亥年冬到庚子年春夏几个月间，拳民的聚积达若干万人，都是由这种群众心理结合而成的。

四、政争的阴谋　自戊戌变政以来，西太后痛恨光绪帝，痛恨康梁；一般依附西太后谋得政权的人，也和西太后一样的心理。但是康梁的逃走，都是由于外国人的救护（康之脱险，由上海英领事的救护，见梁启超《记南海先生脱险事》；梁之出险，由日本大岛兵舰之保护）。后来康梁在外国倡立保皇会，外国人不惟不加以干涉，并且还予以保护，于是由恨康梁之心，而迁怒到外国人身上去了。罗惇曧的《拳变馀闻》上述说："刚毅奉命江南查案……得梁启超《清议报》进于孝钦后，后大怒，愤外国之庇康梁，必欲报此仇，益恨德宗，思废之。立端王载漪之子溥儁为大阿哥，将于庚子正月行废立，刚毅实主之，力引载漪居要职，宠眷在诸王上。后又虑废德宗，各国有违言，先命荣禄私于李鸿章以废立意询各国公使，皆不协，后益大恨。刚毅日言仇洋，见谈洋务者皆斥为汉奸，过金陵见刘坤一之储才学堂立命闭之。"又说："载漪自以将为天子父，方大快意，闻各国阻之，乃极恨外人，思伺时报此仇。适义和团以灭洋为职，乃大喜。……"恽毓鼎的《崇陵传信录》也说："义和团为邪教……朝廷所以信之者，意固别有所在，邵陵高贵之举，两年中未尝稍释，特忌东西邻责言，未敢仓猝行。载漪又急欲其子得天位，计非藉兵力以慑使臣，固难得志也。义和拳适起……载漪遂利用之，以发大难。故廷臣据理力争，谓邪术不足信，兵端未可开，皆隔靴搔痒之谈也。"可见，西太后和一班亲贵的反动心理，又别有所在。

上述四种反动心理，第一、二、三是士大夫阶级和一般群众所同具的，可命之为国民的心理，第四种是政庶当局独具的心理，合起来遂构成一种大大的反动势力。反动虽同，所要求的却不同。国民的心理是公的，愚而可恕；政府的心理是私的，就悖而不堪问了。

二　反动的演进——己亥建储与庚子拳乱

戊戌八月西太后再行临朝训政，为反动的开始。一方面排除所谓新党，除前章所记捕拿康梁，杀戮六君子，谪戍张荫桓，永禁徐致靖以外，凡与维新有关系的人，一律革黜，最著的如湖南巡抚陈宝箴、尚书李端棻等。一方面布置亲信刚毅、荣禄、启秀等以次入军机，实授裕禄以直隶总督。北洋各军，向由直督节制指挥，荣禄既由直督召入军机，仍旧节制北洋各军，仅以裕禄为帮办：这是西太后巩固枢府实权的办法。于是将前百日所举办的所谓新政，在一个月内，一律翻过来：

一、命京内詹事府等饭碗衙门，照常设立，毋庸裁并；

二、复设湖北、广东、云南三省巡抚并河道总督各缺；

三、停止各省书院改设学校之举；

四、命各项考试仍用八股文、试帖、经文策问；

五、停止经济特科；

六、废农工商局；

七、废官报局；

八、禁止士民上书言事；

九、禁止结会；

十、禁止报馆，严拿主笔。

总括一句话，就是一切仍旧。在那年十二月里，有位新授湖北的巡抚曾铄，奏请变通成例，先后被人参劾，说他"擅请变法，莠言乱政"，就赏他一个"革职永不叙用"。从此没一个人敢言及"新政"两个字了。但是在西太后和亲信的后党心里，还有一个不曾解决的最大问题，就是光绪帝的皇位。从戊戌秋到庚子夏，两年的反动期间，所日夜经营不能放过的，就是这个问题。

在八月政变以前，本已密定了天津阅兵藉行废立的计划。及政变起后，光绪帝已幽于瀛台，兵也不用阅了，光绪帝病重的谣言也散布满了，要废就可以废了。但是老于世故的西太后，知道外重内轻之势已成，虽然拿住了直督和北洋军事权，却不知南方各省督抚的意思如何，因令军机处密电南方各督抚，探询意旨。不料遇着一位不辨风色的两江总督刘坤一，说出什么"君臣之义已定，中外之口宜防"的十二个字来，把他们的计划顿挫了，光绪帝有名无实的皇位又暂时保住了（这是戊戌冬间的事）。

到己亥年冬间，西太后和刚毅等到底忍不住了，因为康梁在海外天天倡保皇，不把这个保皇的目标更换终久是祸。荣禄比较慎重一点。有一位被西太后极敬重的老理学家徐桐，和启秀、崇绮很明了太后的意旨，于是这个问题又发动了。恽毓鼎的《崇陵传信录》说："时承恩公崇绮久废在私第，大学士徐桐觑政地綦切，尚书启秀在枢廷，与徐殊洽，咸思邀定策功；而大学士荣禄居次辅，虽在亲王下，最为孝钦所亲信，言无不从，大权实归之。三公者（崇、徐、启）日夕密谋，相约造荣第，说以伊霍之事，崇、徐密具疏草，要荣署名，同奏永宁宫。十一月二十八日，启朝退，先诣荣，达二公意。荣大惊，佯依违其词，速启去，戒阍者勿纳客；二公至，阍者辞焉。次日朝罢，荣相请独对，问太后曰：'传闻将有废立事，信乎？'太后曰：'无有也。事果可行乎？'荣曰：'太后行之，谁敢谓其不可者！顾上罪不明，外国公使将起而干涉，此不可不慎也。'太后曰：'事且露，奈何？'荣曰：'无防也。上春秋已盛无皇嗣。不如择宗室近支子，建为大阿哥，为上嗣，兼祧穆宗，育之宫中，徐纂大统，则此举为有名矣。'太后沉吟久之曰：'汝言是也。'遂于二十四日（己亥十二月）召集近支王公、贝勒、御前大臣、内务府大臣、南上两书房、翰林部院、尚书于仪銮殿。上下惊传将废立，内廷苏拉且昌言曰：'今日换皇上矣。'迨诏下乃立溥儁为大阿哥也。……"这便是所谓"己亥建储"的由来。这次的动作，依荣禄的计划，算是很慎重了；怕刘坤一又行反对，就预先命他来京陛见，以鹿传霖署理两江总督，这就是"调虎离山"的方法（次年仍命刘回两江）。李鸿章这时候很失势，是不反对的，就命他去作两广总督；因为康梁在海外联络华侨倡保皇，华侨多粤籍，恐怕广东出甚变故，所以要李去镇压。这种布置，算是很周密了，不料上海又伏着一些什么志士经元善、蔡元培等联络绅商千余人电争；海外华侨数十万人也相继电争；大阿哥虽然立了，皇位的授受到底还要再等机会。实际上，他们对于这些反对的电报也并不十分怕，他们所不敢即行的原故，还是不明了外国人的意旨。于是使人讽令外国公使入贺；假使外国公使对于立大阿哥的事肯来道贺，便是赞成废立了。但是外国公使却置之不理，于是他们愤极了，非借重八卦教的义民不可了。

八卦教的义和拳远源起于嘉庆时，现在不必详叙。利用它作排外工具的人，最初是李秉衡、毓贤，其次廷雍、裕禄，其次刚毅、载漪而达于西太后。李秉衡、毓贤、廷雍的行动是代表前节所谓国民心理的，刚毅、载漪、裕禄的行动是代表前节所谓政府心理的。光绪乙未，李秉衡作山东巡抚，山东有大刀会主仇西教，秉衡很奖许他们；丁酉十月，大刀会杀德教士二人（便是德据胶州湾的导源），因德人的要求，将秉衡革职。毓贤以曹州知府至藩司，是秉衡所最亲善的，到己亥二月，任山东巡抚，循秉衡的旧规，奖励大刀会；"匪"首朱红灯自称"义和拳"，建"保清灭洋"的旗号，毓贤出示改为"义和团"。"匪"树毓字旗，杀教民，焚教堂。因为法国公使的责问，乃召毓贤入京，命袁世凯为山东巡抚。袁世凯力剿，把朱红灯捕获杀了，山东的拳党就转入直隶去了。毓贤在山西尝向他的僚属说："义和团魁首有二：其一鉴帅（李秉衡），其一我也。"这是很确切的自白。到庚子春初，"拳匪"蔓延直省，吴桥令劳乃宣严禁传习，并上书建议督署。总督裕禄以劳书示臬司廷雍及藩司廷杰。杰恶劳不先白司，廷雍则已暗与"拳匪"联为一气，因此将劳乃宣的建议置之不理。不久，裕禄也赞许了拳团；到三四月间，拳乱就蔓延直省各县了。这是廷雍和裕禄在直隶养成拳乱的初步。毓贤前由山东入京后，向端王载漪（大阿哥的父亲）、大学士刚毅等夸说义和团如何的忠勇可靠，载漪、刚毅就很欢喜的据以入告西太后（毓贤因此得授山西巡抚）。及至"拳匪"在直属各处肆行焚杀教堂教民时，西太后一面严谕拿办，一面命刚毅和刑部尚书赵舒翘等分途前往解散。其实并不是命他们去解散，而是命他们去察看这种"义民"的情形的。舒翘看见这些义民都是市井无赖，知道他们不足用，但是不敢违背太后的意向，就报告太后，说他们真是很可靠的义民。刚毅不惟说他们可用，并且和载漪等把这些义民引导到北京来了。这便是义和团入北京的由来。

拳民入京后，政府应付的经过，恽毓鼎的记述最为可靠，因为他是当时参与御前四次会议的人，现在把他的记述附录在下面：

> ……五月十五日，戕日本使馆书记杉山于马家埠，日日杀教民，株连无辜。二十日，复纵焚正阳门西，火及城楼……其时使馆街西兵，环甲实枪，严守东西街口，如临大敌。午刻忽传旨召王公大臣、六部九卿入见于仪鸾殿东室，约百余人，室中跪满，后至者皆跪于槛外。殿南向，上及太后背窗向北坐。枢臣礼亲王世铎、荣禄、王文韶、赵舒翘跪御案旁，自南而北若雁行，诸臣皆面南，刚毅则出京察看未归。既跪行一叩礼，上首诘责诸臣，不能弹压乱民，色甚厉。翰林院侍读学士刘永亨跪在后，与毓鼎相接，默谓毓鼎，适在提督董福祥许，董自任可驱拳匪出城外，毓鼎促其上闻。永亨膝行而前，奏云："臣顷见董福祥，欲请上旨令其驱逐乱民。"语甫半，端王载漪伸大指厉声呼曰："好！此即失人心第一法！"永亨愦，不能毕其词。太后默然。太常卿袁昶在槛外，高呼"臣袁昶有话上奏"。上谕之入，乃详言拳实乱民，万不可恃；就令有邪术，自古及今，断无仗此成事者。太后折之曰："法术不足恃，岂人心亦不足恃乎？今日中国衰弱已极，所仗者人心耳，若并人心而失之，何以立国？"太后又曰："今京城扰乱，洋人有调兵之说，将何以处之？尔等有何见识？各据所见，从速奏来。"群臣纷纷奏对，或言宜剿，或言宜抚，或言宜速止洋兵，或言宜调兵

保护。随而派侍郎那桐、许景澄出京劝阻洋兵，一面安抚乱民，设法解散。遂麾群臣出。毓鼎与光禄卿曾广汉、大理少卿张亨嘉、侍读学士朱祖谋，见大后意仍右拳匪，今日之议未得要领，乱且未已也。乃行稍后，留身复奏曰："臣等尚有书。"亨嘉力言拳匪之当剿，但诛数人，大事即定。张闽人，语多土音，又气急不尽可办。祖谋言皇太后信乱民，敌西洋，不知欲倚何人办此大事。太后曰："我恃董福祥。"祖谋率然对曰："董福祥第一即不可恃。"太后大怒，色变厉声曰："汝何姓名？"对曰："臣为翰林院侍读学士朱祖谋。"太后怒曰："汝言福祥不足恃，汝保人来！"祖谋猝不能对，毓鼎应声曰："山东巡抚袁世凯忠勇有胆识，可调入京，镇压乱民。"曾广汉曰："两江总督刘坤一亦可。"军机大臣荣禄在旁应曰："刘坤一太远，袁世凯将往调矣。"毓鼎复言："风闻惊舆有西幸之说，根本重地，一举足，天下动摇矣。"太后力辩无此说。四臣遂起，太后于祖谋之出，犹怒目送之。

二十一日未刻，复传急诏入见，申刻召对仪鸾殿。上先诘问总理各国事务衙门大臣、尚书徐用仪。用仪奏办，语细不可闻，惟闻上厉声拍案曰："汝如此搪塞，便可了事耶？"太后随宣谕："顷得洋人照会四条：一、指明一地，令中国皇帝居住；一、代收各省钱粮；一、代掌天下兵权。……今衅开自彼，国亡在目前，若竟拱手让之，我死无面目见烈圣。等亡也，一战而亡，不犹愈乎？"群臣咸顿首曰："臣等愿效死力。"有泣下者。惟既云照会有四条，而所述只得其三。退班后询之荣相，其一勒令皇太后归政，太后讳言之也。其时载漪及侍郎溥良力主战，语尤激昂。太后复高声谕曰："今日之事，诸大臣均闻之矣。我为江山社稷，不得已而宣战。顾事未可知，有如战之后，江山社稷仍不保，诸公今日皆在此，当知我苦心，勿归咎予一人，谓皇太后，送祖宗三百年天下。"群臣复叩首言："臣等同心报国。"……于是立命徐用仪、立山、联元往使馆，谕以利害；若必欲开衅者，可即下旗归国。立山以非总理衙门辞。上曰："去岁各国使臣，瞻仰颐和园，非汝为之接待乎，今日事急，乃畏难乎。"太后怒曰："汝敢往固当往，不敢往亦当往。"三臣先出，即谕荣禄以武卫军备战守；复谕曰："徐用仪等身入险地，可派兵遥护之。"群臣既退，集瀛秀门外，以各国照会质之译署诸公，皆相顾不知所自来；或言北洋督臣裕禄实传之，然亦无之。嗣乃知二十夜三鼓，江苏粮道罗某遣其子扣荣相门，云有机密事告急；既见，以四条进；荣相绕屋行，徬徨终夜，黎明遽进御；太后悲且愤，遂开战端。其实某官轻信何人之言，各国无是说也（一说由载漪命军机章京连文中伪造）。故二十五日宣战诏，不及此事。

二十二日申刻，复传入见，筹议和战，少顷即退。二十三日未刻，再召见于仪鸾殿，太后决定宣战，命许景澄等往告各国使臣，限二十四点钟内出京，派兵护行。上雅不愿轻开衅端，牵景澄手曰："更妥商量。"太后斥曰："皇帝放手，勿误事。"侍郎联元谏曰："法兰西为传教国，衅亦启自法，即战，只能雠法，断无结怨十一国之理。果若是，国危矣。"言且泣，额汗如珠，闻有与辩者。即派载澜等加意扞卫宫墙，备不虞……诸臣皆退。旋传谕二十四日辰刻更入见。次晨，具集瀛秀门外。使臣来照会，要庆、端二王往议。召二王及枢臣先入见。刚毅适还朝，亦召入。二王旋出。命译署复使臣曰："有言但以书来，二王不能往也。"须臾枢臣下，传旨撤全起（内呼召见曰"叫起"），盖战议成，无事启谋矣。是为庚子御前四次大会议。方事之兴，庙谟盖已预定。特藉盈廷集议，一以为左证，一以备分谤。始也端王主之，西朝听之，厥后势寖炽，虽西朝亦无可如何。亲昵如立山，视其骈诛，莫能阻也。当宣战之日，固逆计异时之必归于和，使馆朝夷，皇位夕易矣。大事既成，盲风怪雨，不转瞬而月星明概，虽割地以赎前愆，亦所不惜，无如一胜之不可幸邀也。

五月二十五日，发出宣战的诏旨（外省督抚多未宣布），但是直到七月二十日，共计约近两月，董福祥的甘军和若干万的义民，拿着引魂幡、混天大旗、雷火扇、阴阳瓶、九连环、如意钩、火牌、飞剑、八宝法物，仅仅杀了一个德国公使，竟不能攻破东交民巷的公使馆；而联军陷大沽，陷天津，陷北京；西太后逼着光绪皇帝同往西北，领略山水风景去了。（西太后至雁门语帝曰："此次出京，得观世界，亦一乐也。"）反动的大活剧，至此闭幕，此后便是《辛丑条约》的悲剧。

在这一幕反动活剧的当中，鲁、粤、江、鄂四督抚袁世凯、李鸿章、刘坤一、张之洞四人，颇能尽力保持东南沿海、沿江各省的秩序。袁世凯尝对他的幕僚夸说："此次变乱，各督抚中，若无我辈四人撑拄，国事尚可问乎？"他们对于五月二十五日的乱命，相约不理，一面向荣禄电谋救济，一面与各国领事及驻外各使设法疏解，把乱事限拘在直省一隅，颇费了一点苦心。最不可原恕的，要算是荣禄（刚、漪诸人不足责）。李鸿章电某督抚说："荣拥兵数万，当无坐视群小把持慈意之理。"原来北洋的军权完全在他手里，他既在军机，又是西太后所亲信的人，又知道"拳匪"不可利用，外衅不可妄开，假使当拳乱蔓延到直境的时候，便和袁世凯一样的力剿，老早可以消泯。只因"依违取宠"的一个念头，把他制住了。直到祸延肘腋，还是用依违的手段。我们看后来董福祥骂他的书便知，书中说："祥负罪无状，仅获免官，手书慰问，感愧交并。然私怀无诉，能不愤极而痛哭也。祥辱隶麾旌，忝总戎行，军事听公指挥，固部将之分；亦敬公忠诚谋国，故竭努力，排众谤，以效驰驱。戊戌八月，公有非常之举；七月二十日，电命祥总所部入京师，实卫公也。拳民之变，屡奉钧谕，抚嘱李来中命攻使馆。祥以兹事体大，犹尚迟疑。以公驱策，敢不承命。叠承面谕，围攻使馆，不妨开炮；祥犹以杀使臣为疑，公谓戮力攘夷，祸福同之。祥一武夫，本无知识，恃公在上，故效犬马之奔走耳。今公巍然执政，而祥被罪，窃大惑焉。……"但是荣禄向江督刘坤一电告，却又说："……以一弱国而抵各数强国，危亡立见。两国相战，不罪使臣，自古皆然。祖宗创业艰难，一旦为邪匪所惑，轻于一掷，可乎？……"一面命董福祥向使馆开炮，一面向人说"两国相戕，不罪使臣"。这种依违取巧的罪恶，实万倍于刚、漪诸人。所以这一回的乱事，他是最不可恕的一人。

三　反动期中革命党与保皇党的离合运动

中山自传说："自乙未初败以至于庚子，此五年之间，实为革命最艰难困苦之时代也。适于其时有保皇党发生，为虎作伥，其反对革命，反对共和，比清廷为尤甚。……"他所谓"革命最艰难困苦"的真相怎么样，恐怕一般人还不易知道的，我们须知道在庚子以前，中山革命唯一的地盘基础，在国外是华侨，在国内是会党。所谓士大夫读书阶级，差不多完全是康梁维新派的地盘基础。戊戌以前，康梁有了士大夫阶级的地盘，对于国外华侨及会党尚不过问。及至戊戌政变以后，康梁逃居海外，把固有的地盘完全失了，要想活动无所凭藉，于是非利用向不过问的地盘，即华侨和会党不可了。于是由中山历年经营所得仅有的地盘，被康梁夺取一大部分去了。这是由维新反动所生出来的结果，便是"革命最艰难困苦"的真相。现在把这种侵夺地盘的事实，略略叙述几件：

兴中会在海外的分会，除檀香山外，以日本横滨为中心。中山自乙未失败后，常把横滨作二次活动的策源地。当时横滨会员约百余人，多属著名侨商。丙申冬，邝汝盘、冯镜如等组织一个教育华侨子弟的学校，想到中国来聘请教员，与中山商量。中山因为兴中会员都是实际活动的人，不暇从事教育，以为康梁请求变法，可算是救国的同志，并且康讲学多年，门徒很多，于是就写一封介绍信给康，叫邝汝盘持信往沪，与康面商，并且将校名定为"中西学校"。邝到上海晤康后，康就荐徐勤、陈默庵、汤觉顿等往任教务，并说"中西"二字不雅，更名"大同"，替他们亲写"大同学校"四字的校牌。徐勤到了日本，时与中山会面，也相互引为同志，但是徐勤等因为占得学校的地位，常与各侨商往来，慢慢的把侨商拉到他们手里去了。戊戌八月后，康梁亡命到日本，中山以为同是为国事而失败之人，亲去见康，康以帝师自任，恐怕与革党首领往还，于将来的活动有碍，托故不见。不久，横滨就有保皇会出现，侨商的兴中会员大半跑到保皇党会里面去了；大同学校并发现"不许孙文到校"的标语了。这是保皇会在横滨侵夺革命党地盘的故事。

梁启超那时候却不如康有为的矜持，与中山往来很密，并且表示赞成革命；中山也相信他。梁又曾与兴中会员陈少白商议两党合并的办法，后来推陈少白和徐勤起草联合章程。但是徐勤、麦孟华暗中反对，写信给康有为（此时康已赴新加坡）说："卓如渐入行者圈套，非速设法救解不可。"康得信大怒，立派人携款赴日促梁即赴檀香山办理保皇会事。梁在日本起程赴檀时，约中山共商国事，还是说两党一定合作。因檀岛为兴中会发源地，托中山作书介绍同志。中山坦然不疑，便作书介绍于其兄德彰及其他亲友。梁到檀后，拿介绍书去会侨商李昌、郑金、何宽、卓海诸人，很受欢迎；又到茂宜岛去访德彰，德彰更优待他，并且把儿子托他带往日本去读书。梁在檀几个月，渐渐倡议组织保皇党，向各侨商说，名为保皇，实即革命。侨商因为他是中山介绍来的，也就相信他，并且捐集巨款（作后来汉口起事之用）。后来中山得知，作书责梁失信，但已无可如何了，于是檀岛的兴中会员也大半变作保皇会员了。这是保皇会在檀岛侵夺革命地盘的故事。

梁启超在湖南时务学堂时，认识了唐才常、林圭（号述唐）。唐才常又是谭嗣同和毕永年（长沙人）的至友，谭嗣同遇害后，唐才常异常愤恨，想乘机起事。此时毕永年已往日本，得交中山及日人宫崎寅藏、平山周等。毕与湘鄂会党首领很有往来，中山因派平山随毕赴湘，联络会党，出入湘鄂好几次。唐才常因为要与康梁商议起事的计划，也于己亥年往日本去，毕永年便介绍他去见中山，筹划长江各省与闽粤合作起事的办法。林圭在湖南时也与会党头目很有往来，己亥年，也到了日本，在高等大同学校读书。此时在日本的中国留学生通共不过七八十人，但是具有革命思想的约莫也有一小半了，如蔡锷、吴禄贞、秦力山、戢翼翚、黎科、傅慈祥……不必列举。平心而论，毕、林、唐和那些具有革命思想的留学生，这时候对于满清都没有什么顾惜，并且都有点厌恶了，就是梁启超也是一样的。不过厌恶满清的程度有深浅，而梁因康有为的关系，又受了光绪帝的知遇，就不能不站在保皇党的旗帜下面。与梁亲近一点的如唐才常、林圭、秦力山辈，也不便过于与梁立异。毕永年很想把唐才常拉到中山的旗帜下面去，而康梁把唐当作他们的徐敬业。唐左右为难，经毕多方斡旋，始定"殊途同归"之约，于是在己亥冬间，由唐、林率领秦力山等留学生共二十余人回国，在湘鄂长江一带谋大举。由日本出发时，梁启超、戢翼翚等在红叶馆设宴送别，中山和陈少白、平山、宫崎都在座。林圭于启程前，并亲往中山处作别，由中山作书介绍于汉口某俄国商行买办、兴中会员容星桥（后来林圭在汉口很得容的助力）。这便是庚子七月唐才常在汉口谋起事的先声。唐、林等到了上海，便在上海秘密发起一个正气会（后改为自立会），作运动的机关。林圭便往汉口上游招纳会党，散放富有票，毕永年也招纳会党，派往香港、广东方面去。但是唐才常所订正气会章程的序文中有"非我种类，其心必异"的话，又有"君臣之义，如何能废"的话，这本是他周旋两派不得已的办法，不过太自相矛盾了。毕永年因此很不以唐的办法为然，与唐力争，劝他断绝康梁的关系。此时，唐不惟不忍与康梁立异，并且办事的经费全恃康梁在海外接济，实有不能撇去康梁的苦衷，与毕相持，辩论至一昼夜，不得结果，毕大失望。不久，毕所招集派赴香港的会党头目李云彪、杨洪钧、张尧卿、李堃、师襄等，为康有为的金钱所诱，也舍却兴中会而投往唐的旗下。毕受种种刺激，愤而削发为僧（改名释悟玄，初往浙江普陀山，后又改名普航，中山谋起义于惠州时，彼又在香港活动相助，惠州之役失败后，遂入罗浮山化去）。这虽不算是保皇党夺取革命党的固有地盘，颇有两派互争地盘的样子，若就利用会党一点说，是保皇党开初第一回。假使没有百日维新的失败，便没有这回事了。（对于上列各事，可参看冯自由《中华民国开国前革命史》。）

上述三件，都是反动期中发生的事故，后来革命党与立宪党的不相容，在此时期内已暴露着一点形迹出来了。

当唐才常、林圭在长江一带预备举事的时候，中山和兴中会的同志也预备在广东方面起事。到庚子夏初，义和团的事件发生，两方面都认为起事的最好机会，积极进行；广东方面因有闰八月惠州之役，长江方面有七月汉口和大通之役。惠州之役，革命党以寡敌众，很打了几回胜仗，因为外交方面情势中变，中山潜入内地及武器接济的计划不成功，终归失败，牺牲了一位日本同志山田良政，史坚如在广州谋炸粤督德寿（与惠州之役有关），亦失败而死义。长江方面，唐、林在汉口，秦力山在大通，还有安庆、新堤、常德各处的布置，本约定七月十五日各处同时起事（林圭并曾作长函托容星桥转达中山约在广东同起），因康梁汇款不到，再三展期，而大通方面，于七月十三日已被政府察觉，十五日单独举事，自然失败；汉口方面，则以候款之故，延至二十七日，总机关被张之洞破获，唐、林以下同时被逮殉难者共二十人，常德、新堤、安庆各处自然同归消灭。这是利用会党，谋以武力保皇的最初一次，也就是最后一次，此后找不到第二个徐敬业，除了在《新民丛报》上恭维光绪帝几句空话以外，再没有用武力去保皇的机会，也再没有用武力去保皇的勇气了。但是革命党的身价却因此抬高了一级。粤督德寿对于史坚如和惠州之役发布的告示和奏折，虽然在孙文的"文"字上仍旧加上三点水作"汶"，却把孙和康梁并称，什么"无非因康、梁、孙汶各逆从中煽惑"，什么"康、孙各逆勾结土匪"，把广东方面的事也牵到保皇党身上去，对于康梁未免冤屈了一点，但是把"红眼睛绿眉毛"的孙，公然放在"帝师"一列，却承他过于抬举了。中山说："当初次之失败也（指乙未），举国舆论，莫不目予为乱臣贼子，大逆不道。惟庚子失败之后，则鲜闻一般人以恶声相加。"这是实情。因为满清朝廷的罪恶，现在已为多数人所公认。就是唐、林的本意也不是要保皇，不过借旗号罢了。唐、林失败，给予青年知识阶级一种很强烈的刺激，从此借用"保皇"两字作旗号的人，反渐渐地减少了。这可算是由反动产出来的结果。

四　反动与袁世凯的幸运——北洋军阀基础的成立

北洋军阀势力，在最近几十年的中国政治上关系极为重要，是人人知道的；袁世凯是创造北洋军阀势力的人，也是人人知道的。在此次反动期内，袁世凯除掉和李鸿章、张之洞、刘坤一等，尽力维持山东以南沿海的秩序外，彷彿别无重要关系；但是此次反动事变，实在是袁世凯绝大幸运的照临，也就是北洋军阀基础确定的第一步。所以在本章之末，非把袁世凯小站练兵的由来，和在此次反动期中的遭遇，略略叙述一下不可。

袁世凯的第一个知己是吴长庆，第二个知己是李鸿章，第三、四个知己要算是荣禄、李鸿藻。他于光绪六年（一八八〇年）入庆军（淮军之一部）吴长庆幕府；光绪八年（一八八二年），随吴长庆往朝鲜；后来因为在朝鲜干了几件冒险的事，被李鸿章赏识了，于光绪十一年（一八八五年）中日《天津条约》成立后，便保荐他以三品衔的道员，驻扎朝鲜，总理交涉通商事宜。甲午年，在朝鲜惹起中日战争的乱子后，奉召回国，便随直隶臬司周馥办理东征转运事宜。袁在当时本以知兵自诩，他的朋僚也认也是长于兵事的。当军事紧急时，长芦运司胡燏棻劝他特练一军以资策应，他答说："须饷优械精，熟练数月，能操不溃之权，方敢措手，否则决不愿随人奔溃。"但是说说罢了。不久有人奏请速练洋队，就派定胡燏棻会同洋员汉纳根在津招募开办；因为该洋员所拟的办法不能实行，中止，另由胡燏棻招练定武军十营，步队三千人，炮队一千人，马队二百五十人，工程队五百人，共四千七百五十人，参用西法教练。乙未，中日和议既成，袁以浙江温处道留京，充督办军务处差委。军机大臣李鸿藻和荣禄就在此时赏识了他，要他草拟创练新军办法（康梁和他交识邀他赞成强学会即在此时）。于是年十月，由醇王、庆王会同军机大臣奏请变通军制，在天津新建陆军，保荐袁世凯督练，恰好此时胡燏棻派造津芦铁路，定武军须人接统，便奏请由袁就固有的定武军十营，加募马步各队，凑足七千人，依他所拟营制饷章编伍办理，候有成效，逐渐扩充，奉旨照准。同时又请求派道员荫昌挑选八旗精壮子弟附入天津武备学堂（由曾国藩、李鸿章所设立，袁之将属多由此出身），为预备将校之用，与袁督练陆军相依附。定武军本驻离津七十里的新农镇，就是津沽间所称为小站（昔为淮军驻所，且办屯田，淮军散后，成为废垒）的地方。袁受委后，依所拟计划进行，所用将校人员，一部分是宿将，一部分是从前天津武备学堂毕业的学生，如姜桂题、杨荣泰、吴长纯、徐邦杰、段祺瑞、王士珍诸人皆隶麾下；冯国璋、陈光远、王占元、张怀芝、何宗莲、马龙标、雷震春、王英楷、田中玉、孟恩远、陆建章、曹锟、段芝贵等当时都属偏裨；徐世昌也在他幕中，参谋营务。这便是所谓"小站练兵"和"新建陆军"的名词所由来。

戊戌政变时，因为谭嗣同想利用他作光绪帝的心腹，得到一个候补侍郎的地位；因为他不为光绪帝所用，又得了西太后的赏识；但是除于荣禄入京时作了十天（初十至二十）的护督兼北洋大臣和四千两新建陆军赏银以外，却别无所得。十天后，裕禄来作直隶总督，他仍回小站营次。他的新建陆军至此训练已近三年，颇有一点声名；次年己亥三四月间，奉旨开往山东德州、沂州一带操演行军阵法。此时，沂州有义和团闹教案的事情，他曾陈请善为应付，五月回营。十一月，因毓贤在山东纵容"拳匪"，为外人所责难，乃将毓贤调京，命袁署理山东巡抚，到庚子二月，就实授山东巡抚。他往山东时，便将所练的新建陆军（时已改称为"武卫右军"了）都带到山东去。山东原有的勇队尚存三十几营，他把那些勇队挑选裁并，编为二十营，奏请改称"武卫右军先锋队"，以新军人员居中训练；于是他的军队实力又扩充了一点。他运用这些军队把山东境内的义和团一霎时就赶跑了，因此外国人颇赞赏他。等到拳乱最盛时，山东竟安然无事；直省避难人民多往山东跑；"匪军"到了德州地界，便不敢进了；德州与直省接近的人民，至用白垩在壁上大书"山东地界"字样。李鸿章恭维他说："幽蓟云扰，而齐鲁风澄。""袁世凯"三个字从此在中外人士的脑子里面就有了一点印象，他的名望就渐渐地高起来了。这是幸运照临他的一点。庚子五月二十一日，袁曾奉旨调新建陆军入都，这是袁与北洋军阀存亡的一个大关头。西太后的意思，是要他入京帮助义民的；荣禄的意思或者是要他去解散义民，或者是要他去保驾，不甚明了；东南各督抚，也有主张"袁慰帅即由山东提兵由保定进京，以清君侧，护两宫为要义"的；但是袁将所部军队一部分开到直、鲁接境各处，却不前进了。后来颇有人责备他，说他拥兵自重，不肯赴难的。但是我们试看看聂士成和他所领武毅军的末路：一面被"拳匪"攻打，一面被联军攻打，结果聂士成以身殉难，武毅军同归破毁。假使袁果提兵北上，一定是那些义民的大敌；联军到了，恐怕也不认得他罢！他还是打义民呢，还是打联军呢？他和新建陆军的末路，一定是和聂士成与武毅军一样，所以他带兵出抚山东与此次屯兵不进，又是幸运照临他的一点。自咸同以来，兵权寄于各省督抚，直隶总督尤为军权所寄的重心；因为自李鸿章督直兼北洋大臣以来，尽力经营北洋军备，而直省又是皇畿所在，所以直督的地位是各督抚中一个最重要的地位。中日战争，李鸿章受了所谓舆论的攻击，于乙未七月命其入阁办事，以直督授王文韶；到戊戌四月，光绪帝要变法，满洲人是认为于他们不利的，西太后很与他们同意，知道要制服光绪帝和新党，非把北洋军权拿在手里不可，于是把王文韶调京，把直隶总督授予亲信的满人荣禄。政变后，荣禄调入军机，直督一席复以所亲信的裕禄继任。直到拳团闹到不可收拾，裕禄也死于联军，才再把李鸿章请到北京来，又授以直隶总督。假使没有这回的大乱子，不惟李鸿章没有复任直督的希望，恐怕这个位置并非汉人所能企望了。恰当《辛丑和约》的悲剧闭幕时，李鸿章辞世了。李于临逝前一日，口授于式枚草遗疏荐袁世凯继任直督，说"环顾宇内人才无出袁世凯右者"，这是因为在拳乱中，李鸿章看见他的行动与众不同，所以特别赏识了他。西太后得了李的遗疏，想了一想，除掉袁世凯，也找不到第二个人；因为从前对于他，已有相当的信任，现在又只有他所部的军队还可以镇住北方；于是就把直督兼北洋大臣一席，授予他了。这是幸运照临他的又一点。北洋军阀的基础，第一步从此确定。这也可算是由反动产生出来的结果。

第六章　维新运动的再起

一　言论界的骄子梁启超

梁启超是中国近代最重要的一个言论运动家，大概人人都知道的。他在戊戌以前《时务报》时代便已出了名，一般人便以康梁并称。但是戊戌以前的梁启超只能算作康有为的走卒，与徐勤、汪康年、麦孟华辈同在康有为的圈子里过活。他的思想议论纯粹是康的思想议论：康有为假公羊、孟子为护符，他也假公羊、孟子为护符；康有为倡保教尊孔，他也说保教尊孔。所以在戊戌以前，只能算是康有为的时代，梁启超还没有独立的位置。戊戌失败后，康的思想始终没有一点变化，梁在日本一面作报，一面习日文读新书，思想言论渐渐地脱离康的羁绊，要立起异来了；丢了公羊、孟子不讲，而讲卢梭、孟德斯鸠、伯理知理……了；不谈保教尊孔，而"论保教非所以尊孔"。梁在日本所办的报，前后共有三个名目，从戊戌十月到辛丑叫《清议报》，壬寅以后叫《新民丛报》，庚戌以后叫《国风报》。若就他的思想议论在学术上的价值说，自然是后胜于前，但就他在中国政治社会上所发生的影响说，却是在《清议报》和壬寅、癸卯间的《新民丛报》时代。这时代的梁启超，可算是言论界的骄子；报馆虽在日本，影响及于中国的知识阶级却是非常地大。因为自戊戌政变后，国内新生的言论机关受了摧残，己庚之间，上海虽有所谓《亚东时报》、《五洲时报》、《中外大事报》等颇倡新说，但当中国晦盲否塞达于极点的时候，不为人所欢迎，旋兴旋灭；日本留学界在己庚之顷，也有所谓《译书汇报》、《国民报》、《开智录》等的发行，颇能介绍西方政治思想，但亦不能持久；独《清议报》继续至三年余，《新民丛报》的生命更长。这是影响较大的一个原因。其次，梁启超的文章魔力，也不是当时一般言论家所能及，所谓"笔端恒带情感"，最易激动读者的心弦。到辛丑年科举程式改变，废弃八股，改用策论后，一班应考的秀才、童生们骤然失了向来的揣摩工具，《清议报》和《新民丛报》就变了他们的"小题文府"、"三山合稿"了；政府尽管禁止，国内却是畅销无滞；千千万万的"士君子"，从前骂康梁为离经叛道的，至此却不知不觉都受梁的笔锋驱策，作他的学舌鹦鹉了。这是它影响较大的又一原因。再其次，梁在这时代所发的议论，大约都是趋重打破现状的议论；除了对于光绪帝仍旧称"我皇上"、"我圣主"以外，排满、革命、破坏、暗杀都视为救时之良药。（甲辰、乙巳以后，他虽极端反对排满，但在癸卯以前，排满的民族思想常常流露于他的笔端，试通观《饮冰室文集》可知。）我们试看他壬寅年的《新民丛报》中《敬告我同业诸君》一文所言可知，他说：

　　……著书者，规久远明全义者也，报馆者救一时明一义者也。故某以为业报馆者，既认定一目的，则宜以极端之议论出之，虽稍偏稍激焉而不为病。何也？吾偏激于此端，则同时必有人焉偏激于彼端以矫我者，又必有人焉执两端之中以折衷我者，互相倚，互相纠，互相折衷，而真理必出焉。若相率为从容模棱之言，则举国之脑筋皆静，而群治必以沈滞矣。夫人之安于所习而骇于所罕闻性也。故必变其所骇者而使之习焉，然后智力乃可以渐进。某说部尝言有宿逆旅者，夜见一妇人，摘其头置案上而梳掠之，则大惊；走至他所，见数人聚饮者，语其事，述其异，彼数人者则曰，是何足怪？吾侪皆能焉，乃各摘其头置案上以示之，而客遂不惊。此吾所谓变骇为习之说也。不宁惟是，彼始焉骇甲也，吾则示之以倍可骇之乙，则能移其骇甲之心以骇乙，而甲反为习矣。及其骇乙也，吾又示之以倍可骇之丙，则又移其骇乙之心以骇丙，而乙又为习矣。如是相引，以至无穷，所骇者进一级，则所习者亦进一级，驯至举天下非常异义可怪之论，无足以相骇，而人智之程度乃达于极点。……二十年前闻西学而骇者比比然也，及言变法者起，则不骇西学而骇变法矣。十年以前，闻变法而骇者比比然也，及言民权者起，则不骇变法而骇民权矣。一二年前，闻民权而骇者比比然也，及言革命者起，则不骇民权而骇革命矣。今日我国学界之思潮，大抵不骇革命者千而得一焉，骇革命不骇民权者百而得一焉，若骇变法骇西学者殆几绝矣。然则诸君之所以向导国民者可知矣。诸君如欲导民以变法也，则不可不骇之以民权；欲导民以民权也，则不可不骇之以革命；当革命论起，则并民权亦不暇骇，而变法无论矣；若更有可骇之论倍蓰于革命者出焉，则将并革命亦不暇骇，而民权更无论矣。大抵所骇者过两级，然后所习者，乃适得其宜。某以为报馆之所以导国民者不可不操此术……（这种议论，他在甲辰、乙巳以后是断不肯发出来的。）

他的《清议报》和壬寅、癸卯间的《新民丛报》，确实是运用这种策略去作的。他的目的本不过在君主立宪，他的论议却超过了君主立宪的范围。但是一般读者（除了政府当局）却并不"骇"，不惟不"骇"，并且很欢迎。因为经过反动的大苦痛后，有志的知识界都酝酿着打破现状的潜意识在心里，有触即发，遇到那种声情激越的文字，没有不投袂而起的。这是它影响较大的又一原因。总上面所述三因，梁启超在此时期内，便握言论运动界的牛耳。后来严复骂他，说他"于道徒见一偏，而出言甚易"，又说他"主暗杀、主破坏，其笔端又有魔力，足以动人。主暗杀则人因之而偶然暗杀，主破坏则人又群然争为破坏，敢为非常可喜之论，而不知其种祸无穷"，又说他与康有为是亡有清二百六十年社稷的人（见《学衡》所载严几道与熊纯如书）。这种讥评，虽然未免过当，但在戊戌反动以后的五六年间，梁启超确有唤起青年群趋于打破现状的效力，是不可掩的。所以在本章叙述维新运动再起的发端，就首先将这位言论运动界的骄子，略述如前。

二 新势力复活的酝酿

梁启超在《清议报壹百册祝辞》里有几句话说："十九世纪与二十世纪交点之一刹那顷，实中国两异性相搏相射，短兵紧接，面新陈嬗代之时也。"因为拳乱发生于一九〇〇年，是十九世纪的最后一年，也就是中国反动的旧势力发泄到最高度的时候。接着一九〇一年（《辛丑和约》成立）便是新势力复活的时期到了。二十世纪最初的五年间（从《辛丑和约》到日俄战争）可称为中国新势力复活的酝酿时期。此时期与维新运动的初步时期（甲午到戊戌），情势已大不相同。在前期内，因为中日战争把中国的弱点完全暴露，西方帝国主义者的侵略野心就无限制的猖獗起来；但是中国大多数人士还只感觉外人的可恶可恨，对于满清政府还不敢藐视。自经过拳乱的大祸后，帝国主义者对于中国国民颇起了一点戒心，侵略的方法稍稍变了；对于满清朝廷，一面压迫，却又一面加以保持扶植。但是中国的大多数人士，却把恨恶外人的心理完全移到清朝廷身上去了；越感觉外人的可怖，就越感觉满清政府的无能。简言之，就是满清政府的信用至此已扫地无存。这便是此时期与前时期情势不同的所在。所以在此时期内，中国必须变法已绝对不成问题，决没有人反对，不若在戊戌以前，尚有许多怀疑的人。此时期所成为问题的，就是戊戌百日维新变法方式尚可以应付当时的潮流，餍足国人的企望否？我们试把此时期由新势力所发动的各种事端观察一下，便可以答复这个疑问。请分国内与留学界两个方面观察：

一、国内 当唐才常在上海组织正气会时，拳乱方始萌芽，未几，改名为自立会，谋在长江一带起事。及至六月拳乱大作，北方的名士如严复等也避地南下至上海，唐才常便假保国救时的名义，运动在沪各省的维新志士，开会于张园，名之曰"国会"。到会的名流有容闳、严复、章炳麟、宋恕、吴葆初、张通典、荻保元、马相伯、戢元丞、文廷式、沈荩、龙泽厚等，共约数百人，推容闳为会长，严复为副会长，唐才常为总干事。开会的时候，章炳麟当众把辫发剪去，表示对于满清决绝的意思，颇耸动一般人的耳目。其实这种集会，参与的分子很复杂，知道唐、林的秘密的人极少，大多数的会员不过震于"国会"、"民权"等新说，乘兴来会罢了。及至八月，唐才常的自立军在汉口失败，张之洞咨请江督刘坤一查拿"国会"要人，于是与会的名流人人自危，匿居租界，不敢出头，并且有许多人逃往海外出国了，这还是庚子年的事。国内新势力的运动，因此颇受一小挫折。辛丑年一年内，没有什么惹人注目的事端，但由戢元丞在上海创设了一个作新社，从事译著新书，又发行一种《大陆报》月刊，鼓吹革命（秦力山、杨廷栋、杨荫杭等皆属编著人员）。到壬寅年，上海便有所谓中国教育会的创立，发起人为章炳麟、蔡元培、黄宗仰等。恰好在这年，东京留学生与驻日公使蔡钧发生冲突，吴敬恒被逐回国，国内南洋公学也发生学生全体罢学的风潮；于是就由所谓教育会的人士章、蔡、黄及吴敬恒等主持成立了一个爱国学社，南京陆师学堂复有一部分的退学生如章士钊、何震生、穆湘瑶、胡敦复等，也来加入爱国学社的团体。由此，这个爱国学社就成为革命思想在中国的汇集所，张园便成了革命的演说场，《苏报》便成了革命的宣传品。（《苏报》初为日本人所创，后湖南衡山人陈范，以江西知县因教案落职来上海，感激时愤，遂承办是报。陈能随时势而进步，主办是报约四年，是时由章士钊主笔，风行一时。）到癸卯年春间，便有张园反对桂抚王之春的大会（王之春有借法款假法兵平匪乱之议）；四月，便有张园的拒俄大会（俄人要求改订东三省撤兵条约）；闰五月，便有所谓"苏报案"的发生，章炳麟、邹容因此入狱，（癸卯年四五月间，清商约大臣吕海寰受王之春嘱托，函告苏抚恩寿，谓上海租界有所谓热心少年者在张园聚众议事，名为拒法拒俄，实则希图作乱，请即将为首之人密拿严办。苏抚立饬上海道向各国领事照会拿人。各领事业经签名许可，而工部局独不赞成。上海英文《泰晤士报》著论嘉许工部局能主持公道。吕海寰指名逮捕者为蔡元培、吴敬恒、陈范、章炳麟、黄宗仰等。西报对于此事记载甚详，因此被拿者闻之，多向工部局报告姓名、居址，工部局允予特别保护。但至闰五月初，苏抚上海道等称奉清帝谕旨，向租界交涉甚力，遂由租界当局分派中西警探多名，赴爱国学社拘拿章炳麟、吴敬恒、蔡元培等。吴、蔡外出，仅捕拿章炳麟一人；又赴《苏报》馆捕拿陈范。陈亦外去，捕去司账员程吉甫一名。邹容闻讯自往捕房投到。蔡元培走桂林，吴敬恒走伦敦，《苏报》被封，爱国学社亦解散。）被拘三年。当此案在会审公廨审讯时，清政府所延的律师声称："陈范住三马路二十号门牌，登报大逆不道，污蔑今上。闰月初五，登论界说《康有为与觉罗氏之关系》；五月二十三，登《满人九世深仇》；五月初八，登《客民篇》；五月十四，登《读〈革命军〉》，有'男降女不降，生降死不降，老降小不降，总之驱逐满人，匡辅真主'；五月初五，登《章炳麟驳康有为书》，交通外人，能得欢心，可使中外子民轻蔑皇上；五月七日，登'杀人主义即复仇主义，以四万万人杀一人，能不快心'；五月初十，登特别要闻，东京留学生捏造上谕。总之，《苏报》污蔑皇上事多，不胜一一指出。中国政府饬拿章炳麟、邹容，因其大逆不道，谋为不轨。其《革命军》一书，第一章叙'披毛戴角之满洲人，应予杀尽，可比登三十六天堂，升七十二地狱，巍巍哉革命，皇皇哉革命'；第二章有'革命革命，人心不平，戴满人而为君；满人约五万人，目不识丁者系亲王大臣，唱京调者系将军都统'等语。……"观此，我们可以知道所谓《苏报》的内容，并可知道当时国内新党的言论声势。回溯己亥年，上海爱国志士由经元善、蔡元培所领导的爱国活动，尚以光绪帝的存废问题为中心，现在竟至呼清帝为"小丑"，可想见思想变动的程度了。爱国学社解散，《苏报》被封后，蔡元培、吴敬恒等虽皆去国，章士钊、何靡施、张继、卢和生等，又于本年十月在上海组织一个《国民日日报》，声势与《苏报》相同（该报旋因内部发生问题停刊）。从癸卯到甲辰、乙巳的两三年间，上海革命的出版物，如《皇帝魂》，《苏报案纪事》，《国民日日报汇编》，章士钊的《荡虏丛书》，刘光汉的《拟书中国民族志》，陈去病的《秘史》、《陆沈丛书》，苏元瑛的《惨世界》……不下百数十种。革命的思潮，逐渐增高。甲辰年九月，便有黄兴等运用会党马福益谋在长沙发难的事（后再详述）；十月有万福华在上海行刺王之春的事。革命的思潮，渐渐地要随处表现于行动了。上面所述，是二十世纪最初五年间新势力在国内所表现的事端。

二、留学界 这时候中国往海外留学的以日本为中心。在己、庚二年间，留日学生虽有所谓《译书汇编》、《开智录》、《国民报》等的刊物，但是学生尚不满百人。到辛丑、壬寅的二年间，中国留日学生骤增至数千人。辛丑年的春间，广东的留日学生郑贯一、李自重、冯斯栾、王宠惠、冯自由、梁仲猷等，成立了一个广东独立协会，主张广东向清政府宣告独立。留日的粤侨也有加入的，孙中山时居横滨，极力赞助；中山和粤籍留学生发生密切关系从此始（此时汪精卫、胡汉民尚未到日本）。壬寅年，因各省留学生加多，便在东京神田的骏河台组织留学生会馆。开幕的那天，吴禄贞演说，竟把会馆比美国费府的"独立厅"。本年三月，又发起一个"支那亡国二百四十二年纪念会"，发起的宣言由章炳麟所撰，学生报名赴会的数百，拟在上野精养轩举行。驻日公使蔡钧得到此种消息，要求日政府禁止。届时，被日警干涉，赴会的留学生都愤激而散。几个月后，又发生与蔡公使冲突的事，原因是吴慕良、蔡锷想以自费入成城军校，蔡钧不肯咨送；湖北留学生监督钱恂和吴汝纶往为关说，都无效；吴敬恒便与孙揆均率同二十余人强邀吴汝纶同往使署要求，坚持至夜半不肯出署；蔡钧唤日警将他们拉出，于是留学生连日结队往使署争闹，蔡钧便嗾使日政府以妨害治安的罪名，把吴敬恒、孙揆均逮捕，押解返国；因此，留学生痛恨清廷的程度，又加高一层。到癸卯年的元旦，留学生千余人在骏河台会馆举行团拜礼，蔡公使亦到，马君武、刘成禺等演说满人吞灭中国的历史，主张推倒满清，恢复汉族的主权，满座鼓掌。清宗室长福起而驳辩，被大众呵斥，不能成词；蔡公使亦敢怒而不敢言，仅以开除刘成禺的学籍泄愤。到本年四月，因俄人强占东三省，留学界便发起一个拒俄义勇队，旋改称军国民教育会，举蓝天蔚为队长，报名者达千人，每日操演不懈，后被日政府禁止；众推钮永建、杨标二人回国，往说直督袁世凯请出兵拒俄，留学生愿作前锋，袁拒而不见，反有不利于二人的风说，留学界越加愤恨。到本年冬间，便有革命军事学校的秘密组织，因为当时只有政府派送的官费生可入军校，凡有革命嫌疑的，都得不到入军校的机会。孙中山有一位日本朋友日野少佐，是一个军事家，恰好此时中山由安南返日，留学界有革命思想的人，共往就商学习军事的问题，便由中山商请日野主持，在东京青山附近秘密组织军事学校，开校约及五月，因故解散。从癸卯到甲辰、乙巳的两三年间，日本留学界的革命书报，如《湖北学生界》、《汉声》、《江苏》、《浙江潮》、《游学译编》、《新湖南》、《猛回头》、《警世钟》、《国民必读》、《最近政见之评决》、《汉帜》、《太平天国战史》、《二十世纪之支那》……好比雨后的春笋，陆续涌出。黄兴、杨笃生、陈天华等所组织的华兴会，也是甲辰年春间在日本成立的。至于欧洲留学界，据吴敬恒说："戊戌以前甚少，因北洋水师学堂学生三十人皆派于光绪初年，欧洲再有留学生，自一九〇二年（壬寅）始，恒于一九〇三年至英，英止有南洋公学学生数人，闻法、比、德皆有湖北派往之学生。"但此时欧洲留学生虽少，革命的思潮也已经发生。中山说："乙巳春间，予重至欧洲，则其地之留学生已多数赞成革命，盖彼辈皆新从内地或日本来欧，近一二年已深受革命思潮之陶冶。……"汤芗铭在巴黎割中山的皮包，偷取革命党名册，向驻法公使孙宝琦自首的故事，就在此时发生。上面所述，是二十世纪最初五年间新势力在海外留学界表现的形态。

总括上面两段所记的情事，我们可以答说：戊戌百日维新的变法方式决不可以应付此时的潮流，满足国人的企望了。但是清政府在此时代内的设施却何如呢？

三　清政府遮羞的变法及主持的人物

有位扈从西太后和光绪帝出走的某官，后来向人说："西后自出险后，恒语侍臣云：'吾不意，乃为帝笑。'至太原，帝稍发舒，一日召载漪、刚毅痛呵，欲正其罪；西后云：'我先发，敌将更要其重者。'帝曰：'论国法，彼罪不赦，乌论敌如何！'漪等颡亟稽。时王文韶同入，西太后曰：'王文韶老臣，更事久，且帝所信，尔谓如何？'文韶知旨，婉解之。……"这段故事可见西太后当时，就是对于光绪帝，也现出一种羞愧不能掩盖的样子，何况对于国人、对于外国人。因此在出走的途中便下诏罪己，下诏求直言；在庚子年的十二月，便在西安下诏变法；到辛丑年三月，又命设立"督办政务处"，为筹办新政的机关，彷彿真是要变法了。外国人听到这种消息，说这是以巨额的代价增加了一层见识，然其实在西太后，与其说是增加了若干见识因而变法，还不如说是她的老面孔羞愧得无以对人，故假变法的各种诏旨来遮一遮羞。那个新设的督办政务处不过是军机处的骈枝机关，并无什么新政可办。试把辛丑以来五年间所谓新政，分别列举如下：

一、裁汰各衙门胥吏差役（辛丑四月）。

二、停止捐纳实官（辛丑七月）。

三、归并詹事府于翰林院，复命裁撤河东河道总督缺（壬寅正月）。

四、裁撤云南、湖北两省巡抚缺（甲辰十一月）。

五、裁撤广东巡抚缺（乙巳六月）。

上列各项是五年间除旧的新政。

六、设立督办政务处（辛丑三月）。

七、改总理各国事务衙门为外务部（辛丑六月，从列强的要求而改的）。

八、设立商部，将路矿总局裁并（癸卯七月）。

九、设立练兵处（癸卯十一月）。

十、设立巡警部（乙巳九月）。

十一、设立学部（乙巳十一月）。

上列各项是五年间新设的机关。

十二、命各省绿营防勇，限于本年内裁去十分之二三（辛丑七月）。

十三、命各省筹设武备学堂（辛丑七月）。

十四、复命将各省原有各营严行裁汰，精选若干营，分为常备、巡警等军（辛丑七月）。

十五、命铁良会同袁世凯办理京旗练兵事宜（癸卯五月）。

十六、设立练兵处命奕劻等管理（癸卯十一月）。

十七、在河间举行秋操，命袁世凯、铁良为阅兵大臣（乙巳九月）。

上列各项是五年间关于军事的新政。

十八、复开经济特科（辛丑四月）。

十九、命整顿翰林院，课编检以上各官以政治之学（辛丑四月）。

二十、命出使大臣访察游学生咨送回华听候录用（辛丑五月）。

二一、命自明年为始，乡会试等均试策论，不准用八股文程式，并停止武生童及武科乡会试（辛丑七月）。

二二、复命各省所有书院于省城改设大学堂，各府及直隶州改设中学堂，各县改设小学堂（辛丑八月）。

二三、命各省选派学生出洋肄业（辛丑八月）。

二四、定学堂选举鼓励章程，凡由学堂毕业考取合格者，给予贡生、举人、进士等名称（辛丑十月）。

二五、复命各省选择学生派往西洋各国讲求专门学业（壬寅九月）。

二六、命自明年会试为始，凡授职修撰、编修及改庶吉士用部属中书者，皆令入京师大学堂分门肄业（壬寅十一月）。

二七、颁布学堂章程（癸卯十一月）。

二八、考试出洋归国学生，自是每岁考试留学以为常（乙巳六月）。

二九、停止乡会试及各省岁科考试（乙巳七月）。

上列各项是五年间关于学校选举的新政。

三十、准满汉通婚。

上面所列举的共计三十事，比较戊戌百日维新所举的条目，彷佛很多了，但是实际并没有超出百日维新的范围，不过把百日的时间延长到五年，或把戊戌的一件命令分作几次颁下罢了（例如戊戌的裁汰冗官令）。其有超出戊戌维新的范围的，都是百日以内想作而尚未作的。关于军政的事项，并且是在甲午以前已经李鸿章办过了的。五年以内所行的新政，实际不过"废科举，设学校，派游学"九个字；在国民观感上稍稍发生一点实际的影响的，也不过是这九个字。（但是辛、壬二年间，日本骤增的数千中国留学生，由政府派出的不过十分之二三。）关于准满汉通婚的一项，戊戌年康有为曾经极力主张，不能实行，现在公然准行，算是满清当局极开通的表示；但是表示太迟了，现在已不能发生丝毫的效力了。并且一面表示融和满汉，一面更处处防备汉人，稍微重要的机关，不是把满人压在汉人头上，便是满汉对立；例如那个新设的督办政务处六大臣，依然是满三汉三；（奕劻、李鸿章、荣禄、昆冈、王文韶、鹿传霖。实权操于荣禄。刘坤一、张之洞以督抚遥为参预，有名无实。李鸿章去世后，以袁世凯补授直督，亦参预政务处。）新改的外务部，用奕劻作总理，站在汉人的会办大臣上面；新设的练兵处，也用奕劻管理；京旗练兵事宜用铁良会同袁世凯办理，阅兵也用袁、铁会办；就是一个京师大学堂，都要用荣庆会同张百熙管理。防制汉人如此的严密，那种准许满汉通婚的命令，安能发生融和满汉的效力呢？

就这时期当局的人物观察，反动派的首领刚毅在扈从出走的当中悲愤死了，端王载漪依列强的命令处罚充军去了；政府的中枢势力，就全在奕劻和荣禄手中。奕劻留京，与李鸿章办理议和事务，荣禄从驾在西安，故荣禄的势力尤重；最初所下的遮羞变法诏旨和设立督办政务处的办法，都是由荣禄所主持的。督抚中的重要人物，要算李鸿章、袁世凯、张之洞、刘坤一四人。但李鸿章北上以后，围困在外交问题的难关中，于其他变法的计画，无暇筹及，及至和约略成便辞世了。最初实际变法的动议，是出于刘坤一和张之洞的三折（即当时所谓"江楚会奏变法三折"），所以在辛丑八月特颁的懿旨，有所谓"责成中外臣工，将应行变通兴革诸事，力任其难，破除积习，以期补救时艰，并将刘坤一、张之洞会奏整顿中法以行西法各条，随时摘要举办"的话。原来五年间的新政，办到"废科举，设学校，派游学"九个字的实际，还是依照刘、张会奏所提出"整顿中法以行西法"的纲领而来的。及至李鸿章辞世，袁世凯继任直督，刘坤一亦于壬寅年九月辞世，督抚中便以袁世凯、张之洞二人为柱石。荣禄于癸卯年三月去世，亲贵中便以奕劻为柱石。袁世凯从前结托荣禄，以邀西太后的眷顾；荣禄死后，便极力结托奕劻以图西太后的信任，他又居在密迩畿辅的直督的地位，于是奕劻、袁世凯便成了当时的内外两大柱石，而张之洞尚不能及。奕劻依违恋权同于荣禄，能力、知识尚不及荣禄，而贪污则过之；张之洞比较袁世凯多一点故纸堆中的知识，能力、手腕却不如袁，但他迎合取巧的心理也不让于袁，不过地位不若袁的重要，又带几分书呆子见识；以论操纵当时时局，袁世凯要算是最重要的人物，可惜他还是读书太少，所模拟的唯一人物还不过是李鸿章，而个人的人格修养又不及。这五年间的新政办到前面所举九个字的实际，他固与有赞助之力（科举的废止，最后是由袁世凯与张之洞的会奏而实行的），但他所最注意的事项还是筹款练兵，与李鸿章在北洋大臣任内所注重的无异。前面所举关于军事的新政，要算是他的成绩了。北洋军阀的基础势力在此五年内又增加了不少。但是满人对于他的疑忌，渐渐见端了，铁良渐渐地要露头角了。

四　日俄战争与立宪的动机

在清政府从容的变法期间，帝国主义者的进攻是不若他们那么从容的；他们方在从容不迫的"整顿中法以行西法"，帝国主义者要借中国领土东北的一隅作战场了；震动一时的日俄战争，适于此时期之末（一九〇四年至一九〇五年）发生。日俄战争第一个远因即由于甲午中日战争，第二个远因即由于庚子的拳乱之役；中日《马关条约》本已将辽东半岛割让于日本了，因李鸿章利用俄国协同德法压迫日本退还，日本已蓄报复之意；及至拳乱当中，俄国乘隙出兵占领东三省，有不肯退出的意思，并且想进图朝鲜，日本便积极准备作战。到一九〇四年二月，日俄间即以关于东三省及朝鲜问题的谈判破裂，正式宣战。战争的期间延长至一年零四个月，日军节节胜利；到一九〇五年五月底，俄国波罗的海海军舰队也全军覆没了，于是这个震动一时的大战争方告终结。这次战争，关于东西黄白两人种的屈伸自然有很大的影响；就是在政治主义上也使人对于立宪自由，增加一层新信仰。日本的立宪政治，虽然还不曾得到真正民权自由，但是它施行钦定宪法没有多年，便以区区三岛打败一个庞大专制的中国，再过十年，又打败一个庞大专任的俄国；于是大家相信"立宪"两字，是确有强国的效力了；彷彿一纸宪法便可抵百万雄兵，中日与日俄的两次战争便是最明白的证据。在戊戌以前还有人说：

> 今人动言日本变法，骤致富强，不知日本幸遇我惜兵爱民之中国耳。向使以区区三岛，抗行于穷兵黩武之俄法间，吾知成败之数且有不可逆睹者矣。又使中国虽败，而陆战持久终不言和，则胜败兵家之常，亦不知鹿死谁手矣。（见《郎园书札》）

意思是说："日本战胜中国，不是因变法战胜的，假若它和俄国或法国战也能取胜，我就相信变法的效力了。"现在公然战胜俄国了，于是反对变法立宪的人也没得话说了。俄国的人民也暴动起来了，俄国的政府也有立宪的表示了，中国还可独居为专制国么？当日俄和议尚未成立的时候，江苏的新党名士张謇便作书去怂恿袁世凯，要他主张立宪，书中说：

> ……公今揽天下重兵，肩天下重任，宜与国家有死生休

戚之谊。顾亦知国家之危，非夫甲午庚子所得比方乎？不变政体，枝枝节节之补救无益也。不及此日俄全局未定之先，求变政体而为揖让救焚之迂图无及也。……日俄之胜负，立宪专制之胜负也。今全球完全专制之国谁乎？一专制当众立宪尚可幸乎？……日本伊藤板垣诸人，共成宪法，巍然成尊主庇民之大绩，特命好耳。论公之才，岂必在彼诸人之下，即下走自问志气，亦必不在诸人下也。……

袁世凯对于张謇的话，颇有感动。孙宝琦在驻法公使任内，也以立宪的意思向政府奏请。国内南部的老新党名士，大部分都受了梁启超的言论影响，此倡彼和，于是二三疆吏也相率建议立宪；中枢诸亲贵，也知道立宪两字是无可反对的了。西太后紧紧地揑着政权在手，就是对于自己的儿子、侄子，正正堂堂坐在皇位上的，尚不肯分让一点实权给他，何况对于人民呢！于是用"今兹未能，请轻之，月攘一鸡"的方法来延搪，说：你们说立宪真可以强国么！好，我就派人往立宪各国去考察一考察看。所以在一九〇五年的六七月，便有派载泽、戴鸿慈、徐世昌、端方、绍英五大臣出洋考察政治的谕旨。这是表示要立宪的意思。但是政府表示要立宪，一部分的国民却不愿意接受他们的宪法了；不惟不愿意接受，并且还要反对。那出洋考察宪政的五大臣在北京正阳门车站，便被吴樾的炸弹吓退两个（徐世昌、绍英遇炸后，不果行，后改派尚其亨、李盛铎）。吴樾的炸弹，便是国民不承认满清伪立宪的表证。

第七章　革命与立宪的对抗运动（上）

从乙巳年的秋间到辛亥的秋间（一九〇五——一九一一年）共约六年，可称为革命与立宪的对抗运动时期。在此时期的当中，戊申年（一九〇八年）冬初，西太后和光绪帝同时去世，清廷政治的重心完全集于皇族，去满清颠覆之期已不远了。为叙述的便利计，即以宣统嗣位为关键，分为上、下两章。上章述至戊申年冬初止，以后归入下章。

一　中国同盟会的成立

前章所说吴樾用炸弹暗杀出洋的五大臣，是吴樾个人的行动，并非革命党有组织的行动。在光绪乙巳年（一九〇五年）以前，国内外所发见各种反政府的事端都是局部的、散漫的，没有统一团结的中心组织。正当清政府派遣五臣出洋考察宪政时，中国同盟会即于日本东京成立。从此反政府的革命势力，有了一个统一团结的中心组织；孙中山的革命地盘基础，扩张到国内外青年知识阶级上面，不专靠华侨和会党，而中山被公认为全国革命的领导人物了。所以中山自己说：

> ……自革命同盟会成立，予之希望，则为之开一新纪元。盖前此虽身当百难之冲，为举世所非笑唾骂，一败再败，而犹冒险猛进者，仍未敢望革命事业，能及吾身而成也。……及乙巳之秋，集合全国之英俊，而成立革命同盟会于东京之日，吾始信革命大业，可及身而成矣。于是乃敢立定中华民国之名称，而公布于党员，使之各回本省，鼓吹革命主义，而传布中华民国之思想焉。……

可见一九○五年的秋间，是清政府预备立宪的萌芽时期，也就是中国国民预备革命的基础确立时期。同盟会的成立，算是新中国产生的一个重要关键，非在此处将它成立的经过与主义叙述一下不可。

一、同盟会成立的经过 从甲午创立兴中会到乙巳同盟会成立，时间上整整经过十年。参看前几章所述，知道在此十年间的前半期，革命势力及于知识阶级很薄弱；及到后半期，革命思想渐渐地在国内和留学界酝酿得将成熟了，中山和留学界中有志人物次第发生关系了。从辛丑到癸卯（一九○一——一九○三年），中山留居日本横滨，中国留日学生除广东独立协会的人士以外，如钮永建、吴禄贞、程家柽、刘成禺等时往横滨，与中山谈论革命，但是也没有什么组织。癸卯年，中山到安南；甲辰，又由安南回日本，预备再往美欧，得晤廖仲恺夫妇及马君武等，表示赞成革命，中山托其在东京物色有志学生，结为团体；乙巳年春间，中山到了欧洲了。此时中国留欧学生以湖北人为最多，在德有朱和中、王科发等，在比有贺之才、魏宸组、胡秉柯、史青等，在法有唐豸、汤芗铭等。贺之才等前由上海赴比时，遇着刘成禺由日本回沪，取游美护照，便以中山将由美赴欧告知他们，并为贺、魏、胡、史四人作一介绍书，要他们去会中山。贺等到比时，将刘成禺的介绍书邮寄伦敦英人摩根家转达中山，中山尚未离美，数月后方得中山回信，说正想来比，苦无川资。贺等即约在欧同学凑集几千法郎电汇美国，可见当时留欧学生仰慕革命英雄的心理。中山得款，即赴比京，与贺、魏、胡、史及朱和中（时由贺等约来比京）等谈论进行的方法。朱和中主张运动新军，并述吴禄贞等已向鄂省运动，颇有成绩；中山则谓须以改良会党为入手方法。经数次谈论之后，彼此意见渐接近，认为有双管齐下的必要。贺等又介绍同学十余人与中山相见，中山因提议组织革命团体，众皆赞同，惟魏宸组对于当天宣誓一层略有辩难，中山多方解释，认宣誓手续为非常重要，后来大众也无异议，便以次亲书誓词如下：

> 具愿书人○○○，当天发誓，驱逐鞑虏，恢复中华，创立民国，平均地权，矢信矢忠，有始有卒，倘有食言，任众处罚。

> 天运　　年　月　日　　○○○押（指印）

> 主盟 孙文

誓毕，中山与到会各人以次握手，向他们道喜说："各位已不是清朝人了。"同时中山也写一张同样的誓词，交他们保存。此即中山所谓开第一会于比京的经过。接着中山和朱和中赴德国，由朱介绍王科发、周泽春等若干人加入；由德返英，仅孙鸿哲一人加入（吴敬恒此时已在伦敦与中山晤面，但尚未加入团体，吴的正式加入在此年冬间）；再由英赴法，加入唐豸、汤芗铭等若干人。于是比、德、英、法，都有中国革命团体的人员了；但团体的名义尚未确定，通称为"革命党"三字（到本年冬间，得东京同盟会本部来函，谓已确定会名为中国同盟会，在欧各团体始一律通用同盟会名义）。这便是同盟会在欧洲成立的先声。本年七月内，中山又回到日本东京了。此时留日学生的革命思潮比较有增高了一点，而湖南人尤极活动。因为湖南人在甲辰春间，已由黄兴、杨笃生等组织了一个革命团体，名曰华兴会，接着便回湖南谋发难（前章已略说及），事虽未成，颇惊动一时的耳目。华兴会是同盟会构成的一个重要部分，黄兴又是同盟会期内一个重要革命实行者，请将他和华兴会活动的情形略述如次：

黄兴初名黄轸，号庆午，或书近午，后改名兴，别号克强，湖南善化县人，湖北两湖书院高才生，且曾为梁鼎芬所赏识。但黄很仰慕谭嗣同、唐才常之为人。以官费赴日，入宏文学校习速成师范；癸卯的拒俄义勇队，黄为发起人之一。甲辰春间，便与同乡杨笃生、刘揆一等发起组织华兴会，湘籍留学生大多数加入。他们革命运动的方法，一面向国内的学界鼓吹，一面取法唐才常、林圭联络会党。因为刘揆一曾与哥老会头目马福益有关系，便与刘等回国；黄兴则邀张继等同充长沙明德学校教员（黄并曾邀吴禄贞至湘任体操教员），又在长沙小吴门设立东文讲习所，作运动的机关；刘揆一任运动会党的责任；杨笃生则驻上海，策应一切。国内外学界加入的渐次增至四五百人；因为联络秘密会党不便，又别立同仇会，专为联络会党机关；哥老会员加入的近十万人，声势在庚子唐才常一役之上。他们预定趁甲辰九月西太后万寿节日，分长沙、岳州、常德、衡州、宝庆五路起事。宋教仁本为湖北文普通学堂的学生，也在此时已随黄兴等回湘活动，担任常德方面发难的任务（因宋为常德桃源人）。不料在万寿节的十日前，事机便泄露了。湘抚严密查拿，黄兴以圣公会牧师黄吉庭及曹亚伯卫护出险，逃往上海。宋教仁因故往长沙，闻变，也逃往上海。宋到上海时，黄兴又与陈天华、张继、章士钊等十余人，因万福华枪击王之春案的嫌疑，被拘入捕房；宋即赴日，黄、陈等因得龙璋、袁海观（皆湘人）的营救释出，也避往日本。于是黄、宋等在留日学界特别露头角，组织一种杂志，名曰《二十世纪之支那》。中山的日本同志宫崎寅藏，已与黄、宋等有所接洽，向黄、宋等称道中山，说他"志趣清洁，心地光明，现今东西洋殆无其人"。七月二十四日，中山到了日本，即由程家柽约定宋教仁与中山相晤于二十世纪之支那社，谈论组织革命党的问题。七月三十日，便在赤板区桧町黑龙会所成立同盟会；八月二十日发布会章，开正式成立会，推举孙中山为总理，黄兴主持庶务，陈天华任书记，宋教仁、程家柽等任交际，谢良牧任会计，郑家彦为执法部长，汪精卫、冯自由等为议员，曹亚伯、胡毅生等为各省主盟员。加盟的人，除甘肃一省外，余十七省人皆有。中国同盟会于是正式成立。

中国同盟会成立情形，宋教仁的日记所载最为可信，附录数节如次，以备参证：

> 七月二十八日正午，接程润生（即程家柽）来信，称孙逸仙约余今日下午至"二十世纪之支那社"晤面，务必践约。未初，余遂至该社，孙逸仙与宫崎滔天（即宫崎寅藏）已先在。余既见面，逸仙问此间同志多少如何。时陈君星台（即陈天

华）亦在座，余未及答，星台乃将去岁湖南风潮事稍谈一二，及办事之方法，讫，逸仙乃纵谈现今大势，及革命方法，大概不外联络人才一义。谓："中国现在，不必忧各国之瓜分，但忧自己之内讧。此一省欲起事彼一省亦欲起事，不相联络，各自号召，终必成秦末二十余国之争，元末朱、陈、张、明之乱，此时各国乘而干涉之，则中国必亡无疑矣。故现今之主义，总以互相联络为要。……"

二十九日……邀陈星台至黄庆午寓，商议对于孙逸仙问题。先是孙逸仙已晤庆午，欲联络湖南团体中人（按即指华兴会），庆午已应之，而同人中有不欲者，故约予今日集议。

三十日未初，至赤坂区桧町黑龙会，走孙逸仙会也。既至，则已开会，到者七十余人。孙逸仙先演说革命之理由及革命之形势与革命之方法，约一时许。黄庆午乃宣告今日开会，原所以结会，即请各人签名。乃皆签名于一纸，讫，孙逸仙复布告开会宗旨，讫，复由各人自书誓词，传受手号，卒乃举起草员，规定章程，举得黄庆午等八人，讫，乃闭会。（按此为同盟会成立第一日情形，仅七十余人。）

八月十三日午初，至富士见楼，经理开会一切事宜（欢迎孙中山之会），毕，午正至樱町，孙逸仙已至，遂嘱其早至会场。余遂复至富士见楼。未初，孙逸仙至，遂开会。先由余述欢迎词，众皆拍掌大喝采。次乃请孙逸仙演说。时，到者已六七百人，而后来者犹络绎不绝。门外拥挤不通，警吏命闭门，诸人在外不得入，喧哗甚。余乃出，攀援至门额上，细述人众原由，又开门听其进，遂罢。申正，孙君演说毕，又请来宾宫崎滔天及毕永节二君演说，至酉初始散。……（此为留学界欢迎中山情形。）

二十日……是日为□□□□会成立开会发布章程之期。会场在赤坂区灵南坂本金弥邸。午后一时，余到会。时到者约百人。二时，开会，黄庆午宣读章程共三十条。读时，会员有不然者，间有所增损。读讫，乃公举总理及职员、议员。众皆举得□□□为总理，举得□□□等八人为司法部职员，举得□□□等二十人为议员。其执行部职员，则由总理指任，当即指定□□□等八人为之，讫，总理复传授□□。末乃由黄庆午提议，谓："二十世纪之支那杂志社同人，半皆已入本会，今该社社员愿将此杂志提入本会，作为机关报何如？"众皆拍掌赞成。议决，俟下次再议办法。会事既毕，乃大呼万岁而散……（此为同盟会正式成立情形，当时该会尚为秘密性质，故宋教仁的日记于会员及各职员姓名，皆作空白的□，恐有漏泄的原故。）

二、同盟会的主义　同盟会的主义，自然是中山的三民主义。但中山三民主义的胚胎已在同盟会成立之前。当中山组织兴中会时，他的脑识中还只有民族、民权的两个观念；从丙申到戊戌年（一八九六——一八九八年），他在欧洲住了两三年，思想就起了变化了；他说："伦敦脱险后，则暂留欧洲，以实行考察其政治风俗，并结交其朝野贤豪。两年之中，所见所闻，特多心得：始知徒致国家富强，民权发达，如欧洲列强者，犹未能登斯民于极乐之乡也。是以欧洲志士，犹有社会革命之运动也。予欲为一劳永逸之计，乃采取民生主义。以与民族、民权问题同时解决。此三民主义之主张所由完成也。"可见三民主义的胚胎实在丙申到戊戌的两三年间。但上面所记是中山后来回忆的话，实际上不过在这两三年间，中山的脑海里面已构成了这么一种观念，似尚未曾向人发表出来。到一九○五年，在欧洲的比京举行第一次结党式，才在誓词上揭出"驱除鞑虏，恢复中华，创立民国，平均地权"十六个字来。这十六个字，便是三民主义最初表现的雏形。及至在东京正式成立同盟会时，所采的誓词与前次在欧洲所采用的完全无异。当讨论会名及誓词时，有主张用"对满同盟会"的；中山说："革命的宗旨不专在排满，当与废除专制、创造共和并行不悖。"始采用"中国同盟会"。次提议以上记十六字为誓词，又有数人对于"平均地权"四字不赞成，要求取消，后经中山加以详细的辩难解释，始由大多数通过。可见同盟会的会员，在该会最初成立时，更有许多人是专为狭义的民族主义——排满主义——而来入会的，对于民权、民生两主义，尚未能有确实的信仰。这便是满清皇位所以容易颠覆的原因，也便是同盟会组织不健全的原因。

同盟会成立后，中山在本会的机关报《民报》第一期上面，揭布一篇发刊词，中间一大段附录如下：

……予维欧美之进化，凡以三大主义，曰民族，曰民权，曰民生。罗马之亡，民族主义兴，而欧洲各国以独立。洎自帝其国，威行专制，在下者不堪其苦，则民权主义起；十八世纪之末十九世纪之初，专制仆而立宪政体殖焉。世界开化，人智益蒸，物质发舒，百年锐于千载，经济问题，继政治问题之后，则民生主义跃跃然动；二十世纪，不得不为民生主义之擅场时代也。是三大主义，皆基本于民，递嬗变易，而欧洲之人种胥治化焉。其他施维于小己大群之间，而成为故说者，皆此三者之充满发辉而旁及者耳。今者中国以千年专制之毒而不解，异种残之，外邦逼之，民族主义、民权主义殆不可以须臾缓。而民生主义，欧美所虑积重难返者，中国独受病未深而去之易。是故或于人为既往之成绩，或于我为方来之大患，要为缮吾群所有事，则不可不并时而弛张之。嗟夫！所涉卑者，其所视不远；游五都之市，见美服而求之，忘其身之未称也；又但以当前者为至美。近时志士，舌敝唇枯，惟企强中国以比欧美；然而欧美强矣，其民实困。观大同盟罢工与无政府党、社会党之日炽，社会革命，其将不远。吾国纵能媲迹欧美，犹不能免于第二次之革命，而况追逐于人已然之末轨者终无成耶。夫欧美社会之祸，伏之数十年，及今而后发见之，又不能使之遽去；吾国治民生主义者发达最先，观其祸害于未萌，诚可举政治革命、社会革命，毕其功于一役，还视欧美，彼且瞠乎后也。……

这是中山以文字发表三民主义最初的一次。后在《民报》的周年纪念会，中山对于三民主义又有一篇很长的演说（兹不备录）；《民报》的作者对于民生问题也有讨论。但是一般同盟会员的心理，大多数还是只注重在民族、民权的两问题上——尤其是民族问题。这是观感不同的原故。

二 革命论与立宪论的激战

同盟会正式成立的那天，本已决定接收《二十世纪之支那》为该党机关报，八月二十七日商妥移交。不料到第二天，因该杂志揭载《日本政客之经营中国谈》一文，触怒日本政府，被日本政府禁止发行，将所印就的杂志全行没收，并派警吏向该社追求办事的人员。九月中，经党内干部数次会议，决定不用《二十世纪之支那》的原名，改用《民报》两字，表示与前者无关；并且因为将在日本发行的原故，此后务求避去排外的言论，以免招日人的嫌忌。到十月二十一日，《民报》第一号出版了。

革命党在兴中会时代，已在香港创办了一个《中国报》(从己亥到癸卯)，与保皇党的《岭海报》(在广州)、《商报》(在香港)对抗；在檀香山创办了一个《民生日报》(创于甲辰年)，与该地保皇党的《新中国报》对抗；在旧金山创办了一个《大同振》(创于甲辰年)，与该地保皇党的《文兴报》对抗：这都是在同盟会成立以前，已开革命党与立宪党笔战的端绪。但这些笔战，及于内地青年知识阶级的影响还是很薄弱(除《中国报》在广东附近对广东方面有些影响外，余则对于内地很少影响)。及同盟会发行《民报》，与梁启超的《新民丛报》对抗，从此革命论与立宪论的战争，日趋激烈。梁启超遇着不能克复的敌人，他在言论界所占"独执牛耳"的地位，渐被革命党推翻了。

《民报》先后主纂的重要人员为汪精卫、陈天华(即著《中国革命史论》的思黄，时或署名过庭)、胡汉民、章炳麟等。陈天华于该报出版后不到一月，因日本文部省颁布取缔留学生规则，留学生尚多不知自检，愤激投海而死。章炳麟于《民报》出版时，尚在沪狱，到丙午年六月底拘狱期满，才由同盟会派员迎赴东京，主持《民报》编纂事务，在第六号的《民报》上才有署名太炎的文字。

太炎在当时的社会中，无论新旧方面，都早已著名。（章为俞曲园弟子，丙申年曾为《时务报》编纂员，此时章尝叩梁启超以康有为之宗旨，梁以变法维新及创立孔教对。章谓变法维新为当世之急务，惟尊孔设教，有煽动教祸之虞，不能轻于附和。戊戌春间，以夏曾佑、钱恂之推荐，被张之洞聘入幕府。张之洞著《劝学篇》方脱稿，上篇教忠，下篇论工艺等事，以示章，章于上篇不置一词，谓下篇尚合时势，张不悦。时梁鼎芬为两湖书院山长，一日询章："闻康祖诒欲作皇帝，信否？"章答谓："只闻康欲作教主，未闻欲作皇帝；其实人有帝王思想，本不足异，惟欲作教主，则未免想入非非。"梁大骇，因语张之洞，谓章某心术不正，乃使人讽其离鄂。这便是章太炎与旧社会关系的历史。）汪精卫、胡汉民两人，被国内多数青年知识界的认识，即自《民报》的发行始。精卫在《民报》第一号第一篇《民族的国民》文内，便向梁启超宣战，从此双方的阵容旗鼓一天一天的严厉，每期的《民报》与《新民丛报》都有对敌的长篇文字。《民报》出版至第二十四号，日本政府受了清政府的运动，把它封禁了。汪精卫于宣统元年，以法国巴黎濮侣街四号为总发行所的名义，继续出版，其实仍在日本印刷，但仅出两期而止。梁启超的《新民丛报》后来也停了版，于庚戌年又改出《国风报》，但革命党早已入于实行时期，言论上的战斗，反在休止的状态中。

《民报》与《新民丛报》激战的论点，自然是包括民族、民权、民生所谓"三民主义"的全部，但使当时一般读者最感觉兴味的，还是在关于民族、民权两问题的文字。两报内容的全部，现在还可于各种文集中探得其一二例如下表：

《民报》的篇目	《新民丛报》的篇目
《民族的国民》	《开明专制论》
《驳〈新民丛报〉最近之非革命论》	《申论种族革命与政治革命之得失》
《希望满清立宪者盍听诸》	《驳某报之土地国有论》
《驳革命可以召瓜分说》	《中国不亡论》
《驳革命可以召内乱说》	《暴动与外国干涉》
《杂驳〈新民丛报〉》	《杂答某报》
《辨满人非中国之臣民》	《答某报第四号对于本报之驳论》
《斥为满洲辩护者之无耻》	……
《告非难民生主义者》	
……	

上表所列，都是两报针锋相对的论文，其他尚有许多重要篇目不必尽举。至于两方面理论的价值如何，现在无庸评判；读者若欲参详，可取两方面的文字对看。但就当时多数青年的心理言，《民报》的势力确是在《新民丛报》之上，所以发生如此的效果，大概不外下列几个原因：

一、就文字上说：梁启超的笔端固然"常带感情"，对方汪精卫的笔端却也常为感情所充满；梁若拉出甚么"西儒"，甚么法理学家、政治学家来作护符，汪也可以拉出同等的护符来；梁若要掉中国书袋，章炳麟的中国书袋比他的还要充实而有光辉。这是在文字上的势力两方可以相角。

二、就青年的心理说：大概青年是喜欢极端新的，喜欢突破现状，反对保守的。《民报》议论在当时恰与此种心理相合，《新民丛报》到了乙巳以后，则与此相反。

三、就两方的议论思想上说：《民报》固守三民主义，前后颇能一贯；《新民丛报》则以前鼓吹破坏，现在反对破坏，因时代而改观。在梁启超以为"报馆所以指导国民者应操此术"，但读者却认这是反复无常，前后矛盾，纵有价值，也不知他的真价值到底在前后的那一端，因此便减少了读者的信仰。所以有人评论他的思想议论，说它"譬如玻璃碎片，积叠成堆，其色或红或白，不能断定其全体为某种颜色；其形或方或圆，不能断定其全体为某种形状"。他自己也常说"不惜以今日之我与昨日之我挑战"；他说是奉王阳明的良知主义："吾今日良知所见在此，则依吾今日良知以行；明日良知又有开悟，则依吾明日良知以行；鄙人知服膺此义而已。"不知道"良知"这种物事是最没有标准的物事，你有你的良知，我有我的良知；既专凭良知，则多数青年的良知决不能与他的良知一致；或者前日与他一致，今日又不与他一致了，今日与他一致，明日又不与他一致了；因为他的良知可以变更，多数人的良知也是可以变更的。讨论国家政治改革的根本方针，凭着这种"良知"主义没有不失败的。

四、就两方所指陈的事象说：梁启超所描写革命共和的恶果，如内部必至自生分裂，彼此争权，乱无已时，未尝不与后来的事实有几分相符，但这些事实在当时是未表现出来的事实，一般人看不见的；而《民报》所描写满清政府的坏象、改革的敷衍、立宪的虚伪、排汉的险恶，都是当时确凿的事实，人人看见的；不惟革命党人以此向政府进攻，就是梁自己也常持此以攻击政府。青年的恒性，大抵是只看见现在的不好，对于将来的不好，一则未必看得定，二则相信将来的不好自有将来的救济的方法，断不肯因为将来的不好，就把现在的不好容忍过去了。

以上面所举的几个原因，立宪论的声势便不如革命论的浩大。但是梁的议论，在他主张立宪的方面虽然减杀了效力，在革命的方面，有时反发生一种反宣传的功用，例如说：

> ……革命党所持之主义，吾所极不表同情者也。谓其主义可以亡中国也。虽然，吾未尝不哀其志，彼迷信革命之人，固国中多血多泪之男子，先国家之忧乐而后其身者也。多血多泪，先国家之忧乐而后其身之人，斯亦国家之元气，而国之所以立于天地也。其曷为迷信此可以亡国之主义，有激而逼之者也。激而逼之者谁，政府也。以如是之政府，非底于亡国不止。等是亡也，不如自亡之而希冀万一于不亡。此彼等之理想也。其愚可悯，其遇可悲也。使彼等而诚有罪也，则现政府当科首罪，而彼等仅当科从罪。……乃政府全不自省，而惟以淫杀为事，甚且借此为贡媚宦达之捷径，舞文罗织，作瓜蔓钞，捉影捕风，缇骑四出，又极之于其所往，要求外国以破国际法上保护国事犯之公例。如最近长江一带叠次之党狱，与夫要求上海领事引渡其党员，要求日本政府驱逐其党首，类此之事，日有所闻。嘻！是亦不可以已乎……（见《现政府与革命党》）

这是他对于清政府痛恨极了的话，不知不觉替革命党张目；既说"如是之政府，非底于亡国不止。等是亡也，不如自亡之而希冀万一于不亡"，则革命是出于万不得已的了。他又尝说：

> ……夫鄙人之为此言，诚非有爱于满洲人也。若就感情方

面论之，鄙人虽无似，亦一多血多泪之人也。每读《扬州十日记》、《嘉定屠城纪略》，未尝不热心溢涌。故数年前主张排满论，虽师友督责日至，曾不肯即自变其说，至今日而此种思想蟠结胸中，每常酒酣耳热犹时或间发而不能自制。苟使有道焉可以救国，而并可以复仇者，鄙人虽木石，宁能无歆焉。其奈此二者决不能相容，复仇则必出于暴动革命，暴动革命则必继以不完全之共和，不完全之共和则必至于亡国，故两者比较，吾宁含垢忍辱，而必不愿为亡祖国之人也。……（见《申论种族革命与政治革命之得失》）

这是他劝人不要排满的话，但是不知不觉承认了种族情感是人人所具，不能消灭的，而所谓"共和必至亡国"，却未必能证实，无异作戒淫小说的人，结果是"警一而劝百"，只有反面的效力，得不到正面的效力。他又尝说：

……以今日论之，号称第二政府之天津，坐镇其间者满人耶？而北京政府诸人，不几于皆为其傀儡耶？（此暗指直督袁世凯，并且这几句话便是袁世凯的致命伤。）两江、两湖、两广之重镇，主之者汉人耶？满人耶？乃至满洲之本土东三省，今抚而治之者汉人耶？满人耶？平心论之，谓今之政权在满人掌握，而汉人不得与闻，决非衷于事实也。……

这是说你们不要排满，现在的政权还是在我们汉人手里。但是革命党看这些握政权的督抚都不过是满人的奴隶，而满人对于这些督抚正在疑忌交集，得此指点，越觉得非将他们所握的权柄设法削去不可，于是越发不肯将政权公诸汉人了；排满的效力不曾减杀，排汉的心理到反越加坚强了。诸如此类的议论，《新民丛报》中不胜枚举，所以他天天反对排满革命，鼓吹立宪，革命党固不信他，就是满洲人也不信他。革命的思潮越涨越高，满洲人排汉的事实已越进越显，他的反宣传功用却是不少。总之，当时横梗在朝野两方面心里唯一的重要问题，莫过于满汉问题；这个问题，已不是笔墨口舌所能解决。所以陈天华的《绝命书》中说：

> ……革命之中有置重于民族主义者，有置重于政治问题者。鄙人所主张固重政治而轻民族，观于鄙人所著各书自明。去岁以来，亦渴望满洲变法，融和种界，以御外侮。然至今则主张民族者，则以满汉终不并立；我排彼以言，彼排我以实；我之排彼自近年始，彼之排我二百年如一日；我退则彼进，岂能望彼消释嫌疑，而甘心愿与我共事乎？欲使中国不亡，惟有一刀两断，代满洲执政柄而卵育之……（见《民报》第二号）

这是他看到当时满汉问题的真相的话。我们试看满清政府在预备立宪期中所表现的排汉事实，便相信他的话是很不错的了。

三　清政府预备立宪的表示及满汉的暗斗

自五大臣出洋考察政治后，清廷内外的大臣，时有奏请立宪的。到光绪丙午年（一九〇六年）夏间，五大臣从海外"走马看花"的考察回国，也相率呈请立宪，于是由御前会议决定，于本年七月十三日下诏预备仿行宪政，从改革官制入手。从本年七月到戊申年（一九〇八年）八月，其预备事项的大端，所举者如下：

一、丙午七月，派载泽等编纂官制，并命端方等派员来京参议，又派奕劻、瞿鸿禨等总司核定。

二、丙午九月，宣布厘定内官制。

改前设之督办政务处为会议政务处。

三、丁未七月，改考察政治馆（乙巳年十月，因出洋考察政治而设立者）为宪政编查馆。归并会议政务处于内阁。

四、丁未八月，再派达寿使日，汪大燮使英，于式枚使德，考察宪政（因为日、英、德都是君主立宪国，所以再派人去考察）。

又命溥伦、孙家鼐为资政院总裁（预备设立资政院事）。

又命各省筹备设立谘议局，并预备设立各府县议事会。

又命各省设调查局，各部院设统计处。

五、戊申六月，颁行各省谘议局章程及议员选举章程。

六、戊申八月，奕劻等奏呈宪法大纲，暨议院法选举法要纲，并议院未开以前逐年应行筹备事宜。奏谕颁发，依限举办，于第九年筹备完竣。

上所举的，都是这三年内所预备的大事。但是清政府预备立宪的精神怎么样呢？可以分三个方面说：甲、西太后的精神不外"迁延"两字。她在戊申年年纪已七十四了，只要在她未死以前保住大权不旁落就够了。她自己预想等到九年以后，她未必尚在人间，到那时候随你们如何的立宪，她也不管了。当考察宪政大臣经过法国时，法国的报纸便批评说："清太后之欲立宪，实清太后愚民之术也。"（见留欧学生上袁世凯《论革命书》）可谓看破了她的魂胆。乙、满清贵族的精神，不外"排汉的中央集权"。他们知道立宪的潮流是不可遏止的了，但是看见督抚势力如此之大，汉人的政治能力和人数又超过满人很远，倘若真正立宪，满人将全被汉人所宰制。于是只有假立宪之名，行中央集权之实；又假中央集权之名以行排汉之实。丙、汉大臣官僚的精神，真正效忠于皇家的虽未尝没有，但是极少数；其大多数却也是想藉立宪的机会，打破满人政治的优越势力，免除满人的凌压；他们相信梁启超的话："国民政治上行自由竞争，其政治能力高度之民族，必能占政治上势力。汉人政治能力优于满人，故诚能得正当之立宪政治，则满汉两族，孰占优势，不成问题也。"这三种精神，完全不相同；西太后与满清贵族，虽不相同，尚相接近；至于第三种则与第二种完全相反。以如此相反的精神，当然没有施行真正宪政的可能。其结果，一面表示预备立宪，一面在朝廷上就表现着满汉相排的活剧来了。但是汉大臣官僚，此时无论如何，是斗不过满清贵族的，我们试看下面所述的几项事实可知。

一、**官制的厘订** 当载泽、端方等出洋回国复命，召对的时候，极言立宪规模宜效法日本，并论官制改革的切要，谓："循此不变，则唐之藩镇，日本之藩阀，将复见于今日。"这是很冠冕堂皇的话，并且很切于事实。于是御前会议的结果，决定四大方针：甲、十年或十年以后始施行立宪政治（这是很合于西太后的心理）；乙、大体效法日本；丙、废现制之督抚，各省新设之督抚其权限仅与日本府县知事相当，财政、军事权悉收回于中央政府；丁、中央政府组织略与日本现制相等。这本是最初所采的方针，但至实行会议时便生出种种的轧轹来了。载泽、荣庆、铁良等自然想依固定的方针，削减督抚之权，但是袁世凯（也是参与官制会议的大臣）第一个就不愿意；奕劻是莫名其妙的人，平凤颇与袁相亲善；因为此问题太大，就把地方官制放在后面，先议中央官制。（当时中国报纸有载称"地方官制，朝廷之意欲裁抑督抚之权限，然会议大臣袁世凯，以此事与已有切肤之利害，筹议至不易易"的话。日本报亦有言："官制改革之结果，将与袁世凯权利冲突，袁或骤进以用权于中央，或蝉蜕以自保。"）但是议及中央官制，也发生许多饭碗的轧轹问题，于是有"五不议"之说：子、军机处事不议；丑、内务府事不议；寅、八旗事不议；卯、翰林院事不议；辰、太监事不议。这五个不议便是避免轧轹的方法。到阴历九月二十日厘定官制的上谕发布了，其文如下：

> 前经降旨宣示立宪之预备，饬令先行厘定官制，特派载泽等公同编纂悉心妥订，并派庆亲王奕劻等总司核定，候旨遵行。兹据该大臣等将所编原案详核定拟，一并缮单具奏。披揽之余，权衡裁择，用特明白宣谕。仰维列圣成宪昭垂，良宪美意，设官分职，莫不因时制宜。今昔形情既有不同，自应变通尽利。其要旨惟在专责成，清积弊，求实事，去浮文，期于厘百工而熙庶绩。军机处为行政总汇，雍正年间本由内阁分设，取其接近内廷，每日入值，承旨办事，较为密速。相承至今，尚无流弊，自毋庸改变。内阁与军机处一切规制着照旧行，其各部尚书均着充参预政务大臣，轮班值日，听候召对。外务部、吏部均着照旧。巡警为民政之一端，着改为民政部；户部着改为度支部，以财政处并入。礼部着以太常、光禄、鸿胪三寺并入。学部仍旧。兵部着改为陆军部，以练兵处、太仆寺并入；应行设立之海军部及军谘府未设以前，均暂归陆军部办理。刑部着改为法部，责任司法。大理寺着改为大理院，专掌审判。工部着并入商部，改为农工商部。轮船、铁路、电线、邮政，应设专司，着名为邮传部。理藩院着改为理藩部。除外

务部堂官缺照旧外，各部堂官，均设尚书一员、侍郎二员，不分满汉。都察院纠察行政缺失，伸理冤滞，着改为都御史一员、副都御史二员，六科给事中着改为给事中，与御史各缺均暂如旧。其应行增设者，资政院为博采群言，审计院为核查经费，均着以次设立。其余宗人府、内阁、翰林院、钦天监、銮仪卫、内务府、太医院、各旗营侍卫处、步军统领衙门、顺天府、仓场衙门，均毋庸更改。原拟各部院等衙门职掌事宜及员司各缺，仍着各该堂官自行核议，悉心妥筹，会同军机大臣，奏明办理。

这种新官制发布后，一班希望立宪的大为失望。《上海时报》评论说："此次之改革，不过换几个名目，淘汰几个无势力之大老而已，绝无他影响。……"日本的报纸，尤议讽百出，东京《朝日新闻》说："此等内阁组织，真各国所无有。军机处与各部自为别个之机关，以视各国内阁制，内阁大臣，入则参划国家之机务，出则总辖各部之行政，不可并论也。固知各国之官制，各有其历史，清国政府内部亦有外间所不可想象之情形，然此次新发表之官制，不免声大而实小矣。"他如此类的议评尚多，不必悉举。其最可令人注意的，尤在新授各官的配置：

（一）军机处：奕劻、世续、瞿鸿禨。

（二）各部：1.外务部管部大臣奕劻，尚书瞿鸿禨；2.度支部尚书溥颋；3.礼部尚书溥良；4.陆军部尚书铁良；5.法部尚书戴鸿慈；6.邮传部尚书张百熙；7.理藩部尚书寿耆；8.民政部尚书徐世昌；9.农工商部尚书载振；10.学部尚书荣庆；11.吏部尚书鹿传霖。

上满七人，汉四人，蒙古一人，汉军旗一人。前此因为分满汉的原故，每部六堂官满汉平列，满三汉三；现在因为要打破满汉界限，就变成满七汉四；蒙古和汉军旗又恒党于满，实际上汉仅得三分之一。于是希望立宪的汉大臣官僚心中便有些不快了。热望立宪的恽毓鼎曾替他们鸣不平说："章皇（顺治帝）初入关，朝廷大政事皆范文肃、洪文襄所定，惩奇渥温氏以蒙古色目人压汉人之害，制为满汉双行之法，阁部卿寺，分缺若鸿沟，不相侵越，惟将军都统专属焉。而王公不亲吏事，阳为尊之，阴为汉人保登进之路。辛丑回銮，孝钦内惭，始特诏天下议改革，定新官制。少年新进，不深维祖宗朝立法本意，第觉满洲人士以八旗区区一部分与我二十一行省汉人对掌邦政，其事太不平，欲力破此局以均势。满汉之界既融，于是天潢贵胄，丰沛故家，联翩而长部务。汉人之势大绌，乃不得一席地以自暖。……"他不知道要立宪，便要改革官制；要改革官制，便要打破满汉；要打破满汉，便自然有"天潢贵胄，丰沛故家，联翩而长部务，汉人……不得一席地以自暖"的趋势，因为满人立宪的心理，根本与汉人不同，这是没有方法解决的。

中央官制的改革，满清贵族的计划算是成功了一部分。但是地方官制中的督抚问题，是满清政府的生死问题，也便是中国国家组织一个最难解决的问题。当时日本某报纸评说："欲决清国之立宪问题，不可不先决督抚制度之存废。今之督抚，事实上为副王。此制不废，中央集权之事不得告成功，则不外模仿联邦制度而已。铁良与袁世凯之相争，即为关于此根本问题（袁铁之争后再详述）。若此根本问题未决定，则虽宣言立宪之形式取法日本，然其实际犹不可同日而语。若以此次改革官制而言，其国家组织非采联邦而为中央集权制可不俟论；然现时督抚制度尚未改革，则此问题尚在未解决之列，不得以中央官制稍有改易而遂为已足也。……"满清的亲贵也确已见到此处，但是他们终不曾得到一个痛快的解决方法。到次年（丁未）的五月，发布了一种所谓外官制，将各省按察使改为提法使（各省学政已于先年改为提学使），增设巡警劝业道，裁撤分巡分守各道。又分设审判厅，增易佐治员，命由东三省先行开办，直隶、江苏亦择地先为试办，其余各省分年分地请旨办理，统限十五年一律通行。但于督抚的军财两权，实际上一无所动。后来他们想出两种办法，一面由陆军部渐次吸取各督抚的军权，用清理财政监理官吸取各督抚的财权；一面将权势最大的督抚调入中央，阳为尊崇，阴实裁抑。于是有北洋四镇改归陆军部节制的事实（于后述袁、铁争权项下再详叙），清理财政监理官至宣统朝始实行。权势最大的督抚袁世凯、张之洞便于丁未年七月同时调入为军机大臣（袁世凯以军机大臣兼外务部尚书）。表面上是以中枢的机要大权畀与汉员，表示不分满汉，实际上是要先拔出督抚中的两大柱石，然后渐次削减各督抚的实权。但是这种计划的效力微乎其微，终究不曾成功。我们平心而论，军、财两权应该统一于中央本是至当不移的，无奈他们用排汉的心理来集权，所以就是主张立宪的人也对于他们生出反感来了。

　　二、满汉大员的暗斗　自变法之议复起以后，各地排满革命之风固然盛行，北京宦海中的饭碗候补者间满汉轧轹尤为激烈。当时往游北京的人出而传说：各部员司候补者，每部多至千余人，满汉司员，见面不交语；对于政务，满人专断处置，一无顾忌，汉人敢怒而不敢言，出则"排汉排满之声，叹息盈耳"。原来自刚毅造出"汉人强，满洲亡，汉人疲，满洲肥"十二字的口诀以来（刚毅造此十二字口诀，见梁启超的《中国积弱溯源论》），排汉的精神已深藏在满洲亲贵的心里，万不可拔了；及立宪之说一起，满人处处戴着有色眼镜来观看。此期内满汉大员暗斗的故事，如荣庆之于张百熙，奕劻之于瞿鸿禨；最显著的莫如铁良之于袁世凯。当初设京师大学堂时，原只用张百熙一人为管学大臣。张是一个附和维新的人，喜欢引用当时所谓新人才，那班新人才，议论无所顾忌，于是满人就有忌刻他的，想设法搆陷他。他吓慌了，请以太后所亲信的荣庆同管学务。荣庆本是持排汉政策最力的人，专注意八旗学堂的扩张发达，对于张的措施，动辄掣肘，凡事不先禀命，张不得行；但是荣庆尚不满足，想把管学的全权揽入一己的手中，于是议设学部，置尚书一人而己任之。这是设立学部和荣庆任学部尚书的由来（此事在乙巳年的秋冬间）。瞿鸿禨和奕劻同处军机，本是西太后特别看重他。瞿有一位门生汪康年（汪曾为《时务报》经理，也是一个维新党人，于光绪丙午年，创办《京报》于北京），在北京的《京报》上时常讥刺奕劻和他的儿子载振（时奕劻、载振以"段芝贵行贿案"被言官赵启霖所劾，即宣传一时之"杨翠喜案"）。汪、瞿的师生关系本是人人所知的，奕劻因此早疑及瞿，满洲亲贵对于瞿都已侧目而视了。丁未年五月某日，瞿入值军机，西太后偶与谈及奕劻，表示不满，有拟令其退出军机的话（因为奕劻被人指责的太多）。瞿归告其夫人，其夫人又告汪之夫人，汪又告之曾敬诒，曾以告之伦敦《泰晤士报》驻北平记者马利逊。这些辗转相告的，都不过把它作一种闲谈，而马利逊竟把它作一种实在消息，电告《泰晤士报》发表。西太后因此责瞿漏言，奕劻便嗾使言官劾瞿，说他"暗通报馆（指《京报》），授意言官（指赵启霖），阴结外援（指《泰晤士报》），分布党羽（指汪、赵等）"。于是月下谕命孙家鼐、铁良查复；孙、铁还没有复奏，旋即下谕命瞿开缺回籍。而奕劻反得留任。这是奕劻和瞿相倾轧的故事。至于袁、铁之争，关系尤为重要。原来袁世凯自补授直督兼北洋大臣以来，在天津陆续奏设军政司（甲辰年改称督练公所）、学校司、农务司等种种机关；而军政司之下，仿效日本参谋本部训练总监及陆军部的组织，区为参谋、教练、兵备三处，俨然在天津成一个小政府。但起初满清朝廷也不忌刻他，他也没有据地自雄的阴谋。袁于光绪二十九年癸卯春曾奏请统一军政，谓："各省兵制不一，军律不齐，饷械不同，操法互异，平居声息不相通，临敌胜负不相顾，故成效难期，规定统一之法，实为扼要之图"云云。）当壬寅年挑选旗兵交袁训练，时袁且奏派铁良为京旗练兵翼长，代为布置，足见当时并无龃龉。到癸卯年冬间，北京设立练兵处以后，排袁的运动渐渐见端了。北京练兵处的设立，用意本是在统一军权于中央的，但是开办之初，虽由奕劻管理，实权还是在北洋系的掌握中。因为练兵处的提调便是徐世昌，军政司正使便是刘永庆，军令司正使便是段祺瑞，军学司正使便是王士珍：都是袁的部属。此时留学日本的士官学生陆续归国了；其本自北洋送出的，都派往各镇充下级将校。其间有一个士官生良弼，是满清贵族中的佼佼者，表面和革命党员的吴禄贞极要好，实在是排汉主义的急先锋，因与归国士官生的一部分暗倡排袁之议，利用铁良为主脑。袁、铁之争，便起于此时，袁世凯看见良弼那种落落不群的气度，尚想笼络他，委他任第六镇第二十三标标统。当时的标统已算一个显职，以初归国的士官生一跃而任标统，算是很特别的，但是良弼虽受了标统的薪俸，始终不曾到差。从此北京的排袁的空气，一天一天的浓厚。因为袁所兼什么什么大臣的头衔太多，旧官僚也有嫉妒他的；士官生中的革命党员急于取得军权作革命基础，也想排开他；良弼乐得与他们结合，免除排汉的痕迹。所以，表面上彷佛是士官生与北洋系的相排，其实是满汉争死活的问题。到丙午秋间议改官制时，削减督抚权限问题发生，袁世凯便成了满洲亲贵的眼中钉；彰德秋操后（即在发布新官制时，袁、铁同为阅兵大臣），都中排袁运动一时大盛，御史奏劾，亲贵搆煽，袁自己也知道握权太重，便于是年十月奏请开去各项兼差；又奏称："陆军第一镇，系臣会同铁良督率训练，第二、三、四、五、六各镇，系专由臣督练；现铁良已补授陆军部尚书，各该镇均请归陆军部直接管辖，毋须臣再督练。惟第二镇驻扎永平山海关一带，第四镇驻扎天津附近；现在外军尚未尽撤，大局尚未全定，直境幅员辽阔，控制须赖重兵，所有第二、第四两镇，请仍归臣统辖督练以资策应。……"奏入报可。于是北洋六镇的兵权，袁仅留得两镇，铁良夺去四镇了（但是下面的将校铁良没有方法去掉）；这算是排袁第一步的成功。但是亲贵派并不以是而满足，因为袁还有两镇兵权在手里；(袁与载振，也有一段相争的小故事：初立商部时，载振任尚书，总揽全国路政，订立新章，拟将在工供差之监督总办等，加剟作为商部议员，而派本部章京，分赴各路帮办工事，意欲藉此收揽各省路政的实权。袁此时尚兼某路督办大臣，因奏称："国家设官，内外各有责成。各部员司，受成于堂官，而不得径行于疆吏。各省僚佐，禀承于疆吏，而不能径达于部曹，此内外之权限也。如部臣以疆吏为不足问，而与司道直接，则疆吏为虚设。如更以司道为不足恃，而由部派员以佐之，则司道为赘疣。用内侵外，以小加大，而权限紊矣。夫商部遴选议员，只可调查各项事件，条其利弊，呈由本部，订为章制，通饬遵行。今以办事之监督总办兼议员之名，又以持议之章京侵办事之权，十羊九牧，一国三公，势必牵制牴牾，阻碍百出，国家选设新部，如昧于中央之制度，横干地方治事之权，各部派员赴各省办事，地方官皆失其职，窃恐天下不靖，而危乱随之。臣方以兼差太繁，力求辞谢，岂愿与部臣争管事之权，实以治乱所关，不容默已，故缕切陈之。"奏入，商部之计划遂阻。载振因此很不高兴。新官制成立，载振变为农工商部尚书，为亲贵派中的要人。）要制服他，只有把他的直督的地位，根本推翻。不过奕劻是早已深入袁的牢笼，宫廷中也有袁的奥援，所以不易动摇。直到丁未年七月，袁与张之洞同时调入军机，亲贵派的排袁算是得了大大的胜利。当时北洋军界颇有为袁抱不平的；不过北洋军人的脑中，尚以为是士官生排挤北洋系，不知道是铁良等排挤汉人势力的计划；因为良弼极与汉人士官生相结纳的原故。革命党的士官生如吴禄贞等能在北方军队中播散革命种子，未始不由于此。革命后，北洋系的要人排斥他派的士官生也未尝不种因于此。但这都非铁良等所及料的。

铁良等的军事排汉计画，尚有一层最深刻的，便是创立贵胄学校。他们以为当兵的汉人虽多不足忧，所可忧者就是统率兵队的上级将官，也将被汉人占了多数。倘若中国的兵都能够用满人为将，就好比以牧人驱群羊一般，满人可以高枕无忧了。因此便创立一个贵胄学校，其程度期与外国的陆军大学相等；将来的上级将官，必皆由此校派出；由各省武备学校出身的，只能充当下级的佐尉。贵胄学校原定的章程，必宗室八旗子弟方准入学，后来想掩饰汉人的耳目，乃增加一条：三品以上实缺大员之子亦得入学。其实此条等于空文，因为三品以上实缺大员之子，不是京堂便是道府，罕有来入这种学校的。不过他们所办的贵胄学校，后来并没有达到目的；因为那些贵胄享惯了骄奢淫逸的福，看相虽好，实际上都不成才，所以没有发生一点效果。

在上面所述满汉相忌的情形中，所谓立宪的预备不过是一种愚弄汉人的虚文罢了，那有施行真正宪政的希望，但是一般立宪党人并不因此绝望。下节略述立宪党的活动。

四 立宪党的活动及其结果

清政府既以预备立宪为标帜，立宪党人的活动应该比较革命党要顺利一点；在一般主张立宪者的心里，也以为这是一条容易走得通的路。但事实上却不然。立宪党第一个言论指导者当然是梁启超。他在丁未年（一九〇七年）的夏间，便和蒋智由、陈景仁等在日本东京着手组织一个政闻社，发表一篇政闻社宣言。宣言的文章太长，此处不能全录，大略前面三大段表示政闻社发生的理由，继则列举政闻社所持的主义"四大纲"：

一曰实行国会制度，建设责任政府；

二曰厘订法律，巩固司法权之独立；

三曰确立地方自治，正中央地方之权限；

四曰慎重外交，保持对等权利。

末段复设为问答之词说：

政闻社虽未足称政党，而固俨然为一政治团体，则亦政党之椎轮也；中国旧史之谬见，以结党为大戒，时主且悬为厉禁焉；以政闻社置诸国中，其安从生存？政府摧萌拉蘖一举二之劳耳；且国中贤才，虽与政闻社有同一之政见者，其毋亦有所惮而不敢公然表同情也？应之曰，不然，政闻社所执之方法，常以秩序的行动为正常之要求；其对于皇室，绝无干犯尊严之心；其对于国家，绝无扰紊治安之举；此今世立宪国国民所常履之迹，匪有异也。今立宪之明诏既屡降，而集会结社之自由，则各国所咸认为国民之公权而规定之于宪法中者也，岂其倏忽反汗，对于政治团体而能仇之。若政府官吏不奉诏，悍然敢为此种反背立宪之行为，则非惟对于国民而不负责任，抑先已对于君主而不负责任，若兹之政府，岂更能一日容其存在以殃国家。是则政闻社之发生愈不容己，而吾党虽洞胸绝脰而不敢息肩者也。……

这段话彷彿已料到政府要干涉他们，预先把立宪国家允许"集会结社自由"的大道理去慑制政府，鼓励国内外同志的勇气，叫他们不要怕政府，尽管加入这个立宪团体。但是就梁启超的个人说，他国内的名士同志固然不少，而反对他的敌人，力之量大却没有方法可以制服。第一个大敌是西太后；袁世凯、张之洞屡次受他的言论攻击，也与他绝不相容；他虽说"对于皇室绝无干犯尊严之心"，但是"保皇帝不保太后，保中国不保大清"的传说已深深印入满清贵族的脑中，随他如何矢忠矢信，满清贵族是不信任他的。就立宪的团体上说，国内热心奔走于此道的固然不少，但是革命党人则视之为大愚；不惟视之为大愚，并且视之为大敌；因为假使立宪之说深入人心，革命党的势力就要减杀了。所以运动立宪的一条路，表面上虽然觉得顺利，而政闻社在成立的当初，已处于两面夹攻的情势中。丁未七月十七日，政闻社在东京神田锦辉馆开成立大会，便被革命党捣乱，传为一个大笑柄。章炳麟记述其事如下：

> 阳历七月十七日，政闻社员大会于锦辉馆，谋立宪也。社以蒋智由为魁，而拥树梁启超。启超往，徒党几二百人，他赴会者亦千余人，召日本名士八辈为光宠，犬养毅者其气类相同者也。革命党员张继、金刚、陶成章等亦往视之。梁启超登，力士在右（梁预知革命党将与为难，故招日本力士为护），与会者以次坐。政闻社员在前，革命党员在政闻社员后，他留学生在革命党员后。启超说国会议院等等，且曰"今朝廷下诏，刻期立宪，诸君子宜欢喜踊跃"，语未卒，张继以日本语厉声叱之，曰："马鹿！马鹿！"起立，又呼曰："打！"四百余人奔而前。启超跳自楼曲，旋转而坠。或以草履掷之，中颊。张继驰诣坛上，政闻社员持椅格之，金刚自后搤其肩，格者僵，继得上。众鼓掌欢呼，声殷天地。政闻社员去赤带徽章以自明，稍稍引去。继遂言曰："吾不应参与政闻社员事，然所以不能默者，将有所诘问于犬养毅。"毅前在早稻田，语支那学生曰："中国当速革命，吾亲闻之，今何故附会立宪，猥鄙至是？"毅俯首谢，则登坛作酬应语，既卒，徐曰："支那或革命，或立宪，任人为之，在速行耳。"当是时蒋智由先知有变，不至，会亦遂散。继本意欲痛驳立宪以塞莠言，会事急，至用武，亦未竟其说也。……

这便是政闻社开幕的活剧。该社虽于开幕时受此打击，但他们并不因此而停止活动。他们看这种捣乱，不过是一部分暴徒的行为，于他们的进行并没有甚么损失。除了梁启超几个人以外，他们的社员随即陆续回国，预备在国内活动。到是年九月，有华侨联名向清政府请愿，要求实行立宪的事；又有湖南人熊范舆等联名向清政府请愿，要求设立民选议院；国内此处彼处常有学生开会，作政治演说；渐至北京也有开会演说的事了；大概都是由政闻社员的活动而来的。但是清政府不管他们的内容怎么样，总觉得这种"聚众要挟"的行为，是不正当；现在既已由皇帝宣布预备立宪了，你们这些小百姓为什么还要胡闹；于是在丁未十一月，有禁止学生干预政治的谕旨，又严谕禁止京师开会演说等事。后来政闻社的旗帜在国内各处揭出来了，清政府便一点不客气，于戊申年六月二十七日下令，将政闻社员、法部主事陈景仁革职看管；七月，复严谕各省督抚查禁政闻社，将该社社员一律严加缉捕，毋任漏网。于是政闻社的招牌完全消灭了。

立宪党的政闻社虽然消灭，但是国内与该社同志愿通声气的人士却也不少；在江浙一带还有一个预备立宪公会，在湖北有一个宪政筹备会，在湖南有一个宪政公会，在广东有所谓自治会等，大概都是与政闻社同性质的团体，成立于宣示预备立宪以后。就中以预备立宪公会为最活动。该会的重要人物为朱福诜、张謇、孟昭常、郑孝胥、汤寿潜、许鼎霖、雷奋、陶保廉、周廷弼等，会员多江、浙、闽三省的名士或实业界的人物，在当时颇有声势。他们表面上避去康梁的关系，所以清政府也不便如何压迫他。在戊申年的六月，曾由郑孝胥领衔联名向政府请愿开国会；又以预备立宪公会名义移书湖南立宪公会、湖北立宪筹备会、广东自治会，及豫、皖、直、鲁、川、黔等省的同志，约于是年七月各派代表齐集北京，向都察院递呈请愿速开国会书，要求都察院代奏；八旗的士民，也有加入的。清政府此时对于政闻社虽用严厉手段，对于这些请愿的人士，因为他们在旧社会中都是有相当的名望的，又与康梁似没有什么关系，所以虽不曾十分理会他们，也不曾压迫他们；并且恰逢此时宪政编查馆将宪法大纲、议院法及选举法要领编就进呈，因于八月二十七日就将这些法案发布，并颁行一种九年预备的定期，可算为他们请愿所得的结果。不过这种宪法大纲，使他们大大地失望，因为它是纯粹从日本宪法上抄来，关于君主的大权比日本天皇更无限制，只可算为保障君权的宪法，于国民没有什么好处，其条文附后：

关于君上大权：

一大清皇帝统治大清帝国，万世一系，永永尊戴。

一君上神圣尊严不可侵犯。

一君上有钦定颁行法律及发交议院之权（凡法律虽经议院议决而未经诏令批准者不能施行）。

一君上有召集开闭停展及解散议院之权。

一君上有设官制禄及黜陟百司之权（议院不得干预）。

一君上有统帅海陆军及编定军制之权（调遣常备军队、制定常备兵额及一切军事，皆非议院所得干预）。

一君上有宣战、讲和、订立条约及遣派使臣与认受使臣之权（国交之事，由君上亲裁不付议院议决）。

一君上有宣布戒严之权（当紧急时，得以诏令限制臣民之自由）。

一君上有爵赏及恩赦之权。

一君上总揽司法权，惟委任审判衙门，须遵钦定法津行之，不以诏令随时更改。

一君上有发命令及使发命令之权，惟已定之法律，不以命令更改或废止。

一凡议院闭会时，遇紧急之事，得发代法律之诏令，并得以诏令，筹措必需之财用，惟至次年会期，需交国会协议。

一皇室经费，应由君上制定常额，自国库提支，议院不得置议。

一皇室大典，应由君上督率皇族及特派大臣议定，议院不得干预。

关于臣民权利义务：

一臣民中有合于法律命令所定资格者，得为文武官吏及议员。

一臣民于法律范围内，所有言论、著作、出版及集会、结社等事均准其自由。

一臣民非按照法律所定，不加以逮捕、监禁、处罚。

一臣民可以请法官审判其呈诉之案件。

一臣民应专受法律所定审判衙门之审判。

一臣民之财产及居住，无故不加侵害。

一臣民按照法律所定，有纳税当兵之义务。

一臣民规定之赋税，非经新定法律更改，悉仍照旧输纳。

一臣民皆有遵守国家法律之义务。

（附言）这种宪法大纲完全没有评论的价值，因为当时的编查馆完全受满清皇族的宰制，而皇族中以载泽为编纂的主要人员。载泽在日本考察宪政时，伊藤博文为他讲演日本宪法，把天皇大权说得特别重大，对于天皇大权的限制多略未说及。而载泽又不通日文，全凭编译人不确切的口述和笔述，以为日本宪法真个如此，伊藤所传授的宪法精义真个如此，所以就很高兴的赞助西太后立宪而定出这种宪法大纲来。伊藤氏的讲演词见《民报》第三号，并有汪精卫很锐利的评语，因原文太长，此处不备录。

五　屡起屡仆的革命军

革命党自成立同盟会以来，虽然有了统一的中心机关，一般人心也厌弃了满清，但是他们的活动比立宪党还要困难。第一，他们只能作秘密行动，不能作公开行动，中国的地域虽大，没有他们彰明昭著建设大本营的处所。第二，要革命非用武力不成功，而武力所需于物质上的资助是异常大的，很不容易取得。所以在立宪党人的观察是万不能成功，并且无从措手。而革命党人着手的方法，仍不外联络各地会党与运动军队的两途。关于这两方面，同盟会的党员，在同盟会成立以前，原已发生不少的关系：中山在巴黎时，与法国陆军部有所接洽；及由欧赴日，船经吴淞，与法武官布加卑相晤（布系预奉法陆部之命来华接洽者），布乃于驻扎天津之法参谋部派定武官七人，援助中山；同盟会成立后，中山命廖仲恺往天津设立秘密机关，命黎仲实与法武官某调查两广，命胡毅生与法武官某调查川滇，命乔宜斋（即乔义生）与法武官某往南京、武昌、长江一带，都是注重军队方面的联络。这算是同盟会活动进行的开始。从一九〇六年（丙午）到一九〇八年（戊申），有下列屡起屡仆的革命事变：

一、丙午萍浏之役；

二、丁未潮州黄冈之役；

三、丁未惠州之役；

四、丁未安庆之役；

五、丁未钦廉防城之役；

六、丁未镇南关之役；

七、戊申河口之役。

上面所列七役，第一役虽与同盟会有关，非发动于同盟会；第四役则为徐锡麟等的独立动作，与同盟会无关联；第二、三、五、六、七役则继续发动，皆由同盟会干部主持。为叙述的便利计，请以与同盟会无关系的第四役置之于后。

萍浏之役，发生于湘赣接壤之萍乡、醴陵、浏阳等县。是年，吾国中部各省遇荒，而湘赣接壤各区特甚，饥民遍地。该处会党头目李金其、萧克昌、姜守旦、龚春台、王胜等向受马福益的指挥，而马则曾与黄兴等相结合，前已殉难，李、萧早想替他复仇。适值同盟会员蔡绍南、刘道一等暑假由日归国，在浏阳、衡山等处鼓吹同盟会的革命主义，李、萧等因与接洽，便乘机运动萍乡的矿工联合附近各处的同党，决计起事，拟分三路：一由浏阳进窥长沙，一以萍乡安源矿路为根据地，一由万载东出瑞州、南昌以达长江，因事机不密，先期泄露，浏阳之军先期于十月十九、二十等日发难，占领麻石、金刚头等处，萍乡之军继得矿工响应，占领高家台、上粟市等处，江、鄂、赣、湘四省督抚闻耗调集重兵围攻，革军卒以失败。此次的发难，虽因蔡绍南等运动，然内部很复杂。例如任浏阳方面指挥的龚春台发布檄告，则称"奉中华民国政府令"，并有"建立共和民国，与四万万同胞享平等之利益，获自由之幸福，而社会问题，尤当研究新法，使地权与民平均，不致富者愈富，成不平等之社会"的话，可算是树着同盟会的旗帜；但是别有一部，则称"新中华大帝国南部起义恢复军"，檄文的内容，为单纯的排满主义。他们所用的军械，马刀、梭镖、小手枪、鸟枪、抬枪和少数来福、毛瑟枪，均极杂劣，当然不敌正式军队，失败是意中事。但是当发动之初，声势也异常浩大。东京同盟会本部事前一无所闻，及消息传至东京，下令各党员纷纷回国，想运动长江各处军队谋响应。沿江各督抚因萍浏事变，严密防范，于是宁调元在湘被捕系狱，刘道一被捕遇害；胡瑛在鄂被捕系狱；杨卓林在扬州被捕遇害；孙毓筠、段书云、权道涵在南京被捕系狱；算是同盟会成立后第一次的牺牲。

同盟会因此役的牵连，还受了几种损害：一、失却长江方面将成立的基础。武汉方面原有一个附于教会的革命党机关，名曰日知会（成立约与华兴会同时，并属一气），其会员后皆加入同盟会；乔宜斋偕法国武官来鄂，与鄂军界联络，即以该会为机关；因法武官演说革命，为鄂督所派的密探窥破，日知会因此破坏；胡瑛的被捕即在此时，与胡同时陆续被捕的还有主持日知会的刘家运（别号敬安）及季雨霖、朱子龙等多人，这是武汉方面基础的破坏。南京方面的新军中，也是为革命空气所笼盖，其将弁为赵声、倪映典、林述庆、柏文蔚、冷遹、杨希说等皆先后加入同盟会，因乔宜斋偕法武官到宁，常和军警界来往，为密探所窥破，萍浏变起，防范益密。孙毓筠因此被捕，赵声、倪映典诸人亦多被端方所疑撤差，这是江南方面基础的破坏。二、东京的本部方面，亦受压迫。清政府因萍浏之变，及长江方面累次破获党人，知道革命党的策源地是在日本东京，于是力与日政府交涉，要求日政府将革命党重要人物逐出日境。日本帝国主义者因为要讨清政府的好，以便容易索取权利，于是竟容其请，于丁未年正月命中山离去日境（并以赆仪数千元相馈，东京股票商铃木久五郎亦馈送一万元。同盟会员有反对受此等赆仪者，因此生出小小风潮）。此时中山在日本既不能立足，长江方面的基础又皆破坏了，因率胡汉民、汪精卫等同往安南，设机关部于河内，于是革命活动进行的区域乃限于滇、粤、桂三省的边隅，而有前列二、三、五、六、七诸役。

潮、惠两役的发动，约在丁未年的四五月。潮州饶平县的黄冈会党与韶安县的会党，曾与革命党有联络，中山派人运动他们结合，谋劫黄冈协署军械起事。值会党某员被警署所捕，押入协署，会众即起围攻协署，杀清吏数人，将协署占领，又克寨城，旋为清潮州镇兵所攻溃。同时，邓子瑜奉中山命运动会党，在距惠州二十里之七女湖起事，博罗会党同起，也先后为清军所败。是为潮州黄冈之役与惠州之役。到七月复有钦廉的发动。前此数月，廉州的三那地方有刘恩裕所统率的万人会，抗纳粮捐，不受劝谕；清吏调兵往剿，会众被击散，但清兵退后，会众复集。钦州的张得清亦聚众与三那会党合。清廷派郭人漳、赵声（赵被江督撤差后乃来粤）两人各统所部新军约三四千人往剿。郭为湘人，与黄兴相识，赵则已入革命党；中山因使黄兴往说郭，胡毅生往说赵，要他们反戈。郭、赵答以"有真正的革命军起，便即响应"。于是中山派人往约钦廉抗捐的会党并各属团绅，为一致行动；又派萱野长知往日本购运军械，并在安南召集同志，聘法国退伍军官多人，一俟军械运到，即行编为正式革命军，约计可得二千余人，以与钦廉团众及郭、赵所统之新军相合，当有六七千人，由钦廉进取广州为根据地，好像很有希望。不料购运军械的计画因故失败，党军虽已攻破防城，因军械不到，转逼钦州，希望郭人漳响应；郭见党军势力薄弱，又受他军的牵制，不敢动；党军乃进围灵山，希望赵声响应，赵见郭不动，亦不敢独动。清吏复调他兵力剿，党军遂败，余众退入十万大山。是为钦廉防城之役。钦廉失败后，中山和黄兴、胡汉民并法国军官、安南同志等百数十人，改由安南谋窥广西。镇南关附近有一群游勇的团体，勇敢异常，中山派人联络，作为攻取镇南关的先锋队，于十月十三日夜突攻镇南关，夺取镇南、镇东、镇北三炮台，想由此约集前次退入十万大山的党众，会攻龙州。但是十万大山的党众因为道远不能即到，中山、黄兴亲领百数十人据守三炮台，与陆荣廷、龙济光所统的清军数千人激战七昼夜，卒以众寡不敌，退入安南。是为镇南关之役。中山过谅山时，为清密探所看破，报告清吏，后由清廷与法政府交涉，将中山逐出安南。中山离安南时，乃令黄兴再入钦廉，集合该地同志，一面令黄明堂谋攻河口以图进取云南为革命根据地。后黄兴率领二百余人出安南，横行于钦廉间，其威名颇为清吏所惮，然卒以无援退出。至戊申年三月，黄明堂攻占河口，清边防督办被杀，因收得降卒一部分。滇督锡良大惊，电调重兵图恢复。后黄兴亦到河口，与明堂等力抗清军。然卒以众寡不敌，革命军复失去河口，黄等乃率余众六百余人仍退往安南。是为河口之役。（河口之役据中山所记，谓黄兴未到河口，即为安南政府扣留。然据冯自由言，则黄兴曾亲入军中参与战争，时中山已不在安南。故所记有误，当从冯说。）河口矢败后，退往安南的党众，不为安南法政府所容；法政府将他们送往星加坡，星督说他们是中国的乱民，不许登岸，法邮船停于星埠两日；后经法政府表白，说他们是中国的革命团体，在河口与清军交战时，法政府曾守中立。已认为革命的交战团体，不能作为乱民看待，星督才准登岸。革命失败的苦境，可想而知。从此安南也不能作为革命的策源地了。凡与中国密迩的地方，中山都不能自由居住，乃复西游，以策划进行的事务，托黄兴、胡汉民主持。但屡经失败以来，经费既绌，又得不到相当的根据地，活动暂停，此可算为革命党最困难的时代。

安庆之役，在丁未年五月后，即徐锡麟之刺杀皖抚恩铭，牵及秋瑾被捕遇难，事虽无成功，影响及于人心颇大。徐锡麟，浙江山阴人，久蓄排满光复之志，曾在绍兴创办大通学校，与竺绍康、王金发等相结，联络嵊县会党首领龙天渠等，谋革命。旋往日本考陆军，因体格不合，被摒，乃改习警察。归国后与陶成章、秋瑾、陈伯平、马宗汉等组织光复会。徐纳捐为道员，往安徽候补。恩铭为他的口说所动，命他作巡警处会办，兼任巡警学堂堂长。暗中布置党员，谋在安徽发难。因他办事认真，恩铭很赏识他，不知他是一个革命党首领。陶成章在浙江联络武义、永康、东阳等处会党。秋瑾则任绍兴大通学校校长，与竺绍康、王金发等部署绍兴、嵊县、仙居等处会党，编立光复军，皆与徐有联络。忽党员有在下游某处被捕的，并搜得一名册，江督因知有革命党要人集于皖境，电告恩铭防范。恩铭不知党首即他所赏识的徐道员，反命徐密查。徐恐为恩铭所觉，谋先发，乃于五月二十六日乘巡警学校行毕业礼时，邀请皖省各大吏集于警校，想把他们一网打尽，然后集合军警起事。结果仅枪杀恩铭，余皆逃散。徐率学生据军械库，被防营兵所围，陈伯平战死，马宗汉与徐皆被擒，遇害。浙抚张曾敭得皖电，搜索党人，浙绅某为秋瑾仇家，因向张曾敭告密，张乃派兵往大通学校，围捕秋瑾，瑾被害，并株连许多人士。这便是中山所谓："慕义之士，闻风兴起，当仁不让，独树一帜以建义者……如徐锡麟……秋瑾是也。"这一役最大的影响，便是满汉的感情，从此益趋恶化。恩铭为满人，满人的大小官僚，因此人人自危，排汉的念头更深。秋瑾被捕时，并未搜得反叛证据，亦无确切供词（秋瑾书"秋风秋雨愁杀人"七字），罗织成狱，株连许多无辜，激动大多数人的公愤。主案的人为绍兴知府满人贵福，因此汉人仇恨满清之念也更加深刻。（贵福的刑幕陈某与会审的山阴县知县李某，均以争此案不平被撤。及省委道员陈翼栋至查阅案卷，亦有责言。浙人因此大哗。张曾敭不安于浙，求他调，乃移抚江苏，苏人拒之；更调山西，晋人又拒之。张知不见容于人，乃乞病。贵福亦以此不自安求调，乃移守安徽之宁国，宁国人亦拒之，遂不知所终。可见此案激动人心之广。告密的某浙绅，后亦为人所杀。）

第八章 革命与立宪的对抗运动（下）[*]

一 宣统嗣位与袁世凯之被逐

西太后是促满清覆亡的一个重要人，但是维持满清残局的重要人也是她。因为她的阅历和手腕，远非那班少年亲贵所能及；她虽没有真正革新的志愿，尚有驾驭、操纵、应付的本领。她在世时，无论满汉的大小奴才、臣工，宗室的懿亲，无不在她的笼罩之下；汉臣工固属奉命维谨，就是极骄纵的皇族子弟也不易逞其志；纵然排汉集权，也还有种种的掩饰。所以她确是维持满清残局的一个重要人。假若西太后死了，光绪帝不即死，满清朝廷的颠覆固然也是不能免的，但是时间上或者也要延缓几年。因为光绪帝虽没有如何的雄才大略，他也是经过大风浪、受过大磨难的人，所谓"操心危，虑患深"，或者不至如载沣那么狭隘，那么躁切；纵没有方法

---

* 编者注：原书此处有括注"一九〇八年冬——一九一一年"。

可以使满汉的情感融洽无间，或者也不至采用极鲁莽的皇族集权政策，加重满汉的恶感。这虽是事后推测的话，但光绪帝和西太后同时崩驾，确是满清政局转变的一个重要关键。

光绪帝和西太后驾崩的月期，同在一九〇八年阴历十月（当《钦定宪法大纲》颁布后的两月）。西太后确是十月二十二日因病而死的。光绪帝死的确实日子和他的死因，至今还是一个疑问：一说实于十月二十一日以病终，一说则谓死于西太后之手，甚至有谓袁世凯亦参与其密谋的，但终无从证确。依恽毓鼎所记，则可疑之点显然。恽毓鼎《崇陵传信录》谓："上体气健实。三十四年无疾病，未尝一日辍朝……归自西安，养晦不问事，寄位而已。左右阉侍，俱易以长信心腹。枯坐无聊，日盘辟一室中。戊申秋，突传圣躬不豫，征京外名医诊治之。请脉时，上以双手仰置御案，默不发一语。别纸书病状，陈案间。或有所问，辄大怒；或指为虚损则尤怒。入诊者签云，六脉平和无病也。十月初十日，上率百僚晨贺太后万寿，起居注官应侍班（恽毓鼎为起居注官之一），先集于来薰风门外。上步行自南海来，入德昌门，门罅未阖，侍班官窥见上正扶阉肩，以两足起落作势舒筋骨，为跪拜计。须臾，忽传懿旨：'皇帝卧病在床，免率百官行礼，辍侍班。'上闻之大痛。时太后病泄泻数日矣。有谮上者，谓帝闻太后病有喜色。太后怒曰：'我不能先尔死。'十六日，尚书溥良自东陵复命，直隶提学使傅增湘陛辞，太后就上于瀛，犹召二人入见，数语而退，太后神殊惫，上天颜暗淡。十八日，庆亲王奕劻奉太后命往普陀峪视寿宫。二十一日始反命，或曰有意出之。十九日，禁门增兵卫，讥出入，伺察非常，诸阉侍出东华门净发，昌言驾崩矣。次日，寂无闻；午后，传宫中教养，醇王监国之谕。二十一日，皇后始省上于寝宫，不知何日气绝矣。哭而出，奏告太后，长叹而已。以吉祥轿舁帝尸出西苑门入匪华门，皇后披发，群阉执香，哭随之。甫至乾清门，有阉侍驰告太后病危，皇后率侍阉跟跄回西苑。李连英睹帝尸委殿中，意良不忍，语小阉曰，盍先殓乎。乃草草举而纳诸梓宫，时礼臣持殓祭仪注入东华门，门者拒不纳，追回部具文书来，则殓事久毕矣……帝崩之明日，太后乃崩。"以光绪帝和西太后的关系历史言，也不能不使人怀疑；尤其是袁世凯，有戊戌政变的一段故事在前，假若太后死而帝不死，他的危险也是可想而知的，所以人家不能不疑及他。溥仪的嗣位、醇亲王载沣（溥仪之父，光绪帝之弟）的监国摄政，据说也是袁世凯所赞成主张的。《容庵弟子记》谓："德宗病势日剧，孝钦后预议继统事，公（指袁氏）在枢垣，最为孝钦后所倚任。青蒲陈说，情同一家，醇亲王载沣长子常常入内廷，孝钦后密以询公，公一力赞成。……德宗晏驾，遂以宣统帝入承大统。公虑孝钦后年高，且皇族中亦颇有争竞继统者，主幼国危，无所统率，必生变乱，昌议以醇亲王载沣监国。二十二日，孝钦后遽崩，于是公与二三老臣从容定策，宅邑无惊……"原来袁于前此被亲贵派的排挤调任外务部兼军机大臣后，表面上兵权虽然夺去了，实际上统率北洋六镇的还是他的旧人，和他保持亲密的关系；军机大臣兼外务部管部大臣的奕劻、陆军部侍郎的荫昌，都和袁有特别的亲密关系，也极力维护他；西太后也仍旧信任他，所以他在枢府的势力还是很大；他能够参与皇位继承的重要问题，当然是意中事。他知道西太后一旦崩驾，他自己的地位是很危险的，专靠奕劻和荫昌，不足以抵抗那班少年亲贵，所以他赶急拉拢载沣，希望他念其拥戴之功，忘了前此对于其先兄之凤嫌，这也是意中事。谁知载沣早和那班少年亲贵一鼻孔出气，一点不客气，于宣统嗣位后不到一个月，就谕"命袁世凯开缺回籍养疴"，请他到彰德养寿园去休息休息，那一点拥戴的微劳完全无效。（袁在外务部时，主张联美政策，商议中美互派大使。与奕劻商定后，乘间独对，得孝钦后允许。枢府同列，以不获预闻其事为恨，有议其轻举者，因亦乘间排挤。故《容庵弟子记》谓袁之被逐，实因派大使一案。然谓派大使一案，为袁被逐之助因则可，决非被逐之主要原因也。）据人传说，袁被逐时，亲贵中有主张把他杀了的，因为有人恐怕北洋军队反动，从中谏阻而止。（说者并谓当时曾密电征各镇意，第六镇赵国贤、第四镇吴凤陵皆答请先免本人职以免士卒有变，致负天恩，亲贵因此有所顾忌，遂不敢发。第一镇马龙标答词模棱，故终袁之世，马不甚显擢。惟相传如此，无从证实。）倘若当时果然把袁杀了，中国近二十年的政治，或者又另是一个局面；但满清朝廷的颠覆，也是不能免的，因为满汉的情感既有不能调和之势，而满清当局的人才又实在太缺乏了。

当载沣监国和袁世凯被逐的消息，传布国内时，一般人对于载沣的观察和政局的推测，有两方面的心理：

一、立宪派的心理 他们以为载沣是光绪帝的亲弟弟，必能继续先兄的志愿，切实进行革新事业；见他毅然放逐袁世凯，以为他是一个果断而有毅力的人；又以为他既逐袁，必能将从前和袁不对的维新名士，因戊戌政变而获罪的，一体开复起用；宪政的施行，将有莫大的希望，康梁等在海外，抱这种希望尤切。谁知载沣到底不过是光绪帝的弟弟，而不是光绪帝；他的逐袁，别有他逐袁的动机（排斥汉人的权臣），对于维新志士所希望的，非等到武汉的大炮轰击后，得不到一点消息。恽毓鼎说："监国醇亲王以河间东平之亲，居明堂负扆之重，窃谓继志述事，为先帝吐气，此其时矣。荏苒二年，东海遗臣（指康梁等人），交章荐之而不召（此时康梁运动开复，朝中亦有为康梁求开复的）；西市沉冤（指戊戌六君子），遗孤言之而不雪。毓鼎知其无意于先帝矣。"这便是代表立宪派由希望而失望的话。

二、革命派的心理　他们并不希望载沣真能立宪或开复保皇党人，但是看见袁世凯被逐，也以为载沣或者是能"继志述事"的，或者要起用康梁，加重革命前途的障碍。对于这一点观察，也是和立宪派一样的错误。但是革命党别有一部分人，从前尝希望督抚革命的，欧洲留学生的革命党并且曾有上书袁世凯劝他革命的，现在见袁被逐，又别有一种捉摸不着、忧喜无端的心理：忧者以为袁氏或果有不别于满清的图谋，被满人看破，现在把他去了，失却一种绝大的革命的势力；喜者以为袁一被逐，北洋军队对于满清必生出一种强烈的反感，这是促起军队革命的好消息。这种心理，不能说是全对，但于后来的事实，却有几分相似的影响，我们看辛亥年北洋军队的行动可知。

总之，载沣监国和袁世凯被逐，在当时成了一般人构成希望和想象的一个大问题，也确是与满清政府的生死有重要关系。我们且看载沣的措施，果然何如。

二　皇族集权与立宪运动的大失望

载沣当国时，对于立宪的筹备，表面上彷彿也很热心。在戊申年的十一月，即定谕旨由军机大臣署名之制，这是仿照立宪国由国务总理副署负责的意思。到宣统己酉元年二月，又特下一道谕旨，宣示决行立宪的意思；十月，各省谘议局一律成立了；十二月，又颁布厅州县自治章程及法院编制法；庚戌年九月，资政院也成立开院了，各省城及口埠又成立了审判厅；十月，又派溥伦、载泽为纂拟宪法大臣。在这两年之内，并且还有一个陕甘总督升允因为奏阻宪政而开缺（在己酉五月），甘肃布政使毛庆蕃因为玩误宪政的筹备而革职的，可见他对于筹备宪政的认真。但是他的热心立宪与立宪党人的热心立宪，根本精神全不相同：立宪党人希望成立一个有实权的议会和一个对议会负责任的内阁，他们以为这是救中国唯一的途径；载沣只感觉皇室和满人地位的危险，深恐大权旁落，满人将受汉人的宰制，无以自存，希望一纸宪法可以遮蔽汉人的耳目，保住皇族的大权。他以这种精神来筹备宪政，所以对于宪政的热心，还远不如谋皇族集权的热心。

载沣皇族集权的计划，第一着就是揽握兵权。他在辛丑年曾被派为头等专使，往德国谢罪（谢德国公使因拳乱被戕之罪）。他看见德国的皇室那么有威势，曾请教于威廉·亨利，亨利教他以揽握兵权，整顿武备为第一要着。他早把亨利的话牢记在心里；无奈西太后在世时，因为自己是光绪帝的亲兄弟，要避一避嫌疑，不能行其所志，现在得到监国摄政王的地位，就立即实行亨利的教训：

戊申十二月　另编禁卫军，由摄政王亲统，派载涛（即载沣之弟）、毓朗（亦皇族人）、铁良为专司训练大臣。

己酉正月　派肃亲王善耆、振国公载泽、铁良、萨镇冰筹备海军（铁良开去禁卫军大臣差使）。

己酉五月　监国摄政王暂行代理大元帅，并先行专设军谘处，以毓朗管理，寻又添派载涛管理。命载洵（载沣之弟）、萨镇冰充筹办海军大臣。

己酉七月　遣载洵、萨镇冰巡视沿江、沿海各省武备，旋又往欧洲各国考察海军。

庚戌六月　命筹办海军大臣载洵充参预政务大臣，又往日本考察海军。

庚戌八月　命近畿陆军均归陆军部管辖，裁撤近畿督练公所。

庚戌十一月　改筹办海军处为海军部，以载洵为海军大臣。

辛亥四月　设立军谘府，以载涛、毓朗为军谘大臣（军谘府比于日本的参谋部）。

辛亥闰六月，永平秋操，派载涛代临，总监两军。

这都是以皇族揽握兵权的事实。三个兄弟，一个以监国摄政王代行大元帅亲统禁卫军，一个办海军，一个作参谋总长，总揽一切军务，皇族的基本大权可算巩固了。他们以为这是依照《钦定宪法大纲》"君上有统帅海陆军及编定军制之权"而行的，日德的立宪君主也有如此的大权，谁敢说不是？臣民当然也莫敢说不是。可惜他们贤昆仲，没有威廉·亨利那么大的本事！

此时，国内各省的立宪派得了法定的集合机关——就是各省的谘议局与北京资政院——比前更好活动。立宪论的指导者梁启超，在《国风报》上尽力作宪政实施的指导文字，对于国会、内阁、官制、财政各方面的问题，切实发挥；其最重要的：《为国会期限问题敬告国人》、《国会与义务》、《论请愿国会当与请愿政府并行》、《责任内阁与政治家》、《责任内阁释义》、《立宪国诏旨之种类及其在国法上之地位》等篇。

这些文字，对于立宪党在国内的活动很有影响（原文太多，此处不备录）。在己酉年的十一月（谘议局成立后约一月），江苏谘议局的议长张謇，便以"外侮益剧，部臣失策，国势日危，民不聊生，救亡要举，惟在速开国会，组织责任内阁"等语，通电各省谘议局；复派人游说各省。不久便有苏、浙、皖、赣、湘、鄂、闽、粤、桂、豫、鲁、直、晋、奉、黑、吉十六省的谘议局，各派代表三人集于上海，组织一个"国会请愿同志会"，约定须俟国会正式成立始行解散。十二月，各代表相约同往北京，于次年庚戌正月在北京齐集，一面由孙洪伊领衔，以请愿书托由都察院代奏，一面历访各王公大臣，请求赞助；旋奉谕旨拒绝。这是宣统朝第一次请愿。到四月，各省谘议局的代表又联合各省政团商会及海外侨商，各举代表，组织"国会请愿代表团"，举孙洪伊等十人为职员，一面留代表驻京办理请愿事务，一面派员向各处演说鼓吹，结果，同时递请愿书托都察院代奏的共十起；旋复奉旨不准。这是宣统朝第二次的大请愿。到九月，中央的资政院也成立于北京了；代表请愿团又向资政院上书，请提议设立责任内阁，即开国会；又上书摄政王，遍求各当道大员援助。资政院多数的议员，是与各省谘议局一致的，就议决上请。此时各省督抚中，或受谘议局的要求，或被似是而非的中央集权政策所苦，（以前各督抚独揽一省的大权，贤能者尚可有为。现在因为清政府想削减督抚的实权，处处加以牵制。是年四月，督办盐政大臣载泽因与督抚争权，大起冲突。旋皆奉旨申饬。）也希望中央有一个正当的责任内阁出现，因此也联电军机处，主张内阁国会，从速同时设立。于是在十月初，下诏准将立宪筹备期限缩短，于宣统五年召集国会；在国会未开以前，先将官制厘订，设立内阁。这是第三次的请愿；因为资政院和各督抚的帮助，算是得了一个缩短筹备期间的小结果。请愿同志会中的"预备立宪公会派"，以为有了相当结果，不再进行，但是其他各派，如湖北的汤化龙、湖南的谭延闿、四川的蒲殿俊等，还守着速开国会之议与公会派分离，在北京活动，谋为第四次的请愿；东三省又来了许多请愿代表。到十一月，命民政部步军统领衙门，将东三省代表解回原籍；并命各督抚开导弹压，如有违抗，查拿严办；十二月，将天津的温世霖发戍新疆，因为他在天津组织四次请愿的原故。于是请愿国会的风浪就息止了。但是北京的资政院和各省的谘议局，没有方面可以解散，还是不断的向政府捣乱。资政院开院后，屡有书质问军机大臣的责任，军机处公然以不负责任覆之。于是在十一月里，资政院便具奏，弹劾军机大臣（时张之洞已于去年逝世，军机的首班为奕劻），说责任不明，难资辅弼，请别组责任内阁。奉谕旨："朕维设官制禄，及黜陟百司之权，为朝廷大权，载在先朝《钦定宪法大纲》。军机大臣负责任与不负责任，暨设立责任内阁事宜，朝廷自有权衡，非该院总裁等所得擅预。所请着毋庸议。"但是这道上谕仍由军机大臣署名。梁启超在《国风报》上发表《立宪国诏旨之种类及其在国法上之地位》一文，就是为这类谕旨而作的。到辛亥年的三月，载沣果然履行先年十月所许，颁布新内阁官制，设立新内阁了；其组织及人员的分配如下：

一、内阁总理大臣，以军机大臣奕劻任之；

二、内阁协理大臣二员，以大学士那桐、徐世昌任之；

三、外务大臣，以外务部尚书梁敦彦任之；

四、民政大臣，以民政部尚书肃亲王善耆任之；

五、度支大臣，以度支部尚书镇国公载泽任之；

六、学部大臣，以学部尚书唐景崇任之；

七、陆军大臣，以陆军部尚书荫昌任之；

八、海军大臣，以郡王衔贝勒载洵任之；

九、法部大臣，以法部尚书绍昌任之；

十、农工商大臣，以农工商部尚书溥伦任之；

十一、邮传大臣，以邮传部尚书盛宣怀任之；

十二、理藩大臣，以理藩部尚书寿耆任之。

以上十三员均为国务大臣，裁撤旧内阁军机处及会议政务处（旧内阁大学士及协办大学士仍序次于翰林院），这便是所谓新内阁。一个总理大臣之下，又设两个协理大臣，是沿袭旧内阁协办大学士的制度而来的。最使立宪党人失望的，就是十三个大臣之中，汉人仅得四个，满人得了八个，而八个满人中，皇族又占了五个，蒙古旗人一个，因此当时都称它为"皇族内阁"。这就是皇族集权的大暴露。从此大家都明了载沣是怀着什么一种精神来立宪了。假使那些皇族确是人才，犹有可说，实际上都是一些骄纵无度、不知世务的糊涂虫。恽毓鼎说："先是诸皇子读书之所，曰上书房，选翰林官教之。光绪中叶，师傅阙不补，书房遂无人。近支王公年十五六，即令备拱卫扈从之役，轻裘翠羽，日趋跄于乾清景运间，暇则臂鹰驰马以为乐。……二十年前，嘉定徐侍郎致祥常语余曰：'王室其遂微矣！'请其故，则曰：'吾立朝廷四十年，识近属亲贵殆遍。异日御区宇握大权者皆出其中。察其器识，无一足当军国之重者，吾是以知皇灵之不永也。'"但是载沣觉得只有他兄弟叔侄是靠得住的人才，尤其是奕劻，是皇族中有功的老前辈，除了他再无有可当国务总理大臣之任的，所以随你们言官如何参劾，资政院如何捣乱，非把他作国务总理不可。（奕劻贪污不堪，与其子载振日以招权纳贿为事，时人比之严嵩父子。在光绪朝，曾为御史赵启霖所劾。宣统二年庚戌，御史江春霖又两次抗疏参劾，疏中有言："方今国会未开，谕旨又禁言官毛举细故，臣虑言路诸臣，小者谓不必言，大者又不敢言，习为容默……颁布宪政，期以八年，恐未至八年而天下事已败坏不可收拾。"奉谕旨责谓："亲贵重臣，不应任意诋诬，江春霖着回原衙门行走。"旋经御史赵炳麟等奏请收回成命，不允，于是全台愤激，由给事中忠廉领衔，公上"言路无所遵循，请明降谕旨"一疏，亦不省；时赵启霖方在四川提学使任，闻之，再抗疏严劾奕劻，亦不省，启霖遂乞骸骨告归，许之。是为满清末年御史团体最有声响之举动。从此他们亦皆失望。）但是奕劻的新内阁发布后，那些立宪党人还想要捣乱，在辛亥年六月，又以谘议局联合会的名义，请都察院代奏，说："以皇族组织内阁，不合君主立宪国公例，请另简大员，组织内阁。"奉旨斥以"黜陟百司，系君上大权，议员不得妄行干涉"。于是，热心国会内阁的立宪党人大失所望了。

三　革命运动的苦境

在武昌起义前最近三年内，革命党活动见于表面的事项，比较宣统前三年为少，因为所处的境遇比较前三年更苦。其所以更苦的原因，就是满清政府防范更密，而伪立宪的招牌又足以摇动一部分愚昧薄弱的国民心理，直到皇族内阁出现，大家才有几分觉悟。梁启超在《为国会期限问题敬告政府诸公》的文中说："数年前革命之说遍天下，自预备立宪之诏既颁，乃如汤沃雪。夫一诏则安能有此奇效？希望心有所寄，则民气不期靖而自靖也。及乎以诸公当预备立宪之冲，而前此一线之希望，复永断绝于诸公之手；故前此约以九年开国会而民安之，今兹约以九年而民哗之者，非民之靖于昔而嚣于今也，希望既绝于彼乃不得不转而向于此也。"可见，伪立宪的招牌对于国民心理的影响。革命党知道这种伪立宪的呼声，足以阻碍他们的前进，所以虽在处境极困难的当中，还是拚命奋斗，以图振兴愚昧薄弱的国民精神。从宣统继立到武昌起义前，计有下列诸役：

一、戊申十月二十六日，熊成基发难于安庆；

二、庚戌正月初，广州新军变乱；

三、庚戌二月，汪精卫、黄复生等谋刺载沣；

四、辛亥三月二十九日，黄花岗七十二烈士死难之役。

（此外还有温生才刺杀孚琦，是三月二十九日广州发难的先声；林冠慈、陈敬岳谋刺李准是广州起事失败的余波。）

熊成基安庆之役，并非主自同盟会，也是中山所谓"慕义之士，闻风兴起，独树一帜以建义者"。熊为安徽新军炮队营队官。戊申秋间，湖北和南洋（即苏、皖、赣）的新军定期会操于安徽之太湖，熊党本想乘秋操起事，恰逢光绪帝和西太后相继暴亡；消息传来，人心惶惶，以为将有大变（此时外人亦有虑中国将起变乱者）。各省督抚都异常防范，查拿革命党愈严。熊恐被查觉，便于十二月二十六日（西太后死后第四日），率安庆城外的炮队营联合马队兵起事。此时皖抚为朱家宝，原来防范很严，闻变，闭城严守，又分电秋操军队和长江水师来援。熊因攻城不下，而敌之援军四集，退去庐州，溃散。（熊成基后至哈尔滨谋刺载涛被捕，在吉林遇害。）此役虽非发于同盟会，然可见革命思想在各新军中已到处潜伏，使一般清吏昼夜悬心吊胆，其影响亦不小。但自熊成基失败以后，在宣统元年的一年中，革命党毫无动作，所以梁启超有前面所举"如汤沃雪"的乐观话。原来革命党中心机关同盟会的干部，自镇南关河口几次失败以后，中山西去，黄兴、胡汉民或困守南洋，或秘伏香港，物资缺乏，惩前此之失不欲轻举，想培养一个比较有把握的基础再动手。汪精卫则自丁未以来便怀一种用短兵突击（暗杀）的计画，而屡为黄、胡等所反对。己酉（宣统元年）的一年间，黄、胡等大约秘密往来于南洋、香港间，其目的在培养基础于广州之新军，汪则决意进行他的短兵突击计画。庚戌一二两月内，广州新军闹的乱子和汪、黄在北京的被捕，都是先一年酝酿而来的。此一年内，汪、胡间常有书札往来辩论。胡以为："此后非特暗杀之事不可行，即零星散碎不足制彼虏死命之革命军，亦断不可起，盖此使吾敌之魔力反涨，国民愈生迷梦。"汪则以为："伪立宪之剧日演于舞台，炫人观听，而革命行动寂然无闻……国人将愈信立宪足以弭革命之风潮……愈坚其信仰立宪之志。……吾党若无直接激烈行动，其结果必出于此。……若谓零星散碎之革命军，足伤吾党元气……至于暗杀，不过牺牲三数同志之性命，何伤元气之有。"（见汪精卫与胡汉民书，载汪之文选内）中山、黄兴和其他同志都反对汪的主张。汪、胡间虽有书札往还，而汪对于其他同志的电招，连回信都没有，因此便有反革命派的人从中挑拨，说汪与中山有隙，将分道扬镳了，并且藉故攻击中山。岂知汪所以不回答他们之电信，是不愿向同志说假话，又不愿意使暗杀的密谋被多人知道，恐怕容易泄漏的原故。及到北京事发，胡汉民方把汪的几封来信发布。汪和黄复生等在北京谋炸摄政王府，机关败露，被捕，审讯时，汪的供词洋洋数千言，清廷不敢发表一字，恐怕激动国人的耳目。汪、黄的罪刑原定处死，后来载沣听信几个老成人的话，想藉此博宽大之名，并以缓和党人的心理，才定为无期徒刑；但是革命党人并不感谢他。此次汪的计划固未成功，而黄、胡等所经营的广州新军计划，尤先汪案而失败。广州新军本已运动成熟，拟于庚戌正月某日发动，不料在己酉十二月三十日，因为新军中有兵士数人，以细故与巡警冲突，便激起一个大风潮来，不能遏止；革命党员倪映典于庚戌正月二日仓卒入营指挥，率领新军一部分从沙河进攻省城，至横支冈为敌截击；倪映典中弹而死，余众犹奋勇对敌，卒以众寡不敌溃败。费了一年多工夫的经营，竟如此"昙花一现"而散，真使他们短气。此时中山由美东行，至三藩市，闻败耗，因取道檀香山日本而至槟榔屿，电邀胡汉民、黄兴、赵声等往商卷土重来的计划。当时磋商情形，依中山自述如下：

> ……时各同志以新败之余，破坏最精锐之机关，失却最利便之地盘，加之新军同志，亡命南来者，实繁有徒，招待安插，为力已穷；而吾人住食行动之资，将虞不继，举目前途，众有忧色。询及将来计划，莫不欷歔太息，相视无言。（可见革命党当时的苦况。）予乃慰以一败何足馁！吾曩之失败，几为举世所弃，比之今日，其困难实百倍。今日吾辈虽穷，而革命之风潮已盛，华侨之思想已开。从今而后，只虑吾人之无计

划、无勇气耳。如果众志不衰，则财用一层，予当力任设法。时各人亲见槟城同志之穷，吾等亡命境地之困，日常之费每有不给，顾安得余资以为活动。予再三言必可设法。伯先（即赵声之别号）乃言："如果欲再举，必当立即遣人携资数千金回国，以救济某处之同志，免彼散去，然后图集合而再设机关以谋进行。吾等亦当回香港与各方接洽。如是日内即需川资五千元；如事有可为，则又非数十万大款不可。"予乃招集当地华侨同志会议，动以大义，一夕之间，则酿资八千有奇。再令各同志担任到各埠分头劝募，数日之内已达五六万元，而远地更所不计。既有头批的款，已可分头进行。……于是乃有辛亥三月二十九日广州之举。

观此我们可知道辛亥三月震动全国耳目的广州之役，是革命党从艰难困苦到极点的境遇中振拔起来的，而亦卒归于失败。此次计划的大方针，原定"以新军为主干。但鉴于从前运动军队或民军，难于择一发难，乃抉择同志五百人为选锋，任发难之责，以领导军队及民军，盖将倾全党人力财力以赴之也。广州一得，以黄兴统一军出湖南趋湖北，赵声统一军出江西趋南京"。（以黄于湖南曾办华兴会，党羽甚多；赵曾任南京新军统领，与新军感情甚洽。）这种方针，是庚戌年十一月在槟榔屿决定的。决定后，赵声即回香港，保存广州新军团体。黄兴以十二月中旬、胡汉民于辛亥正月口旬先后返香港，长江各省及闽桂日本各同志也有到的，便在香港组织统筹部，分担职务，举黄兴为统筹部部长，赵声为副。下分出纳、秘书、储备、调度、交通、编制、调查、总务八课；由赵声、胡汉民、姚雨平、胡毅、李海云、陈炯明、洪承点、罗炽扬等分别执掌。又鉴于累次的失败，大概由于"机关"部分被破，牵连全局，因议定各事由各主任人负责，各部之事不相问，亦不相告，藉以保守秘密。继续在广州秘密分设的机关约有三十几处，起初也是各不相知。不久，长江各省的秘密约束有了相当的成熟；广州方面的新军、防营、警察、民军、本党的选锋队，都有了相当准备；本有最大限度的成功希望。其失败原因，一、由于新军的军械，因前次新军变乱的原故，被政府收去，只能由本党接济少数的军械；二、由于在南洋筹款时早被南洋的反对党知道，传达粤督张鸣岐，张已预先防备；三、由于温生才之刺杀孚琦，促起广州当局的严密警戒与搜查，此实为失败最重要之原因。发难的时期初定于三月十五日，本党选锋队（以五百人不够）定为八百人，分为十路：黄兴率百人攻督署；赵声率百人攻水师行台；徐维扬等率百人攻督练公所；陈炯明等率百人防截旗界，占领归德、大北两城楼；黄侠毅等率百人攻警署协署兼守大南门；姚雨平等率百人占领飞来庙，攻小北门延新军入；以外还有五十人一队的四队，分攻他所。因为等候军械延迟到三月二十夜，而张鸣岐和水师提督李准，已把他们的秘密探出。又因是月十日，温生才刺杀孚琦，城中戒严；一面调防营布防，一面下令搜索。黄兴于三月二十五日入广州，二十六、二十七日，广州的机关和党人，已有被破坏捕获的。城内风声鹤唳，党中因有人提议延期，命各部已到选锋队退出，未到者暂勿来；黄兴欲以一死拚李准（因筹款与集合人才不易，且恐失南洋同志之信用故也），卒以众议决定下展期命令。至二十八、二十九日，忽有人谓，粤督调来之防营即本党之同志，事尚可为，复下命令定二十九日午后十二点钟举事。至二十九日午，黄兴住所附近之机关又有被破获者，众恐搜索至本处，将所谋全归无效，纷请即发；朱执信至谓，若不发即自杀；因于本日午后五时半，由黄兴率选锋队约百人扑攻督署；原定十路，因数次命令变更，或已退出而未能集合，或再集合而尚未到省，临时变更计划，与黄同时发动的仅有四路。其中延接新军之一路又因计划变更，接济新军之少数军械未能达于新军手中，新军限于城外，束手坐观，失去一大助力。黄兴所率之选锋队攻入督署，张鸣岐由署后凿孔逃往水师行台。黄率所部出署，谋分途转攻他所，至双门底，遇温带雄所率防营军队数百人。温本已与革命党人联络，并已得革党命令于五时半往攻水师行台，擒拿李准，又得李准命令入城防攻党人；温喜极，即扣留李之传命者，率队出发，欲达到水师行台始换革党白布臂章；行至双门底，黄等见他们无臂章，不知他们是同党，黄部方声洞首先向温带雄发枪，温即倒毙，彼此误会互相轰击，黄部冲散，巡防队因温死亦散。黄以孤身闯入一小店内犹于门隙中射击敌人，敌散后见自身衣上血迹模糊，始知丧去三指，展转逃入河南，数日后妩逃至香港。假使没有双门底一场误会的攻击，李准和张鸣岐同在水师行台，必为温带雄的防营军队所毙或被擒获，广州必为革命军所占领；乃因防止泄漏严密过度的原故（温部不能早换臂章是恐中途遇阻，而温不以此预告统筹部，是守各部不相闻问的原则），把自己两部分的主力军队由自己全行破坏；否则广州一得，长江方面相继响应，恐怕满清的命运延不到本年八九月了。此次的失败，牺牲最大，所谓黄花岗的七十二烈士（实则党员之被难者不止七十二人）是革命党的精华，也是国民的精华。我们试看烈士中的林觉民在此役实行后几日写给他的爱妻的遗书（林君遗书，作为附录载于本节之末，请参看），便知道他们的血是为谁而溅的了。但是此役的影响也是很大，七十二烈士的血痕已深深映入国民的脑际；除了一部分意志薄弱的立宪党人，必待皇族内阁出现，渐至半醒外，大多数的国民大概都震醒了。

（附录）林觉民与妻书

意映卿卿如晤，吾今以此书与汝永别矣。吾作此书时，尚是世中一人；汝看此书时，吾已成为阴间一鬼。吾作此书泪珠和笔墨齐下，不能竟书而欲搁笔；又恐汝不察吾衷，谓吾忍舍汝而死，谓吾不知汝之不欲吾死也，故遂忍悲为汝言之。

吾至爱汝！即此爱汝一念使吾勇于就死也。吾自遇汝以来，常顾天下有情人都成眷属。然遍地腥云，满街狼犬，称心快意，几家能够！司马春衫，吾不能学太上之忘情也。语云，仁者老吾老以及人之老，幼吾幼以及人之幼。吾充吾爱汝之心，助天下人爱其所爱，所以敢先汝而死不顾汝也。汝体吾此心于啼泣之余，亦以天下人为念，当亦乐牺牲吾身与汝身之福利为天下人谋永福也。汝其勿悲！

汝忆否四五年前，某夕，吾尝语曰，与使吾先死也，无宁汝先吾而死。汝初闻言而怒，后经吾婉解，虽不谓吾言为是，而亦无辞相答。吾之意盖谓以汝之弱，必不能禁失吾之悲，吾先死，留苦与汝，吾心不忍，故宁请汝先死吾担悲也。嗟夫！谁知吾卒先汝而死乎？吾真真不能忘汝也！回忆后街之屋，入门穿廊，过前后厅，又三四折，有小厅，厅旁一室，为吾与汝双栖之所。初婚三四个月，适冬之望日前后，窗外疏梅筛月影，依稀掩映，吾与汝并肩携手，低低切切，何事不语，何情不诉。及今思之,空余泪痕。又回忆六七年前,吾之逃家复归也,汝泣告我,望今后有远行必以告妾,妾愿随君行。吾亦既许汝矣。前十余日回家,即欲乘便以此行之事语汝,及与汝相对,又不能启口;且以汝之有身也,更恐不胜悲,故惟日日呼酒买醉。嗟夫!当时余心之悲,盖不能以寸管形容之。吾诚愿与汝相守以死,以今日事势观之,天灾可以死,盗贼可以死,瓜分之日可以死,奸官、污吏、虐民可以死,吾辈处今日之中国,国中无地无时不可以死。到那时使吾眼睁睁看汝死,或使汝眼睁睁看我死,吾能之乎!抑汝能之乎!即可不死,而离散不相见,徒使两地眼成穿而骨化石,试问古来几曾见破镜能重圆?则较死为苦也,将奈之何!今日吾与汝幸双健,天下人人不当死而死与不愿离而离者,不可数计,钟情如我辈者能忍之乎?此吾所以敢率性就死不顾汝也。吾今死无余恨。国事成不成,自有同志者在。依新已五岁,转眼成人,汝其善抚之,使之肖我。汝腹中之物,吾疑其女也,女必像汝,吾心甚慰。又或是男,则亦教其以父志为志,则我死后 尚有二意洞在也,甚幸甚幸!吾家后日当甚贫,贫无所苦,清静过日而已。吾今与汝无言矣!吾居九泉之下遥闻汝哭声,当哭相和也。吾平日不信有鬼,今则又望其真有;今人又言心电感应有道,吾亦望其言是实;则吾之死,吾灵尚依旁汝也,汝不必以无侣悲!

吾平生未尝以吾所志语汝,是吾不是处;然语之又恐汝日日为吾担忧;吾牺牲百死而不辞,而使汝担忧,的的非吾所思。吾爱汝至,所以为汝体者惟恐不尽。汝幸而偶我,又何不幸而生于今日之中国;吾幸而得汝,又何不幸而生于今日之中国。卒不忍独善其身。嗟夫！巾短情长，所未尽者尚有万千，汝可以模拟得之。吾今不能见汝矣。汝不能舍吾，其时时于梦中得我乎！一恸！辛亥三月二十六夜四鼓，意洞手书。家中诸母皆通文，有不解处，望请其指教，当尽吾意为幸。

（此是革命党员一篇至高尚纯洁的情书，附录于此，使读者知道黄花冈烈士是为什么流血牺牲的。假使后来的革命党员，大家都守着这种高尚纯白的精神，替国民谋幸福，民国当早抵于安康福乐的境地了，何至尚有今日的扰攘。乃一至满清倾覆，而此种高尚纯洁的党员不易见，吾知林烈士当与诸烈士痛哭于九原。）

四　铁道国有政策的反响

革命与立宪的运动，本是由东西帝国主义的压迫促起的。在辛亥年的夏秋间，有一件与黄花岗烈士殉难同认为武昌起义导火线的事件，所谓铁道国有政策，原于帝国主义投资的竞争而生的，不可不叙述一下。

自日本战胜俄国后，日本的国威膨胀，加入世界帝国主义者的队伍，与他们并驾争趋，想执中国问题的牛耳；西方的帝国主义者，看见日本的来势凶猛，对于侵略中国的方针也发生变动。如日英同盟的改订（一九〇五年八月），日法协约（一九〇七年六月）、日俄协约（一九〇七年七月）的成立，日美照会（一九〇八年十一月）的宣布等，都是日本和西方列强整理步调的动作。及日俄两国在满蒙进行囊括的计画过于猛烈时，美国有些眼热，便向各列强提出一种"满铁中立案"，想牵制日俄的行动；结果满铁中立案失败，反促起日俄的结合，于是有日俄第二次的协约（成立于一九一〇年并有密约）成立。（第二次日俄协约的成立，最惊动国人耳目，革命、立宪两党的运动积极猛进，都因感受这种局势的危急。）美国自"满铁中立案"失败后转变方针，另采一种联合投资政策。此时清政府因为要粉饰新政，处处需钱，财政又日趋穷迫；一班贪婪的少年亲贵拥着一个贪而且庸的奕劻，更相互以敛殖私财为事；听到一班猎官的新人物，贡献他们一种"利用外资，开发实业"的政策，就喜欢的了不得，于是内外凑合，在辛亥年春夏的几个月间，外债骤增约二万万；其最著者为：

英、美、德、法四国银行团币制借款一千万镑（即一万万元，三月十七日成立）；

日本铁道公债一千万元（三月二十四日成立）；

英、美、德、法四国银行团川汉、粤汉铁道借款六百万镑（六千万元）。

主持这些借款的重要人物，就是载泽和盛宣怀。载泽之妻与光绪帝后（此时称太后矣）为姊妹，在亲贵中势力很大，任度支大臣，总揽财政全权；盛宣怀本是由张之洞卵翼而得势的，（甲午战争时，盛为天津关道，因犯贪污卖国之嫌，为舆论所攻击，奉旨开缺查办。此时任查办者为北洋大臣王文韶、南洋大臣张之洞；王本袒盛，张则素恶盛，盛因乞张保全。张此时因办汉阳铁政局〔即汉冶萍公司前身〕，亏空公款六百余万，受户部切责。乃谓盛曰：汝若接办铁政局为我弥补亏空，则保汝，否则劾汝。盛不得已允之，并谓铁政局既有亏空，所出之铁又无销路，则负担太难；若能保举宣怀办铁路，则此事易任。张亦允之，于是遂与王文韶联衔保盛督办铁路，是为盛宣怀与路政发生关系之始。从此盛以路矿致巨富，而汉冶萍公司则亏累日增，陆续借入日债，其权遂落入日本人之手。此则张之洞提倡实业之大功也。）现在贪缘亲贵，巴结载泽，任邮传部大臣，想藉铁道借款，一面扩充私囊，一面巩固权位，因投合皇族内阁集权的心理，提出一种铁道国有政策，于辛亥年四月十一日，用上谕宣布。四月二十二日，盛乃与英、美、德、法四国银行团签订川汉、粤汉铁道借款。这便是铁道国有政策的由来。

近五六年来的革命立宪运动，本与帝国主义的经济侵略有密切关系，及见政府如此滥借外债不遗余力，已惹起群众的大非难。但在四国币制借款和日本一千万元借款宣布时，群众虽然非难，还没有发生大风潮，因为这两项借款，尚与商民无直接的利害冲突。及到铁道国有政策和川粤汉铁道借款宣布后，反抗的大风潮就起来了。原来粤汉铁道曾由美国合兴公司承办，后以该公司违约，由人民力争收回，已批准由商民集股自办，川汉路亦经批准商办。但是商民的力量，除广东一省较为充足外，如川、湘等省，股本实难招足，因此在川、湘等省有抽收租股及米盐捐、房捐等办法（湖南已收集民股二百余万元，租股一百二十八万元，房捐股四万余元，湖北、四川未详），粤省已早修筑，川省宜万一段亦已开工。忽然说要取消商办案，以国有名义，把权利送给外人，因与各省商民的权利发生直接的冲突，于是反抗之势如火燎原，不可扑灭了。川、粤、湘、鄂各省纷纷设立保路同志会，一面以各省谘议局为开会反抗的大本营，一面派代表进京，一面电请各省京官援助，于是奏劾盛宣怀的奏折如雪片飞来。署理川督王人文左祖商民被申饬，湘抚杨文鼎、川督赵尔丰起初也左祖商民，被申饬。盛宣怀倚靠皇族内阁为后盾，丝毫不能动摇，对于各省的反抗集会，并下格杀勿论之谕。日本留学界援助商民，力主"路存与存，路亡与亡"之说，旅美粤侨也开会集议，势尤愤激，说"粤路股银，皆人民血汗，当执定成案，有劫夺商路者，格杀勿论"。政府对于反抗的人民，用"格杀勿论"四字，侨商对于政府也用"格杀勿论"四字，可谓针锋相对。在相持最激烈的当中，汤化龙在北京，见各省京官所上争路公呈全无效力，曾提出一种调停的办法：拟定商民股款不向政府索回，作为路股，要求发给股票，并要求邮部许各省商民立查账会，有稽核铁路度支之权。但是盛宣怀意在把持，绝对不容商民有干涉权，汤的调定办法亦无效。此次争路风潮最激烈的，要算四川人。川代表刘声元在北京，以为政府大臣皆与盛宣怀一气，想直向摄政王载沣请愿，两次前往，皆为门役所阻，乃跪地安门外，等候载沣，拦舆递呈，令逮交步军统领衙门讯究；步军统领衙门把他释放了，他又向奕劻上书，于是令步军统领衙门将他解回原籍，旅京川人纷纷集合哭送。这是川人在北京争路的情形。至于在四川省内的情形，尤为好看：七月初一日，保路同志会议决罢市，商民每家皆供光绪帝牌位，举哀号哭；各国领事见势不佳，照会政府请设法保护；赵尔丰也恐怕惹起大乱来，与将军玉岷联名奏请川路暂归商办；奉旨申饬，不许。端方因奏劾赵尔丰庸懦无能、败坏路事，乃命端方自湖北带兵入川查办。七月十五日，川人听说端方带兵入川，举代表往督署，求阻端方。赵尔丰因前此容纳商民意见，被端方藉为口实，负气不过问；代表再四要求，乃将代表蒲殿俊（谘议局议长）、邓孝可（法部主事）、颜楷（股东会会长、翰林院编修）、罗纶、胡嵘等拘禁署中；人民相率至署求释放，被卫兵开枪击杀多人。赵因电奏川人以争路为名，希图独立，意在变乱，与路事无涉；清政府命严饬新旧各军，相机剿办，近省民团多为官兵所焚杀。这是四川省内争路的情形。

此次争路风潮，当然有革命党人在里面煽动，但是若与商民没有直接的利害关系，煽动未必有这大的效力。自此风潮发生以来，与革命党人素无关系的商民，也不知不觉趋向革命党方面来了。革命党刻刻乘机待发，立宪党亦已失望，一般商民又积愤无可伸雪，于是只等武汉炮响，爱新觉罗氏相传二百六十八年的金交椅，就此颠覆。

第九章　满清政府的颠覆与中华民国的成立

在前面几章里面，我们可以看出，中国内部从甲午到辛亥的十七年间，已养成三大派的政治动力：一、激烈的革命派；二、温和的君宪派；三、袁世凯的实力派。这三派之中，第一派早已彰明昭著与满清政府为敌；第二派想就满清政府加以改良；第三派则尚无何种明了的色彩和宗旨，并且还没有现出什么派别系统的形式来，不过骨子里面，隐隐以袁世凯为中心，成为一种猎官竞权的团体。自宣统嗣位以来，第一派对于满清的敌对行动固猛力进行，第二、三两派也因为受了满清皇族的抑制，深怀不满了。及至武昌革命军起各省响应，二、三两派势力也倾向推倒满清的一途。于是满清皇位的颠覆遂不可免，而中华民国即以成立。

一　武昌起义与各省的响应

前几年中，革命党的发动，除徐锡麟、熊成基两次举事于安庆外，同盟会的直接行动总是拘于南部的一隅。辛亥三月广州之役发动以前，谭人凤曾向黄兴、赵声等建言："两湖居中原中枢，得之可以震动全国，控制虏廷；不得，则广东虽为我有，仍不能以有为。愿加以注意，俾收响应之效。"黄、赵问他的办法，他说："居正、孙武等日夕为武昌谋，惟缺于资，不能设立机关，以张大其势力。湖南同志甚多，以缺于资，不能为进行之部署。诚能予金以分给于两湖同志，则机关一立，势力集中，响应之效必大。……"原来两湖自萍醴之役失败、日知会破坏后，又发生了一些革命团体：最先是共进会，后来又有武昌的文学社。文学社以蒋翊武等为领袖，胡瑛在武昌狱中亦阴与其事；它的会员大概都是同盟会的会员，但它的组织行动并不必由同盟会本部的命令。共进会的主脑人物，在湘为焦达峰，在鄂为孙武、居正等，它的会员大部分也是同盟会的会员，但也有不曾加入同盟会的，它们的组织行动也不必由同盟会的命令；黄兴对于共进会的成立起初，很不以为然，常与焦达峰争辩，焦亦不听。文学社与共进会在武汉方面的秘密活动，起初也不统一，得谭人凤等调和之力，渐归一致。辛亥三月广州举事前，黄兴依谭人凤的建言，已与他们联络，预备响应（因广州失败，遂未发动）。他们的革命势力以新军为柱石而辅之以会党，文学社领袖的蒋翊武便是新军中党员的重要人物。这是革命党在武汉原来的大概情形。

　　同盟会的干部人员（惟中山在美洲），自广州大失败以后，赵声忧愤成病而死，黄兴、胡汉民等蛰伏香港，亦颇沮丧。陈其美、宋教仁、谭人凤等由香港返沪，恐革命党的势力将因此次失败而涣散不振，谋于长江方面为卷土重来之计，在沪组织一个"中国同盟会中部总会"，其宣言中有云：

> ……同人等激发于死者之义烈（指七十二烈士）各有吞心，留港月余，冀与主事诸公婉商善后补救之策；乃一以气郁身死（指赵声），一以事败心灰，一则晏处深居，不能谋一面；于是群鸟兽散，满腔热血悉付诸汪洋泡影中矣。虽然，党事者，党人之公责任也。有倚赖心，无责任心，何以对死友于地下。返沪诸同志，迫于情之不能自已，于是乎有'同盟会中部总会'之组织。定名"同盟会中部总会"者，奉东京本会为主体，认南部分会为友邦，而以中部别之，名义上自可无冲突也。总机关设于上海，取交通便利，可以联络各省，统筹办法也。各省设分会，收揽人才，分担责任，庶无顾此失彼之虑也……

这个中部总会的组织，就是要把革命发动的中枢由南部移到长江流域来，而注意点尤在武汉。谭人凤是湖南革命同志中的老人物，须髯苍白，奔走不息，素为两湖的青年同志所敬仰；宋教仁本由湖北文普通学校出身，与两湖的青年同志关系，也异常密切；自中部总会成立后，谭、宋二人常秘密往来于沪汉间，与孙武、居正等筹商进行方法，于是文学社与共进会事实上成了同盟会中部总会的分机关。此即章太炎所谓："还入中原，引江上之势，而合武昌之群党，未半岁遂以集事，则谭人凤、宋教仁为之也。"

此时上海方面，有革命党一个重要的言论机关，即于右任所组织的《民立报》（初名《民呼报》，为政府所封闭，改名为《民吁报》，又被封闭，乃改为《民立报》）。宋教仁以"渔父"的别名，常在该报发表光焰逼人的革命文字，鼓励民气。但宋的初意，以为革命举事尚当在数年以后；及至铁道国有问题发生，革命的风潮便不可遏止了。到七八月之交，武汉方面的同志便急欲发动，派员赴沪港等处，促干部人员来鄂指挥。黄兴在八月里与冯自由的两书，很可窥见其中消息；其第一书中有言：

> ……七月以来，蜀以全体争路，风云甚急，私电均以成都为吾党所得，然未得有确实消息。前已与执信兄商酌，电尊处转致中山先生，请设法急筹大款，以谋响应，尚未得复。今湘、鄂均有代表来沪，欲商定急进办法，因未接晤（黄兴此时尚在香港），不知其实在情形，故不能妄断。至滇之一方面，若欲急办，尽可办到，以去年已着手运动，军界、会党皆有把握，有二三万之款可发动。然此方面，难望其成功，以武器甚少，不足与外军敌也。滇为蜀应则有余，为自立则不足。……弟兴顿首，中八月初九夜。

第二书言：

> 又启者鄂代表居正由沪派人来云：新军自广州之役，预备起事，其运动之进步甚速。广州之役，本请居君在鄂部经理其事，以备响应。办法以二十人为一排，以五排为一队，中设有排长、队长以管领之。平时以感情团结，互相救助，使其爱若兄弟，非他人所得间隔，成一最有集合力之机体。现人数已得二千左右，此种人数，多系官长下士，而兵卒审其程度最高者始收之。以官长下士能发起，兵卒未有不从者，不必于平时使其习知，况其中又有最好之兵卒，为之操纵，似较粤为善。近以蜀路风潮激烈，各主动人主张急进办法，现殆有弦满欲发之势。又胡经武（即胡瑛）亦派有人来。胡虽在狱，以军界关系未断，其部下亦约千余人。去岁，弟曾通胡君，请其组织预

备，以备响应，胡已扩张其范围闻进步亦速。胡君之人在居君之部下者亦有之，拟于最近发动，期两部合而为一。据此则人数已多。际此路潮鼓涌之时，尤易推广。盖鄂省军界，久受压制。以表面上观之，似无主动之资格，然其中实蓄有反抗之潜力。而各有志尤愤外界之讥评，必欲一伸素志以洗其久不名誉之耻。似此人心愤发，倚为主动，实确有把握，诚为不可多得之机会。若强为遏抑，听其内部自发，吾人不为之指挥，恐有鱼烂之势，事诚可惜。今既有如此之实力，则以武昌为中枢，湘粤为后劲，宁、皖、陕（前有陕西人，并勿幕君，在此运动，今已得有多数，势足自动，熊克武君已驰赴该处为之协助）、蜀亦同时响应，以牵制之，大事不难一举而定也。急宜趁此机会，猛勇精进，较之徒在粤发起者事半功倍。且于经济问题，尤易解决。……总之此次据居君所云，事在必行……弟故许与效驰驱，不日将赴长江上游，期与会合，故特由尊处转电中山。弟兴再顿，八月十四日，前函书好未发，适鄂派人来，故特补叙，又及。

看此两书中所述，我们便知道此次武昌发难，本由武汉方面主动，临事始派人往沪港方面催促黄兴等来鄂主持。但是黄兴在香港得到他们的消息时，鄂督瑞澂也探得他们将要发难的消息了，武汉水陆各要地都加紧戒严。发难的期限本定在阴历八月十五日，因准备未完足，而所招集的主要人物又未能即到，乃延期到八月二十五日。不料在十八日午后，秘伏汉口俄租界宝善里的党人因制造炸弹失慎，炸药爆发（孙武因此受伤），巡捕闻声齐来搜查，捕去党员二名；清吏闻警，派人向各处搜索，继于汉口英租界及武昌城内，破获党人机关三数处，捕获宪兵彭楚藩及刘汝夔、杨宏胜并女党员龙韵兰等数十余人，搜去革命旗帜、印信、文告及党员名册等件。胡瑛在狱闻信，急函通知上海方面嘱陈其美等暂勿来鄂，因此时孙武以制炸弹受伤，蒋翊武则在端方带往四川的新军内（带往四川的鄂新军为三十一标、三十二标，由曾广大统率，蒋翊武原以学生入伍，适在曾广大所统之军中），亦不在鄂；居正则因接洽沪方同志，前已往沪，因此有中止发动的倾向。但清吏所搜去的党人名册中多属军人，军队中的党员恐政府按名围捕，人人自危，首由工程营左队的熊秉坤倡议即时发难，便于阴历十九日（即阳历十月十日）午后九时，纠集军中同志，猛扑楚望台，占领军械局；辎重营由城外斩关而入，会攻督署，炮队、马队亦动。鄂督瑞澂、新军统制张彪及文武大小各吏，皆仓猝弃城逃走，武昌便为革命军所有。汉阳、汉口也随即为革命军所占领。这便是武昌起义的由来。

此次发难的仓猝情形，和三月二十九日广州之役略同，因瑞澂、张彪的庸懦无能，竟得成功。故中山说："武昌之成功，乃成于意外，其主因则在瑞澂一逃。倘瑞澂不逃，则张彪断不走，而彼之统驭必不失，秩序必不乱也。以当时武昌新军，其赞成革命者之大部分已由端方调往四川，其尚留武昌者，只炮兵及工程营之小部分耳，其他留武昌之新军尚毫无成见者也。乃此小部分以机关破坏而自危，决冒险以图功，成败在所不计，初不意一击而中也。"

革命军占领武昌后，还没有一个相当的首领。因新军协统黎元洪为人谨厚，平素颇为士卒所爱服，便强迫拥戴他为中华民国军政府革命军鄂军都督。黎于出任都督八日后，有一封劝诱海军提督萨镇冰的书，把他自己出任都督经过老实说了出来。书中说：

……洪当武昌变起之时，所统各军均已出防，空营独守，束手无策。党军驱逐瑞督出城后，即率队来洪营，合围搜索。洪换便衣匿室后，当被索执，责以大义。其时枪炮环列，万一不从，立即身首异处。洪只得权为应允。吾师素知洪最谨厚，何敢仓猝出此。虽任事，数日未敢轻动，盖不知究竟同志者若何，团体若何，事机若何；如轻易着手，恐至不可收拾，不能为汉族雪耻，转增危害。今已视师八日，万众一心，同仇敌忾。昔武王云："纣有臣亿万，惟亿万心；予有臣三千惟一心。"今则一心之人，何止三万。即就昨日陆战而论，兵丁各自为战，虽无指挥，亦各奋力突进。汉族同胞徒手助战，毁损铁轨者，指不胜屈。甚有妇孺馈送面包、茶水入阵，此情此景，言之令人奋武。谁无肝胆，谁无热诚，谁非黄帝子孙　岂甘作满族奴隶，而残害同胞耶？洪有鉴于此，识事机之大有可为，乃誓师宣言，矢志恢复汉土。……

　　这是黎元洪出任都督经过的实录。非革命党员的黎元洪既作了革命军的都督，立宪派的谘议局议长汤化龙也，被推为军政府的民政部长。这便是立宪党人加入革命动作的第一件事实。

　　武昌的军政府成立后，发出文告，维持秩序，驻汉的外国领事团看见革命党举动文明，知道不是庚子年拳民的排外行为，便宣告严守中立。从八月十九日举事起到九月下旬，约在一个月内外，各省纷纷响应，宣告独立，除直隶、河南、山东、东三省尚受清政府的支配外，民军已"三分天下有其二"了。各省宣告独立次序大略如下：

　　阴历九月初一日　湖南长沙宣告独立，以焦达峰为都督（旋因内变，焦被害，以谭延闿为都督）。

九月初一日　陕西宣告独立，以张凤翙为都督。

九月初二日　江西九江宣告独立，以马毓宝为都督（南昌亦于九月十日独立以吴介璋为都督）。

九月初八日　山西宣告独立，以阎锡山为都督。

九月初十日　云南宣告独立，以蔡锷为都督。

九月初十日　安徽江北各处亦纷纷独立。（安徽独立，经过事变独多。安庆于十八日独立，推巡抚朱家宝为都督，朱旋即被逐，孙毓筠、柏文蔚相继任都督。）

九月十三日　江苏之上海宣告独立，以陈其美为都督。

九月十四日　贵州宣告独立，以杨荩诚为都督。

九月十五日　江苏之苏州宣告独立，以巡抚程德全为都督。

同日　浙江宣告独立，以汤寿潜为都督。

九月十七日　广西宣告独立，以巡抚沈秉堃为都督（旋改任陆荣廷）。

九月十八日　江苏之镇江宣告独立，以林述庆为都督。

九月十九日　福建宣告独立，以孙道仁为都督。

同日　广东宣告独立，以胡汉民为都督。

九月廿一日　海军降服民军。

九月廿三日　山东宣告独立，以孙宝琦为都督（旋即取消独立）。

（四川本为革命之导火线，然为赵尔丰所持，至十月七日，成都始得宣告独立，以蒲殿俊为都督，赵被杀，端方亦被杀。）

上列各省的独立，有几处最关重要的：一、长沙居武昌的后方，九江为武昌下游最近之地，此二处首先响应。使武昌无后顾之忧，得以专力对抗北来的清军；又因得长沙派来爰军之助，在汉阳一带，与清军相持一月有余，至十月初七日，汉阳始为清军所得。二、陕西、山西两省离清政府的首都北京较近，此两省相继响应，使清廷不能专力对付武汉。三、南京为长江下游的重地，清督张人骏和张勋、铁良等皆顽抗民军，因苏、沪、浙等处先后响应，合力以攻南京；及汉阳被清军所得，武昌极形危险，而南京即为民军所陷落（南京陷落在十月十二日，汉阳失守后四日），民军因取得第二之安全根据地，树立临时政府。

还有一件大可注意的事，就是各省的响应独立，虽由革命党人运动发难，而各省谘议局的立宪党人，无不加入革命动作。除了他们的言论指导者梁启超，尚在海外发"虚君共和制"的议论以外，国内立宪派的人物，或任革命政府的民政长（如汤化龙），或任革命政府的都督（如谭延闿），或任其他职务，竟没有一省的立宪党人与革命党作敌对行动的。可见国人对于满清政府的感情了。

二　袁世凯的起用与清廷的逐步降服

清政府接到武汉变乱消息之初，便已惊惶失措。八月二十一日，谕令瑞澂、张彪革职留任，戴罪图功；一面命陆军大臣荫昌亲率北洋军队两镇南下。二十三日，忽下谕起用袁世凯为湖广总督，兼办剿匪事宜；除湖北原有的军队归他节制调遣外，荫昌及其他水陆各援军，袁亦得会同调遣。以总揽军符的陆军大臣，命之督师；不到三日，又命他人分任其事，可见其慌乱之极。但是袁世凯不是清廷的"社稷之臣"，不若曾国藩、李鸿章那么"麾之即去，呼之即来"的。戊申年冬间，载沣放逐他，命他回籍养疴，说他有足疾不良于行；现在要他去作湖广总督，他便以"足疾未痊"四字力辞，不肯出山。他所以不肯即出的原故，一是要泄一泄愤；二是要等事变扩大，使载沣不能收拾；三是要取得对于一己合算的条件。此时任内阁总理大臣的奕劻，素来和袁要好，内阁协理大臣的徐世昌又久为袁的羽翼。袁的起用，由于奕劻的建议；外国人也替他吹说"非袁不能收拾"。载沣无可如何，才起用他作湖广总督，这是载沣对于袁世凯第一步的降服。徐世昌见他不出，便微服出京亲往彰德劝驾。及清廷再三催促，袁便以徐世昌和奕劻为介，提出六个重要的条件来，非清廷悉行允诺，决不出山。其条件如下：

一、明年即开国会；

二、组织责任内阁；

三、宽容与于此次事变的人；

四、解除党禁；

五、须委以指挥水陆各军及关于军队编制的全权；

六、须与以十分充足的军费。

我们看他所提出的六个条件，便知道他的心理最初就是不愿意和革命军打硬仗，但是实权非揽入自己手里来不可。六个条件中的前四项，是想用以缓和革命党和一般人的心理，与他们谋妥协的。但是他的妥协政策并不是替满清皇族打算，而是替自己打算。他以为：若用兵力扑灭革命军，将来革命党必积恨于他，于他有害无利；并且等到革命军扑灭了，满清皇族未必还倚靠他；"兔死狗烹，鸟尽弓藏"，他决不愿再作这种傻子。若留着对方革命军的势力，他站在中间，处于调停的地位，一面可以见好于革命党，一面可使满清皇族不得不倚靠他，所谓"养敌自重"，于他最为合算。但若不把军事实权揽到自己手里来，又恐革命军势力过于扩大，不受他的调停；就是对于满清朝廷，也不能操纵如意，所以，虽采妥协政策，仍是少不得六条件中的五、六两项。

六条件中的第二项，还有一层更重要的作用。所谓组织责任内阁，就是要把亲贵内阁废止，要把皇族的政权削去，并且要使载沣的监国摄政王地位归于无用，这个条件一办到，非徒他个人的夙愤可以发泄，并且环顾当时的人物和内外的舆望，内阁总理大臣的椅子，除了他自己，没有人敢坐。无论革命党受妥协不受妥协，满清皇位能维持不能维持，大权总是揽在他自己手里了。所以这一个条件，在他是认为有极大作用的，与平常立宪党人要求责任内阁的意思大不相同。

但是载沣对于他的条件，起初很不愿意姜受。载沣不接受，他总不出山。南下的讨伐军队都是袁的旧部，起初不大出力；荫昌往来于孝感、信阳间，将校不相习，军心不团结，迁延无功。直到九月初六日——那时湖南、陕西、九江已响应革命军，载沣更慌乱了——才下谕受袁为钦差大臣，节制各军，以冯国璋统第一军，段祺瑞统第二军，召荫昌回京。这就是表示接受他六条件中的第五项，算是载沣对袁第二步的降服。（此时南下各军将闻袁有出山之意，行将南下，始奋力与革军搏战，数日后，夺取汉口。）但是对于其他的条件，尚无表示，袁世凯也尚未出山。恰好在授袁为钦差大臣的一天，资政院的立宪党人，提出四条的上奏案来：一、取消亲贵内阁；二、宪法须由人民代表协赞；三、赦免国事犯；四、即开国会。本案由院可决后，即行上奏。这好像是立宪党和袁世凯合演的双簧戏。满清皇族对此上奏案，正在筹划应付的时候，驻在滦州的陆军第二十镇统制张绍曾、协统蓝天蔚等五六人，又打下一个"青天霹雳"来，就是九月初八日，由张、蓝等领衔要求立宪的十二条电奏：

一、大清皇帝万世一系。

二、于本年内召集国会。

三、宪法由国会起草，以皇帝之名义宣布之，但皇帝不得加以修正或否认。

四、缔结条约及媾和，由国会取决，以皇帝之名义行之。

五、皇帝统率海陆军，但对国内用兵时，须经国会议决。

六、不得以命令施行"就地正法，格杀勿论"之事。

七、特赦国事犯。

八、组织责任内阁，总理大臣，由国会选举后，以皇帝敕任之；其他国务大臣，由总理大臣推荐任之，皇族不得为国务大臣。

九、国会有修改宪法之提议权。

十、本年度预算未经国会议决，不得适用前年度之预算支出。

十一、凡增重人民之负担，须由国会议决。

十二、宪法及国会法之制定，军人有参与权。

这十二条的电奏，也好像是张、蓝等和资政院立宪党演的双簧戏，但是它的内幕却很复杂。原来陆军第二十镇，便是光绪末年徐世昌任东三省总督时，由北洋六镇中抽调编成带去的第一混成协，于宣统元年由锡良改为第二十镇。而北洋陆军中，自袁世凯被逐后，已有几个士官生的革命党员钻入里面，如第六镇的统制吴禄贞和第二十镇协统蓝天蔚等都是。张绍曾虽也染了一点革命的气味，但是态度却不甚坚决，并且多数的下级将校大概都是袁的旧属，没有多多的新思想，也有点把握不住。此时，伏在东北方面的革命党人听说第二十镇的军队奉命南下，便极力运动张、蓝等率兵直取北京。张、蓝等因彼此意志的强弱不一致，而部下又极复杂，便采用一种渐进手段，顿兵滦州，向清廷提出最高度的立宪条件，清廷若不肯容纳，再行进攻北京。他们以为这种要求，清廷是决难承认的。岂知他们提出要求的那一天，就是山西响应独立的那一天。倘若不允他们所请，他们由滦州进逼，和山西两面夹攻，北京如在釜中；于是载沣于九月九日即行下谕取消现行内阁章程，改组内阁，命资政院立即起草宪法，解除党禁，放释汪精卫等，认革命党为正式政党，对于张绍曾等传谕嘉奖，并下罪己之诏。（诏语有"朕用人无方，施治寡术，政地多用亲贵，则显戾宪章；路事蒙于佥壬，则动远舆论……"，都是自己打自己的嘴巴的话。）夫亲王奕劻的内阁于十一日即行解职；十二日，即任命袁世凯为内阁总理大臣；十三日，资政院即将宪法的重要信条十九条议决奏上，载沣即命刊刻誊黄宣布，择期宣誓太庙（"十九信条"附录于本节之后）。这是清廷向国民第一步的降服，也就是载沣向袁世凯第三步的降服。

当张绍曾等的电奏和山西独立的消息达到北京时，北京流言四起，人心汹汹，官吏的家眷和市民纷纷避往天津，光绪帝后恐怕北京立刻要落入革命军之手，便命锡良任热河督统，预备逃往热河。此时袁世凯虽尚在彰德养寿园，南北的消息却十分灵敏（因为北京有徐世昌、赵秉钧等为他的羽翼，南边的冯国璋等都天天望他南下），听到张、蓝等的要求条件，比他自己的条件更强烈无数倍，又听到山西的消息，知道载沣的降服是一定的了，于是在九月十一日（即下谕取消亲贵内阁的第三天）由彰德南下视师。听到宫廷有避往热河的消息，又恐怕失去了一个玩弄的好工具，便立即电奏严切谏阻。袁出山时去武昌起义已二十余日，革命军已占有国境的大半。资政院于九月十八日依据新颁的宪法信条，实行选举内阁总理大臣，自然是袁世凯当选了，清廷随即依法重行任命。当袁世凯被任为内阁总理的前一天（九月十七日），还有一件很重要的事变，便是吴禄贞的被刺。此时吴为第六镇统制，武昌起义后，吴曾请率所部第六镇前去平乱，清廷便对他怀疑。又张绍曾、蓝天蔚在滦州发出威逼清廷的电报时，吴往滦州与张、蓝等密谋合取北京，逼清帝退位。清廷窥破他们的密谋，一面将京奉路线的列车悉调京师，使张、蓝等的军队不得进；一面令吴率所部往攻山西革命军。吴到石家庄，令所部勿进攻，单骑赴娘子关与山西军代表相晤，议定联合进攻北京，将清军往南方的辎重扣留，而以山西已经受抚报清廷。清廷见吴的行动有异，乃阳任吴为山西巡抚，阴遣人刺杀之于石家庄。（据当时《民立报》所记，主谋刺吴者为良弼。然吴曾为排袁之一人，或谓袁恐吴不利于己，主谋刺吴者实为袁氏。但无从证实。）吴的计划若果实现，则清廷的倾覆已在俄顷之间，便无须后来的和议，袁氏逼取清政府的大权的计划也将归于水泡，后来的政治局面也将大不相同。故吴的被刺，于清廷的存亡无补，而于袁氏个人权位的关系实在很大。吴死而袁氏的计划无阻，北洋陆军中的异性分子归于消灭。袁于二十一日在孝感军次，接到授任内阁总理的谕旨，还电辞不就，清廷再三电促，便于二十三日率领卫队入京。二十六日，袁所组织的内阁宣布了。阁员的配置如下：

内阁总理大臣袁世凯

外务大臣梁敦彦　　次官胡惟德

民政大臣赵秉钧　　次官乌珍

度支大臣严修　　　次官陈锦涛

陆军大臣王士珍　　次官田文烈

海军大臣萨镇冰　　次官谭学衡

学部大臣唐景崇　　次官杨度

法部大臣沈家本　　次官梁启超

邮传部大臣唐绍仪　次官梁如浩

农商部大臣张謇　　次官熙彦

理藩大臣达寿　　　次官荣勋

这种阁员名单，在袁是表示网罗各派的人才，所以给梁启超一个法部次官。但是梁是决不肯就的（袁也知道他不肯就），其他不肯就的也有几人，结果实际的阁员，大概都是袁的党羽。袁左组织内阁以前，已取得近畿各镇及各路军队并姜桂题所部悉受节制调遣的全权；军谘府的载涛也罢去了（代以荫昌，旋又代以徐世昌）。及内阁成立，清廷的实权已算是完全落入袁手。但在他上面的，还有一个虚位的摄政王，到底有点碍手碍脚；又还有一部所谓禁卫军，名义上由载沣代行大元帅统率，实际上是由载涛管辖，也有点不放心。不久，便有监国摄政王载沣以醇亲王退归藩邸之命。对于禁卫军的办法，一面由自己编练拱卫军和它对抗；一面以大义讽令载涛率领禁卫军实行出征；但是载涛是一个少年贵胄，没有一点军事的实际知识，听到此处彼处革命军的行动，早已落胆，那有亲征的勇气；袁早看出他的弱点，故意以出征难他。结果载涛自请解除管辖禁卫军的职权，袁即调用冯国璋为禁卫军总统官（把武汉方面的任务全授段祺瑞）。不久便用准备出征的名义，把禁卫军调出北京城外，而以新编的拱卫军拱卫宫城。于是清廷一切自卫的壁垒尽行撤毁，只留下一个孤儿，一个寡妇，被玩弄于袁世凯掌股之上，等待最后的总降服。

（附录）**宪法十九信条**

第一条　大清帝国之皇统万世不易。

第二条　皇帝神圣不可侵犯。

第三条　皇帝之权，以宪法所规定者为限。

第四条　皇帝继承之顺序，于宪法规定之。

第五条　宪法由资政院起草议决，皇帝颁布之。

第六条　宪法改正提案之权属于国会。

第七条　上院议员，由国民于法定特别资格中公选之。

第八条　总理大臣，由国会公选，皇帝任命之；其他国务大臣由总理大臣推举，皇帝任命之；皇族不得为总理大臣、其他国务大臣并各省行政长官。

第九条　总理大臣受国会之弹劾，非解散国会即内阁总理辞职；但一次内阁不得为两次国会的解散。

第十条　皇帝直接统率海陆军，但对内使用时，须依国会议决之特别条件。

第十一条　不得以命令代法律；除紧急命令外，以执行法律及法律所委任者为限。

第十二条　国际条约非经国会之议决，不得缔结；但宣战、讲和不在国会开会期内，由国会追认之。

第十三条　官制官规，以法律定之。

第十四条　本年度之预算，未经国会议决，不得适用前年度预算，又预算案内之规定岁出，预算案所无者，不得为非常财政之处分。

第十五条　皇室经费之制定及增减，依国会之议决。

第十六条　皇室大典不得与宪法相抵触。

第十七条　国务裁判机关，由两院组织之。

第十八条　国会之议决事项，皇室颁布之。

第十九条　第八、第九、第十、第十二、第十三、第十四、第十五、第十八各条，国会未开以前，资政院适用之。

这种信条，除了立宪派藉以扶助袁世凯、袁世凯藉以取得组阁的全权外，对于缓和革命派心理的方面，没有发生一点效力。这种信条颁布的那天，就是黄兴到武昌就任革命军总司令誓师的那天。

三　南京临时政府的组织

清廷到九月下旬所余的领土，虽只有直、鲁、豫和东三省等地，但自袁内阁成立后，已有了一个大权独揽的统合机关；革命军到九月下旬虽已取得中国领土三分之二，还没有一种统一的组织。唯一的革命领导者孙中山还在海外；黄兴于九月十三日才到武昌，就任鄂省方面的革命军总司令（此时汉口已经失去），九月下旬他正在汉阳和北军作殊死战。长江下游还有一个重要都会的南京为清廷顽守。各处反清的目的虽同，而各自为战极形散漫，于是在长江上下游的两方同时动议，组织联合机关。武昌于九月十九日由湖北都督府通电各省，请派全权委员赴鄂组织临时政府。上海本为此次革命运动最初的策源地，交通又极便利，武昌起义以来，各地的革命同志和由立宪派变化而成的革命同志，大都聚集于上海。此时武昌虽为军事的中心，而计画的中心、舆论的中心、交通的中心，实均在上海。当武昌通电请派代表赴鄂组织政府时，上海方面，已有在上海组织联合机关的成议，因为审慎当用何人名义动议方为妥当的原故，发电较武昌为迟。至九月二十一日，始得苏督程德全，浙督汤寿潜的同意，即用苏、浙两督名义，联电沪督陈其美倡议，请各省公推代表赴沪。其电文如下：

> 自武汉起义，各省响应，共和政治已为全国舆论所公认。然事必有所取，则功乃易于观成。美利坚合众国之制，当为吾国他日之模范，美之建国，其初各部颇起争论，外揭合众之帜，内伏涣散之机。其所以苦战八年，收最后之成功者，赖十三州会议总机关，有统一进行、维持秩序之力也。考其第一次、第二次会议，均仅以襄助各州会议为宗旨，至第三次会议，始能确定国会，长治久安，是亦历史上必经之阶段。吾国上海一埠，为中外耳目所寄，又为交通便利，不受兵祸之地，急宜仿照美国第一次会议方法，于上海设立临时会议机关，磋商对内、对外妥善方法，以期保疆土之统一，复人道之和平。务请各省举派代表迅即莅沪集议。其集议方法及，提议大纲并列于下：

> 一、各省旧谘议局各举代表一人；

> 一、各省现时都督府各派代表一人，均常驻上海；

一、以江苏教育总会为招待所；

一、两省以上代表到会即行开议，续到者，随到随与议。

提议大纲三条：

一、公认外交代表；

二、对于军事进行之联络方法；

三、对于清皇室之处置。

此电发出的第二天，又以江苏都督府代表雷奋、沈恩孚，浙江都督府代表姚桐豫、高尔登名义，以同样旨趣通电各省，请派代表来沪，并请各省公认伍廷芳、温宗尧二人为临时外交代表。九月二十五日，便依"两省以上代表到会即行开议"的原定方法，在上海开第一次会议，议决定名为"各省都督府代表联合会"。九月二十七日至三十日，代表会对于前此武昌通电，商议处置办法，仍以上海交通便利，会所以在上海为宜，并电武昌请即派代表与会；但承认武昌为民国中央军政府，以鄂军都督执行中央政务，并请以中央军政府名义委任各代表所推定之伍廷芳、温宗尧为临时外交代表。到十月三日，鄂都督府代表居正、陶凤集到沪与会，表示鄂都督希望各省派全权委员赴鄂组织临时政府的意思，在沪代表会才决定同往武昌。次日，议决各省代表除赴武昌者外，各省仍留一人在沪；赴武昌者，会议组织临时政府事；留沪者为通信机关，以联络声势为务。于是各省代表陆续赴鄂。但等到各代表到鄂时，汉阳已为清军夺去，武昌全城正陷于龟山炮火的威吓之下；乃假汉口英租界顺昌洋行为代表会的会场，于十月初十日开第一次会议，推谭人凤为议长。十二日，选举雷奋、马君武、王正廷为小临时政府组织大纲》起草员；又议决如袁世凯反正当公举为大总统。十三日，议决《临时政府组织大纲》二十一条，即行宣布，到会签名的代表计有湘、鄂、桂、苏、浙、闽、皖、直、鲁、豫十省（《临时政府组织大纲》全文附录于本节之末）。十四日，代表会得到南京克复的消息，议决以南京为临时政府所在地，各代表定于七日内齐集南京，俟有十省以上的代表到后，便开临时大总统选举会。但是因为前此将各省代表分为赴鄂、留沪的两组，又因鄂方失去汉阳，下游克复南京，便生出几个小小的波澜来了。留沪的代表团以为武昌已在危急之中，赴鄂的代表会未必能达到组织临时政府的目的，而临时政府又不可不从速组织，因即于十四日，在沪议决以南京为临时政府所在地，即行选举大元帅、副元帅，黄兴当选为大元帅，黎元洪当选为副元帅。十五日，又议决大元帅职权，即以大元帅主持组织中华民国临时政府。鄂方各代表得信，认为不合法，表示反对，并用黎大都督名义电沪请取消。这是第一个小波澜。至十月二十二、二十三等日，各代表都到了南京，决定于二十六日开临时大总统选举会；忽于二十五日，因浙代表陈毅由鄂续到，报告袁世凯所派议和代表唐绍仪到汉时，表示袁内阁亦主张共和，便决议缓举大总统（欲维持十二日在汉所决之议留大总统之位以待世凯），而承认沪方代表所举之大元帅、副元帅，并议决于《临时政府组织大纲》追加一条："临时大总统未举定以前，其职权由大元帅暂任之。"这是第二个小波澜。我们在这两个小波澜里面，已可看出当时参与活动的人物心理几点：一、特别重视大总统的位置；二、十分迷信袁世凯。但是还有继续而起的第三个小波澜发生，就是挟战胜余威的苏浙军人中，有声言不愿隶于汉阳败将之下的，而属意大都督黎元洪，于是在二十六日，又有大元帅、副元帅倒置之议；恰好黄兴也来电力辞大元帅之职，并推黎元洪为大元帅，于是在二十七日即推黎为大元帅，黄为副元帅，黎驻武昌，由副元帅代行其职务；后得黎来电承受，并委副元帅代行职权，黄兴坚辞不受。党人中有愤代表会易置大元帅、副元帅如弈棋，过于儿戏的，因此到十一月初旬，临时政府的组织还如在五里雾中。我们在这些小波澜里面，又可看出当时革命军方面心理几个弱点：一、军人的骄慢。原来革命的成败功罪应该为整个的；军事上有胜有败，不能执一时的形迹以为断定。南京克复固属有功，汉阳的失败未必即为败将一人的过误；以湘军少数的军队，杂以新募未经训练之兵，主将又不相习，对抗北洋多数精锐的军队相持约近一月；若令当时苏浙军队当之，也未见得一定能操胜算。乃据一时戍败之迹蔑视多年尽力革命的元戎为败将，适已暴露革命军人骄慢不羁的弱点。二、政客的倚势苟且无定见。袁世凯还是清廷的重臣，一闻其有赞成共和之意，便不惜修改自己已定的组织法，而承认自己认为不合法的选举；及闻苏浙军人有异议，又把自己已承认的选举加以变更，纯以一时的特别势力为取舍，可见革命精神的薄弱。幸而孙中山于十一月初六日到沪，才把大元帅、副元帅问题搁置不谈，决定于十一月初十日，开选举临时大总统会，内定孙中山为大总统。届期到会代表，计有奉、直、鲁、晋、陕、苏、皖、赣、闽、浙、粤、桂、湘、鄂、川、滇十七省，每省为一票。中山得十六票，当选为临时大总统。十一月十三日，为阳历一月一日，代表会即议决中华民国纪元，改用阳历，派人赴沪，欢迎孙总统于民国纪元日在南京就职。

至此，临时政府的主脑问题算是解决，但是还有一个修改组织法的小波澜。当《临时政府组织大纲》宣布时，有许多人很不满足，或以为遗漏"人权"，或以为不应该将行政各部死板板地规定在有宪法性质的根本法内；解释者则以为这是一种临时政府组织法，有效期间很短，第二十条规定六个月以内召集国民会议，届时当另定完全的宪法。但是因为人才与地位分配的问题，一把总统椅子，五把部长椅子（组织法原案无副总统，行政部只有五部），实在不敷分配；而组织法又是采用美国式的总统制。宋教仁平素是主张用法国式的内阁制的，因此宋教仁主张修改最力。在选举临时大总统之前，宋教仁曾宴请各代表，演说必须修改的理由历二小时，但是赞成的很少。及到孙总统就任的前一日，特派黄兴赴南京向各代表陈说必须修改的理由，时已午后九时，即由滇代表吕志伊、鄂代表居正、湘代表宋教仁提出修正案：

一、原第一条临时大总统之下加副总统。改为："临时大总统、副总统皆由各省代表选举之，代表投票权每省以一票为限。"

二、原第五条改为："临时大总统制定官制官规，并任免文武职员。但任命国务各员，须得参议院之同意。"

三、原第十七条全删，行政各部改为国务各员，另拟第十七条为："国务各员执行政务，临时大总统发布法律及有关政务之命令时，须副署之。"

其他尚有拟改的几点，不十分重要。前列三项中，第一、二两项已于当晚议决，惟第三项因时间太晚，拟延至次日始议。修改案的要点：一、增设副总统；二、把固定的行政部的五部，变为活动不定的国务各员；三、将总统制变为国务员负责的内阁制，此一点实为争执的焦点。此时有宋教仁想作内阁总理的谣传，因误会宋教仁主张修改组织大纲纯是替自己打算，于是一种政客的嫉妒的心理便充分暴露了，攻击宋教仁不遗余力。元年元旦，孙总统就职，代表会停会一日；至初二日，苏、皖、浙、桂、闽五省代表对于前日已经议决的修正案忽又提出异议，说如此重大的问题不应该在夜间议定，应作为无效。其实，当时的代表会开会并没有一定的时间，只要有十省以上的代表到会，议决事项便有效；前日的决议已备此条件，推翻实为不合；因复提出修正案的修正案，经议决如次：

一、原第一条改为："临时大总统、副总统皆由各省代表选举之，以得票满投票总数三分之二以上为当选，代表投票权每省以一票为限。"

二、原第五条改为："临时大总统得制定官制官规，兼任免文武职员。但制定官制官规及任命国务各员及外交专使，须得参议院之同意。"

其他尚有几点，无关宏旨。此修正案的要点，就是只承认增加副总统和国务员的椅子，而不许责任内阁制出现；换言之，就是要打击宋教仁。以反对个人的精神，来定政府机关的组织，这是当时代表会极不健全的心理。组织大纲修正后，次日（即初三日），即选举副总统，黎元洪当选。孙总统即于是日提出国务员名单求同意，原以宋教仁为内务总长，因修改组织法时，招代表会之忌反对之，乃改以程德全长内务（原定程长交通），汤寿潜长交通（原定汤长教育），另提蔡元培长教育（蔡原无名），全部国务员共九人，如下：

陆军总长黄兴　　　　　海军总长黄钟英

外交总长王宠惠　　　　司法总长伍廷芳

财政总长陈锦涛　　　　内务总长程德全

教育总长蔡元培　　　　实业总长张謇

交通总长汤寿潜

　　于是中华民国第一次的临时政府，算是在南京完全成立了。但是有最重要的一点，我们应该注意的，就是此种临时政府的组织，是否与同盟会原来的革命方略和精神相符。同盟会原定的革命方略是"为纲有四，其序有三"：

　　　　第一期为军法之治：义师既起，各地反正，土地、人民新脱满洲羁绊，临敌者宜同仇敌忾，内缉族人，外御寇仇，军队与人民同受治于军法之下。……地方行政，军政府总摄之，以次扫除积弊……每县以三年为限……始解军法，布约法。

　　　　第二期为约法之治：每一县既解军法之后，军政府以地方自治权，归之其地之人民……以天下平定后六年为限，始解约法，布宪法。

　　　　第三期为宪法之治：全国行约法六年后，制定宪法，军政府解兵权行政权，国民公举总统及公举议员，以组织国会，一国之政事，依于宪法行之。……

（此种方略，是同盟会成立后在丙午、丁未间所定的。）

　　假使革命党守定这种方略的精神，当时方在与清军相持的当中，和议虽已进行，尚不知结果到底如何，应该以组织极端强有力的军政府为目的，还谈不到通常宪法上的总统制和内阁制问题。但是当时革命党人，除了中山，已把原定的革命方略丢在九霄云外去了。中山说："民国建元之初，予极力主张施行革命方略以达革命建设之目的……而吾党之士多期期以为不可。经予晓喻再三，辩论再四，卒无成效，莫不以予之理想太高。……呜呼，是岂予之理想太高哉，毋乃当时党人知识太低耶？予于是不禁为之心灰意冷矣！……此予之所以萌退志，而于南京政府成立之后，仍继续停战，重开和议也。……"（见《孙文学说》）我们看了这段文字，便知道中山在接受临时总统的时候，已知道一般人的见解和他自己相去太远，便预备把总统让给袁世凯，以待将来继续奋斗。原来当时一般普通人的心理就只积恨于满清朝廷，以为把满清皇帝打倒了，大家就安乐了。代表会是代表知识阶级的，分子已极复杂，立宪派和革命派混在一起，他们的心理自然比普通一般人要更进一步，除了推翻满清皇位以外，还热心希望共和宪政的实现。在立宪派的代表，本没有看见过同盟会所定的革命方略；就是革命派的代表也不曾把往日所定的革命方略放在心里。中山说："当同盟会成立之初，则有会员疑革命方略之难行者，谓清朝伪立宪，许人民以预备九年，今吾党之方略，定以军政三年，训政六年，岂不与清朝九年相等耶？吾等望治甚急，故投身革命，若于革命成功以后，犹须九年始得宪政之治，未免太久也。……"可见在制定革命方略时，一般党员便只把它当作一种具文，来敷衍自己的领袖，全没有实行的意思。所以到临时政府组织的问题发生时，一般代表，就只注重在通常宪政制度的问题上，全没有想及由专制达到共和立宪，中间有如许艰难困苦的过程。总括一句，当临时政府组织时，一般人的心理，已注定南北和议的成功；已注定满清皇帝的命运全操在袁世凯手里；已准备俟满清皇位推翻后，把临时大总统的位置作袁世凯的酬劳品；已准备在袁世凯作总统的时候，便得到共和立宪的政治。所以在南北和议尚未成功时，新产生的中华民国的命脉已落到袁世凯手里去了。

(附录) 临时政府组织大纲全文

第一条　临时大总统、副总统由各省代表举之,以得票满投票总数三分之二以上者为当选。代表投票权,每省以一票为限。(此为修正文,原案为:"临时大总统,由各省都督代表选举之,以得票……[下略同]。")

第二条　临时大总统有统治全国之权。

第三条　临时大总统有统率海陆军之权。

第四条　临时大总统得参议院之同意,有宣战、媾和及缔结条约之权。

第五条　临时大总统得制定官制官规,兼任免文武职员。但制定官制官规,暨任命国务各员及外交专使,须得参议院之同意。(此为修正文,原案为:"临时大总统得参议院之同意,有任用各部长及派遣外交专使之权。")

第六条　临时大总统得参议院之同意,有设立临时中央审判所之权。

第七条　临时副总统于大总统因故去职时升任。但于大总统有故障不能视事时,得受大总统之委任代行其职权。(此条修正时加入,原案无。)

第八条　参议院以各省都督所派之参议员组织之。(此原第七条)

第九条　参议员每省以三人为限,其选派方法由各省都督府自定之。(此原第八条)

第十条　参议院会议时,每参议员有一表决权。(此原第九条)

第十一条　参议院之职权如下：

一　议决第四条及第六条事件；

二　承诺第五条事件；

三　议决临时政府之预算；

四　检查临时政府之出纳；

五　议决全国统一之税法、币制，及发行公债事件；

六　议决暂行法律；

七　议决临时大总统交议事件；

八　答覆临时大总统谘询事件。（此原第十条）

第十二条　参议院会议时，以到会参议员过半数之所决为准。但关于第四条事件，非有到会参议员三分之二同意不得决议。（此原第十一条）

第十三条　参议院议决事件，由议长具报，经临时大总统盖印发交行政各部执行之。（此原第十二条）

第十四条　临时大总统对于参议院决议事件，如不以为然，得于具报后十日内声明理由，交令复议；参议院对于复议事件，如有到会参议员三分之二以上同意仍执前议时，应仍照前条办理。（此原第十三条）

第十五条　参议院议长由参议员用记名投票法互选之，以得票满投票总数之半者为当选。（此原第十四条）

第十六条　参议院办事规则由参议院定之。（此原第十五条）

第十七条　参议院未成立以前，暂由各省都督府代表会代行其职权；但表决权每省以一票为限。（此原第十六条。此条之设，似与前十条相冲突，然因此时代表会中，各省所派代表人数不等，故设此条为救济办法。临时政府成立后，各省即行改派参议员，依第九条每省三人，此条遂归无效。）

第十八条　行政各部设部长一人为国务员，辅佐临时大总统办理各部事务。（此为修正文，原有第十七条云："行政各部如下：一外交部；二内务部；三财政部；四军务部；五交通部。"又继以第十八条云："各部设部长一人，总理本部事务。"后以两条并为一条如前文。）

第十九条　各部所属职员之编制及其权限由部长规定，经临时大总统批准施行。

第二十条　临时政府成立后六个月以内，由临时大总统召集国民会议，其召集方法由参议院议决之。

第二十一条　《临时政府组织大纲》施行期限以中华民国宪法成立之日为止，各省代表签名。

四　和议的经过与清帝退位

袁世凯最初便采用与民军妥协政策，清廷又接受了他的条件，他已握有清室的生死全权，而民军方面又早已默许他为将来的总统；和议的成功，彷佛是容易的事。但是从和议的发端到清帝退位，却经过许多困难波折。所以有许多困难波折的原因，就是袁世凯与民军方面，根本精神上有一个大相差异之点：在民军方面，虽然早已默许袁为将来共和政府的总统，但是共和政府的基础是要立在民权两字上面；袁世凯虽然没有把满清皇室放在心里，但是他心里所希望的共和是总统大权的共和，除了取得总统的地位以外，还要把共和政府的一切大权揽入总统手中，要作一个与皇帝相似的总统。因此，民军所希望的和议结果，是由清帝将一切大权交还国民；而袁世凯所希望的，是由清帝将一切大权转让于他个人。有此根本相歧之点，所以和议的经过就很难了。从和议发端到清帝退位，经过的情形大约可分作两段：民国纪元日以前为唐伍交涉，民国纪元日到二月十二日为清帝退位的秘密交涉，分别叙述如下：

一、唐伍交涉　袁世凯于九月十一日南下，十六日得到清廷停止进攻的谕旨，即命刘承恩（黎元洪的同乡）两次致书黎元洪，劝和，黎置不答。二十一日，乃命蔡廷干偕刘承恩同赴武昌晤黎请和。此时宋教仁也到了武昌，黎因与宋等共同接见蔡、刘两人，拒绝和议并请劝袁倒戈北伐，任革命军汴冀都督。这是和议最初的发端。此时南京尚未光复，汉阳也尚未失去。袁知武汉方面民军的重心已在黄兴，因又曾秘令其子袁克定赴汉阳，与黄有所接洽（此据日人齐藤恒之记载），隐隐表示共同行动之意。但此时黄兴不欲示弱，袁也知道民军的气势方盛，不容易说话，医此北上组阁时，传命猛攻汉阳，想给民军一个重大打击后再提和议。到十月初七日，汉阳失守，清军若乘胜猛扑武昌，武昌似难固守；袁世凯认此为提出和议最好的机会，乃求助于驻北京的英国公使朱尔典，请其介绍和议。朱尔典自然乐为相助，（帝国主义的各国在华商业，英占最重要地位。革命军事发生，英国在华商业受影响最大，然又不敢援助清廷，恐开罪于革命党，现袁既请其介绍和议，自然乐从。）因即电训驻汉英领事，向两方介绍议和，是为和议第三次的发端。此时清军司令官冯国璋不明了袁的意旨，又医为打了胜仗，意态很骄傲，提出议和条件时，称民军为"匪军"。民军虽败，亦不肯屈。但到十月十一日，两方为无条件的停战；初以三日为期，三日期满，又延长三日。到十月十五日，袁世凯提出的交涉条件电达汉口：

（一）停战三日期满，续停十五日；

（二）北京不遣兵向南，南军亦不遣兵向北；

（三）总理大臣派各省居留北方之代表人前往与南军务代表讨论大局；（这是袁世凯想利用他们作御用代表来牵制民军的代表会。）

（四）唐绍仪充总理大臣之代表，与黎军门或其代表人讨论大局；

（五）以上所言南军，山陕及北方土匪不在内。（这是袁世凯想乘议和之时，消灭北方民军势力，以清腋肘之患，万一和议不成，亦可挟北方全力以与民军对抗。）

此时各省代表正在汉口会议组织临时政府，接到袁所提出的条件，对于第三、五两项不肯承认，决定以下列二条答覆：

（一）停战三日期满续停十五日，全国民军、清军均按兵不动，各守已领之土地；

（二）清总理大臣派唐绍仪为代表，与黎大都督或其代表人讨论大局。

代表会旋皆往南京，继由黎元洪与清廷电商，允于山、陕、川各不增兵力，余如代表会所提二条，从十月十九日起至十一月初五日止为停战期间（后复屡次延长），民军代表为伍廷芳，议和地点为汉口，和议遂以开始。

唐绍仪于十月二十一日到汉，伍廷芳方在沪任外交，不能赴汉，乃改以上海为议和地点。唐于二十七日到上海，次日即开第一次会议，两方换验文凭。至十一月初一日午后开第二次会议，伍代表提议，必须承认共和，方有开议之余地。唐代表的心理也早已倾向共和，但当他南下时，有同来的随员二十余人，大都是君宪派的人物，把梁启超的"虚君共和说"藏在胸中；后来由汉到沪，看见长江一带的空气已为共和说所充满，因此不敢在会议席上有所主张；唐代表也不敢立刻在会议席上承认共和，谓变更国体，事太重大，须电达袁内阁，得复，再商。因于初八日，以开临时国会解决国体问题之说，电请袁内阁代奏，电文如下：

……查民军宗旨，以改建共和为目的，若我不承认，即不允再行会议。默察东南各省民情，主张共和，已成一往莫遏之势。近因新制飞艇二艘，又值孙文来沪（中山于初六到沪），挈带巨资，并偕同泰西水陆军官数十员（其实都是恫吓清廷语，并非事实），声势愈大，正议组织临时政府为巩固根本之计。且闻中国商借外款，皆为孙文说止各国，以致阻抑不成（此是事实）。此次和议一败，战端再启，度支竭蹶可虞，生民之涂炭愈甚，列强之分割必成，宗社之存亡莫卜。倘知而不言，上何以对皇太后，下何以对国民？纠仪出都时，总理大臣以和平解决为嘱，故会议时，曾议召集国会，举君主民主问题，付之公决，以为转圜之法，伍廷芳谓各省代表在沪，本不乏人，赞成共和，已居多数，何必再行召集。当时以东三省、直、鲁、豫及蒙、回、藏等处尚未派员，似非大公，折之。伍廷芳仍未允认。现在停战期间已促，再四思维，惟有吁请即日明降谕旨，命总理大臣颁布阁令，召集临时国会，以君主民主付之公议，征集意见，以定指归。……

此电达到清廷后，即开御前会议，载涛、毓朗反对，但卒依奕劻的主张，允唐所请，因于初九日下谕允许召集临时国会，公决国体问题，命内阁迅将选举法妥议施行。袁世凯电覆唐代表，略谓：

> ……顷经协商召集国会，须定选举法，依法选合格之人，乃可望正当之公议，切实之信用，断非仓猝所能集事……希与伍代表切实讨论，如有正当选举办法，则由尊处电奏请旨，庶使上下信从……

唐于初十日要求开第三次会议。是日，在会议席上签订条款共三款，其第一款如下：开国民会议，解决国体问题，从多数处决；决定之后，两方均须依从（第二、第三两款不备录）。

于是国体问题，由国民会议解决，已为清廷与民军两方所承认，袁世凯不应再持异议，也不能持异议了。不过这一天的会议，还有几点未解决的：一、国民会议的产生方法；二、国民会议进行的程序；三、国民会议开会地点。关于第一点，伍代表主张不必另定选举法，即以现时在沪之各省代表充之，所缺北方各省，即速选派；关于第二点，伍代表主张有三分之二代表到会即开议；关于第三点，伍代表主张在上海。唐代表未即承认，电告袁世凯请示。袁如何电覆，不可得知。不过这一天就是孙中山当选临时大总统的一天，中山也有一电报告袁世凯（电文详后），袁大不快。次日（十一日），唐、伍之间开第四次会议，又签订下列各款：

（一）国民会议由各处代表组织，每一省为一处，内外蒙古为一处，前后藏为一处。

（二）每处各选派代表三人，每一人一票，若有某处到会代表不及三人者仍有投三票之权。

（三）开会日期，如各处到会之数有四分之三，即可开议。

（四）各处代表，江苏、安徽、湖北、江西、湖南、山西、陕西、浙江、福建、广东、广西、四川、云南、贵州，由中华民国临时政府发电召集（因上列各省皆为民军占领者）；直隶、山东、河南、东三省、甘肃、新疆由清政府通知该省谘议局；内外蒙古及西藏由两政府分电召集。

次日，唐、伍之间又签订了五款，第一、二、三各款都是关于兵事上的问题，第五款是关于赈灾的问题（此处不备录）。其第四款如次："伍代表提议国民会议在上海开会，日期定十一月二十日（即阳历一月八日），唐代表允电达袁内阁，请其从速覆电。"

依这两日签订的条款，除关于开会地点的问题尚在未决之外，关于国民会议产生的方法及进行程序，已算是定了。不过国民会议依这种产生的方法和进行，袁世凯当然是失败了，因为他所能操纵的只有东三省、直、鲁、豫、甘肃、新疆八省，而民军方面所能操纵的则有十四省，约占三分之二；况且南京的临时政府，已经有了总统，到十三日，临时总统便将就职，改易正朔了。袁世凯�电唐代表，说他十一日以来的行动为越权，不肯承认；唐于民国纪元日电请辞职；袁即直接电告伍代表，声明准唐辞职的理由，说他的权限只以切实讨论为限，签订各款，事前未经呈明，有碍难实行之处，此后当与伍代表直接电商；伍代表不承认他的理由，并以电商为不便，请袁亲来上海，袁则请伍赴北京。往返电争，无结果，形式上和议便停顿了。这是和议经过的前段。

二、清帝退位的秘密交涉　唐、伍交涉中止的理由，表面上是袁世凯不赞成国民会议的产生和进行方法，其实还是因为孙中山首先作了临时政府的总统。原来唐、伍在会议席上的行动，都不过是一种形式上的行动，内幕的交涉，只是要袁共同尽力消灭满清皇位，而以总统的地位为酬。在初十以前，不惟唐、伍之间已彼此一致，就是孙中山和袁世凯也都默许了。到初十，南京忽然举中山为总统，竟于十三日就职，宣告临时政府成立，袁世凯以为民军方面许他的总统是欺骗他的，并且临时政府已经成立，将来的国民会议他又只能操纵最少部分，结果临时政府的大权万难落入他手。这是他最不放心的一点。故在此时，他心里已酝酿着一个"禅让"的计划，要使清帝自己退位，将组织临时政府的大权直接授他；所谓唐代表签订条约越权，不过是一种口实，要藉此根本打消国民会议，以进行他的"禅让"计划。这是和议停顿的真相。

在民军方面，只要共和基础是立在"民权"两字上面，总统的位置是可以相让的。所以中山在当选总统的那天，便立刻电达袁世凯：

> 北京袁总理鉴：文前日抵沪，诸同志皆以组织临时政府之责任相属。问其理由，盖以东南诸省久缺统一之机关，行动非常困难，故以组织临时政府为生存之必要条件。文既审艰虞，义不容辞，只得暂时担任。公方以旋乾转坤自任，即知亿兆属望，而目前之地位，尚不能不引嫌自避。故文虽暂时承乏，而虚位以待之心，终可大白于将来。望早定大计，以慰四万万人之渴望。

这是中山要安袁之心，叫他不要怀疑，等到满清皇位推翻了，总统的位置是要让给他的。但是他不肯相信，并且不肯即露真相，接到中山的电报后，于民元正月二日（即阴历十一月十四日，此后皆用民国的日历）回答一电：

> 孙逸仙君鉴：蒸电悉。君主共和问题，现方付之国民公决，所决如何，无从预揣，临时政府之说，未敢与闻。谬承奖诱，惭悚至不敢当，惟希谅鉴为幸。

中山知道他仍不放心，接到此电后，又回他一电：

> 袁慰亭君鉴：盐电悉。文不忍南北战争，生灵涂炭，故于议和之举，并不反对。虽民主君宪，不待再计，而君之苦心，自有人谅之。倘由君之力不劳战争，达国民之志愿……推功让能，自是公论。文承各省推举，誓词具在，区区此心，天日鉴之。若以文为有诱致之意，则误会矣。

此电就是要袁坚决相信可把总统的位置相让的意思。袁此时纵不相信，但也没有方法消灭南京临时政府；若用武力，此时还没有这种财力相助，因为此时外国人不敢借款给清廷，就是从前借定了的款，也不能提用（中山由英回国时，已与英人交涉停止兑付借款。参观《孙文学说》最末章），这是袁不愿实行决裂的秘密。但是他还要表示强硬的态度；在中山就任临时总统的那天，他授意于段祺瑞、冯国璋、段芝贵等联络大小将校四十余名，电请内阁代奏主张维持君宪，极端反对共和；又将此电传达伍代表，措词异常激烈，谓若以少数意见采用共和政体，必誓死抵抗。这是袁世凯使用北洋军阀的武力作工具来威吓民党最初的一次。（这一着，除了威吓民党之外，还可以坚清廷之信用，假补充军费之名，榨取清室内帑，作特别使用。袁于正月二日入朝，将段、冯等电意代奏时，谓民军要求太酷，宜依段、冯等主张，即行讨伐，惟苦于军费无着，不能实行，愿辞总理之职。清太后温谕慰留，并发内帑黄金八万锭，袁以售于各外国银行，此为确切事实。）此时孙中山固然不受他的威吓，但因民军不统一，党人意志不坚定，所见多与己违；军费方面，一时也无办法；而一般附和的假革命党人，又十分迷信袁世凯，所以也不愿实行决裂。

唐绍仪辞职后，袁、伍之间经过了几次的电报战争，装点场面；唐、伍之间仍在不断的秘密交涉，不过已把国民会议的问题弃去了，所交涉的只是清帝自行退位的交换条件。此时还有一个在北方的"国事匡济会"，其主要人物有与袁接近的杨度和与中山同志的汪精卫，也是两方交换意见最有力的机关。到民元正月初旬以后，彼此秘密交换的条件已相当的成熟——就是清帝在优待条件之下自行退位，退位后，中山辞去临时总统，而以袁继任。但是袁世凯到了很困难的地位了，他原先坚持国体问题由国民会议解决之说，并且假补充军费的名义，榨取清室的内帑金，要与民军决战；现在忽然要清帝自行退位，实在难于出口。于是他仍旧运用奕劻作傀儡，密以退位优待条件示奕劻，说这是替清室和满人谋安全的最上办法，革命党既不肯让步，用兵实在危险。正月十二日，清室的王公亲贵因和议形势不佳，开秘密会议，奕劻果将退位的话提出，除了几个少年亲贵表示反对外，大都意气消沉，议无结果。十二日，载沣访袁，叩以对于退位的意见，袁以不得要领的话敷衍他了事。但是退位的消息传出后，亲贵中如载涛、毓朗、良弼、铁良等渐形愤激，对于袁极端不满，所谓宗社党将要出现了。十六日，袁世凯入朝谒见清太后，请示最后的圣断，清太后以明日召集亲贵王公等开御前会议答之。袁出朝时，遇炸，死卫队巡警数人，袁幸无伤，当场捕获杨禹昌、黄之萌、张先培等三人，自认为革命党员，皆遇害。原来此时退位之说已喧传于外，而又不实现；革命党不知个中秘密的人，以为是袁作梗，所以出此激烈手段（日人多谓炸袁者为良弼所主使，此实过于深刻之论）。但是这三个人的牺牲，于袁很有利益，因为自有此一炸后，清太后从此相信袁世凯不是左祖革命党而是真心替清室谋安全的人，对于亲贵攻击袁氏的话都不大相信了。

十七日，开第一次御前会议，奕劻首先发言，说除了在优待条件之下自行退位，别无安全办法。清太后伏案啜泣，满座无声．忽有一个列席的蒙古王公，慨然起而反对，和奕劻争论，载沣等多不发言，颇有倾向奕劻说的态度；无结果而散。

十八日，开第二次御前会议，奕劻仍执前议，并将密定的优待条件案提出，蒙古王公反对更烈，亲贵中或意气沮丧，或稍活动，仍无结果而散。所谓宗社党的人士，看见形势日迫，便于是日慨然奋起，结合同志三十余人，齐赴庆王府，包围奕劻，表示激烈，并诘问载涛兄弟，说他们以前主张强硬，为何两次御前会议不发一言。到十九日早，他们便以"君主立宪维持会"的名义，发布很激烈的宣言。于是宗社党的团体成立了。

十九日，续开第三次御前会议，满蒙王公尽行列席，袁世凯命赵秉钧、梁士诒、胡惟德为列席代表。首由赵秉钧提出一种由内阁商定的解决时局案，内容是——将北京君主政府与南京临时政府同时取消，另于天津设立临时统一政府。这个方案的意思是想将取消南京临时政府作陪衬，一方聊以慰藉满清皇室，一方又可除去南方的障碍物，故当此案提出御前会议时，并由袁内阁同时电达伍代表，请其转达南京政府，要求于清帝退位后二日，南京政府即行解散。这是袁想把组织临时政府的大权全行揽入自己手中的狡谋。但是他到了更困难的地位了。

当该案提出第三次御前会议时，满蒙的王公亲贵一致反对，说南北两政府同时取消，另设统一政府，便是变君主为共和，断乎不可；奕劻也变了腔调，说另设统一政府则可，废弃君位则不可。梁士诒以财政穷乏、不足支持一月的军费为言；胡惟德以英、俄、日有乘机干涉的形势为言；各亲贵皆不顾；于是赵秉钧便说，此案实为内阁苦心孤诣，于万难之中想出来的办法，若不见纳，除了袁内阁全体辞职，别无办法了；因与梁、胡等一同退出，本日会议又无结果而散。二十日到二十二日，虽然仍有御前会议，形势与前无异。所谓宗社党内幕的领袖便是良弼，预备袁世凯一辞职便照准，由毓朗、载泽等出而组阁，以铁良任清军总司令，作最后的决斗；形势异常混沌。（此时总管禁卫军的冯国璋，暗中虽听袁指挥，表面上也和诸亲贵采同一的步调，表示拥护清帝，一以缓和禁卫军中的满人将校，一以窥探亲贵的内幕。）这是袁对于北京方面的困难。

南京临时政府方面，接到由伍代表转来的消息，窥破袁的阴谋，立刻命伍代表电诘袁世凯，并以下列四项交袁：

（一）清帝退位，放弃一切主权。

（二）清帝不得干预临时政府组织之事。

（三）临时政府地点须在南京。

（四）孙总统须俟列国承认临时政府，国内改革成就，和平确立，方行解职；袁世凯在孙总统解职以前，不得干预临时政府一切之事。

二十日，复由伍代表将优待清帝及满、蒙、回、藏条件各五款电交袁世凯（条件全文此处不备录，大略与后来改定者无大异）。到二十二日，孙总统又将最后提出的五条加以声明，命伍代表电达袁氏，同时送交报馆披露，其语意略如次：

> ……文前此所云于清帝退位时，即辞临时大总统之职者，以袁世凯断绝满清政府一切关系，而为中华民国之国民，斯时乃可举袁为总统也，然其后得由上海来电，袁之意非徒不欲去满清政府，且欲取消民国政府，于北方另组临时政府。彼所谓临时政府，果为君主，抑为民主，谁则知之？若彼自称为民主，谁则保证？故文须俟各国承认民国之后，始行解职。盖欲使民国之基础巩固，决非前后矛盾。袁若能与满政府断绝关系，为民国之国民，文当履行前言。……

今确定办法如下：

（一）清帝退位，由袁同时知照驻京各国公使，请转知民国政府，或转饬驻沪各国领事转达亦可。

（二）同时袁须宣布政见，绝对赞成共和主义。

（三）文接到外交团或领事团通知清帝退位布告后，即行辞职。

（四）由参议院举袁为临时总统。

（五）袁被举为临时总统后，誓守参议院所定之宪法，始能授受事权。

前之一、二两条，即欲使袁断绝清政府之关系，变为民国之国民，此为最后解决之办法。袁若不能实行，即不愿赞同共和，无和平解决之诚意；如此则优待皇室及满、蒙各族条件亦不能施行；此后战争再起，陷天下于流血之惨，亦将责有攸归。

中山将此等议论办法公布，便是对袁表示强硬（此时中山知袁不敢翻脸，故将所定条件公布，使袁不能再弄玄虚）。袁此时若不承认，又没有别的对付方法；若立即承认，宗社党又尚在作梗，还没有取得清帝退位的同意。这是他对南京一方面的困难。

袁世凯更有一层难乎为情的，就是以前用满清皇位去换自己的总统地位，还是半公开的秘密交易；自中山把五项条件在报上宣布后，秘密的交易变成全公开了；因此宗社党越恨他，外国人也讥评他，说他竟是这样的一种人物。此时他对于清廷，就只是"称病不入朝"。对于外国人，就命外务部发表一种声明书，说南北交涉并非由袁直接，袁亦并未公认，且并无欲作总统之意；一面又令人散布流言，说袁要辞职了，北京将有变乱，劝外国人都迁入东交民巷，以防危险，南京方面逼他回电，他起初也不理，后来逼得急了，便答以从前关于皇帝逊位之事并未与贵代表交涉，再打电去切责，他便全然不回答了；可想见他此时的苦境。

袁世凯在此困难的时候，要运用他最后的法宝了，即北洋军阀武力的威吓。这个法宝还未出现，便先得到革命党人一个意外的助力，即元月二十六日彭家珍用炸弹炸去良弼的一腿，彭自身立即殉难，良弼数日后亦死，于是所谓宗社党人都吓破了胆，或逃或匿，替袁去了一大阻力（日本人有诬彭家珍之炸良弼为袁世凯所主使者，实属妄揣）。到二十七日，自己的法宝也出现了——就是段祺瑞等大小将校四十余人，联名向内阁军谘府陆军部并各王公发出一长电，主张立采共和政体以安皇室而奠大局，请他们向皇帝代奏。这是袁世凯第二次使用北洋军阀的武力作工具来威吓清廷。后来用这种工具威吓国会，威吓宪法起草委员会；传到段祺瑞作国务总理时，也沿用这种工具威吓国会，威吓黎总统。我们可知道中国的军阀是袁世凯造成的，中国的军纪也是他破坏的，后来所谓督军团，在与清廷和议时已两次发其端了。我们在此两次的发端中，已可看出北洋军阀的人物，除了拥护己派私人的权势利益以外，全无真正的爱国思想和主张。正月一日联电说："若以少数意见采用共和，必誓死反对。"不到一个月工夫，连国民会议都不要召集，便知道赞成共和是多数的意见，须"立采共和政体"了（此次联盟电报，冯国璋因在北京总管禁卫军，未列名）。这种反覆无常的主张便是后来各督军朝三暮四、不顾颜面的先声。亏得段派人物后来还以造成共和向国民骄功，实则这种功劳只是对于袁世凯的功劳，不能拿来向我们国民夸嘴。袁世凯得到他们的助力真是不小，因为此电一达北京，宗社党更不敢说话了。二十九日，复开御前会议，奕劻和袁世凯都称病未到，其他列席的人无一人再敢说硬话。三十日，清太后召奕劻、载沣二人入见，皆以"官军既无斗志，不若逊位全终，犹得优遇"奉答。二月一日，乃用太后懿旨命袁世凯与民军磋商退位条件。"称病不入朝"的袁世凯现在病也好了；二月三日，入朝退出后，立即电复伍代表说："今始有权以议优待之事。"双方将优待条件商妥后，于二月六日由南京临时参议院修正，咨复临时政府，电达袁世凯，清帝于二月十二日下诏退位。诏语中有：

> ……袁世凯前经资政院选举为总理大臣，当兹新旧代谢之际，宜有南北统一之方，即由袁世凯以全权组织临时共和政府与民军协商统一办法。……

这几句话便是袁氏认作自己受禅的把柄。但这是他的"一相情愿"；还有一个南京临时参议院，他终没有方法消灭它，不能不暂时向它低头，承受它的麻烦。

（附录）**关于退位的各种优待条件**

甲、关于清帝退位之后优待之条件

第一款　清帝逊位之后，其尊号仍存不废，以待遇外国君主之礼相待。

第二款　清帝逊位之后，其岁用四百万元，由中华民国给付。

第三款　清帝逊位之后，暂居宫禁，日后移居颐和园，侍卫照常留用。

第四款　清帝逊位之后，其宗庙陵寝，永远奉祀，由中华民国酌设卫兵保护。

第五款　清德宗陵寝未完工程，如制妥修，其奉安典礼仍如旧制，所有实用经费均由中华民国支出。

第六款　以前宫内所用各项执事人员，得照常留用，惟以后不得再招阉人。

第七款　清帝逊位之后，其原有私产由中华民国特别保护。

第八款　原有禁卫军归中华民国陆军部编制，其额数俸饷仍如其旧。

乙、关于清皇族待遇之条件

一、清王公世爵，概仍其旧。

二、清皇族对于中华民国之公权及其私权，与国民同等。

三、清皇族私产，一律保护。

四、清皇族免兵役之义务。

丙、关于满、蒙、回、藏各族待遇之条件

一、与汉人平等。

二、保护其原有之私产。

三、王公世爵概仍其旧。

四、王公中有生计过艰者，民国得设法代筹生计。

五、先筹八旗生计，于未筹定之前，八旗兵弁俸饷仍旧支放。

六、从前营业居住等限制，一律蠲除，各州县听其自由入籍。

七、满、蒙、回、藏原有之宗教听其自由信仰。

（以上条件皆列于正式公文，由中华民国政府照会各国驻北京公使。）

五　改选临时总统颁布约法与临时政府的北迁

南京临时政府初成立时，由各省代表会代行参议院职权；不久，各省正式选派的参议员陆续到了南京，便以元月二十八日开参议院正式成立会。二月十二日，清帝退位；十三日，袁世凯即电南京临时政府：

> ……南京孙大总统、黎副总统、各部总长、参议院同鉴：共和为最良国体，世界之公认，今由帝政一跃而跻及之，实诸公累年之心血，亦民国无穷之幸福。大清皇帝，既明诏辞位，业经世凯署名，则宣布之日为帝政之终局，即民国之始基，从此努力进行，务令达到圆满地位，永不使君主政体再行于中国。现在统一组织，至重至繁，世凯极愿南行，畅领大教，共谋进行之法。只因北方秩序不易维持，军旅如林，须加部署，而东北人心，未尽一致，稍有动摇，牵涉全国。诸君皆洞鉴时局，必能谅此苦衷。……

这便算是他宣布政见，绝对赞成共和主义，履行孙中山前此所提出的条件第一项。中山接到此电,立即自己履行前此所提出的条件第三、四项,于同日咨达参议院辞临时总统职权,并向参议院推荐袁世凯,请举为继任总统。其咨达参议院文略如下:

> ……前后和议情形前已咨交贵院在案。昨日伍代表得北京电……又接唐绍仪电……清帝鉴于大势,知保全君位,必然无效,遂有退位之议。今既宣布退位,赞成共和,承认中华民国,从此帝制永不存留于中国之内,民国目的亦已达到。当缔造民国之始,本总统被选为公仆,宣言誓书,实以倾覆专制,巩固民国,图谋民生幸福为任。誓至专制政府既倒,国内无变乱,民国卓立于世界,为列邦公认,本总统即行辞职。现在清帝退位,专制已除,南北一心,更无变乱,民国为各国承认,旦夕可期。本总统当践誓言,辞职引退,为此咨告贵院,应代表国民之公意,速举贤能,来南京接事,以便辞职。……

又咨如下:

> ……今日本总统提出辞表,要求改选贤能。选举之事,原国民公权,本总统实无容喙之余地。惟前使伍代表电北京,有约以清帝实行退位,袁世凯君宣布政见,赞成共和,即当提议推让。想贵院亦表同情。此次清帝逊位,南北统一,袁君之力实多。其发表政见,更为绝对赞成共和。举为总统必能尽忠民国。且袁君富于经验,民国统一,赖有建设之才,故敢以私见贡荐于贵院,请为民国前途熟计,无失当选之人,大局幸甚。……

这是孙中山忠实履行自己所约的条件。十四日,中山又亲赴参议院陈述意见,经该院赞同,于十四日开临时大总统选举会,到会的共十七省，投票权，每省各为一票，袁世凯得十七票，全体一致，当选为临时大总统。（黎副总统嗣亦电请辞职，经过改选手续，仍当选原职。）这算是双方都履行前约的第一步。但是袁世凯还有最不愿屈从的几件重大事项。

当中山向参议院咨请辞去总统时，咨文的末尾还附有办法条件三项如下：

一、临时政府地点设于南京，为各省代表所议定，不能更改。

二、辞职后，俟参议院举定新总统亲到南京受任之时，大总统及国务各员始行解职。

三、临时政府约法为参议院所制定（此时约法还未成立颁布），新总统必须遵守；颁布之一切法律章程，非经参议院改订，仍继续有效。

原来袁世凯个人的人格上，是很难使人相信的；从小站练兵到推倒满清，他所有的行动都是"驰着两头马"的行动。除了一部分的"官僚立宪派"人物，向来和他很亲密，十二分的迷信他；以外康梁的立宪派对于他也只是不得已而倚重，并非根本相信他；至于中山所领导的革命派，当然是更不相信他了。现在因为避难就易的原故，要假手他推倒满清皇位，挂出共和的招牌来，所以不惜把总统的位置让给他。一面既把总统的位置给他，一面又不相信他，本来是极矛盾的事，但是这种矛盾状态是没有方法可以避免的，因此中山提出前面的三项办法。一、二两项是想要他离去北京的帝王巢窟，与腐败的旧势力相隔绝，第三项是想用法律的势力来抑制他不正当的野心；总括一句话，就是要把共和的基础巩固在"民权"两字上面。

关于前举的第三项《临时约法》的制定，其进行本在清帝退位以前，因为许多人对于《临时政府组织大纲》很不满意——第一是说它没有把人民的权利写在上面，又恐怕所规定的"六个月以内召集国会"办不到，所以早有修改为《临时约法》之议。及到二月初旬，清帝退位的事情十分成熟，临时总统的椅子立刻要献给袁世凯了，《临时约法》的制定也就刻不容缓了。参议院从二月初七日起开始会议，起草两次，会议亘三十二日，到三月初八日全案成立。从前修改《临时政府组织大纲》时，宋教仁想把它变为责任内阁制，那些对于宋教仁怀疑忌心的代表先生们，因为要打击宋教仁的原故，拚命的反对，使责任内阁制不能实现，现在所制定的约法预备在袁世凯临时总统任内施行，又因为要抑制袁世凯的野心的原故，竟把总统制改为责任内阁制了。英法的责任内阁制，不过是以内阁总理取得国会多数的信任为条件，总理以外的国务员全由总理择人组织；《临时约法》上的责任内阁、一切国务员，都要先行正式提交参议院，得它的同意，方可任命，实在是"变本加厉"了。这种拘于一时环境的立法精神，是所谓"对人立法"的精神；对人立法，在理论上是不能赞许的；因为真正的大枭雄不肯把法律放在眼里，徒使公正的政治家失去政治运用应有的活动。（后来约法的屡遭破毁，半由于袁氏和北洋军阀的跋扈，亦半由于约法本身的不良。）但是当时的参议员大都不明白这种道理，以为只要是黑字写在白纸上经过议会多数通过的法律，便是神圣，可以压制一切恶魔，便如铁笼，可以防闲一切猛兽。谁知后来的猛兽恶魔，仍只把它看作一些黑字写在白纸上，到了妨碍他们的行动的时候，一伸爪便把它撕破了。谷钟秀说："各省联合之始，实有类于美利坚十三州之联合，因其自然之势，宜建为联邦国家，故采美之总统制；自临时政府成立后，感于南北统一之必要，宜建为单一国家，如法兰西之集权政府，故采法之内阁制。"这种议论，不过是借以掩饰当时"对人立法"的真相，否则极为幼稚可笑；为什么单一国就不可用总统制，联邦国就不可用内阁制呢？这是何处来的宪法原理？何不老老实实说：所以变总统制为内阁制的原因，大部分是预备把它去制服野性难驯的袁世凯。袁世凯在未到必要的时候，彷佛也还肯受它的拘束；但是他的主意老早打定了，就是在实权没有完全到手以前，随你们画的什么符，他都表示尊重，若要他放弃把握实权的关键，他便死也不能从了。所以关于前面所举的三项办法，对于第三项遵守参议院所制定之约法，暂时不生问题；对于一、二两项，要他离去北京的巢穴，就不容易办到了。

袁世凯不肯离去北京而赴南京，在他十三日宣布政见的电文内，已经表示（参观前面所举的电文）。南京的参议员中也有许多人拘于地方感情的，舍不得那个六百余年的帝王古都。二月十四日，参议院讨论此问题，谷钟秀、李肇甫等便提议将临时政府地点，改设北京，略谓：

> ……南北既经统一，即应筹全国所以统一之道。临时政府地点为全国人心所系。应设足以统驭全国之地，使中国能成完土，庶足以维系全国人心，并达我民国合五大民族而为一大中华民国之旨。前经各省代表指定临时政府地点于南京，系因当时大江以北尚在清军范围。……今情势既异，自应因时制宜。

讨论结果，竟以二十票对八票的多数，可决临时政府设于北京之说，可见多数的参议员尚不明了中山弃旧图新的意旨。中山接到参议院的议决案异常气愤，立即依法咨交该院覆议，仍主临时政府设于南京。十五日，参议院复议时，争论异常激烈，但是多数的议员经中山暗中尽力解释，渐渐觉醒了，投票的结果乃以十九票对七票的多数，可决临时政府仍设于南京。但此时站在袁世凯方面，不愿意将国都迁往南京的还有两种势力：一为以北京为巢穴的军阀官僚派；二为享有东交民巷特权的帝国主义外交团。袁则挟此两种势力以自重。中山屡电催袁南下就职，并明白揭破袁的隐衷，叫他不要依清帝委任，在北方组织临时政府，若竟如此，必至别生枝节；若虑北方无人维持，不妨另择重要人员委以全权，镇抚北方，然后南下。袁便以退居相要挟，向各方通电说：

> ……南行之愿，前电业已声明。然暂时羁绊在此，实为北方危机隐伏，全国半数之生命财产，万难恝置，并非倚清室委任也。孙大总统来电所论共和政府，不能由清帝委任组织，极为正确。现在北方各省军队暨全蒙代表，皆以函电推举为临时大总统。清帝委任一层，无足再论。然总未遽组织者，特虑南北政见，因此而生，统一愈难，实非国之福。若专为个人职任计，舍北而南，则实有无穷窒碍。北方军民意见，尚有纷驰，隐患实繁，皇族受外人愚弄，根株潜长；北京外交团，向以凯离此为虑，屡经言及；奉江两省，时有动摇，外蒙各盟迭来警告；内讧外患，递引互牵。若因凯一去，一切变端立见，殊非爱国救世之素志。若举人自代，实无措置各方面合宜之人。然长此不能统一，外人无可承认，险象环生，大局益危。反覆思维，与其孙大总统辞职不如世凯退居。……

他的意思就是，你们不许我依清帝委任组织政府，但是已有北方的军队和全蒙代表推举我做总统，不过是怕南北分裂，不愿意做半边总统，所以和你们敷衍。并且外国人和北方军民都赞成我在北方。你们要"调虎离山"，只要你们不怕外国人和北方军民，我便跑开，看你们如何处置。但是中山不为这种威吓所动，仍旧坚持原议。随即派蔡元培、汪精卫、宋教仁、魏宸组、钮永建等为专使往北京，欢迎袁世凯南下。蔡、汪、宋等于二十六、二十七等日到北京，袁世凯并不表示拒绝的意思，并且当蔡、汪、宋等到京时，特开正阳门欢迎，极为优待，不过暗使各团体表示反对。蔡、汪、宋等也不为他们所动。到二十九日夜，便弄出花样来了，就是驻在北京由曹锟所统的第三镇军队于是夜实行变乱。于东安门及前门一带，整队放火行劫，通宵达旦，商民被祸的数千家；欢迎的专使蔡、汪等所住寓舍也被侵入，几至蒙难。次日，天津、保定的军队也照样行动。这次兵变的内幕，谁也知道是袁世凯的苦肉计——纵然不是由袁自己发动，也一定是他的心腹爪牙密定的计画。但是北京的人士后来还要替他掩饰，说兵变的真正原因，是因为各兵士在战事期中，每人每月领特别饷银一两，此时停止支领，各怀不平，所以有此。现在对于袁氏秘密授意的一层，自然找不出确实的证据；但是对于掩饰的后说却有一个反证，就是当时停止支领特别饷银的是第二镇和第四镇，第三镇并没有停止，而变乱的却是第三镇，可见后说是用以掩饰变乱的真相的。因此变乱，北京的外交团恐怕演出庚子拳民的故事来，于是议决增调军队来京护卫，日本首先将山海关及南满的驻屯军分调一千数百人来京，于是袁世凯的目的达到了。蔡、汪等于三月二日电请南京政府及参议院速筹善策，以满南北之望而救危亡，略谓：

> ……北京兵变，外人极为激昂，日本已派多兵入京，设使

再有此等事发生，外人自由行动，恐不可免。培等睹此情形，集议以为速建统一政府，为今日最要问题，余尽可迁就，以定大局。……

毕竟蔡、汪等爱国有余，胆量不足，竟入了袁的圈套；南京临时政府也是一样，中山无可奈何了。此时日本的帝国主义者正想把中国造成一个南北对峙的局面，中山若固执己意，势必成为南北对峙，堕入日本的阴谋中，故也不固执了。到三月六日，参议院议决办法六条：

一、参议院电知袁大总统，允其在北京就职；

二、袁大总统接电后，即电参议院宣誓；

三、参议院接到宣誓之电后，即电复认为受职，并通告全国；

四、袁大总统受职后即将拟派之国务总理及国务员姓名电知参议院求同意；

五、国务总理及各国务员任定后，即在南京接收临时政府交代事宜；

六、孙大总统于交代之日始行解职。

这种办法是袁世凯乐从的了，于三月十日在北京宣誓就职，就职时，蔡、汪等欢迎专使皆参列，其誓词如下：

民国建设造端，百凡待治，世凯深顾竭其能力，发扬共和之精神，涤荡专制之瑕秽，谨守宪法，依国民之愿望，达国家于安全强固之域，俾五大民族同臻乐利。

凡此志愿，率履勿渝。候召集国会选定第一期大总统，世凯即行辞职。谨掬诚悃，誓告同胞。

袁就职后，便将此誓词电达南京参议院，参议院也循例以电致词于袁。十一日，由孙总统将参议院议决的约法公布（全文附录于后）。袁于就职后提出唐绍仪为内阁总理，经南京参议院同意后，唐于三月二十五日到南京组织新内阁，其阁员名单如下：

外交总长陆徵祥　　内务总长赵秉钧

财政总长熊希龄　　陆军总长段祺瑞

海军总长刘冠雄　　司法总长王宠惠

教育总长蔡元培　　农林总长宋教仁

工商总长陈其美　　交通总长梁如浩

梁如浩没有通过参议院，临时政府北迁后改任施肇基。陈其美亦未就职，后由王正廷代理。陆军总长，南方先有任黄兴之议，但是袁世凯对于这个生死关头所系的处所，那里肯放弃呢？他把内务、陆海军重要的三部操在自己手中，余则用以敷衍革命党和其他各派。三月二十九日，唐绍仪到参议院宣布政见，接受南京临时政府，孙总统于四月一日正式解职；四月五日，参议院议决临时政府，迁于北京，中华民国第一次南北统一完成。此后便为国民党与北洋军阀的斗争时代。

（附录）中华民国临时约法

第一章　总纲

第一条　中华民国由中华人民组织之。

第二条　中华民国之主权属于国民全体。

第三条　中华民国领土为二十二行省、内外蒙古、西藏、青海。

第四条　中华民国以参议院、临时大总统、国务员、沄院行使其统治权。

第二章　人民

第五条　中华民国人民一律平等，无种族、阶级、宗教之区别。

第六条　人民得享有下列各项之自由：

一、人民之身体，非依法律不得逮捕、拘禁、审问、处罚；

二、人民之家宅，非依法律不得侵入或搜索；

三、人民有保有财产及营业之自由；

四、人民有言论、著作、刊行及集会、结社之自由；

五、人民有书信秘密之自由；

六、人民有居住迁徙之自由；

七、人民有信教之自由。

第七条　人民有请愿于议会之权。

第八条　人民有陈诉于行政官署之权。

第九条　人民有诉讼于法院受其审判之权。

第十条　人民对于官吏违法损害权利之行为，有陈诉于平政院之权。

第十一条　人民有应任官考试之权。

第十二条　人民有选举及被选举之权。

第十三条　人民依法律有纳税之义务。

第十四条　人民依法律有服兵役之义务。

第十五条　本章所载人民之权利，有认为增进公益、维持治安或非常紧急必要时，得依法律限制之。

第三章　参议院

第十六条　中华民国之立法权，以参议院行之。

第十七条　参议院以第十八条所定各地方选派之参议员组

织之。

第十八条　参议员每行省、内蒙古、外蒙古、西藏各选五人，青海选派一人；其选派方法由各地方自定之。参议院会议时，每参议员有一表决权。

第十九条　参议院之职权如下：

一、议决一切法律；

二、议决临时政府之预算决算；

三、议决全国之税法、币制及度量衡之准则；

四、议决公债之募集及国库有负担之契约；

五、承诺第三十四条、三十五条、四十条事件；

六、答覆临时政府咨询事件；

七、受理人民之请愿；

八、得以关于法律及其他事件之意见建议于政府；

九、得提出质问书于国务员，并要求其出席答覆；

十、得咨请临时政府查办官吏纳贿违法事件；

十一、参议院对于临时大总统认为有谋叛行为时，得以总员五分四以上之出席，出席员四分三以上之可决弹劾之；

十二、参议院对于国务员认为失职或违法时，得以总员四分三以上之出席，出席员三分二以上之可决弹劾之。

第二十条　参议院得自行集会、开会、习会。

第二十一条　参议院之会议须公开之；但有国务员之要求，或出席参议员过半数之可决者得秘密之。

第二十二条　参议院议决事件，由临时大总统公布施行。

第二十三条　临时大总统对于参议院议决事件如否认时，得以咨达十日内声明理由，咨院覆议。但参议院对于覆议事件，如有到会参议员三分二以上仍执前议时，仍照二十二条办理。

第二十四条　参议员议长，由参议员用记名投票法互选之，以得票满投票总数之半者为当选。

第二十五条　参议院参议员于院内之言论及表决，对于院外不负责任。

第二十六条　参议院参议员除现行犯及关于内乱外患之犯罪外，会期中非得本院许可，不得逮捕。

第二十七条　参议院法由参议院自定之。

第二十八条　参议院以国会成立之日解散，其职权由国会行之。

第四章　临时大总统、副总统

第二十九条　临时大总统、副总统由参议院选举之，以总员四分三以上之出席，得票满投票总数三分二以上者为当选。

第三十条　临时大总统代表临时政府，总揽政务，公布法律。

第三十一条　临时大总统为执行法律或基于法律之委任，得发布命令，并得使发布之。

第三十二条　临时大总统统率全国陆海军队。

第三十三条　临时大总统得制定官制官规，但须提交参议院议决。

第三十四条　临时大总统任命文武职员，但任命国务员及外交大使、公使，须由参议院之同意。

第三十五条　临时大总统经参议院之同意，得宣战、讲和及缔结条约。

第三十六条　临时大总统得依法律宣告戒严。

第三十七条　临时大总统代表全国接受外国之大使、公使。

第三十八条　临时大总统得提出法律案于参议院。

第三十九条　临时大总统得颁给勋章并其他荣典。

第四十条　临时大总统得宣告大赦、特赦、减刑、复权，但大赦须经参议院之同意。

第四十一条　临时大总统受参议院弹劾后，由最高法院全院审判官互选五人，组织特别法庭审讯之。

第四十二条　临时副总统于临时大总统因故去职或不能视事时，得代行其职权。

第五章　国务院

第四十三条　国务总理及各部总长均称为国务员。

第四十四条　国务员辅佐大总统负其责任。

第四十五条　国务员于大总统提出法律案，公布法律及公布命令时须副署之。

第四十六条　国务员及其委员得于参议院出席及发言。

第四十七条　国务员受参议员弹劾后，临时大总统应免其职，但得交参议院复议一次。

第六章　法院

第四十八条　法院以临时大总统及司法院长分别任命之法官组织之，法院编制及法官之资格以法律定之。

第四十九条　法院依法律审判民事诉讼、刑事诉讼，但关于行政诉讼及其他特别诉讼，别以法律定之。

第五十条　法院之审判，须公开之；但有认为妨害安宁秩序者得秘密之。

第五十一条　法院独立审判，不受上级官厅之干涉。

第五十二条　法官在任中不得减俸或转职，非依法律受刑罚宣告或应免职之惩戒处分，不得解职，惩戒条规以法律定之。

第七章　附则

第五十三条　本约法施行后，限十个月内，由临时大总统召集国会，其国会之组织及选举法由参议院定之。

第五十四条　中华民国之宪法由国会制定，宪法未施行以前本约法之效力，与宪法等。

第五十五条　本约法由参议院参议员三分二以上或临时大总统之建议，经参议院五分四以上之出席，出席员四分三之可决得增修之。

第五十六条　本约法自公布之日施行。

《临时政府组织大纲》于本约法施行之日废止。

第十章 国民党与北洋军阀斗争的初期

　　满清皇位的颠覆，由于革命派、立宪派和北洋军阀官僚派三种势力共同的动作所致，依前章所述的事实，已经是很明了的。此后进于中华民国的初期，约七八年内，也便是这三大派势力的活动时期。这三大派势力，在根本的精神上和活动的方式上，有大相差异之点，就是革命派的行动常是激进的，主动的，不计当前利害的；军阀官僚派的行动常是固守的，被动的，对于当前的利害计较最切的；至于立宪派，其计较当前利害与军阀官僚派略同，但不如他们的固守，也不如革命派的激进，有时候处于被动，也有时候参加主动。高一涵尝评论这一派说："这党宗旨在和平改革，无论什么时代，只要容许他们活动，他们都可俯首迁就；到了他们不能活动的时期，也可偶然加入革命党；但是时局一定，他们仍然依附势力，托庇势力之下以从事活动。"这是很确切的评论。因为立宪派的精神性质上是这样，所以自推倒满清帝制以来，中国政治上的斗争，常常是革命派和军阀官僚派对抗的斗争，而立宪派则处于因利乘便的地位。民国初期的政治，情势大略如此。此种情势在辛亥革命时已经表现，例如武昌一发难，各省谘议局立宪派的领袖如汤化龙辈，都加入革命活动；汉阳的激战表面上是革命军和清军斗争，实际上便是革命军和北洋军阀斗争的开始；在两方议和的当中，表面上是民军与清廷的争执，实际上也便是革命派与北洋军阀派暗斗的开始；并且在此暗斗开始的期中，立宪派已经不满意于革命派，采取左袒北洋军阀的方针了。从临时政府北迁，到国会第一次破毁（一九一二年春至一九一四年春初），可称为革命派（即国民党）与北洋军阀斗争的初期，因为立宪派和一般苟安的国民都左袒北洋军阀，革命派一时失败。其经过的事实，分节叙述如次。

一　政党的产生与演化

同盟会在满清帝制推倒以前，只是一种秘密的革命团体，还不能作为公开的政党。在满清末年，形式上成为公开的政党的，只有由"国会请愿同志会"演进而成的宪友会。当宣统二年（一九一〇年）资政院成立后，该院中由各省谘议局所选出的议员（大都是"国会请愿同志会"的人物）和敕选议员臭味不同，两相对抗，于是前者便组织一个宪友会；敕选派的议员为对抗宪友会起见，也组织一个宪政实进会；还有一小派的人又组织一个辛亥俱乐部。这三个政团虽然都是站在君主立宪的范围以内，但是后面两个（宪政实进会、辛亥俱乐部）是纯粹的官僚团体，到满清帝制推翻时，便全然消灭；只有那个宪友会可算是后来进步党的老祖宗。宪友会除了在资政院内俨然成为一个政党外，并且有许多院外的人物参加，在各省设有支部，如直隶的孙洪伊，湖北的汤化龙、胡瑞霖，江苏的沈恩浮、黄恩培，山西的梁善济，奉天的袁金铠，江西的谢远涵、黄为基，湖南的谭延闿，福建的刘崇佑、林长民，四川的蒲殿俊、罗纶等都是该会各支部的领袖。自武昌革命军起，到民国临时政府成立，几个月间，革命派的同盟会和立宪派的宪友会，都起了绝大的变化。表面上第一个变化为同盟会由秘密变为公开，而宪友会的旗帜消灭。但是最大的变化，还是两派的"化分"与"化合"。这种化分与化合的作用化来化去，一时政党林立，好似"雨后之笋"，直到第一次正式国会成立的前后，又化成革命派与立宪派对立的两个大党：前者为国民党，后者为进步党。这种化分化合的经过情形极其复杂，几令人不能辨识；但是关系颇为重要，请略为叙述于后：

同盟会原来所标榜的主义有民族、民权、民生三大纲，而辅之以军政、训政、宪政三时期的革命方略；到组织临时政府的时候，三时期的革命方略已经完全抛弃，就是对于三民主义，已渐渐地黯然失色了。因为在组织同盟会时，许多党员便只认定一个狭隘的民族主义——就是汉族对于满族谋光复。满清帝制一倒，许多革命党员以为目的已经达到，以前结合的原因消失，于是分化的作用便起来了。同盟会要人的章炳麟，在辛亥革命以前已和孙中山有很深的隔阂，到辛亥光复事毕，便与同盟会分离，改组中华民国联合会：这是由章炳麟领导的化分作用的开始。湖北方面的孙武、蓝天蔚、刘成禺等，原来也都是同盟会派的人物，现在也和张伯烈、饶汉祥等拥戴黎元洪为首领，以湖北人为中心，组织一个政团，叫作民社：这又是分化作用的一个表现。

立宪派的宪友会在资政院时代，以君宪为目标；现在改为目标消灭，也不能不起化分作用：汤化龙、林长民等率领一部分人化分而成一个共和建设讨论会；孙洪伊等率领一部分人化分而成一个共和统一党；又有籍忠寅、周大烈等一部分人化分而成一个国民协进会。

上面所举，是革命立宪两派最明显的各自化分。有了化分作用，便立即又起化合作用。在南京临时政府时代，当然还是同盟会的干部人员握重权，而该会中的少年党员妄自骄功，举动暴烈，干部领袖不能节制，同盟会便为人所诟病；于是凡非同盟会的团体与由同盟会化分出来的团体，渐有互相结合以抗同盟会的趋势。章炳麟所改组的中华民国联合会，与往昔预备立宪公会的领袖张謇等，以江浙人士为中心，联合而组成一个统一党，这是第一步的化合。接着统一党又与籍忠寅等的国民协进会、湖北团体的民社，联合而组成一个共和党，便是第二步的化合。此时汤化龙等的共和建设讨论会，孙洪伊等的共和统一党，尚未十分活动；在北京临时参议院中，积极与同盟会为对抗行动的，还只有化合的共和党。同盟会以民权党自命，共和党则以国权党自居；同盟会对袁世凯谋防制，共和党则拥护之；前者诋后者为御用党，后者则诋前者为暴民党。但两党议员在参议院中皆不及半数，而共和党有袁世凯的军阀官僚势力与相援接，故参议院的行动常为共和党所操纵；于是又有最重要的第三党及其他各种小党，再起后来的大化合作用。

所谓最重要的第三党便是统一共和党。该党的重要人员有谷钟秀、张耀曾、欧阳振声、殷汝骊、彭允彝、吴景濂等，他们所拥戴的总干事为蔡锷、王芝祥。这一党的人士，有从前加入过同盟会的，也有不曾加入过的，有从前与立宪派发生过关系的，也有不曾发生关系的。这一党在精神性质上，可以说是介于所谓"民权党"与"国权党"之间。它在北京临时参议院中也有二十五个议席（同盟会与共和党各四十余席），所以有举足轻重之势；并且在各省的支部也有六七所，所以是重要的第三党。

所谓其他各小党：（一）陈锦涛、徐谦、许世英、牟琳、陈箓等以伍廷芳为会长的国民共进会；（二）温宗尧、王人文等以岑春煊、伍廷芳为名誉总理的国民公党；（三）董之云等的共和实进会；（四）张国维等的民国公会；（五）潘鸿鼎等的国民党（此非由同盟会改组之国民党）；（六）共和俱进会、共和促进会及国民新政社等：这都是与后来的大化合有关系的。以外还有所谓自由党、社会党种种名目，都不过昙花一现便不见了。

大化合作用，发动于同盟会干部的宋教仁。宋在当时的同盟会中，除了最高领袖孙、黄以外，算是最露头角，政治手腕极灵敏，政治常识也比较充足，能为他党所推重，政治热也达于最高度。民党名士章士钊感于无意味的小党林立，在《民立报》上发表"毁党造党"之说，主张国内所有各党一律毁弃，大家相互研究，弃小异，取大同，求出一个大同大异之点来，造成对立的两大党，以为实现责任内阁制度的良好基础。宋教仁的政治理想恰与章说相合，他党的重要人士也有极赞成章说的，于是宋教仁首先展布他的敏捷手腕，与那个重要的第三党——统一共和党的人士相提携；原来统一共和党的重要人士多与宋为知交，感情极融洽；在民元八月，同盟会便与统一共和党及国民共进会、国民公党、共和实进会几个小党合并而改组国民党：这便是国民党的大化合。

共和党本是由统一党、民社、国民协进会三党化合而成与同盟会相对抗的；同盟会既化大为国民党，共和党的情势却与相反一方面虽然吸收了民国公会和前国民党两个小党进来，章炳麟派的统一党却依旧分了出去。不过统一党仍旧与共和党，一致对抗由同盟会化成的国民党罢了。

前此由宪友会化分的共和建设讨论会和共和统一党，本与梁启超派是气类相感的，到民元十月，梁启超回国，想在国内政治上有所活动；此时正式国会的选举将进行，汤化龙、孙洪伊等当然想在正式国会中取得重要的政治地位；于是便将共和建设讨论会、共和统一党合并而为民主党，加入梁启超为该党领袖，又吸收共和俱进会、共和促进会、国民新政社几个小党，以扩大民主党的组成分，这便是民主党的化合。

因此当第一次正式国会议员选举时，竞选的党派，有最大的国

民国初期政党变化图

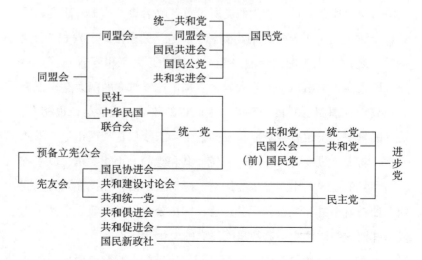

民党，及与国民党相对抗的共和党、统一党、民主党，共计四党。以三个分立的小党对抗一个大党，况且此时各省的政治机关大半还是操在革命派的人手里，所以选举的结果，国民党大获胜利，其余三党皆归失败。于是三党为在国会里面对抗国民党起见，乃合并而为进步党：这便是进步党的大化合。

民国初期的政党，有几种特色，为欧美各国政党所罕见的：

一、党员的跨党：往往一个党员，既挂名于甲党，同时又挂名于乙党，甚至并挂名于丙党的。这种跨党行为，有非出于本人的意思的，也有出于本人的意思的。前者大概为被拥戴的假领袖，在拥戴的团体，想借他作面子上的装饰品，被拥戴的碍于情面，也便以挂名于党作敷衍的应酬品；后者则直以入党为竞权牟利的工具，好比狡兔的三窟，此种党员最为可耻，但在民国初期却视为平常（到洪宪帝制推倒以后尤为特甚）。

二、党议不过是空洞的招牌：在辛亥革命以前，革命党与立宪党本各有鲜明特异的旗帜；及满清帝制一倒，两方的旗帜，都变得不甚鲜明；渐至小党分立，党义的异同更难识别；例如同盟会（在公开以后）、统一党、统一共和党，在未化合为大党以前，各方所标举的政纲实难找出多大的差别来，请看下表：

中国同盟会 （公开时代）政纲	统一党政纲	统一共和党政纲
一、完成行政统一，促进地方自治 二、实行种族同化 三、采用国家社会政策	一、团结全国领土，厘正行政区域（下段与同盟会略异） 二、完成责任内阁制度（虽为同盟会所未举，然同盟会决不反对） 三、融和民族齐一文化（与同盟会第二项同）	一、厘定行政区域，以期中央统一 二、厘定税制，以期负担公平 三、注重民生，采用社会政策 四、发达国民工商业，采用保护贸易政策

中国同盟会 （公开时代）政纲	统一党政纲	统一共和党政纲 续表
四、普及义务教育 五、主张男女平权 　（只有此一条 　为他党所无） 六、厉行征兵制度 七、整理财政，厘 　定税制 八、力谋国际平等 九、注意移民开垦 　事业	四、注重民生，采用社会政策（与同盟会 　第二项同） 五、整理财政，平均人民负担（与同盟会 　第七项同） 六、整理金融机关，发达国民经济（同盟 　会所未举，然不反对） 七、整理海陆军备，倡征兵制度（与同盟 　会第六项略同） 八、普及义务教育，振兴专门学术（下段 　为同盟会所未举，然决不反对） 九、速设铁道干线，谋便全国交通（为同 　盟会所未举，然决不反对） 十．厉行移民开垦事业（与同盟第九项同） 十一、维持国际平和，保全国家实利（与 　同盟会第八项略同）	五、划一币制，采用金本位 六、整顿金融机关，采用国家 　银行制度 七、速设铁道干线及其他交通 　机关 八、实行军国民教育，促进专 　门学术 九、刷新海陆军备，采用征兵 　制度 十、保护海外移民，厉行开垦 　事业 十一、普及文化，融和国内民 　族 十二、注重邦交，保持国家对 　等权利

　　我们试看前表，除了同盟会的"主张男女平权"一条为当时的他党所难容许外，其他各项虽有详略的不同，绝少彼此不能容许的处所；即如同盟会所标准的"促进地方自治"，倘若在不妨碍中央应有的权力范围内，亦可为他党所容许。至于统一党，和统一共和党所标举的条款尤为相同；但在事实上，统一共和党老早便与同盟会提携，而统一党则一合于共和党，再合于进步党，而与同盟会为政敌。可见党义自为党义，政争自为政争，最初分党的真正原因与所揭举的党义没有十分的关系。后来统一党并入共和党，再并入进步党，同盟会扩大为国民党，各方所揭举的党纲都有变化。其最大的变化就是彼此都采至简单的项目，至有含蓄的语句，解释起来，很有弹性，可以立异，也未尝绝对不可求同，请看下表：

国民党政纲	共和党政纲	进步党政纲
一、促成政治统一 二、发展地方自治 三、实行种族同化 四、注重民生政策 五、维持国际和平	一、促进全国统一，采用国家主义 二、以国家权力扶植国民进步 三、应世界之大势，以平和实利立国	一、采取国家主义，建设强善政府 二、尊重人民公意，拥护法赋自由 三、顺应世界大势，增进平和实利

观前表，国民党弃了同盟会的"男女平权"，把同盟会的"力谋国际平等"变作"维持国际和平"，这是因为俯就被并合的他党以扩党势，所以把党纲改就温和了。但与共和党及进步党的立异处，也只有"发展地方自治"的一项；对方认此足以减杀中央统一的权力，所以要与它立异；但它也主张"促成政治统一"，又未见得与对方的"国家主义"、"强善政府"绝对不相容了。总之，当时分党的真意义，不能全从表显于外的党纲上去寻求；党员的精神上虽含有集权、分权的差别，但在国民党方面的最高党首孙中山，却不是主张分权的，并且在特定时期以内也主张集权的（原来的革命方略，在军政、训政两时期中，当然要采用集权的办法），不过绝对不主张把国家一切大权集于不可信托的枭雄一人身上；在对方的共和党及进步党方面，也未尝不赞成地方自治，但认此时居于中央的当局非有绝大的权力，不能维持统一。打开窗子说亮话，两方都只注意在袁世凯一人身上；一方防制袁世凯，一方拥护袁世凯；这便是两党对抗的真意义，党纲不过是一种空洞的招牌罢了。

三、一切党都没有民众作基础：中国的民众，几千年来站在积极的政治活动范围以外，除了到最困苦的时候，对于某一方面表示消极的反对意味外，绝没有积极主动的意思表示；又因经济落后的原故，不曾产生出明显的阶级差别利益来，因此亦不能形成明显的阶级差别利益的团体。所以自有政团以来，都是没有民众作基础的政团，政团不过是读书绅士阶级的专用品。在辛亥革命以前，革命党和立宪党虽然都没有民众作他们的后盾，但因为满清的恶政与满汉民族的反感，在民众心理上发生了一种消极反对清廷的意味，所以革命党倚仗这种民众的消极反满意味成功。满清颠覆后，所有的政党都与民众不生关系，都成了水上无根的浮萍，在势都没有成功的希望；但因同盟会下层的无知党员骄纵失态，未免惹起一部分人的恶感，牵引民众消极反对的动机；又因民众厌乱偷安，颇希望有名的袁宫保给与他们一种"无为而治"的快乐；以此国民党首先处于危险的地位，国民党亡，而进步党亦不能幸存。

上面三点，都是民国初年的政党，与欧美的政党特异的处所；但比起洪宪帝制乱后，南北混争时代的政党来却又有天渊之别了。因为民国初年的政党虽然有党员跨党、党义不着实、没有民众作基础的弱点，但尚有集权、分权的精神差别可言，尚有标举出来的党纲可见；南北混争时代的政党全然变为个人的私党，除了什么"韬园"、"静庐"、"潜社"，什么胡同十二号，什么大街二百号，什么系的名号以外，便只有金钱和官位；"党纲"两字全然听不到有人说及了。所以我们虽不满意于民国初年的政党，比起后来的狐群狗党来，不能不承认前者还有政党的意义，还有受责备的价值。至于国民党和进步党后来失败的经过情形及其原因，待至以后各节，随时再述。

二 内阁的更迭与政党的关系

临时政府的北迁，已算是袁世凯在暗斗开始的时候，得了胜利。此时革命党所期望在将来战斗制胜的工具，就只有《临时约法》上的责任内阁制；但是袁世凯那能够受这种工具的制服呢！从唐绍仪内阁到赵秉钧内阁，这种约法上的工具，全成废物。所以成为废物的原故，就是因为法律制度的背后没有民众拥护的力量；民众并不知道这种法律制度是他们的生命所托，应该出力维护的。当时的党人只知道要造成责任内阁制，须造成拥护内阁的政党，不知道拥护内阁的政党，还要有民众站在它的后面去拥护它。从唐内阁到赵内阁，同盟会派的人只恨内阁不能全操入己党手中，以为还是党势太弱，极力扩张党势；非同盟会派的党人也深恐内阁完全落入同盟会派的手中，一方面极力反对政党内阁之说，一方面也极力造党与之相抗。袁世凯却只是暗笑；他早把当时的人民心理，看得极透；把所谓政党，任意玩弄；把所谓内阁制直踏在北洋军警的铁蹄下面。我们试看唐内阁的倾倒和所谓陆内阁赵内阁的改组经过，便知没有民众作后盾的政党与内阁制度，皆为无用的工具。

一、唐内阁的倾倒　当提出唐绍仪为第一任内阁总理时，革命党与袁世凯两方面，都认唐为最适当的理想人物。唐在南下议和时，早已同情于革命党，到清帝退位后，并已加入同盟会；所以在革命党方面极愿意拥戴他作总理。在袁世凯方面，认定他是自己的私党，必能和赵秉钧一样的可以指挥如意，因为二人的关系最深，断不至有互相龃龉的情事。（袁、唐之相识始于朝鲜，当袁在朝鲜总理营务时，维新党人朴泳孝等设宴于邮局，诱杀闵泳翊，袁世凯率队往邮局弹压，至税务司穆麟德宅，欲入，见一人持枪当门，意气凛然，不许入，袁麾兵稍退，询其名，乃知为局员唐绍仪，时由北洋派驻朝鲜帮办税务，袁告以故乃许入，自此袁甚器重唐。是为袁、唐相知之始。袁在小站练兵时，徐世昌为总理营务处，唐绍仪副之。及袁为山东巡抚时，唐以道员随往山东，办理外交，又派唐总司商务局事。袁调任直督时，特保在东抚任内出力人员，称唐"才识卓越，谙练外交，请记名简放"，旋又奏调随行；到任后，即奏请以唐署津海关道。袁在直督任内，赵秉钧为袁办巡警，唐则袁之外交重要人物；至光绪三十年，唐以津海关道奉旨以四品京堂候补，往西藏查办事件，袁又奏留，未准，自此唐在外交界渐露头角。及袁以外务部尚书兼任军机大臣，袁、唐关系尤密。故袁认唐为己所卵翼而成之人才，与赵秉钧无异，必能听其指挥。）但是唐的头脑比较清新，不若其他的北洋官僚，只知有私党，不知有公责；虽然与袁关系很深，要他作袁个人的走狗，袁就认错了他了。他虽然也不是同盟会的元老党员，但他既居在内阁总理负责任的地位，要他放弃责任以内的权力，也是决不肯的。因此在唐的个人人格上，已含有与袁不能相容的成分。加以阁员的分配，新旧杂糅（内务、陆、海三部为袁党，财部为共和党，农林、司法、教育、工商四部为同盟会），意见又不一致；内务总长赵秉钧，从未到过国务会议的席上（问其不出席之理由，则曰："会议时关系本部之事物至少，而现在维持秩序之事诸关重要，故以不赴为便。"见《远生遗著》）。唐内阁成立后，第一个难问题是财政；财政的所以难，就是除了向外国借款，便无财政可言。而财政总长熊希龄对于借款意见，便与唐不相合；当时帝国主义的银行团（初为英、美、德、法四国银行团，在满清末年组织的，后又加入日、俄两国，为六国银团）想垄断中国借款，藉此致中国财政的死命；唐欲冲破银行团的罗网，向比国银行交涉小借款，触犯了英美等四国帝国主义的大怒，熊原不主张比国小借款，见四国银行团发怒，越加恐慌，因此问题，唐、熊之间时起龃龉；熊欲以辞职拆唐内阁的台，以至在国务会议席上，牵惹熊、蔡（元培）的口角，又引起了章炳麟的移书向内阁谩骂，唐内阁已有不安之势。加以总统府与总理的暗斗，到直督问题发生，唐就不能不走了。

唐任总理以后对于袁的行动，处处不肯放松。袁第一次向参议院发布的宣言书稿，即经唐绍仪改纂后发表（见《远生遗著》）；有时总统府发下的公事，唐以为不可行的，即行驳回，甚至在总统府与袁面争不屈；总统府的侍从武官看见唐到，每每私相议论，说："今日总理又来欺侮我们总统了！"但是袁起初也能容忍。到了直督问题发生，袁认为是自己的生死问题，就绝对不肯容忍了。先是参议院在南京议决接收北方统治权案，有各省督抚一律改称都督，谘议局改为省议会，都督由省议会公举的规定；直隶的民党，运动直省议会已公举王芝祥为直隶都督。此时的王芝祥是附于革命党的要人，举他作直督，就是因为袁世凯既不肯南下，想用革命派的直督去监视他。唐绍仪方在南京组阁，也赞成此议，因以王芝祥督直电袁。未报可，而直省的民党坚持不肯让步。唐入北京后，又以王督直之说请于袁，袁当面许可，唐因此电王来京，并以王督直之说报告直省绅民。但是王芝祥一到北京，所谓直隶的五路军界忽发出反对王芝祥的通电，袁便以军界反对为口实，委王赴南京去遣散军队，唐总理对于王的委状拒绝副署，说政府不宜以军队反对的原故失信于人民；袁则谓除令王督直外，诸事皆可听总理之命，竟以不曾副署的委状交王，唐于次日（即六月十六日）即提出辞国务总理之呈，不告而去。这是袁世凯作临时总统后第一次使用北洋军阀的武力抵抗约法上的钳制（所谓责任内阁制），巩固自己的根本地盘，所谓"卧榻之旁，岂容他人鼾睡"，管什么副署不副署，责任不责任呢！实际上，《临时约法》此时已经等于废纸，而那些反对同盟会派的参议员和新闻记者，不知此事关系的重要，因为平素不满意于唐的原故，对于唐的辞职出走，反加以嬉笑讽刺；就是同盟会的议员也只以王芝祥督直的目的不能达到为恨，对于副署的责任问题，好像也并未十分注意，何况一般的人民知道什么共和约法，什么内阁的去留呢？此种问题，莫说在英法，就是在天皇大权的日本，假使天皇发下一道没有首相副署的敕任令来，日本的议会和新闻界要发生一种什么喧嚣的状况？是不是"违宪"、"违宪"的声浪，要震动全国？但在中国当时，不过把它当一个通常的内阁崩坏的问题罢了。除了对于继任的内阁人选，钩心斗角去经营，对于违宪的问题，竟好像"熟视无睹"。可怜他们，还在那里"是丹非素"的争政党内阁呢！

二、陆内阁组织的波折　唐绍仪辞职出走后，同盟会的四阁员也联袂辞职，熊希龄、施肇基也不能安于其位，依愿免官。于是同盟会派的人以为混合内阁不能维持阁议的一致，倡政党内阁之说；共和党知道本党尚无组阁的希望，又恐怕内阁竟被同盟会夺了去，便主张超然内阁的主义。这种超然主义之说恰合袁世凯的脾胃，因在当时的"买办外交家"里面选出一位"驯顺如羊"的陆徵祥来，充国务总理之任。当陆被提出于参议院求同意时，同盟会的议员极端反对，共和党则极端赞成；统一共和党的议员（此时尚未与同盟会合并）虽赞成政党内阁之说，以为各党现势都没有单独组阁的希望，因此便与共和党员对于陆徵祥皆投同意票；到六月二十九日，陆竟被任命为国务总理了。但至提出其他六国务员时（唐内阁瓦解时，内务、海陆军、外交四部国务员皆未辞职，故仅补提六国务员），便惹起一个大波澜来。原来陆徵祥久居外国，外国话说得流畅，应酬交际圆满周到，外国人极喜欢中国这种外交家，所以称赞他；袁世凯从前在满清外务部尚书任内，奏保外交人员，陆便为被保的四人之一，说他"通达时务，虑事精详，上年在海牙举行第二次保和会派为专使，凡于国体有关事项，据理力争，曾不少诎，尤能洞察列强情势，剀切敷陈，确有见地"（其实在海牙保和会所争得的，就不过是依罗马字母的次序排列国家的名次），于是国内的人士公然把陆徵祥看作一个大外交家。同盟会起初反对他作国务总理，不过是严守党义，尚不知道他是一个全然无用的人；及到七月十八日，陆承袁意向参议院提出六国务员（财政周自齐，司法章宗祥，教育孙毓筠，农林王人文，工商沈秉堃，交通胡惟德）求同意，并亲自到院宣布政见，说出甚么开菜单作生日鄙俗不堪的话来，无一语及于政务，于是连曾经投过同意票的统一共和党员，也皱着眉头叫苦。因此多数议员对于所提出的六国务员一律否决，以为不信任的表示。恰好于十九日以后，日俄同盟与英国在西藏自由行动的宣言在各报上露布，外交形势上起了一种大震撼；于是袁世凯的好题目到了，又把他夹袋中的法宝（北洋军阀的武力）拿出来了。首先由北京军警特别联合会，以参议院不顾国家危急的口实，通电各省，痛骂参议院；并用公函半恐吓、半规劝的直达参议院；接着又用被收买的南方军人邓玉麟（前鄂军第四镇统制）、阎鸿飞等联合的名义，通函痛骂参议院。到二十三日，袁世凯又另外选出国务员六人（财政周学熙，司法许世英，教育范源濂，农林陈振先，工商蒋作宾，交通朱启钤），交参议院求同意。

二十四日，又发生几件怪事：有署名军界公启，宣布参议院吴景濂、谷钟秀、殷汝骊等罪状，并牵及谷等主张王芝祥督直事；又有一道匿名的传单，说有取得谷、吴二人之头者赏洋一万元；又有署名"健公十人团"者封送一百零三封信，分配各议员，说若再不牺牲党见，将以炸弹从事；还有一个不知姓名的人用电话通告参议院某某，叫他们注意，军警要对不住他们了。二十五日午前，共和党的参议员刘成禺在参议院嚷着要投票，吴景濂（议长）依多数的主张延期；军警会议公所也于是日午前开特别会议，有主张用兵力解散参议院的。午后，由姜桂题、马金叙（直隶提督）、陆建章（执法处总办）、段芝贵等，假安庆会馆宴请参议员、新闻记者和政界要人，说是联络感情；陆建章在宴会席上演说，极力否认军警有干涉的行为；有一位《北京时报》的总理陈绍唐，却挺身出来替军警卖气力，在席间痛骂参议院，说："明日再不将六国务员通过，当宣布议员的死刑。"最可惊吓的还是从前的革命党要人，这时候的统一党领袖章炳麟也替袁世凯的军警打边鼓，拉扯张绍曾、孙毓筠、王赓联名电达黎元洪，请他主张许大总统便宜行事。电文云："武昌黎副总统鉴，借款不成，东使西行，处分支那，已在商议，往返四月，势即瓜分，原其藉口，在中国政府之无能力。政府之无能力，在参议院之筑室道谋，议在锥刀，破文拆字，用一人必求同意，提一案必起纷争，始以党见忌人，终以攻人利己……陆总长名单，以众妒而反对……以致政务停顿，人才淹滞，名曰议员，实为奸府。时不待人，他族入主，当是时议员已各鸟兽散矣，尚能为国民任责耶。追念前清之亡，既由立宪，俯察后来之祸亦在共和。迩来南北智士，佥谓改定约法，尚待来年，急在燃眉，岂可坐候。大总统总揽政务，责任攸归，此存亡危急之顷，国土之保全为重，民权之发达为轻。国之不存，议员焉托。宜请大总统暂以便宜行事，勿容拘牵约法以待危亡。为议员者，亦当重国家，暂舍高权，总已以听。此盖众心所同，而未敢冒死以争者也。某等轻枝绵力，人微言轻，以公首信大义勋业格天，一言之重，逾于九鼎，为此冒死直陈，不避斧钺，敢请昌言建议，并与各都督协商，速振纪纲，以救灭亡，不胜惶悚迫切之至。"袁世凯乐得暗中"笑不可抑"。到二十六日，参议院将二次提出的六国务员举行投票，除了工商总长蒋作宾一人外，余皆通过（工商总长后以刘揆一充任），于是袁世凯的目的达到——不是通过国务员的目的达到，是他第二次使"用军阀武力来试验所谓议会势力的目的达到。自此所谓中华民国已明明白白形成了一个中华军警共和国"。为什么呢？所谓政党领袖，所谓新闻记者，都有愿意作军警的留声机器，附和他们向参议院作示威运动的；而竟没有一个真正的人民团体，对于参议院比次行动有一种公判的表示。平心而论，参议院否决六国务员的举动诚属幼稚，好比小孩得了一具铅刀，随处乱砍，不管有效无效，有害无害；但若谓当时六国务员通过，便于借款和外交上有若何的好影响，否决便生出若何的恶影响，却未必然，因为帝国主义者对于中国趁火打动的方针并不因此而改变。我所谓他们的幼稚病，就是他们当时所把握的武器明明成了一具铅刀，还不知道是铅刀，拿去向凶恶的猛兽示威；约法成为无用的具文，在不经副署的王芝祥委状上已经表现得很明白，他们可以承认总统下委状不须国务员副署，还要坚持国务员任命的同意权，与小孩的滥试铅刀何异？但是他们仍不心服，到二十七日晚，便有弹劾陆总理失职案的提出，陆徵祥从此称病入医院，不理政务，连续请假至再至三，以内务总长赵秉钧代理。

（三）陆内阁变为赵内阁　自唐内阁瓦解后，事实上国务院已成了总统府的秘书厅，所有的国务员都惟总统之命是从，国务总理的有无本已无关紧要，不过形式上还是非有这么一个装饰品不可。到九月二十四日，乃以代理国务总理的内务总长赵秉钧正式任命为国务总理，其他国务员一概仍旧，于是陆内阁变为赵内阁了。在否决六国务员的风潮平息后，同盟会已与他党化合为国民党；陆内阁变为赵内阁乃是国民党向北洋军阀停止进攻的表示，不惟停止进攻，并且希望北洋军阀与国民党同化：这是忠厚老实的黄兴一种妄想，孙中山和宋教仁都不以为然。中山在临时政府北迁后，本想把政权尽让于袁世凯，而同党人不赞成，陈其美与黄兴的书中说："……其后中山先生退职矣，欲率同志为纯粹在野党，专从事扩张教育，振兴实业，以立民国国家百年之大计，而尽让政权于袁氏；吾人又以为空涉理想而反对之，且时有干涉政府用人行政之态度！卒至朝野冰炭，政党水火，既惹袁氏之忌，更起天下之疑。……"当时革命党果采用中山的方针，不和袁斗，专事下层培养民众的工作，确是一个好办法。无奈政治欲最旺的宋教仁辈决不肯从；黄兴却也无可无不可，他把自己南京留守的职务呈请撤销，把所部的革命军队激以大义，不给费解散（因借款为帝国主义的银行团所压迫，遂发愤而为此举），以表示拥护中央的诚意（后来的新旧军阀再不能有此举动）。陆内阁的风潮发生以来，袁世凯屡次电邀孙、黄往北京调和党见，孙、黄因于八九月顷相继入京，袁世凯待以殊礼，又发布所谓八大政纲，说是与孙、黄、黎四人协定的。此时国民党已化合成立，党义主张新旧势力合作，斫以孙、黄也极力与袁交欢。不过所谓新旧合作的精神，在国民党中孙与宋与黄各不相同。中山仍主张把政权让给袁氏，己则率其党员尽力于社会的培养开化，所谓二十万里的铁道政策，人家说他是放大炮（"孙大炮"之名由此始），在他是真实的主张：故中山的新旧合作是朝野合作。宋教仁的理想却不同，他是政党内阁主义的急先锋，尝对人说，现在非新旧势力合糅不可，正式大总统非袁公不克当此选。但内阁必须由政党组织，始能发挥责任内阁制度的精神，但不必出于己党。故他的新旧合作是总统与政党内阁的合作。黄兴的理想则太老实可怜了，他以为北洋军阀官僚的人士——世界上一切人士——都是和他自己一样的忠厚老实，只要列名于本党，便变成了本党的真实党员，因此逢人便劝加入国民党；他曾劝过杨度，又劝过范源濂，又劝过民主党的全部领袖（在民主党未合并为进步党以前），都不生效。一天，袁世凯向黄表示，想任沈秉堃（沈是国民党挂名的参议）为国务总理，承继陆内阁，但其余阁员乃旧。黄以商之同党，同党人因为沈虽挂名本党，与本党关系太薄弱，而其他阁员又不改组，不愿被这种政党内阁的空名，不若如袁之愿，让赵秉钧由代理变为实任。黄以此告袁，袁因提出赵秉钧为国务总理向参议院求同意，此时参议院国民党已有三分之二的议席（因同盟会与统一共和党合并之故），共和党当然更不立异，所以安然通过。到九月二十四日，陆内阁便变为赵内阁了。这就是国民党向北洋军阀停止进攻的由来。但是赵内阁还不是国民党的内阁；因为忠厚老实的黄兴要用"化男为女"的玄想去化旧为新，便乘势遍说各国务员加入国民党，并劝袁世凯也来作国民党的领袖，说要如此，政府方有后援，政局才能安定：这确是黄兴忠厚老实的见解。袁世凯虽未加入，所有的国务员除了周学熙、范源濂二人及陆、海军两部长外，个个都填写了入国民党的愿书，名义上赵内阁变成国民党内阁了。当时讥讽国民党的新闻，说这不是"政党内阁"，实是"内阁政党"。但在黄兴的意思是想藉此图政局的安定。故他的新旧合作是最老实的新旧合作，是希望北洋军阀官僚与国民党同化的合作。当同盟会改组为国民党时，同盟会的急进分子舍不得"同盟会"三个字的名字；与中山精神相近的人，则嫌把同盟会的精神主义软化了，也老不愿意；温和派"为淘汰流品及融合新旧起见，不能不有此著，若如今日（此指当时的今日言）往往以三数人牵及全体，后来者又显分畛域，颇有附骥之嫌"（此魏宸组主张合并改组的演说词语，见《远生遗著》卷二），故坚持改组采取温和态度，以避当时反对党的指摘；中山既取暂时雌伏主义，无心立即与袁宣战，对于改组的方针，故也取放任的态度。改组时的情形既如此，所以到改组后，国民党虽然说是成立了，依然有上述孙、黄、宋三种不同的所谓"新旧合作精神"。国民党的弱点便伏在此处，宋教仁的生命也便丧在此处，因为他的"新旧合作"只肯把正式总统让给代表旧势力的袁世凯，而内阁必操诸代表新势力的政党。到国民党在国会议员选举战胜后，轰动一时的"宋案"因以发生。

三 "宋案"及大借款的风潮

自赵秉钧的"内阁政党"的内阁出现后，国民党在参议院里面和袁世凯的斗争，已告停止。因为此时正式国会组织法及两院议员选举法已经制定公布，临时参议院的议员，大家都忙着预备国会选举的运动去了；所以在民元冬间到二年春初，北京没有什么大可注意的政潮，而在各省的选举竞争，闹得烟雾迷天。国民党挟革命成功的余威，加以合并初成，吸收了无数的投机政客，因此选举揭晓后，国民党独占优势。不过当时的议员，所谓"脚跟无线如蓬转"，好比孙猴子身上的毫毛，有七十二变之神，除了一部分中坚党员以外，大都是挂名几个党的。当选举初揭晓时，国民党号称得众议院议员三百六十七十人；共和党号称得众院议员二百五十余人；统一党又号称得一百数十人；民主党又号称得一百余人；但是法定的众议员通共只有五百余人，现在合计却有七百余人，可见跨党的不少。下面所列的表，比较可靠：

党籍	议院名	人数	议院名	人数	合计
国民党	众议院	二六九	参议院	一二三	三九二
共和党	同上	一二〇	同上	五五	一七五
统一党	同上	一八	同上	六	二四
民主党	同上	一六	同上	八	二四
跨党者	同上	一四七	同上	三八	一八五
无所属	同上	二六	同上	四四	七〇
总计	同上	五九六	同上	二七四	八七〇

观上表可知国民党议席之多，就是除了跨党的不计外，还可以压倒其余三党。但是国民党的失败也就在此。宋教仁拚命造党，满拟造成有力的政党，和袁世凯及其他敌党作宪政轨道以内的竞争。及国民党选举战胜，便以组织政党内阁的候补者自居，由湘而鄂而皖而宁而沪，到处演说，对于时政的得失，尽意发挥；但他仍主张

将来的正式总统以袁世凯为宜，不过内阁非以在国会占有多数议席的政党组织不可。在他以为这种宣传，是先进立宪国政治家应取的常度；但是北洋军阀官僚，绝对不愿意在宪政轨道以内行动；就是和他们有历史渊源的唐绍仪尚被他们排斥，何况他们所目为暴民首领的宋教仁呢！民国二年三月二十日午后十时，宋教仁拟乘沪宁车北上，在沪宁车站被刺，至二十二日逝世。二十三日、二十四等日，捕获行凶犯武士英（即吴铭福）及谋杀犯应夔丞（即应桂馨），并在应宅搜得谋杀证据多种，乃知谋杀犯中尚有国务院秘书的洪述祖和"内阁政党"的内阁总理赵秉钧，并且与袁总统有关系。于是举国人心震动。当此案发生时，袁总统曾电令江苏都督程德全、民政长应德闳"穷究主名，务得确情，按法严办"。四月二十六日，程德全、应德闳电呈袁总统，并通全国，将此案证据宣布；其文附录如下：

　　……前农林总长宋教仁被刺身故一案，经上海公共租界会审公堂及法租界会审公堂分别豫审，暗杀明确。于本月（四月）十六、十七两日，先后将凶犯武士英、应桂馨解交前来。又于十八日由公共租界会审公堂，呈送在应犯家由英法总巡等搜获之凶器五响手枪一枝，内有枪弹两个，密电码三本，封固函电证据两包，皮箱一个。另由公共租界捕房总巡当堂移交在应犯家内搜获函电之证据五包。并据上海检察厅长陈英将法捕房在应犯家内搜获之函电簿籍证据一大木箱，手皮包一个，送交汇检。当经分别接收，将凶犯严密看管后，又将前于三月二十九日在电报沪局查阅洪、应两犯最近往来电底，调取校译。连日由德全、德闳会同地方检察厅长陈英等在驻沪交涉员署内，执行检查手续。德全、德闶均为地方长官，按照公堂法律，本有执行检查事务之职；加以三月二十二日奉大总统令，自应将此案证据逐细检查，以期穷究主名，务得确情。所有关系本案紧要各证据公同盖印，并拍印照片。除将一切证据妥慎保存外，兹特撮要报告。查应犯往来电报，多用"应"、"川"两密码本。……

本年一月十四日，赵总理致应犯函，"密码送请检接 以后有电，直寄国务院可也"等语，外附密码一本，上注"国务院（应）密，民国二年一月十四日"字样。

应犯于一月二十六日寄赵总理"应"密"径"电，有"国会盲争，真相已得，洪回面详"等语。

二月一日，应犯寄赵总理"应"密"东"电，有"宪法起草，以文字鼓吹，金钱联络，主张两纲：一除总理外不投票；一解散国会。此外何海鸣、戴天仇（即今之戴传贤，当时号急进党人）等已另筹对待"等语（可见破毁国会，在国会未成立前已为该党所主张）。

二月二日，应犯寄程经世转赵总理应密"冬"电，有"孙、黄、黎、宋运动极烈，民党忽主宋任总理。已由日本购孙、黄、宋劣史，警厅供钞，宋犯骗案刑事提票，用照辑印一万册，拟从横滨发行"等语。

又查洪述祖来沪，有张绍曾介绍一函。洪应往来函件甚多，紧要各件撮如下：

二月一日，洪述祖致应犯函，有"大题目总以做一篇激烈文章，乃有价值"等语。

二月二日，洪致应犯函，有"紧要文章已略露一句，说必有激烈举动，弟（指应）须于题前径电老赵索一数目"等语。（此电即为示意暗杀之发端。所谓"紧要文章"，所谓"激烈举动"，即指暗杀事，"说必有"之"说"者，决非洪自说，亦非赵说，其说者果为何人？可按语气得之。）

二月四日，洪致应犯函，有"冬电到赵处，即交兄（洪自称）手，面呈总统阅后颇色喜，说弟颇有本事。既有把握，即望进行云云。兄又略提款事，渠说将宋骗案及照出之提票式寄来，以为征信。弟以后用'川'密与兄"等语。（其实所谓宋骗案、所谓提票式都是乌有之事，应犯初欲假此以骗袁世凯之金钱者。）

二月八日，洪致应犯函，有"宋辈有无觅处，中央对此似颇注意"等语。

二十一日，洪致应犯函，有"宋件到手，即来索款"等语。

二月二十二日，洪致应犯函，有"来函已面呈总统总理阅过，以后勿通电国务院，固智（赵秉钧别号智庵）已将'应'密本交来，恐程君不机密，纯令归兄一手经理。请款总要在物件到后（指宋骗案等），为数不可过三十万"等语。

应犯致洪述祖川密蒸电，有"八厘公债，在上海指定银行，交足六六二折，买三百五十万，请转呈，当日复"等语。

三月十三日，应犯致洪函，有"民立记遁初（宋教仁别号）在宁之演说词，读之即知其近来之势力及趋向所在矣。事关大计，欲为釜底抽薪法，若不去宋，非特生出无穷是非，恐大局必为扰乱"等语。

三月十三日，洪述祖致应犯"川，密蒸电已交财政总长核办，债止六厘，恐折扣大，通不过。毁宋酬勋位，相度机宜，妥筹办理"等语。

三月十四日，应犯致洪述祖"应"密"寒"电，有"梁山匪魁，四处扰乱，危险实甚，已发紧急命令，设法剿捕之，转呈候示"等语。

三月十七日，洪述祖致应犯"应"密"铣"电，有"寒电到，债票特别准，何日缴现领票，另电润我若干，今日复"等语。

三月十八日，又致应犯"川"密"寒"电，有"应即照办"等语。

三月十九日，又致应犯电，有"事速照行"一语。

三月二十日半夜两点钟，即宋前总长被害之日，应犯致洪述祖"川"密"号"电，有"二十四分钟所发急令已达到，请先呈报"等语。

三月二十一日，又致洪"川"密"个"电，有"号电谅悉匪魁已灭，我军无一伤亡，堪慰，望转呈"等语。

三月二十三日，洪述祖致应犯函，有"号个两电均悉，不再另复，鄙人于四月七号到沪"等语。此函系快信，于应犯被捕后，始由邮局递到，津局曾电沪局退回，当时沪局已将此送交涉员署转送到德全处。

又查应犯家内证据中有赵总理致洪述祖数函，当系洪述祖将原函寄交应犯者。内赵总理致洪函，有"应君领纸，不甚接头，仍请一手经理，与总统说定方行"等语。（这就是要洪作袁、应之间的关键，不必经过赵的意思。）又查应自造监督议院政府神圣裁判机关简明宣告文、誊写本共四十二通，均候分寄各处报馆，已贴邮票，尚未发表，即国务院宥日据以通电各省之件。（国务院于"宋案"发生后，三月二十六日曾通电各省，谓"据应夔丞二十三日函称，沪上发现一种监督政府政党之裁判机关，并附有简明宣告文，杂列宋教仁、梁启超、袁世凯、赵秉钧、汪荣宝等之罪状，谓俱宜加以惩创，特先判决宋教仁之死刑，即时执行"等语。这是赵应洪等想借此迷惑社会耳目的手段。）其余各件容另文呈报。前奉电令穷究主名，必须彻底讯究，以期水落石出。似此案情重大，自应先行撮要，据实电陈。除武士英一犯业经在狱身故，由德全等派西医会同检察厅所派西医四人剖验，另行电陈，应桂馨一犯，送经电请组织特别法庭一俟奉准，即行开审外，谨电闻。

我们看了前面的证据，不惟可以断定赵秉钧是谋杀的嫌疑犯，就是袁世凯也不能不被认为谋杀嫌疑犯之一，参以后来应桂馨与赵秉钧暴死的经过，袁之为谋杀犯，尤很明白。（"宋案"初有组织特别法庭开审之议，后因司法总长许世英力持不可，遂就上海地方审判厅审理，开审数次，原告律师金泯澜等要求非洪述祖、赵秉钧到案不能洞悉确情。上海检察厅于是发有传赵秉钧到案之厅票。洪述祖虽被政府严拿，然安然避居青岛；赵自请辞职，袁仅准其请假安居北京。案悬不能审。应桂馨后乘沪上乱事之隙逃出。至民国二年十一月，应由青岛电政府请昭雪，三年一月，应入京，招摇过市，一月十九日出京，在京津火车中被刺身死，行刺者名王滋圃〔据孤愤言，为袁所使〕。时赵秉钧为直督，曾通电各处严缉杀应之凶犯，而竟忘应曾为"宋案"凶犯也。应死未久，赵秉钧亦以七孔流血暴亡。孤愤谓："赵闻应死，曾用电话向袁鸣不平，谓如此，以后谁肯为总统作事。未数日，赵亦暴亡，盖袁恐赵氏终暴其隐也。"洪述祖于洪宪帝制乱后，始被宋教仁之子拿获，控由法院宣告死刑，"宋案"乃结。）袁所以必致宋教仁于死地，固然是因为国民党选举得胜，恐怕宋挟国会的势力逼着要组织内阁，要破毁国民党，非先破毁制造国民党的领袖不可。但是国民党的领袖，在宋的上面还有孙、黄，与宋同列的，还有某某某某等，为什么独谋杀宋一人呢？孙之为袁所忌，固不待言，不过他知道此时孙尚不欲与他为敌，黄则是他认为忠厚老实的人，其他与宋同列的领袖某某某某等，或则尚不欲露头角，或则早被袁用金钱的迷魂汤把他们毒杀了（当时被袁用金钱贿买的党人不止一人，现在也不必详举）。对于宋教仁，袁也曾用过金钱毒杀政策，但宋不肯受他的金钱——宋在北京时，袁以某银行支票簿遗宋，令宋自由支用，宋略支少许表示谢意后，即以原簿还之（此事，著者曾亲闻之宋君亲密之友人）——此为宋致死的重要原因。袁世凯最忌有能力而又有操守的人，因为有能力而又有操守，便不肯作他个人的私党，受他的牢笼指挥，便是他切身之敌；他一生的本领，就是使贪使诈；他最大的罪恶也是养成社会贪诈之风，务使天下的人才尽腐化于他的贪诈洪炉中；至于揽权窃位，犹其罪恶之小者。

当"宋案"的证据在沪暴露时，听说沪上法院要发传票传赵秉钧到案，袁、赵一时慌乱无计，便想出一种奇妙的抵制办法，在北京制造一种暗杀风说，滥肆逮捕，说是搜出一个甚么血光团的名簿来；接着逮捕国民党议员谢持，又贿买周予儆自首为血光团员，供词扳扯黄兴。及上海法院票传赵秉钧，北京便以票传黄兴为抵制，把司法上的刑事问题扩大为政治问题，使沪上法院对于"宋案"的审理，不能得到正当的结果。自此暗潮日急，大有"山雨欲来"的景象。袁世凯知道战事必不可免，秘密促成大借款，以为用兵及贿买各方的资金，"宋案"证据宣布的那天——四月二十六日——二千五百万镑的大借款合同也就签字了。

大借款的进行，原来始于唐绍仪组阁时。因为帝国主义的资本家始终抱持财政侵略的政策，百端压迫，不能就绪，但总在似破裂非破裂的情况中。到民元十二月间，关于借款的重要条件大致就绪，财政总长周学熙曾将其重要条件报告临时参议院，参议院也表示大体许可；但政府既不是以正式公文提出，该院亦非以议决的形式出之，依临时政府时代几种小借款的先例，凡政府于立约签字之先，无不正式提交参议院通过。此次大借款，经十二月间的报告，银行团方面又发生变化，原因就是俄法两使反对监督用人条款，主张各该本国必出一人；后经公使团协议，盐税稽核处聘英人为主办，德人为副办，国债局聘德人为总办，审计顾问俄、法二国各聘一人；公使团于民国二年三月三日（时"宋案"犹未发生）将此议通告中国当局，当局以此议为借款谈判时所未曾闻，于中国不利，拒绝之。时美国政府以银行团要求中国的财政监督权太无道理，令本国银行退出借款团之外，并奖励便宜投资，五国团颇有恐慌的样子。假使不是袁世凯制造内乱，又切望外资去镇压内乱的原故，这时候确是冲破五国团罗网的一个机会；乃袁于"宋案"发生后，便秘密与五国团交涉，五国团正在受美国退出的恐慌中，焉有不欢迎之理，故年余以来不能成立的大借款合同忽于数日之内即行签订。签订后，藉口往年十二月在参议院的报告，说是已经参议院通过了，现在仅咨请国会备案，于是国民党的议员大哗。拥护袁世凯的国民党议员，一面承认政府签订合同的"手续不合"，一面仍极力反对国民党的反袁行动。各省都督有通电责问政府借款违法的，也有已经被袁收买，希望即时分饮"止渴之鸩"，因而替袁辩解的。这是大借款宣布后的情形。到七月间，又发见袁政府在大借款签订以前（四月二十日）还有一宗秘密借款，就是奥国借款。此借款不惟未经国会通过，简直使国会梦不得知。经议会再三质问，始承认有此事，于是连拥护袁世凯的议员们也不便替袁政府说硬话了。赵秉钧、周学熙至此始依愿免官。在此两宗借款的签订时，袁世凯向国民党积极备战的态度已经十分明白，战斗的成功也大都确定了。

四　讨袁军的失败

"宋案"发生后，袁世凯积极备战，一点不游移，一点不放让，甚么法律、国会，一切不放在眼中；而在国民党方面，形势却异常混沌。孙中山本是主张以政权让袁，暂不与争的；"宋案"发生以前，他在日本还向人说："余已力辞正式总统的候补，黄君（克强）亦必力辞，此事终不能不烦袁君。"及"宋案"真相暴露，他由日返沪，认定新中国建设的重任决不可托诸袁，而倒袁又决非法律口舌所能奏功，也一点不游移的主张立即兴兵讨袁。但此时虚有其表的国民党分子异常复杂，就是从前同盟会的党员意见也极不一致：北京国会中党员的意见，和南方各省干部党员的意见，既有平和、激烈之分；而南方各省干部党员中又有急进、缓进之别；从三月"宋案"发生后到七月赣宁兵起，几个月间，都是在一种混沌的状态中。黄远庸在那年五月二十七日所发表通信中有一段描写当时国民党的情形，大略有几分相近，他说：

> ……"宋案"初发生时，国民党几恢复同盟会之原始时代，即北方之法律派亦缄口结舌，不敢异同。……于是因第二次革命风声之影响，脱党及组织第三党者络绎不绝。今又复因第二次革命之局面日益窘蹙，而政府之态度愈益强硬，南方暴动派之日渐转变，前此之法律派又恢复其固有势力，而发表其所谓最近国民党诚意之主张矣。最近国民党诚意之主张维何？第一，请袁总统勿动兵戎；第二，大借款案必须咨回政府，请政府再行交议，国民党以党格保证之，必予以追认，但于借款用途之附件不能不略加更改，其最要者即裁兵费之轻重不均是也，第三，内阁必须改组，新内阁提出借款案时，国民党即为追认，并更改附件，然若以进步党（此时进步党已合并成立）组织内阁，则并附件亦可一字不改。国民党之前倨而后恭也如此……盖国民党中无论法律派与非法律派，其目的专在排袁，特其手段稍异。其先法律派的排袁仅在政党内阁，至"宋案"发生后，则一律主张不举袁矣。于是武力派主张以武力倒袁，法律派则主张以法律倒袁。"宋案"初发生时，法律派力不敌武力派，故无所主张；今武力虽未用，而大势已到尽头，故法律派复活。法律派之自解于武力派曰，姑以法律与袁战，袁必败，俟其法律之战败，则以武力解决之，是为武力拥护法律说，为南北两派最近之连锁。今照此法律派之主张，先以大借款坐定袁氏违法，则内阁不能不改组……进步党基础未固，且

并其党之为党亦尚未正式发表，此时以内阁饵之，藉此正可得一部分之提携，于两院又可得绝对多数，此时则法律派与袁战之武器益多，有宪法问题，有总统问题，袁若不听命者则声罪致讨，已为有词，况更有临时种种发生之问题乎。……且此等计画，自汤化龙被选得议长后，国民党已众口一词愿推进步党组织内阁，且甚希望汤化龙为总理……李肇甫君在国事维持会协会中，对进步党人痛哭流涕而陈袁氏之不可与合……盖虽欲不谓为诚意，不可得也。

国民党之法律派既欲破进步党与袁氏之连合……而进步党所以不敢领受国民党法律派之厚意，正以今日说话不过国民党一部分之主张，而其他为议会以外之行动者 则无人得而弋表之也……

各报所传黄兴、李烈钧等种种计画，今即极有强辨之国民党人，亦不能尽谓"非国民党"人造谣。特近日状况，日见衰落。……以余所闻：（一）现在最激烈者仅一孙中山，孙以反对借款通电各国，而收效相反……（二）颇闻孙电致胡汉民（时为广东都督）属宣布独立，闻胡颇以时机未至拒之；（三）柏文蔚（时为安徽都督）之态度，有颇谓其此时但求骗钱到手，俟到手后即造反者，然以余所闻，安徽军队，除某旅长一部分外，决不附柏；（四）此间所传程雪楼（德全）之态度已日益明确；（五）最激烈者，人以为江西人，其实最能实行同盟会宗旨者莫过于湖南……（六）都督中之态度最明了者莫过于李烈钧，其派兵计画，以余所闻，已非子虚。综计孙、黄二人，黄已少变，而孙未变，都督中李最强硬，其军队亦比较可恃，故现在

内外咸指目于李，今已有命李纯代之之说。而此间（北京）国
民党议员则欲联名呈请，代之以欧阳武。……

黄远庸是不满意于当时国民党的，故他对于国民党总不免词
带讥讽。这段通信是要把国民党的秘密披露，以促政府的注意，故
讥讽之中含有几分真相，我们可以在此看出当时国民党混沌的状态
来。到六月初旬，去破裂的时期更近了，国民党的形势却更软弱而
混沌如故。黄远庸六月十二日的通信说："江西则通电退兵；广东则
以文电自明无二意，'宋案'借款之争，谓作一种建言作用，并不
敢出法律范围；湖南则以军官多明大义，谭延闿渐渐恢复其自由；
安徽之柏文蔚则情见势绌，其辞呈将不日到京。……袁意必撤李
烈钧及柏文蔚；今柏之去位，固已成公然之事实，不成问题；李烈
钧最强项，不肯辞职，去留听之中央，在我必不发一语……广东事
最复杂，江孔殷派则欲以陈炯明继胡之任，竭力为之拥护，此派势
力不小，纯粹之粤派国民党则欲戴岑西林为粤督，以胡汉民为民政
长，而藉此以去陈炯明、陈景华，前陈与胡立异，后陈则为岑三所
深恶。……"总括此时期的国民党形势，可以下列几点表明：

一、孙中山、李烈钧始终坚持武力倒袁政策，其余领袖或反
对，或游移。

二、北京国会中大部分的党员想与进步党提携，以法律制袁。

三、南方各省的实力，鄂虽为革命发祥地，此时完全为黎元洪
所把持，而黎则已被袁所牢笼，替袁出力；湘虽在国民党手中，谭
延闿态度游移畏葸，军队亦不和；皖则柏文蔚态度与谭同，部下也
不一致；宁则自留守府撤销后，苏督程德全以依违两方为务，军队
也不一致；粤则胡汉民、陈炯明不一致，内容更纷乱；只有赣省李

烈钧可把持几分；其他各省也是混沌，不过与此次战事关系较少。

在如此的状态之下，所以专就讨袁军的自身方面说，最初就没有制胜的可能。何况进步党袒袁，帝国主义者也袒袁呢！进步党袒袁最明显的证据，例如参议院议长张继、王正廷通电外国阻止大借款付款，进步党的议员便迫令张、王再皂声明系以个人资格为之，使张、王前电归于无效。帝国主义者袒袁的证据，例如中山忠告五国团，五国团允于二星期内暂停付款，然实际则在四月二十九日（即签字后四日）已付二百万镑（约中币二千万元）；伦敦《泰晤士报》对于中山反对借款通电且加以揶揄之词。袁世凯因为有帝国主义者的金钱和进步党人作后援，态度逾加坚决。黄远庸在五月二十七日发表的通信说："……袁总统之决心，于近数日中尤盛，以大借款成而债票已销畅也。彼意……跋扈之都督在所必除（指李、柏、胡三人）。前日，蓝建枢以代表岑西林资格，进言调和，袁谓：'今日并非调和南北问题，乃系地方不服从中央，中央宜如何统一问题。"宋案"自有法院，借款自有议会，我与岑君等皆不能说话。君系现役军人，尤不能说话。至李烈钧等为地方长官，于行政之系统上，中央不能不求统一之法。'其意见可见一斑。最近更发见一可惊之谈话，前数日袁特令梁士诒、段芝贵及秘书曾彝进至前而告之，谓：'可告国民党人云，我现已决心。孙、黄等元非意在捣乱。我决不能以受四万万人财产、生命付托之重而听人捣乱者。彼等皆谓我争总统，其实若有相当之人，我亦愿让。但自信政治经验、军事阅历、外交信用颇不让人。则国民付托之重，我亦未敢妄自推诿，彼等若有能力另组政府者，我即有能力毁除之。'其言咄咄逼人如此。据最近所闻，不出三日，袁必有最决裂之命令发表也。……"藉口李、柏、胡等曾通电反对借款，说他们不服从中央，于六月内把他们的都督位置削夺（李烈钧于六月九日免职，胡汉民于十四日免职，柏文蔚于三十日免职），这是"先发制人"的方策。袁又恐怕湖南为鄂后患，贿买奸人，把湖南的军械局炸毁，使得湖南的激烈派无所施其技。广东道远，又有内争，安徽也有内争，袁是不怕的；他所最注意的就是江西，老早就派李纯向九江进兵。李、柏、胡三督皆遵令解职，寂然无所动，彷佛没有事了；但是北洋军队仍旧联翩向江西内地进发，到七月十二日——就是任命李纯为九江镇守使的那天——李纯的军队在沙河镇和林虎的军队发生冲突，李烈钧也在这一天占领湖口起兵，名曰"讨袁军"。黄兴于十五日入南京，迫苏督程德全宣布讨袁，与李烈钧的赣军响应。其他安徽、湖南、广东、福建和四川的重庆，后来虽也参差不齐的先后响应一下，但都是"昙花一现"了事。只有江西和南京的两处战事比较久一点，所以后来称此次的讨袁军为"赣宁之役"。袁世凯用段芝贵为第一军军长，对付赣方（以李纯为前驱）；用冯国璋为第二军军长，对付宁方，于是两方的正式战斗遂以开始。

战事发生后，进步党的报纸大都偏袒袁氏，非难国民党，进步党的议员尚有在国会提出"征讨案"，向袁讨好的。独有一位超出各党派、全无势力的蒋智由，发起一个"弭祸公会"，主张袁世凯辞去总统之职。（"弭祸公会"的会启说："……窃自'宋案'证据宣布，中外骇闻，人心愤哗。以民国开始之政府，而有此腥闻之奇案，外贻四方之羞，内激萧墙之变。以法律平等而论，无贵无贱，均须到案。免冠对簿，既失政府之尊，若违法自上，不可以为万世之则，亦不足以平天下之心。国民党之与政府屡相龃龉，本未调和；所以未由决裂者，正以无辞可藉，惧为戎首耳。今结此大难，受以问罪之据，不为无名之举。一旦发难，见以戎衣，政府若辞屈而服罪，有伤统御之权；若恃强而相抗，必成骚扰之局。南北或至分裂，四民陷于涂炭。即不然而或合数省之都督师旅之军官，联合以请政府之到案，则神圣不可侵犯惟君主始有此权；今政府之所承认者民主而非君主，自不得援神圣不可侵犯之律。……本会为保全大局，力求和平，惟有求大总统退位，并矢言不再任总统，远师周公以管蔡流言而徂东山，上法虞舜以瞽瞍杀人而逃海滨。且大总统为任天下之重而出，毫无利其禄位之心，尤与初志相符。……本会均系超然不入党派，向与国民党殊其宗旨，亦与宋教仁异其政见。惟同为国人，匹夫有责，当此大局动摇……不一设法……生民亡，国家尽矣。为此伏乞大众同莅此会……") 国民党人虽然认为合理，但是袁党都认它是替国民党打边鼓的，没有人理它。国民党的名流领袖汪精卫、蔡元培当战事未发生以前，都极不主张动武；进步党的人士平素对于他二人也颇怀好感，现在想利用敌党平素对己怀好感的心理，各发出一通宣言，主张要求袁氏退位，另选总统以弭战祸，汪、蔡二人的呼吁比蒋智由的"弭祸公会"当然是更无效力。对于蒋不过是消极的不理罢了；对于汪、蔡，除了消极的不理之外，还要积极的加以揶揄说他们想"抄袭成文"（指辛亥宣统退位而言），"希图屡邀天幸"。袁党作此揶揄之词犹无足怪，号称非袁党又非国民党的人士也加以非笑。（据黄远庸通信，战事初起时，国民党要人曾与进步党要人密谈，一面请袁退位，一面令两方停战，谓此为最好之和平办法，进步党人谓此议太不经。）国民党安有胜理？大约当时盲目的言论家以为首先动武的是国民党，袁氏纵然不对，只应该以正当的法律手段解决，不应该用武；例如某报说："……袁氏当讨矣，为公义矣，为义师矣，其当研究者尚有数问题。第一，除今日外，是否无以武力解决之时也。夫讨袁檄文有数以十二罪者，有数以六罪八罪者，得当与否无暇深论；然果如檄者所言，则当诉诸国民全体，先以国民全体之名义迫袁退位，倘尚恋栈，乃兴民军，未为晚也。第二，除武力解决外，是否别无方法也。正式总统行将选举，临时总统即将告终，此数月间，以前法迫之而彼不退位，则将来选举，相约不投袁票，亦未尝不可。……"这种议论彷彿很有理由，其实首先就自己忘记了自己是"国民全体"之一分子，忘记了当前的谋杀刑事犯赵秉钧已抗不到案，当前的所谓国会已经失了选举投票的自由，所谓法律解决，只是一种幻梦。这种幻梦不到破毁国会洪宪帝制时，是不得醒的。当时所谓知识阶级祖袁的中坚心理，只是汪精卫所指出的几句话说："一年以来，国民有一致普通之口头禅曰'非袁不可'，然同时又有一致普通之心理曰'非去袁不可'。何以非袁不可？非袁则蒙、藏无由解决乎？曰否。非袁则列国无由承认乎？曰否。非袁则共和建设无由进行乎？曰否。然则何为而非袁不可？曰：以袁拥重兵故。袁之部下，不知有国民，只知有袁宫保，使袁宫保在，专制可，共和亦无不可；使袁宫保去，则乱且接踵而至；津京兵变，已小试其端，奈何其复蹈之。此'非袁不可'之说也。今日以前，虑其部下之有变，而苟然安之，然则今日以后，亦将虑其部下之有变，而苟然安之乎？虑其部下之有变，奉为大总统而苟焉安之；然则虑其部下之有变，奉为皇帝而亦苟焉安之乎？此所以'非袁不可'之言者，同时亦必有'非去袁不可'之意也。"此时祖袁的心理纯粹为"非袁不可"四字所笼盖；而"非去袁不可"的心理一时尚不能发见，因为尚不相信袁氏果然要作皇帝，不相信汪精卫是一个先知的预言家。袁氏得此辈人的援助，所以着着制胜。

从七月十二日两军正式开始攻战后，江西湖口的讨袁军被袁军水陆夹攻，于七月二十五日败退；八月十八日袁军攻取南昌，江西便为北洋军阀所占领。南京方面，因为一部分军队被袁氏利用帝国主义的金钱所买收，发生内变，急令扼守临淮关之第八师还宁防守；而在徐州与袁军对垒的冷遹军因后路空虚，退守临淮关；值袁军夺取湖口，南京内外震动，黄兴于七月二十九日潜离南京，程德全又宣告取消独立；到八月八日，革命党人何海鸣又入南京，自为总司令，与袁军抵抗；直至九月一日，南京始为张勋所夺取。当黄兴尚在南京时，陈其美、钮永建、居正等图攻上海制造局，不利，也于八月十三日弃吴淞口炮台而去，安徽柏文蔚的独立政府也被军队所逐，于是长江流域全入北洋军阀的势力范围。不久，用汤芗铭督湘（二年十月），用段祺瑞督皖（二年十二月，三年二月改任段芝贵），用李纯督赣（二年九月），用倪嗣冲督皖（二年七月），用冯国璋督苏（二年九月以张勋督苏，至十二月始改用冯国璋，而以张勋为长江巡阅使）。此后除汤芗铭于洪宪帝制的末日被湘人所逐，湘省常为南北战争的导火线外，鄂、皖、赣、苏四省被北洋军阀宰制十余年，到民国十五年广东革命军北进，四省才脱去北洋军阀的势力范围；可见"赣宁之役"于北洋军阀与革命党胜败关系的重要。

讨袁军失败后，陈其美于民国四年春间有一封致黄兴的长函，追溯此次失败的原因（原函见《孙文学说》第六章附录中，因太长，此处未便录入，请读者取《孙文学说》参观）。大意说是由于党人未能听从中山的主张，从速发难所致。假使当时果依中山主张，失败或不如此之易，但依当时的所谓"民心"观察，讨袁军是万难制胜的。当时的人心一般说是"厌乱"，其实所以"厌乱"，还是因为"并不知乱"，一般人以为辛亥革命的小小战事就是"乱"，赣宁的军事就是"乱"，不知道还有无数次南北混战的"大乱"种子伏在北洋军阀里面，好比小孩身上长了一个小痈，你要趁早替他割去，他就拚命的抵抗叫痛，不知道痈毒漫延日久，还有将来的大痛。中山虽然学过医，想用割痈毒的方法从早下手，大多数的所谓国民都不愿意要他割，就非等到痈毒的大溃烂，无从施治了。我们试看上海攻打制造局时，沪商会致南北两军的公函，说："敬启者赣省事起，风潮骤急，商界首当其困。本日喧传南北军在制造局将有战事，商民恐慌，要求设法维持。顷间全体开会，决议上海系中国商场，既非战地，制造局系民国公共之产，无南北军争夺之必要，无论何方面先启衅端，是与人民为敌，人民即视为乱党。用特函告台端，约束麾下，勿与吾民为敌，轻启衅端，众商感戴。"这种不问甲乙是非的平和公论，就是小儿割痈时怕痛的呼声，沪商会就是一般人民的代表。所谓"民心"如此，讨袁军所以必败。

五 国会的破毁与所谓"第一流内阁"的末路

讨袁军的导火线是"宋案"，"宋案"的导火线是国民党在第一次正式国会里面独占优势，已如前二节所说。但是自从"宋案"发生，国会开幕后（国会于民国二年四月八号正式开幕，在"宋案"发生后），国会里面的党派形势渐变。共和、统一、民主三党慑于国民党的优势，并合为进步党，汤化龙因此取得众议院议长的位置。国民党自宋教仁被刺后，失去了一个控驭的健将，被袁世凯的威逼利诱政策加以破坏，刘揆一（早已宣言脱离同盟会）引诱一部分党员组织一个相友会；孙毓筠（早被袁世凯买收的人）、景耀月引诱一部分党员组织一个政友会；还有什么癸丑同志会、超然社、集益社的小团体，于是国民党弄得四分五裂，凌乱不堪，而国会的重心反移于进步党。虽然进步党不久也有共和党分裂的事实，但于进步党的潜势力无大损伤。此时的进步党，为正立宪派名流集中的渊薮，行动言论极其温和，处处与当时所目为暴民的国民党不同，因是遂为一时所谓舆情的宠物。袁世凯对于他们本也没有什么深情厚爱，不过因为要抑制国民党的原故，就不能不暂时借重他们以收舆望；国民党的温和派感觉一时环境的危险，也不能不随处屈就他们，以图苟延残喘。所以此时的进步党，就它的本身而论，是它最得意之时；就全体的政局而论，是重要的关键所系。但是事变的演进，进步党虽然得意一时，其结果徒被玩弄于袁氏，与国民党同归于失败。其失败的经过如次：

一、熊希龄组阁　进步党最得意的，就是所谓"第一流内阁"组织的成功。当讨袁军发动时，事实上已无国务总理，赵秉钧久因"宋案"称病不视事，以段祺瑞代理。及奥匈秘密借款暴露，进步党也有主张弹劾内阁一部分的，袁乃决意改组内阁。袁的本意在徐世昌，但此时国民党在国会里面尚有一部分势力，徐不敢出；袁想借重进步党，便把熊希龄与徐世昌两人提出，向进步党的某要人交涉。某要人说：熊的通过国会比徐容易；又有该党人向袁献计的，说：此时无论提出何人，首先提出的必遭反对，不如先以熊为牺牲，若不同意，再将徐提出。袁因于七月后旬提出熊希龄为国务总理，交国会求同意。此时国民党的温和派正想和进步党提携，希望进步党组阁；熊希龄是与进步党有关系的，现在既为该党所拥戴，无论他的人如何，总比北洋军阀官僚好些，所以熊在两院得安然通过。当时有人说，熊的得为总理，好比偷关漏税，秘密输入的货品；因为袁的本意是拿他来向国会试风色的，不料国会竟慨然予以同意，适入进步党的彀中。进步党本意想拥熊希龄，组织一个完全进步党内阁，除了陆、海军两部外，所有的重要阁员都要以进步党领袖充任。熊的正式任命在七月三十一日，此时熊尚在热河都统任内，三推三让，不肯来京就任，得梁启超再三催促，然后来京，于八月二十八日正式受任。受任过一星期，阁员的配置竟不能就绪。原来在熊未到北京以前，袁世凯已把重要的阁员决定，只留下教育、司法、农商几个闲位置，待熊来配置；而熊又曾宣言"须组成第一流人才与第一流经验的内阁"，现在所谓第一流的经验家，已由袁替他选定了朱启钤任内务，孙宝琦任外交，周自齐任交通。（袁本拟周自齐任财政，熊初欲梁启超任财政，因袁不欲，乃以总理自兼财政抵制之，改以教育或司法畀梁，而周自齐乃改任交通。）而熊心目中的所谓第一流人才的第一个梁启超，本意要做财政总长，发挥他整理财政的计画，对于教育、司法等闲曹，不愿屈就，因托言党义，百端推辞。梁若不出，第一流人才的第二、第三个张謇、汪大燮也不肯出。进步党人满拟取得一个纯粹的政党内阁，见此形势，也有不十分赞成梁启超登台的。但机会难得，要丢又舍不得丢，所以经熊和袁再三的劝诱，梁终接受了司法部长的椅子。于九月十一日始正式发表阁员的配置如下：

总理兼财政熊希龄

陆军段祺瑞　海军刘冠雄　内务朱启钤　外交孙宝琦

交通周自齐　司法梁启超　教育汪大燮　农商张謇

这种内阁，我们看起来，和民元唐绍仪的内阁形式上实在毫无差别，不过唐内阁所包含的阁员，除了北洋军阀官僚之外，还有几个处于闲曹的同盟会名流；这次熊内阁所包含的，除了北洋军阀之外，还有几个处于闲曹的进步党名流；所差别的就是由革命党的得意时代变为立宪党的得意时代，实际是同被玩弄于袁世凯。因为当时的同盟会不得人望，立宪党是温和而又善谈政策的，于是加入几个处于闲曹的立宪党员，就说是"差近人望"，就说是"以立宪党为主体"的内阁了。但唐内阁因为拒绝王芝祥委任状的副署而瓦解，瓦解后还保存着革命、立宪两党政治活动的余地；后来熊内阁甘心副署了袁世凯摧毁国民党议员的命令，副署了停止国会的命令，也不能不归于瓦解，瓦解后不惟革命党没有政治活动余地，连立宪党名流的自身也失去了政治活动的机会；立宪党第一次正式受试验的成绩也就可观了。

二、正式总统的选举　当讨袁军发动时，急进派的国民党员认定北京国会已无自由行使职权之余地，主张议员离去北京而南下。参院议长张继老早离京，并运动程德全、谭延闿、孙道仁各督，纷纷电请议员南下，汪精卫、蔡元培亦主张是说。但多数议员皆不欲，于是有最激烈派的党人密谋炸毁议会的风说。而袁世凯本是要破毁国会的，但在此时，却认国会有维持的必要，因为正式总统的位置尚未到手，非假现存的国会投一投票不可；若被摧毁，须另造投票机关，未免稽延时日；若国会议员果真多数南下，又将被敌人的孙、黄力用，故虽一面压迫国民党议员，逮捕监禁，无所忌惮，一面又特颁命令，保护议员，声明尊重约法上议员应有的特权。因为要速得正式总统，不能不暂时要国会；因为暂时要国会，便不能不暂时借重进步党；因为要暂时借重进步党，便不能不暂时组织所谓第一流内阁：这是袁一贯的计画。进步党和温和派的国民党员，都没有看出袁的秘密来。进步党只希望制定一种他们所视为完美的宪法，引导北洋军阀的旧势力渐上宪政轨道，对于选举袁为正式总统，当然是没有问题的。温和派的国民党员自然不信任袁，不愿举他作正式总统，但一时找不出相当的候补者（因为孙、黄、黎都不能通过进步党），因此想依正当的程序，把宪法制定后，依照宪法上的总统选举法来选举正式总统，一则可以在制宪期中观察袁的行动，若袁不用非法手段来干涉国会，便可选举他；二则有了正式的宪法，效力总比约法大，袁将不敢过于跋扈。简言之，就是想以制宪和总统的两问题来战胜袁氏。（其实约法本应与宪法有同等的效力，约法既不足以制袁，宪法又安能有效？）平心而论，总统选举法本属宪法之一部，先定宪法，后举总统，本是正当的办法，就是进步党的领袖梁启超起初也是如此主张（见《远生遗著》）。但是当时一般人把外国承认民国的问题看得异常重大，以为不经外国正式承认，民国在国际上便立不住脚，非有了正式总统，外国不易承认。袁世凯利用一般人的这种心理，使他的私党鼓吹"先举总统，后定宪法"之说。进步党的议员，为确定袁氏的地位计，恐怕迁延时日，国民党议员"夜长梦多"，生出别的纠纷来，也主张先举总统，后定宪法；国民党的议员，为大势所屈，不能坚持原意，于是"先举总统，后定宪法"便成了定议。继由国会中的宪法起草委员会草出宪法中的《总统选举法》来，交国会通过，即由国会以宪法会议的名义公布，于十月六日依《总统选举法》，由两院议员组织总统选举会，举行投票选举。那一天选举的情形，煞是可怜。原来袁世凯预定在"双十节"的那一天，要升坐正式总统的椅子受贺的；倘若国民党的议员捣乱，一时选不出来，"双十节"受贺不成，岂不扫兴；又恐怕别派猪仔议员问他要交换条件，也是难于应付的，于是就预先制好一种便衣军警的公民团数千人，于议员入场后，将议场重重包围，声言"非将公民所属望的总统于今日选出，不许选举人出议场一步"。可怜那些议员先生们忍饥挨饿，从午前八时开始投票，到午后十时才得了一个结束。原来此时的议员，尚有一部分硬骨汉；依照选举法，"须得票满投票人总数四分之三者方为当选。但两次投票无人当选时，就第二次得票较多者二名决选，以得票过投票人数之半者为当选"；那一部分硬骨的议员，愤公民团的包围，偏不投袁的票，所以连投三次，遴到最后一次，袁仅以但书所规定的票数当选。选举的结果报告后，公民团高呼"大总统万万岁"而散，议员始得出场。袁的总统到手了，国会的厄运也就快要到了。

三、国会的破毁　在正式总统选举前，袁氏恐怕进步党还靠不住，因使其秘书长兼交通银行总理的梁士诒诱拐一小部分议员，组织一个公民党，以李庆芬、梅光远、权量等为干部人物，凡在梁士诒势力范围内的所谓交通系的部属（梁在前清任邮传部事，掌握该部实权，后为交通银行总理，因养成财阀私党），都令加入公民党。这个公民党的用处，第一就是替袁运动正式总统，第二就是监察制宪。（所谓交通系的团结，亦于是公民党始。）宪法起草委员会方在拟订宪草时，公民党遇事格外起劲，该党机关尝遍发号外，曰宪法起草委员所订之草案某条不利于总统，某条不利于总统。袁氏左右的所谓法律派（顾鳌、施愚之流）也捕风捉影，向袁上条陈，说草案某条某条不利于总统。于是在十月以前，便有军警将干涉国会的风说。所谓某条不利于总统者，第一总统任期问题，初拟为任期六年，不得连任。袁语人："我甚愿任期三年，越短越好，惟不得连任明定限制，则军队中人将有不受我制裁之苦。"第二为责任内阁制问题。第三为总统解职后须受刑事上之追诉（此条却是进步党汪荣宝的主张）。但因为总统的选举悬在目前，袁尚是不动声色，并且向人力辟军警变乱之谣，又戒饬左右说："关于宪法上的争衡，须概持不干涉主义，千万不可为无聊之运动。"当国会以宪法会议的名义公布宪法中的《总统选举法》时，袁已很不高兴，说总统连公布宪法的权都没有了；但是恐怕误了"双十节"就职日期，也不和国会争论。到"双十节"以后，坐上正式总统的椅子了，忽咨宪法会议争宪法公布权，接着又提出增修约法案于众议院；此时宪法草案在委员会中已将付三读会了，当然对于这种增修约法案置之不议；到十月十八日，袁忽有派遣八委员（施愚、顾鳌等）列席宪法会议及宪法起草委员会陈述意见的咨文到国会。值起草委员会开三读会时，八委员果然来了；委员会以会章仅许国会议员旁听，其他无论何人皆格于会章不之许，遑论陈述意见，因此拒绝。其实委员会此次所定的草案，是由国民、进步两党调和的公意而成的，草案良否姑不论，比较《临时约法》是大有进步，对于总统的权限也没有那么大的束缚。但袁氏决计要做皇帝大权的大总统，不愿再和国会迁延不断的麻烦了，于十月二十五日通电各省都督、民政长——妙在不诉诸国民，而诉诸都督、民政长——反对宪法草案。通电的大略说：制定宪法，关系民国存亡，应如何审议精详，力求完善；乃国民党人破坏者多，始则托名政党，为虎作伥，危害国家，颠覆政府，事实具在（指讨袁军），无可讳言；此次宪法起草委员，该党居其多数——妙在专责备国民党，而不伤及进步党——阅其所拟宪法草案，如何如何的荒谬——若果施行，如何如何的于国家不利。各该文武长官，同为国民一分子，对于国家根本大法，未便知而不言，务逐条研究，于电到五日内迅速条陈电复。这一电就是用以拨动他安在各处的留声机器的。于是那些留声机器——各省都督、民政长、镇守使、师长、旅长等——果然一拨而动，大家攘臂瞋目而议宪法；但对于宪法草案的内容却略而不谈，只主张解散国民党、撤销国民党议员、撤销草案、解散起草委员会等办法。所谓一般国民，既没有人向他们申诉，他们也不理这些事，除非到了动兵，"商界首当其困"的时候，什么总商会出来喊几句怕痛的话，现在没有可管的闲事。进步党一部分的议员自从公民党开始活动以来，知道局面日趋危险，很愿意和国民党的温和派提携，以谋宪政的巩固；因此共同组织了一个民宪党，于十月二十一日开成立会：国民党以张耀曾、谷钟秀、汤漪、钟才宏、杨永泰、沈钧儒等，进步党以丁世峄、李国珍、蓝公武、刘崇佑、汪彭年、解树强等为主要人物；宣言不为金钱势力所屈，以贯彻民主精神、拥护宪草为职志。这个民宪党的结合，可以说是国民、进步两党有了觉悟，但是迟了；十一月四日，袁世凯的"苦迭打"就见于事实了——是日，大总统以经由国务总理副署的命令解散国民党，撤销国民党国会议员，凡自湖口动兵之日起，挂名于国民党的，都追缴议员证书徽章，共三百五十余人；但是两院犹足法定人数，可以开会，因又补行追缴八十余人；于是连跨党的国民党议员，在湖口动兵以前，已经宣告脱离国民党的也都被追缴，共计四百三十八人。五日，两院开会，袁派军警手持被追缴议员证书的名单，守住两院的入口，凡到会的议员都受严重的盘查，果不能达法定人数。自此国会便陷于不能开会的绝地。残余的议员，除了最少部分的公民党以外，个个愤恨，却无办法。过了许久，仍用两院的名义各向他们所拥戴的第一流内阁提出两篇很长的质问书，限期答覆，但是杳无消息。又过了许久，由熊希龄致函两院议长，大略说：大总统于危急存亡之秋，为拯溺救焚之计，是非心迹，昭然天壤，事关国家治乱，何能执常例以相绳。不久，又有各省都督、民政长等呈请总统遣散国会残余议员的联电；总统真是慎重，还不肯即行遣散，又交所谓"政治会议"（其来历见后节）讨论，直等到三年一月十日，得政治会议答覆，请宣布停止两院现有议员职务，才正式宣告解散。得第一流内阁的赞襄，替袁氏除去一大障碍物，但是第一流内阁的命运，也要告终了。

　　四、内阁的瓦解　熊内阁成立不久，便有两件受北洋军阀官僚压迫的事情：（一）对于湖南（熊为湖南人），熊不主派北洋军队去驻防，他决意将蔡锷由滇调湘（蔡为湘人），因为蔡也想离去滇境，归任湘事，并且已得袁的同意（只是表面上的同意，与同意王芝祥督直无异），湘人都很希望；但是段祺瑞、段芝贵定要派兵去；段祺瑞在国务院与熊力争，说熊不主派兵是姑息。段芝贵向熊说，湖南非大加清理，将有蕴乱长奸之惧，并说："我辈已经打扫一次（指赣宁之役），若更要我打扫第二次，我们有点不高兴了。"两段虽然没有彰明昭著的反对蔡锷任湘督，意思是要把湖南放在北洋军队控制之下，把该省原有的军队消灭。后来蔡锷督湘之说，同于王芝祥督直；蔡离滇后，闲废北京，湘人被汤芗铭挟北洋军队的威力蹂躏两年多。这是熊被压迫的一件事。（二）对于财政，熊的挪扯手段不如梁士诒，因为梁有交通银行在手里，挟有交通系的势力，而熊则妙手空空；陆军部和各省督军请发军费之文电，如雪片飞来；熊要向交通部挪移，交通部故意和他作难，说交通银行垫款过多，不肯再垫付了。"人若无钱，又瘦又黑"，熊在登台不久时，已到了瘦而又黑的地步了。但此时尚有一个在国会的进步党，替他叫好；他也还在那里尽力扮演，和梁启超等计画大政方针，预备向国会宣布。他们大政方针有最重要的一点就是省制的改革，意在废省，以固中央，谋国家统一。但是袁世凯的统一理想方法根本与他们不同，暗笑他们的计画只是一种书生的空想，但却也不说破，不过说问题太大，须召集一种地方长官的代表委员会议方能决定；熊也以为然，因此便有所谓行政会议组织的电令。这个电令发布的时候，就是撤销国民党籍国会议员的时候，袁世凯要用这个行政会议作特别工具了。国会既毁，便把所召集的行政会议改组为"政治会议"，其中人物有所谓政界元老由总统府、国务院各部派遣的，有各省及各特别区长官派遣的代表，以李经羲为议长，于十二月十五日开会。于是第一流内阁的大政方针只得拿到政治会议去宣布。但是政治会议是袁氏的特别工具，不是内阁的拥护者，那些各省的代表先生们听说要废省，正触犯他们所忌，于是对于他们的大政方针就首先反对，熊总理在会议席上受种种挪揄而退。不久，到了年底，向熊要钱的人又"纷至沓来"了；从前恭维第一流人才的总统府要人，现在对于他们表示十分的厌倦，总统也说"内阁办事太迟缓"了。到民国三年二月，熊内阁替袁氏将所有停止国会、停止省议会、停办各地方自治、特设造法机关种种的命令副署发表后，渐知道所谓总统制将要出现，内阁虽是"第一流"的，也没有存在的余地。于是熊希龄、梁启超、汪大燮三人连翩去职，这便是第一流内阁的末路。平心而论，熊、梁等未尝不抱著一种政治理想。他们第一想引导北洋军阀势力渐入宪政的轨道，第二想把中国的地方制度加以根本的改革。但是袁世凯自有他自己的轨道，第一就是独揽大权，第二就是利用部属升官发财的心理，以各省长官地位为饵，既可以镇压各方的反抗，维持一己的地位，又可以得部属的欢心，所以连废省的计画都不能容纳他们的。唐绍仪和袁世凯有二十年的交情，因为袁不肯循宪政的轨道，甘愿牺牲个人的交情，和袁破裂；熊、梁等在戊戌政变时就是被袁所卖的人，与袁本不同臭味，到十一月四日袁要施行"苦迭打"时，分明是走到宪政轨道以外去了，纵令国会的组织如何不良，既以引导袁氏上宪政轨道为职志，对于袁氏此种行为应该有一点觉悟了。为何还是将顺他，和他一同跑到轨道外去呢？可见立宪党名流的短视病，还不及半同盟会员唐绍仪的明决。直等到洪宪帝制发生时，才知道袁氏是一个巨魔，把从前"非袁不可"的心理转变而为"非去袁不可"，再和革命党同行。人类和其他的动物相差不远，总是容易走错误的道路，我们也不能专责备立宪党。

第十一章　帝制运动与反帝制运动

　　当国民党势极盛的时候，进步党尽力扶助袁世凯以抑制国民党；到民二冬间，国民党被袁氏摧毁后，进步党也失去了政治活动的立足地，于是中国成为北洋军阀官僚的独舞台，进步党人渐渐地抱恨于袁氏了。但使袁氏不做帝王的幻梦，不惟北洋军阀内部不至于即时发生裂痕，就是进步党人虽然怨恨袁氏，也还不至和国民党人同走上倒袁的途径；试看袁氏方在改造约法的进行中，进步党领袖们还是将顺他，希望他藉此实行所谓开明专制以救中国。不料袁氏是要由"专制"而"帝制"，却不是为"开明"而"专制"；"专制"成，而"开明"无望，"帝制"继起，于是把平夙拥护袁氏号称稳健派的进步党领袖，也逼上倒袁的途径，北洋军阀的内部也从此发生裂痕。所以帝制运动不惟是民国的大危机，也就是北洋军阀的一个盛衰关键。因为帝制失败，袁氏倒毙，北洋军阀失去了一个统率的头脑，满清遗下旧势力的中坚，才有破毁的可能，故护国军之役与辛亥革命之役，在中国革命史上有同等的重要。本章当以次述其经过，至袁氏死去时止。

一　约法的改造

袁世凯的帝制思想，究竟起于何时，颇属疑问。在辛亥革命时，他和伦敦《泰晤士报》驻北京记者莫礼逊的谈话，曾说："……余深信国民中有十分之七仍系守旧分子……进步一派，不过占十分之三耳。今若推倒清室，将来守旧党必又起而谋恢复帝制。"又说："……深惧民主国体，不能稳固……不若保存清室。剥夺其实权，使仅存虚名，则国家安全，方能确保。"有人根据这段话，以为这便是袁氏预谋恢复帝制的暗示。但这段谈话，仅能证明袁氏的欺骗无信，不能证明他在此时便有帝制自为思想；因为他向莫礼逊的表示，是要保存清室的皇位，却暗中与革命军勾结，以取得总统位置做推倒清室的条件。袁氏向来不轻易向人表示真意，譬如他在要实行干宪的时候，还戒饬左右说："关于宪法上的争衡，须概持不干涉主义。"在筹安会将要发动以前，还坚决的矢言维持共和，所以在要推倒清室以前，偏说要保存清室。这是袁氏一贯的欺人术策，所以袁氏究竟在何时发动帝制的野心，是无从知道的。不过我们知道袁氏是一个贪恋最高名位、乘机窃权的人；而他窃取权位的术策起初总是务求实在，不露形迹，必等到实权完全把握在手中，然后才露出真面来。他推倒满清，攫取总统，是用这种方法；图谋帝制，也是用这种方法。帝制运动的公开，虽然是起于民四秋间的筹安会，但他的实在基础却是在改造约法时立定了。所以我们谈袁氏的帝制运动，应该从改造约法说起。

袁氏改造约法的两个工具，一个是前章所述的"政治会议"，一个是"约法会议"。他起初本想利用政治会议作直接改造约法的工具，后来因为政治会议的人员觉得本身的来历形式太不合资格，对于袁氏的咨询约法增修程序令，答覆他说："……宜于现在之谘询机关（即指政治会议的本身）及普通之立法机关以外，特设造法机关，以改造民国国家之根本法。"造法机关的名词，本由章士钊所创，民国元年，章不赞成以普通议会握制宪之权，主张于普通议会之外别设制宪机关，因立此名，现为政治会议所利用。于是袁氏再令政治会议议定所谓造法机关的组织，名曰"约法会议"；所以，约法会议就是由政治会议所产生的儿子。依照《约法会议组织条例》，该会议之议员：一、由京师选举会选出四人；二、各省选举会各选出四人；三、蒙、藏、青海选举联合会选出八人；四、全国商会联合会选举会选出四人。选举人的资格：一、曾任或现任高等官吏而通达治术者；二、由举人以上出身而夙著闻望者；三、在高等专门以上学校三年以上毕业而精研科学者；四、有万元以上之财产而热心公益者。被选资格更严，先由政府制定一种被选人名册，凡当选为约法会议议员者以列名于政府所制定的被选人名册者为限。尤奇特的是选举人的调查，选举监督"得因便宜以现住于该选举监督驻在地方者为限"——意思就是选举区限于京师及各省的省会。所以，约法会议议员形式上说是由选举而来，实际上都是由袁政府所指派，都是袁政府的工具。故当时的新闻记者说："政治会议者，秘书厅之所放大也；约法会议者，法制局之所放大也。"因为政治会议的要人，大概就是秘书厅的要人；约法会议的要人，大概就是法制局的要人。

《约法会议组织条例》，于三年一月二十六日以教令公布；约法会议于二月十八日举行开会式，孙毓筠当选为议长，施愚为副议长（故意把一个变节的国民党名士孙毓筠作议长，以掩饰国人耳目）。袁氏于三月二十日提出"增修《临时约法》案"咨交约法会议，咨文中有几句最紧要的话："……为目前建设国家计，根本法上之关系，宜有两种时期，盖增修约法为一时期，制度宪法又为一时期；质言之，则施行约法为一时期，而施行宪法当别为一时期也。增修约法与施行约法既应别为一时期，则第一要义之所在，当知施行约法为国家开创时代以来之所有事，即与施行宪法为国家守成时代之所有事者截然不同。"孙中山的约法训政之期与施行宪政之期的划分，民元二年间国民党把它舍弃了，现在袁氏却拾取来应用。不过，袁氏的所谓约法之期是收揽皇帝实权之期，而宪法之期便是帝制公表之期罢了。我们试看他所提出增修《临时约法》大纲的七项：（一）外交大权应归诸总统，凡宣战、媾和及缔结条约，无庸经参议院之同意；（二）总统制定官制官规及任用国务员与外交大使、公使，无庸经参议院之同意；（三）采用总统制；（四）正式宪法应由国会以外之国民会议制定，由总统公布，正式宪法之起草权亦应归于总统及参政院；（五）关于人民公权之褫夺回复，总统应自由行之；（六）总统应有紧急命令权；（七）总统应有财政紧急处分权。关于上举的七项，我们试查一查世界的君主国，除了在君主专制时代，谁国的皇帝有这样的大权。那些约法会议的先生们好比入考的秀才，把一篇宿构的成文，誊写完卷了事。到那年五月一日，新约法由总统公布，它的内容大体以袁氏所提出的大纲为根据，把总统的权扩张到最大限度；废去责任内阁制，而采用所谓总统制。（并不是美国式的总统制。因为美国的总统制，总统与立法部相抵衡，立法部不能宰制总统，总统亦不能宰制立法部。而袁氏新约法之总统制，则并立法部而亦受其宰制也。）约法会议的先生们，就"总统制"三字生出一种新意象：因为美国的总统下面，有一个国务长官（Secretary of State），日本人把它译作"国务卿"，于是就借用日本译文的"国务卿"三字，轻轻地插入新约法中，说："行政以大总统为首长，置国务卿一人赞襄之。"原来中国的所谓"卿"，是与天子诸侯为因缘的；这是所谓"烘云托月"的法子，预先把一个"卿"字，隐射上面的总统同于"帝"。又在新约法的第二十七条，给与总统一种颁给爵位的权，也是一种"烘云托月"的法子。（说是由顾鳌所主张，他说五等封爵，满、蒙人均有之，独汉人不能享受，非平等。张其锽反对无效，因愤而去职。）有了'卿'，有了五等封爵，皇帝安有不出现之理。

"国务卿"三字，既被新约法嵌上，袁即于新约法公布后，任命徐世昌为国务卿，废止国务院，设政事堂于总统府。政事堂的组织，以国务卿为首脑，下置左右两丞，分设五局：曰印铸、法制、铨叙（此国务院之旧）、机要、主计。机要局的权力远在各部总长之上，主计局则把财政部和审计处的职权，一并网罗而去。各部总长除例行公事外，一切须经国务卿核准。简括的说，政事堂就略同于前清的军机处，国务卿就略同于前清的军机大臣了。

新约法上的立法机关，是采用一院制，规定名曰"立法院"，但是还规定了一个"参政院"做总统的谘询机关：在立法院未成立以前，以参政院代行其职权。立法院和参政院的组织法，皆须由约法会议议决。因此该会便先议决一种参政院的组织法，于五月二十四日公布。依此法，参政院的参政纯由总统委任，于六月二十日成立，以黎元洪为议长，汪大燮为副议长，梁启超亦列名其中。原来的政治会议至此取消。到六月二十九日，袁氏便以命令宣布依据新约法以参政院代行立法院职权；而新约法上所许与的立法院，虽到十二月二十七日也公布了一种组织法及选举法，但始终不曾实现。参政院始终为立法院的代替机关，即为洪宪帝制之创作机关，与袁氏共存亡。

代行立法院的参政院，于三年八月十八日，迎合袁氏意旨，建议修改二年十月所公布的《总统选举法》。约法会议因于十二月二十八日通过一种修正案，次日由袁氏公布。修正选举法的要点：(一) 总统任期改为十年，连任亦无限制；(二) 凡届总统改选之年，参政院参政如"认政治上有必要时"，得为现任总统连任之议决，即无须改选；(三) 总统继任人应由现任总统推荐于选举会，其名额以三人为限——被推荐者之姓名，由现任总统预先书于嘉禾金简，藏之金匮石室，临选时始行取出，交付选举会——现任总统则当然得以继续当选。

袁氏有了三年五月所颁布的新约法，无论在事实上、形式上已经成了中国的独裁元首；有了三年十二月所公布的《修正大总统选举法》，至少成了终身的独裁元首；假若在推荐继任总统的人选时，他愿意把袁克定或袁克文……的名字写在嘉禾金简上——因为修正选举法上，并没有说不许推荐现任总统的亲属，并有袁家世袭独裁元首的可能，有了独裁的大权，辅弼有"卿"，可以封爵，又有世袭的可能，所缺少的就只有"皇帝"两字的称号和一顶皇冠了。假若袁氏更聪明一点，便应该从此暂时停止进行，应该自为周文王，让袁克定去作武王。无奈袁氏的忍耐能力到底不及曹孟德，要自己爬到"炉火之上"去，给蔡锷一个立功成名的机会。

二 帝制运动的公开演进

袁世凯爬到"炉火之上"去，大部分的原因，恐怕是袁克定催促而成的。在民国二三年之交，北京便流行一种传说："共和不适于国情，证诸元二年椒扰之象，可以概见，非改弦更张，不足以救亡。"对于这种传说便有人揣度，是由袁大公子播散的（不过无从证实）。不过恢复帝制的思想有两派：除了袁家一派，还有清室遗老的复辟派。自新约法公布后，袁既成了事实上的皇帝，九月袁又发布祀孔令，预备到了冬间，还要祀天；清室遗老劳乃宣、刘廷琛、宋育仁、章梫等便有些不平，想乘机实行复辟运动，首先发布劳乃宣的《正续共和解》。（劳乃宣在辛亥冬即著《共和正解》，未发布。到民三六月，又作《共和续解》，至此合印为一册，名曰《正续共和解》。全书不足万言，附有章梫所作之跋。劳自言曾交赵秉钧呈袁总统阅过。其正解大意据周代故事，谓君幼不能行政，公卿相与和而修政，故曰共和。故共和云者，乃君主政体，非民主政体。不学之流，乃用为民主之名词耳。因历言中国不能行民主之制，是为正编。其续编乃自诩其前此有先见之明，而揣测今之总统，于皇帝初不甚尊崇，继乃异常拥戴，谓为有伊尹之志。因主张创作一种宪法，谓宜名为"中华国共和宪法"，以共和立名者，谓合于彼之《共和正解》也。名中国不名民国者，示行君主制也。然则何以不称帝国，谓帝国为日本名词也。何以不称大清而称中华，谓中华地名，而大清乃代名也。）接着便有宋育仁等联合国史馆的守旧派人员，上书呈请复辟之议（实际宋等之呈文尚未递上）。到十一月初旬，北京的复辟风说几有"满城风雨"之势。于是肃政使夏寿康等呈请查禁，袁氏批交内务部办理。旋以宋育仁（时为国史馆协修）有复辟运动的嫌疑，由步军统领逮捕，解回原籍。（宋被捕在步军统领衙门讯问时，问官讯以："见劳乃宣所著书否？"答谓："劳书专从个人上说，我意则欲从政体立论，作一篇文字。"主者请示于总统，总统谓不妨令其作去。宋因作一书呈上。书中大意谓非赞成劳说，乃主张春秋亲周王鲁之旨，以清室比之东周，清室灭亡，只能存其尊号，万难复辟。若大总统则等于鲁，鲁有圣人，其义当王云云。此宋以畏死之故，由复辟说而变为推戴袁氏说也。遗老之价值如此。）这是对袁家帝制运动的一个打击。因为复辟既不可行，又乌可发生新帝？但是袁家的人物到底不能忍耐。到四年春初，运动依然进行。梁启超说："……去年（指四年）正月，袁克定忽招余宴，至则杨度先在焉。谈次，历诋共和之缺点，隐露变更国体，求我赞同意。余为陈内部及外交上之危险，语既格格不入，余知祸将作，乃移家天津，旋即南下。……"可见袁克定和杨度的活动，早在筹安会公开之前。但此时的环境，于帝制运动实大不利。因为在三年七八月之交欧战爆发后，西方各列强不暇东顾，日本成了东方独霸的虎狼国，把山东的胶济一带要地占领了。到四年一月十八日，便提出有名的"二十一条"要求。此时革命党人莫不看到中国所处地位的危险，恐怕袁政府受内外交政的困难，不能专心御侮，因是都通电宣言停止革命活动，主张一致对外。不料袁家的人物反以此为帝制运动的好时机，日本提出

"二十一条"时，却是袁公子宴客张罗帝制时。他们以为西方列强既无暇干涉中国事情，独有日本一国，与以少许的权利作交换品，便可了事。（据游晦原的《中国再造史》，袁氏曾欲以承认"二十一条"为日本赞助中国帝制之条件，特外交秘密，不易证明耳。作者曾记日本某报载有当时日首相大隈重信之谈话，大旨谓：日本为君主国体，中国若行帝制，则与日本同一之国体，日本当然乐为赞助。且袁世凯氏，事实上已总揽中国之统治权，改行帝制尤与事实相合云云。此报一时未能检出，但记其大意如此。大隈氏此种谈话，实所以诱袁入毂者，性质上绝无国际上之责任。袁氏以为大隈氏既有赞助帝制之表示，大事当无不可成功之理。）此所谓"白昼攫金于市，只看见金，看不见市上的人"。到五月九日承认日本的要求后，一般国民认为奇耻大辱，而袁家的臣仆反颂扬"元首外交成功"；袁家的报纸反发布"双方交让，东亚幸福"的传单；袁家的封疆大吏，反祝电纷驰；并有请举行提灯行列，开会庆贺的。（原来日本提出最后通牒时，所列要求条件共为五项：前四项是必须承认的，第五项是故示严重，留作让步余地的。袁氏承认日本要求时，对于第五项未予承认，日本亦未再加强迫。袁家人物便以为这是日本让步了，故颂扬"元首外交成功"。）他们为什么这般无耻，就是因为候补皇帝的声威，在中日交涉的当中未免毁损了一点，想借"外交成功"四字，修补装饰一下。到五六月之交，袁家的人物跃跃欲发了，袁氏还坚决的不承认；他对美报记者宣言："吾之国体，既同于美，以后惟有奋力前进，以期发展真正共和之精神。"日本东京都喧传了帝制的风说，袁氏又明白宣示，谓："第一次革命之际，清皇族中曾议以帝位让余，而余不受，胡今忽欲取之。果其取之，是欺人孤儿寡妇，不仁不义，余何忍为。且由中国历史观之，帝王数代必逢革命，子孙绝灭，贻祸无穷。即曰君主立宪，亦终不能不依君主其人以为兴替。余若为皇帝，是自绝其嗣续，而无益于国家，人虽至愚亦不至此。……"（见是年六月十七日东京《朝日新闻》，《甲寅》杂志引述）《朝日新闻》谓帝制由杨度、孙毓筠建议，杨、孙亦电驻日公使陆宗舆，托其在该报上更正。冯国璋得到一点消息，约梁启超入京探听内幕，袁向梁、冯也坚决的否认，且说"国人若必欲以帝位相强，余当逃往伦敦"。但是到了八月上旬，袁氏的顾问美人古德诺氏，在《亚细亚日报》上发表一篇《共和与君主论》，说中国不适宜于共和；不到一星期，六君子便据古氏的论说发起筹安会，从此帝制运动进于公开的时期。

发起筹安会的所谓六君子，便是杨度、孙毓筠、严复、刘师培、胡瑛、李燮和。这六人当中，孙、胡、李三人是以革命元勋的资格被借重的，刘师培是以国学渊博的资格被借重的，严复是以学贯中西的资格被借重的，（据严复与熊纯如书，严之列名筹安会实被杨度强奸，严自谓虽主张君主立宪，然应戴谁为君主实为难题。严书见《学衡》杂志。）然而都不过是装点场面的配角，该会活动的中心人物要算是杨度。杨是光绪维新变法时经济特科所拔选的人才；戊戌政变后，与革命领袖的黄兴、陈天华辈很亲密；后来觉得革命党暴烈有余，成事不足，决心作君宪党，与梁启超赓同调；后来又觉得梁是西太后所痛恨的人，与他合作有害无利，乃独树一帜，以谋活动；到预备立宪时，以四品京卿的荣擢，参与宪政编查馆，在此时便与袁世凯发生很密切的关系了。袁氏被载沣放逐后，杨虽不曾同时被摈，但在那种排汉潮流的当中自然不能得志。辛亥革命事起，袁世凯出山，杨的活动机会到了；当时在北方的所谓"国事匡济会"，便是以他和汪精卫为中坚人物；清帝退位，孙、袁总统位置的授受，他和汪便是当时重要的牵线人物。杨度若真正看到中国不适宜于共和，为什么不在此时和梁启超一致，力持君宪主义，却为推翻君位的内幕人物？他的解说，是满汉情感既裂，已无弥缝的余地，非另造君统不可。但是二十世纪的新君统，是不容易创造的；杨若果有创造新君统的远识，应该如梁启超所指示的，必使"今大总统内治修明之后，百废俱兴，家给人足，整军经武，尝胆卧薪，遇有机缘，对外一战而胜，功德巍巍，亿兆敦迫，受兹大宝，传诸无穷"，乃当"强邻迫胁，吞声定盟之时……果未熟而摘之……孕未满而催之……"杨的见识，到底不及梁启超远了（上所引梁启超语，见梁著《异哉所谓国体问题者》）。杨于筹安会成立后，发表他的《君宪救国论》，大意是说共和决不能立宪，惟君主始能立宪；与其行共和而专制，不若立宪而行君主，彷彿袁氏之所以专制是因为共和的原故，我们想要立宪，须把世袭的皇冠和袁氏交换，单止一个总统位置是不够换取宪法的。这种理论，谁能相信？所以梁启超诘问他说："吾欲问论者挟何券约，敢保证国体一变之后，而宪政即可实行而无障？"其实杨氏所持的理论，都是饰词；他的潜意识，就是急于接近政权。辛亥革命以来，他替袁氏出力不少，终不能与梁士诒辈并驾齐驱，分尝鼎之一脔。熊希龄组阁时，想取得一个交通总长的位置，都不能达目的；因窥得袁氏父子的隐衷，极力和袁克定要好，想替袁家制造一个世袭皇冠，庶几袁帝国第一任的内阁总理可以取得。所以筹安会的出现，可以说是袁氏借重杨氏，也可以说是杨氏借重袁氏，（天津某报所发表之《北洋军阀小史》谓：袁世凯当帝制议起时，绝无表示，凡有向袁氏说者，皆大受申斥，袁之动心，由于说客某之进言曰："北洋诸将，从公多年，所为何事，亦惟欲攀龙附凤，求子孙富贵耳，公不早定计，其如诸将何？"袁聆之默然，盖已心许之矣。此所谓"说客某"者，或谓即指杨度，但今无从证实。）一个要皇冠，一个要开国的总理。谁知袁的皇冠戴不成，杨的内阁总理也终于徒托梦想。

筹安会本定八月二十一日开成立大会，后来恐怕开会时被人捣乱，于十九日发布启事，说："本会与各界接洽之事甚忙，故不待大会，先告成立，推定杨度为理事长，孙毓筠为副长，严、刘、李、胡皆为理事。"其通告会员书中，略谓："本会宗旨在研究君主、民主国体二者孰适于中国，专以学理之是非，与事实之利害为讨论范围，此外各事，概不涉及。"随即以该会名义通电各省文武长官，请派代表到京，并寄与古德诺论文、入会愿书及投票纸，请各员书明赞否，并代募会员。此时袁氏的声调，渐渐变了；有问以对于筹安会的行动应否干涉的，他答说："此项言论，耳闻已熟。予所居地位，只知民主政体之组织，不应别有主张。帝王非所愿，总统非所恋。研究此义者，作何主张，予固无嫌疑之可虑。惟予与国人均有身家产业、子孙戚族，其欲研究所以永保安全之法，亦为人情所应有。予受国民付托，何敢以非所愿、非所恋之嫌疑而强加干涉乎？"又说："如不任令学者自由研究，则一部分主张颇力，恐以武力摇撼国体，不如以此缓和其气。"及各省电询政府意见，则答以"该会为积学之士所以研究国体者，苟不扰乱治安，政府未便干涉"。肃政使以全体名义呈请取消筹安会，袁但饬令内务部："对于该会以后言论行动，为之酌定范围。……"于是大家明白筹安会的来由了。以后有人向肃政厅、检察厅或内务部禀请封禁筹安会或提起公诉的，都无批答的下文；筹安会所，和杨、孙的私宅，并且有握枪的军警替他们守门。各省文武官员对于该会的函电，因此无不赞成，纷纷派代表入京。到九月中，该会通告会员，附以表决票一纸，说："本会原拟候各代表到齐，定期开会。现因入会者将近万人，会场难觅，不得已用投票议决之法，请于表决票上填写君宪或共和二字，本会即据票数多少以为议决标准。"所以筹安会，号称以研究学理是非、讨论事实利害为范围，实际上并不曾开过一次会。所谓"研究"，所谓"讨论"，都是他们自己骗自己的话。这是帝制运动公开后的第一幕。

筹安会的初意，欲俟该会各省代表到齐，会议决定后，便呈请实行。但该会不是法定机关，没有呈请实行的资格。于是改变方针，由该会各省的代表以公民资格，请愿于代行立法院的参政院，由该院呈请实行。但参政院在九月一日便要开会了，而该会各省的代表未能立即到京。于是不等各省代表到齐，便运用各省旅京人士，分头组织各种名目的公民请愿团。所有请愿书，一律由筹安会代为起草，以便参政院开院时呈进。这是不待第一幕完功，便预备第二幕的开演。到九月一日参政院开院后，投递请愿书的便陆续不断，如雪片飞来。六日，该院开谈话会，袁氏派杨士琦到院宣言，大旨说："改革国体，极应审慎，如急遽轻举，恐多障碍，本大总统认为不合事宜。至国民请愿，要不外乎巩固国基，振兴国势，如征求多数之民意，自必有妥善之办法。"他的意思，是怕参政院径行议决呈请实行，要他们经过"诉诸民意"的手续。参政院中有人说依照立法院职权，不能收受此种国体请愿事件。讨论结果，于九月二十日议决："请政府于年内召集国民会议，为根本上之改决；或另筹征求民意妥善办法。"（新约法曾规定民国宪法，应由参政院推定起草员十人起草，经参政院审定后，由国民会议复决；故约法会议曾经议定《国民会议组织法》，于四年三月十二日公布；六月，参政院且已举定宪法起草员十人，梁启超亦宪法起草员之一，旋因帝制之议发生，宪法起草之议无形消灭。此所谓"于年内召集国民会议"者，欲依三月十二日所公布之《国民会议组织法》而行事也。又恐依此组织法进行尚太麻烦，故又以"另筹妥善办法"为言，其意盖重在后者。）议决后，连同请愿书八十三件，咨送政府。这是参政院第一次的建议。袁氏于二十五日咨复，采用提前召集国民会议办法。但帝制派的急色儿，总觉得国民会议的手续太繁重，于是有由梁士诒主使所组织的"请愿联合会"，把以前成立的请愿团体并新组的请愿团体一齐联合起来，再向参议院请愿，说该院前次的议决不应该并列两种办法，使政府难以应付；且国民会议是决定宪法的机关，不能代决国体问题，应请该院立即议定召集征求民意机关的办法。参政院接到此项请愿，于九月二十八日开会讨论，参政梁士诒、孙毓筠等主张依请愿团的办法，即由该院议决一种《国民代表大会组织法》，于十月二日咨请政府公布施行。这是参议院第二次的建议。袁氏即于十月八日将此项组织法公布。此为公开运动后的第二幕。

依《国民代表大会组织法》的规定，代表的选举，以前此《国民会议组织法》上的初选当选人及其他单选选举人为基础，可免去繁重的手续；但是选民散居各地，召集必须时日，又须经过通知答覆各项手续，方可诣省报到，故国民代表的选举决不是一个月工夫所能办竣的。但自十月八日组织法公布后，到十月二十五日便开始选举了；十月二十八日以后，便继续国体投票了；不到一个月工夫，各省区决定君宪的已有十八处；在原定十一月二十日前，国体投票，全国各区一律告竣；结果一九九三票完全主张君宪，无一票反对的；办理的神速和成绩的优良真是骇人；袁氏的"神威"，真是要超过法国两个拿破仑了（拿破仑第一的帝制投票，赞成者三五七二三二九票，尚有反对者二五六九票；拿破仑第三的帝制投票，赞成者七八三九〇〇〇票，亦有反对者二五三〇〇〇票）。又组织法中，对于国民代表大会仅予以决定国体之权，推戴元首，是决定采用君主国体以后的事，各省国民代表大会竟在国体投票时，连皇帝都推戴定了；各省推戴书的字句，都是用"谨以国民公意恭戴今大总统袁世凯为中华帝国皇帝，并以国家最上完全主权奉之于皇帝，承天建极，传之万世"的四十五字，竟没有一书一字的不同，真是神妙不可思议。国民代表大会于国体投票推定皇帝时，又委托参政院为国民代表大会的总代表，向袁世凯恭上推戴书。参政院得到这种荣耀的委托，于十二月十一日举行开会，即于是日草定一篇颂扬功德的总推戴书，联同各处来的推戴书，一并呈上；袁氏在当天即咨复该院，表示推让，该院于当天又呈上第二次的推戴书，袁于十二日咨复承认帝位了。这是公开后的第三幕。

经过这三幕的活动，便只要筹备改元登极的典礼了——实际上大典筹备处在九月中已成立，不过没有公布罢了。从八月中发动，到十一月便投票决定，通共不过三个月工夫，经过这许多的曲折事情，其进行的神速真是令人叹服。我们要知道所以如此神速的内幕，请看后列的秘密文电（后列文电，都是袁的党羽向各省机关所发的）：

一、段芝贵等十人八月十三日发出电云："现拟第一次办法，用各省公民名义，向参政院代行立法院上请愿改革书，每省各具一请愿书，均由此间代办，随将稿底电闻，请将尊名并贵省绅商列入。"

二、九月二十六日，孙毓筠发出电云："现拟另筹征求民意办法，由各省将军、巡按使、都统就在省各县绅民中，每县择定一人，召集临时公民大会。"

三、九月二十七日，筹安会代表团发出电云："各县投票人，事实上虽系军民长官指定，而形式上仍须用"各县推举"字样，以昭郑重。一面指定各县投票人，一面即将各县投票人姓名分饬各县知事，补具详文正式推举，但须倒填日月耳。"

四、九月二十九日，朱启钤等发出电云："现正拟另组公民大会，即在各省会地点开会表决，以期速定大计，惟组织方法，虽由参政院议定，而组织之精神，则在各监督长官有以操纵之而利用之。此项公民每县拟公推一人，能于在省各机关中挑选此项人员，必不至于误会意旨。"

五、十月七日，朱启钤等十人发出电云："国民代表大会推戴电中，须有'荣戴今大总统袁世凯为中华帝国皇帝'字样；委托参政院为国民代表大会总代表电，须用各省国民大会名义。至商军政各界推戴电签名者，愈多愈妙，将来宣诏登极时，国民代表大会及商军政各界庆贺书，亦请预拟备用。"

六、十月十日，国民会议事务局发出电云："国民会议议员，各县之初选当选人，实为产出国民代表之机枢，允宜特别注意。各县初选监督，当能体会入微，善为运用。尽可于未举行初选之前，先将有被选资格之人详加考察，择其性行纯和、宗旨一贯、能就范围者，预拟为初选当选人。再将选举人设法指挥，妥为支配。果有滞碍难通处，不妨隐加以无形之强制。"

七、十月十一日，朱启钤等十人发出电云："每县初选当选人来省报到，必须设招待员，或派员疏通意见，再由监督官以谈话、宴饮为名，召之至署，将君宪要旨及中国大势并将拟定充选之人名示之，须用种种方法，总以必达目的为止。"

八、十月十五日，国民事务局发出电云："国体改革，果能于形式上办到丝毫无憾，自足为久安长治之基，凡关于法律上之形式，除确有障碍者外，务必表示郑重。"

九、十月二十六日，朱启钤等十人发出电云："国体投票开票后，当即行推戴，无须再用投票手续，即由公等演说应推戴袁世凯为大皇帝；如赞成，应起立；表决后，即将拟定之国民推戴书，交请各代表署名。事毕，再由公等演说推戴及催促大皇帝即位之事，可用国民代表名义，委托代行立法院为总代表，即将预拟之国民代表致代行立法院电稿，交请各代表赞成。至推戴书文内必须叙入字样，已将漾电奉达，此四十五字，万勿更改。"

十、十月廿九日，国民会议事务局发出电云："前次电达以后，尊处用款有无窒碍情形，统希随时密示，本局谨当竭诚相助，以便尊处放手办事。"

十一、十月十一日，国民会议事务局发出电云："京外官署往来密商之件，实为治乱安危所系，设或稍有泄漏，转踏事机不密之嫌，而事关国本，密件若传于道路，尤恐贻政治历史之污点。此节对内对外，动关国家威信，务望特派亲信人员严密保管。"

十二、十月二十一日，国民会议事务局又发出电云："此项电文无论如何缜密，终涉迹象，倘为外人侦悉，不免妄肆品评，更或史乘流传，遗留开国缺点，中央再四思维，以为不如一律查明烧毁，万望赶速缜密办理。"

这些文电，都是后来独立的省区将原电纸摄影在报上发表的，没有一字的伪造（当时所发表者尚不止此，梁启超曾将此类电文综合，作了一篇《袁世凯伪造民意密电书后》，见《盾鼻集》）。我们看了这些电文，就知道当时运动成功神速的由来了。梁启超说得最妙："自国体问题发生以来，所谓讨论者，皆袁氏自讨自论；所谓赞成者，皆袁氏自赞自成；所谓请愿者，皆袁氏自请自愿；所谓表决者，皆袁氏自表自决；所谓推戴者，皆袁氏自推自戴。……右手挟利刃，左手持金钱，啸聚国中最下贱无耻之少数人，如演傀儡戏者然；由一人在幕内牵线，而其左右十数嬖人蠕蠕而动；此十数嬖人者复牵第二线，而各省长官乃至参政院蠕蠕而动；彼长官等复牵第三线，而千数百余不识廉耻之辈，冒称国民代表者蠕蠕而动。……"所谓帝制运动的活剧的真相，完全是如此。

三　反帝制各派的联合战线与外交形势

袁党的傀儡戏，扮演得如此圆满，在他们的心目中，以为决没有人能够拆他们的台的。他们看定了：全国的老百姓，是希望有一个真命天子出现的；从前立宪派的人物，纵不肯帮忙，是决不会积极作反对行动，也没有积极反对的力量的；从前的革命党人，虽然一定是要捣乱，但已经完全失去了根据地，也没有这种实力了；北洋军阀的势力，布满了全国各要地，其间纵或有一二人不大热心于此道，但也决不会有反对的行为的，"人亦孰不欲富贵"，重重的封赏他们，没有不欢天喜地的。如此，还有问题吗？但是事实全不如他们所料；民国四年的中国情势，全不如民国二年的情形了。此时反袁的势力；可分为消极、积极的两大派，两大派之中又可分为数小派，以次略述如下：

一、一般的人民　　中国的普通人民，向来不问政治，但是到了他们感觉痛苦的时候，消极的反对意味，有时也很有效力；辛亥革命时对于满清，癸丑讨袁时对于国民党，我们已经看见过了。袁党以为现在的所谓"民心"，还是和民国元年、二年一样。不知在民国二年时，并不是"民心"对于袁氏有如何特别的好感，不过是误认革命党喜欢闹乱子，希望把这班乱党除去，他们方可安居乐业的意思。现在又要行帝制，必定又要招惹革命党来作乱，所以他们就惶恐的不安起来了。假使袁政府在赶走革命党以后，果然有若何的德政在民，或者还有几分拥戴的心理；但是自从癸丑赶走革命党以后，人民并没有得到甚么好处。官吏的削刮，北洋驻防军队的野蛮，比以前的革命党还利害；当时国内的报纸虽然不敢揭载，但是事实是不能掩盖的。（当时有伍子余致《甲寅》记者一封通讯，可以窥其大概，节录如下："……仆归家乡数月，默察地方吏治，见州县之官，十九为前清声名狼藉之污吏，而报馆不敢据事直书，地方公正士绅惧言及公事，彼可诬为乱党以钳其口，则不能不采明哲保身之义，以故生杀予夺，为所欲为。吏治之坏……即顽固党亦惊为前清所未有，而存时日曷丧之想。……今姑举其有妨学务者言之：仆归家乡旬日，即见十一二岁之小学生因被革命之嫌疑为警察掳之以去者，凡十余人焉。夫十一二岁之童子，安知革命为何事？则因学校之国文教科书中有'武昌革命'一节，于是小学生徒知当世有所谓黎元洪者，又知数年前有武昌革命之事，故课余归家，三五相从，时谈武昌革命之事。警察闻有'革命'二字，不论其讲他种革命或武昌革命，辄掳之以去。彼岂必欲枪毙此等十一二岁之童子，特既已掳去，其父兄不能不以金来赎耳。故为父兄者，多不敢轻令其子弟入学校读书……故两年来之学务一落千丈。……又自去岁以来，政府发行公债两次，皆由县知事强迫地方殷户每人必认购若干，然使出钱而即给以票，则他日还偿与否不可知，而目前有票以与之交换，则亦稍足以慰其心，而实际则不尔尔。县知事告殷户曰，尔先以钱来，我始知尔所认购者为不虚，然后待我详文巡按使，由巡按使详文北京，以请公债票焉，候其到县，则以发给尔也。然以我国交通不发达，由县达省至京，动须半月或数月，合往来之日计之，三四月或七八月者比比皆是。而县知事之更易无常，当其未更易时，有往问者，则曰票尚未到；及新官莅任，有再往问者，则谓前任官不知如何办理，吾见公债簿中固无汝名也。仆固未敢谓全国办理公债之手续如此，惟据仆所目击，其出钱而不得票者殆居十之六七焉。故人民谓前清之昭信股票，虽不偿还，尚有票焉可以供捐纳虚职之用，今则并票而无之。故公债云者，特人民出钱以偿官府之债耳，略举一二，人民之憔悴于虐政，已可概见。……"）在这种暴力压迫的下面，自然没有拥戴的心理；既不拥戴，还有惹起革命乱子的恐慌，由恐慌而厌恶愤恨，那种消极反对的意味，就表现出来了。

二、清室遗老的复辟运动派 在筹安会发生以前，劳乃宣、宋育仁辈，方才受了袁党的打击。假使袁氏真真维持共和到底，他们也没有话说。乃宋育仁被捕解回原籍后，不过半年，袁氏便自谋称帝，复辟派岂能甘心。现在劳、宋辈虽然没有反对的力量，还有一个赫赫大名的康有为和一个握有兵符的张勋，方在那里等机会，此刻虽不敢彰明昭著的提出复辟之议来，若有人要打倒袁世凯，他们也有相当的消极援助的力量。

三、北洋派的自身 袁世凯的生命全在北洋系，北洋系的生命也全在袁世凯。不过生命虽然是互相依托的，心理上却各含有可以分裂的细胞种子。袁是统率北洋文武的总首领，段祺瑞、冯国璋是武的两大柱石，徐世昌是文的柱石。徐的心理：若在共和的名义之下，替袁氏作一辈子的国务卿是很高兴的；若要也向袁氏称臣，并且将来还要向他的儿子称臣，到底面子上难过；并且在共和的名义之下，他的名字也有被写在嘉禾金简藏之石室金匮的希望；袁若称帝，纵然把他的名字列为"嵩山四友"之一，不要称臣，但是作国务卿的希望就没有了，还论总统呢！所以他就是消极反对的一个。段、冯的心理：若论地位、资格，称臣原无不可。不过都认为时机太早，且封爵世袭虽属可贵，总不如一国元首位置的尊荣，所以取得封爵的欲望，还不如取得承继总统的欲望的强。而袁氏必欲称帝，这是两方面可以分裂的细胞种子。自癸丑战胜革命党以后，进步党也失势，北洋系的内部，官僚派和武力派已有不和的现象；梁士诒与段祺瑞，常起暗斗；袁克定更忌刻段氏，恐其"怏怏非少主臣"。袁、段关系虽亲密，因有梁氏和袁大公子浸润其间，便渐渐的不圆满了。袁、段间的裂痕，最初恐怕是起于袁氏设置海陆军统率办事处；以前的军事大权全操于陆军部，段氏为陆军总长，行动如意；自三年设置海陆军统率处，把陆军部的权移去了一部分，段虽没有表示不满，但心中已感不快。不久袁又藉口北洋军队已呈暮气，另组模范团于北京，选各师旅的优秀将校为心腹，以别于北洋旧军队，越使段氏灰心。（袁之设统率处，练模范团，与载沣之皇族总揽军权政策完全相同。）后来因为浸润段氏的人，集矢于徐树铮（时已为段之亲信人），袁示意于段，段愤然曰："此极易办，公先免我可矣。"从此袁、段间的裂痕便大暴露。到筹安会将要发生时，段便辞去陆军总长，而赴山西。（段在山西，相传某公子曾进食置毒药，赍者以告，又传见有刺客，但其事暧昧，真伪难知，惟可料非袁世凯所为。见《北洋军阀小史》。）筹安会成立后，竟令准免职，而代以王士珍（王城府甚深，帝制初动议时，依违无所可否）。冯在四年六月入京，向袁探听意思，袁不肯说真话，已知道袁不相信自己，及段免职，冯更"兔死狐悲"；袁氏想利用周夫人从中斡旋，但也无效，冯一以消极对付。北洋军人的两大柱石既皆趋于消极，于是其余的军界要人，除了段芝贵特别起劲（段芝贵为当时所称"十三太保"之一）外，都失了拥袁的诚意，不过无人起而反对罢了；对于袁克定，尤十分的不快。（洪宪尚未成，而袁克定之骄矜已不可遏。一日克定传令将赴北范阅兵，师长某遣派团长以下迎接，克定至，不见师长，拂袖立去。又李纯自江西驰书克定称仁兄，克定掷还之。其骄大抵类是，然无敢明示反对者。滇师既起，北师入川，袁遣慰劳员至出征之各师旅，各携袁影相及宣传员一二人随往，各师旅皆搭彩棚，宣传员先向袁影相叩首，然后讲演，军官等私议，彷彿开追悼会者然，其鄙视之情可见。见《北洋军阀小史》。）袁氏误信某政客的话，谓"北洋诸将惟欲攀龙附凤求子孙富贵"，以为只要有了封爵，无不可以驱使，谁知后来可以听驱使的仅得一部分，其余的一部分不惟不受驱使，还有走反对方向的危险呢！

上面三项，都可归于消极的反帝制派。袁氏既已得不到这一派人的援助，积极反对派的力量就更强了，试看积极反对的各派。

四、中华革命党　自癸丑讨袁之役失败后，国民党的首领孙中山、黄兴、李烈钧等皆避居海外，其他在军队中有位置的重要党员都被放逐，国民党随即被袁氏压迫解散。孙中山知道袁氏的帝制运动早晚要实现的，就是袁氏不称帝，北洋军阀的恶势力也非打倒不可，于是纠合旧同志谋恢复同盟会的革命精神，于民国三年在日本组织一个中华革命党。（依党章，本党以实行民权、民生两主义为宗旨〔见总章第二条〕；进行的次序仍分军政、训政、宪政三时期〔总章第四条〕；入党手续极严，党员均须严格服从。总理操组织本部之全权。本部成立后，随即派遣党员入国内各省，秘密组织支部，海外各处亦有支部的组织。）党既以"革命"立名，党的精神自然以打破现状为职志，无论袁氏称帝与否，总须将北洋军阀的恶势力扫除，才算达到目的。帝制运动，既已发生，该党当然是积极反帝制运动的急先锋。

五、国民党的温和派　国民党被破坏后，温和派的党员有散在海外的，有留在国内的。其散在日本的一部分，当中华革命党组织时，中山也想罗致他们；他们也知道中国尚须革命，但是他们对于中山的办法有点怀疑；他们最不喜欢的就是中华革命党总章的

十一、十二两条，（十一条云：“凡于革命军未起义之前进党者，名为首义党员；凡于革命政府成立以前进党者，名为协助党员；凡于革命政府成立后进党者，名曰普通党员。”十二条云：“革命时期之内〔指颁布宪法以前〕，首义党员悉隶为元勋公民，得享一切参政执政之优先权利；协助党员得隶为有功公民，能得选举及被选举权利；普通党员得隶为先进公民，享有选举权利。”凡非党员，在革命期内不能有公民资格。）在中山定这两条的意思，是要保障革命党员在将来不受假革命派的排斥，如民国元、二年的现象；质言之，就是在特定时期以内，采革命党一党专政主义。但是温和派的人士，觉得革命党不应该有阶级的分别；并且他们以为民元同盟会所以被人疾视的原故，就是因为同盟会的人士太专擅，不能容纳别党的意见，致被别党人以“革命元勋”四字相揶揄，“革命元勋”四字几成为“反恭维”的话柄；现在彰明昭著把这类字面列在党章上作为一种阶级的特权，太与普通社会心理相违反。还有一件事为他们所不喜欢的，就是党员入党时要加盖指印。因此这一派人士，就站在中华革命党以外，不肯加入，连黄兴也不肯加入。不久黄兴往美国去了，留在日本的也没有什么党的组织。及日本“二十一条”要求的交涉案发生，这一派留居日本的人士恐怕袁氏一面要对外，一面要防备革命党，中国将陷于不利，于是有停止革命行动一致对外的通电发出；列名的有李根源、钮永建、程潜、陈强、陈炯明、章士钊等二十八人（一说黄兴亦列名其中，一说无黄名，因为原电一时不能查出，故列名的人不能全行录出）；他们发出此电后，觉得中国的问题正多，须有一种联络同志的方法，于是便有所谓“欧事研究会”的组织（此时欧战正在进行）。组织的初意并没有拥戴何人为首领作为政党的意思，不过藉此联络同志，随时随事可以互相商榷，而这个"欧事研究会"的名义又不至为政府所忌，国内的人士也可藉此联络，互通声气。但是其中有一位抱政治野心的（李根源），渐渐想借此为将来政治活动的基础，隐隐有拥岑春煊为首领的意思。（岑春煊本与革命党无关系，癸丑讨袁之役，章士钊欲假岑以抗袁，因往说岑。岑夙负戆直名，与袁世凯不合，岑为章说所动，允出任讨袁之事。章又介绍李根源于岑，岑大喜。然岑出而讨袁军已败。李、岑偕往图粤，粤亦不可为。岑因避居南洋，常与李、章等通声气。此岑春煊加入讨袁之经过，亦即岑、李发生关系之经过。）有人说"欧事研究会"是黄兴所创造，特以与中华革命党立异的，实不合于事实（黄兴不赞成中华革命党章是有之，别立一机关以与中山对抗，实在没有此事）。及帝制运动发生，"欧事研究会"的活动渐渐及于国内，和国内国民党的温和派筹谋反帝制的组织行动，于是"欧事研究会"隐隐成为反帝制的——种势力。国内国民党的温和派，在国会将被破毁前，已有一部分与进步党的一部分携手，及帝制问题发生，两派的关系更亲密了。（试看当时两派出版物的言论，如国民派的《正谊杂志》、进步派的《中华杂志》、欧事研究会派的《甲寅》，后来两派合办的《新中华》，都有互相呼应、渐趋一致的倾向。）

六、进步党派　进步党本是君宪党的化身；但自清室颠覆后，颇知道已经推入溷厕的偶像，不能再令人崇拜，若要创造一种新偶像，不是仓猝间所能成功的，故在此时恢复帝制，他们决不赞成。加以他们受了袁氏的玩弄，大部分和国民党人同样的变为政治上失业者；就是没有失业的，也不过是站在北洋官僚派的门下，分些残羹冷饭罢了，所以他们此时反袁的心理，已和国民党没有两样。并且他们也知道帝制问题一经发生，现状是决不能再维持下去的了；他们不加入反袁运动，国民党的人士也是要动的；倘若国民党单独行动竟告成功，岂不和辛亥革命后一样，他们又要受排斥。（试看梁启超致籍亮侪、陈幼苏、熊铁崖、刘希陶书云："……第一，吾党夙昔持论，厌畏破坏，常欲维持现状，以图休养。今以四年来试验之结果，此现状多维持一日，则元气斫丧一分。吾辈掷此聪明才力，助人养痈，于心何安，于义何取？使长此无破坏，犹可言也，此人〔指袁〕则既耄矣，路易十五所谓朕死之后，洪水其来，鼎沸之局，既无可逃，所争者早暮已耳。第二，吾侪自命稳健派者，失败之迹历历可指也。曾无尺寸根据之地，惟张空拳以代人呐喊，故无往而不为人所劫持，无时而不为人所利用。今根基未覆尽者，只余此区区片土〔指滇黔〕，而人方日甚诇于其旁〔指国民党〕。当此普天同愤之时，我若不自树立，恐将有煽而用之，假以张义声者〔指国民党〕。我为牛后，何以自存？幸免于此，而为独夫戮力，杯酒释兵之事，数月后，行且立见，傥然共为一匹夫，以坐待刲割，噬脐何及？……"）所以筹安会发生不久，梁启超就毅然决然倡反对，发表他的《异哉所谓国体问题者》一文。（此文未发表前，袁氏已闻知，派人贿梁二十万元，令勿发表，梁不受，继又派人以恐吓手段对梁，梁亦不屈，稿成后，并先以稿示袁，袁无如何。见梁著《国体战争躬历谈》。）梁自民元归国后，从没有发表过反袁的议论；此文一出，颇振动各方的耳目，大家知道进步党的领首人物，也是立在反帝制的一方面了。

　　进步党人加入反帝制的方面，对于反帝制的运动，发生很大影响：甲、进步党的领袖，与北洋派的文武要人夙通声气，可以摇动北洋派拥袁的础石，纵不能使北洋派人物积极的反袁，至少可使那消极反袁的（如冯、段、徐等）益趋于消极。乙、进步党的领袖，夙以稳健两字博得惰性国民的同情；现在转为积极反袁的活动，使多数惰性的国民，也知道反袁不是革命党的无故捣乱了。丙、进步党在旧势力方面，既可以与官僚复辟派人发生关系，在新势力方面，又可以与国民党的温和派联为一气；而国民党的温和派自然与激进派（中华革命党）可以联络的，因此进步党人与激进派的国民党人也一时成了朋友。于是各种消极、积极的反帝制势力，不知不觉地形成一条不自然的联合战线。

上面所说，是国内反袁的情形，至于外交上的形势，也和民国二三年大不相同。癸丑赣宁之役，袁氏所以战胜乩党的，全在帝国主义者的大借款。而当时帝国主义团中握东方外交上牛耳的英国，尤特别袒助袁氏；英国驻华公使朱尔典和袁氏的顾问莫礼逊（原为伦敦《泰晤士报》驻北京记者）想利用袁氏作英帝国的工具，所以特别和袁氏要好，袁氏特别得了他们的助力。欧战发生后，外交形势大变，西方的帝国主义团都卷入战争的漩涡，不暇顾及东方，日本成了东方的霸主。假使中国发生变乱，日本乘机取利，英俄诸国既不能制止日本，又不敢得罪日本，眼睁睁望着日本把中国的利益囊括而去，英俄等无可如何。所以当帝制问题发生时，英俄等国皆表示反对态度；而日本当局非正式的言论和报纸上的论调却不反对，并且表示一种"举欣欣然有喜色"的样子。及帝制运动的进行到了不能中止的时候，日本便首先发难，提出警告来了。英、法、意、俄也不能不附和日本，相继提出警告。警告的形式虽同，警告的精神，则日本与英、俄等国各别。英俄等国此时唯一的希望，在中国勿发生变乱；帝制能停止进行固好，不能停止，则务使反对派不能有为，故一面顺着日本提出警告，一面暗中尽力帮助袁氏，妨碍反对派的行动。日本当局，初分两派：一为外务省派，一为陆军省派；前者主倒袁，后者主助袁。（此据吉野作造《第三革命后之支那》所言。一说陆军省派主倒袁，外务省派主助袁，未知孰是。但起初两派意见不同则为事实。）所以分为两派的原因，就是起初对于袁派和反袁派的力量观察，未能十分明了。倘若袁氏称帝竟能成功，则助袁为有利于日本；若终不成功，则助袁徒增长中国国民之恶感。故当最初提出警告时，日政府的方针并未十分决定，所决定的就只有对于帝制的进行必须加以干涉；干涉的用意，一方面是向袁氏埋伏榨取权利的伏线，一方面是博取反袁派的好感，以待时机的进展。及见反帝制势力蔓延日广，便又提出第二次的警告（第一次警告在十月二十八日，第二次在十二月二十五日），英、法、意、俄仍旧不能不附和。此时袁氏才明白他所恃为外援的英使朱尔典和莫礼逊，都没有制止日本干涉的能力了，于是决心向日本送礼。派周自齐赴日本补贺日皇加冕之议，虽在五年一月初旬才公表，但双方的接洽定议实在四年十二月后期。不料个中秘密临时败露，惹起英俄等国的嫉妒，英俄等才放弃暗中助袁的行动。日本因秘密漏泄，恐增长中国国民的反感，而帝制成功的希望很少，又日益明白，于是几决计倒袁，对于已经答应接待的送礼特使周自齐于临行时宣告挡驾。袁氏卖国的外交于是全然失败，帝制的成功遂以无望。（关于派遣周自齐赴日补贺日皇加冕事，张一麔的《五十年来国事丛谈》中有一段记载可供参考，兹特附录于此："……初，政事堂参议伍朝枢往谒某使，某使甚不赞成〔不赞成帝制也〕，其说帖余亲见之。其后某使忽觌见，蔡庭翰任传译，是日问答笔记，无一词反对，与伍君前件如出两人。盖某使已闻某要人言，日本业已赞成，某国如不然，恐在中国商务，某国必受损。于是阳为赞成，而阴诇中日间之秘事。以电与上海某国领事，谓此次中国特派周某为大使，而日将以亲王之礼相待，其中必有原因，如能查得实据者，则使馆预备数十万之外交秘密费，专办此事。某领事乃访寓沪之某巨公，托其设法。某巨公曰：可。适是时袁氏有同姓子在沪，其人固随其父出入，而习知公府路径，凡内外尉及女使婢媪，然自幼稔之者也。得某巨公之巨额费用，入京访内差句某，某之母为袁氏旧媪，司内室晒扫虎子之役，他人所不能入，独媪舵之。某乃因其母配一钥匙，伺项城去，开其密室中之屉，取而致之某国使馆，遗工照入摄影，而以原物返其故所，绝无人知。其使乃以所摄转与某使，某使电致纽约报略宣布之。此报章传至日本，大隈首相乃召华使面斥之曰：余固知汝中国人不能共事，此事先与尔约，除我与尔及项城外，不许第四人知，今何如矣。华使逢彼之怒，而不知所由，至今茫然也。未几而日政府致电外部：敝国因有未便，贵国大使可勿来云云。是时，熊君希龄以湘西赈事来京，谒某要人，问帝政可能否？某曰：专使不去，殆绝望矣。阅者诸君，不记句克明被捕之事耶〔即盗公文书者〕。未几而顾问某国人某君日唱帝制不成之语。是帝制之失败，亦某使为之也。……"按张一麐曾宦于袁氏，袁氏之取消帝制令，由张起草。张自言：自筹安会初设至帝制取消，逐日有日记，因中多牵涉当代人物，故不宣布，此处所记，于国名、人名亦多以某字代之，然读者当能默揣而得之也。）

四　护国军的崛起与帝制的撤消

　　站在反帝制联合战线上的急先锋，当然要算中华革命党。但自癸丑讨袁失败以来，旧革命党在国内的根据地盘完全丧失，军队中的基本势力完全破坏，中华革命党活动的困难，却比辛亥革命以前更甚。因为在辛亥以前，长江以南各省的军队都是革命党的工具；现在，除了滇、黔、粤、桂四省以外，差不多各省都是北洋军队的驻防地；而粤省的龙济光和他所部的军队，又已为袁氏的爵位金钱所制服，成了袁氏的死党；桂省的陆荣廷虽然还没有纳入袁氏的彀中，因受了龙氏的牵制，也是不易发动的。此时可以利用作为发难的地点，就只有滇、黔二省。而滇、黔二省向为进步党人的地盘。（辛亥革命时，蔡锷被举为云南都督。蔡命唐继尧率滇军入黔，唐旋以滇军驻贵阳，黔遂纳入滇之势力范围。元二年间，蔡锷虽被统一共和党拥戴为总干事，曾与国民党发生关系，然蔡为梁启超之弟子，梁、蔡关系极密，故蔡实为进步党人之保护者。滇、黔二省，久为进步党人之活动场所。癸丑讨袁之役，李烈钧曾电蔡请同时发难，蔡以时机未至，不为动。旋蔡自知为袁所忌，乃调唐继尧返滇，以滇督与之，而自请离滇。然蔡在滇之潜势力则依然保存，进步党人亦依然倚黔滇为活动之窟穴。）要想运用滇黔发难，进行无阻，非中华革命党人所能办到；就是旧国民党温和派的人士，也未必能运用圆满，除非蔡锷出马，方有发动的可能。因为蔡是滇黔势力的首脑，又是进步党人的保护者，而中华革命党人在该两省没有多大的关系，所以反帝制联合战线上的急先锋，虽为中华革命党，而联合战线的重心，全在领导护国军的蔡锷。

护国军未起以前，上海方面有郑汝成（上海镇守使）被刺（十一月十日）和肇和军舰被袭取（十二月五日）的事件，这是急先锋的中华革命党人所为。（主之者为陈其美。陈在日本东京与中山议定，原想在广东举事。及归国过沪，各同志多以上海方面的海陆军已有相当的联络，只要把郑汝成去了，便可乘机占领上海。陈其美亦以为然。但是郑汝成一被刺，袁即派杨善德为淞沪护军使，防范极密，肇和军舰虽被袭取，并占领电报局等数官署，但终不能抵抗袁军之大队，占领上海的计画归于水泡。此后中华革命党最显著的活动，在南为广东方面由朱执信等领导，在北为山东方面由居正领导，都是在护国军崛起云南以后，颇能牵制袁家军力，给予护国军莫大的助力。）此时袁世凯还不曾正式承受帝位，护国军也还在酝酿之中。到袁氏将要登极的前数日（十二月二十五日，袁改民国五年为洪宪元年，拟于一月一日登极），护国军在云南发动了。

关于护国军在云南发动的经过，梁启超说：'……筹安会发生之次日，蔡君（锷）即访余于天津，共商大计。余曰：'余之责任在言论，故余必须立刻作文，堂堂正正以反对之。君则军界有力之人也，宜深自韬晦，勿为所忌，乃可以密图匡复。'蔡君韪余言，故在京两月虚与委蛇，使袁氏无复疑忌；一面密电云、贵两省军界，共商大义，又招戴君戡来京面商。戴君者当时甫辞贵州巡按使之职，后此随蔡君转战四川……者也。（戴为贵州人，唐继尧督黔时曾为都督府参赞，历任黔中观察使、民政长、巡按使等职，属于进步党。）戴君以去年（四年）十月到京（与王伯群同由黔入京），乃与蔡君定策于吾天津之寓庐。后此种种计画，皆彼时数次会议之结果也。……议既定，蔡、戴两君先后南下，余于两君行后亦潜赴上海。余到上海实十二月十八日也，而蔡、戴两君亦以十九日到云南。……"（见《盾鼻集·国体战争躬历谈》）这段话当然是事实，不过把事实说得太简单，彷彿这件事就只有他自己和蔡、戴是发动的人，别人都不曾与闻，未免有专替己派宣传功绩的意味。其实，旧国民党李烈钧、李根源等的一派也老早注意到了云南，（李烈钧在清末曾任云南陆军小学总办，又做过云南讲武堂的教官，故与云南的军官亦多有关系。）癸丑赣宁之役失败后，赣军的旧部，便有潜往云南秘密插在滇军里面的。帝制问题发生后，梁、蔡等在京津方面与云南密通消息时，李烈钧也由日本派人往云南活动。到云南最早的，要算是方声涛。（方声涛与李烈钧同为第六期士官生，李任赣督时，方为赣军旅长，癸丑失败后，与李同出亡于外。）方到滇后，住在黄毓成家，与滇中军官秘密会商；唐继尧得知，也曾赴黄宅与方面晤。李根源虽不曾亲回云南，也由日本到了香港，与唐继尧及各方党人通消息，促唐发难说以外省（如苏督冯国璋、桂督陆荣廷等）亦有反对帝制的，如滇省一动，不患没有声援的话；所以向云南谋活动的，不仅进步党领袖的梁启超一派，就是云南内部的军官，也不少主动的人；据蔡锷与梁启超书中所说（五年一月五日在滇与梁书，见《松坡军中遗墨》）："滇中级军官健者，如邓泰中、杨蓁、董鸿勋、黄永社等，自筹安会发生后，愤慨异常，屡进言于蓂赓（唐继尧之别号），并探询主张，以定进止。蓂以未得吾侪之意向所在，且于各方面情形不悉其真相，遂一意稳静，荏苒数月，莫得要领。暨闻敝宅误被搜查（即指袁派军警搜查蔡锷北京寓宅事）、锷引病出京之耗，慷慨激昂之声浪复起。迄王伯群到滇，将锷在津所发一函递到——先锷五日抵滇——蓂意遂决……"据此看来，滇军的内部，也很有主动的人物。不过有两点我们应该注意的：一、云南内部的最初发动者决不是唐继尧，唐不过是一个"看风转舵"的人；二、唐继尧发动的决心是由蔡锷促成的，蔡若不到云南，云南的变化如何，甚不可测。（据当时随蔡赴滇的军官某君所言："唐继尧的态度，是蔡到滇后才真正决定。当方声涛等与滇中军官密谋时，唐初未闻知。后虽告于唐，然唐之态度不甚明了。即李烈钧到滇——在蔡到滇之先二日——唐仍虚与委蛇。巡按使任可澄则袁世凯所恃以监视唐继尧者，其态度尤不可靠。财政厅长籍亮侪——即籍忠寅——虽属进步党人，初亦甚不欲动。滇军官之一部分，与方声涛、李烈钧等暗中计画，唐若终不肯从，则将杀唐以举事。唐亦虑及内变，故始终以虚与委蛇之态度出之。及蔡锷赴滇之消息到滇时，且有谋邀蔡于途而杀之者——或谓系任可澄之所为——因蔡锷机警，计不得逞。蔡抵滇后，唐知势不可抗，始决从众议发难。"日人吉野作造所著《第三革命后之支那》亦言，滇军官最初发动者为黄毓成、罗佩金、赵又新、邓泰中、杨蓁等，初未使唐知，议定后，始由黄、邓、杨三人代表全体同志请于唐。谓唐若终不从时，则将杀唐以举大事，可见上记某军官之言并非虚语。）至于蔡锷和李烈钧，也不是到了云南之后才同谋的。蔡由天津赴日本，由日本转台湾，由台湾转海防，由海防入滇，随处和旧国民党的军人政客都有接洽（他和李烈钧是在台湾已相晤一次，因避人耳目，故未一同入滇，此亦某军官所言）。这也是在滇与梁启超的书中，可以看得出来的；蔡的书中说："弥月来周历万里，细察各处情形，多为始愿所不及；综言之，人心固结，气象发皇；前所谓急进派者（指国民党人）反诸平实，稳健派者力去弛惰。"他的书末，又敦促秋桐（章士钊）、镕西（张耀曾，旧国民党人）诸人赴滇，转道入川，说："此时虽为军事时期，将来一切政治上规划亦不得不早为着手。"这些话，都是蔡在入滇之先，早与国民党人有接洽的证据。概括言之，护国军在云南发动的经过，便是旧国民党的温和派和进步党结合的经过；最初的动力，同时起于京、津、东京、云南的各方面，渐次各方的策士集中于上海、香港两处（在沪者有梁启超、谷钟秀等诸人，在港者有李根源、林虎诸人），互相策应，而重要的实地战斗员则集中于云南，而以蔡锷的达到云南，为实行发动的关键。

蔡锷于十二月十九日到滇，二十三日即以唐继尧、任可澄的名义致电北京，请袁取消帝制，惩办祸首，限于二十五日午前十时答复，届时不得答复，便于是日宣告独立。原来的计画，本是要从云南把军队秘密运到川境后才向北京发表，趁北方援军未到，一举夺取四川，拟在四川组织反袁的中心机关（二十一日，梁启超在上海接得蔡锷由滇电告，滇军前队定于二十三日出发，出发二十一日后，方发表独立之公文），但因上海方面，得到外交上一种重要消息，恐怕发动过迟，于国家损失过巨（就是袁世凯预备以重要利权许日本，将派周自齐赴日订约，日已允许），梁启超因由南京发电至滇，促蔡从速发表，故于前军出发之日（即十二月二十三日）便向北京发出取消帝制限期答覆的电文。蔡与梁书说："宣布过迟，固有妨大局，宣布早，殊于军事计画大受影响。惟冀东南各省速起响应，使贼军不能远突，则西南方面军事乃易措手。……"后来川境军事甚不得手，就是因为宣布太早的原故。

滇省宣布独立后，废去将军、巡按使名义，恢复元年都督府制，并召集省议会，推唐继尧为都督，任留守，蔡任出征；原议设元帅府，因蔡"欲力事谦抑以待来者"（蔡与梁书中语），故出征军只设总司令部。出征军初定名为"共和军"，因为李烈钧反对，说与从前政党——共和党的名称相混，恐怕世人指为共和党一派人的行动，所以弃而不用；恰好那天是在护国寺开会，而此次兴师又是以护国为目的，因改称为"护国军"：这是"护国军"的由来。（护国军共分三军：蔡军一军入川，戴戡一军入达黔川，李烈钧出滇南。）

　　蔡锷所统的护国军，共分三梯团；三梯团的兵额，通共只有三千一百三十人（据《松坡军中遗墨》兵数分配单所记）；出发时所带饷糈，不够两个月的伙食津贴之用（亦据《松坡军中遗墨》）；假使不得他省的响应，护国军的前途，甚不可知。（据一月五日蔡与梁启超书，谓："第一梯团五日内可达昭通——离省十三站——其前锋已将川边之燕子坡占领——距昭通十站，距叙州三站——第二梯团日内由省出发，俟抵毕节后相机进行，第三梯团须元宵后可集中省会，预计非二月中旬不能抵川境。"以区区三千余众，军行又如此缓慢，及全军到川，而袁氏之大军已云集矣，故终困于叙泸间。）原来贵州是预备和云南同时独立的，而所希望响应云、贵两省的是广西和江苏。（钮永建、林虎曾两次入南宁，运动陆荣廷、陈炳焜，陆、陈皆允响应。惟以龙济光冥顽不易说通，故陆不肯与云南同时发动，必待云南独立后始响应。江苏的冯国璋本与梁启超有接洽，早已表示反对帝制，并有云南发难，必当与以赞助的表示。）因为云南发动太快，贵州预备不及，便不能和云南同时宣布，（据蔡与梁启超书云："黔省当局初颇踊跃，继以该省准备一切颇需时日，各省意存观望，甚至倡言立异，加以袁政府之虚声恫吓，龙建章——贵州巡按使——之暗中把持，心志为之沮丧，未敢同时宣布，然一切部署仍着着进行，循若——即戴戡——于二号启行赴黔，伯群亦已赴兴义，滇日内已赶编一混成旅及挺进军千人为援黔及进窥湘鄂之用，接最近黔电，似已有义不反顾之决心矣。")直到一月二十四日，戴戡所率领的滇军到了贵阳，刘显世方正式宣告贵州独立。广西到三月中旬才响应，江苏的冯国璋则毕竟不曾响应，不过消极的不替袁出力罢了。广西未响应以前，蔡锷与戴戡以所率领的滇黔饥卒数千人，和曹锟、张敬尧等所领的袁军数万人，苦战于叙州、泸州、綦江之间；在护国军方面，以寡敌众，自然不能达到夺取四川的目的；而曹、张等亦竟不能越叙泸、綦江而有所发展，不能不佩服滇黔护国军的努力，和蔡锷领导的得宜。及广西宣告独立，护国军的声势愈大，袁军气益沮丧。

原来袁氏对于滇黔取包围形势，一面令曹、张等率大军由川攻滇，令马继增所部由湖南入黔；一面令龙觐光（龙济光之弟）率粤军与桂联合，由桂省的百色进攻滇南。陆荣廷的态度，很使袁氏不能放心，袁因于三月七日派陆为贵州宣抚使，另任桂军师长陈炳焜兼护广西军务，意思是想借陈以制陆。谁知陆、陈的关系比袁、段、冯的关系，还要密切；到三月十五日，陆荣廷、陈炳焜等竟联名宣告独立了，开往百色等处的龙军都被缴械，陆荣廷复被推为广西都督。（广西独立的酝酿甚久，国民党人之往游说运动者亦最早。帝制之议初起，陆向游说者即谓，"昔与黎宋卿等以十四省联名保障共和，今共和已濒危境，而前此之力任保障者，或变初衷，或遭排斥，然吾荷此仔肩终必有以答一二次革命死义诸烈之灵"云云。然桂省巡按使王祖同为袁氏之鹰犬，袁又假以会办军务之衔，以监视陆，凡民党致陆之函电，多被王诇知。又陆子裕勋，先是为质于京，充袁氏侍卫武官，故陆甚不敢妄有所举动，常告病假两月。当时议者，因陆病假，以为即反对帝制之表示也。然假满后，一变态度，迭电北京，颇多鞠躬尽瘁语，又请令其子裕勋回桂侍病，袁知不可留，命人伴送裕勋，优礼备至；抵汉，裕勋忽以暴病卒，诼谣纷起；袁连电慰唁，备极哀悼；陆虽一一称谢，于丧子之痛，若毫不介意，然衔袁益深矣。陆于办理帝制选举投票各事皆极速，惟对于封爵之来，不准庆贺。滇将发难时，国民党人又往说陆，陆极表赞同，但以桂极贫瘠，兵饷无可恃，又受粤牵制，请迟以待之，允予中立，嘱滇勿轻犯桂境，陆又派秘书某入滇与谋，故外间有滇、黔、桂三省同时并举之说。滇发难后，袁氏初欲派北军由桂攻滇，陆托代表商民以损害商业为辞，去电力阻，袁乃转请陆出兵征滇，陆又以饷械不足、地方防务吃紧为辞，袁因乘势派龙觐光率粤军赴桂助攻，以堵陆之口，实则授意龙氏，欲俟陆离南宁后，设法取而代之也。陆、龙本儿女姻亲，故陆曾派人与龙密商联合独立事。龙不听，而龙觐光率兵由桂入滇之举又无词可拒，乃戒觐光少带兵士、多携枪械，谓兵士可在桂沿途添募，实则预为制龙之谋。龙济光亦因粤中革命党人四伏，不能多出兵，故觐光入桂之兵甚不多。陆则拨助将弁，促之向滇进行。命其子裕光统兵与之偕进，而自请攻滇，向袁要求大批军火并军饷百万元，袁半与之，陆再电称非百万不敷用，袁又与以五十万，越数日，又去电索饷械，袁愈疑，乃因其攻滇之请，命为贵州宣抚使，而以陈炳焜兼护广西军务，此三月七日事也。陆旋准备出发。袁于三月十二日忽得王祖同万急密电，谓桂省日前开会议，陆荣廷尚未明白表示，陈炳焜最激烈，于大庭中指数陆氏，谓"事新君则不忠，背旧主则不义，不念裕勋则不慈"，现陆已率师出发，恐变生旦夕云云。至十三日，而广西向袁之"哀的美敦书"发出矣。王电中述陈指数陆氏语确为事实，所谓"为旧主则不义"者，指岑春煊也，陆为岑之旧日部属，岑屡致函促陆独立，陆故不动，今陈发难而自离去南宁，盖以避王祖同监视之耳目也。至十五日，乃正式宣布独立，而在百色等处之龙军则悉缴械矣。独立之电由陆荣廷、陈炳焜等联衔，梁启超亦列名其间。陆、梁本无关系，因陆慕梁之名，梁于滇省发难后曾致函于陆，促陆响应。陆喜，因特派代表唐伯珊赴沪，一面邀请梁往南宁任民政，谓梁朝至，桂即夕发难，一面又藉往南京与冯国璋接洽。三月四日，梁乃率其同党汤觉顿等偕唐伯珊由沪赴桂，在港得晤李根源、林虎等，彼此极融洽。梁不敢径由粤入桂，迂道海防，迨梁抵南宁，桂省早已宣告独立矣。因陆慕梁之名，又知梁已在入桂之道中，故桂省独立通电亦列梁名，实则梁于独立后始到也。桂省独立之经过，大略如是。）广西独立的消息，一达北京，袁政府的慌乱更不可名状。因为桂省既加入护国军，则非徒粤桂联合进攻滇南的计画不行，就是粤省的本身也日趋危险，护国军的范围就要一天一天的扩大起来。护国军的范围越扩大，滇黔方面的势力就越强固，袁氏对付的计画，就越没有成功的希望。所以广西的独立，实给与滇黔护国军莫大的助力，对于袁氏则为莫大的打击。洪宪的帝号，不久就要消灭了。

帝制撤销之说，在护国军发动于云南的半个月后，已有所闻。因为派往日本送礼的特使周自齐既被挡驾，袁世凯已知道得不到外交上的援助，帝制前途的希望，甚为暗淡。但改变国体，既说是出于全国人民的公意，忽然由政府下令取消，面子上也太难说得去；并且那时候公然反抗帝制的，还只有云南一省，或者可以用武力镇压下来；假若能够从速将云南镇压下去，外交上也未尝没有疏通的余地；所以帝制撤销之说到底不欲实现，就只把登极的日期展缓，把大典筹备的精神用到戡定滇乱上去。一月后旬，贵州也正式宣告独立；到了二月后旬，川湘方面的形势益形紧迫；于是帝制撤销之说，又渐渐地发生；大典的筹备竟奉令停办，筹备费自三月一日起一律停发了；并且有提议先行取消洪宪年号，解散参政院，裁撤筹备处的。公府中叠开会议，商榷取消帝制的手续，因国体变更，既说是出于民意，则取消也要经过民意机关表示的形式，面子上方才过得去，因于二月二十八日申令提前召集立法院，以五月一日为召集期；又以立法院议员选举程序繁琐，谘由参政院以前此国民会议覆选当选人，为立法院覆选当选人，俾得如期召集；并分电各省长官及驻外公使征求对于帝制之意见。（嗣得覆皂，虽有少数仍请速正大位，然多数则均直接、间接表示赞成取消。）这种举措，就是想用召集立法院作一个相机转舵的方法，倘若对于滇黔的战事成功，帝制仍可进行，否则由立法院宣告取消。因为立即取消，恐怕前敌的将士灰心，于政府的威信有碍。三月初旬，忽得到前敌几次的捷报，帝制派的鹰犬又扬扬得意，想怂恿袁氏作登极的准备。不料广西方面，忽然打下一个青天霹雳来；外交方面，又传来一种很可虑的噩耗；（云南起义前，外交团既以恐酿内乱为口实，两次提出警告；云南起义后，外交团又相继质问袁氏的应村办法。袁氏初以云南事件实由少数之所为，不难于三数月平定答覆之。现广西又宣告独立，乱事有日益扩张之势。相传某公使接得该国政府训电，以

"中国内乱蔓延甚广，袁政府已无平定能力，云贵方面既以维持共和为名，不能视为乱党，北京方面之帝国，各国均未承认，已失去代表国家之资格，以后对南北均为交战团体"云云，相传某公使将据以向袁政府致送前述意旨之通牒，袁因异常焦急。此所谓某国者，日本也。日本此时已决计倒袁，谋市恩于民党，而取利也。）军费又日益困难；想向外国借款，此时可以应募外债的就只有日美两国；美国的资本家虽然有愿意应募的，但不愿意在洪宪帝国的名义之下签约；日本既采倒袁主义，不惟自己不肯应募，并且对于美国的借款还要极力破坏，所以向外借款一时全无希望。于是袁所希望的，就只有向反帝制方面求调停的一个办法。要想调停，非取消帝制不足以平反对者之心，也不能塞反对者之口；并且左右回顾，负一部分的人望，可以向反对方面说话的，只有黎元洪、徐世昌、段祺瑞等几个人；现在黎、段、徐都已与己疏远，非取消帝制不能挽回他们的心理。于是袁于二月二十一日（广西独立后五日）在公府召集会议（并预以取消帝制之意旨通知徐、段等，求徐、段一并到会，徐、段亦应召而往），提出立即取消帝制之议。帝制派的要人都面面相觑，不知所对；朱启钤、梁士诒等，因为利害切己，表示反对，袁又以所谓五将军的密电示之，（所谓五将军者，传者不一，大抵为冯国璋、李纯、张勋、靳云鹏、朱瑞，或谓无张勋而列汤芗铭。所谓密电，即劝袁取消帝制，以平滇黔等之气。当时诚心拥袁称帝者，惟直督朱家宝、奉督段芝贵、豫督赵倜、陕督陆建章、皖巡按倪嗣冲等而已，以外大都多采中立态度，所谓五将军者即此中立派人。）帝制派才俯首无词；倪嗣冲适亦到会，尚愤愤不平说："君主政体，中国行之数千年，何物小丑，敢以取消为要挟！

臣誓死扫荡群丑而后已。"袁温语慰止。于是即命张一麐起草命令，于二十二日宣布将去年十二月十二日承认帝位案撤销，竟用不着预备转舵的立法院了。同日，又特任徐世昌为国务卿；二十三日，又特任段祺瑞为参谋总长，明令废止洪宪年号，仍以本年为中华民国五年。帝制的活剧，至此全归泡影。

张一麐替袁氏所草撤销帝制令的原稿，关于袁氏自身，通篇皆称"予"，并无"大总统"字样。原稿经阮忠枢、徐世昌等修改无数次；后袁氏自己，又将罪责帝制派人的语句削去，并于令文的末尾，加入"本大总统本有统治全国之责"的语来。"大总统"的字面不见于公文者已经有三个月了，听说袁氏提笔加此数字时，踌躇再四，连他自己都不免有点忸怩；但不乘此机会轻轻地提出，则前此承认帝位时，总统业已自己取销，今又把帝位的承认撤销了，自己将站在甚么地方呢？所以非老着面皮把这几个字插入不可。但此问题，不是在令文上插入"大总统"的几个字面就可以解决的了。

五　帝制撤销后南北两方的行动及袁氏之死

帝制撤销后，最可注目的事件，在北方就是段祺瑞的复出，改组内阁；在南方就是广东的被迫独立，组织两广都司令，继复组织军务院为独立各省的统一机关；站在南北之间以谋操纵政局的，就有冯国璋所提倡的南京会议；到六月六日袁氏羞愤成疾死，这一幕活剧，才完全终了。分别略述如下：

一、段祺瑞改组内阁　袁氏撤销帝制，本是藉以向南方谋和的，而要向南方求和，非拉出几个可以向南方说话的人不可。于是于撤销帝制后，便用黎元洪、徐世昌、段祺瑞三人的名义，向蔡锷、唐继尧、刘显世、陆荣廷、梁启超发出一电，要求停战，商议善后办法。（此电，段虽知之，并未署名，黎则并不之知，惟徐颇为尽力。）一面托人说黎，请其出管将军府事以为饵，黎宣言除约法上之副总统外，无论何职皆不承受；一面促段出就参谋部长职。相传段曾要求三事：甲、和平解决南事；乙、暂缓扩充模范军（袁氏有招足十旅计画）；丙、恢复参谋部事权。但是袁氏不愿将全权交与参谋部，故段始终未到部视事，惟徐一人到政事堂就国务卿之任。徐于就任后，于勘日通电独立各省征求意见，并电未独立各省力保地方治安，向袁条陈种种善后办法，又电恳康有为、伍廷芳、唐绍仪、汤化龙等力任调人，又令龙济光与陆荣廷婉商协调。（此时梁启超尚未达南宁与陆面晤，恐陆为所惑，在龙州联发数电与陆，嘱勿为龙所诱。）但是这些气力，都是空卖了的，不曾发生丝毫效力，因为护国军的方面，非袁氏去位，决不罢手。不过川黔方面的战事，因为滇黔护国军经过长时间的恶战苦斗，已极疲弊，想乘间休息以图恢复补充；袁军也因为帝制撤销，军气沮丧，事实上已在停战的状态中。川督陈宧，也知道袁氏的冰山靠不住了，想和护国军要好，便与蔡锷以函电秘使相往还，于三月三十一日得蔡锷的允许，停战一星期。（到四月六日，又经双方同意展长停战期间为一月，一月满后，又延期一月，盖自四月以后，川黔方面已无战争。）此后，川黔方面战事便全停了。但是蔡锷对于以黎、段、徐三人名义所发求和的电，答覆却甚强硬，说："……默察全国形势，人民心理尚未能为项城曲谅。凛已往之玄黄乍变，虑日后之覆雨翻云。已失之人心难复，既堕之威信难挽。若项城本悲天悯人之怀，为洁身引退之计，国人轸念前劳，感怀大德……崇奉岂有涯量。……"所谓"其言虽婉，其意坚决"。到四月中旬，独立各省会衔答覆黎、徐、段的电词，更为严厉："……项城违反约法，自召兵戎。若仅削除帝号，复称总统，廉耻既亡，威信全失，愈益国家之忧，莫慰中外之望，无术可以调停。请转项城，速行宣告退位。……"徐世昌知道此事甚不易了，因为川黔方面虽然停了战，而广东反在川黔停战后被迫独立了（四月六日）。到四月十二日，浙江也独立了（江苏的江阴、吴江各处也有被运动独立的骚动）。段祺瑞依然不热心出力，其意非袁氏将军政大权给他，他不出负责任。袁氏也知道难于收拾，想借改用责任内阁制的名义，一以饵段氏，一以愚民党；于是在四月二十一日发出一道申令说：

> 曩以庶政待理，本大总统总揽政权，置国务卿以资赞襄；两年以来，成效未著，揆厥原因，皆由内阁未立，责任不明，允宜幡然变计。兹依约法制定政府组织令，委任国务卿总理国务组织政府，树责任内阁之先声，为改良政府之初步……

此令的意思，就是现在我只留一个总统的虚位，把政权交给责任内阁，再不若从前那么专制，你们应该罢休了。此令宣布后，于次日（四月二十二日），特准国务卿徐世昌免职，改任段祺瑞为国务卿兼陆军总长，组织内阁（到五月四日修正政府组织令及政府真属官制，改称政事堂为国务院，并公布修正大总统公文程式令），段祺瑞因此渐出任事。但至段氏担任内阁后，要求将军政大权交与内阁，并裁撤机要局、统率处、军政执法处；袁氏虽然应允，实际并没有完全移交，统率处等亦不曾裁撤，拱卫军及模范团，内阁仍不能指挥。这便是袁氏比载沣厉害的处所，也便是段氏不及袁氏的处所。不过袁氏把握这些大权，终没有方法制服护国军。

二、两广都司令及军务院的组织　广东正式宣告独立虽在四月六日，但是两广都司令的组织直至五月一日才实现。因为广东的独立是龙济光受了四面的压迫，无可如何，想借此以保全自己的地位和势力，其实是和护国军背道而驰的。（此时中华革命党和旧国民党的李根源、林虎、陈炯明、徐勤等皆注全力，谋夺取广东，依当时《中华新报》所编的《护国军纪事》所载，以"中华革命军"名义所占领的地方共三十一处，军舰二艘；以"陈炯明护国军"名义所占领的地方共七处，军舰一艘；以"徐勤护国军"名义所占领的地方一处，军舰二艘；潮汕方面的莫擎宇，钦廉方面的冯相荣等皆已响应广西宣告独立。龙氏已成孤立，其势力殆不能出广州，又因平素仇杀民党，积怨极深，难于和解，故陆荣廷屡次派人劝说，并允保证其现在位置，龙皆不从。岑春煊亦曾数次致函龙氏，欲龙氏与革命派要人在粤租界内会商，龙亦未允。李根源又曾以代表唐督名义亲往广州与龙交涉。龙以各方迫胁，势甚岌岌，乃阴与蔡乃煌密电袁政府速派重兵南下协防。袁军行有日矣，旅沪粤人大哗，警告招商局，勿承运北军以祸粤，粤中民党闻之愈愤。四月四日，寄碇省河之军舰数艘忽然驶去，军队中亦有高悬旗帜，上书"听候龙济光、张鸣岐宣告独立"字样，为龙所见，龙知大势已去，乃电袁政府请办法，袁覆以"独立，拥护中央"六字，龙因于六日下午召集会议后即行宣布独立，然其所发表独立之文告无一语指斥袁氏者，从前所捕之党人一律皆未释放，民党所切齿之蔡乃煌，则加以保护。故民党知龙之独立，不过为缓兵计也。）所以粤中旧国民党的各派，对于龙之独立皆不信任，必欲逐龙而后已；就是稳健派的梁启超在未到南宁以前，也坚持逐龙的主张。（梁启超在龙州致陆荣廷电有云："粤之得失为国命所系。若彼〔指龙氏〕尚持异同，非使之屈而从我不可；即彼欲要求保其地位，亦请勿轻许。龙与超本有私交，岂欲过为已甚。但彼失政已甚，粤人共弃，望公如望慈父母，公安能舍而不救。至于为国家计，粤不得手，西南大局终无法维持。……若公轻许彼把持吾粤，则是不忍于一二友人之爵位，而忍于全粤数千万人幸福之消灭，及国命之颠危……"又致汤觉顿电云："现在舍袁退位外，对京无调停余地；舍龙退职外，对粤无调停余地……"又致马济电云："现在舍袁退位外，对北京断无调停之余地；舍龙、张〔鸣岐时为广东巡按〕退职外，对广东亦无调停之余地。此两者关系全局安危，丝毫不容有失。"观此数电，可见梁氏意思之坚决。）但是陆荣廷不愿与龙破裂，促岑春煊南下。因为龙也是岑的旧部，想用岑的名义制服龙氏，并力北伐。梁启超到了南宁后，也赞成陆的主张，（四月七日，梁在南宁致李烈钧电云："粤于鱼日独立，其当局虽或不餍人望，然藉此免糜烂，我军得专力规服中原自是大佳。……"又致周孝怀电云："干〔即陆荣廷〕对粤别有规划，持之颇坚，弟初不谓然，今亦首肯。"）并且代替龙氏向国民党劝解；在四月八日，由南宁致电李根源、林虎、杨永泰、徐勤等，说："干公于粤事计画精详，粤之宣布，全属与此间熟商之结果。龙、张（鸣岐）为干公至诚所感，亦以至诚相应，丝毫无可猜疑之余地。今日之事，必须两粤完全安堵，乃可蓄精锐以奸狂寇。干公已专电为兄等略述此意。（陆氏另有一电致粤旧国民党各派领袖陈炯明、朱执信、李根源等，其电文亦梁氏所拟。）务望苦劝各同志，协保秩序，待干公到后（时陆、梁已预备东下），断无不可解决之问题。此时若生葛藤，则是破干公之计画，授敌以间隙，非诸公所忍出也。要之粤为讨贼之策源地，粤若糜烂，犹获石田，将焉取之。想诸贤必深会此意也。"梁于发出此电的一天，便和陆督由南宁起程赴粤。到梧州，得到海珠事变的消息，（汤觉顿充陆督代表先由梧州来粤，与龙氏接洽。十二日，与龙氏部下及民党徐勤等会议于海珠，龙部颜启汉于席间刺徐及汤等，徐幸免，汤及谭典虞皆被刺死。）梁异常愤激，粤中的民党也异常愤激。此时陆督率领入粤的军队约及万人，龙氏以海珠事变的原故，恐怕陆督翻脸，派张鸣岐亲往梧州，向陆、梁二人解说。陆督提出七款，龙全部承认，陆即统军入粤。陆、梁抵肇庆时，忽接粤中各方面函电，皆以陆督和龙氏妥协的七款中仍许龙氏督粤，一致反对。陆、梁不得已，乃劝龙率师北伐，推岑春煊继粤督；龙恐力不敌桂，又恋粤督的地位不能舍，乃于四月十九日亲往肇庆，向陆求调和，议定妥协条件五项：甲、广东暂留龙济光在都督之地位；乙、于肇庆设临时都统府，以岑春煊为都统；丙、蔡乃煌处刑；丁、从速实行北伐；戊、地方民军候岑入粤后，设法抚绥。此种妥协的办法本是一种不彻底的办法，梁启超后来（五月十四日）电告蔡锷说："吾为粤事，吞声呕心，卒无善果；海珠之变，歼我三良……悍将蟠于上，私党哄于下，浩劫终无幸免，所争早暮耳。然吾深思熟计，以围攻观音山（粤督署所在地），双方相消之兵力，足举湘、赣、闽而有余。龙变而桂亦疲，更何挟以御贼。况糜烂后之结果，非期月可奏功。故饮泪言和。……"（梁启超调和此事，曾亲往广州与龙及民党领袖商洽，龙部欲害梁，故此云云。）因为急谋两广合力北进，以缓川黔敌势的原故，所以只好如此妥协了事，民党也暂时含忍下去。

岑春煊于四月十八日由沪抵香港，次日赴肇庆，乃公推岑为两广护国军都司令，梁启超为都参谋，李根源为副都参谋，设都司令部于肇庆（所以设在肇庆的原故，就是表示不侵逼龙氏地位的意思），于五月一日正式成立。这便是两广都司令设立的由来。

两广都司令的设置，是解决广东问题的；两广和其他独立的各省，尚没有一个统一的机关。在云南起事以前，梁、蔡等本有候云、贵、两广独立后，即组织一临时政府，戴黎元洪为总统的意思；因为袁既叛国，失去总统资格，依约法当然由黎副总统继任。及梁入桂之时，便在旅途中草拟一种《军务院组织条例》。（梁启超《从军日记》云："濒行之夕，唐蓂赓书至，极言选举元首设立临时政府之急务。因思两广既下，兹事信不容再缓，乃覃思其条理，以为黄陂继任，乃约法上当然之程序，但依法宣言一次已足，无须选举，选举乃反非法也。国务院在法律上无从发生，在事实上仓猝发生，必招恶果，今方当以综核名实救袁氏之弊，若最初即建一指鹿为马之责任内阁，其所以异于袁者几何，故拟在军政时代设一军务院。……磊磊落落，名实相符。院置抚军无定员，以合议制裁决军国重事。其抚军即以现在首义掌兵之人充之，而互选一人为抚军长。窃以此为今日临时政府最善之制。与同行诸员，往复讨论，佥所赞许。乃草拟关于元首继承军务组织之宣言五通……军务院组织条例附焉。"此时在上海至香港舟中。）广东问题即将解决，梁氏便提出设立军务院的主张，向各方面征求意见，皆同意。蔡锷起初不大赞成（因为尚没有看见军务院条例，以为组织政府，推举首长，将要生出争总统的问题来），后来接到梁氏所草的条例及宣言文稿，也就同意了。便以滇、黔、桂、粤四督唐、刘、龙、陆和蔡、戴、梁、李（烈钧）、陈（炳焜）等任代表护国军军政府，发布宣言五通：第一号宣言，宣告袁世凯自称帝以后，已丧失大总统之资格；第二号宣告大总统既已缺位，依民国二年十月所公布之《总统选举法》第五条，由黎副总统继任；第三号宣告黎总统因陷于贼中未能即时执行职务（梁启超与蔡松坡第五书中谓"津中诸贤，极力设法，欲拔黄陂于贼中，已托西人密往救挈，而黄陂声称，惟待死耳，不愿更出……"），国务院亦无从产生，暂设一军务院，隶属于大总统，指挥全国军事，筹备善后庶政，院置抚军若干人，用合议制裁决一切，对内、对外皆以本院名义行之，俟将来国务院成立时，本院即行撤销；第四号宣布《军务院组织条例》；第五号宣告依组织条例，以唐继尧、刘显世、陆荣廷、龙济光、吕公望（浙江都督，此时浙已独立）、岑春煊、梁启超、蔡锷、李烈钧、陈炳焜、罗佩金等为抚军，并互选唐继尧为抚军长，岑春煊为抚军副长，梁启超领政务委员长。五月八日，军务院正式成立，即以肇庆为军务院所在地；因为唐继尧未能来粤，依组织条例第四条的第二项以岑春煊摄行抚军长职权。于是护国军便有了一个形式上的统筹机关了。

三、冯国璋所提倡的南京会议　袁氏复用段祺瑞改组内阁，是谋保持总统的地位；南方组织军务院，就是坚决的否认袁氏总统资格的存在。所以自帝制撤销后，问题的中心，全在袁氏的退位与否。冯国璋自帝制问题发生后，早与反帝制各派的人士通声气，已没有拥护袁氏的意思。袁氏撤销帝制后，起初想向代行立法院的参政院辞职，即由该院以代表民意的资格挽留，但该院一部分尚有良知的人自惭形秽，不愿再自丢脸，有向袁表示自请解散的，因此这一着便不能行。这一着既不行，袁氏便想仍用未独立各省的将军、巡按作留声机，由公府秘书拟好一篇拥护袁氏仍留总统地位的电文，特派阮忠枢赴南京，请冯国璋联合各省照发。冯以现在通电，决无效力，尚须等待时机为词，拒绝他；经阮再三恳求，冯但允联合各省，担任调停；可见冯氏并无拥护袁氏的意思了。不过冯氏想乘机取利，对袁则挟南方以自重，对护国军则挟北方以自重，恰如辛亥年袁氏对待清廷和革命军一样（可说是承受袁氏的衣钵），所以始终采用一种模棱的手段。（冯在四月十六日电袁氏大发牢骚，说袁不应该采中央集权主义，削夺各省将军的权力，现在人心解体，再不宜向南方用兵，宜"及此尊重名义推让治权"；又电徐、段、王，要他们劝袁"敝屣尊荣，急求自全之策。"这是明明主张要袁退位。但是他四月十七日的通电又说："大总统在任四年……群生依赖，责任所在，既非反对者所得独持异议，亦非当局者所得自卸仔肩。……"并且拟定办法八条：(一) 应遵照清室充付组织共和政府全权，原先承认袁大总统，仍居民国大总统地位；(二) 慎选议员，重开国会；……余六条不备录。上记各电原文均见《护国军纪事》第四期，因原文过长不备录。）袁氏对于冯氏本来早不信任，所以想利用段氏替他尽力；段氏出组内阁的时候，虽无绝对要袁退位的意思，但也没有绝对要袁不退位的意思。段于组阁后即电致南方，谓责任内阁已成，袁名为总统，实则虚位，请派代表来京与祺瑞等直接媾商云云。又以南方疑于内阁组织，更电晰五事：甲、内阁确系过渡性质，非军枢性质；乙、对各方面负责任，非专对总统负责任；丙、既完全负责，即为特别政权，并不受总统及他方牵掣；丁、并非抛弃国会，为国会未能仓促成立；戊、因南方要人不来京，故阁员暂由在京人员遴选云云。及见南方坚持袁氏退位之说，段亦暗中赞成。袁见段不能转移南方趋向，且亦倾于赞成退位之说，因弃去倚赖段氏的思想，有继续备战的倾向，所以对于段所要求的移交军政大权虽已允许，卒不实行。段因平和无望，又握不到实权，面请辞职。袁虽不愿倚段，又不敢立即去段，因为冯也不赞成用兵，并且财政上绝无办法，所以对于段的辞职不曾允许，但是大势已成僵局。冯氏因为想操纵南北的政局，在四月中旬，曾发出和平办法八条（见前注），通电未独立各省征求意见，于四月二十五日又通电未独立各省，说："滇黔等四省意见尚持极端……计惟……先与各省联络，各保疆土……扩充实力，对于四省与中央，可以左右为轻重；然后依据法律，审度国情，妥定正当方针，树立强固根本，再行发言建议，融洽双方。四省若违众论，自当视同公敌，政府如有异议，亦当一致争持……"冯的意思，是想组织一种中间势力，由一己操纵，以达一己的目的，（他的目的，就是想各省拥戴他作继任总统，方法就是另组新国会，候新国会开会后，袁向新国会辞职，再由国会另选继任总统，这是在他所提出的八条办法上可以看出的。）前电发出后，旋得各省赞同，便于五月一日将前次所提出的办法八条加以修改，并详细说明，通电各省，大旨与前无异。甲、若谓民国中断，大总统地位已经消灭，则副总统亦当同归消灭，中国目前实一无合法政府之国，不如依据清室付托袁大总统组织共和政府全权的事实，承认袁大总统对于民国暂负维持之责，俟国会开幕后，袁大总统即行辞职，由国会另选。乙、参酌国会组织法及选举法，严定资格，慎防流弊，速筹国会（其他六条不备记）。此电发布后，反袁各派皆大哗，由唐绍仪领衔，以二十二省旅沪公民的名义发表一篇反对冯电的宣言书。冯氏不顾，于五月五日亲赴徐州，与张勋、倪嗣冲会商，决定在南京举行会议。倪本袁之走狗，张此时也想买袁欢心，以取得重权，二人便与冯联衔电告中央，并电未独立各省请各派代表一人于十五日，齐集南京开会。袁接电后异常欢喜，以为此会可为己所用，于是宣言对于总统的地位绝不恋栈，但须候南京会议妥定办法，此时他利用段氏的心理，便移到冯氏身上去了。这便是南京会议的由来。

开会的日期本定在五月十五日，但是实际到十八日才开会，列席的代表共二十三人（独立各省未与会），由冯国璋主持，劈头便是总统的去留问题。山东代表丁世峄首先主张请袁氏速即退位，说山东现状危急，恐酿成国际交涉（此时居正率领中华革命党员在山东活动最力，谋独立的暴动纷起，日人左袒民党）；湖南代表和之（因为湖南也有党人的活动，亦甚危急），各省代表也多赞同；主袁退位者竟占多数。冯以此条关系重大，未付表决，便宣告散会。这一晚，倪嗣冲由蚌埠率卫队三营到宁，各界惊讶。次日，继续会议，倪到会，首先发言，主张总统不可即行退位，丁世峄起而反对，张勋的代表万绳栻赞成倪说，多数代表皆为倪所胁，主张退位的忽变为少数。是日仍未付表决。次日续议，冯国璋说："袁总统本应退位，惟宜向国会辞职，本会碍难建议。"倪请以冯说付表决，多数赞成，当场便请冯之秘书厅拟稿，电告各省。到二十二日，冯将所拟电稿付讨论，代表中有根本不赞成发此电的，颇生争论，丁世峄便乘间发言，说："办法不外三端：不退位，即退位，缓退位。即此电稿所云由国会解决，即为缓退位之一种。事实上，独立各省纵主张即退位，其手续亦须亘一二月之久。我辈纵主张缓退位，国会一开，第一即为弹劾总统问题，至迟亘三四个月之久，结果仍不免退位。我辈既鉴于时势，不能主张不退位，缓急之间亦不过一二月之差。因此一二月之期间，与独立各省争执，非徒无谓，若一旦决裂，则咎将谁归。"冯为丁言所动，便说"鄙意与丁代表意略同"，主张电请独立各省也派员加入会议，解决善后方法，众赞成。于是将原电变更，另发通电，电文中有"……总统问题关系国家存亡，既非五省片面所能主张（指独立各省），亦未便以十五省之心理为依据（指未独立各省），急宜研究妥善办法以救危亡"的话。此电发出后，张勋的代表回徐报告，张大愤，便通电痛斥各代表，又通电主战。袁氏见南京会议开会后不利于己，知道冯氏究竟是靠不住的，便想诱冯为国务总理，以张勋取苏督地位而代之；若冯不遵命，即以张勋、倪嗣冲合力制苏。张此时变为拥袁，原欲取得苏督，所以欣然乐从。刘冠雄、段芝贵也力主用兵，袁于是决计备战，因于五月二十九日特颁告令，宣布帝制案的始末，想以此解除叛国的责任，为继续用兵的先声。不久，独立各省，也回电拒绝加入南京会议，冯于是宣告解散，并且电告北京，说："目下会议已经停顿，独立各省在未经退位以前均不允遣派代表，是最初预定之结果，断难办到。为今之计，只有三项办法：第一或宣告退位，尚可继续开议；第二或另订办法，以求转机；第三如仍无相当手续，国璋能力只可维持江苏秩序，其他未能兼顾。"这就是南京会议的结果。

　　四、四川、湖南的独立与袁氏之死　南京会议既无结果，袁欲继续用兵，南方军务院方面也以袁之即行退位为罢兵最低限度的条件，（梁启超在肇庆致各督及总司令电谓，须"以退位为媾和条件之主眼"。又梁于五月四日致段祺瑞电云:"今日之有公,犹辛亥之有项城,清室不让,虽项城不能解辛亥之危,项城不退,虽公不能挽今日之局。"可见南方逼袁意志之坚决。)但是继续战争,事实上到底尚可能否。就北方一面说,中交银行已于五月十二日宣告停止兑现,财政的穷迫可知;张勋、倪嗣冲等虽然夸说某省可派兵饷若干万,某省又可派若干万,都是空谈。就南方一面说,军务院虽然成立在肇庆,广东的问题并未解决;桂军虽然陆续入湘,龙部的粤军则以坚守广东的地盘为唯一的目的,所允出兵北伐是一句空话;李烈钧所率领的滇军,虽然由百色东下抵肇,预备由粤入赣,但是经过粤境便有侵占龙家地盘的嫌疑,与龙部将起冲突;川湘方面的滇黔军,已到精疲力竭的景况,唐继尧虽然允许补充,总不实行(忌蔡之功)。在这种情况之下,若不发生别种变化,可谓已成定局。但在南京会议当中,四川忽然宣告独立了(五月廿二日)。到袁世凯宣布帝制案始末的一天(五月廿九日),湖南又宣告独立了。(陕西的陈树藩,亦曾于五月九日独立。)原来川督陈宧、湘督汤芗铭都是袁氏所恃为忠实的鹰犬,现在也叛附护国军,袁氏不能不痛心。(陈宧早与蔡锷密使往还。三月三十一号,蔡锷致电梁启超,便谓"陈二庵时派人来言,意在倒袁行联邦制,而举冯、段、徐为总统",并谓"已派人联络湘、鄂、赣三省,已得赞同"等语,可见陈氏通款之早。因陈所部之北军亦有与蔡通款迫陈独立者,蔡锷在四月二十日致唐继尧等电谓:"冯玉祥〔此时为旅长,在四川〕两次派人来言渠已决心效顺,其主张在倒袁以推冯,并担任联络北军。冯曾在滦州首义,后为袁所驱,故深恨之。其部曲亦多识大义,现已嘱令速举,并迫二庵宣布。"所以四川早倾于反袁。湘督汤氏虽非诚心拥袁，然以其残暴为湘人所恨，独立实被迫所致。）袁自护国军崛起以来，焦劳羞愤，早已病在膏肓；及闻川湘相继独立之耗，愤怒更不可遏，病遂不起，到六月六日死去，于是退位的问题，不解决而自解决了。

袁氏临死所受的痛苦，和他自己所加于清室的痛苦大略相同，他的措施也有和载沣相近之处。载沣想藉宣布宪法信条以保持皇位，袁氏也想藉撤销帝制以保持总统；载沣向袁氏投降废止亲贵内阁，起用袁氏组织责任内阁以收人望，袁氏也向段氏投降，废止政事堂，起用段氏组织责任内阁；袁氏对载沣再三要挟，必取得实权而后出，段氏对于袁氏也有所要挟，不肯即出，必取得相当实权而后动；袁氏在辛亥时秘密与革命军通款，以颠覆清室，现在冯、段、陈宧之流也秘密与护国军通款以倒袁；辛亥时外人的舆论，一致非难清室，现在外人的舆论也一致责难袁氏：大概辛亥年清室所受的苦恼逼迫，现在袁氏也一一领略了一番。不过袁氏比载沣到底利害一点，他对于清室所施的要挟逼迫，无不如愿相偿，而段氏对于他的要挟，他却能把持不放；辛亥时，为清帝退位的阻力有良弼等一派的宗社党人，现在也有段芝贵、倪嗣冲等的一派，为袁氏退位的阻力；而袁氏个人意志的坚强又远在载沣之上，所以袁氏退位的问题比清帝退位的问题还要难解决。最后促成清帝退位的，为清军前敌将领段祺瑞等四十余人的联电，现在虽没有这样一个联电，川湘两省独立的电告，也可谓有同样的功效了。

袁死后，以副总统黎元洪继任，当然不成问题；及段氏自动改组内阁，由黎副总统宣告恢复旧约法、旧国会，南方的军务院也自行撤销（此诸项之经过待于下章再详述），帝制的战争便完全告终。

袁氏当国四年有半，他的政治展布和成绩，无容多加批评，读者自能明了。不过袁氏所种的隐毒，恐怕人多忽略。梁启超有一段批评他的话，请附在后面：

护国军总司令蔡将军之言曰："吾侪今日不得已而有此义举，非敢云必能救亡，庶几为我国民争回一人格而已。"呜呼！我全国父老昆弟……知将军此言，其中含有几斗之血、几斛之泪者。呜呼！我四万万人之人格，至今日已被袁世凯蹂躏而无复余，袁氏自身，原不知人之所以异于禽兽者何在，以为一切人类通性，惟见白刃则战栗，见黄金则膜拜，吾挟此二物以临天下，夫何其不得者。四年以来，北京政府曷尝有所谓政治，惟有此二物之魂影纵横披猖，盘旋薰灼于人人心目中而已。夫无论何国，皆中人资居大多数。中人云者，导之善，则可以向善，导之恶，则可以向恶。袁氏据一国之最高权，日日以黄金诱人于前，而以白刃胁人于后，务使硬制软化一国之人以为之奴隶。自非真强立之士，其不易自拔也有固然矣。……盖四年以来，我国士大夫之道德，实已一落千丈，其良心之麻木者，十人而七八，此无庸为讳者也。而此种罪业谁造之？吾敢断言之曰，袁氏一人造之。袁氏窥破人类公共之弱点，乃专务发达此弱点以资利用。其有能自制其弱点而不甘受彼利用者，则必设法屠杀之，驱逐之，窘蹙之，使其不能自存。当前清之末，袁氏执政，已专用此策以自植势力；我国政界恶浊之空气，实自兹播种。及其为总统，乃益煽而扬之。试思以此种人为淘汰之术，挟大力以鼓铸社会，云何可当。使袁氏帝国成立，赓续行此政策数年乃至数十年，其必善类日渐灭绝，惟恶种独能流传，其不至使全国人尽丧失其为人类之价值焉而不止也。

六　帝制战争的副产物——南北小军阀的产生

帝制战争的目的在倒袁，袁的倒毙，算是帝制战争的正产物；袁死而北洋军阀失去一个统率的首领，伏着分裂的动机，便可算是帝制战争的副产物。但除此以外，还有一些副产物，就是在帝制战争中南北各方地盘割据思想的潜滋暗长，培植许多小军阀的基础。其最显著的例如下：

一、张作霖的取奉　张作霖在清末和冯德麟、吴俊陞等都不过是东北旧巡防营的统领，并无势力。辛亥革命时，赵尔巽因为不信任新军，调张入省，用以胁制新军，参预省政。元年，驻奉新军第二混成协发生兵变，纪律废弛，声威大减；到是年九月，改巡防营为二十七、二十八两师，张作霖乃升为二十七师师长，冯德麟为二十八师师长，势力渐增，但在张锡銮督奉时，张作霖、冯德麟都俯首帖耳，不生问题（因为张锡銮对于二人皆有旧恩）。及袁将称帝，以其心腹段芝贵代张锡銮为奉督，张作霖对于段氏便有些不服节制了。护国军初发动时，张欲得袁欢心，曾电请袁氏早正大位，并自请出兵征讨西南。段芝贵想乘此去张，便密请袁氏调张领兵赴湘。张本志在取得奉督，因请饷械于段，及得到饷械后，阴令奉省商会电请留防，另以他军代行。段的阴谋失败，张的跋扈更甚，并且扬言：袁若不退位，奉军将宣布独立。此时段所有的卫队不过千人，而张所能指挥的军队则已达万数千人；段既不能敌张，北京又不能增派援兵来奉，并且传闻革命党人纷纷由大连到奉，段无计可施，乃自请退去奉天，以将军的位置与张。袁氏此时也无计可施，想用名位笼络张氏，便以张为盛武将军督奉，兼署巡按使。这便是张氏趁帝制战争的机会，攫取奉省地盘的经过。冯德麟与张素处平等地位，张恐冯吃醋，乃为请于袁氏，以帮办军务名义与之；同时在黑龙江握有兵权的许兰州，也以谋独立的口实驱逐黑督朱庆澜，当时宣传黑龙江独立，其实是许氏争夺黑督。袁政府因以毕桂芳督黑兼巡按而令许为军务帮办以笼络之。许氏尚不甘心，张作霖想和许氏打成一片，因电阻毕桂芳到任，请以许为将军，袁政府也无可如何。这便是东北军阀基础的培植。

二、陈树藩的取陕　陕督陆建章是袁氏的心腹，而陕南镇守使陈树藩本不是北洋军阀里面的人。帝制战争发动后，陆恐陈不能为用，乃令陈转任陕北镇守使。谁知陕北是革命党人的渊薮，陈竟与陕北党人联为一气，变为陕西护国军的总司令，于五月九日宣布独立。陆建章的儿子战败被擒，势益穷蹙，因向陈氏求和，自行退去陕西，请以陕督与陈。袁氏初以陕西势孤，想用兵力制服，因仅以军务帮办与陈，陈不受。不久，袁便死了。陈氏闻袁死耗立即撤销独立，向黎、段电称："树藩谨举陕西全境奉还中央，一切悉听中央处分。维持秩序自是树藩专责，断不取稍存委卸，贻政府西顾之忧。……"这是他想用服从中央的条件，取得陕西地盘的策略。段氏果如其愿以相偿。

三、周骏夺取四川的失败　周骏在癸丑讨袁之役，因附袁而取得重庆镇守使。护国军入川以后，颇想附南，又有点怕曹锟，不敢轻动，暗中电促陈宧，宣布川省独立（陈宧离川时致周书，谓周曾七次电促陈氏独立）。但是等到陈宧宣布独立后，袁政府任周为崇武将军，督理四川军务，周即进兵成都，谋逐陈氏。袁氏既死，中央电令周、陈罢兵，以蔡锷为川督（蔡因南方军务院尚未撤销，不便即受北政府之委任），周氏佯为不知，进兵不已，陈不得已离川。及中央严电周氏刻日入京，周氏的覆电说："四川者，四川人之四川，非川军不能收拾川事。"意思就是不许蔡锷为川督，自己要割据川省，也便是后来川滇军阀争哄的发端。但周氏的人望、兵力都不够，到底不能抗蔡，蔡军一到，周便逃走了。

四、唐继尧大云南思想的萌芽　唐继尧本没有反抗袁氏的决心，因为不敢抗拒蔡锷，却得到首义的美名；但是他的心中最初以保守云南固有的地盘为唯一要义。护国军发难时，蔡氏表示或留守，或出征，惟唐意是从，唐即表示愿自任留守，这就是他要保守固有地盘的意思。他给与蔡氏的军队仅三千余人，军饷仅平时给养费两个月；后来蔡在前敌，屡次电请增援，唐一以空言搪塞，未常补充一兵、一钱、一械，皆由蔡氏就地罗掘。唐的隐衷，一则是忌蔡之功，二则是不愿把自己保守地盘的实力弄空虚了。及至袁氏既死，战事已了，云南的援军却又陆续向川省出动了。据蔡锷致唐继尧皓电云："我辈应始终抱定为国家不为权利之初心，贯澈一致，不为外界所摇惑，不为左右私匿所劫持，实为公私两济。迩者，滇省于袁氏倒毙之后，于刚出发之军，不惟不予撤回，反饬仍行前进；未出发者亦令克期出发。锷诚愚陋，实未解命意所在。近则与川军起冲突于宁远矣，若徇某君等（？）之一意孤行，必至败坏不可收拾，将何以善其后。锷为滇计，为冀公计，不忍不告，务望力图挽回。……"因为此时云南地盘的保守已无问题，想更进一步以四川为云南的外府，将多数滇军送入川省，造成一种大云南的势力。但是川军也不是不要地盘的。后来川滇许多纠纷，便在此时发端了。（蔡锷却不欲据有川省，他颇有插入北军队中改造北洋军队的意思。他致刘显世的电文云："弟之思退〔辞川督〕，一以偿夙愿，一以病躯难胜繁剧，亟须趁时疗治，俾免哑废〔蔡病喉痛〕。蜀虽可为，但民情浇薄虚矫，绝不适于从军。若专用外军屏绝土著，主客不相容，终成水火。加以连年变乱，巨绅良民，多习为盗匪，恬不为怪，澄而清之，谈何容易。故弟常谓治蜀非十年以上不能收效：开始二三年中，须临以雷霆万钧之力，芟夷斩伐，不稍姑息，俟乱根既尽，民志渐苏，乃嘘以阳和之气，培植而长养之，殊盛业也。而弟意甚漠然。北军朴勇耐劳，为全国冠，惜少国家思想与军人智能。得贤将领以董率改造之，确可植国军之基础。弟甚欲置身彼中，为此后改良之导线，然刻病未能也。……"此电见《松坡军中遗墨》，可见蔡所见独远，绝无割据地盘的思想。）至于贵州，本来是一个贫瘠省分。戴戡所统的滇军，唐氏不愿其再返滇省，由滇给养，黔省又岂愿其留黔。不惟不愿滇军留黔，就是戴所部的黔军也想找一个外府。并且戴氏劳苦功高，岂可不给他一个重要地位？于是后来川滇军的纠纷，又加入黔军一派，成为川、滇、黔三省争夺地盘的局面。

五、龙济光的死力据粤和陆荣廷的并粤 陆荣廷在护国军发动时，保守广西地盘的思想是有的，扩张地盘的思想似尚不曾发生，因为他对于龙氏始终采和平联合主义。（陆氏亦曾实行出兵向湖南进展，袁死后，陆亦不欲霸有湖南的地盘。）但是龙氏的死力霸守广东，却给陆氏一个扩张地盘的机会。军务院在肇庆成立后，编制滇、粤、桂联合北伐军，命滇第二军总司令李烈钧率滇军由粤入赣，本无侵占粤省地盘之意，龙氏却很怀疑，反对滇军取道粤垣。经岑都司令派人再三与龙交涉，龙氏才允滇军由粤省三水转北江以达韶州。但是滇军沿途皆受龙部妨碍。及抵韶，又不许滇军一人入城，且在城楼开炮威吓滇军。滇军不能再忍，便起战争。袁氏一死，龙不商诸军务院，自行宣告取消广东独立。段祺瑞想利用龙氏以抗民党，便任命龙氏以粤督兼署巡按，龙愈得志。粤人大愤，孙中山、唐绍仪、王宠惠等及粤民团体纷纷通电反对，便是最温和的梁启超也反对龙氏再留粤省。此时旧国民党的李根源一派，未尝不想留岑春煊为粤督，但是段氏决不能允。梁启超一则想拉拢陆氏，二则不愿粤省地盘落入国民党系之手，暗中运动以陆督粤。到七月六日，中央便任命陆氏为粤督。（陆未到任以前，令龙暂署。又派龙督办两广矿务。粤人以段袒龙，仍不服，龙亦未罢兵，及陆由湘返桂率兵来粤赴任，龙始被迫赴琼崖。）陆氏初犹表示谦逊，欲以让岑，但岑于就任都司令时曾宣言"袁生则不与俱生，袁死已即退隐"，欲践前言，表示不受陆氏的推荐，于是粤省入于陆氏之手。所谓旧桂系军阀的基础，便在此时确定。

上面所举，都是南北各小军阀地盘建设的显明事实。至于北洋大军阀的分崩，虽尚无显明事实的发现，但到袁氏将倒的时候，各将军及各大小将领，或与南军顽抗，或与南军通款，也无非是为保固各人自己的地盘势力计了。就中陕督陆建章、川督陈宧、湘督汤芗铭的失败，使北洋军阀失去三省的地盘；（陈宧、汤芗铭虽非北洋系人物，然其所部驻川湘之军队则皆北洋系，故在二人未失败时，川湘皆为北洋军阀地盘。）但陈树藩旋即变为北洋派的附庸，实际仅失去川湘二省。不过以前的北洋军阀是整个的，现在的北洋军阀但有整个的形式，精神上已不是整个的了。

就政党派别的地盘而论，在帝制战争前，进步党系因受了蔡锷的卵翼，在滇黔二省保留相当的关系，国民党系的地盘几于全行丧失。帝制战争发动后，形势渐生变化，滇、黔、粤、桂，初为两系共同活动的地盘；(进步系在滇黔势力为优，国民系在粤桂势力为优。进步系初于粤桂无甚关系，自陆荣廷招梁启超入桂，进步系始渐及于粤桂。梁启超《从军日记》云："干卿此次殷殷相招，期我以粤中善后初时，同人殊不愿我以此自承。……虽然中国之政治，以省为单位也久矣。今后此种积重之势有加无已，吾侪自审能否谢事不任。如其不能，宜审所择，欲行其志，恐地方实较中央优也。此当视所以与干卿相处者如何。若其耦俱无猜，固当任之。……"可见进步系初无意于桂粤，及陆氏相招，始相率加入活动。)因李根源辈积极活动，国民系在滇、粤、桂三省的潜势力，似较进步系渐趋优势。蔡锷因病离川不久即逝世，进步系失去了一个卵翼的大人物，因极力拥护戴戡入川，想在川省培植一点根基，但是终归失败。(梁启超在袁氏未死以前，极想巩固在南方的势力，又想以川、滇、黔为活动的基础。他在五月十四日致蔡锷的电说："此役结果，最低限度，亦须造成南北均势，否则无以对死事先烈也。"又致蔡锷的第五书说："此时优在亡秦，虽云艰瘁，然有共同之向心，尚可力图控搏。神奸既殛之后，人欲横流……过此以往，则为演水帝洞、演恶虎村之时，决无我辈插足之地，惟有与吾弟共艰苦于卬蜀滇僰间，冀庄严此士，为国人觅一遗种地耳。……"意思就是想用蔡的力量，据川、滇、黔为政治改革的小地盘。但袁一死，他的"造成南北均势"的思想立刻消灭，却尽力与段祺瑞联络，主张速撤军务院。及蔡因病去川，他"庄严卬蜀滇爽"的思想，也遗失了。不过仍想扶植戴戡入川，以承蔡氏后。）至于旧国民系的急进派——中华革命党——在山东、广东及长江流域各处的计画皆未成功，因此不曾取得一隅的地盘（并且陈其美在沪被刺死，失去了一位健将）。所以帝制战争结局后，只有所谓温和派的旧国民系和进步系，能够周旋左右于南北各武人间，踞一时政治的重心；但是他们的活动，不过以将顺武人为操纵政治的妙用，其结果也不过是助长大小各军阀的势力罢了。

第十二章　护法运动中北洋军阀的分裂与西南军阀的离合

护法军起于国会第二次解散，复辟之变以后；但在五年袁世凯死后，国会与旧约法复活的命运已经成了问题；所以帝制战争结局，便是护法运动的开始。不过所护的法，护来护去，终无结果；所得到唯一结果，就只是把北洋军阀截成两段，所谓直系、皖系，从此永无结合的可能；到九年夏秋之交，直皖两系便以兵戎相见了。在这一个时期之内，最初是旧国民系的左翼与北洋军阀作殊死战，旧进步系则力谋再与北洋军阀结合，旧国民系的右翼，也依违于二者之间。到复辟乱作，进步系已与北洋军阀打成一片，而旧国民系的左右两翼形式上又渐行合作，产生广东军政府，于是成为南北对立之局。在南北对立的当中，北洋军阀日就分崩，进步系不久也为北洋军阀所弃；南方的旧国民系，形式上虽然未即分裂，但以右翼分子与桂系军阀相结托以压迫左翼，到北方直皖两系开战的时候，旧国民系的左右两翼也作最后的分裂了。这便是此时期内的政治趋势。

一 袁死后新旧约法之争——护法运动的序幕

袁世凯死,以副总统黎元洪出任大总统,这是南方军务院成立时所早主张的,当然无问题;但是问题却发生了。南方所承认黎氏的总统资格,是民国二年十月公布的总统选举法上所规定的资格(总统缺位,副总统继任),以旧约法为基础;北政府所宣告黎氏的总统资格,是民国三年修正的总统选举法上所规定的资格,以袁氏的新约法为根据。(依《护国军纪事》,袁氏临死,仅以家属托徐世昌,并未言及继任总统事,其死实在六月五日。死后,北方要人以布置未妥,秘未发布,其时谬说纷起,有主张复辟者,有主以袁克定继任者,有主以段祺瑞继任者。徐世昌以北京秩序惟段祺瑞有维持之可能,须听段氏主张。段主依约法,以总统名义与黎,而自负政治上一切责任,遂定议。段因往黎宅,劝黎出,黎初以无力维持秩序为言,段谓"公出,北京秩序,祺瑞当一人负责",黎始允。乃发丧,草袁氏遗命,其遗命口气严若帝王临崩之遗诏,其中有语云:"不意感疾,浸至弥留,顾念国事至重,寄托必须得人。依约法第二十九条,大总统因故去职或不能视事时,副总统代行其继权。本大总统遵照约法宣告以副总统黎元洪代行中华民国大总统职权。……")于是就黎氏的总统资格上,便发生新旧约法的争议,开护法运动的序幕。不过北政府一派对于副总统代行大总统职权的一点,有很难适应当时情势的处所,就是:若以袁氏新约法及《修正大总统选举法》为根据,则黎氏代行大总统的期限只有三天,应该在这三天之内,便要组织大总统选举会,从石室金匮里面取出前任总统所推荐的名单来,交选举会投票举定新总统。而在事实上,这个选举会在三天之内便无从发生；选举会既不能发生，则总统职权的代行，非超过法定的期限变为长期不可。于是为适应时势计，想用糊涂的方法混过去。段祺瑞于袁死公表的一天（六日），用国务院名义通电全国说："袁大总统于本月六日已正因病薨逝，业经遗令遵依约法第二十九条（指新约法），宣告以副总统黎元洪代行中华民国之职权。……"七日，又通电说："本月七日上午七时，黎副总统遵依约法，接任中华民国大总统职权。"所谓接任，可以说是代行，也可说是继任，这是中华民国办文案的先生们舞文弄墨的惯技。黎元洪就任的宣誓，更糊涂得莫名其妙，誓词的前面既说："……当依据民国元年颁布之《临时约法》接任大总统之职权……"后面复说："……并誓于代行大总统职权之时，确守国宪……"他竟不知道他自己现在处于甚么地位，（因为若依据民国元年颁布之约法而接任大总统，则修正之大总统选举法当归无效，而其所得之大总统地位则为继任，而非代行职权矣；若属代行职权，则仍以修正之大总统选举法为根据，不得依据元年颁布之约法。）因为他心理是想适用元年的约法，而他的秘书不曾把那两种大总统选举法分别清白，所以恰好对了段派的糊涂含混主意。但是南方的要人和国会议员们，绝对不容含混。国会议员得到国务院六日的通电，首先宣言，说："袁世凯民国三年颁布之所谓《中华民国约法》，全由袁氏一人私意妄自窜乱而成，一切增修程序既与《临时约法》所载相违背……不发生国法上之效力，民国开基之《临时约法》固至今无恙也，现在黎大总统继任，实根据民国二年十月国会所制定《大总统选举法》第五条之规定，应承继本任总统袁世凯之任期至民国七年十月为止。袁世凯遗命及段祺瑞通告，所称依约法第二十九条，由副总统代理之说，系依据袁世凯三年私造之约法，万难承认。"接着岑春煊、陆荣廷等各要人相继通电，与国会议员的宣言相呼应，岑氏的电文尤明白指出若依代行大总统职权的规定，限于三日而止，以相抵难。原来段氏拥黎的主张，不过想利用他为过渡人物，以为黎氏易与，暂时借他作傀儡，把大权集于一己；若适用元年约法，则诸事皆受国会的裁制，于大权独揽的计画上大有妨碍，所以于黎氏的总统地位由代理变为继任，虽然不反对，而于恢复元年的约法，大不愿意。南方在倒袁的进行中，已认定恢复国会为切要，军务院第一号的布告即有"此次兴师，其大义在拥护国法"的话，第二号布告更明白地说："……夫法也者，国家所恃以相维于不敝也。……我国民所为决志歼身以致讨于袁世凯者，凡以一二年来之举措，皆戕贼国民之法律观念，而斫丧国家之元气。故此次之真精神，一言蔽之曰，拥护国法而已，国会既为约法上最重要的机关，且为一切法律所从出，若不速图规复，则庶政将安所丽。为此通告各省国会议员诸君，迅速筹备集会程序及地点，俾一切问题得以解决。……"（此布告为梁启超所草，见《盾鼻集》）所以现在新旧约法的争议，实际上还含有一个国会恢复的问题。但是南方恢复国会的主张，也不过适应当时情势，若就理论上说，也有很难解释的疑问：因为被袁氏所解散的国会，从民国二年四月八日开幕起到民国五年四月八日，已满三年法定期限，众议院的议员应当解职；纵令恢复旧法统，也只应适用旧国会选举法，从新改选；以国会代表民意的原则而论，民意不是经久不变动的，也应该以依旧法改选为合理；但改选须要很久的时期，而此时民党的势力所及还不过西南数省，改选必为北洋军阀势力所操纵，所以坚持恢复旧议员资格之说。概括言之，北方的拥戴黎氏，是为政治上的方便；南方的拥护旧国会，也是为政治上的方便；新旧约法的争议表面上是护法，实际上还是政治上的势力问题。

从六月七日到六月廿五日，约二十日间，两方面因此问题函电纷驰，莫衷一是。独立各省的首领，对于大局的解决各有单独的意见发表，大略相同，（惟蔡锷对国会问题主张照元年参议院之例，每省由旧国会议员中推五人以上十人以下，集合开会，代行国会职权，不坚持完全恢复旧国会。）最后由军务院岑副抚军长通电声明，以唐抚军长继尧蒸电所开四条为南军一致的主张，代表独立各省最后议决之案。唐氏蒸电所开四条如下：

一、请黎大总统即日宣言国家根本法，当以国会解散以前所公布者为准。

二、请召集以前参众院两院议员，速在天津开国会，按法补选副总统，及要求同意任命国务员，组织正式国务院。

三、请撤退抵御护国军所派遣之北军。

四、请下令召集军事特别会议，由各省都督或将军、各派代表在沪开会，议决一切善后军事问题。

又附件：军务院当俟国会同意组织之国务院成立后始撤销。

黎总统对于前面的主张，当然没有不赞成的。段派则持不能以命令变更法律之说，于二十二日通电，大略谓：三年修改之约法行之已久，今一旦以总统命令宣告废止，复用元年约法，在政府初无成见，恐启后来政府以命令变更法律之渐。经唐绍仪、梁启超、伍廷芳等联名驳复，对于以命令变更法律一点，多方解释，大约谓三年之约法并不成为法律，征诸当前事实更无可疑宣告废止，无变更法律之可言。(其电语中有谓："如此次我大总统依法继任，政府对内、对外迭经声明所依何法？非根据元年约法规定程序所衍生之大总统选举法耶？使三年约法而为法也，一法不容两存，则被该法所废止之大总统选举法定当非法，云何能依？果尔则何不于六月九日开所谓石室金匮以别求元首？夫我大总统正位，而国内外共仰为合法者，无他焉，以三年约法之不成为法也。又如我公今所长之机关为国务院，国务院者，元年约法上之机关，三年约法所未尝有也。三年约法若为法，元年约法定非法，公所长之院何由成立，今发布院令而中外共许为合法者，无他焉，以三年约法之不成为法也。揆诸法理如彼，征诸事实如此，则三年约法之非法，确成铁案。……")但是段氏仍旧托辞抵难，到二十五日便有李鼎新宣布海军独立的事情发生。

海军独立的运动，本起于云南首义以前。肇和军舰举事失败以后，中华革命党人对于海军的运动并未停止，不过因刘冠雄的严密防制，未易得手。袁将死时，运动已就成熟，暗中推戴李鼎新为首领，李与军务院驻沪代表唐绍仪、钮永建等已接洽就绪，将发而袁死，便中止发动了。及约法问题争执不决，李鼎新便以海军总司令名义与第一舰队司令林葆怿、练习舰队司令曾兆麟等，集合各巨舰于吴淞口外，发表独立的宣言，谓："……黎大总统虽已就职，北京政府仍根据袁氏擅改之约法，又岂能取信天下餍服人心？今率海军将士于六月二十五日加入护国军，以拥保今大总统，保障共和为目的，非俟恪遵元年约法，国会开会，正式内阁成立，北京海军部之命令概不承受……"冯国璋以淞沪为自己所辖的境地，恐怕海军于己不利，因电促段氏，速求根本解决。段氏至此，也知道非屈服南方不可了，于是到六月二十九日，便有大总统的申令如下：

> 共和国体，首重民意；民意所寄，厥惟宪法；宪法之成，专待国会。我中华民国国会，自三年一月十日停止以后，时越两载，迄未召复，以致开国五年，宪法未定，大本不立，庶政无由进行，亟应召集国会，速定宪法，以协民志而固国本。宪法未定以前，仍遵行中华民国元年三月十一日公布之《临时约法》，至宪法成立为止；其二年十月五日宣布之《大总统选举法》，系宪法之一部，应仍有效。

又令：

> 兹依《临时约法》第五十三条，续行召集国会，定于本年八月一日起，继续开会。

于是黎氏的总统地位确为继任，不是代理了，旧国会也复活了，新旧约法的争议算已解决，附带的便只有正式国务院的组织一个问题。同日，又以总统策令重新任命段祺瑞为国务总理。三十日，发布正式国务员的任命如次：

外交唐绍仪　　　内务许世英　　　财政陈锦涛

司法张耀曾　　　教育孙洪伊　　　农商张国淦

交通汪大燮　　　海军程璧光　　　陆军段祺瑞兼任

这种组织，在段氏算是表示容纳民党的人才了，但是南方极不满意，唐绍仪、孙洪伊、张耀曾都力辞不就，汪大燮、张国淦因为舆论不欢迎，也自己请辞。后来又改许世英长交通，孙洪伊长内务，范源濂长教育，谷钟秀长农商。唐绍仪则因北洋军阀暗中反对，始终未就，外交一席初由陈锦涛兼署，后改任伍廷芳。到国会开会后，都经同意通过。

军务院的宣告撤销在七月十四日。南方各首领的原意本要等到正式国务员由国会同意后，才把军务院撤销的；若此则须等到八月一日国会开会以后。因为梁启超急于要和段祺瑞接近，在沪电促各抚军不必一定固持原议；他恐怕驻在军务院中的人士作梗，便运动唐继尧以抚军长的资格，由滇通电撤销，电尾虽由全体抚军署名，实则抚军中有事前未备知的。不过各抚军也知道此时的军务院已无存在的必要，所以也并不否认，但是心中不满于梁启超的，因此奉梁以阴谋家之号；梁派的进步党系与段派北洋军阀再行结合，与旧国民党系再行反目，便于此时见端了。

二　国会恢复后的党派形势与政潮

军务院撤销，国会于八月一日开会于北京，各国务员也一一通过于国会，算是第二次的南北统一完成。但是统一的期间不到一年，国会即被第二次解散。在统一的短时期内，政潮的起伏比前此更来得激烈。先就各党派的形势举其梗概，再就政潮发生的各问题以次递述：

一、党派形势　在倒袁期内，旧国民、进步两系的人物都站在一条战线上；袁氏一死，便到了梁启超所谓"神奸既伏，人欲横流，而进于演水帘洞、演恶虎村"的时期了。梁启超、汤化龙一派的进步党人，一面力谋与段祺瑞合作，一面却大倡不党主义，并且在权位的分配上表示不与人争，所以在段祺瑞新组织的内阁中，该系人物仅一范源濂（孙洪伊虽为旧进步党人，现已转为急进派，与该党脱离）。但国会一开，倡不党主义的进步党人首先分组两个团体：一个宪法讨论会（以汤化龙、刘崇佑等为首领人物）；一个宪法研究会（以梁启超、林长民等为首领人物）。"讨论"与"研究"，不知到底有什么区别，为什么原来是一个团体的人现在却要分组两个团体，难道这就是不党主义么？后来因为他方的旧国民党人复合，有凌驾一切之势，汤、梁等自己也觉得分立太无意义，又结合起来，不"讨论"，专"研究"了。于是从前的"进步党"，现在变为"研究系"，这便是"研究系"名词的由来。

在旧国民党的一方面，中华革命党派原来是革命的秘密团体，与普通政党不同，所以不便将名义标举出来；所谓欧事研究会的温和派，有想拥戴岑春煊为首领的，但是不易得多数人的赞同，并且这个名义也不适用，因此连名义也渐就消灭了。但在国会中战斗，非有一种结合不可，于是由张继以旧国民党领袖的资格，暗中纠合往日同志，初仅标一"张寓"，后因对方揭出"讨论"、"研究"等的旗帜来，也便挂出一块招牌，名曰"宪政商榷会"。旧国民党的急进、温和两派，形式上复合为一，不过精神上的结合比从前更薄弱了，内中约分三系：甲、"客庐"系，以张继、王正廷、吴景濂、谷钟秀、张耀曾、彭允彝、欧阳振声等为主要人物（内中复有张继、吴景濂派，王正廷派，张耀曾、谷钟秀派的小区别）；乙、"丙辰俱乐部"系，以林森、居正、田桐等为主要人物（可代表中华革命党派）；丙、"韬园"系，以旧进步党人的孙洪伊、丁世峄、温世霖等为主要人物。内容如是复杂，所以它的议员人数虽多，战斗的阵容和精神反不及对方的研究系。研究系一经成立，便能长时间保持其形势，宪法商榷会后来复由三系裂为四派：谷钟秀、张耀曾等脱离

"客庐"系而组织"政学会"为一派；商榷会改为"益友社"为一派；"丙辰俱乐部"与"韬园"合组"民友"为一派；王正廷、褚辅成等又由"益友社"中分出，组织"政余俱乐部"为一派。请为略图如下：

国会恢复后政党变化略图

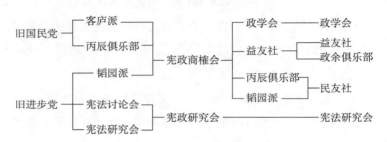

除了上述的党派以外，还有许多小游离团体，名目繁多，或附于研究系，或附于商榷会系，或为段祺瑞的御用品，游离无定也不十分重要，此处无容列举。

上面所说的，都是国会内的党派分野；至于在国会以外，民国元二年间的重要政党大都在各省设有支部，现在则无论何党，大都没有在各省设有支部的（惟中华革命党尚有支部存在海外），这是与民国初年的政党一个大差别。但是他们对于各省的地盘并不是不注意了，不过他们现在所注意的全集在督军、省长身上（在七月六日，已由中央命令将各省督理军务长官一律改称督军，巡按使一律改称省长，重新任命）。所以，督军、省长的分配，成为当时最重要的问题。帝制战争的结果，除了滇、黔、粤、桂四省以外，只有川、湘两省脱去了北洋系的宰制。（浙江本已脱去北洋系的势力，但至六年一月因内部发生变故，吕公望站不稳，段氏乘间任用杨善德督浙,浙省遂入北洋系。)段祺瑞七月初重新任命各省督军、省长,对于川、湘、粤、桂等省想用一种牵制离间手段,使他们自相猜忌,以便乘间宰制。(命陈宦督湘,陈未到任以前,由陆荣廷署任;命陆荣廷督粤,陆未到任以前,由龙济光暂署;命陈炳焜督桂,以罗佩金为桂省长。都是他的牵制政策,然皆未能成为事实。对于川省,初以蔡锷为督军兼省长,蔡因病辞职后,以罗佩金署川督,戴戡为会办军务,已有酿成连鸡之势,加以刘存厚对于客军的嫉视,段氏一面令罗督裁抑川军,一方面又挑拨刘存厚以抗罗,于是川乱遂成。对于湘省,因陈宦督湘,以事未能实现,乃命吴光新率兵驻岳州以威胁之。后复乘川乱令吴光新入川。综计段氏对于西南各省始终不出挑拨、抑制政策。)但除于川省的离间政策发生一种效果外(离间虽发生效果,终未落入北洋之手),余均未入北洋系的圈套。不过西南六省虽未落入北洋系的圈套,形势却很散漫;大概各督各图自己的好处,对于国会中的党派分野,也只以利害的同异为左右袒的标准。倒是在北洋系范围以内的各省,发生了一种团体的结合。这种结合最初发动于张勋,由倪嗣冲助成,段祺瑞的亲信人徐树铮暗中利用之。当南京会议解决后,张勋派人邀请北方各省与会的代表集会于徐州;六月九日,在徐州开会,张勋主席,提出会议纲要十项,其最注意的:(一)绝对抵制迭次倡乱之一般暴烈份子参与政权;(二)嗣后中央设有弊政足为民害者,务当合力电争,以尽忠告之义;(三)固结团体,遇事筹商,对于国家前途,务取同一态度(其他各项不备记)。各代表大都赞同,并主张设一固定的联合机关,公推一资望隆重之人为领袖。这便是所谓徐州会议的发端。国会开会后,段派人士徐树铮等,暗中与倪嗣冲及张勋代表万绳杖等秘密往还磋商，愿奉张勋为首领，令各省区复派代表集会于徐州。到九月二十一日，便有所谓"省区联合会"出现。加入此会的，初为九省，后增至十三省（安徽、江苏、江西、湖北、河南、山东、直隶、甘肃、奉天、吉林、黑龙江、福建，并粤省琼崖的龙济光，故有称广东亦在内者），并制定联合会章程十二条。子、本团体以联络国防，巩固势力，拥护中央为宗旨。丑、本团体为防止暴乱份子私揽政权而设，国会开幕后如有藉故扰乱与各省区为难者，本团体得开会集议，为一致之行动，联合公讨之。寅、本团体为维护国家安宁起见，如不得已用兵时，关于联合区域作战事宜，得公推领袖一人总指挥之。卯、本团体对于所公推之领袖，认为盟主，凡事经公决后，即由领袖通告遵行。辰、本团体公推张上将军为领袖，遇有重要事体发生，应行主持争执。不及往返电商者，径由张上将军代为列名，但事后应将原电事由电告。巳、略。午、本团体联合以后，各方面如为妨害国家统一之行为，及对于政府有非理之要求，为公论所不容者，本团体即以公敌视之。未、本团体以外各省区，如有反抗中央、破坏大局者，本团体即辅助中央制服之。申至亥均略。这种省区联合会的组织，可算是北洋军阀图势力保存的自觉；因为袁氏死了，他们自己知道失去了统一的头脑，形势日趋散漫，非有一种团体的结合，不足以抵抗民党的新势力，不过他们的团体也只有一种形式，精神上也是同床异梦的；（倪嗣冲一派是借此拥护段祺瑞，张勋是借此作复辟的基础，冯国璋〔他也有代表在会〕是借此谋总统的地位。）但是对于国会，却有一种威吓的势力。

上面所说的，是在国会以外，各省武力派的形势。至于总统府和国务院，也有可注意的几点：（一）国务院是混合的，含有研究系

（范源濂）和宪政商榷会的左右两系（左为孙洪伊，右为谷钟秀、张耀曾），而徐树铮以一国务院秘书长的地位，替段氏高张北洋军阀之焰；（二）总统府以丁世峄为秘书长，不满于段、徐的跋扈，常与段、徐立于对抗的地位，因此总统府倾于国会中的"商榷会"系。这是府院方面的派别形势。

在上面所述各方的党派形势中，产生宪法问题的争议、府院的争议、督军的示威，到对德绝交案发生时，便掀起北洋军阀威压国会的大波澜来。

二、政潮的演进　此次大政潮的掀起，当时颇有责备民党操之过激的；其实首先向民党挑战的还是北洋军阀。段内阁的外交总长唐绍仪，起初并非绝对不肯就职，唐氏由沪北上时，北洋军人便通电反对（由张勋出名）；唐氏抵津，复假直隶绅民的名义，散发诋毁唐氏的传单。唐因此愤而辞职。这是北洋军阀向民党宣战的第一声。段阁成立后，内务总长孙洪伊在第一次阁议中，便和国务员秘书长徐树铮发生牴牾。（秘书长在内阁会议本无发言权，徐树铮竟在阁议时，对于广东李烈钧与龙济光之战争，主张电令闽、粤、湘、赣四省会剿李烈钧，孙洪伊主张去电和解，阁议皆以和解为宜，亦并未制止徐之发言。徐氏竟将会剿李氏电擅行发出，及四省覆电到院，孙因面斥徐之荒唐，徐犹强执，因此恨孙刺骨，是为孙、徐交恶之始。）段氏的专擅行为和后来所谓府院的恶感，都是由徐树铮的跋扈骄恣所酿成。孙氏站在内务总长的地位，对于各省长位置的变动当然有权；省长的配置与各党派势刀的伸张，有密切关系；而徐树铮往往倚仗段氏总理的地位，专擅无忌，孙氏当然不肯放让，因此孙、徐之间势成水火，到十一月二十日，竟以总统命令将孙氏免职。(孙曾免去内务部司长祝书元等之职,祝等控孙违法,孙之免职与"免祝案"有关。)这是北洋军阀向民党挑战的第二炮。在国会里面,研究系主张拥段,可算是段氏的羽党,商榷会的右翼因为谷钟秀、张耀曾两总长的关系,也倾于维持段阁;左翼则以北洋军阀跋扈太甚,主张倒段;这是两派对于内阁的态度。关于宪法问题,两派有几个重要争点:甲、研究系主张修改草案上的两院制而采用一院制(万一必采两院制,对于上院的组织须变更);商榷会的大多数则坚决的维持草案上的两院制。乙、研究系主张省制须以普通法律定之,万不可参入宪法中,并且反对省长民选;商榷会则主张非在宪法上把省制大纲规定不可,并且主张省长民选。(其他关于国会解散、国务员信任等问题,亦有不同的主张,但不如上二事之重要。)国会开会后,从九月十五日起开始审议党草,因为省制入宪的问题,发生有名的斗殴案。事后研究系通电各省督军攻击敌党议员,(对方因研究系通电督军,亦通电全国以相抗。)因此启督军团干宪之端。到二十一日,北京便发现所谓"宪法促成会"(由北洋军阀暗中主持而成);这种促成会发现,便是北洋军阀向国会下警告的。总统府和国务院,也渐渐发生了暗潮;其原因也是段氏过信徐树铮,以国务总理负责为口实,事事不令总统府与闻其实,但令盖印画诺。原来丁世峄所以入为府秘书长,就是因为黎总统人太忠厚,恐其为北洋派所挟制,想以秘书长的地位辅黎之不足;看到徐树铮的跋扈行为,委实不能忍耐,因此遇事也就不肯随便画诺。(丁世峄后来辞秘书长职,发表辞职书,有云:"国务会议以前无议事日程,会议以后无报告,发一令总统不知其用意,任一官总统不知其来历……严家炽未经阁议〔财政总长亦声明未与闻〕,

而必以立时盖印为满意……国务总理，恒匝旬不一晤总统，惟见有秘书长传达于其间，有所询则以事经阁议，内阁负责为对抗。大总统无见无闻，日以坐待用印为尽职。……曹汝霖使日事，一月以前，日外务省早经奏明日皇，而我大总统至时尚未尽知其事。内阁与章公使来往十余电报未一呈阅……"观此可见段、徐之专擅。他们所以如此专擅，就是误解责任内阁，以为责任内阁制之元首本是偶像，不知元首虽不积极负责任，对于重要国务亦有相当的权能也。）到十二月后旬，便有所谓二十二省军民长官忠告总统、总理、国会的联电（电由冯国璋领衔），电中大略说：总统宜信任总理，兼持大政，国会宜早定宪法，勿干涉行政。这个联电，便是督军团威吓总统和国会的先声。

　　上面所述，都是五年秋冬间的情形，已有'山雨欲来风满楼'之势。内阁自孙洪伊免职后，政府初提任可澄，继提张国淦（都是从前附于进步党的官僚），皆被国会否决；于六年一月一日，乃任命范源濂兼署。（因各派皆欲取得，争持不相下，故以兼署了事。）一月五日，梁启超抵京，（梁由沪赴京，历访冯国璋、张勋，有所接洽。）外间喧传梁氏到京后，政局将有大变动，国会或竟解散，其实都是反对党神经过敏的揣测。平心而论，梁氏此时虽很与段氏接近，还是站有尽力调和的地位，不过他对于宪法主张上院的组织宜变更，省制不入宪；还有一点招忌的地方，就是他常常宣言不入政途，将从事教育事业，却常常和段氏等以声气相呼应，好像要作段政府的后台老板一样，所以反对党处处以疑忌的眼光对之。（梁氏招反对党的嫉视由军务院撤销问题起，前节已言之。）但是他并不能转移段派军阀的行动。一月九日，张勋、倪嗣冲、靳云鹏、徐树铮等又在徐州开省区联合会，谋对付总统、国会了。(冯国璋在南京开寿筵，各省因派代表祝寿，张勋等乘机邀往徐州开联合会。)到二月初旬，对德潜艇战策的抗议事件发生，(德国宣布于二月一日起以潜艇封锁海上，美德绝交，中国接到美国的通牒，亦于二月九日提出抗议。)便促起国内的大风潮来。

对德提出抗议在二月九日，正式宣告绝交在三月十四日；到五月七日，始将对德宣战案提出于国会；十日，便有公民团包围众议院、殴辱议员的事件。由二月初到五月中的长时间，对德外交问题算是政治上最重要的问题。同此时间内，在国会里面还有一个重要问题，就是宪法会议的二读会。(宪法二读会于一月二十六日开始至国会二次解散时尚未终了。)在宪法二读会中，研究系的主张大部分皆失败，因此痛恨已极。关于对德宣战问题，情形极复杂：由抗议到绝交的期间内，第一，黎总统、冯副总统(冯国璋于五年十月当选为副总统)及大部分的督军皆反对加入协约国(冯于二月十二日、十七日两次电政府持反对态度，各督军亦持反对态度)，国务员中也有怀疑的；第二，在野名流孙中山、唐绍仪及各商民团体，也皆反对加入(中山于三月八日电政府反对，唐绍仪于三月十日电政府反对)，惟梁启超则极端鼓吹加入；第三，在国会中，研究系皆从其领袖梁氏之主张，旧国民党系(即商榷会系)的丙辰俱乐部派极端反对(马君武在三月八日并提出质问书谓：梁启超干涉外交，陷中国于危险地位，请政府注意)，益友社派(以张继为中坚)及政学会派则皆赞成。但在此时，赞成、反对的两方面都是在国家的利害上打算，并非牵于平时的党见，所以在三月十日国务员全体出席两院，报告外交方针，众议院即日投票表决通过(赞成者三三一票，反对者八二票），参议院亦于次日投票通过（赞成者一五八票，反对者七二票）。十日，德国驻京公使送到德政府的答覆者，十四日，便正式宣布绝交。在未宣布绝交以前，段总理和黎总统发生一次大冲突：三月三日，段总理与各国务员同往总统府，提出一件训令驻日公使章宗祥的电稿，要求总统签印拍发，电中的大意是要他转告日本政府，"中国政府已决定对德绝交，所有中国之希望条件：一、庚子赔款，德奥方面永远撤销，协约方面缓还十年；二、现行进口税，实抽百分之五，改正货价后，实抽七分五，裁厘后抽十二分五；三、解除《辛丑条约》中国于天津周围二十里内不得驻兵，并解除各国驻兵使馆及京津铁路之约束；凡此三端，以深信日本政府对于中国友好之诚意，请求援助"云云，黎总统因为问题重大，此时尚未取得国会同意，不宜便向外国发表，所以反对将此电发出。段氏便愤然地说："总统既以内阁所为为不合，无妨另简贤能。"午后，即辞职往天津。所谓府院的冲突至此便大爆发。后经冯国璋（冯于前月入京）往津调解，附以总统不干涉对德外交并驱逐府秘书长的条件，段氏方再返京任职（致章公使电于段返京后总统照发）。但是黎、段间的感情上，已留着一条很深的裂痕。

对德外交的大方针既已通过国会，宣布绝交后应当不致发生大问题了。但是一部分持反对态度的人仍旧反对，在野名流赞成和反对的两派仍旧不一致。参议院议员章士钊因主张增设不管部的国务员，将在野各派的领袖一体罗致，既可调和各派的感情，又可统一对外的意见；但是不为当局所采纳，仅在国务院组织一个国际政务评议会，由总理聘请各派人士为评议员，而各派所谓第一流领袖仍不在内。梁启超于三月廿六日致函评议会，主张速向德奥宣战，地方各团体对于梁函多加反驳；冯国璋回到南京后于四月八日致电政府，仍旧反对参战（冯谓前在京赞成绝交，实为调和府院意见，对德奥宣战则不赞同）。国际政务评议会意见也不一致；在朝在野的要人，始终主张参战的，可说只有段总理和梁氏二人为最坚决。梁是想学意大利的加富尔加入克里米亚战役，藉以增高在国际上的地位；段则早与日本军阀秘密勾结（由张宗祥、陆宗舆等作引线），已落入日本人的圈套里去了，他一方面未尝不想倚赖日本的赞助，改善国际地位（这是与虎谋皮），一方面还是想取得日本的金钱和军械，坚固北洋派的实力，以制服国内的反对党。梁氏固不明白段氏的真意思，就是段派的督军也多有不知道段氏的秘密，所以对于参战也有怀疑的。段因决计召集各省督军来京开军事会议，一面统一督军团体的意见，一面可以威压国会。到四月廿五日，各督军在京开会了，到会的督军七人、督统二人、省长二人、代表十六人（非北洋系的督军大抵皆只派代表），段自为主席；段氏将参战的秘密预先告知他的徒党，结果皆赞成参战表决签名。五月三日，督军团公宴议员，替段氏疏通参战案；七日，参战案提出于国会；八日，众议院开秘密会，国务员全体出席，报告参战案，表决交全体委员会审查。假使北洋军阀不用过激手段，参战案当然可以平安通过，因为国会里面对于参战案持反对态度的本只有极左翼的丙辰俱乐部一派，研究系自然赞成，政学会派和益友社派也是赞成的（政学会由谷、张主持，益友社由张继主持）。但是那些军阀的要人生恐目的不能达到，要祖述民国二年选举总统的惯技，用威迫国会的手段；到十日众议院开会时，忽有所谓公民请愿团、五族请愿团、北京市民主战请愿团、军政商界请愿团，共约三千余人，由陆军部人员指挥（傅良佐、靳云鹏到场指挥，为当时人所目见），包围众议院殴辱议员多人，并声言必俟参战案通过才解散。众议院因此愤激，停止会议。国务员谷钟秀、张耀曾、程璧光、伍廷芳等相率提出辞职呈文（陈锦涛早受交通系陷害去职，许世英也因事免职了），范源濂后来也提出辞呈；于是内阁只剩了段氏一人。段氏自己也知道弄巧成拙，不能收拾，于十二日拟具辞职书，将要提出，忽被左右阻止，决计与国会硬抗，再三咨催国会速议宣战案. 对于围扰国会的责任问题，置诸若有若无之间。国会的极左翼本不满于段氏，自此风潮发生，除了研究系一派以外，大多数皆主张倒段。到十八日，北洋系与日本军阀勾结的秘密，又被北京英文《京报》发露；(是日，英文《京报》载，段氏由陆宗舆、曹汝霖议借日款一万万元，由日人代行整理三兵工厂，并请日本军官练兵，日田中参谋来华，与此事有关〔田氏时已到华〕。该报主笔为陈友仁；次ヨ，因此新闻，陈友仁被段政府捕去。) 国会大多数更不信任段氏了；十九日，众议院开会议决：现内阁仅余段总理一人，不能行责任内阁之实，本院对于此种重大外交案件，应候内阁改组后再议（意思就是参战案是可以通过的，但段非去职不可）。督军团知道国会无可挽回，决意破毁国会；但此次事件咎不在国会，无可措辞。研究系因为关于宪法的主张失败，积愤既深，看此形势，段氏又难二维持，也决计利用督军团来改造国会；因煽动督军团，假宪法草案议决的条文不适国情为口实，呈请政府解散国会。黎总统招孟恩远、王占元入府，告以约法上总统无解散国会之权，解决时局的办法惟有请段总理辞职。督军团知道黎总统已站在国会的方面，相率出京，往天津、徐州等处会议去了。到五月廿三日，黎总统以国务员伍廷芳副署的命令，免去段祺瑞国务总理之职，即以伍氏代理国务总理。随即督军团宣告反叛，国会第二次解散，张勋便演出复辟的滑稽剧来。

三 国会第二次解散、张勋复辟与段祺瑞的再起

复辟的滑稽剧，虽然是由对德宣战案引导出来的，但是它的伏线甚远。在袁氏称帝前，由宋育仁、劳乃宣等发动一次失败后，到帝制战争正烈时，康有为又跃跃欲动了。护国军在云南发动后，对于袁氏，全国一致反对，康有为也反对。（康氏曾发表两通致袁氏的书，备极讥讽。）但康氏一面反对袁氏称帝，一面却主张复辟。梁启超将往广西时，使人告知康氏，康氏便有所表示。梁启超《从军日记》云："两月来，南海以吾凡百专擅，蓄怒既久，今此举（往广西赞助陆荣廷独立之举）而不以告，他日责备，何以堪者？实则吾之专擅，良非得已，事事禀承南海，靡特吾精神上常感不断之痛苦，抑凡今之与我共事者，将皆舍我去矣。难言之隐莫此为甚。虽然，吾终不欲更开罪于长者……使觉顿往谒将意。南海嘉许，固在意中，然有意外者，则正色大声疾呼以主张其平昔之复辟论也。且谓吾辈若不相从，后此恐成敌国。其言甚长而厉，觉顿咋舌，唯唯而已。此等不祥之言本无价值，然正恐有利用之者，劳他日一番收拾也。"袁氏撤销帝制后，康竟公然揭举复辟的主张，发表一篇论说，题为《为国家筹安定策者》。梁启超在广西得到这种消息，也便发表一篇《辟复辟论》教训他的老师。（论文中有"吾既惊其颜之厚，而转不测其居心之何等"，意思是说他于筹安会发生时，不敢出来为故君请命，等到护国军把帝制打倒了，却想来收渔人之

利。）这是康梁两师徒以笔锋相抗的开始。梁氏又恐他的笔锋不足以制服他的老师，再由滇、黔、粤、桂四督出名，发出一道反对复辟的通电说："国体不许变更，乃国民一致之决心，岂有不许袁贼独许他人之理。……如有再为复辟之说者，继尧等即视为蔑弃约法之公敌，罪状与袁贼同，讨之与袁贼等。"此电出后，复辟论才销声匿迹了。张勋此时想必早与康氏通声气，不过因为袁氏疑忌他、防备他，所以他不敢有何举动。及到冯国璋发起南京会议，他便想利用这个机会以见好袁氏，取得袁氏的信用，暗中布置复辟的基础。不幸袁氏死了，南京会议消灭了，他便勾诱南京会议的代表往徐州去，作成前节所述的省区联合会，表面是巩固北洋团体，实际只是造成复辟的根基。所以张勋复辟的伏线，实在来得很远，埋伏得很久了，只等机会一到就要爆发的。段祺瑞免职，机会便到了。

段祺瑞于免职的那天，发出一道含有教唆意味的通电说："本日总统府秘书传出大总统命令，国务总理兼陆军总长段祺瑞免去本职，外交总长伍廷芳着暂行代理国务总理，此令；又令陆军次长张士钰代理部务，此令；又特派王士珍为京津一带警备司令，江朝宗、陈光远为副司令，此令等因：查共和各国责任内阁制，非经总理副署，不能发生效力；以上各件，未经祺瑞副署，将来地方、国家因此发生何等影响，祺瑞概不负责。特此布告。国务总理段祺瑞漾印。"这个电报，无异于教导督军团起兵反抗。黎总统于免段后，提出李经羲任国务总理，两院通过（廿五日提出，二十六日通过），并拟任王士珍任陆军总长，王并通电允接受。（王在参陆办公处，劝导各现役军官，谓"北洋系"三字非美名，宜忘派别，卫国家。）到二十九日，倪嗣冲首先通电宣告脱离中央关系；相继宣告独立的有奉督张作霖、鲁督张怀芝、闽督李厚基、豫督赵倜、浙督杨善德、陕督陈树藩、直督曹锟，共计八省。但是张勋（时为皖督，倪嗣冲时为皖省长）却没有宣告独立的通电，而用十三省省区联合会的名义，电请黎总统退职，这是他举动不同的处所。还有长江流域的三督冯国璋、李纯、王占元，也不曾和他们共同行动。黎总统此次为何敢于下令免段，大概有下面几种原因：一、他以为段派的督军未必敢公然作乱；二、直、皖两系的名称此刻虽然尚未成立，但是直系的军官已有与段氏不合作的暗示，（孙洪伊为直隶人，孙在京时常与直籍军官以同乡感情相款洽，暗中即有联直制皖的意味，所以直皖分派的根基即伏于此，但尚未显明耳。）以为段派督军纵敢作乱，直隶派的军人必能牵制之；三、王士珍是北洋派的前辈，与段祺瑞资格相等，纵然直隶派的军人不能制伏段派，王士珍必能指挥之。谁知王士珍竟没有一点力量，直派的督军除了长江三督不曾加入独立外，曹锟也公然宣告独立了。倪嗣冲于宣告独立后，便在蚌埠扣留车辆（倪以省长驻蚌，张勋则驻徐州），与奉、鲁、豫有共同进兵北京之势。他们称兵的理由，就是：总统听信群小，排斥正士，暴民盘据国会，勾通府中，以夺取政权，须以兵力驱逐之。黎总统电请徐世昌从中调和，徐谓国会若不解散，调和无从着手；黎又电请梁启超来京调处，梁以"退处海滨，与世暂绝"答覆之；汤化龙则辞去众议院议长之职，研究系的议员都相率不出席，使国会开不成会，并有许多提出辞职书的；李经羲的总理虽经国会通过，被督军团阻止，不敢就任；黎总统至此，完全没有办法。到六月二日，李盛铎由徐到京，向黎传达张勋的话，说："总统若令我入京，愿任调停。"黎氏固知道张勋不是段派的真正同志，他又是省区联合会的领袖，他果肯出来调停必能有效，于是想倚张以自保，即令李盛铎赴徐往迎。此时段派的军人群集于天津，想在天津组织政府，举徐世昌为大元帅，并与研究系的要人联络，要他们加入。徐世昌不赞成，并且外国人也有不许他们在天津设立机关的表示，因此他们内部颇有龃龉。值张勋率兵由徐入京经过天津的时候，他们便利用张勋作刽子手，怂恿他入京开刀。张氏虽然主张解散国会，但还有一个重要的条件，就是要复辟；段派表示允可。（张勋微电有云："芝老虽面未表示，亦未拒绝，勋到京后，复派代表来商，芝老仍谓解散国会推倒总统后，复辟一事自可商量。"）张氏仍逗留天津不即进京，不过他的军队已陆续到了北京了，因电令黎总统从速解散国会，否则不负调停之责。黎氏起初坚不肯从，因为以解散国会向黎氏建议的，四面包围，黎氏更不能自主了。但是解散令却没有人肯副署，伍廷芳固然未肯，新任的总理李经羲也不肯（李氏一面想作总理，促黎速下解散国会令，一面却以尚未就总理之职为理由，拒绝副署）；张勋在津大发威风，说："这种命令，要副署何用，只管从速发布。"到六月十三日，竟用步军统领江朝宗代理国务总理的名义副署，发布国会解散令。这是国会第二次解散的经过。次日，张勋偕李经羲到京；到二十八日，康有为也剃去胡须，秘密到了北京，住在张勋的私宅里，于是复辟的活剧要开幕了。

张勋于六月十四日到北京，七月一日才宣告复辟，因为布置也要些时间，所以有此半个月的犹豫时期。在此半月内，李经羲作了一番总理的好梦，国会解散后，各叛督果然相继取消独立，并且有向中央谢兵谏之罪的。李经羲以为可以安然作国务总理了。但是各叛督因为李氏从前不肯副署解散国会的命令，多通电反对李氏组阁；李氏倚靠张勋的势力，以为有了辫帅保护，反对也不大要紧；到廿四日，正式就国务总理之职，并要求王士珍任陆军总长。张勋对于李氏组阁的问题也不干涉，一面添招新军，一面进谒清废帝，和清室遗老秘密协商。随派梁鼎芬、王士珍、江朝宗等向黎元洪说明复辟的必要，请其奉还大政。黎元洪此时才知张辫帅调停的用意，虽然拒绝其请，但已引虎入室，不能抵抗了。到七月一日，张氏便假冯国璋、陆荣廷等的名义，奏请准许黎元洪奉还大政，拥溥仪而出，宣告复辟。同日颁下许多上谕，改七月一日为宣统九年五月十三日，封黎元洪为一等公爵，任命冯国璋为两江总督、南洋大臣，张勋为直隶总督兼北洋大臣，陆荣廷为两广总督，各省督军皆改为巡抚，位置大概仍旧，徐世昌、王士珍也有任用（徐为弼德院院长，王为参谋部大臣），独有段祺瑞全无位置。康有为虽想作张勋的后台老板，他的意见，张勋竟不能容纳，白白他作了许多的古文诏旨，一篇也没有采用；(康氏所拟的诏旨，有《复辟登极诏》、《开国民大会以议宪法诏》、《召集国会诏》、《保护各教诏》、《免拜跪诏》、《免避讳诏》、《合新旧诏》、《亲贵不许干政诏》。其第一篇登极诏首先辨明满族也是黄帝的后裔，意在融和种族情感，其他各诏都是发挥他维新的意旨，但是一篇皆未采用，直到复辟失败后逃匿外国公使馆，日本公使求他的墨宝，他便用楷书把他所拟的诏稿写了，送给日本公使，后由时报馆记者探知抄出，登在《时报》上。)他要免拜跪礼，张勋是喜欢磕响头的，就此一点，便不相容，只得叫苦连天；不到几日，便宣言要剃度出家去了。黎元洪乘间逃入日本公使馆，秘派丁槐南下，将大小印信送交副总统冯国璋，谋匡复。各省督军及各要人得到复辟的消息，一律通电声罪致讨，竟没有一个人援助张勋。北洋派的军队，因为皆在北京附近，所以易于进攻；张绍曾、冯玉祥、曹锟、李长泰等首先发动；段祺瑞自任讨逆军总司令，于七月五日亲往马厂誓师，设总司令部于天津。得冯玉祥、李长泰等的奋战，于十二日进逼北京，张勋逃往荷兰公使馆，以外的主要人物一律逃匿无纵，段祺瑞于十四日到北京。综计复辟的时间，还不满半个月，就宣告闭幕了。

张勋所有的辫子军队，大约不过两万人内外，还有一大部分留在徐州（复辟战争中哗变溃散），为何敢于行此大事？可见他原先与段派军阀早有默契。谁知是一场大骗局：黎元洪受直籍军人的骗而免段氏（替冯国璋造成取得总统位置的机会）；张勋受段派军人的骗而实行复辟（替段氏造成恢复政权的机会）。张氏的受骗，和黎氏的受骗是一样的，所以张氏当段派声罪致讨时，通电反驳他们，说："……勋知国情，只宜君主，即公等卓见，亦早诋共和。兹方拥戴冲人，辄即反对复辟，或实行攻战，或电文诮骂。……若谓拥护共和，何以必摧残国会……如以王公之位，未获宠封……故不甘于为丛驱爵，而为逐鹿中原，则并不为大扃绸缪，纯为利权起见，徒说伸张大义，岂为好汉英雄。……若必敲浪扬沙，翻云覆雨，深恐九州鼎沸，无以奠宁。……"失败后又通电说："……已获巨罪，人庆大勋，恨当世无直道，怨民国鲜公刑。"其弦外之音，很可表示落入圈套的愤恨情感。

复辟的活剧闭了幕，段派和研究系的得意时期到了。段祺瑞在七月五日誓师讨逆的时候，曾发出一道通电，说："本日由国务院参议，赍到本月二日大总统令：'特任段祺瑞为国务总理，此令'等因，时危势迫，义不敢辞，祺瑞遵即就职。"到七月六日又有一道总统的命令，其文如下："国务总理李经羲呈请辞职，李经羲准免国务总理本职，特任段祺瑞为国务总理，此令。"下面有教育总长兼内务总长范源濂的副署。反段派因有怀疑段氏的取得总理，是由于段氏和研究系的作伪而来的。不然，何以有两道重复的命令呢？但当时各报上确曾揭载一道黎总统致冯副总统的冬电："……元洪不德……既不能执行职权，民国势将中断，我公同受国民重托，应请依照约法……代行大总统职权。自前交通梗绝，印绶赍送，深虞艰阻，现已任命段芝泉为国务总理，并令暂行摄护，设法转呈。……"然则段氏二日发表的任命令并非伪造，不过此令中所谓"交通梗绝，印绶赍送，深虞艰阻……并令暂行摄护，设法转呈"，仿佛是把总统印信令人送交段氏设法转呈的，丁槐为何又将印信携带南下呢？（后来段氏令卢永祥逮捕丁槐，羁押军署。）因此反段派对于黎氏致冯的冬电，都疑它是由段派窜改或伪造的。所以段氏虽然在事实上取得了国务总理，这个国务总理的来由实在是一个疑问，至今还不能查出它的内幕。现在对于它的真实内幕也不必深考，不过就段氏自己的立场和他在前次免职时发出的漾电而言，颇有点不好意思，免职时说："查共和各国责任内阁制，非经总理副署，不能发生效力。"因为那道命令是伍廷芳副署的；现在任职的命令是教育总长兼内务总长范源濂副署的，也不曾经总理副署，为何便发生效力呢？只好说是因为"时危势迫"，从权接收罢了。北京未收复前，冯国璋于七日在南京宣告就代理大总统职，电请各要人赴宁组织政府；段氏也在这一天商请将政府移设天津，次日，便在天津设国务院临时办事处。十四日，段氏到了北京；十五日，便赴国务院视事。研究系的要人还在复辟未宣告时早与段派联合一气，段氏在马厂誓师时，梁启超已入段氏幕府；汤化龙则和张国淦、叶恭绰、张志潭附随段氏，同段入京。到十七日，段氏发表阁员如下：

国务总理兼陆军总长段祺瑞

外交汪大燮　　　　内务汤化龙　　　　财政梁启超

司法林长民　　　　农商张国淦　　　　教育范源濂

交通曹汝霖　　　　海军刘冠雄

可算是段派军阀，与研究系、新交通系的联合内阁。黎元洪于段氏到京后，因段氏的劝诱，由外国公使馆区域回居私宅，通电宣告此后不再与闻政事，推冯副总统继任大总统，（黎在私宅遇刺，欲避居天津，段氏恐其南下，藉口保护，不许离京，后得汤化龙担保无他，始允其离京。）冯氏因为不愿将南京的地盘授诸他人，想把长江流域作为自己的基本势力，免得后来孤立受段派的压迫，蹈黎氏的覆辙；所以一面谦让，请黎复职，一面暗中与中央接洽苏督的后继人选；直到接洽已妥，才于八月一日到京任职。（冯到京后数日，即发表调赣督李纯督苏、陈光远督赣，与鄂督王占元联结为一，成为直系基本势力。）于是北洋军阀的两首领，研究系的诸领袖各得其所，要施展他们的救国大计了。不过还有许多失所的人，不许他们的救国大计安流平行的进展，又将奈何呢？

四　南北分裂——护法战争的开始

段氏新政府成立后，当前最切要的问题，一个是对外的参战问题，一个是对内的国会改造问题。国会改造的问题，本是因为急于要参战才引出来的；但是现在参战问题的重要却把它放在第二位去了。因为段氏的私意，本是假对外以制内的，对外则"宣而不战"，对内则"战而不宣"，成为当时奇妙的话柄。（段阁成立后，至八月十四日始正式对德奥宣战，而动员派兵入湘则在七月后旬，时湘中尚无乱事。）段内阁成立的那天，便由研究系要人献策，召集临时参议院以改造国会，孙中山因此率领海军往广东，组织军政府，树立护法的旗帜，从此成为南北对立之局。

研究系要人梁启超、汤化龙等主张改造国会的理由是："中华民国已为张勋复辟灭亡，今国家新造，应仿照第一次革命先例，召集临时参议院，重定国会组织法及选举法后，再行召集新国会。"在北洋军阀方面，旧国会是他们的眼中钉，既已把它拔去了，断不容它再行存在，对于上述改造的方法当然赞成。不过在理论上很难说得过去：第一，要问他们国务员的地位是何从取得的？冯国璋的大总统位置又何从取得？若说中华民国已为张勋灭亡，现在的民国是他们新造的，他们应该赤裸裸的宣告现在的政府是新造的临时政府，国务总理的任命，便不必借重黎总统的命令和范总长的副署；冯氏的取得大总统，也不必借重旧约法上继任的规定。一方面对于自己地位的取得，既要缘饰法理，借重旧约法；一方面又说民国已亡，现在是新造的国家，是所谓"以己之矛，攻己之盾"。第二，张勋复辟的期间通共不满半个月，洪宪称帝的期间超过复辟的期间数倍（国会的毁坏，在袁氏专政的期间内则更长），若说复辟期内民国已经灭亡，则在洪宪期内是不是灭亡的第一次？第一次灭亡恢复之后，为何不照革命先例，召集临时参议院，偏要恢复已经满了法定期限的旧国会？若说前此恢复旧国会，是因为袁氏的解散国会不合法，黎氏的解散国会又岂合法么？这是纯就他们所持的理论而言。其实这种理论的站不住脚，他们也并不是不知道；他们认定旧国会份子太坏，非加以改造不可，而改造又无别法，所以借这种似是而非的理论作掩护的工具。平心而论，当时的国会也很有可以指摘的处所：开会的期间将近一年，专闹意气，对于现成的宪法草案，二读尚不能告竣，并且尚有一部分未经过审议的程序，这是一般国人所不满的。但这不单是那一派议员的责任，研究系的议员也应该共同负责。极左派的议员，对于研究系合理的主张不能容纳，固未免有过当之处，研究系勾通军阀以威胁本身所托命的机关，藉以制服敌党，尤为越出政治常轨的举动。总之，旧国会份子的不良虽属事实，而改造的方法实在太不合理。当时颇有采调停主义的人，说旧国会既已两次试验失败，而法统又不宜破毁，最好是依照现行的国会组织法及选举法重新改选，诉之于选民，若召集临时参议院则太无根据。但是此说非徒左派的人士不能承认，便是研究系也绝对不肯赞同；他们以为旧国会之坏就是坏于组织法，在宪法会议里面，两方所争持不肯放让的国会组织问题，为最重要问题之一；现在旧国会既已解散，还不趁此根本改造，则前此煽动督军团的干涉为无意义。故在研究系召集临时参议院的主张，是因为要贯彻改造国会的目的，与煽动督军团干宪的目的前后是一致的，谁知这个问题是一具不能开的死锁。后来国会虽然被他们在北方强迫改造了，却又被安福系所盘踞；安福系的骄横恶劣，竟超过他们所目为暴徒的无数倍；而南方又始终不承认他们的改造，遂演成长时期的纷争惨剧。

南方的领袖及西南各督，对于国会拥护的表示，本来很早。在督军团干宪时，孙中山、岑春煊、唐绍仪等，便电请黎总统"维持约法，以固民国基础"；滇督唐继尧也有"继尧庸愚，惟知效忠民国，如有破坏国会，危及元首者，义不共戴"的电文。及倪嗣冲等相率宣告独立，南方各要人又纷纷声讨。(李烈钧、张开儒则在粤电请出兵，惟陆荣廷、陈炳煜、谭浩明则电冯副总统领衔通电解纷。)国会解散令下，粤桂两督便通电暂行自主，说："国会非法解散，所有私意改造不依法定手续成立之政府，万不能承认。"复辟乱起，西南各方纷请出师讨贼，段祺瑞因为要独冒再造民国的功劳，又恐西南各省出兵北向，危及自己的地盘，一面委倪嗣冲、段芝贵等许多有名无实的讨贼司令，一面又通电西南各省，制止他们出兵，说"大局即可解决，各省军队不得擅离原驻地点"，于是更挑起西南各省的愤恨猜忌心。唐继尧对于段氏此电便不承认，约西南各省合力反抗。复辟乱平，陆荣廷、陈炳焜、谭浩明等再三电问冯代总统，对于国会问题如何解决；陆氏并且密电冯氏说："若不速定国会问题，则荣廷对于西南各省无法调停。"然则陆氏并不是不想调停的。及召集临时参议院之说出，西南各省一致反对，南北分立之局便难于避免了。

孙中山在复辟乱平之后，率海军南下以前，曾有一通忠告段祺瑞的严正电文如下：

> 民国不幸，伪清僭据，足下以马厂誓师，恢复共和，重奠京邑，此盖强虏自亡之会，而亦足下兴复之机。伏念共和帝制，迭相乘除，已历三次。所以起灭无常者，实由是非不定，刑赏无章耳。夫洪宪佐命之臣，宣统复辟之辅，其为帝制罪犯

一也。去年洪宪祸首，隐诛未伏；佐命者既得从宽，则复辟者当然无忌。徐州、彰德二次会议（张勋发起徐州会议后，与会各省曾在彰德会议一次），正是足下初任首揆之时，拱手处中，不能锄治，而复奖以勋权，启其骄悍，是以伏戎偏国以有今日。而民间清议，亦谓民国之祸叛督实为先驱。要求宣战之不已，以至殴击议员；殴击议员之不已，以至解散国会；解散国会之不已，以至复建伪清。本为一人保固权位，以召滔天之灾，足下奖成此患，岂得不为追究。文二数月前，曾献忠告，不蒙采纳。至黄陂不得已而下免职令，犹不悛改，悻悻以引起祸乱，不负责任为词。今日因败为胜，功过相抵，天日鉴临，人心共谅。乃总理一职，既无同意，亦无副署，实为非法任命，果出黄陂手谕与否，亦未可知。足下当以义师首领自居，岂得以国务总理为号。以免职兴戎，而以复职自贵，狐埋狐撎，皆在一人，岂所谓为国忘身者乎？张勋以愎戾之资，悌然复辟，所统辫兵，素无训练，其势本易与耳；张绍曾等倡谋讨逆，近畿将领不少靖献之人，器械完利，士马精强，扑灭殷顽，易如反掌；徐州余寇，复何足云，而足下必任段芝贵为东路总司令，倪嗣冲为三省总司令。段本洪宪元凶，倪则叛督首领，一蒙驱使，得冒天功以为己利，沮忠正倡义之气，开叛人狡诈之端，岂同明之熊文灿耶？乃又抑止诸军，不容兴师致讨，欲以易成之绩，交与倡乱之人，偏私狭隘，毋乃过甚。丙辰近鉴，贻祸相同，此又足下所宜省者也。文愿足下，上畏民岩，下思补过，作良将以伸正气，讨群叛以塞乱源，诛洪宪佐命以示至公，戮伪主溥仪以惩负约，保国赎愆，孰善于此。若以小腆易败，据为大功，因势乘便，援引帝党，擅据鼎钟，分布爪牙，则西晋八王之相驱除，唐末朱李之相征讨，载在史册，曲直无分。正恐功业易赝，祸败踵至，凡我国民亦不能为辅助矣。以足下天性强毅，本非狐媚之人，甚愿尽忠以告，是非利害，在足下自审之耳。

这篇电文，是可算段氏的当头棒。但是段氏早已横了心，那里把它放在眼里。中山也知道他不能听从，及闻召集临时参议院之说，便率领海军南下广东，作护法的倡导。

海军和革命党是早有渊源的。前次国会的恢复，由于海军独立所促成；此次国会解决后，海军总长程璧光便辞职南下以待形势的发展。中山于七月二十日乘"海琛"军舰抵粤，粤省长朱庆澜及督军陈炳焜开会欢迎。中山宣示招集舰队来粤，以粤为海军根据地，然后请国会议员来粤集会，并请黎总统南下，在粤组织政府。粤省议员及朱省长皆赞成，陈炳焜颇有点不愿意，但前既与桂督宣言两广自主，此时也不便反对。程璧光于二十二日与第一舰队司令林葆怿，由吴淞率领全舰队赴粤，并发表护法的宣言（与程、林同行者有唐绍仪、汪兆铭、章太炎等要人）。这便是护法军正式的开幕。

海军舰队于八月五日，驶入黄埔。国会议员因粤省政府及省议会皆致电欢迎，也在七月下旬陆续赴粤；至八月中，到粤的人数也有了一百五十余人。八月十八日，中山招集各议会在黄埔公宴，即于是日开谈话会，决定在粤开非常会议，次日发表宣言。至二十五日，国会开非常会议，讨论组织政府事；三十日，通过《军政府组织大纲》十三条。依大纲设大元帅一人，元帅二人（原欲黎总统南下，因黎不愿再出，故设大元帅）；九月三日，选举孙中山任大元帅，陆荣廷、唐继尧为元帅。中山于九月十日就大元帅职，并于是日依组织大纲选举各部长（依大纲应设六部），交由大元帅任命。其部长名单如下：

财政唐绍仪　　　　外交伍廷芳　　　　内务孙洪伊

陆军张开儒　　　　海军程璧光　　　　交通胡汉民

南方的军政府，至此便告成立。但是有一点应该注意的，军政府形式上虽然成立了，实际上诸事皆为陆荣廷、陈炳焜等所把持，全不能有所发展，故各部长也多未实行就职任事。因为陆、陈等的声言护法，不过是"项庄舞剑"的意思。假使段祺瑞应付得宜，不是怀着那么狭隘的北洋思想，陆、陈等老早投入他的樊笼里去了；如此，恐怕形式上的军政府都不能在广东立足。陆荣廷在六年三月里曾往北京，与中央政府有所接洽；接洽的目的，就是要巩固两广的势力范围。其注意之点有二：一、以粤督授诸陈炳焜，桂督授诸谭浩明（时陈为桂督，陆为粤督，谭尚无位置），己则别以他项名目，居陈、谭两人之上；二、湘省由湘人治理，两广决不侵犯，但中央对于湘督不可轻易更动。这就是与北洋军阀划定势力范围的意思。（因为湘省是两广的门户，湘督谭延闿是陆荣廷所最佩服而又相信的，谭、陆之间早有默契，彼此皆欲联结以自固。）当时段祺瑞对于陆氏的希望，大约已经表示容纳，所以陆氏出京后，在四月十日便发表陆为两广巡阅使，陈为粤督，谭为桂督。国会解散后，两广宣告暂行自主，一方是因为李烈钧、张开儒在粤慷慨激昂的要出兵北伐，不能不敷衍民党的面子；一方便是向北洋派示威，意思就是北洋派若侵入湖南，两广决不容许。假若段祺瑞在复辟乱定后，不派兵入湘，不更换湘督，陆荣廷必不轻易容许军政府在广东实现。乃段氏误认陆、陈等的示威举动，以为他们真是和民党一致的，于七月后旬即令驻扎保定的范国璋一师动员克期赴湘；到八月六日，便任命傅良佐为湖南督军。（段氏更换湘督时，梁启超初不赞成，就是恐怕惹起陆氏的疑虑。但段派军人想得湘督位置的人很多，段氏亦欲由湘以征服两广，故梁氏的反对无效。起初所拟的湘督并不是傅良佐，因梁氏的进言，才提出傅良佐来，因为傅是湘人，仍与湘人治湘的约束相符，但傅虽为湘人，实为北洋军阀之徒党也。）陆氏因为段既违反从前的默契，侵入湖南，两广受了威吓，不能不为自卫之计，于是容许军政府出现，并为积极援湘的准备。及湘省零陵镇守使刘建藩在湘南宣告独立，桂军实行援湘，护法的战争逐以开始。（故南方的护法军政府虽由国会问题引出，而实际的护法战争则由北洋军阀夺取湘督而来。）

五　护法战争中北方冯、段的暗斗

段祺瑞对西南的大方针，是用湖南作制服两广的基础，用四川作制服滇黔的基础，而用参战的名义与日本军阀勾结，取得巨额的借款，充实对内作战的军备，在他以为是一定可以成统一之功。并且此时西南各省虽以护法相号召，并无确实的结合，唐继尧、陆荣廷既不是中山的同志，而川与滇黔又正在互相残杀中，湘中的军人又有一部分已经投降北洋系，形势也不足以与北洋系相抗。但是北洋系内部早伏着分裂的种子，冯、段间的暗斗，比前此黎、段间的暗斗还要来得深刻。结果不惟不能奏统一西南之功，反把一个北洋系演成两个北洋系，其演变如次：

一、川湘方面的用兵失败与段阁倾倒　八月六日，傅良佐督湘的命令发表后，湘督谭延闿并不抗命（因为此时湘军第二师长陈复初及零陵镇守使望云亭等，已为北洋军人所笼络），并派望云亭入京欢迎傅氏。但乘望云亭入京之时，委刘建藩为零陵镇守使，令林修梅（第一师第二旅旅长）开赴衡州，这就是在湘南布置军备，谋与援湘的桂军取联络，为后来独立张本。傅氏入湘以前，原宣言不带北兵入湘，对于湘省军官亦不更动；但一接任后，驻岳的北军便陆续南下，并改委陈璟章为零陵镇守使。刘建藩因于九月十八日通电宣告自主，林修梅与刘一致行动；援湘的桂军此时也准备开拔入湘了。北方开入湘省的主力军，为王汝贤所统的第八师及范国璋所统的第二十师，王、范都是听命于冯国璋的。此时直、皖两系的界限尚未明白，冯、段间的裂痕也未显露。但当王、范出征请命时，谒段，段百端激励；谒冯，则冯的语气似有不主武力解决的倾向；王、范已默认冯氏意向的所在；又湘督一席，原为王汝贤所垂涎，及为傅氏攫去，王已很不高兴。到十月六日，湘南开始发生战争；从十月到十一月，初时南军不得利；及援湘之桂军开到，南军气势大振，北军失利，王、范又与傅督不睦，傅氏弃长沙逃走，王、范皆陆续退兵。段氏对于湘省方面的计画遂失败。

四川方面，在四月里，刘存厚受段政府暗中的挑拨，逐去了罗佩金；罗受督川之命，即欲以川省长位置与刘存厚，以结川军之欢心。段氏因欲拉拢研究系，乃不与刘而与戴戡。刘以罗为诳己，因怨罗。段复促罗裁减川军。罗恐惹起战祸，密电段政府，请将刘调离川境。段得电后，反故意以罗电文泄示于刘，以激其怒。四月十九日，遂有川、滇军冲突之事。段于四月二十日遂免罗督军之职，并免刘存厚第二师长职，而以戴戡暂行兼署川督；罗于二十五日卸川督职。复辟之变将发动时，川、黔军又起冲突，戴戡也站不住了；到七月二十一日，戴氏在乱战中被杀。段政府于任命傅良佐督湘之日，即派吴光新为长江上游总司令兼四川查办使，由岳州率兵两混成旅入川（吴时驻岳州），而以川督一席与周道刚（后又命刘存厚为会办军务）。段氏本想以川军为驱逐滇黔军的先锋，而用北洋军队在后面监视，吴光新就是将来的川督候补者。但是吴氏太不中用，在宜昌逗留经月，才输送一部分军队到重庆，吴自己随即西上；此时周道刚以为北军是来援助他的，当然对吴很恭顺；川军第五师师长熊克武（此时已与西南秘密连结）和驻在綦江的黔军，也佯为表示恭顺（吴并依黔军的请求，拨助饷弹若干）；但至傅氏由长沙逃走的时候，熊克武的川军也乘吴不备，把达到重庆的北军包围缴械，吴趁船逃走，辎重皆被川黔军夺去；周道刚失势，重庆便为熊克武所占领。于是段氏对于川省方面的计画也失败。

川省的失败，是由于吴光新的不中用和熊克武的倾于西南；湘省的失败，则由于王汝贤、范国璋的怠战。王、范于十一月十四日自由通电停战（十八日即退至岳州）；十七日，直督曹锟、鄂督王占元、赣督陈光远、苏督李纯又联名通电，主张与西南和平解决，并声明愿作调人。（电由曹锟领衔，但曹于二十日用电话向段声明，此电并未与闻。）段祺瑞于傅氏离湘时，即向总统提出辞呈，冯虽表示慰留，但至四督联电发出后，段知王、范退走与四督主和的通电皆由仰承冯氏的意旨而来，于二十日再递辞呈。冯氏也再不客气，到二十二日，便令准段氏免职，以汪大燮暂代国务总理。梁启超、汤化龙、范源濂、林长民等几位研究系的阁员，也随着段氏去职，段内阁瓦解。这是冯、段斗争的第一幕。

段氏去职时，异常愤激，曾向北洋军发出一道正密电文，略如下：

祺瑞自五月罢职以后，久已厌绝人事，闭门谢客，国变再出，大违初衷。就任以来，赖诸君子群策群力，共济艰难，私冀发挥我北洋同袍之实力，统一国家，莫宁宇内，庶几人民得以安堵，法治乃能设施。此次西南之役……迭经阁议，询谋无间，既非私心自用，又非黩武佳兵，耿耿此心，可对同志（指北洋同志）。……乃奸人煽惑，军无斗志，删日王汝贤、范国璋等通电传来，阅之痛惜。不意我同袍中，竟有此不顾大局之人，干纪祸国，至于此极也。……今日中国，盗贼盈途，奸人恣肆，纲纪日夷，习俗日敝，所谓法律护国，有名无实，徒供欺诈者诪张为幻之具。……环顾国内，惟有我北方军人实力可以护法护国，果能一心同德，何国不成，何力不就。辛亥癸丑之间，我北方军人人数不及今日三之一，地利不及今日三之一，所以能统一国家者，心志一而是非明也。近来南方党徒亦知我北方军人，宗旨正大，根底盘深，非彼西南势力所能兼并，乃别出阴谋，一曰利用，二曰离间，三曰诱饵。昌言反对者，固为彼所深仇，即与之周旋者，亦是佯为结好；无非启我阋墙之争，收彼渔人之利，始以北方攻北方，继以南方攻北方，终至于灭国亡种而后快。王汝贤为虎作伥，饮鸩而甘，抚今追昔，能无愤慨。湘省之事，非无收拾之法，我不忍使北方攻北方，以自抉藩篱，落彼陷阱也。王汝贤等不明大义，原不足惜，我不忍以王汝贤之故，致令同室操戈　嫌怨日积，实力一破，团结无方，影响及于国家也。我北方军人分裂，即中国分裂之先声，我北方实力消亡，即中国消亡之朕兆。祺瑞爱国家，不计权力，久荷诸君子深知，为国家计，当先为北方实力计，舍祺瑞辞职之外，别无可以保全之法，决计远引，已于昨日呈中乞休，既非负气而去，又非畏难苟安，大势所趋，宜观久远。倘能达我愚诚，北方实力得以巩固，艰难时局得以挽回，则祺瑞今日之辞职，实为万不可缓之举。……自兹以往，伏愿诸君子……时时以北方实力，即国家实力为念，团结坚固，勿堕彼辈阴谋之中，以维持国家于不敝，此祺瑞鳃鳃愚衷所祷祀以求者也。临别之赠，幸密存之。段祺瑞铣印。

这道电文，确把段氏褊狭的精神表现出来了：他认定北洋军阀是中国唯一的势力、唯一的拥护者，去了北洋军阀，便无中国；他说"北方军人，宗旨正大"，忘记了他自己教唆督军团造反以谋恢复自己的势力，便是极不正大的行为；他责备冯系军人不应该"启阋墙之争"，使西南"收渔人之利"，忘记了他自己的假对外以制内便是阋墙，日本便是渔人；他说西南"始以北方攻北方，继以南方攻北方，终至于灭国亡种而后快"，忘记了他自己始以西南攻西南，继以北方攻西南，先自甘为日本的傀儡，惟恐灭国亡种之不速。他诋毁西南，用离间、诱饵的阴谋破坏他的北方团体，其实冯、段分派虽有反对派离间的情事，大部分是由于他所信任的徐树铮，专横不羁所致。（《北洋军阀小史》谓："冯、段分系，自冯入京为总统后渐见，凡亲冯者段派即目为冯派，时徐树铮专权，所谓冯派者，因集矢于徐。"）他一面责备王汝贤，一面仍想把北洋军阀团结成一个势力，作撑持中国的台柱。但是这根台柱，已经成了破裂腐朽的废材，没有方法可以修补了。

此次段氏的失败，段氏固然痛心，梁启超却痛心，比段还要加倍。梁氏相信国家要有一种中坚实力来维持，北洋派的武力有可以成为中坚实力的资格，很想和他们结合，去改良他们；第一次想改良袁世凯，不成功；现在想改良冯、段，不惟不成功，反望着可以成为中坚的实力，自己崩溃起来；从前恨黎元洪受人利用，不明责任内阁制的精神，无故与段为难，现在使段为难的却发生在他所期望成为中坚实力的内部，这是他痛心的一层。还有一层，他此次与段登台，满拟扶助段氏，作一个意大利三杰中的加富尔，在对德宣战问题上作一番切实的外交工夫，增高国家对外的地位；谁知段派专图对内，他向协约国公使出支票，段派却不兑现，他想向西方帝国主义者寻生路，段派从东方帝国主义者寻死路；诚心要纠正段氏，段氏偏不受他的纠正，望着段氏被交通系的曹汝霖辈牵引走入日本人的牢笼里去，而曹汝霖又是他当时的同僚。这一层痛心，尤其说不出来，好比哑子吃苦瓜，只好心里叫苦罢了。梁氏自从经过这一次痛苦，他的政治生涯也将要告终了；因为此后北洋军阀成为交通系的专有物，研究系再不能插足，所以也再不要他，他也再找不着有改良希望的中坚实力了。

二、冯氏谋和失败与段氏再起　段氏去职，冯氏彷彿得了胜利；但是冯氏并未得胜，因为段派的潜势力方在极盛的时候，而冯氏的敷衍西南政策又完全不生效力。冯于免段后，十二月一日，发表新内阁，以王士珍国务总理兼长陆军（内务钱能训，外交陆徵祥，财政王克敏，农商田文烈，司法江庸，教育傅增湘，交通仍为曹汝霖，海军仍为刘冠雄）。王为人和平，颇赞成冯派的对南和平政策。但是段派督军坚决的反对；十二月三日，倪嗣冲、张怀芝等段派督军团在天津开会（张作霖此时附段，亦到会），唱对南武力解决之说。冯初不置意，于十二月七日任命谭延闿为湘督（谭氏并未赴任），就是表示对西南和平的意思（实际此时湖南已在湘桂军手中，北洋派仅有岳州）。西南要人岑春煊等（此时尚未入军政府），也与长江三督李纯等相呼应，唱言和平。冯于十二月二十五日便正式发表弭战的布告，和平空气一时很浓厚。但冯氏一面敷衍西南，一面仍要敷衍段派。段为主张对德宣战最力的，去职后，仍以参战的名义与东西帝国主义者相结托，藉外援以自重；冯氏既要敷衍段派的面子，又要敷衍东西帝国主义者，因在布告宣战之先，特任段祺瑞督办参战事务（十二月十八日）。段氏便假参战督办的名义，向日本进行借款，扩充自己的军实，为制服反对派的准备；王士珍又把陆军总长一席让给段芝贵（与段祺瑞任参战督办同时发表）；因此北京政府的重权，仍操在段派手里。西南方面看到这种形势，知道冯氏没有主持和平的能力，不受他的敷衍，在七年一月中旬，一面联合自立各省进行切实的联合组织，一面实行进攻。石星川、黎天才于六年十二月中，已在湖北荆襄一带宣告独立，到七年一月二十七日，桂湘军又把岳州攻下了，因此鄂督王占元也受了恐慌。段派军人便乘机鼓吹武力解决之说。冯氏一时进退失据，大受段派的压迫，（当时冯氏颇想藉出巡之名而赴南京，以避去段派的压迫，行至蚌埠，为倪嗣冲所阻，始回北京。）因命曹锟、张怀芝、张敬尧等率兵入鄂（任曹锟为两湖宣抚使，张敬尧为攻岳前敌总司令）。到二月后旬，张作霖的奉军进驻直隶（徐树铮所招致），一方为段派声援，一方胁逼冯氏。三月十九日，段派督军又发出一道联名威吓的通电。冯氏无可如何，只得屈服于段派之前，于三月二十三日，又特任段祺瑞为国务总理（其他阁员多仍旧）。这是冯、段斗争的第二幕。

三、段氏武力政策再失败与段再去职　段氏就任国务总理前，岳州已被北军夺回。到四月二日，曹锟的部下吴佩孚又夺回长沙，于是段氏的气焰大张，武力统一的主张更不可破了。四月十八日，吴佩孚又攻克衡山，几有所向无前的气概；段氏为鼓励士气并联络长江三督计，亲往湖北犒师，归途沿江而下，走津浦回京。（段所乘军船撞沉江宽船，溺毙乘客无数。）但是他所拿的无敌将军吴佩孚到了衡州，再不能进了；他的武力政策，也到了"登峰造极"的止境了。张怀芝的军队由湘东出江西失败，苏赣两督横亘在当中仍不出力，曹锟在五月三十日也回天津去了。吴佩孚的不再前进，一是因为自己的兵力已到了"强弩之末"的景况；（据《北洋军阀小史》言，吴之不能进攻粤桂乃限于事实，盖兵士甚疲敝，官兵皆不愿深入，萧耀南、王承斌共劝吴勿再盲进，设遇失败，将全军覆没，同时遣人说曹锟，曹锟亦不愿再战，故由汉回津。）二则因为夺回湖南，自己应居首功，而湘督一席反被无功的张敬尧得了去，心中也实有点不高兴再战；曹锟因为部下既无再战的勇气，自己又不曾得到什么利益，所以也回天津。段氏想用名位引诱他们，在六月三日，授吴为孚威将军；倪嗣冲于六月十一日又到天津与曹锟、张怀芝等会晤，从中加以敦劝；六月二十日，段氏又以川、粤、湘、赣四省经略使的大帽子赏给曹锟，以援粤总司令的名义授张怀芝，援粤副司令的名义授吴佩孚，（段派并秘密以副总统许曹，曹谓副总统非等私有，其意盖不以为惠也。）希望他们替己出力。但是经略使只坐在天津经略；总司令虽然到过汉口一次，副司令依然安坐衡州，到八月二十一日，副司令并且率领部下官佐，公然通电请罢内战了。段氏的武力政策，至此全成幻梦。

段氏的武力政策虽成幻梦，但他在此次国务总理任内，以徐树铮、曹汝霖等的专恣横行，利用卖国借款，造成了两个恶势力的大壁垒：一个是所谓参战军，一个是由安福系包办的所谓新国会。计段氏自三月二十三日后任总理，到十月中旬免职，约半年间，取得日本的借款公表额数，达一万万二千万元：

（一）有线电信借款二千万元（四月三十日签约）。

（二）吉会铁道借款一千万元（六月十八日签约）。

（三）吉黑金矿森林借款三千万元（八月二日签约）。

（四）满蒙四铁道借款二千万元（九月廿八日签约）。

（五）山东高徐顺济铁道预备借款二千万元（九月廿八日签约）。

（六）参战借款二千万元（九月廿八日签约）。

以外尚有不曾公表的。（按自复辟乱后，段氏当国，与日本寺内内阁勾结，在民国六七两年间，中国所借日款由两政府公表者，共约二万万元左右，即所谓西原借款是也。其中有一部分，为六年八月到七年一月所借，梁启超亦曾参与。尚有两次军械借款，一次在六年十一月，梁氏虽未参与，然亦闻知；一次在七年七月，皆未公表者。所谓"西原借款"的真实详细数目，至今无从查确，日人胜田主计所著《菊之分根》，龚德柏译为《西原借款真相》，其中所发表之借款名目及借款额，与刘彦《帝国主义压迫中国史》所载小有不符，胜田氏自言关于军事借款，非其所主，不欲深述，则其所述者尚有未尽之处，不待言矣。）这些借款的用途，除一部分用在对西南作战外，其最大部分就是用在编练参战军，还有一部分用在制造安福系的国会。新编的参战军计三师四混成旅，（以共同防敌的名义，与日本订立共同防敌条约，参战军用日本军官训练。）其目的在用以扫除一切反对势力，直系军阀也是参战军敌对目的之一。安福俱乐部以王揖唐、刘恩格、曾毓隽等为领袖，实际的后台老板则为徐树铮。研究系当献议改造国会时，满拟造成一个研究系的国会，但到国会组织法及选举法修正公布时（七年二月十七日），研究系的阁员已经下野失势；新国会议员的选举（实皆指派），完全为安福系所操纵；到八月初旬，新国会开幕，研究系所得议员不过二十余人，安福系达三百三十余人，交通系约百数十人；（内分新、旧交通系两派，新交通系由曹汝霖统率，为安福系之与党，旧交通系则颇与曹氏立异。）所以安福系成了所谓新国会的唯一支配者。段氏有了这两个壁垒，武力政策虽不成功，还是不容易倾倒。但是他在造此两壁垒时所用的卖国借款政策，促起了国民的危惧之念，首由留日学生发动，于五月十二日罢课回国，组织救国团，其目的就是在阻止中日共同防敌条约，即构成参战借款的条约。到五月二十一日，北京大学及各专校学生全体至总统府请愿废止中日共同出兵的协定。自此全国商民，大都皆知道段氏方在进行卖国，以残同种，纷纷开会、通电，或攻击段氏，或请求停止内战，给段氏一打击。还有一个打击段氏的，就是旧交通系。原来交通系以梁士诒为首领，并无新旧之分；洪宪帝制失败，梁士诒被通缉，曹汝霖变为交通系的新首领；及到梁氏通缉令取消，再来活动，梁派的势力已为曹派夺去；徐树铮向与梁氏不对，现在曹、徐结托，段氏任内关于卖国借款所有不正当的利益，全为曹派独占，梁派因此也站在倒段的一方面，与冯系军阀通声气，也倡言和平。这是段氏所受的第二个小打击。到九月里，新国会选举徐世昌为总统，（袁世凯于二年十月就任正式总统，法定期限五年。袁死黎继，黎去冯继，到七年十月，适满法定期限，故于九月改选。）十月十日，徐氏就任，冯氏退职，段氏自知不为国人所容，也于同时辞去国务总理之职（仍继续任参战督办）。冯、段的斗争至此闭幕。不过冯、段的斗争虽然闭了幕，直皖的斗争尚在"方兴未艾"地进展。因为徐树铮所创造的斗争壁垒的参战军，正在进行扩充，而对方去了冯氏，与徐树铮旗鼓相当的，尚大有人在。但是激烈斗争的开演，还须等待时机（要到九年夏秋去了）。此处暂不叙述。

六　护法战争中西南党派的暗斗与军政府改组

护法战争中北方有冯、段的暗斗，西南也有党派的暗斗。陆荣廷容许军政府在广东成立的内幕，前已说过；就是唐继尧的声言护法，也是因为大云南主义受了打击的原故；假使段政府给他一个川滇巡阅使的名义，援助他抑制川军，容许他以四川为云南的外府，他或者也不护法了。陆、唐既不是孙中山的真正同志，中山的军政府就一时不能发生力量，这是当然的事。六年九月一日，中山当选为大元帅，陆、唐当选为元帅；中山于十日宣言就职，陆、唐则并未宣言就职；中山不承认北方政府为合法政府，陆、唐则但不承认段之国务总理，对于冯之继任大总统则仍表示承认。因为陆、唐早有联冯制段的意思，想假承认冯氏以为转圜的地步。陆、唐与中山精神上既有如此的差异，而当时南下的非常国会议员，也有缓进、急进的派别不同。研究系是主张改造国会的，属于它的国会议员大都不曾南下，南下的大都皆属旧国民党。旧国民党，自以宪政商榷会名义为一时的结合后，早有政学会、益友社、改余俱乐部、民友社四派的区分。政学会的性质和研究系有很相接近的处所；当国会解散复辟乱定后，研究系主张改造国会，政学会派的人士也多不坚持恢复旧国会；不过反对召集临时参议院为根本改造之说，而主张适用原来的国会组织法和选举法重新改造。但是这种主张没有人赞成；段氏有了研究系替他打边鼓，也不再要政学会的人了，因此政学会的国会议员也加入非常国会的活动。政学会的领袖李根源，早想拥戴岑春煊作偶像，而岑氏与陆荣廷既有部属的关系，岑、陆与李氏有肇庆军务院的旧历史关系，唐继尧与他们也有军务院的旧关系，李又为滇人，广东又驻有前此李烈钧所统率的滇军，因此政学会有运用滇、桂两军阀和他们结为一气的天然基础。政学会的领袖中还有一个谷钟秀，与孙洪伊同属直隶人；从前孙氏常采以冯制段的政策，和直系军人相结托，现在谷氏也采以冯制段的政策，常往来于李纯、陈光远等直系军人中；适逢陆、唐也有与冯系谋妥协约趋势，因此政学会的对北方精神，与陆、唐又恰恰一致；所以滇、桂两军阀，自然要倾向于政学会。不过，政学会的国会议员在南方非常国会中人数不多；当时南方国会议员的党派大概分为三大系：一、政学系，二、益友系（政余俱乐部系附之），三、民友系；政学系可称为极右党，民友系可称为极左党（中山的中华革命党党员为此派中坚），益友系则为立于两系之中间党；三党人数，无一党占绝对多数，惟中间党据有两院正、副议长四席中之三席（吴景濂为众议院长，褚辅成为众议院副议长，王正廷为参议院副议长），颇有举足轻重之势。政学会虽与滇桂军阀有结合一致的优势，但在非常国会中，若不取得中间党的援助，决不足以制服左党，实现它的主张；中间党若与左党一致，左党在非常国会中虽然可以制胜，但得不到国会以外的援助实力，也不能实现它的主张。这是护法战争中西南党派大概形势。

从六年九月初旬到七年春初，军政府大概在前面所述两方相持的形势中。中山虽拥有非常国会，但是在国会以外，除了海军，得不到军阀的实力援助。用两句话表示：军政府有"政府"而无"军"，军阀有"军"而无"政府"。中山很想于海军之外建立一种政府军，因此和桂系军阀发生许多斗争。粤省长初为朱庆澜，朱是欢迎中山的；朱有军队二十营，拟委陈炯明为司令，改编为护法军，直隶于军政府；未几，朱氏被排去粤，又令改为海军陆战队，使隶属海军；但是粤督陈炳焜坚决把持，不肯交给陈炯明。潮梅镇守使莫擎宇受了段祺瑞的运动，宣告脱离广东政府，由东江进兵；中山委邹鲁为潮梅总司令以讨莫；邹所部第一支队司令金国治在铁桥蓝关颇得胜利，桂系将领沈鸿英恐金收编莫部，势力扩大，乘间诱金杀之，而夺其兵。这两件事，都是桂系军阀不愿意中山的军政府有军的表证。中山对此非常愤激，后由胡汉民、程璧光从中调和，与陆荣廷再三磋商，陆氏才把陈炳焜调开，以莫荣新继任粤督；朱庆澜的二十营军队也交给了陈炯明，叫他带去援闽，名曰援闽粤军，陈为总司令。（这就是后来粤军回粤驱逐桂系的基础。所以要他去援闽的原故，一是避冲突，二是使他就食他省，三是使军政府无亲近军队。）军政府虽然有此些须军队，仍旧等于无有，莫氏继任粤督后，中山和桂系的斗争仍旧不息。中山曾招募军政府卫队若干人，有卫队排连长及新募卫兵数十名，被莫督部下所捕；莫之部下以捕获土匪向莫报告，有被枪毙的；军政府派人往保无效，中山愤极；后来用海军军舰向督军署开炮轰击（七年一月三日），莫氏却不还炮。到二月二十六日，海军部长程璧光在海珠对岸被人刺毙。程氏被刺的内幕，据人说，与粤省长问题很有关系。朱庆澜去粤后，继任粤省长的为李耀汉；李虽粤人，却是听命于桂系的；桂系想借"粤人长粤"来塞住粤人的口（因为此时除了中山与桂系军阀斗争外，还有粤桂斗争的意味），粤人却不欢迎。中山和粤籍人士颇希望以程璧光为粤省长，陆荣廷及桂系军人也表示愿以粤督兼省长一席让程，但是他们的表示是用以窥探程氏意旨的，程知其伪，故表示不就；后程对于省长一席有动意，忽有二月二十六日被刺之事。程死，中山又去了一只臂膀。上面所述，都是桂系军阀和中山暗斗的事实。

六年十一月中旬，王汝贤、范国璋由湖南退出，与长江三督等通电主和时，岑春煊在上海也通电劝和；此时岑氏虽然在军政府尚无地位，但这种劝和的通电，当然与政学系和陆荣廷是有关系的；中山对于劝和之说虽不反对，但坚决地以恢复约法、国会为唯一的条件，中山的通电中说："此次西南举义，既由于蹂躏约法、解散国会，则舍恢复约法及国会外，断无磋商之余地。文虽不敏，至于拥护约法、维持国会，实具牺牲之精神。依照《军政府组织大纲》，非至约法完全恢复、国会职权完全行使时，断不废止……"这是表示不与北方军阀妥协的意思。此时政学会一面和西南各省的实力派联络，一面在非常国会中活动。到七年一月二十日，便有所谓西南自主各省护法联合会的名目出现。四川自熊克武战胜周道刚后，又战胜刘存厚；（刘存厚继周道刚为四川督军，于二月二十日退去成都，川省遂为熊氏所宰制。）因为熊氏与滇黔军结合的原故，川、滇、黔三省内部暂归于调和，同处于护法之旗下；湘省原来是和粤桂两省同利害的。西南六省既趋于实际的结合，于是所谓实力派的联络已告成功，就只要想方法，把他们和非常国会生出新关系来。政学会在非常国会内人数既少，非设法拉拢中间派的益友系不可；益友系的要人吴景濂、褚辅成时为众议院正、副议长，鉴于军政府与陆、唐关系疏远，不能发生实际的力量，渐向右倾，政学系极力拉拢。到七年四月后旬，军政府改组之议渐就成熟。所谓军政府改组，便是把大元帅的首领制取消，而改为实力派的首领合议制；（但是实际仍归于一系军阀的独裁制。后来所谓主席总裁，便是一系的独裁。）换句话说，就是要排除中山。中山知道他们的内幕，便于五月四日向非常国会辞去大元帅职。中山辞职的通电，很有可以令人注意的处所，附录如下：

> 慨自国会非法解散，中更复辟之变，民国已无依法成立之政府。使冯、段两氏果有悔祸之心，虽争个人权利，苟能撤销非法解散国会之命令，使国会继续开会，则与一言兴邦何异。……乃必思以北洋兵力，征服全国，遂致衅启川湘，而全国之统一以破。其时滇桂之师，皆由地方问题而起，而宣告自主者，其态度犹属暗昧，似尚置根本大法于不问。……文不忍坐视正义之弗伸，爰于沪上与民国诸老，创议护法；海军将士，亦有宣言，相率南来；粤省议会乃有请国会议员来粤开会之议决；由是发生国会非常会议于广州，于中华民国六年八月三十一日，公布《军政府组织大纲》。文不才，被举为大元帅……不能视大法之沦亡而不救，是用不避险艰，不辞劳

瘁，以为护法讨逆倡。自是以后，粤桂滇黔川湘，又莫不宣言护法，始以恢复非法解散之国会为共同目的，于地方之争一变而为护法之争。军政府虽无尺地之凭藉，而此志已范乎六省。其他表同情而来附义者，尚复所在多有。（陕西于七年春有胡景翼等在三原独立。）不得不谓为护法之已告一成功。顾吾国大患，莫大于武人之争雄，南与北如一丘之貉。虽号称护法之省，亦莫肯俯首于法律及民意之下。故军政府虽成立，而被举之人多不就职。即对于非常会议，亦莫肯明示其尊重之意。内既不能谋各省之统一，外何以得友邦之承认。文于是瘏口哓音，以期各省之觉悟，盖已力竭声嘶，而莫由取信。……然个人之去就其义小，国家之存亡其义大。文所以忍辱负重以迄于今者，良以任责无人，非得已也。……今自岳、长累败以来，各省始悟分则俱伤，合则攸美，然后知有组织统一机关之必要，且知有以非常会议为护法中心之必要。及今图之，犹为未晚。然文之力，固已尽于是矣。计自提取盐余存款以充国会正式会议经费，（盐余存款，由外人管理，初概归北方中央政府。由中山力争，始得由军政府提取，作为国会及海军经费。盖粤省财权全由桂系把持，非得此，则国会海军无以自存也。）预定六月十二日为开会之期，文之效忠于国会，本已将尽，乃者非常会议议决改组军政府，以应各省之要求，今而后庶可资群策群力以昭护法之大业，而告厥成功，岂非民国之幸。文本匹夫，无拳无勇，所以用其全力以拥护非常会议者，其效果既已如是，庶乎廑告无罪于国人。兹仍愿以匹夫有责之心，立于个人地位，以尽其扶助之职。谨略述颠末向非常议会辞大元帅之职，幸公鉴焉。

这篇电文，颇含有警告国会议员的意味，叫他们不要受军阀的骗，要他们知道军阀的护法是非出于诚意的。但是军政府改组已到了成为事实的时期，非常国会随将大元帅制改为七总裁的合议制，由七总裁中公推一人为主席总裁。五月二十日，由非常国会选举孙中山、唐绍仪、伍廷芳、岑春煊、陆荣廷、唐继尧、林葆怿七人为军政府总裁；五月七日，始由陆、唐等通告成立；八月二十一日，推定岑春煊为主席总裁。于是政学系大告成功。

这个改组的军政府，若就七总裁的名单看来，中山并未排除，并且唐绍仪、伍廷芳都是粤籍的领袖人物，林葆怿是继程璧光之后而为海军的领袖。表面上很昭示一种大公的形式，但是实际上的重心全在桂系；（唐继尧因为远处云南，不能亲自列席。）而隐于桂系幕下，假岑春煊为偶像，持之而舞者便是政学系，所以说是政学系的大成功。因此中山虽未立即宣言不就，实际并未参加，唐绍仪也在沪，未曾亲往列席，不过皆有代表列席罢了。不久中山由粤往沪，一面准备整理自己所创造的革命党，一面发愤著书，谋改革国民的心理，作革命的根本工夫；《孙文学说》便在此时着手写出来的。所以中山在护法军政府的活动虽然一时暂告失败，而中国国民党的新生命，实于此时胚胎，这是我们应该注意的。

七　无结果的南北和会

所谓南北和平会议，虽然到八年春初才实现，但是它的酝酿时间，已经很久了。南方的改组军政府，北方的选举徐世昌为总统，可以说都是预备讲和的。不过北方的选徐为总统，虽然含有预备讲和的意味，却为和平的前途增加了一层小小障碍；因为北方的选举总统，在西南是认为不合法的，将来徐氏本身的地位，便是和平会议席上的一个问题。

当吴佩孚占领衡州后，曾依部下王承斌等的建议，私与南军赵恒惕等订立休战条约；到八月二十一日（即岑春煊被推为主席总裁之日），吴佩孚便与部下官佐等通电请罢内战；岑春煊于八月三十日覆吴氏通电，赞成促进和平：这便是南北表示接近的先声。此时北方新国会已预备改选总统（因为冯国璋继任总统期限将于十月十日届满），故岑氏于答覆吴电之次日（八月卅一日）复以军政府名义通电，否认北方国会有选举总统之权。但是南方虽然否认，北方的新国会还是在九月一日开了总统选举会，把徐世昌选了出来。九月二十六日，驻在湖南前敌两方的军官，更为进一步的接近表示，由两方军官联名通电主张从速恢复和平。这种举动在军政府当局，不生问题，在北方的段派，直视之为反叛；但也无可如何，不过进行他们参战军的组织，谋将来的对付罢了。（参战借款于九月廿八日始正式签约。）此处有一点应注意的：北方的国会，既是安福系所宰制的国会，为何竟选举徐世昌为总统呢？徐树铮在民国五年秋间，便想抬出段祺瑞做副总统，预备倒黎后以段继任而自为国务总理，因为段氏本人反对，作罢（冯国璋所以当选）；现在新国会既是他的囊中物，何不选出段氏，以贯彻他的素志呢？原因就是此时的段氏，太与国内的舆情不相容，新国会中的交通系一派都不赞成，许多人唱冯、段同时下野之议；而徐世昌为北洋派的老前辈，对于冯、段争斗，颇表示持平的态度，为人又极温和，把他举出来，既可以解决冯、段之争，又有改决南北战争的希望。交通系的主义既如此，段派只要能够把冯氏去了，自己有参战军的武器拿在手里，举出徐氏出来，也不怕他不为己用，所以也赞成了交通系的主张。故安福系的举徐，是借以去冯；交通系的举徐，是含有谋南北统一的意味。总统既已举定，还有一个副总统，也应该同时选举，到了十月九日，又拟开副总统选举会，因为主张调和南北的一派人，想留此副总统一席给与南方的要人，作为将来议和的一种条件，所以副总统的选举未成功而罢。但是南方的希望并不在此，军政府于十月九日（徐世昌就任总统的前一日）通告代行国务院职权，摄行大总统职务。意思是，以前冯氏的继任总统尚有法律上的根据，现在徐氏的被选既不合法，而冯氏又既满任，已到了总统缺位的时期，军政府只得以代行国务院职权的资格，摄行大总统职务。故北方的以徐代冯，虽意在谋和，实已造成和议前途的一个小障碍物。（不过还不是和议的最大障碍物。）

徐世昌就任总统后，国内外的和平空气骤增浓厚。美总统威尔逊对于徐氏的就任来一祝电，电文中并劝徐氏与国中各派领袖牺牲意见，速谋统一；又命驻华美公使特谒徐氏当面劝导，广州美领事也奉了美公使之命向军政府劝导：这是美国的首先尽力。英法协约各国政府皆以中国名虽参战，实不尽力，于十月三十日命驻京各使向北政府提出一道严重的觉书，责备北政府对于缓交庚子赔款，徒供党派的私争，所编参战军又不以之参战，而专以供内争，这是段氏主战派一个大打击。日本的寺内内阁也在此时瓦解了，由原敬氏组阁；军政府曾派章士钊往日，要求原敬氏改变寺内的援段政策；此时西方的各帝国主义者，对于日本趁火打劫的政策也多表示不满，日政府在这种情况之下，把以前积极援段的方针也稍稍改变了一点，这又是段氏主战派所受的一个打击。欧洲的大战，也在十一月中旬宣告终止了（协约各国与德国在十一月十一日签订休战条约）。上举各项，都是外交上足以促成国内和平的情势。国内由钱能训继段氏为国务总理（初以内务总长兼代总理，后正式任命），钱于十一月二十三日直接电请岑春煊设法解纷。同日，国中在野各派名流熊希龄、张謇、蔡元培、王宠惠、周自齐、王家襄、张一麐、谷钟秀、丁世峄等二十余人，联名通电发起组织和平期成会；于是各种团体彼此呼应，和平的声浪一时布满全国。徐世昌因于十一月十五日召集北方各督军在京会议，十六日发布停战命令。西南军政府也在二十三日下令停战。于是和议的机会成熟，两方准备选派代表往上海开会。到八年一月后旬，两方的代表陆续到了上海。北方的总代表为朱启钤（尚有分代表九人），南方的总代表为唐绍仪（尚有分代表十人）；二月二十日，始在上海开正式和平会议。

南北和会，所以迟至二月二十日始正式开会的原故，就是因为有两个和议的先决问题不易解决：一、陕西方面的停战问题：原来陕西自七年春初，胡景翼等在三原宣告独立，后准于右任主持，曾占领该省地域的一部，加入护法军；而北方政府因为段派的挟制，尚竭力攻陕，想把该省放在停战的范围以外，南方则不承认。二、参战军的取消与禁支参战借款问题：原来参战借款，在段氏将要辞国务总理时才正式签约，段氏预备去职后仍据参战督办的名义，利用此借款扩充兵力，作他日消灭异己的武器；所以欧战已经告终了，还是陆续向日本支领借款，进行参战军的编练，并且依据中日军事协约，用了许多日本军官；南方以参战军参战借款及军事协约，皆以参与欧战为目的，现在目的既已消灭，故严电北政府要求废止军事协定，撤销参战军，停止参战借款；北政府则不允诺。因此二问题横在面前，所以两方代表到了上海许久，不能正式开议，后经苏督李纯提出划防清匪的调和办法，对陕西也下令停战，第一个问题有了解决的端绪，南代表委曲让步，始于二月二十八日正式开议；同日，北代表朱启钤在和会宣言，自十三日后负陕西停战的完全责任。开会后，南代表唐绍仪仍提议废止军事协定，解散参战军，取消参战借款，并求北政府将关于军事协定附属外交文书，一概交和会查阅；朱启钤也承认，因联名电请北政府照办。不料北政府除将军事协定文书四种交付和会外，对于解散参战军、取消借款及军事协定的几点置诸不理，并且发表了一种与日本订结延长军事协定的协约；这种延长的协约，是八年二月五日（南北和会已在预备开会中）由参战督办处命徐树铮和日本陆军代表乙东彦所订定的，文如下：

　　经中日两国最高统率部协议，本《中日陆军共同防敌军事协定》第九条，关于第十一条第二项战争状态终了之时期，照左之协定：

　　对于德奥战争状态终了之时期云者，系以欧洲战争之平和会缔结之平和条约，经中日两国批准中日两国及协约各国之军队，均由中国境外撤退时而言。

　　这种协约，是日本人所设一个最奸险的陷阱，迫使中国将来对于《巴黎和约》不得不签字（因为关于山东问题，日本早与协约国有秘约，承认日本继承德国权利），而段氏只顾延长协定期限，保持参战军的实力，不知道已堕入日本的陷阱中。北政府所以把这种协定在此时发布，就是表示绝对不能容纳南方解散参战军和撤销借款及协定的要求。恐南方以无战可参为责难的口实，又将参战军改为国防军，利用国防的名义愈益扩充，以表示永不消灭此种军队。南代表对此异常愤恨。适二月二十六、二十七等日，南代表迭接陕西护法军来电，说北军仍连日大举进攻，三原本部很危险。唐绍仪因于二十八日在和会席上质问北代表，限四十八小时答覆，届时若不答覆，则认北政府无讲和诚意。北代表当即电诘北政府；但是北政府到期竟无答覆，唐绍仪因于认定北代表没有代表北政府的能力，于三月二日通电停止和议；北代表则以不能负责的原故，向北政府电请总辞职。这是南北和议第一次的停顿。

和议停顿后，各方面运动调停，约经过一个月的时期。后以长江三督李纯、王占元、陈光远及驻衡北军师长吴佩孚，联名电达南北和会代表，请以陕西实行停战为继续议和的条件，对于参战借款及参战军，则不说及。适接陕西方面来电报告，已实行停战，双方代表始再开谈话会；唐绍仪质问参战军及参战借款事，朱启钤答说俟正式会议议处；因决定于四月九日续开和议。双方代表将所有议题提出：南代表提出的，为取消军事协定，裁撤国防机关（即参战督办处）及所属军队，停支参战借款，国会自由行使职权，善后借款南北共同分用，广东军政府法令有效，及陕西湖南善后诸问题；北代表提出的，为裁减全国军队办法，军民分治，地方自治，发展国民经济，善后借款诸问题。这些议题当中，北代表方面所提出的，全属笼统不着边际；南代表所提出的前三项，为段系军阀的生死问题，北代表为段系军阀所把持，绝对无承认取消之权，故谈判无从进行；国会问题，也是一个最大的障碍物，因为南北分裂，表面上既以国会非法解散为因，则南代表不能不主张恢复旧国会，而实际上无论段系军阀不能承认，即徐世昌也有难于承认之势（徐若承认，则自己的地位便不能不随之动摇），当时一般舆论对于旧国会也都淡然视之。（七年十二月十六日"和会未开以前"，国内名流蔡元培、王宠惠等曾发起组织国民制宪倡导会。）故南代表的提案，前三项是一般人所赞许的，而为北方的段系所持，第四项为一般人所不热心拥护的，而为南方的极左派所持，和议的进行竟无希望。但此尚不过是现于表面的难问题，内幕里面还有南北各党派势力分配的争斗，不在会议席上表现的问题，为局外人所无从捉摸的。到五月初旬，得欧洲和会的消息，关于山东问题，因段政府与日本所订之密约曾有"欣然同意"字样，中国完全失败，因此全国舆论沸然；五月四日，北京便发生有名的"五四运动"。五四运动的目标虽然是在打倒曹、陆、章三个卖国贼，而段派军阀实与此三人是相依为命的。唐绍仪因趁着反段的浓厚空气，于五月十三日在南北和会席上，突然提出下列八条：

一、上海和会对于欧洲和会决定山东问题之条件，即日本继承德国在山东之权利，绝对不承认。

二、取消中日间一切密约，宣言无效，并处罚缔结此等密约之关系人，以谢国民。

三、取消参战军、国防军，及其他一切类似之军队。

四、各省督军省长之罪情显著不洽民情者，一律更迭。

五、由和平会议宣告民国六年六月十三日黎元洪解散国会之命令无效。

六、由和平会议选出全国声望显著之人物组织政务会议。和平会议决议各案件由其监督履行，至国会得完全行使职权为止。

七、和平会议已议定或审查未决之各案，分别整理决定之。

八、执行以上七条，则承认徐世昌为临时大总统。

此八条的提出，南方各分代表许多在事前并未得知。因为各分代表间意见多不一致，在和会期内，南代表与北代表固有许多不能接近的处所，便是北与北、南与南两方的内部，也俱自分派系，其纠纷全出想象之外。唐绍仪对于和会，认为已无进行的可能，故提出这种全无妥协精神的条款来。他提出此种条款，便是预备破裂。那天的议程正值讨论国会问题，唐绍仪要求照第五款办理，朱启钤反对，唐即退席，和议便告破裂，双方代表各向政府辞职。北政府对于唐氏所提的八条，除认第一条有讨论余地外，对于其他七条则痛斥其非，不但电准北代表辞职，并令他们离开和会地点即行进京，以示决绝。南方军政府虽未准代表辞职，并通电声明不变更和平宗旨，但是和会实际已无再开的希望，故此次破裂便算是最后的破裂了。

和会经此破裂后，南北复成僵局，驻京美公使又邀英、法、日、意四公使于六月五日，共向南北两政府提出劝告。徐世昌虽未尝不想和，但终无如段派之跋扈何。朱启钤也因事事须仰承段派意旨，有全权代表之名，无全权代表之实，自知无解决当前难题的力量，也决计不再干了。北政府钱能训的内阁，也旋即瓦解。龚心湛代任总理，仍为安福系所把持。六月二十四日，特任徐树铮为西北筹边使兼西北边防总司令，所有参战军、国防军都改称边防军；七月二十四日，又改参战事务处为边防事务处，特任段祺瑞为边防督办。这是所谓"朝三暮四"，把国民和西南当局当作众狙一般的玩弄。到八月十二日，又任命王揖唐为总代表，王氏是北方所谓新国会众议院的议长、安福俱乐部的首领徐树铮的走狗；无论军政府不能承认他，便是北方的直系军阀也不愿承认。吴佩孚电责北政府，说他们用此等人为议和总代表实无和平诚意。九月五日，军政府因径电北政府，声明"王氏地位与护法不相容；王氏所恃之后援，与废约不相容；请另选适当代表"。北政府拒绝不纳，王氏公然南下，南代表多不与会，但也有暗中与他接洽的；不过形式上，南北和会总算是完全消灭了。从八年秋到九年秋间，所谓南北议和问题在一种很奇特的状况之下：北政府乘西南各派内部的不一致，或谋与军政府直接妥协，或谋与西南某省单独妥协；西南也乘北方各派的不一致，有谋与北方的甲派妥协的，也有谋与北方的乙派妥协的。但都不能成为事实。酝酿到最后，北方便产出所谓直皖战争，南方则产出所谓粤军回粤的战争，于是南北两方又别开一新局面（下节再详述）；不惟南北的统一绝望，连北也不能统北，南也不能统南了。

辛亥革命时的上海和会虽然形式上也破裂了，但终由双方的秘密往来，把几千年传来的君主问题和平解决；为什么此次南北和议经过一年多的时间，竟不能解决一个护法争议的问题？其原因究竟何在？对于这个疑问的答解，首先要归罪于段派军阀的作梗，因为段派的军阀吃了日本的迷魂汤，始终抱持以本系武力制服一切反对派的主义，徐世昌没有方法制服他，这是南北不能接近一个最大的原因。此外，徐世昌不愿牺牲正式总统的位置，（因为徐氏不愿牺牲自己的地位，所以不便牺牲北方的新国会，北方的新国会既不能牺牲，南方的旧国会当然更不肯牺牲了。）也是两方不能接近的原因。但还有一个总原因：就是南北两方，都没有真正为国家谋利益的中心主义和思想。辛亥革命时，袁世凯虽然志在取得总统，纯粹以私心对待南方，但全国大多数人的心理皆急欲推倒满清，南方的领袖能顺应这种心理，只要能够达到这个目的，就是把总统送给袁氏也都愿意，没有人为了一个总统位置的问题牺牲推倒满清的目的；所以辛亥和议成功，实成功于"推倒满清"一个中心的主义和思想。此次南北和议实在找不出一个中心思想来。北方的段派，为当时最失人望的。南方也有人肯和他结托，所以王揖唐南下，也有人暗中和他接洽，程潜在郴州被逐，陆咏霓被枪毙，便是为了与段派私通的原故。北方的新国会固然为一般舆论所不满，南方的旧国会也未见得为一般舆论所拥护；北方的毁法固然不是，南方的护法也未见得尽出于真心：总括一句话，就是此时南北两方都为军阀政客的地盘欲、权力欲弄得四分五裂，把国家的公共利益问题都丢在九霄云外去了。所以此次的和议，得不到一点结果。

八 北方段派势力的倾覆与南方军政府的瓦解

南北和会破裂后，南北两方的内部，都已各自分裂，成为两组，谋为纵的结合：南方的桂系，与北方的直系，暗中成一联合战线；北方的段系，也有联合滇、粤两系夹攻桂系的计画，但未易实现。到九年夏秋间，北有直皖战争，而段派势力倾覆；南有粤军回粤，而军政府瓦解。分别记述如下：

一、**段派势力的倾覆** 段派势力最后的壁垒，一个是安福国会，一个是参战军。前已说过，自参战军改为国防军，又改为边防军，徐树铮以西北筹边使兼边防军总司令，不惟固有的壁垒未曾损坏丝毫，并且还增加了一层名誉上的屏障：因为外蒙的库伦政府一时受了俄国革命的影响，公然把自治取消了，听受徐树铮的宰制（外蒙取消自治在八年十一月七日），徐树铮的得意固不待言，便是安福俱乐部也因此更加横肆，不把攻击它的舆论放在眼中了。龚心湛代钱阁不久，不堪安福系的压迫去职，即由靳云鹏继任国务总理（八年九月二十四日）；靳氏仍为安福系所挟持，以李思浩任财政，曾毓隽任交通，朱深任司法，三人都是安福系的健将；靳氏虽自兼陆军总长，但是对于边防军不能过问。从八年九月后旬到九年五月中旬，靳氏任总理期内，曾四次提出辞呈，其为徐树铮的安福系压迫困苦的情形可知。但是徐树铮在外蒙的得意，却就是他失意的伏线；原来徐氏前此的强悍，所恃者不仅在参战军，还有一个奉天军阀张作霖，在后面助桀为虐；（张作霖的势力，本是徐氏扶植起来的，徐氏前此利用张作霖以挟制冯国璋，引诱奉军劫械于秦皇岛，率奉军入关，奉军始大。）自徐氏宰制蒙疆，张作霖对于徐氏忽起反感，因为张氏视蒙疆为奉军的势力范围，现在忽受徐氏的宰制，所以心中很不高兴。徐氏越得意、越横行，张氏就越吃醋、越离心；张氏越离心，徐氏的势力就越动摇；所以徐氏的得意，便是他失意的伏线。

直系军阀，本是倡导和议的原动力，现在和议既不成功，而段派的势力又日趋骄纵，因一面与南方的桂系谋妥协，一面与奉系的张作霖谋接近，以为倒段的大联合。对于南方的妥协，由军政府供给吴佩孚军饷若干万（一说为百万，一说为六十万），令吴氏撤兵北上，将湘南防御线放弃，以为南军驱逐张敬尧的根本；因此吴佩孚于九年三月中旬，便开始由衡撤兵。此时还有一个豫督的地位问题发生。段氏的戚属吴光新，多久想取得一个督军的地位；前此谋湘、谋川皆失败，现在又想谋河南；因为河南督军赵倜态度颇属暧昧，段派想用吴光新代赵，以胁制直督曹锟。曹锟为巩固己派的势力计，假追悼在湘阵亡将士为名，于九年四月九日在保定召集各省代表大会，暗中组织所谓八省联盟：参与八省联盟的便是直督曹锟、苏督李纯、赣督陈光远、鄂督王占元、豫督赵倜（这是直系的五省）、奉督张作霖、吉督鲍贵卿、黑督孙烈臣（这是奉军的三督），于是直奉两系的联合渐就成熟。靳云鹏既久为安福系所苦，见此形势，知道不久将有重大的变化发生，于五月十四日辞去国务总理之职（由海军总长萨镇冰暂代）。到五月后旬，吴佩孚率领所部由湘水顺流而下，三十一日抵武昌，又得鄂督王占元的资助便由京汉线北上，将军队驻扎直豫各要地。吴由衡退兵时，早与南军秘约，吴兵退一步，湘军进一步；张敬尧所部驻湘的军队虽多，军纪腐败不堪，无丝毫抵抗能力；到六月中旬，张敬尧由长沙逃往岳州，二十六日又由岳州逃往汉口，所部军队大都溃散，湘省遂全为湘军所占领。（惟冯玉祥所部尚在常德，但冯已与吴佩孚一致倒段，吴命冯军监视驻扎新堤一带之吴光新军。）

张作霖于六月中旬由奉入京，十九日往总统府晤徐世昌，有所接洽，二十一日访段祺瑞于团河，二十二日又往保定和曹锟相会，说是调停两方，其实是加入倒段的运动。七月四日，徐世昌以命令免去徐树铮的西北筹边使及边防军总司令之职，命边防军此后由陆军部直辖。张作霖于七月七日返奉，准备出兵。段祺瑞对于四日削夺徐树铮兵权的命令大发雷霆，于八日由团河入京，一面召集军事会议于将军府，决定即用边防军组织定国军，自为总司令，以讨曹（锟）、吴（佩孚）；一面入总统府，迫胁徐世昌免去曹、吴之职，说："大总统任免黜陟，不能为一党一派所挟制；关于徐树铮、张敬尧免职（张敬尧因失守长沙免去湘督之职），余不过问；惟湖南问题，四省经略使曹锟，任吴佩孚自由撤防之罪，不可不问；余为维持国家纪纲计，必兴问罪之师。"徐世昌无可如何，因于七月八日将曹锟四省经略使兼直督，革职留任，又将吴佩孚第三师师长之职及所有勋位革去。于是所谓直皖战争即以开始。

当两军将要开战时，全国的舆论皆倾向于吴佩孚，但又替他感危险；因为段氏的所谓定国军原为参战军的变相，有日本人暗中援助他，兵力实在曹锟之上。南方军政府与全国各界，多致电外交团，要求主持公道。曹锟于七月十日致北京公使团一函，胪举日本有助段嫌疑的各项事实，促公使团注意。英美各国，对于日本的行动久怀不满；现在欧战久已告终，日本也有所忌惮，虽然暗中援段，也不能不表示中立，日本公使因于七月十四日宣言否认助段。曹锟、张作霖于七月十二日联名通电讨段，奉军已陆续入关。十四日，直、皖两军阀开始接触；由十四至十八约四五日间，两军激战于京汉线的涿州、高碑店、琉璃河等处；奉军也在东路加入前线，结果段派的定国军一败涂地，第二路司令曲同丰全军覆没，身为俘虏，其他重要的主将皆丧师逃走。段祺瑞因于二十日呈请褫夺本身一切勋位、勋章，罢免现任边防督办及管理将军府各官职以自劾。（当直皖两军在北方激战时，冯玉祥也由常德退入鄂境，压迫吴光新所部，吴光新于十六日在鄂被捕。）计自七年段氏利用参战借款组织参战军以来，扩充训练，不遗余力，至此约近二年；国内各方百计反对，不能动其毫末；现在四五天工夫，竟为直系军阀所扑灭，非但吴佩孚喜不可当，便是国内一般人士也没有不称快的。二十二日，特派王怀庆督办近畿军队收束事宜；二十六日，撤销曹锟的处分令；二十八日，准段祺瑞免去一切职务．废止边防事务处的机关，边防军的名义一律撤销。安福系的三总长李思浩、曾毓隽、朱深闻皖军大败，逃匿无踪；二十九日，明令通缉徐树铮、李思浩、段芝贵、曾毓隽等十人。八月三日，解散安福俱乐部，议和代表王揖唐也以参与内乱罪被通缉。于是段派的壁垒完全倾倒。靳云鹏于八月九日再起组阁。所谓直皖的斗争，至此告一大结束。

　　二、南方军政府的瓦解　　在北方直皖斗争的进行中，南方军政府内部的斗争也继续演进。桂系军阀与政学系，志在求与北方妥协，对于旧国会本无拥护到底的意思；中山一派则以旧国会为"护法"旗帜的基本立场，深恨桂系军阀之无诚意，因并致恨于屈服军阀势力下的政学系；这是两方根本精神的不相容。又自军政府改组以来，政学系占取西南政治的重心，他派猎官的政客因为不遂所欲，从中构煽，除了政派之争以外，还有所谓粤桂地域之争，"粤人治粤"也是当时向桂系进攻的一种武器（桂系虽然也用粤人，但必须听桂系驱使的粤人才用他）。在八年六月里（时南北和会已破裂），因为广东代理省长翟汪去职的问题，已惹起一个小风潮：左派想拥伍廷芳为粤省长，莫荣新绝对不许，结果为杨永泰所得；杨虽粤人，但是政学系的健将。中山对于改组后的军政府，以前虽未参加，尚有代表列席；到八年八月七日，便正式吕辞军政府总裁之职（军政府于九月五日电请中山仍任总裁职）；唐绍仪于十月四日，也向军政府电辞议和总代表之职：这都是预备拆毁政府的台的。到十月二十七日，广东的旧国会忽通过一种改组军政府会议案，交付委员会审查；并有人提出不信任政务总裁主席岑春煊的议案来。虽经他派运动反对，不信任案与改组军政府案皆未能见诸事实，但是军政府将就瓦解的形势，已于此见端了。

军政府的重心在政学系，政学系所以能够把持这个重心，原来有两种最要紧的：一、在国会里面，拉拢中间派的议员作与党；二、李根源握有驻粤滇军的指挥权与桂军相犄角，这都是政学系在西南活动的生命所托。自经南北和会的酝酿变化以来，中间派的国会议员渐渐窥破政学系将牺牲旧国会以与北方谋妥协的主旨，复与左派结合，政学系因此失去宰制国会的能力。由八年冬间到九年春间，于国会中的党派斗争以外，又发生李烈钧与李根源争夺滇军之事，结果把滇军也破坏了。由此滇桂反目，国会迁滇，闹出许多风潮来。政学系与桂系渐成孤立之势。

旧国会在广东始终未能凑足法定人数，所以起初名为"非常会议"。七年六月，决定继续第二届常会的会期，开正式国会；想用"开会一月不到，即将不到者除名，以候补议员递补"的方法，凑足法定人数；但除名亦须得过半数议员的议决，今既不能得过半数的议员到会，除名递补的方法终归是不合法；因为想不出别的方法来，终于用这种方法蛮干下去，到七年九月，法定人数用这种方法凑足，开起正式国会来了；于是继续开宪法会议，审议未完成的宪法草案。八年南北和议期间，议员又多离粤，宪法会议停顿；及和会无结果，大家又返粤；八年十一月十八日，又在广东开宪法会议。平心而论，此种国会既失去国人多数之信仰，法律上的立足地又不稳当，虽然认定一种甚么宪法，也没有施行的权威。政学系的议员，恐怕宪法在此种国会下面议定，既得不到多数国人的承认，徒然增加南北妥协的障碍，而又不便明白反对，因此用种种方法妨碍宪法会议的进行。从十一月十八日开议，到九年一月中旬，开会若干次，因国会解散权问题与地方制度章的省长职权问题，发生最烈的争执；后来政学系的议员，仿照从前研究系的办法，相率不出席，使宪法会议开不成会；到一月二十四日，遂宣告停止议宪。此时桂系军阀更视广东国会为南北妥协的障碍物，希望国会消灭，假财政困难的口实，不发国会维持费，因此国会对于桂系军阀的感情更恶劣。到九年三月，两李争夺滇军的问题发生，滇桂反目，国会议员的左派想转向滇系军阀讨生活，因此到九年夏间，有国会迁滇之事（但只去得一部分）。

两李争夺滇军的问题，种因甚远。驻粤的滇军，本是帝制战争时由李烈钧带出来的。护法之议初起时，李烈钧在海军未南下以前已到了广东，想运用驻粤的滇军北伐。后龙济光为段祺瑞所用，由琼崖进攻粤南，声势很凶猛，桂军对付龙氏不了，乃用滇军去剿龙。此时李根源也到了广东；龙氏为滇人，李根源也是滇人，滇军的将校有许多是李根源的学生（李根源曾为滇讲武堂教练官），故用李根源直接指挥滇军，所谓"以滇人制滇寇"的政策。龙氏剿灭后，滇军遂完全落入李根源的手中，李烈钧仅留下一个军政府参谋部长的空名，因此很不高兴，两李之间感情渐不融洽。滇督唐继尧以前对于驻粤滇军的统率和生死问题，久不过问；自南北和议情形变化以来，也有些不满于桂和政学系（唐继尧虽为军府总裁，因远处滇省，不能亲自出席）；李根源有了岑春煊作偶像，对于唐继尧的敷衍也未免疏忽了一点，左派想制服桂系，因极力拉拢唐氏；唐氏想伸张他的势力，乃命驻粤滇军仍由李烈钧统率，把滇军的主将位置由李根源手中夺取，交与李烈钧；李根源不肯放弃，因此遂有两李争兵之事，滇军的将校虽有一部分是李根源的学生，但多不满于根源，结果滇军的大部分趋向于李烈钧的旗下；但是李根源有桂系相助，李烈钧虽取得一部分滇军，在粤不能立足，结果李率滇军北走湘西，可以说是两李都归失败。尤失败的，还是政学系，因为李根源失去滇军，便失了一种与桂系相犄角的武力了。

自两李争兵的问题发生后，伍廷芳也离去广东，军政府的七总裁在粤的只剩了岑春煊、陆荣廷（由莫荣新代任）、林葆怿三人。中山和唐绍仪、伍廷芳、唐继尧，与多数的国会议员，形势上联成一线，声言将军政府和国会一律移滇。（唐继尧虽与桂系反目，但不赞成在滇省组织军政府，因不愿有临于其上之机关也，即国会议员亦仅一部分往滇。）政学系和桂系军阀想挽救残局，于九年五月四日，以留粤的少数国会议员开会，补选熊克武、刘显世、温宗尧为政务总裁（后又任命温宗尧为南北和议总代表），以维持军政府的门面。六月二日，中山和唐绍仪、伍廷芳、唐继尧联合宣言：在粤政务总裁不足法定人数，广东军政府的政令行动无效。此时吴佩孚已撤兵，湘军已将占领长沙，北方的皖直战争已将破裂，段派军阀因乘势极力勾结滇唐，并密向中山输诚；中山因为急于要打倒桂系军阀，取得广东的革命根据地，也和段氏的密使虚与委夷。段派对于滇方的勾结虽未发生何种实效，在闽南方面，李厚基与粤军却成立了一种妥协（李厚基为段派的福建督军），政学系用军饷援助吴佩孚，收回湘省的地盘；李厚基也以军饷接济陈炯明驻闽的粤军，收回闽南的地盘；吴佩孚撤兵而直皖战争起，陈炯明率领粤军回粤，而粤桂战争即以发端；政学系对于直皖战争的制造虽然成了功，但是对于他们所倚靠的桂系那座冰山，终没有方法救护了。粤军于九年八月由闽南开始进兵粤境；驻粤的桂军，因为两三年来在粤搜刮，囊中装得太满，军纪腐败到极点了，所以无丝毫抵抗能力；到十月后旬，粤中要地全为粤军所占领。莫荣新于十月二十六日退出广州，通电取消自主，岑春煊在二十二日已宣言引退，二十四日并与陆荣廷、林葆怿、温宗尧等联合宣言解除军政府职务。于是政学系的势力和形式也一并消灭。

北方的直皖战争在七月，西南的粤桂战争在九十月，相差不很远；滇、川、黔方面也在五月以后起了变化，再由三省妥协的局面转为斗争，熊克武与唐继尧反目（熊为政学系的与党）。五月后旬，已有川、滇军的冲突；后来川军内部又自起斗争；滇军由顾品珍率领回滇，与唐继尧斗争（唐继尧旋为顾品珍所逐）；贵州的刘显世，也为黔军总司令卢涛所逐（在九年十一月）。要之，到了九年下期，不但军政府瓦解，所谓西南护法的各省都完全分崩离析，再不能有统一的形式了。北方打倒一个皖系，又变成奉直对立的形势；奉直斗争的激烈，且更甚于直皖。从此成为南北各军阀混战之局，与统一的希望相去更远了；于是所谓"联省自治"的运动，代护法运动而兴。

第十三章　联省自治运动与南北各军阀的混战

北方自皖直战争，南方自粤军回粤后，两方都失去了统一的中枢势力，从此入于南北各军阀的混战时期。此时期之内，护法的旗帜虽然尚未消灭，但"护法"二字已不为一般人所注意；所谓"联省自治"的运动，应时而兴。因为一般人士看到南北两方都没有一种可以统一全国的力量，不如采用联邦制（联省自治，以后简称联治，意思便是仿效欧美的联邦制），或者可以脱去军阀割据的混沌状态，达到统一的希望。但这个希望终未能达到，一面运动联治，一面依旧混战；因为对于联治制度，赞否的两方都没有真确的认识，没有为国家谋统一的诚心。反对联治的，挟着一种单纯的武力统一思想，固然不解联治的精神所在；便是附和联治的，也不过是假它为割据地盘的掩护工具。所以"联治"二字的声浪，虽然震动得很远，终究遮盖不了南北军阀混战的炮弹轰击声。从十年到十一年，除了各地方的小战事不计外，于全局较有关系的，中部有援鄂的战争（十年夏秋间），北方有第一次奉直战争（十一年夏间），南方有孙陈战争（十一年夏间）。到十一年秋间，法统恢复，与联治运动合流并进，似有趋于统一的倾向，但至十二年南方重建大元帅府，北方复有曹锟篡窃大位的事件发生，去统一的期望又更远了。此时期内，还有一点与前此不同的：前此的政变，大都以各派具有政党形式的团体为动力，各政团虽然以运用军阀为能事，已入于退化的途径，尚具有政团的形式；自九年以后，除了从前的国民党左翼方在进化改组的酝酿中，余则悉行退化，变为猎官附权的个人小徒党，所有政变大都以军阀的野心为主动力，而以各派小徒党的政客逢迎军阀挑拨军阀的野心为助动力，这是极退化的现象。直到十三年春初，中国国民党改组完成，始复见新时期的曙光。本章述至十二年止，中国国民党改组留待后章再述。

一　联治思想的由来及其运动的进展

联治运动，虽然到民国九年以后才风行一时，但这种思想并不是偶然产生的。因为中国疆域的辽阔，各省情势的复杂，本有适用联邦制的基础，所以在晚清维新运动时代，无论立宪、革命两派的志士，都有将来须仿效联邦制度的观念。（梁启超在光绪辛丑年著《卢梭学案》，其结尾一段说："卢氏以为瑞士联邦诚太弱小，或不免为邻邦所侵轹。虽然，使有一大邦效瑞士之例，自分为数小邦，据联邦之制以实行民主之政，则其国势之强盛，人民之自由，必有可以震古烁今而永为后世万国法者。卢氏之旨其在斯乎，其在斯乎！"又为案语说："……我中国……民间自治之风最盛，诚能博采文明各国地方之制，省省府府，州州县县……各为团体，因其地宜以立法律，从其民欲以施政令，则成就一卢梭心目中所想望之国家，其路为最近，而其事为最易。果尔，则吾中国之政体，行将为万国师矣。"这是立宪派仿效联邦制的观念。革命党的机关报《民报》第四号载有《民生主义与中国革命之前途》一文，其中也说："共和政治也，联邦政体也，非吾党日以为建设新中国无上之宗旨乎？使吾党之目的而达，则中国之政体将变为法国之共和，美国之联邦……"可见两党人士，都有采用联邦制的观念，而联邦制又并不是与三民主义不相容的。）到辛亥革命时，这种仿效联邦制的思想尤为显著：山东宣布独立时，谘议局向清廷提出八条，其最后四条说："宪法须注明中国为联邦政体（五）；外官制地方税皆由本省自定，政府不得干涉（六）；谘议局章程即为本省宪法，得自由改定之（七）；本省有练兵保卫之自由（八）。"革命临时政府组织的发起，明明白白地说："美利坚合众国之制，当为吾国他日之模范"；代表的选派，以省区为单位；临时政府组织大纲，由省区代表制定通过；临时总统的选举投票，每省且以一票为限；可见联邦思想在革命时的势力。但自临时政府成立后，为求统一巩固的原故，中央集权的思想渐渐把联邦思想压倒了。直到袁世凯大权独揽，各省大概皆为北洋系的将军、巡按所宰制，国民党被摧毁，进步党也失去了活动的机会，从前反对联邦制主张中央集权的进步党人，忽然又主张扩大各省的自治权：张东荪在《中华杂志》第七号发表《地方制度之终极观》一文，主张采联邦自治的精神，而不取联邦的名义；丁世峰接着又在《中华杂志》第九号发表一篇《民国国是论》，说中国的国基在于各省，犹美国的国基在于各州，主张在宪法上将中央与各省的权限划清。章士钊因张、丁两人之论，在《甲寅》杂志上作了一篇《联邦论的评论》，接着又发表一篇《学理上的联邦论》，于是引起潘力山的反驳，一时联邦论颇有"甚嚣尘上"之势。但此时鼓吹联邦论、鼓吹扩大省自治权的人，大概是感于袁氏专制淫威的滥用，使得各派新人士全无活动插足的处所；想假联邦自治之说，一方面挑动各省反抗袁氏独裁的情感，一方面为新派人士谋活动的机会。所以一到洪宪帝制推翻后，甚嚣尘上的联邦论，又反于消沉的状态了。民国五六年间，进步党人和国民党人在国会里面，为了一个地方制度插入宪法的问题，发生有名的斗殴案；其实当时的国民党人并不曾主张采用联邦制，不过想在宪法上确定省长民选罢了；进步党人非徒反对省长民选，并且反对以任何省制列入宪法，因为省制入宪，有类似联邦制的原故；后来督军团受进步党人的教唆，通电干宪，以"造成联邦，破坏统一"为国会罪案之一；可见当时一般人对于联邦制的反感。国会第二次解散后，护法战争继起，又加以冯、段的暗斗，武力中心主义失却信仰，因之对于中央集权的可能性，也渐渐怀疑。熊希龄向来是和进步党人表同情，主张中央集权的，在护法战争的纷乱中，忽然通电主张采用联邦制，他的电文中有几句话说："双方既以武力争法律，苟有一方，可以战胜攻取，屈服群雄，统一全国，未始不可以慰人民云霓之望；无如彼此均衡，各无把握，一波未平，一波又起。"可见他的忽然主张联邦制，是因为武力中心主义失了信仰的原故。熊电发出后，很惹起各方面的注意，或赞成，或反对，报上时有各派要人商榷的文电发见；李剑农因在《太平洋》杂志第八、九两期中，发表《民国统一问题》二篇，（第一篇指陈中国已非统一的国家，统一的破坏并非由于联邦分权说，实由于中央集权之误……采用联邦制，并且是谋统一的最好方法；第二篇指陈军民分治所以不能办到，也由于中央集权之误。）对于中国采用联邦制的利害有所陈说；从此一般人对于"联邦"两字，不若从前那么嫌恶了。但此还在南北和会以前；南北和会的当中，少有人注意及此；及至和会无结果，皖直战争爆裂，南方军政府瓦解后，联治运动才积极的进展。

前面所说，是联治思想的由来；以下再述联治运动的进行。

所谓联治运动，含有两方面的意义：第一，是容许各省自治，由各省自己制定一种省宪（或各省自治根本法），依照省宪自组省政府，统治本省；在省宪范围以内，非但可以免去中央的干涉，便是省与省之间也可免去侵略的纠纷，甚么大云南主义、大广西主义都应该收拾起来。第二，是由各省选派代表组织联省会议，制定一种联省宪法，以完成国家的统一——就是确定中国全部的组织为联邦制的组织；如此既可以解决南北护法的争议，又可以将国家事权划清界限，藉此把军事权收归中央，免去军阀割据之弊。这是联治运动两方面的意义。倘若全国朝野人士都抱着这两种意义进行，未尝不可成功。但是当时鼓吹联治和赞成联治的人虽多，真正认识此两种意义的人却不很多。就当时朝野人士的心理剖解，一、进步党一派的人因为武力失了中心，中央集权无望，已完全认识此两方面的意义，极力赞助此种运动。二、旧国民党派的一大部分也极力赞助。三、西南各省握有实权的要人，以湖南人的主张为最力，川、滇、黔、桂也很赞助，粤省则惟陈炯明一派表示赞助，中山一派极反对；不过这些握有实权的人的赞助，大抵只认识自治一方面的意义（因为便于割据之故），没有认识联治一方面的意义，所以中山极反对。四、北洋军阀势力下的各省，浙江的卢永祥因为皖派失势，想假自治之名以抵抗直系，所以也表示赞助，这种赞助当然也是图割据的、虚伪的赞助。五、奉系军阀，在第一次奉直战争以前，对于此种运动绝对不理，直到被吴佩孚打败后，才和卢永祥一样的宣言自治。六、吴佩孚对于"联治"两字，可以说是完全不懂（并且对于一切新式政治都不懂），他在由衡州撤兵以前，以倡导和平博得一般人的同情，自战胜皖派后，武力统一的野心还超过段祺瑞无数倍，以为他自己真是一个无敌将军；而此时为直系所宰制的省区又最多，凡直系所辖各省，当然和吴氏一致反对联治。在这种复杂心理的支配下面，所以联治运动的进展很不容易。从九年下期到十二三年间，"联治"两字的声浪虽然播散及于全国，结果只有省宪运动的一方面，在湖南算是实现了一下，统一的联治，徒托梦想。（国会第三次恢复后，贿选曹锟之外，也通过一种同于联邦制的宪法，但不为国人所承认。）现在就省宪运动的一面，约略叙述如次：

湖南是联治运动的急先锋，所以省宪运动首先起于湖南。因为护法战争，湖南当军事之冲，受祸最烈；张敬尧的贪婪及其部下军队的残暴，都足以促起湖南人民自治的要求，所以吴佩孚一撤兵，湖南人群起驱张；张去后，即树起自治的旗帜，主张将湖南超出于南北政争之外，南北两方均不许加兵于湘境。此时湖南由谭延闿以湘军总司令名义，主持一切，谭于九年七月二十二日发出所谓"祃电"，宣布湖南自治的宗旨；旅居京沪各处的湖南名流，对于谭氏的祃电群起响应，熊希龄等在北京并且请梁启超代行拟就一种"湖南省自治法大纲"，寄回湖南，督促谭氏实行。到十一月，谭氏因内部军心不附去职，赵恒惕继任湘军总司令，省议会选举第十二区司令林支宇为省长，正式宣告自治，由军民两署协定一种"制定湖南省自治根本法（即省宪法）筹备章程"，交省议会议决施行。依此章程所定的制宪程序：一、起草，由省政府聘请具有专门学识及经验者十三人组织起草委员会担任，对于草案内容如何，政府当局概不过问；二、审查，由湖南各县人民选举代表一百五十余人组织审查委员会，审查已定之草案，并有修正权；三、复决，经审查委员会审查修正后，交由全省公民总投票复决，复决后公布施行。这种制宪程序的形式算是很严重，并且很有民主的精神；但是因为一般人民的知识太幼稚，复决不过是一种形式；审查委员会对于草案既有修正权，所以宪草的适宜与否，全视审查委员会的组织适宜与否以为断。筹备章程公布后，依章程所定的程序进行，于十年三月二十日，起草委员会在岳麓书院正式开会；四月中，草案完成。四月二十二日，审查委员会开谈话会，制定审查规则，自此继续开预备审查会，开了三个多月，茫无头绪；（因为审查委员中有一大部分政客专为将来自己的活动打算，提出许多不合理的修正案来，把原草案零刀细割，弄得意见纷歧，莫衷一是；而湖南自前清时代熊希龄倡议分办三路师范学校以来，有所谓中、西、南三路路界之分，审查委员中的野心政客利用各委员的路界情感，谋取政权，因是关于省议员的分配问题闹到开不成会。）及至援鄂战争（后节再述），湘军的败耗传来，恐怕湖南再受北军的宰割，经自治筹备处主任向审查会百计疏通，始于八月后旬将草案糊涂修正，草草通过审查委员会。十一月，经过公民总投票的程序，于十一年一月一日公布施行。这是湖南制宪的经过。湖南省宪的内容有两点可以注意的：一、省权的列举。因为湖南的自治不单是谋一省的自治，还是希望联邦制的实现；联邦制的根本精神，在于将中央与各省的事权在宪法上划分；现在国宪尚未成立，只好在本省的省宪上将省之事权列举，一为省机关定一个活动的范围，一为将来制定国宪时设一分权的标准。二、民权的扩张。选举权普及于男女两性，省长的产出须经过全省公民决选的程序，公民或法团并享有创制权、复决权与直接罢免权；不过这些权，都不是现在的中国人民所能举其实的。至关于省机关的组织，省议会权力极大，省长以下设七司，由七司司长组织省务院，并互选一人为省务院长，辅助省长执行省政务；七司司长须由省议会对于各司选出二人，由省长择一任之，对于省议会负责任。这是湖南省宪内容的大概。湖南省宪法公布后，于十一年十二月后旬，依省宪成立新政府。约半年后，更发生所谓护宪的战争，到十三年下期又将省宪修改一次。但湖南在施行省宪的两三年内，所谓省宪也仅仅具一种形式，于湖南政治的实际未曾发生若何良果。到十五年，北伐军进入湖南，省宪完全消灭。

在湖南省宪运动的进行中，其他各省感受湖南的影响，也多以制定省宪相号召；所采的制宪程序和宪草内容，并且有许多与湖南相近似的；但都未能见诸实行。其中，浙江一省的制宪经过花样，出得最多：十年六月四日，卢永祥通电主张自行制宪，组织省宪法起草委员会，于同月十六日着手起草，旋由省宪法会议（由省议会选出五十五人及各县县议会选出一人组织之）议决，于九月九日公布，名曰"九九宪法"；同日又公布一种施行法，彷彿是要实行的样子；但二法公布后，卢氏终不愿实行。到十一年，浙江省议会因"九九宪法"未经全民投票复决，便议决再由省民自行提出宪法草案，将"九九宪法"作为草案之一；草案的审查，即由各草案提案人选举审查员，组织审查委员会行之。旋收受省民提出的草案一百种，选出审查员一百一十人，于十一月四日开审查会，归并审查的结果，议定草案三种，以红、黄、白三色识别，名曰"三色宪法草案"，预定于十二年八月一日将"三色草案"交由公民总投票，采决一种。但是此项总投票的程序，届时未能举行；所谓"三色宪法草案"与"九九宪法"同样的成为空文。十五年，又制定一种"浙江省自治法"，也未能见诸施行。浙江所以闹了许多制宪的花样，终于不曾实行的原故，并不是浙江人民不热心，只是卢永祥始终没有诚意，恐怕实行起来要受宪法的拘束，不能专擅自由；原来他的意思，不过借制宪自治，抵抗直系的压迫罢了。除了浙江以外，四川、广东也曾组织省宪起草委员会，成立了省宪草案；云南、广西、贵州、陕西、江苏、江西、湖北、福建等省，或由当局宣言制宪自治，或由人民积极运动制宪；北方的顺直省议会也曾电请各省议会选派代表赴沪共同制定省自治法纲要：省宪运动的潮流，可谓激荡全国。但在军阀势力宰制的下面，所有的运动皆未发生实效；湖南的实行省宪两三年，算是例外。但这种例外的实行也只有形式，与其他各省不过是五十步百步之差罢了。

二 联治运动中的援鄂战争

湖南既是联治运动的先驱，最初倡导自治的动机，并且是要使湖南超出于南北政争之外，以免战祸。为何方在制宪的进行中，便惹起所谓援鄂的战争呢？其原因颇复杂，未能以简单的话句说明；并且它的影响不但及于湘鄂两省，于直系军阀吴佩孚的势力伸张也很有关系，因于本节特别提出来叙述一下。

湖北是长江上游的要区，自癸丑赣宁之役落入北洋军阀之手，湖北人不能抬头。王占元于赣宁之役奉命率第二师驻扎该省；洪宪时代升为湖北督军，一直到民国十年未尝摇动；皖直战争后，长江巡阅使裁撤，王占元又升任两湖巡阅使（实际并不能巡阅湖南）。但是王占元实是一个庸人，据武汉繁富之区既久，专事聚敛，除了用威力抑制反抗、维持表面的秩序外，一无所能；渐至对于所部军队的纪律和给养都不注意，只图自己的囊橐丰盈，不想自己威力所凭的军队渐趋于腐败无用了。援鄂战争发动以前的几个月中，宜昌、钟祥、沙市、武昌等处发生兵变的事件无数次，几于连表面的秩序都不能维持了。因是湖北人对于王氏积怨极深。自省宪运动的潮流鼓煽以来，湖北人士想乘机把王氏去了，造成湖北人自治的湖北；但湖北的军队，大都是北洋系的国防军队，要想去了王氏，非借助邻省不可；而邻省比较有力量又可以借助的就只有湖南，因是有乞援于湖南的运动。这是援鄂战争发生于湖北内部的原因。

上面所述，还是表面很浅露的原因。再就湖南内部说：自张敬尧被逐后，制宪自治的招牌虽然挂出来了，但有一个最难解决的问题就是军队过多，各将领又彼此不相上下；省库的收入既不足以供军队的需求，要裁减又不能得各将领的同意；裁甲留乙甲不肯，裁乙留甲乙也不肯；彼此分据防地，把持税收，省库不名一钱；防区有肥瘠，瘠区的驻军还要向省库索军饷。在这种情形之下，所谓制宪自治只是粉饰外观之具，内部实有不能终日之势；因是那些穿短衣、佩指挥刀的倡言自治者，渐渐忘了自己所挂的招牌，想进一步的向外发展。不过"向外发展"四字，与"自治"两字实在不相容；

假使湖北人不向湖南求援，向外发展的思想，万难实现；恰好湖北人也说要自治，求湖南援助他们自治，于是两湖成了自治的同志，"向外发展"四字，可以隐在援助邻省自治的旗帜下面进行。这是援鄂战争发生于湖南内部的原因。

除此以外，还有一个出人意外的原因。湖北是直系军阀所辖的要区，王占元是直系的要人，吴佩孚由衡撤兵，与皖直战争，都得了王占元莫大的助力（吴光新在湖北被捕，张敬尧的军队被解散，都由王占元主持）；故皖系军阀对于王占元很怀恨，只要有机会，就要推倒他。陕督陈树藩，是皖系的羽翼；皖系失势后，陈为郭坚所逐，陕督地位为阎相文所得（阎旋自杀，以冯玉祥继任陕督）；因是陈树藩也积恨于直系。皖系的军阀政客，在汉口设立了一个银行（名曰中原银行），预备作政治活动的资金储藏所；陈树藩在陕西种植鸦片所搜括的钱，有一大部分放在此银行内；此银行适有湘人在内主持事务；湘政府财政穷乏，军饷不给；那些师长、旅长们虽有向外发展的野心，湘政府绝对没有供给军资的力量；因为这个皖系的银行中的湘人想向湘省投资，恰好遇着援鄂的运动正在酝酿中，与皖系摧毁直系的要求凑合在一处；于是这个银行就成了援鄂的军资供给者。军资有着，援鄂的运动就成熟了。这是发生于两湖以外的皖系促成援鄂战争的重要原因。

还有一处，与援鄂战争有关系的便是四川。四川本是一个财赋丰裕的省分；自帝制战争以来，常为滇黔军阀侵略的目的物；护法战争中，与滇黔一时妥协；南方军政府瓦解，滇黔两省内部皆起变化，四川已为四川军阀的四川了；省宪运动中，也宣言自治。但是四川的军阀，也是"群龙无首"的集合体；不受滇黔的侵略，内部又有多头相争的变乱。其中有野心较大的，因此也抱着向外发展的思想。湖南的援鄂运动家与此派四川军人有关系的，因于事前入川联络，相约共向武汉进兵；想于攻下武汉后，在武汉造成一种中枢势力，这又是援鄂战争一种助动的小原因。但是湖南的军人，因为得了皖系银行所供给的军资，又知道王占元的军队不中用，以为武汉可以一攻而下，有些抑制不住了，不待四川发动，便首先举兵；谁知徒为吴佩孚造成一个两湖巡阅使的机会呢！

援鄂战争的开始，在民国十年七月中旬。湖北主持人物为李书城、蒋作宾、孔庚、夏斗寅等；他们在湘宣布一种"湖北省自治临时约法"，举蒋作宾为省总监，孔庚领自治军，夏斗寅为自治军的先驱。湖南以湘军第一师师长宋鹤庚任援鄂总指挥，统一、二两师，由岳州进攻湖北。湘军连战皆捷，于八月初旬占领羊楼司、通山诸要隘，进拔嘉鱼、蒲圻至咸宁，已将迫近武昌了。王占元于八月七日电请辞职，旋即由武昌逃走。北政府于八月九日任命吴佩孚为两湖巡阅使，萧耀南为湖北督军，孙传芳为长江上游总司令。吴佩孚自洛阳南下，以萧耀南领军为前驱，阴调军舰溯江而上，绕出湘军之后，于八月二十七日攻占岳州，湘军首尾不相应，遂以大败。九月一日，湘鄂停战议和。四川方面，不知道湘军已不能再起反攻了，于九月六日始进攻宜昌；吴佩孚于制服湘军之后，移兵西向，川军自然不能抵抗，于十月十一日退出鄂境。后由孙传芳与川军总司令刘湘订立和约，湖南方面也成立了一种和约，援鄂战争便如是闭幕。

援鄂战争的结果在那里呢？就湖北方面说：去了一个贪婪庸懦的王占元，得到一个强悍专制的萧耀南；萧氏虽然是湖北人，但是吴佩孚的部将；去一直系军阀，得一直系军阀，所谓"鄂人治鄂"的梦想结果如是。四川无所得，亦无大损；供给军资的皖系得到一个中原银行倒闭的报酬。湖南的将领"向外发展"的梦想，归于水泡后，依旧回向本省，割据防地以自肥；不过，省宪审查委员会因此仓猝之间把宪草糊涂通过了，算是援鄂战争的收获。（当时湖南的笑谈中，造成四句新诗经："经始宪法，经之营之，北兵攻之，不日成之。"）但是湖南因此得到一种说不出的痛苦：驱逐张敬尧以后，湖南已无北洋军队的踪迹；因援鄂失败，与吴佩孚成立了一种屈辱的和约，岳州又变为直系军饷的驻防地，萧耀南常以闪灼的眼光监视湖南，后来湖南想和广东方面合作，又恐远水难救近火，因此只好抱定省宪自治的招牌，图免外来的兵祸。这是湖南说不出的痛苦。

吴佩孚本是打倒皖系的首功人物，因为资格太浅，所以在皖直战争后，仅得到一个直鲁豫巡阅副使的空衔，为张作霖所藐视；想取得一种较高的地位和实际的地盘，四面环顾，只有湖北最好；但王占元是以前援助吴氏的人，吴氏纵然对于湖北垂涎万丈，也没有取而代之的机会。恰好有这次的援鄂战争，替他造出两湖巡阅使的地位来，从此京汉线的势力是曹、吴的势力了。俗语所谓"猫儿攀倒甑，狗子吃个饱"，恰好用作援鄂战争结果绝妙的比喻。张作霖从此不得藐视吴佩孚了。

三　联治运动中北方的奉直斗争

北方第一次的奉直战争，虽然到民国十一年夏间才爆发，但它的酝酿，实始于九年皖直战争时。皖直战争中，张作霖虽然助直，曾派大军入关，但实际上加入前线作战的，仅少数中的少数。吴佩孚是直军主脑人物；对于张氏，只要他不助段就够了，也并不希望他积极作战。但当段军颠覆时，所遗军械重炮辎重物品，尽被奉军囊括满载而出关外，直军将士以奉军坐享其成，愤懑不平，几欲动兵截击奉军，吴佩孚说："这是强盗行为，吾辈不可效尤。"（张本出身胡匪，故以此语劝将士。）及战争了结，曹锟、张作霖、吴佩孚入京会议所谓善后问题，吴以战胜首功，且为一时舆论所赞赏，未免有不可一世之概。张则目中只认有曹，以吴仅曹之部将，论名位，一师长而已，安得与己抗颜而行；因是在会议席上甚藐视吴，几有使吴下不去的情景。（相传在会议之先，张不许吴列席，谓师长无列席之资格，经曹氏婉解，张始未坚持。）这是张、吴暗斗最远的伏线。所谓奉直斗争，实际只有张、吴的斗争。曹锟因为段氏刚才打倒，不欲和奉方立时决裂，故与张氏联姻，想弥缝两方的裂痕。但是张、吴两人的雄心和恶感，决不是张、曹两姓的姻亲关系所能消灭的。

皖直战事既了，北方的问题，无过于奉、直两方势力分配的问题：第一是北方那个形式上中央政府的支配，第二是各区地盘的支配。关于中央政府的支配，靳云鹏的再起组阁，是由直、奉两方的抬举而来，因是对于两方，总以保持均衡为务，不敢偏于一方。关于各区地盘的支配，起初以维持现状为原则，张作霖在段祺瑞未打倒时已得了东三省巡阅使的位置，曹锟已得了直鲁豫巡阅使的位置，依然无所变更；吴佩孚只得了一个直鲁豫巡阅副使的空名，并无实际的地盘。但这种平衡的局面，是不能长久维持的，并且两方都想打破这种平衡。在中央方面，靳云鹏所最感苦痛的，就是财政的困难。此时东西帝国主义者已成立了一个新银行团，预备向中国作共同的财政侵略，但他们宣言，须中国有了南北统一的政府，方肯借款。靳云鹏未尝不想到南北形式上的统一，以便向新银团进行借款；因商承徐世昌将安福国会废了，宣告仍据元年所公布的国会组织法及选举法，召集新国会，表示尊重南方所争的法统。但是南方不理，中山领导非常国会，仍守护法的旗帜，弃去护法旗帜的人便倡导联治，靳氏谋统一的计画完全无效，向新银团借款的计画也不能进行。既不能取得外国借款，便只得向国内的银行谋小借款；而国内盘剥政府的银行，大都为交通系所操纵；此时的财政总长周自齐、交通总长叶恭绰都是交通系的要人，却与靳云鹏不相能，随时与靳氏为难，因此对于国内借款也很困难。靳氏无法，想把周、叶二人排去；形式上的中央政府便有问题发生了。在地盘支配的方面，张作霖的助直倒段，原来是因为徐树铮的宰制蒙疆，于他的大东三省主义有碍，皖系既倒，依然不曾得到蒙疆的地盘，心中总不能忘情；并且对于长江方面，也想乘机有所图谋，不过图谋的机会更不易得，因与王占元极力结托，谋以王制吴。曹、吴谋伸张地盘的心理，和张氏一样，但对于长江方面，本属同系（除了皖系尚有小问题），可着眼的就只有一个陕西。到十年四月二十五日，有所谓天津会议，与会者为曹锟、张作霖、王占元三巡阅使，和国务总理靳云鹏。会议的目的，表面上说是磋商南北的大局问题，因于二十七日发出一道反对广州非常国会另组政府选举孙文为总统的通电（列名通电者除三巡阅使外，尚有北方督军多人），但实际的目的还不在此。天津会议毕后，曹、张、王等于五月二日又同行入京；到五月十四日，靳云鹏内阁改组了，改组的方法，以全体阁员总辞职的形式出之，总辞职后，再由靳氏组阁，将周自齐、叶恭绰两人排去，改任李士伟长财政（李因为亲日派，被人反对未到任，由次长潘复代，后改任高凌蔚），张志潭长交通，这是靳氏求助于曹、张等所得的结果。五月二十五日，特任阁桂文（直系）署陕督；三十日，又特任张作霖以东三省巡阅使兼蒙疆经略使，热、察、绥三特区都统皆归经略使节制：这是中央对于奉直两方平衡的酬报。（王占元除了与曹、张成为三角并重的形势外，却别无所得。）于是这次的天津会议目的已达，各方面依旧保持平衡，尚能满足而去。但是天津会议闭幕后，王占元回到武昌，所部军队发生几处的兵变；七月后，援鄂战争爆发，王氏站不住脚，两湖巡阅使的地位让给吴佩孚去了。于是曹、张、王的三角形势打破。不惟张氏联王制吴的计画受了打击，吴氏声势反越加扩大了。地盘势力的支配从此失了平衡。中央方面，靳氏于改组内阁后，财政仍然无办法；周自齐、叶恭绰因被靳氏排挤去职，交通系当然怀恨靳氏，想乘机报复他；因群集于张氏的门下，谋倚张氏的势力，拥梁士诒组阁以代靳氏。十年十二月十四日，张作霖入京，十四日靳云鹏辞职，十九日曹锟因府院邀请入京，二十四日梁士诒的内阁成立了。（叶恭绰的交通总长恢复，盖此次改组，叶为内幕中运动最力的人。）此次内阁的改组，表面上说是得了曹锟的同意，实际上完全是由张作霖主持，而内幕中的活动人物则为交通系的巨头。中央势力的支配，也从此失了平衡。于是吴、张的战争要开幕了。

吴佩孚的取得两湖巡阅使，为张作霖所最愤妒，故交通系的联张政策易于成功；还有一个皖派的安福系也附在里面活动。当时相传交通系、安福系与奉系暗中联结，拟在军饷上抑制吴氏，使吴部军队无饷维持，因以制他的死命。梁阁于十二月二十四日成立后，十一年元旦，即下令特赦段芝贵、张树元、曲同丰、陈文运、刘洵、魏宗瀚等（此辈皆于皖直战争失败后被通缉者），都是吴佩孚的敌人；梁组阁时，曾允为吴筹足军饷三百万元，上台后也翻弃前议，不肯交足；于是吴知所传三系联合与己为敌之说不虚。恰好华盛顿会议关于山东问题的争执，正在吃紧的当中，梁士诒想取得日本的金钱，电令中国代表退让，为国人所愤怒，于是吴氏捉住这个大题目，于一月五日通电反对梁氏。（电文如下：害莫大于卖国，奸莫甚于媚外，一错铸成，万劫不复。自鲁案问题发生，辗转数年，经过数阁，幸赖我人民呼吁匡救，卒未断送于外人。胶济铁路，为鲁案最要关键，华会开幕经月，我代表坛坫力争，不获已而顺人民请求，筹款赎路，订发行债票，分十二年赎回，但三年后得一次偿清之办法。外部训条，债票尽华人购买，避去借款形式，免受种种束缚。果能由是赎回该路，即与外人断绝关系，亦未始非救急之策。乃行将定议，梁士诒投机而起，突窃阁揆，日代表忽变态度，顿翻前议，一面由东京训令驻华日使向外交部要求借日款，用人由日推荐。外部电知华会代表，复电称请俟与英美接洽后再答。当此一发千钧之际，梁士诒不问利害，不顾舆情，不经外部，径自面复，竟允日使要求，借日款赎路，并训令驻美各代表遵照，是该路仍归日人经营，更益之以数千万债权，举历任内阁所不忍为不敢为者，今梁士诒乃悍然为之，举曩者经年累月人民之所呼吁，与代表之所争持者咸视为儿戏。牺牲国脉，断送路权，何厚于外人，何仇于祖国，纵梁士诒勾援结党，卖国媚外，甘为李完用张邦昌而弗恤，我全国父老昆弟亦断不忍坐视宗邦沦入异族。祛害除奸，义无反顾，惟有群策群力，亟起直追，迅自华会代表，坚持原案，凡我同胞同泽，偕作后援。披沥直陈，贮候明教。吴佩孚歌。此即所谓"歌"电也。）梁氏知道惹起问题来了，想掩饰弥缝，于七日发出一通倒填日期之"微"电，吴氏于八日再电痛斥其奸。（电文如下：梁士诒卖国媚外，断送胶济铁路，曾于歌日通电揭其罪状。乃梁氏作贼心虚，恐怕全国声讨，竟有"虞"日发出倒填日期之微电，故作未接歌电以前发出，预为立脚地步，以冀掩人耳目而免攻击，设计良狡。殊不知欲盖弥彰，无异自佽其作伪。电首既标明七日一点五十分发电，而电末则注微日，以堂堂国务院而作此鬼蜮伎俩，思以一手掩尽天下人耳目，稍有阅电常识者，当早如见其肺肝。彼开宗明义，首曰内阁成立，一秉前次方针，是欲以卖国之罪，加之前内阁。如前内阁有借日款赎路、用日人之举动，何以未闻前阁磋商，何以未见今阁声明。既曰筹款办法或债票，或库券，何以又曰不论国内外筹借。既曰收回自办，何以必须用日人为车务长会计长。既曰政府无成见，何以秘允日使要求，且何以不经外部而由梁氏面允。各国银行团既有不能单独借款之表示，何以独借日款。显系以华会闭幕在即，欲以迅雷不及掩耳之手段，为施其盗卖伎俩也。吾中国何不幸而有梁士诒，梁士诒何心而甘为外人作伥。传曰与其有聚敛之臣，宁有盗臣，梁士诒而兼有之。全国不乏明眼之人，当必群起义愤，共讨奸慝。……此即所谓"庚"电也。）于是附和吴氏攻击梁阁的，有陕督冯玉祥（阎相文自杀后，继任陕督）、赣督陈光远的"阳"电，苏督齐燮元的"庚"电，鄂督萧耀南、鲁督田中玉的"佳"电，晋督阎锡山的"蒸"电，豫之赵倜、皖之马联甲也有电赞同吴氏。张作霖不能望着他所手造的内阁被吴氏攻倒，乃致电中央，替梁氏辩护。（电文如下：某上次到京，随曹使之后，促成内阁，诚以华会关头，内阁一日不成，国本一日不固，故勉为赞襄，乃以胶济问题，梁内阁甫经宣布进行，微日通电，亦不过陈述进行实况，而吴使竟不加谅解，肆意讥弹。歌日通电，其措词是否失当，姑不具论，毋亦因爱国热忱迫而出此，亦未可知。惟若不问是非辄加攻击，试问当局者将何所措手。国是何望？应请主持正论，宣布国人，俾当事者得以从容展布，俾竟全功。……）但梁氏电令华会专使让步，确为事实，吴氏已捉得证据，故他又有十日的通电，把证据揭举出来；（电文说：庚日通电，谅邀鉴察，据华会国民代表余日章、蒋梦麟电称："政府代表对于鲁案及二十一条，坚持甚力。同时北京一方面隐瞒专员，开始直接交涉。今晨梁士诒电告专使，接受日本借款赎路与中日共管之要求，北京政府更可藉此多得日本之借款。北京交涉之耗，已皇皇登载各国报纸，日本公言北京已接受其要求。吾人之苦心努力，徒归泡影。北京似此行为，吾人将来无力争主权之余地"云云。查梁士诒卖国行为，铁案确凿，适余、蒋自华府来电，更证明梁致专使之电，公然承认借日款与铁路共管两事，则梁氏倒填日期之微电，又焉有置喙之余地。观其登台甫旬日，即援引卖国有成绩之曹汝霖为市政督办，拔茅连茹，载鬼一车，以辅助其卖国媚外之所不及。吾中国神明华胄……而容此獠长此盗卖，宁谓有人。人心不死，即国土不亡……凡属食毛践土者，皆应与祖国誓同生死，与元恶不共戴天。如有敢以梁士诒借日款及共管铁路为是者，即其人既甘为梁士诒之谋主，即为全国之公敌。凡我国人，当共弃之。为民请命，敢效前驱。）

电尾的几句话并且影射张作霖，表示不惜与他作战的意思。（吴氏还有一通致梁士诒的私电，肆口痛骂，电尾仿韩愈《祭鳄鱼文》的声口，说："今与公约，其率丑类，迅速下野，以避全国之攻击，三日不能至五日，五日不能至七日，七日不能是终不肯去位也。吾国不乏爱国健儿，窃恐赵家楼之恶剧，复演于今日，公将有折足灭顶之凶矣，其勿悔。"）十九日，苏、赣、鄂、鲁、豫、陕六督及省长由吴领衔联电请罢梁氏，并谓万不得已时，惟有与内阁断绝关系。二十日，北京有所谓外交联合会、各界联合会、各省区自治联合会等四十余团体，联合通电宣布梁士诒十大罪状，这是替吴氏打边鼓助兴的。梁士诒因于二十五日托病请假出京。张作霖则宣言"为维持体面计，亦万不能使己所拥护之人被斥去位"。两方争持，梁氏再三续假，战机渐渐地迫切了。

　　上面所述吴、张两方面关于梁阁的电报战，都在十一年一月；到四五月之交，始以炮火相见，中间经过两三个月的酝酿。起初奉方最强硬，直方较为镇静；吴佩孚在三月十日且通电辟谣，说奉直无以兵戎相见之事，己之反对梁氏，乃反对其媚外，非反对其组阁。及战端将开之前，直方始转强硬；此中原因，有关系奉直两方以外的情势，不可不一叙述。原来张氏是采用远交近攻的政策。第一，对于广东方面，联络中山。他在二月内曾派遣李梦庚及温某为代表赴粤，向中山表示好意，并请中山派重要人往奉一行，为实际上的接洽；中山于三月初也曾派遣伍朝枢往奉；当时各报上并且揭载两方所订种种的条款，（各报所传条款不同，无论其多属传闻之词，真相难明，即属尽真，亦不过彼此互相利月之条件，无关要旨。）无论内幕真相何如，关于两方联合推倒直系势力的一点，确实是一致的。第二，对于长江方面，张氏想把复辟派的张勋重新抬举出来，作苏皖赣巡阅使，令他沿津浦线南下，纠合皖省的旧部，由皖窥豫。（原来起用张勋为梁士诒登台条件之一，因各方反对，又被直系看破机谋，仅与以林垦督办的闲职。）第三，对于浙鲁，张氏认定是皖系的势力。既与皖系联络，可以用浙制苏，用鲁控津浦、陇海两线之冲。第四，对于豫省方面，豫督赵倜及其弟赵杰，因为吴佩孚逼处洛阳，颐指气使，十分的难受，早与张作霖暗中联络，假若吴氏一动，赵氏兄弟乘机而起，洛阳的根本地便生动摇。因此，张氏以为吴佩孚及其关系各省有全被包围的形势；加以曹锟的兄弟们很不愿意和亲家打仗，对于吴、张之争竞表示中立调和的态度，所以奉方最强硬。吴佩孚因冯玉祥督陕、萧耀南督鄂、张福来驻防岳州，兵力分散；曹氏兄弟又有别树一帜之势，原驻直境各军能否为己所用也不能定；广东方面虽和陈炯明有联络，对于中山的北伐不必深忧，但非把近处的纠葛弄清，把兵力集中起来，作战是很危险的；所以起初很镇静。但是张氏远交近攻，对于吴氏四处包围的计画不成功，不久就明白现出来了：一、广东方面，因陈炯明与中山暗斗，北伐的进展很难；二、张勋抬不出来，皖督张文生表示保境安民；三、皖派首领段祺瑞态度消极，因之浙鲁亦无动意；四、豫省方面，赵杰想发难，为吴佩孚的优势直军所压服，已将赵杰解决，内部心腹之患已除；广东北伐既难成事实，吴因得抽调湘鄂军队集中豫省要地，又令冯玉祥放弃陕西，率所部东出潼关以巩固郑、洛方面的后防：自此吴氏态度渐趋强硬。惟曹锟因为两位兄弟曹锐、曹镇恐怕战端一启，曹家的私产将受损害，很想和张亲家妥协了事。奉军入关，节节进逼，曹令所部节节退让；曹锐两次出关商洽和平，将于张氏所要求的条件几于全行承诺。张氏以为可以用曹氏压服吴氏，因于四月十日电曹，大意说：解决时局，端赖尔我二人提倡，兹拟就电稿二通，请会衔恳元首颁令施行—— 一、军人不得干涉中央政治；二、请责令吴佩孚回两湖巡阅使本任；三、听梁士诒、叶恭绰、张弧（梁阁的财政部长）销假。并说，以上各节，曹省长（即曹锐）来奉时已大致商妥，请即断行。曹锟得电，立召在保军官会议，军官皆愤慨异常，便是主张和平的王承斌也责问曹锐，说他不应该接受这种丧失颜面的条款；因大众一致决计抗奉，将所有军队听吴指挥，曹锟也决计不认亲家了。（相传曹锟自写一电稿促吴佩孚来保，电语说："你即是我，我即是你，亲戚虽亲，不如你亲，你说怎么办就怎么办……"秘书请改为文言，曹说："不必，速电发。"）从四月中旬起，两方调兵遣将。张氏于十九日通电，奉军入关，期以武力为统一后盾；冯玉祥也在这一天通电反对奉军入关（并声明陕事由刘镇华代理，亲率十一师及胡景翼、张锡元军入洛阳）；曹锟于二十二日通电反对张氏武力统一之说；二十五日，吴佩孚又率领直系各督通电宣布张作霖十大罪状。此时徐世昌还央请那班元老、名流王士珍、赵尔巽等向两方调解，但至二十九日，两军在京畿附近以炮火相见了。结果奉军大败，徐世昌于五月五日明令奉军撤出关外，梁士诒、叶恭绰、张弧为挑拨酿乱之人，褫夺勋位，交法庭讯办。十日，又明令张作霖免职查办，东三省巡阅使及蒙疆经略使一并裁撤。奉直斗争，至此告一段落。张作霖失了巡阅使、经略使的头衔，和支配中央政权的势力，但是山海关以外还是在他的实力宰制之下，从此要在东三省讲联省自治了。（五月十一日，张氏用东三省省议会及商教农工联合会的名义，通电否认中央的免职令；旋又用省议会的名义，通电推举张作霖为东三省保安总司令，并宣言自治。）

奉直战争，以梁士诒的组阁为导火线，张作霖败而梁阁毙命是当然的事；于徐世昌的总统地位，好像不至于有问题。况且徐世昌是善于用操纵之术的，以前操纵直皖，皖败而已之地位无恙，又操纵奉直，奉败似亦可以无恙。不料奉直战争刚刚结局，孙传芳忽于五月十五日通电主张恢复法统，请黎元洪复位，召集六年解散的旧国会，以谋南北的统一。统一的目的虽未能达到，而法统的恢复公然于六月内成为事实。徐世昌于六月二日通电去职，他的操纵之术也不能再使用了。关于法统恢复的经过，待至再下节叙述。

四　联治运动中南方的陈炯明的叛孙

南方陈炯明的叛孙，约与北方第一次奉直战争同时；但它的酝酿，也是很久了的，我们应该从粤军回粤时说起。

九月十日，桂系军阀退出广东时，那个七总裁的军政府已经瓦解，莫荣新并且通电取消广东自主；不久，广西也取消自主。但自陈炯明的粤军占领广州后，孙中山、伍廷芳、唐绍仪相继回到广州，重新挂起军政府的招牌，于十二月一日通电宣告重开政务会议，并宣言北方如能以诚相见，仍可继续和会，谋正当之解决。那个流离转徙的非常国会也仍旧集会于广东，此时的议员合计尚有二百二十余人。（其中坚分子为旧国民党系的最左派，所谓照霞楼派是也，合计不过数十人。余则以民国八年用候补当选人补足法定人数之新补议员为多。政学系及吴景濂系之中间派议员大都皆已散去。）不过，此时军政府势力所及的地方仅有广东一省，（广西尚在桂系手中，已投降直系。湖南已别树自治的旗帜。四川熊克武失位，刘湘当政，也宣告自治。贵州卢涛逐去刘显世，虽宣言与西南各省一致，但所谓一致者，一致不服从北政府而已，对于广东军政府也无关系。云南的唐继尧表示与中山合作，但在十年二月七日即被顾品珍所逐。）实际只能算是广东的军政府；前此的七总裁，此时本只有四人了，唐继尧被逐后，又只剩了三人（唐绍仪与中山意见不合，未常任职，实际只有二人）。外交团从前对于关税余款，本已划出一部分交南方军政府支用，现在看见军政府这种情形，允交南方的关余也不肯交付了。中山因此提议，慨然将总裁合议制的军政府取消，选举总统，设立正式政府，以谋对外的活动。非常国会对于中山的提议，多数赞成。他们的理论是：北方的政府本不合法，现在徐世昌已经自己承认，因为去年十月彼曾通令重新选举国会，不依新选举法而依旧选举法；新选举法，是徐氏地位的根据所在，旧选举法实与徐氏地位不相容；徐既弃新从旧，便是承认自己的名分不正了；但法统不可中断，所以有由旧国会选举总统，组织正式政府的必要。这种理论，仍是护法的理论。但此时陈炯明的意见已倾向联治，与中山的意见不一致了；陈的部下叶举、洪兆麟等及议员中的褚辅成派，与陈意见相同，不以选举总统组织正式政府为然。他们以为，西南各省现多树立自治的旗帜，"护法"二字已不足以号召，并且旧国会议员在粤者不过二百余人，距通常开会法定人数尚且甚远，何况选举总统的法定人数呢？（依总统选举法，须有两院议员总数三分之二出席，计五百八十人，方能开总统选举会。）假若勉强行下去，仍不能算是合法的政府；不若赞成联治的主张，首先巩固广东的省自治，进而再图联治；如此，至少可以得西南各省的同情，或者可以仍旧将西南各省团结起来，与直系军阀对抗；若直系也赞成联治，则大局便可解决了。中山不以陈派的意见为然，以为他们的主张仅属空想。（中山蒙难后报告国民党同志的书中，叙述自己与陈氏发生异同的经过，前面一段说："溯自民国九年之前，我海内外同志所以不惜出其死力以达到粤军回粤之目的者，良以频年祸乱，不但民国建设尚未完成，即护法责任亦未终了。故欲得粤为根据地，群策群力，以成戡乱之功，完护法之愿。乃陈炯明自回粤后，对国事则有馁气，对粤军则怀私心。其所主张，以为今之所务，惟在保境息民，并窥测四邻军阀意旨，联防互保，以免受兵，如此退可据粤，进可合诸利害相同之军阀，把持国事，可不烦用兵而国内自定。文再三切戒，譬之人身，未有心腹溃烂而四肢能得完好者。国既不保，吾粤一隅何能独保。且既欲保境，必须养兵，养兵以保境，无异扫境内以养兵，民疲负担，如何能息，民疲其筋力以负担军费，犹尚不给，则一切建设，无从开始，所谓模范省者，徒托空言。〔当时陈炯明有将广东造成模范省之志。〕一省如此，已为一省之害，各省如此，更为各省之害，所谓联省自治，徒托空言。谋国不以诚意，未有不乱者。况各省军阀利害安能相同，而伪中央政府操纵挑拨于其间，祸在俄顷何可不顾。保境息民，亦为幻想。凡此所言，陈炯明未能相难，而终未肯信。……"观此可见孙、陈意见分歧的由来。）陈派的人拗不过中山，卒于十年四月七日，由那二百二十几个非常国会议员开会，议决一种《中华民国政府组织大纲》，依大纲第二条选举大总统，中山以二百一十三票当选。十日，由非常国会通告全国，中山于五月五日在广州就大总统任，发出对内对外的两道宣言。对内的宣言中间一段说：

> ……国会代表民意，复责文以戡乱图治，大义所在，其何敢辞，窃维破坏建设，其事非有后先。政制不良，则政治无术。集权专制，为自满清以来之秕政，今欲解决中央与地方永久之纠纷，惟有使各省人民完成自治，自定省宪，自选省长，中央分权于各省，各省分权于各县，庶几既分之民国，复以自治主义相结合，以归于统一，不必穷兵黩武，徒苦人民。……

观此宣言，可见中山对于当时的联治运动，也未尝不想敷衍，表示容纳。不过中山平素对于自治的理论，是要以县为施行自治的单位，不赞成以省为军阀割据的范围，故于"中央分权于各省"之下又加以"各省分权于各县"的一句，在敷衍联治运动之中仍不肯放弃平素的理论。中山就任总统后，即行组织政府，任命伍廷芳为外交部长兼财政部长，陈炯明为陆军部长兼内务部长，徐谦为司法部长，汤廷光为海军部长，马君武为秘书长（唐绍仪因不赞成中山的主张，此时已未参与）。陈炯明虽然接受了中山的任命，心中却不赞成中山的行动；若要公然立异，除非辞不受职，但又舍不得现在的地位和政权；因此只有阳奉阴违的一个办法。此时桂系军阀仍想乘机恢复广东的地盘，北政府也想利用桂系消灭中山的政府，因此互相勾结，谋向广东进攻。孙、陈意见虽不一致，因为尚有广西的外寇逼处，也不能不共同努力对外。十年六月，粤桂战端复启，桂军刘震寰通款于粤，六月二十一日袭取梧州；桂省门户既失，粤军节节进逼，直达南宁，到七月后旬，陆荣廷、陈炳焜相继逃走。于是广西的外寇消灭，陈的自由行动，将要发端了。

中山于平定广西后，便决计由桂林取道湘省进兵北伐。陈炯明此时率领所部粤军，尚在南宁。中山知道他是不愿意北伐的，因于出发桂林之前，先往南宁和他接洽，中山说："吾北伐而胜，固势不能回两广；北伐而败，且尤无颜再回两广；两广请兄主持，但毋阻吾北伐，并请切实接济饷械。"陈炯明不赞成中山的主张，但没有方法挽回他的意思。于是中山往桂林组织大本营，委朱培德为滇军总司令，彭程万为赣军总司令，谷正伦为黔军总司令；此外尚有许崇智及李福林所部的粤军，李烈钧为参谋长，胡汉民为文官长，准备于十一年春间入湘。陈炯明由南宁返粤后，则进行他整理两广的计画；时陈以陆军总长兼为粤军总司令及广东省长，省政府的财政支配权全在其掌握；省议会也站在陈氏的一方面，进行起草省宪法，对于北伐都很冷淡。中山所恃北伐的经费，仅于临行时，令廖仲恺在广东省银行提取纸币二百万元，以后所需，则令粤军参谋长邓铿在粤筹措。到十一年春间，北伐的声浪传播全国，北伐军且有到了全州进入湖南边境的，于是湘人大恐。但入湘计画，终不成功。（不成功的原因，据中山后来向同党的报告，全由于陈炯明的阻碍，报告书上说："其一，文自桂林出师，必经湖南，而陈炯明诱惑湖南当局，多方阻碍，使不得前，其函电多为文所得；其二，诸军出发以来，以十三旅之众，而行军费及军械子弹从未接济，滇黔诸军受中央直辖者，并火食亦靳而不与，屡次电促，曾不一诺：综此二者，一为阻我前进，一为绝我归路。"这种情形，当然是事实。不过湖南方面的阻遏，决不是湖南当局几个人的意思：湖南当局固然也不愿意，曾与陈炯明通声气，但湖南人民的不愿意比当局尤切；因为湖南连年被兵，人民苦不堪言，并且此时北军尚驻在岳州，眈眈虎视，北伐军一北进，北军便蜂拥南下，湖南将复为战场；所以在那年三月内，湖南许多公团曾组织哀吁团，一面派代表赴桂，哀请北伐军勿入湘境，一面电请吴佩孚、萧耀南，撤退驻守岳州的北军。故阻遏北伐军的前进，尚不能归咎于湖南当局接受陈氏的诱惑；而所以真正不能前进的重要原因，还是在后方没有接济的一事。）中山所恃筹画后方接济的邓铿，于三月二十一日由香港回省，在广州车站被刺死，后方的接济更无希望；中山因于三月二十六日在桂林大本营会议，决意变更计画，令在桂各军，一律返粤，潜师而行，到了梧州，陈炯明才知道。此时陈部主要的军队，尚多在南宁，知不能与中山抗，便电请辞职。四月十六日，中山到梧州电召陈氏往梧面商，陈不敢往，中山因于十九日下令准陈辞去粤军总司令及广东省长职，着其专任陆军总长；另任伍廷芳为广东省长，粤军总司令一职即行裁撤，粤军悉归大本营直辖。二十日，中山率军至三水，陈于是晚离广州，赴石龙，转往惠州，所部亲信军队尽行退去广州，布防于石龙、虎门等处。蒋中正此时为粤军第二军参谋长，主张即时进攻石龙、惠州，销灭陈炯明，再行回师销灭在桂的叶举等各部陈军，然后北伐。中山因为陈氏尚未彰明昭著的反抗，又以在桂的粤军为年来共同行动的军队，想保存他们；并且奉直战争已经开始，前已与奉方协定南北共同过兵，假使要等到销灭陈部后再行北伐，恐怕失了时机；只要陈氏放弃广东政权，不为北伐军后方的阻碍，就让他去罢了；所以不用蒋言。这是中山削夺陈炯明职权的经过，便是孙、陈破裂的发端。

中山于处分陈炯明后，以为陈氏不过是不与己合作而已，决不敢别有何种举动，故仍决计继续北伐，改道入赣，命诸军集中韶州，在韶设置大本营。但因此迁延，北方的奉直战争已经要完事了；奉军于五月五日败退军粮城，中山于五月六日才到韶州誓师，北伐制胜的机会已经失去了，何况更有人在后面牵制呢！中山当进行北伐时，仍与陈炯明电报信使往来不绝；中山反覆向陈说明：只要对于北伐大计不生异同，必当倚任如前，陈氏在惠州也表明仍愿留陆军部长之职，稍事休息后当再效力行间；两方并且商定委任叶举为粤桂边防督办，令率所部分驻肇、阳、罗、高、雷、廉、钦、梧州、郁林一带。但至北伐军已入江西发生战事后，叶举等忽率所部五十余营回到广州，广州卫戌司令魏邦平无力制止。中山在韶闻耗，因令叶等加入北伐军；叶等要求恢复陈炯明粤军总司令及广东省长之任，并免胡汉民职。中山以粤军总司令已经撤销，不能恢复，但因前方战事正在吃紧的时候，对于叶等仍想敷衍，于五月二十七日，命陈炯明以陆军总长办理两广军务，所有两广军队悉归节制调遣。陈氏复电，也说"愿竭能力以副委任"，并谓"已催叶举等部迅速回防"，又说"叶等必无不轨行动，愿以生命人格担保"。但叶等所部以索饷为名仍留广州，人心恐慌异常。中山因于六月一日，令胡汉民留守韶州大本营，自率卫士回驻广州总统府，一则镇摄广州，一则示前敌将士以后方并无变故，可以安心前进。北伐军于六月十三日占领赣州，北政府所派援赣的大军未能即到，陈光远已经很恐慌。但北伐军占领赣州城时，在北军遗弃的文电中查出一道密电，发见陈炯明有与陈光远密通声气妨害北伐军的痕迹；当时以为北伐军若打败仗，陈炯明必落井下石，既打胜仗，陈必不敢轻举；因于十五日仍决计前进。谁知叶举、洪兆麟等也在此日，决计围攻广州总统府，中山因于十六日蒙难，由总统府避居军舰。从六月十六日起，中山仅仅据有几艘军舰，在珠江与陈部相持，共历五十余日；初欲待北伐军回师，共同戡定陈部，直至八月初旬，得悉北伐军被陈部所阻，不能回到广州，才于八月九日离粤。这是中山蒙难的经过，便是陈炯明叛孙的结果。

南方的陈的叛孙，与北方的奉直斗争，表面上本是两件事，但是骨子里面却是相联的。陈炯明与直系有联络，孙中山与奉系有联络；奉系既被直系打倒，中山北伐成功的希望，已经是很少了。因为此时一般国人的心理都深恶奉系，左袒直系；中山联奉倒直，实与一般国人的心理相反。在中山以为直系是当时各军阀中最强横的一个，"擒贼先擒王"，要打倒军阀，便应该先从打倒直系下手，奉系既能俯就，不妨暂时与他合作。但是一般国人不能了解此种意思，觉得吴秀才总比张胡子好，联络张胡子去打吴秀才，未免近于倒行逆施；况且当时北伐军的兵力由杂凑而成，很难打倒直系，既无打倒直系的把握，不如与直系妥协，和平解决的为好；所以直系一提出恢复法统的计画，大家便欣然赞成，希望中山从此可把护法的旗子卷起来，将广州的总统府取销，免去南北的战争。这种心理，是一般人急切求和平统一的心理。陈炯明一派的武夫，便揣摩一般人的此种心理行事。当中山削夺陈炯明的职权时，便有人替陈表同情，以为陈氏不赞成北伐，是志在保境息民，整理两广内部，无可厚非。中山削夺他的职权，未免操之过激；及至徐世昌退位，法统恢复，见诸事实，叶举等围攻广州总统府，也便藉口护法的任务已了，通电请孙文实践与徐世昌同时下野之宣言；国内各方面也纷纷通电，赞成统一，劝中山下野；就是学者名流如蔡元培等，都表示同样的意见；可见一般人急切求和平统一的心理。中山离粤到沪后，报告国民党同志书，结尾的一段说：

> ……文率同志为民国而奋斗，垂三十年，出生入死，胜败之数不可屈指，顾失败之惨，未有甚于此役者。盖历次失败虽原因不一，而其究竟，则为失败于敌人。此役则敌人已为吾屈，所代敌人而兴者乃为十余年卵翼之陈炯明，且其阴毒凶狠，凡敌人所不忍为者皆为之而不惜。此不但民国之不幸，抑亦人心世道之忧也。……

其实陈炯明是利用一般人渴望和平的心理而行，虽说是失败于陈炯明，还是失败于一般人不能了解中山的意思。不过就陈炯明和中山的关系上说，陈氏的行动实在是不应该：原来陈氏是向中山宣过誓、捺过指印的同党党员，有服从党魁之义务；他所部粤军的基本，完全是中山从桂系手中抢出来给他的；若说时势上绝对不宜于北伐，不妨向中山力争，争而不得，则飘然引去亦可，否则正正堂堂的宣言脱党后，再与中山为对抗的行动亦无不可；既舍不得目前的地位和政权，又不敢宣言脱党，一面使部下向中山开战，一面还写信向中山称总统，求调和；（孙中山在蒙难中，尚接陈炯明一函如下："大总统钧鉴，国事至此，痛心何极，炯虽下野，万难辞咎。自十六日奉到钧谕，而省变已作，挽救无及也。连日焦思苦虑，不得其道而行。惟念十年患难相从，此心未敢丝毫有负钧座，不图兵柄现已解除，而事变之来，仍集一身，处境至此，亦云苦矣，现惟恳请开示一途，俾得遵行，庶北征部队，免至相戕，保全人道，以召和平。国难方殷，此后图报，为日正长也。"）手段未免太恶辣，人格未免太卑劣；中山骂他"阴毒凶狠"，说是"人心世道之忧"，实在不是过当的话。

五　所谓"法统"的恢复与联治运动的合流

所谓"法统"，本来与旧史学上所谓正统、理学家的所谓道统，同一无意识；从光明的方面说，是革命派的人士借此作反抗北洋军阀的招牌的；从黑暗的方面说，竟是百十个议员借此维持他们的铁饭碗的招牌。民国二年选出的国会议员，法定的任期分明只有三年（参议员任期六年），到了民国十一年还要恢复集会，又不是全国的选民死尽了，无可再行选举；袁世凯的总统任期，黎元洪补充未了，已经冯国璋的补充，冯氏满任去职又经过了三年，还要黎氏再来复任；这种"法统"的理论，若把它所蒙政治上的外衣剥去，真不知从何说起。然当时一般舞文弄法的政客，和一般舞枪玩法的武夫竟说得"像煞有介事"。一般急求和平的国民也以为南北的纷争真是为法统，法统一恢复，统一便无问题，天下便太平了。那里晓得招牌只是招牌，纷争的问题还是问题呢？

法统恢复的提议，表面上是出于孙传芳，但内幕的酝酿已经很久。吴佩孚向来是不喜欢徐世昌；当他驻在衡州时，屡次通电称徐为菊人先生而不称总统，便是与南方表同情；但他对于旧国会又实在没有好感，所以在九年秋间打倒段祺瑞以后，他提倡开国民会议以解决南北的纷争，不曾主张恢复法统。各方面的实力派，对于他所提倡的国民会议都不理会，他也就偃旗息鼓了。十年援鄂战争终了后，又令张绍曾出名通电主张在庐山开国是会议（十月十日），除了与吴通声气的几个直系督军联电赞成外，各方面的实力派也少有人理会；仅有"国是会议"的名称一时被人民团体采用了。（十月中旬，上海商教联合会通电主张在沪组织国是会议，后改为八团体联合会，议定一种宪法草案。）十年十二月二十三日，旅居北京的旧国会议员忽然发表一道宣言，主张仍由旧国会完成宪法，促进自治。这道宣言的由来，内幕中的情形如何，虽不能详，其为法统恢复运动的见端，并以应付联治运动的潮流，则甚显然；不过各方的实力派，对此也尚未十分动念。恰好此时梁士诒内阁成立，奉直的战争将要逼紧了。在奉直战争的酝酿期中，有两种关于时局进展的传闻：一、奉系方面，与孙中山及皖系联合倒吴，约定于倒吴之后，将广东的非常国会迁回北京，举中山或段祺瑞为总统，而收实权于本系势力宰制之下，这是奉系想利用旧法统的计画；二、直系方面则以其同系地盘的广阔，更与陈炯明通声气，已有统一宇内之势，所恨者东北有一张胡子逼处，西南有一中山死守护法的旗帜，陈炯明不便彰明昭著的与己一致行动，因此也想恢复旧国会，并且抬出黎元洪来，以便打倒中山护法的旗帜，用旧国会制宪，又可以遏制联治的潮流，这是直系想利用旧法统的计画。四月初旬，北京旧国会议员连日集议，继续行使职权，发表宣言。张绍曾附和通电，主张：（一）由国会自由行使职权；（二）由各省共谋根本改造。并谓吴佩孚推重曹（锟）、张（作霖），对于时局亦无成见，但奉直两系当面的争执问题是梁士诒是否卖国的问题，未便将法统问题插入，并且两方非先拼个你死我活，前面的计画也未易实现，因此对于张绍曾的通电尚无人响应。奉直战败后，吴佩孚即于五月十四日通电各省，征求恢复旧国会的意见；十五日，孙传芳即率领部下联名通电说："……南北统一之破裂，既以法律问题为厉阶，统一之归束，即当以恢复法统为捷径，应请黎黄陂复位，召集六年旧国会，速制宪法，共选副座。非常政府原由护法而兴，法统既复，异帜可销。倘有扰乱之徒，即在共弃之列。……"此时孙氏不过是一个长江上游总司令，驻军鄂西，地位、人望都不为人所重视，用他发出这种通电，正是曹锟、吴佩孚掩饰国人耳目的策略；所以曹、吴在十九日还与直系各督联电向各方征求意见，大意说："近来国内人士有倡恢复六年国会者，有倡召集新国会者，有倡国民会议、协同制宪、联省自治者，究以何者为宜？"仿佛他们自己尚无成见。但至二十四日，民六旧国会议员已在天津开筹备成立会，议定进行方法，通电依法自行集会了；二十八日，孙传芳又发出劝告南北两总统同日退位的通电；曹、吴亦于是日通电赞成恢复旧国会；六月一日，旧国会议员一百五十余人在天津开会，发表宣言，即日行使职权，取消南北两政府，另组合法政府；次日，徐世昌退位，曹、吴即领衔联合十省区督军、省长，电请黎元洪复职。从孙传芳第一次建议之日到徐氏退位之日，仅仅半个月工夫，便发生如此的效力，倘非曹、吴早有成算，安能如此神速？原来曹锟早想作总统，（徐世昌当选总统时，曹锟即运动副总统的地位，因为徐世昌想以副座一席留给南方要人作为调和南北的条件，授意新国会参议院议长梁士诒从中作梗，副座的选举未成，曹锟不能达到目的，因此已积怨于徐世昌及梁士诒。）吴佩孚早想拔去中山护法的旗帜，吴景濂、王家襄等一派怀抱铁饭碗目的的议员，窥得曹、吴的意旨，曾与热河都统张绍曾等秘密商洽，以恢复法统的计画，向曹、吴建议，早已得曹、吴的同意，孙传芳的发动，不过是机械的发动罢了。这便是法统恢复的由来。

当时各方对于法统恢复的反响，约可分为下列各派。

一、被抬举的黎元洪 黎氏本人，是一个忠厚长者，当然不能窥破曹、吴的阴谋。章太炎在上海秘密致函黎氏，叫他"杜门高枕，偃仰三月，以待时之变"，意思就是叫他不要受曹、吴的玩弄。但是黎氏禁不得左右一班攀龙附凤的政客们的怂恿，他自己也未免有几分久蛰思起的热情，不过不便一口应承，因于六月六日发出一道几千字的所谓"鱼"电，提出"废督裁兵"的条件来。"废督裁兵"是当时内外舆情所渴望的，黎氏提出这种条件，自然博得一般人的同情，那种捧场喝彩的声浪真是直上云霄。曹、吴一派的督军此时只怕黎氏不肯出来，既肯出来，无论什么条件，口头上都是承认的，"废督裁兵"的一句空话，为什么不能立刻答应呢？他们既答应，黎氏就很高兴出来了；六月十一日便通电："先行入都，暂行大总统职权，维持秩序，候国会开会，听候解决。"于是黎氏重行堕入火坑。

二、被暗算的孙中山　中山不是黎元洪那种傻子，对于直系的阴谋，自然立即窥破。黎元洪发出"废督裁兵"的"鱼"电那天，中山也在广州发出一道宣言，其中重要的文词如下：

> ……六年以来，战争延长，是非莫定，直至今日，法之不可毁，始大白于天下，用兵数载，得此效果，国内问题，似可和平解决。惟现在北方拥有重兵，能操纵北京政权者，厥惟直军。若直军诚能护法，则从此兵不血刃，而国是可定。否则徐世昌虽已潜逃，而直军犹无悔祸诚意，则祸变之来不知伊于胡底。……夫约法之效力不坠，在使国会自由行使其职权，国会之能自由行使职权，在扫除一切不法之武力；否则国会之自由行使职权，不但徒托空言，抑且供人利用，苟求已乱，实以酿乱。故欲使今日以后，国会自由行使职权，不再受非法之蹂

躏，第一当惩办祸国渠魁，第二当保障国会安全。……军兴以来，兵队较前增至倍蓰。此等兵士，来自民间，为不法所驱使，非其本意，一旦裁汰，使之骤失所业，亦所未安，宜悉改为工兵，统率编制，一切如旧，收其武器，与以工具。……直军诸将，为表示诚意服从护法起见，应将所部军队半数，由政府改为工兵，作为停战条件；其余半数，留待与全国军队，同时以次改编。直军诸将，如能履行此条件，本大总统当立饬全国罢兵，恢复和平，共谋建设。若进退失据，惟知假借名义，以涂饰耳目，则岂惟无悔祸之诚，且益长诪张为幻之习；本大总统念民国以前祸乱之由，在姑息养奸，决为国民一扫凶残，务使护法戡乱之主张，完全贯彻，责任始尽。惟我公忠体国之人民，深喻斯旨。

这便是中山“兵工计画”的宣言，意思是要直系武人先解除他们自己的武装一半，才承认他们的尊重法统就是出于诚意，否则仅属“诪张为幻”的阴谋，决不为他们所欺。这种条件，直系自然不能履行。无奈陈炯明已入直系的彀中，演出六月十六日的恶剧，不惟不要直系解除武装，反先将中山的武装解除，使曹、吴暗中称快。但是中山直到放弃广州来到上海后，仍旧不变他的主张，八月十五日在上海发出的宣言，仍旧坚持他的“工兵计画”。不过此时已经失去广州的根据地，直系不把他放在意中了。

三、所谓护法的“民八”议员 旧国会本身，对于法统恢复，彷彿不至有反对的，但自民国六年以来，国会已经不是整个的了。在广州自由集会的旧国会，所以称为“非常国会”，就是因为只有旧国会的半边；民国八年，用非常手段补完，到九年军政府瓦解后，又只剩得小半边了；并且所剩的小半边的成分，以民国八年新补的成分为多，所以称作"民八"的国会。此次恢复旧国会的发动，是由于未赴广州的王家襄一派，及由广州退出的吴景濂一派，与直系军阀弄的勾当，以恢复六年国会解散时的原状为目的，所以称作"民六"国会。"民六"国会的恢复，就是要拆"民八"国会的台。"民八"的议员望着铁饭碗要打破了，因此大起恐慌，六月三日，在广州通电主张继续"民八"国会，否认王家襄等在天津筹备的"民六"国会。但是他们的否认不生效力，"民六"国会渐渐地凑足了法定人数，到八月一日在北京开会了。"民八"的议员因在上海组织一个"法统维持会"，北京也有一部分的"民八"议员组织一个"法统学会"，互相呼应，高唱"民八"为正统之说，于是法统中更有令人肉麻的正统论。他们的理由是："民六"国会的解散法律上本来无效；广州的自由集会本为法律所许；一部分议员放弃职权，不往广州集会，除名另补，乃当然的程序；既经除名之议员，岂尚有职权可复；且有曾充安福国会议员者，有曾任伪政府官吏者，安得靦颜再言法统；要说法统，只有继续"民八"国会，断无恢复"民六"国会之可言。"民六"的议员认定这种铁饭碗原来是他们的，于是反唇相讥，说：广东的除名乃非常会议所为，不合院法，补缺手续亦不完备；此次开会乃由总统明颁撤销"民六"解放之令，在法律上毫无遗恨。于是"民六"、"民八"之争，成为政治舞台上的"双包案"。"民八"议员，得中山的鼓励和孙洪伊的怂恿，纷纷北上，于八月三十日闯入众议院议场，索打议长，竟演出"双包案"的活剧来了。彼此相持约两旬之久，弄得开不成会，"民六"的国会乃于九月十八日举行第二届常会闭会式，以为无抗抵之抵抗。后来政府设置一个什么政府讨论会以谋安插"民八"的失业可怜者,"民八"分子的大部分渐渐软化了,始得到一个不解决的解决。

四、奉系与皖系 张作霖此时是一个战败者,对于所谓法统恢复的问题,自然无过问的余地。但东三省还是在他的宰割之下,无论谁作总统,国会或新或旧,他都不理,他在六月三日通电宣布东三省自治。六月二十日,虽有东三省议会联合会的通电赞成统一,但一面却举张作霖为三省保安总司令;张氏于七月三日召集吴俊陞、孙烈臣开三省军事会议,对于中央,决计持中立态度,不受调和,一面积极训练军队,预备二次的战争。皖系自九年段祺瑞颠覆以后,残余的地盘只剩有浙江一省和上海一隔的淞沪护军使了。浙督卢永祥于徐世昌宣布退位的次日,即通电反对恢复法统之说,谓徐之去职,以政权付诸现内阁摄行,内阁复以迁诸国会,(徐去职时,曾命令国务院暂时摄行大总统职务,国务院则电致天津国会两院议长,声称谨举此权奉还国会,暂以国民资格维持一切。)无法律根据;黎元洪的任期,曾由冯国璋补满,黎则已无职可复。五日,淞沪护军使何丰林即响应卢氏的通电,也表示反对。及黎元洪入京,卢、何二人电黎,都只承认他为"事实上之总统而非法律上之总统"。因为黎元洪主张"废督裁兵",卢氏便于六月十六日自动的废去浙江督军,由所部在浙军官推举卢氏为浙江军务善后督办,其实就是变相的宣告浙江独立;卢氏发出的"号"电说:"自废督之日起,浙江省境内不受任何方面非法侵犯,以防督军制之恢复,并变相督军制之发生。"自此浙江制宪自治的空气越发浓厚了。

五、西南自治的各省 西南各省最重要的本要算两广,陈炯明正在和中山捣乱,已为事实上的表示。其他如湘,如川,如滇、黔，都已树立自治的旗帜，忽闻恢复法统之说，立刻不便作何表示；要承认，恐于割据的自治有碍；要反对，又不知要如何措词才好，所以起初都守静默的态度，不加赞否，及法统恢复，渐次成为事实，始相率表示，一面尊重法统，一面促成联治。唐继尧（唐氏自十年二月被顾品珍逐出云南后，于十一年三月复乘机回滇，战胜顾品珍，恢复原有的地位）于六月二十九日电黎表示拥戴，后又连发两电：其一，说"恢复国会及总统复职，固为护法各省所主张，惟根本解决之方，则在速集南北各省代表，开一联席会议，解决以前纠纷"；其二，说"以经验所得及国民心理所向，集权主义既不适于国情，民治潮流复运输于宇内，此时仍惟实行联省自治，为救国不二法门"。湖南的赵恒惕于七月一日通电，也不否认国会的恢复和黎元洪的复职，但主张"建设联邦化的单一国"，说："国会自由集会，应时势之要求，树百年之大计，首在完成国宪，并予各省以自由制宪之权，或纳省宪大纲于国宪之中。"四川的刘湘，表示大概相同。曹锟、吴佩孚对于唐、赵的主张不予赞成，说统一事件应由国会解决，反对另开联席会议，并说各省军人不宜取轨外行动。赵恒惕后又发表一篇《与曹吴论国是书》，洋洋数千言，反覆解释联邦制的精神和作用，主张于国会制宪之外，有另开各省联合会议的必要。无奈曹、吴以为自己有了旧国会的工具在手里，已经占了上风，不肯容纳他人合理的建议。赵恒惕的洋洋大文终归空费纸墨；不过国内联治的空气，已经很浓厚了。

六、其他的国民团体　除了上面所述五个方面以外，其他的国民团体，对于所谓法统本无所容心；自九年秋间以来，大都趋向于联治运动；不过因为连年的兵乱，所争者表面上都是为一个"法"

字，要替护法的人求得一个偃旗息鼓的下场，压恢复法统来敷衍一下也未尝不可，若要真正解决国内的争端，还是非用联治的方法不可：这是其他国民团体一般心理。当时可以代衰此种心理的团体，在上海有一个八团体联合会的国是会议，（所谓"八团体联合会"，是起于十年十月五日在上海开会的商会联合会，继于十七日加入教育会联合会，称为"商教联合会"，主张在沪开国是会议，至十一年三月，又加入农、工、银行、律师、报界、省议会的六种团体，扩大为八团体，于三月十五日在沪举行开会式，定名为"中华民国八团体国是会议"，这要算是人民自由集合讨论国事的团体。）主张由各省自制省宪，再由各省联合制定中华民国的国宪；他们并且组织了一个"八团体国是会议国宪草拟委员会"。左法统恢复进行的当中，曾用国宪草拟委员会的名义通电，表示他们的主张，并且在七月中旬发布他们所拟定的国宪大纲，内容完全采用联邦分权的办法。在北京方面，还出现了一个学者所组织的言论团体——《努力周报》。他们虽主张恢复旧国会制宪，却不附和什么法统之说；他们认定由旧国会制宪，不过是一种方便的办法；他们劝告黎元洪，叫他自认为事实上的总统；劝告旧国会，叫他们自认为事实上的国会，努力制宪，不要再闹什么无意识的纠纷，作改治的买卖；他们主张采用联邦制，以免军阀割据之祸，很恭维八团体的国宪草案；他们屡次劝告当局，主张召集一个各省联合会议，公开的讨论一切重要问题，解决一切纠纷，若要避免联省之名，不拘叫什么会议都可以。（他们因为孙中山、吴佩孚反对联治，在该报第十八期的短评里面忠告孙、吴，说："只有省自治可以作收回各省军权的代价，只有省自治可以执行'分权于民'和'发展县自治'的政策；只有

不久，广州重建大元帅府，曹锟实行窃位，国会最后的自杀，又转入别一幕的怪剧。

六　中山重回广州建立大元帅府

法统恢复后，曹锟、吴佩孚十分满意；尤其是曹锟，以为护法的旗帜打倒了，现在惟我独尊了，大总统的椅子，立刻就可以坐上去了。谁知他的大总统椅子还不曾坐上去，广州的大元帅府又已建设起来了。

孙中山于十一年八月十四日到上海。陈炯明于八月十五日回广州，不久便自任粤军总司令，准备重作广东王。但是他的广东王也作不得几时，不久又要去作惠州王。原来中山的北伐军从赣南回师，被陈炯明部击败时并未消灭，分两方面退却：许崇智、李福林、黄大伟等部退闽边，朱培德等部的滇军由湘边退桂林。许崇智与闽有历史上的关系，与当时驻军延平的王永泉早有联络。王永泉与闽督李厚基本来都是北洋系段派的爪牙，自段祺瑞一蹶不振后，曹、吴声势日隆，李为保全地位计，颇有转附曹、吴的倾向；王永泉则想夺取闽督的地位，因与许通声气，谋共同逐李。中山在沪也日谋恢复广东的地盘，和奉皖两系依然保持向来关系，就是吴佩孚表面上也向他表示好意；皖系尤想规闽以益浙，而进图江苏。因是许崇智等由闽边与王永泉密谋结合的时候，徐树铮也由上海经过浙江潜往延平，促王永泉与许等共同发动。九月末十月初，王、许等分途向福州进攻，徐树铮于十月二日通电"设立建国军政制置府，自任总领，尊奉中山及段祺瑞为领导，俟拥戴二老践尊位后，即奉身以退"。此时福州还未攻下，徐等限李厚基于二十四小时内退去福州。至十二日，福州被李福林、黄大伟军所占领，李厚基逃去；十七日，许崇智偕徐树铮、王永泉同入福州。许等践约，以闽省军政交王永泉主持，王旋任总司令，民政则推国民党的林森主持。这算是国民党和皖系合作公开之始。此时奉系曾派人向中山献策，主张放弃广东的恢复计画，令福建许崇智等部会同驻桂的滇军分向江西、湖南，进窥武汉，奉方则担任由北部进攻。中山因为痛恨陈炯明，并且有了前次失败的经验，因答复奉方的使者说："孔明欲图中原，先定南中；吾党欲出长江，非先灭陈不可；盖必得广东，乃能有力图长江，否则腹背受敌矣。"乃命以入闽各军编为东路讨贼军，任许崇智为东路讨贼军总司令，黄大伟为第一军军长，许兼第二军军长，李福林为第三军军长，旋由许崇智任蒋中正为总部参谋长，襄办部队的整理改编事宜。陈炯明听到许等在福建活动的消息，如芒刺在背，一刻不能安居；因为从前他自己也是由闽南回粤的，恐怕许等将蹈袭他从前的旧路而行，故于十月六日派洪兆麟为援闽总司令，向闽边戒备。谁知福建方面尚未生问题时，广西方面已发生问题了。中山于许、王等取得福建后，即派邹鲁等南下香港，秘密纠合广西的滇桂各军，由梧州东下，声讨陈炯明。此时在桂的滇军秘密受指挥的，除了前此北伐挫败的朱培德部以外，还有前此由顾品珍派来随从北伐的杨希闵、范石生等部；桂军除了驻扎梧州的刘震寰已与中山的使者通声气以外，还有由赣南再回桂林的沈鸿英（沈本陆荣廷的部下，陆挫败后，转徙于湘赣之间），也表示拥戴中山（实则为夺取广东的一种阴谋）；驻在梧州、肇庆一带的粤军陈济棠、莫雄等部，也允许于滇桂军东下时一致响应。于是在十二月中旬发动，首先取得梧州，各军陆续分途东下，势如破竹，于十二年一月十五日，陈炯明势穷力蹙，率所部退往惠州，通电下野，滇桂各军蜂拥入广州。洪兆麟在汕头看见大势不好，也假意的宣告离陈独立，欢迎中山及在闽的许崇智军回粤。于是陈炯明据粤的幻梦复破。

中山在上海得到这种消息，当然很高兴，但这方是他与大小各军阀恶战苦斗的再行开始。因为广东内部的情形从此更复杂了，中山一面要对付北方的大军阀，一面对于广东内部无数的小军阀，应付尤不容易。除了陈炯明不计外，就是所谓拥戴中山回粤的滇桂各军，有许多都是蒙着一种假面具，想到广东来分割防地、刮削地皮的，例如此次出力很大的杨希闵、刘震寰，后来都成为广东内部统一的障碍物。不过目前的问题，还不是杨、刘，而是被直系利用的沈鸿英。当沈自赣南回至桂林时，北政府便任命沈为桂林镇守使以诱之。及沈附随其他滇桂各军共入广东时，吴佩孚更认沈为收服广东最好的工具，一面迫政府下令任命沈为广东军务督理，（不过张绍曾以和平统一为标榜，起初不肯下此命令，延至三月二十日始任沈为粤省军务督理。）一面令沈相机行事。沈虽阴受曹、吴的运动，但因自己的兵力有限，不能制服许多滇粤桂的军队，故初到广州时未即发难。此时陈炯明散布"客军入境，广东亡省"的流言，想以此离间拥戴中山各派的军队，沈鸿英便利用此种流言，煽动滇军说"魏邦平（时任海陆军警联合维持治安办事处主任）将联合广东各军，解决滇桂各军，非先把他制服不可"。杨希闵一时果然相信，乃用杨希闵、刘震寰的名义，约胡汉民（时受中山命，任粤省长）、邹鲁、魏邦平、陈策等到江防司令部滇军杨如轩的旅部开善后会议。届时杨希闵不到，沈鸿英预先布置，想乘开会时将各重要人物一网打尽，并刘震寰而除之。乃临事时未能如愿，仅仅拘捕了一个魏邦平，其余诸人皆脱险。滇桂各军都看破了沈氏的阴谋，从此严为戒备，沈氏暂时更不敢动了。这是一月后旬内的事。中山在一月后旬内本已预备回粤，及闻此变，暂时中止回粤；于一月二十六日发出一道和平统一的宣言，大旨说：现在陈逆既已逐去，粤局戡定，自当力求和平统一的进行；不过北京政府托言恢复法统，实则国会的纠纷至今未解，各省尚多独立；人民所渴望的"废督裁兵"不惟不见诸实行，反有增兵备战的趋向；可见执政柄兵的人，尚无尊重法律的诚心。假使各方的实力派果能开诚布公，很愿意和他们商量和平统一的方法；所谓和平统一的方法，便是以实行裁兵、化兵为工为唯一下手处；假使办得到，则统一可期，否则"民言可畏，不戢自焚，文爱国若命，将不忍坐视沦胥，弗图拯救。诸君之明，当不复令至此……"二月初，许崇智部粤军也离闽返粤，沈鸿英一时计无所出，于二月六日移驻广州郊外，也通电欢迎中山回粤，主持善后。中山于二月十五日由沪启程南下，二十一日由香港重入广州，又发表一道主张裁兵的宣言，大略说：

> 芝泉、雨亭、子嘉、宋卿、敬舆诸公，先后覆电，均荷赞同。文亦以叛陈既讨，统一可期，虽滇桂粤海军诸将及人民代表属电吁请还粤主持，文仍迟回，思以其时为谋和平统一良好机会；又以沪上交通便利，各方接洽，又最适宜，故陈去已弥月，而文之返粤，固尚未有期也。不图以统筹全国之殷，致小失抚宁一方之雅，江防司令部会议之变，哄动一时，黠者妄思从而利用，间文心膂，飞短流长，以蔽惑国人耳目……文之谋

国，岂或以一隅胜负生其得失也。而直系诸将，据有国内武力之一，乃独于文裁兵主张，久付暗默，怀疑之端，亦无表示。报纸所传，竟谓洛吴对于自治诸省，均欲以武力削平。以平昔信使往还，推之当世诸贤，不容独有此迷梦。贤者固不可测，文于今日犹未忍以不肖之心待之，而深冀其有最终之一悟也。抑文诚信尚未孚于国人，致令此唯一救国之谟，或反疑为相对责难之举，藉非然者，何推之奉张浙卢而准，而于举国人心厌乱之时，复有一二军阀逆此潮流而趋，以邻于悍然不顾一切也。以文与西南护法诸将讨贼伐恶之初志，何难重整义师，相与周旋；顾国人苦兵久矣，频频牺牲，已为至巨，而代价复渺然不可少得，文诚思之心悸。万不获已，惟有先行裁兵，以为国内倡，古人有言，"请自隗始"，以是之故，断然回粤，决裁粤兵之半，以昭示天下。文于今月二十一日，重莅广州矣，抚辑将士，绥靖地方外，首期践文裁兵之言，同时复从事建设，以与吾民更始。……亦冀拥节诸公，翻然景晤，知今日而言图治，舍裁兵实无二途。……若必恃武力以压国人，横决之来，殊可危惧。诸公之明，当不出此。……

这道宣言，分明是警告曹锟、吴佩孚的；其实广东那些小军阀的兵，那里容他去裁呢！并且陈炯明方盘据惠州，图谋反攻；沈鸿英尤好比"箭在弦上"，一触即发。故中山一面宣言裁兵，一面组织大本营自任大元帅，说各军在未裁以前，不能不有一个统率的机关，大元帅的名义，就是用以统率这些复杂的军队的。随于二十四日，以大元帅名义指令："……桂军司令沈鸿英，着将所率全部，移驻肇庆并西江北岸，上至梧州各地方择要防守，所遗北江一带防地，着滇军总司令杨希闵，迅即派队接防；西路讨贼军总司令刘震寰所部，着驻石龙、东莞、虎门各处；东路讨贼军第四师长吕春荣所部，着移驻罗定各地方。……自经规定以后，各部军队，非奉本大元帅命令，不得擅自移动，致滋纷扰。……"三月二日，大元帅的大本营组织告成，分四部、二局、一库及参谋处、秘书处，任职人员如下：

内政部谭延闿	外交部伍朝枢	财政部廖仲恺
建设部邓泽如	法制局古应芬	审计局刘纪文
金库林云陔	参谋处长朱培德	秘书处长杨庶堪

读者须知道：这个大元帅的大本营，便是后来国民政府的远祖。曹锟、吴佩孚，听得南方又有大元帅出现了，天天逼迫北政府明令孙传芳督闽，（李厚基被逐后，北政府即令孙传芳率兵由赣援闽，此时孙偕周荫人军已由闽赣边境，进入福建的延平矣。）沈鸿英督粤，以谋抑制中山；张绍曾原以和平解决相标榜，至率国务员全体辞职，以抗曹、吴；但终拗不过曹、吴，到三月二十日，沈鸿英督理广东军务与孙传芳督理福建军务的命令，终由张绍曾的内阁发出来了。沈在三月二十五日犹通电辞却北政府的任命，二十八日并表示遵照大元帅命令移防西江，设司令部于肇庆；但至四月十日沈以移防西江为名，将军队集中新街、韶关等处开秘密军事会议，到十六日，在新街就任北政府的广东军务督理，通电请中山离去粤境了。幸而中山早有戒备，立即命令各军一致讨沈，沈军不支，约至五月中，沈军全失势，沈鸿英退往南雄，讨沈的战事暂告一段落；大元帅的大本营，算是站稳了。不过在讨沈的战事尚未结束

时，东江方面的陈炯明部又发动了；这一个中山的死对头，便不是一霎时光可以打倒的。东江尚未肃清，曹锟已在北京实行篡位了。

七 曹锟实行篡位的演进

曹锟的势力，本来是全在吴佩孚。因为吴氏不曾传染北洋军阀贪黩的毛病，成了一个硬汉，在当时博得一般国人的同情，所以发生一种力量；而曹为吴所拥戴，所以曹也有势力了。假使吴氏不赞成曹氏作总统，曹氏的总统梦未必果能实现。但曹氏谋作总统，是吴所同意的；不过吴的意思，是要利用法统的假面具，先把南方完全统一了，才拥曹氏登台；而曹则以取得总统为唯一的目标，南方的统一与否尚在其次；彼此意见之间未免有缓急之别，左右捧场的人也随之分为二派；天津、保定方面的徒党都是拥曹的急进派，与洛阳方面不同，因此在同一直系之中，老早就有津保派与洛派的区别。张绍曾组阁以前，洛吴方面的势力比较强一点；张阁成立以后，便成了津保派横行的世界了。边守靖等和吴景濂勾结作买卖的阴谋，起于黎元洪入京复位之先（《努力周报》第六号曾揭载他们阴谋的电报），但当时吴佩孚的声威正在"如日中天"的时候，津保派的小人还不敢撄他的逆鳞，所以不能直切了当的进行。（黎元洪尚未入京，边守靖、吴景濂等即以某某组阁的问题来运动吴佩孚。吴于六月四日致吴景濂、王家襄、边守靖、张绍曾一电，指斥不留余地，电语有云："佩孚等为统一民国，敦请黄陂依法复位，凡有人心，当一致敦促，早定国本。内阁问题，乃元首特权，某何人斯，敢行过问？公等请勿以此相询。周少仆、孙伯兰等才堪组阁，将来自有实现之日，乌用他人代为运动，令国人齿冷。敬舆以避迹远嫌为是，不宜瓜田李下，自取热中之诮。国事至此，政客军人，尚营营只骛私利，真可痛也。幼山、莲伯两兄应即代表议员负责敦请元首刻日还京，以巩中枢，再由元首提出总理，以南北众望允孚者为宜，内幕私图者，均非有心肝之人……"）黎初复位，暂命颜惠庆署理国务总理，组织内阁，到八月初国会开会后，乃提出唐绍仪为国务总理，改组内阁。唐氏知道此时的中央，为直系为中央，无论津保派、洛派，都是不容易对付的，因仅令其亲信人卢信入阁（卢任农商部总长）以敷衍黎氏，己则不就，于是以教育总长王宠惠兼代总理，吴佩孚表面说是不容军人政客干涉组阁，心中却很想宰制内阁，并且想拉几个有名望的人摆在内阁里作面子，于是到九月十九日由王宠惠正式组阁了：

国务总理王宠惠

财政罗文干	教育汤尔和	交通高恩洪
内务孙丹林	陆军张绍曾	外交顾维钧
海军李鼎新	农商高凌蔚	司法徐谦

这个阁员的名单，前面王、罗、汤三人，是在《努力周报》上和蔡元培、胡适等同署名于《我们的政治主张》那篇文章的末尾，主张"好政府"的，所以一般人称之为"好人内阁"；而孙丹林、高恩洪则为吴佩孚的心腹，因是洛吴方面对于这个王内阁很满意，很有意拥护；王宠惠也想暗中将吴佩孚和孙中山二人拉拢；（据邹鲁《中国国民党史稿》说："王宠惠与谢持、邹鲁磋商，欲使吴佩孚信服总理主义。"）但是津保方面，未免有点吃醋了。王内阁的成立，以署理为名（此时国会因抵制"民八"议员闭会，故未提交国会求

同意，十月十日，国会复开会，仍未提交国会）；国会方面，要作政治买卖的人，也很嫉视这个"好人内阁"，蓄意捣乱。到十月初旬，王宠惠等便已不安于位了。(十月五日，王、罗、汤、顾辞职未准；十三日，又上总辞职书，亦未准。）十一月十八日，吴景濂、张伯烈（时为众议院正、副议长）藉口财长罗文干签订奥国借款展期合同，有纳贿情事，私用众议院的院印，办了一封公函，亲自携带，往总统府告密，迫黎元洪立下手谕，令步军统领将罗文干拘捕，送交地方检察厅；次日，府院开联席会议，各阁员皆谓总统违法，即拟令交法院办理，令稿拟就，吴景濂、张伯烈率议员多人人府阻止黎氏盖印，发不出来，这便是有名的"罗案"的掀起。二十日，吴佩孚致电黎元洪责以捕罗之违法；二十三日，曹锟通电攻击罗文干，请组织特别法庭或移转审讯，彻底根究，曹派的督军多附和曹氏。洛吴厌恶国会议员的无聊，要维持这个"好人内阁"；曹氏要见好国会议员，打倒他所不要的"好人内阁"以求他的"大欲"，于是津保派与洛派旗鼓相当，现出裂痕来了。到底吴佩孚不中用，一见附和曹氏的人多，恐怕津保派和他分家，整个直系军阀的势力从此破裂，因此便软化了，随即于二十四日发电声明："拥护黎总统，服从曹使，对'罗案'不再置喙。"王内阁于二十五日全体辞职，二十九日提出汪大燮署阁；汪氏不为津保派所喜，旋即辞去。到十二月中，提出张绍曾组阁，得了津保派和国会的同意，洛吴不再过问了。这便是洛派软化、津保派势力伸张的关头，也便是曹氏篡夺阴谋间接发展的见端。

上面所说，是就直系内部两派的形势，观察曹氏篡夺阴谋的进展。国会方面的丑态，也在"罗案"发生、张阁成立的前后，完全暴露了。当国会初恢复时，有一派人提议，主张此次国会应专事制宪，暂时停止行使其他一切职权，他们的理由是："民国成立十一年，无宪法；前此责任或可诿为外力干涉……此次开会，若不专力制宪，或因政争阻碍制宪进行，则国会咎无旁贷。"这是良心发现了的话，为一般人所赞许的。但是同时便另有一派，主张："先解决现总统是否合法的问题：若合法，他的任期应如何计算；若不合法，国会是否承认现政府为临时政府，而另举大总统。"这便是预备要作政治买卖的话。到十月中旬，果有议员提出一种质问：事实总统的任期，应以何时届满？但此时尚未暴露其他的何种大丑态。到"罗案"发生时，国会和津保派的奸人"瀣沆一气"，已经完全表现了；到张阁成立时，议员公然在"红罗厂卖身"了。（十二年一月《努力周报》第三十八期，揭载高凌蔚的谈话如下："某问：外间谓此次阁下包办最高问题，确否？高答：最高问题，现在时机未至，更无所谓包办。某问：此次二百元之津贴，非由尊处经手乎？所谓包办者即指此也。高答：此事从前系由刘君〔疑即刘梦庚〕与政团接洽，余事前一无所闻。迨本月五日以后某军需官来京借住敝宅，所有各党名册均送至红罗厂，至发生此种误会。至曹巡阅使此举，系仿从前送冰敬炭敬之意，不过联络感情，更无所谓津贴。某问：外间传言阁下与张亚农〔即张伯烈〕之新民社独厚，确否？高答：余对各党向无歧视，亚农此次向余支款，余以不经手银钱谢绝，几为亚农所恼，何厚之有。"后来高凌蔚虽登报否认有此谈话，但议员在红罗厂领津贴，实属事实。）当时曹锟运动作总统的风说，已经传遍南北；直系有几个督军如萧耀南、张福来等，认为时机尚未成熟，恐于直系不利，曾于十二年一月八日致电曹氏，劝他慎重。

（此电恐怕还是吴佩孚暗中所主动的。）但国会议员既已预备作"猪仔"，时机的成熟与否，便全由他们自己去制造罢了。前此推倒王内阁，已把洛吴的威风放下；现在要制造贿选的时机，仍从推倒内阁下手。

张绍曾内阁的阁员，除了教育部的彭允彝、农商部的李根源以外，如内务高凌蔚、交通吴毓麟都是曹锟的奴隶，其他的几个人也大都附曹；张氏自己是一个好虚名而贪恋权势的人，当组阁时，一面巴结津保派的奸人和无耻的国会议员，一面敷衍当时的舆论，宣言以和平统一为标帜，主张召集各省代表会议，共同商定统一、裁兵、理财及各种重要的善后问题。但是各省代表会议，是曹、吴二人所绝对不许可的，（吴佩孚恐怕一开各省代表会议，便酿成联省自治的形势；曹锟恐怕一开各省代表会议，总统问题将要变成代表会议席上的议题，总统的位置将被中山得了去。）因此就职后，对于前此宣言所主张的召集各省代表会议，无形取消了；不久广东的陈炯明被滇桂军所逐，沈鸿英入粤，孙传芳也进入闽境，于是曹、吴二人一致的想借孙、沈二人的武力收服东南，再三迫令张阁正式任命二人为闽粤督理；及孙中山返粤，他们恐怕中山又要在广东作总统，逼迫张氏尤力；张氏以此项任命，无异与东南宣战，未免太与和平统一的宣言相反，于是提出阁员全体的总辞职，此时张阁彷彿已经要倒了，但这虽是那些作买卖的议员所希望的，张氏自身尚有不愿，辞职书提出（三月七日）不到几天，依然觍颜的继续任职，把曹、吴二人所要挟的命令发表（三月二十日）。但倒阁的风浪，已四方八面掀起来了。津保方面的倒阁计画，是在二月后旬已经进行的了。他们的方法是把张去了之后，使黎元洪组阁不成，中枢无主，令军警发生混乱，迫黎去位，但这种秘密计画，多数的"猪仔"议员初尚不知道；他们只要作政治买卖，故他们的倒阁心理，初尚见不到此处；吴景濂曾要求张氏以币制局长的位置，报效摘发"罗文干案"的徐世一，以盐务署长报效王观铭，张氏未允，因此与张反目，鼓励倒阁；津保派很欢喜，暗中助张其势。张氏也勾结一部"猪仔"，结为拥阁的团体。倒阁、拥阁两方相持约一个月之久，未见分晓。到五月后旬，因为制宪经费的问题，倒阁计画，由张阁的内部实现了。

黎元洪复职时，对于自己的地位问题，本通电听候国会解决。国会开会后，对于黎氏的任期问题，意见极不一致；热心制宪的一派，想把黎氏的任期拉长，候宪法公布后，再选总统；附曹的一派，想把黎氏的任期缩短，以便早作大选的买卖；(张耀曾曾有一种解释，谓冯国璋的补任期间在法理上无效，黎氏任期尚有一年三个多月；反对派则谓黎氏任期只能补足洪宪改元及袁氏死亡期间，只有一百六十余日。究之各种解释的法理论，都是一些方便的投机论。) 因为各有各的打算，竟把它搁起来了。到四五月之交，有一班伴着黎元洪吃饭的人，想把黎氏的任期更延长一点，声言黎氏的任期须由袁世凯修改约法、旧约法失效之日算起，要到民国十四年九月始满。于是附曹派的人，忍不住了，五月初旬，由范樵、吴莲炬等提出解释任期案，说："黎氏的补任期只有一百六十余日，现已超过任期许久，应该自动辞职，由国务院摄任，另选总统。"接着提案的达二十余起。黎氏自知不能久干，也咨催两院预备改选。热心制宪派的人，恐怕宪法又制不成功，由国会中所谓省宪同志会联合两院同志，发表宣言，主张制宪、选总同时并进，定八月三十一日以前完成宪法，九月三十日以前选举总统，与公布宪法同日行之。但那些"猪仔"都只热心作买卖，宪法会议屡次开会，不能得到法定人数，宪法完成的希望已经很少；于是热心制宪的人，于五月中提议修改宪法会议规则，一面将法定人数减少，一面规定一种出席费，每次二十元，缺席者则扣岁费二十元，想用金钱买"猪仔"的方法去买宪法。但是这种出席费的总额却不小，财政如是困难，将从何处去搜刮呢？议定后，两院议长率同议员数人去见黎元洪，请设法筹措此项经费，黎氏慨然允诺，立召国务总理张绍曾及阁员吴毓麟、财政次长杨寿柟（财长时不在京）、税务督办孙宝琦等入府，商议筹款方法，当面决定由海关建筑费项下拨借一百二十万元，分四月提拨，每月拨制宪经费十七万元（驻外使馆经费十三万元）；议定后即由黎谕知税务处转总税务司照办。曹锟及津保派的徒党得此消息，认定这是黎元洪看好议员、谋继续当选总统的阴谋，乃令吴毓麟发难，掀起所谓府院的冲突，借口黎总统未将制宪经费案交国务院主办，有背责任内阁制的精神，迫阁员全体于六月六日辞职，于是张内阁倒了。（张绍曾本不愿辞职，津保派诳以驱黎后，仍请曾复职，曾始允辞。发动之日在五月二十六日，是日，国务会议例案毕后，吴毓麟盛气言曰："府方自定国会制宪经费，不经国务会议议决，实有违背责任内阁制精神，予等应如何设法打销。"高凌蔚继言："此中定有黑幕，予等应向黄陂质问究竟。"程克附和其说。张绍曾云："事前我与文泉曾预其事，但一切均由府方规划。"时李根源请假回苏州，未在席间。是日为星期六，例往公府会餐，各阁员就席后，即与黎元洪论难此事，黎以事前曾邀国务总理及财政次长、交通总长等当面商定，不为侵权，吴、高等则谓应交内阁办理，不欢而散。到六月六日开特别国务会议，吴毓麟、高凌蔚、程克主张全体辞职。张绍曾尚未表示，高复言："如总理不愿辞，我辈当单独提出辞呈。"张始答谓："我辈应取同一步骤，要辞大家辞。"彭允彝、李根源默未发言，高即出先行拟好之辞呈电稿二纸，依次签名。发出后，张绍曾等即日赴津。）张阁倒后，接着便由王怀庆、冯玉祥等在北京演"逼宫"的一幕；王承斌在天津新站接演劫车索印的一幕。

六月六日，张绍曾等辞职赴津后，黎即一面派人赴津挽留劝解，一面通电宣示借拨制宪经费经过实情。七日，陆军检阅使冯玉祥、京畿卫戍司令王怀庆、步军统领聂宪藩、警察总监薛之珩等所部军警官佐，集合五百余人到总统府，藉口内阁无人负责，军饷无着，要求直见总统，索问军饷的着落；黎亲出见，答以阴历端午节前二日当可筹发（时距端午节尚有十二天），军警官佐等退出。八日，天安门外的流氓乞丐公民团又出现了；他们也学得学生团体的办法，手执驱黎的各种旗帜，集合开会后，游行至黎元洪的私宅，包围喧闹，黎氏派人召聂宪藩、薛之珩等设法弹压，皆置之不理，夜深始各散去。九日，北京的警察藉口索饷无着，不能枵腹从公，全体罢岗了。自此驱黎的公民团和索饷的军警连日合演双簧剧，向黎氏私宅滋扰，至于将黎宅的电话和自来水管都阻断了。闹到十二日，王怀庆、冯玉祥见黎尚不出走，便向黎呈请辞职，表示不负维持秩序之责任；黎将二人的辞呈退回，二人拒不收受。黎于张氏辞职后，因张无复任希望，曾商请顾维钧、颜惠庆等组阁，顾、颜二人皆知道曹锟的阴谋所在，不敢犯其威棱，辞不肯任。黎又致电曹锟、吴佩孚，向之哀吁，曹当然是不理的。吴是前此表示"拥护总统，服从曹使"的，现在也置之不理了。此时只有一个农商总长李根源愤恨直系恶毒太甚，想扶助黎氏硬抗。十三日，黎氏决计赴津，于出京前拟就几道命令：（一）准张绍曾免职；（二）任命李根源为国务总理；（三）准张阁诸阁员（除李根源以外）全体免职；（四）任命金永炎为陆军总长；（五）裁撤所有巡阅使、副使、陆军检阅使、督军、督理（还有其他两命令），皆由李根源副署盖印后交印铸局发布。这是预备和直系捣乱的。但此时印铸局也为曹党所把持，这些命令都未发出，而黎氏已于十三日午后二时出京。于是"逼宫"的一幕完结。黎出京前，将所有总统的大小印信，交其眷属带往东交民巷的法国医院收藏；高凌蔚等查印信所在不得，立即发电话至天津，命直隶省长王承斌设法截留，王即率同警务处长杨以德并军警多人，乘车到杨村等候黎氏车到，便登车向黎氏查问总统印信的下落；黎初不以实告，王百端威吓，不许黎氏出车站一步，相持至十四日午前四时，黎告以实情；俟北京方面将印信索出，王又出电稿三通，迫黎签名（电稿一致参众两院，一致国务院，一致全国各界，谓因故出京，向国会辞职，由国务院摄行总统职），声言若不签名，将永不放行；黎签名后始得出站。这便是"劫车索印"的一幕。

我们看到曹派这种举动，很有一点不可解的：他们既已如此的不要面孔，尽可直切了当的把曹锟抬到总统的椅子上坐了就是，何必还要经过许多曲折的手续，用许多的金钱，买许多的"猪仔"，投什么选举票呢？但是他们到底不惮烦琐。十四日，高凌蔚几个人，排去张绍曾，自己宣告复职，摄行大总统职务；十六日，又促令吴景濂联络两院的"猪仔"，议决十三日以后黎元洪在津所发命令无效（黎到津后还与李根源故意发命令、发通电，和直系捣乱）；

王怀庆、冯玉祥也自己宣告复职了；曹锟也在保定电令王、冯保持秩序，并且说"国会为国家法律根本所在，务望极力尊崇保护"。两院议员有一部分廉耻还未丧尽的，纷纷离京赴津，或即南下，想在南方另谋救济的方法，此时全国的舆论一致的痛骂曹锟及其走狗；反直派的政客，也奔走联络各方，与曹派决斗；但因彼此同床各梦，终归无效。曹派因为议员走了一部分，恐怕选举总统得不到法定人数；又因为走了的议员，大都是比较热心制宪的人，便用回京制宪的话来挽留他们。骨头比较硬一点的议员，终于不为所动。那些假装的硬汉，由天津跑到上海，再由上海跑到天津，再由天津跑回北京；他们把自己的骨头和五千元的银行支票用天秤较量较量，觉得那五千元的支票还要重一点；他们跑来跑去的时候，就是较量他们自己的骨头和支票的轻重的时候。到十月五日，五百几十个"猪仔"，把他们的骨头和五千元的支票正式交换了；曹锟篡夺的计画，完全成功了。

在"罗案"发生以前，有一部分人，觉得吴佩孚在北洋军阀中比较还像一个人，所以和他表同情。自"罗案"发生以后，吴氏为保持直系整个势力的原故，一意将顺津保派，忍心的望着一班狐狸豺虎的横行；忘却曹氏的势力全在自身，自身的潜势力全在一部分舆论的同情；甘愿曹氏将此一部分舆论的同情毁去，想专用武力来捣乱南方，制服奉系，他的失败不必等到第二次奉直战争，在他将顺津保派肆行无忌的时候，已经决定了；因为一般国人，已认定他也不过是曹锟个人的走狗，从前对他所表的同情都是由于希望和平统一太过的大错误；所以曹锟篡夺的计画成功时，便是吴佩孚的势力毁灭时。

选的前后几天，那五百几十个卖身的议员，觉得彰明昭著的卖身，万目所视，也有点难过，想得一件物品买遮一遮羞，于是把争持十余年以来制不成功的宪法，在两三天工夫以内通过二读、三读；十月十日，曹锟就任总统，吴景濂等也在那一天举行公布宪法的仪式了；并且就那部宪法的内容而论，公然成了一部联邦分权的宪法。但这种"遮羞的宪法"，国民那个理它呢！国会既实行最后的自杀，从此法统也断绝了，护法的旗帜，也没有人再要了，便是联治的运动也到了日落西山的景象了。

第十四章　中国国民党改组与北洋军阀的末路

　　民国十三年以前，中国政治问题，表面上所争的只是一个
"法"字。自所谓法统恢复后，那些坐在法统椅子上的先生们演出
卖身的活剧，制成一部"遮羞的宪法"，从此没有人理会这个"法"
字了。十三年一月（曹锟篡窃成功后的三个月），中国国民党在广
州开第一次全国代表大会，宣告改组，可说是中国政治新局面的开
始。不过在改组后最初的一二年间，中国国民党的真实力量，尚未
十分表现出来；几个旧军阀的巨头，还是睥睨一切。从十三年春到
十五年夏，政治上的重要事变：国民党第一步创造党军，扑灭帝国
主义所卵翼的商团；北方的军阀，相继发生苏浙战争与第二次奉直
战争（此皆为十三年秋冬间之事），接着冯玉祥倒戈，曹、吴倾倒，
成立北洋军阀最后的执政政府。国民党看到执政政府的无希望，决
计不与它合作，而尽力肃清两广的根据地。到十四年秋间，北方的
各军阀又发生了大混战，战至十五年夏间执政政府销灭时，尚无结
束的希望；而国民党内部整理的工作已告完竣，于是它将要和北洋

军阀开始最后的决斗，表现它的真实力量出来了。所以，从十三年春到十五年夏，可以说是国民党养精蓄锐的时期，也便是北洋军阀末路已近的时期。本章所叙述的，就是这时期的经过情形。

一　中国国民党改组前社会思潮的倾向

我们要懂得中国国民党十三年改组的意义，须先懂得改组前社会思潮的倾向。因为国民党十三年改组最重要的所在，就是吸收了许多新成分，好比一个孱弱衰颓的躯体注射了一种强壮剂，培补了一些新血轮，就发生了"返老还少"的效果。但是这种新血轮，并不是顷刻之间可以制造出来的，须经过比较长时间的培养。国民党改组前社会思潮的变化，便是培养这些新血轮的渊源。所以我们在叙述国民党改组的经过以前，须将改组前社会思潮的倾向，略略观察一番。

中国社会的思潮，辛亥以前集中在满汉的问题上面，同盟会虽然标举三民主义，大多数会员的思想，都只集口在狭义的民族主义上面，恰与一般社会思潮的倾向相合，所以得到满清皇位的颠覆结果。满清皇位颠覆后，一般社会的心理，以为共和的黄金时代到了。多数人民所希望的是安居乐业的平和；政党所争的是政权；论坛所讨论的是总统制好呢，还是内阁制好？一院制好呢，还是两院制好？简单的说，就只是政制。此时候所受帝国主义的压迫未尝不利害，然而大家尚没有积极反抗的勇气；民生的穷困未尝不显著，然而大家尚不觉得迫切；所感觉比较迫切的，就只有帝制复活与否的问题。从民国元年到四五年，中国的社会思想，可以说是在一种僵冻的状态中；所有的政论和政党的政治活动，都与一般社会不生多少关系。到帝制运动兴起时，才稍稍有人感觉到此；（黄远庸与《甲寅》杂志记者书云："……居今论政，实不知从何处说起。……根本救济，远意当从提倡新文学入手。总之，当使吾辈思潮如何能与现代思潮相接触，而促其猛醒；而其要义，须与一般人生出交涉；然须以浅近文艺普遍四周……"）但是这种僵冻的状态，实在是不容易骤然变动的。

到帝制运动终了，护法运动开始时，中国的思想界，从国内、国外的两方面得了两个大刺激。国内方面的大刺激，为民国六七年间《新青年》派的文学革命；国外的大刺激，为俄国的社会革命。国内的文学革命，好像与国民党改组无任何关系；孙中山并且是主张保存旧文体，好像与文学革命是立于反对的地位。但我们对于文学革命的效果（关于文学本身的成绩如何，此处可以不论），最低限度不能不承认在文体解放上，给予了国民党一种改良的宣传工具。辛亥以前的革命党机关报《民报》，连高等学堂的学生都有读不懂的（特别是章太炎的文章），现在的高小毕业生——让一步说，初中毕业生——大概都可以读懂中山的"三民主义"的白话经典了罢：这种最低限度的效果，恐怕就是中山也不能不承认。再进一层，由文体解放进展到思想解放，于是所谓文学革命扩大到新文化运动，于是讨论问题，研究主义，言论思想界五花八门，表现一种很活泼的现象；大概自中学以上的学生团体，都要苦苦地撙节些钱出来，发行一种什么短命刊物。这种现象是文学革命以前没有的。俄国的社会革命，约与国内的文学革命同时掀起。以俄皇和他的贵族地主在世界上首屈一指的专制政府，竟被布尔塞维克党把它根本推翻，接着德国的大权皇帝威廉第二，也被社会党赶跑了；这种革命的大风浪，把全世界都震动了，中国社会思想的僵冻状态，也自然不能不为之冲破，何况国内已经兴起了一种新的运动呢！以前国内一般人士觉得中山所提倡的民生主义——即西方的社会主义——只是一种没有实现能力的空想，现在公然表现着这么大的威力。因此和中山一派表同情、抱着急进思想的青年，固然感觉中山的民生主义不是纯粹的空想，便是实际带有保守性质的进步党人，也想借社会主义做对抗军阀的武器。我们可以在进步党人的报纸上，看见署名"知非"的蓝某作提倡研究社会主义的文字；中国人所受俄国社会革命的影响何如，就可想而知了。于是新文化运动的团体内部发生了裂痕，一派趋向提倡社会主义，以为这是救中国的良药，一派以为中国尚没有具备需用社会主义的条件，新青年社因此渐渐分裂；于是我们在北京的《每周评论》和上海的《太平洋月刊》上面，看见胡适和李大钊关于问题与主义的辩论，一个要提倡主义，一个说宜"多研究些问题，少谈些主义"。这就是中国社会思潮发生大变化的征兆。从民国八年到十一二年间，中国新出现的刊物与社会思潮变化有关系，可以令人注意的，略举几种如下：

一、《新潮月刊》（八年一月刊行于北京）；

二、《每周评论》（八年某月刊行于北京）；

三、《努力周刊》（十一年五月刊行于北京）；

上三种是与政党无关系的。

四、《解放与改造》（八年某月刊行于上海）；

以上一种是与进步党人有关系的。

五、《建设月刊》（八年八月刊行于上海）；

六、《星期评论》（八年某月刊行于上海）；

上二种是国民党的言论机关。

七、《向导周刊》（九年刊行于广州，是鼓吹共产主义的言论机关）；

八、《改造》（十一年刊行于上海，初为季刊，次年又创周刊，该社中有主张共产主义的，也有不主张的）。

我们在这些刊物中，可以看见这个时期内，社会思潮各方面的大变化。至于各方面变化的倾向，果否都是健全的，此处不暇讨论；不过由这些社会思潮的变化，要影响到实际的社会活动上去，则为必然不可免的事实。我们再从实际的社会活动上观察，从民国八年到十二年，最惹人注意的事件：

第一，为民国八年的“五四运动”。由北京学生团体数千人的外交示威运动，闹到全国学校罢课、商民罢市（南北和会也间接因此破裂）。它的直接效果，虽然不过是打倒曹、陆、章三个卖国贼，然而这个运动的背景是什么呢？就是反抗军阀的卖国外交（曹、陆、章不过是军阀的走狗），反抗不平等条约；换句话说，就是打倒军阀和帝国主义的第一个暗示。从这一次的运动出发，于是全国各省、各都会都有了学生联合会，又成立了一个全国学生联合总会；我敢大胆的说一句——此时候已经有了长久历史的国民党的组织，和党员间的联络指挥，恐怕还不如这个新成立的全国学生联合会组织的完密，运用的活泼、灵敏。后来共产党和国民党在军阀势力压迫下面的各省，大概是靠着学生联合会作宣传主义、吸收青年党员的大本营，可知道所谓“五四运动”的关系了。

第二，为社会主义团体的成立与罢工风潮的陆续发生。中国在民国元年，虽然已有挂社会党招牌的政党，实在没有多少人理会它。真正社会主义团体的成立，是在新文化运动发生以后。并不是说到了此时，中国已经有了若干的大资本家，需要社会主义，所以社会主义团体就应运而生了；实在是到了此时，受了俄国革命的刺激，思想上起了变化；一般人被国内的军阀和国外的帝国主义压迫得不堪；青年要读书，军阀要打仗，学生家庭的学费和政府的教育经费都被军阀榨取作军费去了，学校时常发生停课的风潮，书也读不成；青年要进工厂，没有工厂可进；国内纵有几个工厂，有许多是帝国主义的、外国人的，进去更不容易；于是新文化运动的急进分子，想把俄国的共产党作为导师，鼓动大多数尚没有阶级意识的无产者一齐联合起来，造成一个无产阶级和军阀的决斗、和帝国主义的决斗。这便是中国共产党产生的由来。（中国的"社会主义青年团"的成立在民国九年，"劳工协会秘书部"的成立在民国九年，到民国十年，共产党才正式成立，在上海开第一次大会。）从民国十年起到民国十二年，我们在报上看见罢工的风潮不断的发生，例如：

十年一月一日，粤汉铁路工人罢工；

三月二日，开平煤矿罢工；

六月十日，京绥铁路机工罢工；

十月十二日，粤汉铁路罢工；

十一月二十日，陇海铁路机师罢工；

十一年一月十二日，香港中华海员罢工；

七月二十二日，汉阳钢铁厂工人罢工；

八月五日，上海丝厂工人罢工；

同日，招商局海员罢工；

八月三十日，京汉铁路工人罢工；

九月八日，粤汉铁路工人罢工；

十月十九日，唐山京奉铁路工人罢工；

十月二十三日，开滦矿局所属五矿区矿工罢工；

十月二十七日，京绥铁路罢工；

十一月某日，汉口英美烟公司工厂工人罢工；

十一月十八日，唐山大学因学生参加开滦矿工罢工风潮被解散；

十二月十五日，正太铁路罢工；

十二年一月十日，汉口花栈工人罢工；

二月四日，京绥铁路工人罢工；

二月七日，汉口军队干涉京汉路罢工，枪杀工人无数；

二月九日，北平学生因汉口枪杀罢工工人，举行示威游行；

二月二十日，正太路工会因罢工风潮，被直晋两政府压迫解散。

以后的不必列举了。

这些罢工风潮，难道是中国的工人真正觉醒了吗？大概十之八九是共产主义的学生在里面作领导的。他们去领导工人的目的就是要促起工人的阶级意识，培养工人的反抗能力，训练成一个与军阀决斗、与帝国主义决斗的大团体。这便是罢工风潮所以陆续产生的内幕。

第三，是国内的知识阶级对于苏俄表示友谊的举动。在民国九年优林以远东共和国代表名义来到北京以前，苏俄政府曾由加拉罕署名向中国发表一通声明书，声明将俄国帝政时代与中国所订的不平等条约一律废弃。此在苏俄当然是一种外交政策，想向远东求出路；但在中国一般人士，觉得苏俄的劳农政府到底是比帝政府时代要好，很愿意接受他们的好意，和他们携手作朋友。无奈中国的军阀政府被白色帝国主义的外交团胁住了，不敢接受苏俄这种声明，所以优林在北京住了几个月，外交上不曾得到一点成绩，但是他和北京大学的教授、学生们却发生了一点关系。到十一年八月十二日，苏俄的代表越飞到北京；二十一日，北京新潮社等十四个团体，便以国民的团体资格开宴会欢迎他。这是中国国民外交史上罕有的举动，这十四个团体里面虽然不包含有几个共产党员，但这种宴会的意义绝对不是共产党联俄意义，也不是国民党联俄意义（此时中山和越飞尚未晤面），实在是中国的知识阶级代表国民全体对苏俄表示友好的意义。这种意义的举动，就是当时的军阀政府也不敢说他们不对，不过那些白色帝国主义的外交团用一种嫉妒的眼光，在旁睨视，很含醋意罢了。越飞在正式的外交上，虽然也不曾得到成绩，但是中国国民愿意和苏俄接近的情形．却很明白了。

前面所举的三项事实，都是在国民党改组以前表现的。第一项（由"五四运动"结成全国的学生联合会）是表现中国社会思潮有要求一种新的国民的结合的倾向；第二项和第三项更是后来国民党所谓"容共"、"联俄"的背景。这种倾向的精神，简单的归纳起来，便只是希望打倒军阀，打倒帝国主义。国民党十三年改组，便只是应这种希望而生的。下节再述国民党改组的经过。

二　中国国民党改组的经过

中国国民党改组的经过，可以分作三个阶段：民国八年确定党的名称，是第一个阶段；十二年预备"容共联俄"，始公开的向国民宣言，是第二个阶段；到十三年实行"容共联俄"，才到了改组完成的第三个阶段。依次叙述如下：

民国元年、二年的国民党，被袁世凯解散后，中山于民国三年在日本东京组织"中华革命党"，把从前国民党的所谓温和分子淘汰出去。但"中华革命党"是一种秘密的革命团体，因为在外国居留地政府立案的关系，有些支部仍旧沿用"国民党"三字的名称；在国内也不能公开的组党。到袁世凯死后，"中华革命党"的团体并不曾消灭；许多党员本来是从前国民党的党员，并且是国会议员，因为国会恢复，暗中以中华革命党的党团作用联络其他的旧国民党员，用别种名目在国会里面活动。所以表面上，"中华革命党"、"国民党"两种名称，都不曾公开的揭举出来。而在海外，则一种团体有两种并存的名目，极不统一，因此在民国八年以前，曾经通令海内外各支部一律恢复"国民党"的名称。但据缅甸支部八年三月十日的印刷通告，附记谓："本支部自去年（七年）由'中华革命党'改组为'中国国民党'，惟历接上海本部来件印章，俱用'中华国民党'，故本支部亦当从之，以昭划一。"可见在八年三月十日以前，本部所用的名称与支部所用的名称尚不统一，有以"中华"两字为冠词的，有以"中国"两字为冠词的。到八年十月十日，始由上海的本部公布一种改正的规约，通告各支部一律改用"中国国民党"的名义，于是名称始确定。从七年到八年，中山因为军政府改组，被桂系军阀和政学会所排挤，离粤居沪，一面著书谋改造国民的心理，一面整理党务。《孙文学说》和《实业计画》的两种著作，合称为《建国方略》的（前者为心理的建设，后者为物质的建设），都在此时期内草成发表。他在七年八月三十日通告海内外同志的书中说："……文深信吾党实系中国之存亡，使吾党弛而不张，则中国或几乎息；是断不能以蹶踬而磨灭其壮志，犹之操舟逆流，须策群力以相支柱。文深有望诸君子之同喻斯旨也。归沪而后，益感救亡之策，必先事吾党之扩张，故亟重订党章，以促党务之发达。"所以八年十月有改正的党章发布，把名称统一确定了。我们于此可知道民国七八年间是中山护法失败的时期，是南北军阀势力纷起蓬兴的时期，也便是中国国民党新生命胚胎时期，并且恰好是国内新文化运动勃兴的时期。这是第一个阶段。

在第一个阶段内，中国国民党的新生命虽然应时胚胎了，但与一般国民尚不曾发生若何关系，因为尚不曾公开的进行党务，（邹鲁《中国国民党史稿》谓："此时北方为徐世昌所盘据，南方亦为陆荣廷所占有，故党务不能在国内公开，进行者海外耳。以故八年十月十日所定之规约，几全注意于海外……"）不曾发表甚么对国民的宣言和具体的政纲。到民国九年，因得了海外同志经济上的援助，令陈炯明的粤军回粤，取得了广东的地盘，党务略为注重，但也只把党章及海外总支部章程稍微修改了一下，仍不曾发表甚么宣言和政策。及民国十一年夏间，陈炯明背叛，中山蒙难，一般国民都只认为孙、陈个人的争政权，并不觉得陈炯明是叛党；党内的机关报骂陈炯明叛逆，而党外的知识阶级里面竟有说他们是抬出旧道德的死尸来攻击陈炯明的；这就是因为此时的中国国民党还是在一种秘密结社的情态中，没有向一般国民公开的表示，一般国民并不认识孙、陈在党中的地位关系，所以并不觉得陈氏如何的不对。归结一句，从八年到十一年，中国国民党虽然存在了，还只是该党"老同志"的国民党，与一般国民无交涉。自中山蒙难到沪后，国民党便要开始发生第二阶段的变化了。中山本来有"在革命期内需要一党专政"的信念，并且认定党的组织需要严密，党员宜绝对服从党魁的指挥；所以他的革命方略，有军政、训政、宪政三时期的划分及组织中华革命党时党章的制定，更把这种一党专政、服从党魁的精神尽量发挥；及见俄国的布尔塞维克党用这种方法发生了效果，中山的信念越加坚决了。但事实上，俄国的一党专政成了功，中山还是失败；俄国的布尔塞维克党员，能受他们的列宁的指挥，中国国民党却不能由中山指挥如意，并且生出陈炯明这种叛徒来，这不能不使中山对于自己的党的组织和革命方法加以反省，对于列宁所用的组织方法加以印证参考。此时中国的共产党已经成立，且已加入第三国际，苏俄因为被白色帝国主义压迫，也很想向东方求朋友；（据汪精卫的政治报告，中山在民国七年由粤来沪时，曾致电苏俄庆祝他们的成功，鼓励他们继续奋斗。其时各国皆仇视苏俄，列宁得到中山的电报，因之大为感动，视为东方的光明来了，自此积极的想与中国的民党联络。苏俄派到东方来的专使，有一个叫做马林。汪氏说："马林在民国十年曾到广西，总理当时正在桂林，马林去见他。总理当时曾去电到广州给廖仲恺……说他从前听闻苏俄实行共产，很是诧异，以为俄国的经济状况，共产的条件还未具备，从何实行？马林来，才知道俄国之新经济政策，实与他的实业计画差不多一样，所以非常高兴。这便是联俄的起点了。可是马林来到广州以后，他却表示非常失望，他以为除去俄新经济政策与总理实业计画相符合这一点觉得高兴外，此外一切，他都失望。他对陈炯明与本党的组织方法、宣传方法，都表示失望。他并且断定香港政府必不容广东政府的发展，陈炯明与总理一定不能相容；这些话他对廖仲恺同志和兄弟都一样说法。……”这是在中山未蒙难以前的事。）中山于十一年八月十三日被难抵沪，苏俄的代表越飞也于中山抵沪的前一日到了北京。越飞一面在北京与北方的国民团体相酬应，一面即派人携函来沪与中山接洽，彼此的意见，渐趋接近。（孙中山先生手札墨迹中，载有十一年八月三十日与蒋介石书云：“某事近已由其代表专人带函，来问远东大局问题及解决之法，予已一一答之。从此彼此已通问讯，凡事当易商量矣。彼有一军事随员同行，已请彼先派此员来沪，以备详询军事情形，想不久可到也。望兄稍愈则当早来筹备一切。……”可见越飞到北京后，即与中山通函通使。又同年十一月二十一日，中山与蒋介石书云：“……兄前有志于西图，我近日在沪已代兄行之矣，现已大得其要领。然其中情形之复杂，事件之麻烦，恐较之福州情形当过百十倍〔时福州方为许崇智等所下，蒋介石亦在福州。〕此无怪吾国之志士乘兴而往彼都者，悉皆败兴而返。吾幸而得彼津梁，从此可日为接近。然根本之办法，必在吾人稍有凭藉，乃能有所措施。若毫无所藉，则虽如吾国之青年共产党，与彼主义完全相同矣，亦奚能为。所以彼都人士只有劝共产党之加入国民党者，职是故也。此可知非先得凭藉不可。欲得凭藉，非恢复广东不可。……”此函中所谓情形复杂、事件麻烦，大约即指容许共产党加入国民党事，苏俄代表以此为条件。）此时中国的共产党员，也已经有来加入国民党的了。（据汪精卫的政治报告说，共产党员最先加入国民党的为李大钊，是由张继介绍来的，也在中山蒙难居沪时。）中山在与越飞接洽的当中，便决计将中国国民党的组织改进；于十一年九月四日，召集在沪各省同志张继等五十三人交换意见，一致赞同改组；九月六日，指定茅祖权等九人为改组案起草委员；到十一月十五日，又召集各省同志五十余人审查全案，推胡汉民、汪精卫为宣言起草委员；十二月十六日，召集同志将宣言稿审查修正，由中山采定，于十二年一月一日发表。这便是中国国民党十二年的改组（十二年改组的宣言及政纲见本节附录一）。这次改组可注意之点：一、从中华革命党改为中国国民党以后，至此方向全国国民公开的发表宣言，提出比较具体的政策。二、重新将三民主义为明白广义的解释。例如民族主义在同盟会时代是极狭义的，以推翻满族的特殊优越地位为目的，满清皇位颠覆后，以为民族主义不适用了，并且恐怕惹起国内五族间的裂痕来，所以由同盟会改为国民党时，便把民族主义舍弃了；中华革命党时代也不要民族主义，专取民权、民生的二民主义（因为中华革命党是以推倒袁世凯为目的）；由中华革命党改为中国国民党时正是欧战终了和议开始时，所谓"民族自决"的声浪复由西方播及东方，渐悟及民族主义尚有广义的解释，故仍恢复三民主义；但在民国十二年以前，并未将这种主义的解释明白表示出来，至此始在宣言里面表示，说："吾党所持之民族主义，消极的为除去民族间之不平等，积极的为团结国内各民族，完成一大中华民族，内以促全国民族之进化，外以谋世界民族之平等。""打倒帝国主义"、"废除不平等条约"的口号虽然尚未提出，"力谋改正条约，恢复我国国际上自由平等地位"，则已成为此次宣言上具体的政纲了。所谓民权主义，也由"建设共和"扩充到"直接民权"的意义；民生主义，由"平均地权"扩充到"节制资本"的意义了。这是第二个阶段。

这次改组，所以不曾达到完成的地步，有很明显的几点：一、党章和干部机关的组织虽然经过一番改变，但还不曾采用苏俄赤党那种细密严切方法；二、干部人员的分配虽然有变更，新旧党员的吸收、淘汰尚未充分的进行；三、共产党员虽已有加入的，但尚不曾公开的容共；四、苏俄的政策虽在进行之中，也尚未达到成熟的进步。自一月一日发表宣言后，到同月二十六日，中山与越飞发表一篇联合宣言，不久中山回广州重建大元帅政府，越飞也往日本的热海养病去了。据汪精卫的政治报告说，越飞往日本时，中山命廖仲恺和越飞同行，"彼此在热海同住了一月。此时东方人未知道的许多事情，廖同志便已知之甚详，如俄国之现状，俄国对东方被压迫民族之态度，与俄国何以想和中国携手之原因，都已十分了解。所以……廖同志由东京回广州，帮助总理作联俄的工作，当时许多同志怀疑，而廖同志却很勇敢坚决的去干……因为有一个月之久和越飞互相辩论，把各种问题通通研究过了。由此总理与苏俄的关系更日深一日了。是年（十二年）夏间，总理更派蒋介石同志赴俄；蒋同志到莫斯科时，列宁已经病重，但也见过托罗斯基诸人，经过一番切实考察，知道红军的组织和共产党森严的纪律，遂为后日回国改组本党开建党军之一大动机；总理从此便决定与俄携手，共同奋斗，程度又进一步；苏俄也决定，想帮助东方民族革命，非帮助本党不可，因此才派鲍罗廷先生到广东来，其时正当陈炯明、林虎的军队陷了石龙，攻到广州近郊，用尽了滇、桂、粤、湘、鄂、豫诸军的力，才把他打退。鲍罗廷先生到粤后，与总理商量许久，才决定改组本党，因此才有十三年一月本党改组之事"（上皆汪精卫在十五年国民党全国代表大会席上政治报告语）。改组的决定在十二年冬初，是年十一月，预先发表一篇改组宣言，由中山委任邓泽如、林森、廖仲恺、谭平山、陈树人、孙科、许崇清、谢英伯、杨庶湛等九人为临时中央执行委员（还有候补执行委员五人），请鲍罗廷为顾问；在广州开始党员的严重登记，着手市党部、区党部、区分部的组织；分头调查农工及中产阶级状况；统一宣传机关，并限制党员对外发表关于党务的意见；设讲习所以训练各区分部执行委员；定十三年一月二十日开全国代表大会，（代表名额，每省六人，由总理指派三人，各省党员互推三人，海外总支部约十二人。）并定大会议事日程纲要。到十三年一月二十日，全国代表大会在广州如期开会了。到会出席的共一百六十五人，由中山以总理的资格主席。中山的开会词中，有些很可注意的语句。例如：

> ……我从前见得中国太纷乱，民智太幼稚，国民没有正确的政治思想，所以便主张"以党治国"。但到今天想想，我觉得这句话还是太早。此刻的国家还是太乱，社会还是退步，所以国民党的责任还是要先"建国"，尚未到治国。从前革命党推翻满清，不过推倒清朝的大皇帝；但大皇帝推倒之后，便生出了无数的小皇帝……故中国现在还不能像英美，以党治国……我们必要另作一番工夫，把国家再造一次。……

> ……我们十三年以来，在政治上得到了种种经验，发明了种种方法……此次召集各省同志来广州开这个大会，就是把这些方法公诸大家来采纳。……诸君得了这些新方法，要带回各地方去实行。至于这些新方法的来源，是本党把先进的革命国家和后进的革命国家，在革命未成功之前、已成功之后所得的种种革命方法，来参考比较，细心酌斟才定出来的。当中不完备的地方在所不免，所以还要这个大会，请大家来研究；以后

便要请大家赞成，到各地去实行。……此次国民党改组，有两件事：第一件是改组国民党，要把国民党再来组织一个有力量有具体的政党；第二件便是用政党的力量，去改造国家。所以这次国民党改组，第一件是改组国民党的问题，第二件是改造国家的问题。……

这些话的意思，便是要把民国十几年来的历史截断，采用新的革命方法，从新造党以建国，要"把党放在国上"（"把党放在国上"，也是中山在会议席上所说的话）。开会后，即由中山指定主席团五人（胡汉民、汪精卫、林森、谢持、李守常），提出国民党宣言案付审查。会议日期的经过共十天，至三十日午后闭会。在会议的进行中，苏俄代表加拉罕来电致贺，由大会表决覆电致谢，忽接到列宁逝世消息，由大会表决去电致哀，并延会三日：这是"联俄"政策公开的表现。在会议进行中，又有提议"本党党员不得加入他党"的，意思是想限制共产党员，李大钊即出面声明，说："第三国际共产党员，加入本党系服从本党主义，遵守本党党章，参加国民革命，绝对非想将国民党化为共产党，其加入本党，系以个人资格加入本党，非以党团作用加入本党。"这是容共政策的明白解释。十天当中，议决了许多重要议案（最重要的为全国第一次代表大会宣言及新定之国民党章程），选定中央执行委员二十四人（胡汉民、汪精卫、张静江、廖仲恺、李烈钧、居正、戴季陶、林森、柏文蔚、丁惟汾、石瑛、邹鲁、谭延闿、覃振、谭平山、石青阳、熊克武、李大钊、恩克巴图、王法勤、于右任、杨希闵、叶楚伧、于树德），候补执行委员十七人，中央监察委员五人（邓泽如、吴稚晖、李石曾、张继、谢持），候补监察委员五人。于是中国国民党改组的工作完竣，到了第三个阶段。

改组后的主义精神，可于大会宣言的全文中窥见，全文共分三大段，第一段述中国之现状，第二段说明国民党的三民主义，第三段分别列举依主义而采定对内对外的政纲（参见附录二）。改组后的组织系统，依新定的党章，略如下图：

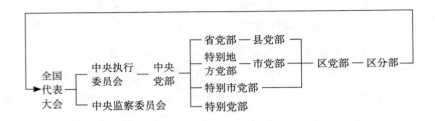

依前图，全国代表大会为全党的最高机关；区分部为全党组织最下层的基础。省以下的各级也皆有代表大会（惟区分部则为党员全体大会），皆有执行委员会。代表大会为各级的权力机关，大会闭会时则由执行委员会行使，这是改组后组织的大概（详细组织可参看国民党章程）。

第一次代表大会闭会后，立即依据新章组织各级机关，向民众作宣传的工作。以前的宣传不过是领袖个人的文章或讲演的宣传，此后的宣传乃为大规模、有系统、有组织的宣传。中国国民党从此渐渐地与国民发生关系了。

（附录一）**中国国民党宣言（十二年一月一日）**

中国之所以革命，与革命之所以成功，原因虽繁，约而言之，不外历史之留遗，与时代之进化而已。盖以言民族，有史以来，其始以一民族成一国家，其继乃与他民族糅合抟聚以成一大民族，民族之种类愈多，国家之版图亦随以愈广。以言民权，则民为邦本之义，深入于人心，四千余年残贼之独夫，鲜能逃民众之斧钺。以言民生，则不患寡而患不均之说，由学理演为事实；求治者以摧抑豪强为能事，以杜绝兼并为顺德，贫富之隔，未甚悬殊。凡此三者，历史之留遗，所以浸渍而繁滋者，至丰且厚，此吾人所以能自立于世界者也，然民族无平等之结合，民权无确立之制度，民生无均衡之组织，故革命战争，循环不已，盛衰起伏，视为固然，而未由睹长治久安之效。近世以来，革命思潮，磅礴于欧，渐渍于美，波荡于东亚，所谓民族主义，民权主义，民生主义，乃由磨砻而愈进于光明，由增益而愈趋于完美，此世界所同，而非一隅所能外者。我国当此，亦不能不激励奋发，于革命史上，开一新纪元矣。

本党总理孙先生文，内审中国之情势，外察世界之潮流，兼收众长，益以新创；乃以三民主义为立国之本原，五权宪法为制度之纲领，俾民治臻于极轨，国基安于磐石，且以跻于有进而无退，一治而不复乱之域焉。夫革命之内容，既异于前代；革命之手段，亦因以不同。前代革命，昼起于民众，及其成功，则取独夫而代之，不复与民众为伍。今日革命则立于民众之地位，而为之向导，所关切者，民众之利益，所发抒者，民众之情感。于民众之未喻，则劳心焦思，瘏口哓音，以申儆之，且不恤排万难，冒万险，以身为之先，及其既喻，则相与努力，锲而不舍，务蕲于成而后已。故革命事业由民众发之，亦由民众成之。本此宗旨，爰有兴中会之组织。事出非常，顿遭挫折，继以时势之推移，人心之感动，志于革命者，乃如水之随地而涌，于是更扩而为同盟会。党员遍于各省，而弥漫于海外。主义之宣传与实行，前仆后继，枕藉相望；党员为主义而流之血，殆足以涤尽赤县之腥膻矣！清廷既覆，民国肇兴，以为破坏已终，建设方始，宪政实施，宜有政党，故国民党因以成立。中更癸丑之变，痛邦基未固，国难方殷，复有中华革命党之改组；集合同志，努力与卖国称帝者为敌，及帝制既踣，革命之进行，于以停止。既而武人毁法倡乱，国内汹汹，连兵数载，未获宁息。同人感于主义之未贯彻，责任之无旁贷，乃更组织中国国民党，以与全国人士共谋完成民国建国之大业，而期无负初衷焉。盖吾党名称虽有因革，规则有损益，而主义则始终一贯，无或稍改。溯自兴中会以至于今，垂三十年，吾党为国致力，虽稍稍有所成就，而挫折亦至多。顾所成就者，为主义之成就；而所挫折者，则非主义之挫折，特进行之偶然颠踬而已。民国以前，吾党本主义以建立民国；民国以后，则本主义以捍卫民国。前此数年，为民国与非民国之争，最近数年，为法与非法之争。反对者挟持之力非不甚强，然卒于一蹶而不能复振，盖其所施为者，违反国情，悖逆时势，有以使然也。然亦惟反对者之梗阻，与中立者之观望，遂致国民之建设事业，进行迟滞，三民主义尚未能完全实现，五权宪法亦未得制定施行，此吾党所为旁皇不可终日者。抚已有之成效，既不敢不自勉，思现在之缺憾，又不敢不自奋；则惟有夙夜黾勉，前进不已，以求最后之成功已耳！所谓成功者，亦一人一党之谓，乃中华民国由阽危而巩固，而发扬光大之谓也。本党同人，爰据斯旨，依三民、五权之原则，对国家建设计画，及现所采用之政策，谨依次陈述于国民之前：

一、前清专制，持其"宁赠朋友，不与家奴"之政策，屡牺牲我民族之权利，与各国立不平等之条约。至今清廷虽覆，而我竟陷于为列强殖民地之地位矣。故吾党所持之民族主义：消极的，为除去民族间不平等；积极的，为团结国内各民族，完成一大中华民族。欧战以还，民族自决之义，日愈昌明，吾人当仍本此精神，内以促全国民族之进化，外以谋世界民族之平等，其大要如左：

甲　厉行教育普及，增进全国民族之文化。

乙　力图改正条约，恢复我国国际上自由平等之地位。

二、现行代议制度，已成民权之弩末；阶级选举，易为少数所操纵。欲践民权之真义，爰有下列之主张：

甲　实行普选制度，废除以资产为标准之阶级选举。

乙　以人民集会或总投票之方式，直接行使创制、复决、罢免各权。

丙　确定人民有集会、结社、言论、出版、居住、信仰之绝对自由权。

三、欧美经济之患在不均，不均则争；中国之患在贫，贫则宜开发富源以富之。惟富而不均，则仍不免于争，故思患预防，宜以欧美为鉴，力谋社会经济之均等发展，及关于社会经济一切问题，同时图适当之解决，其纲领如左：

甲　由国家规定土地法，使用土地法，及地价税法；在一定时期以后，私人之土地所有权，不得超过法定限度；私人所有土地，由地主估报价值于国家，国家就价征税，并于必要时得依报价收买之。

乙　铁路、矿山、森林、水利，及其他大规模之工商业，应属于全民者，由国家设立机关经营管理之，并得由工人参与一部分之管理权。

丙　清查户口，整理耕地，调正粮食之产销，以谋民食之均足。

丁　改良币制，以实货为交易之中准，并订定税法。整理国债，以保全国经济之安宁。

戊　制定工人保护法，以改良劳动者之生活状况，徐谋劳资间地位之平等。

己　确认妇女与男子地位之平等，并扶助其均等的发展。

庚　改良农村组织，增进农人生活，徐谋地主佃户地位之平等。

同人所计画，尚有不止于是者，右所陈述，特其涯略。其余国家重大事项，将依本党规程，就专任委员研究之结果，继续就商于邦人君子，谨此宣言。

中华民国十二年一月一日　中国国民党本部

（附录二）中国国民党第一次全国代表大会宣言（十三年一月三十日）

一　中国之现状

中国之革命，发轫于甲午以后，盛于庚子，而成于辛亥，卒颠覆君政。夫革命非能突然发生也，自满洲入据中国以来，民族间不平之气，抑郁已久，海禁既开，列强之帝国主义，如怒潮骤至，武力的掠夺与经济的压迫，使中国丧失独立，陷于半殖民地之地位。满洲政府既无方以御外侮，而钳制家奴之政策，且行之益厉，适足以侧媚列强。吾党之士，追随本党总理孙先生之后，知非颠覆满洲，无由改造中国，乃奋然而起，为国民前驱；激进不已，以至于辛亥，然后颠覆满洲之举，始告厥成。故知革命之目的，非仅仅在于颠覆满洲而已，乃在于满洲颠覆以后，得从事于改造中国。依当时之趋向，民族方面，由一民族之专横宰制过渡于诸民族之平等结合；政治方面，由专制制度过渡于民权制度；经济方面，由手工业的生产过渡于资本制度的生产。循是以进，必能使半殖民地的中国变而为独立的中国，以屹然于世界。

然而当时之实际，乃适不如所期，革命虽号成功，而革命政府所能实际表现者，仅仅为民族解放主义。曾几何时，已为情势所迫，不得已而与反革命的专制阶级谋妥协。此种妥协，实间接与帝国主义相调和，遂为革命第一次失败之根源。夫当时代表反革命的专制阶级者，实为袁世凯，其所挟持之势力，初非甚强，而革命党人乃不能胜之者，则为当时欲竭力避免国内战争之延长，且尚未能获一有组织、有纪律、能了解本身之职任与目的之政党故也。使当时而有此政党，则必能抵制袁世凯之阴谋，以取得胜利，而必不为其所乘。夫袁世凯者，北洋军阀之首领，时与列强相勾结，一切反革命的专制阶级，如武人官僚辈，皆依附之以求生存，而革命党人乃以政权让渡于彼，其致失败，又何待言。

袁世凯既死，革命之事业，仍屡遭失败，其结果使国内军阀暴戾恣睢，自为刀俎，而以人民为鱼肉，一切政治上民权主义之建设，皆无可言。不特此也，军阀本身与人民利害相反，不足以自存，故凡为军阀者，莫不与列强之帝国主义发生关系。所谓民国政府，已为军阀所控制，军阀即利用之，结欢于列强，以求自固，而列强亦即利用之，资以大借款，充其军费，使中国内乱，纠纷不已，以获取利权，各占势力范围。由此点观之，可知中国内乱，实有造于列强，列强在中国利益相冲突，乃假手于军阀，杀吾民以求逞。不特此也，内乱又足以阻滞中国实业之发展，使国内市场充斥外货。坐是之故，是中国之实业，即在中国境内，犹不能与外国资本竞争，其为祸之酷，不止吾国政治上之生命为之剥夺，即经济上之生命亦为之剥夺无余矣。试环顾国内，自革命失败以来，中等阶级频经激变，尤为困苦；小企业家渐趋破产，小手工业家渐致失业，沦为流氓，流为兵匪；农民无力以营本业，以其土地廉价售人，生活日以困，租税日以重。如是惨状，触目皆是，犹得不谓已濒绝境乎？

　　由是言之，自辛亥革命以后，以迄于今，中国之情况，不但无进步可言，且有江河日下之势；军阀之专横，列强之侵蚀，日益加厉，令中国深入半殖民地之泥犁地狱，此全国人民所为疾首蹙额。而有识者所以彷徨日夜，急欲为全国人民求一生路者也。

　　然所谓生路者如何乎？国内务党派以至于个人，暨外国人，多有拟议及此者，试简单归纳各种拟议，以一评骘其当否，而分述如下。

一曰立宪派　此派之拟议，以为今日中国之大患，在于无法，苟能藉宪法以谋统一，则分崩离析之局，庶可收拾。曾不思宪法之所以能有效力，全恃民众之拥护，假使只有白纸黑字之宪法，决不能保证民权，俾不受军阀之摧残。元年以来，尝有约法矣，然专制余孽，军阀官僚，僭窃擅权，无恶不作。此辈一日不去，宪法一日不生效力，无异废纸，何补民权？迩者曹锟以非法行贿，尸位北京，亦尝藉所谓宪法以为文饰之具矣，而其所为，乃与宪法若风马牛不相及。故知推行宪法之先决问题，首先在民众之能拥护宪法与否。舍本求末，无有是处。不特此也，民众果无组织，虽有宪法，即民众自身亦不能运用之，纵无军阀之摧残，其为具文自若也。故立宪派只知求宪法，而绝不顾及将何以拥护宪法，何以运用宪法，即可知其无组织，无方法，无勇气以真为宪法而奋斗。宪法之成立，惟在列强及军阀之势力颠覆之后耳。

二曰联省自治派　此派之拟议，以为造成中国今日之乱象，由于中央政府权力过重，故当分其权力于各省，各省自治已成，则中央政府权力日削，无所恃以为恶也。曾不思今日北京政府权力，初非法律所赋予，人民所承认，乃由大军阀攘夺而得之。大军阀既挟持暴力，以把持中央政府，复利用中央政府，以扩充其暴力。吾人不谋所以毁灭大军阀之暴力，使不得挟持中央政府以为恶，乃反欲藉各省小军阀之力，以谋削减中央政府之权能，是何为耶？推其结果，不过分裂中国，使小军阀各占一省，自谋利益，以与挟持中央政府之大军阀相安于无事而已，何自治之足云！夫真正的自治，诚为至当，亦诚适合于民族之需要与精神。然此等真正的自治，必待中国全体独立之后，始能有成；中国全体尚未能获得自由，而欲一部分先能获得自由，岂可能者？故知争回自治之运动，决不能与争回民族独立之运动分道而行，自由之中国以内，始能有自由之省，一省以内，所有经济问题、政治问题、社会问题，惟有于全国之规模中始能解决。则各省真正自治之实现，必在全国国民革命胜利之后，亦已显然。愿国人一思之也。

三曰和平会议派　国内苦战争久矣，和平会议之说，应之而生，提倡而赞和者，中国人有然，外国人亦有然。果循此道而得和平，宁非国人之所望，然知不可能也，何则？构成中国之战祸，实为互相角立之军阀，此互相角立之军阀，各愿其利益，矛盾至于极端，已无调和之可能。即使可能，亦不过各军阀间利益，得以调和而已，于民众之利益，固无与也，此仅军阀之联合，尚不得谓国家之统一也，民众果何需于此乎？此等和平会议之结果，必无以异于欧战议和所得之结果。列强利益相冲突，使欧洲各小国不得和平统一。中国之不能统一，亦此数国之利益为之梗也。至于知调和之不可能，而欲冀各派之势力保持均衡，使不相冲突，以苟安于一时者，则更为梦想。何则？盖事实上不能禁各军阀中之一派不对于他派而施以攻击，且凡属军阀，莫不拥有雇佣军队，推其结果，不能不出于争战，出于掠夺，盖掠夺于邻省，较之掠夺于本省为尤易也。

四曰商人政府派　为此说者，盖鉴于今日之祸，由军阀官僚所造成，故欲以资本家起而代之也。虽然军阀官僚所以为民众厌恶者，以其不能代表民众也，商人独能代表民众利益乎？此当知者一也。军阀政府托命于外人，而其恶益著，民众之恶之亦益深；商人政府若亦托命于外人，则亦一丘之貉而已。此所当知者二也。故吾人虽不反对商人政府，而吾人之要求则在于全体平民自己组织政府，以代表全体平民之利益，不限于商界；且其政府必为独立的，不求助于人，而维恃全体平民自己之意力。

如上所述，足知各种拟议，虽或出于救国之诚意，然终为空议；其甚者则本无诚意，而徒出于恶意的讥评而已。

吾国民党，则夙以国民革命、实行三民主义为中国唯一生路。兹综观中国之现状，益知进行国民革命之不可懈。故再详阐主义，发布政纲，以宣告全国。

二　国民党之主义

国民党之主义维何？即孙先生所提倡之三民主义是已。本此主义以立政纲，吾人以为救国之道，舍此末由，国民革命之逐步进行，皆当循此原则，此次毅然改组，于组织及纪律特加之意，即期于使党员各尽所能，努力奋斗，以求主义贯彻。去年十一月二十五日孙先生之演说，及此次大会孙先生对于中国现状及国民党改组问题之演述，言之綦详，兹综合之，对于三民主义为郑重之阐明。盖必明了于此主义之真释，然后对于中国之现状而谋救济之方策，始得有所依据也。

一、民族主义　国民党之民族主义，有两面之意义：一则中国民族自求解放；二则中国境内各民族一律平等。

第一方面　国民党之民族主义，其目的在使中国民族得自由独立于世界。辛亥以前，满洲以一民族宰制于上，而列强之帝国主义，复从而包围之，故当时民族主义之运动，其作用在脱离满洲之宰制政策与列强之瓜分政策。辛亥以后，满洲之宰制政策，已为国民运动所摧毁，而列强之帝国主义则包围如故，瓜分之说，变为共管，易言之，武力的掠夺，变为经济的压迫而已，其结果足使中国民族失其独立与自由则一也。国内之军阀，既与帝国主义相勾结，而资产阶级亦眈眈然欲起而分其馂余，故中国民族政治上、经济上皆日即于憔悴。国民党人因不得不继续努力，以求中国民族解放，其所恃为后盾者，实为多数之民众，若知识阶级，若农夫，若工人，若商人是已。盖民族主义，对于任何阶级，其意义皆不外免除帝国主义之侵略。其在实业界，苟无民族主义，则列强之经济的压迫，致自国生产永无发展之可能；其在劳动界，苟无民族主义，则依附帝国主义而生存之军阀及国内外之资本家，足以蚀其生命而有余。故民族解放之斗争，对于多数之民众，其目标皆不外反帝国主义而已，帝国主义受民族主义运动之打击而有所削弱，则此多数之民众，即能因而发展其组织，且从而巩固之，以备继续之斗争，此则国民党能事实上证明之者。吾人欲证实民族主义实为健全之反帝国主义，则当努力于赞助国内各种平民阶级之组织，以发扬国民之能力。盖惟国民党与民众深切结合之后，中国民族之真正自由与独立，始有可望也。

第二方面　辛亥以前，满洲以一民族宰制于上，具如上述，辛亥以后，满洲宰制政策既已摧毁无余，则国内诸民族宜可得平等之结合，国民党之民族主义所要求者即在于此。然不幸而中国之政府乃为专制余孽之军阀所盘据，中国旧日之帝国主义，死灰不免复燃，于是国内诸民族因以有杌陧不安之象，遂使少数民族疑国民党之主张亦非诚意。故今后国民党为求民族主义之贯彻，当得国内诸民族之谅解，时时晓示其在中国国民革命运动中之共同利益。今国民党在宣传主义之时，正欲积集其势力，自当随国内革命势力之伸张，而渐与诸民族为有组织的联结，及讲求种种具体的解决民族问题之方法矣。国民党敢郑重宣言，承认中国以内各民族之自决权，于反对帝国主义及军阀之革命，获得胜利以后，当组织自日统一的（各民族自由联合的）中华民国。

二、民权主义　国民党之民权主义，于间接民权之外，复行直接民权。即为国民者，不但有选举权，且兼有创制、复决、罢免诸权也。民权运动之方式，规定于宪法，以孙先生所创之五权分立为之原则，即立法、司法、行政、考试、监察，五权分立是也。凡此既以济代议政治之穷，亦以矫选举制度之弊。近世各国所谓民权制度，往往为资产阶级所专有，适成为压迫平民之工具。若国民党之民权主义，则为一般平民所共有，非少数者所得而私也。于此有当知者，国民党之民权主义，与所谓"天赋人权"者殊科，而求所以适合于现在中国革命之需要。盖民国之民权，惟民国之国民乃能享之，必不轻授此权于反对民国之人，使得藉以破坏民国。详言之，则凡属反对帝国主义之个人及团体，均得享有一切自由及权利，而凡卖国罔民以效忠于帝国主义及军阀者，无论其为团体或个人，皆不得享有此种自由及权利。

三、民生主义 国民党之民生主义，其最重要之原则，不外二者：一曰平均地权；二曰节制资本。盖酿成经济组织之不平均者，莫大于土地权之为少数人所操纵，故当为国家规定土地法、土地使用法、土地征收法及地价税法。私人所有土地，由地主估价呈报政府，国家就价征税，并于必要时依报价收买之，此则平均地权之要旨也。凡本国人及外国人之企业，或有独占的性质，或规模过大为私人之力所不能办者，如银行、铁路、航路之属，由国家经营管理之，使私有资本制度不能操纵国民之生计，此则节制资本之要旨也。举此二者，则民生主义之进行，可期得良好之基础。于此犹有当为农民告者，中国以农立国，而全国各阶级所受痛苦，以农民为尤甚。国民党之主张，则以为农民之缺乏田地，沦为佃户者，国家当给以土地，资其耕作，并为之整顿水利，移殖荒徼，以均地力。农民之缺乏资本，至于高利借贷以负债终身者，国家为之筹设调剂机关，如农民银行等，供其匮乏，然后农民得享人生应有之乐。又有当为工人告者，中国工人之生活绝无保障，国民党之主张，则以为工人之失业者，皆当努力以求其实现。凡此皆民生主义所有事也。

中国以内，自北至南，自通商都会以至于穷乡僻壤，贫乏之农夫，劳苦之工人，所在皆是因其所处之地位与所感之痛苦，类皆相同，其要求解放之情，至为迫切，则其反抗帝国主义之意，亦必至为强烈。故国民革命之运动，必恃本国农夫工人之参加，然后可以决胜，盖无可疑者。国民党于此，一方面当对于农夫工人之运动，以全力助其开展，辅助其经济组织，使日趋于发达，以期增进国民革命运动之实力。一方面又当对于农夫工人要求参加国民党，相与为不断之努力，以促国民革命运动之进行。盖国民党现正从事于反抗帝国主义与军阀，反抗不利于农夫工人之特殊阶级，以谋农夫工人之解放，质言之，即为农夫工人而奋斗，亦即农夫工人为自身而奋斗也。

国民党之三民主义，其真释具如此。而本党改组后，以严格之规律的精神，树立本党组织之基础，对于本党党员，用各种适当方法，施以教育及训练，俾成为能宣传主义、运动群众、组织政治之革命的人才；同时以本党全力，对于全国国民为普遍的宣传，使加入革命运动，取得政权，克服民敌。至于既取得政权树立政府之时，为制止国内反革命运动及各国帝国主义压制吾国民众胜利的阴谋，芟除实行国民党主义之一切障碍，更应以党为掌握政权之中枢。盖惟有组织有权威之党，乃为革命的民众之本据，能为全国国民尽此忠实之义务故耳。

三　国民党之政纲

吾人于党纲固悉力以求贯澈，顾以道途之远，工程之巨，诚未敢谓咄嗟有成，而中国之现状，危迫已甚，不能不立谋救济。故吾人所以刻刻不忘者，尤在准备实行政纲，为第一步之救济方法，谨列举具体的要求，作为政纲，凡中国以内，有能认国家利益高出于一人或一派之利益者，幸相与明办而公行之。

甲　对外政策

一、一切不平等条约，如外人租借地、领事裁判权、外人管理关税权，以及外人在中国境内行使一切政治的权力侵害中国主权者，皆当取消，重订双方平等互尊主权之条约。

二、凡自愿放弃一切特权之国家，及愿废止破坏中国主权之条约者，中国皆将认为最惠国。

三、中国与列强所订其他条约有损中国之利益者，须重新审定。务以不害双方主权为原则。

四、中国所借外债，当在使中国政治上、实业上不受损失之范围内保证并偿还之。

五、庚子赔款，当完全划作教育经费。

六、中国境内不负责任之政府，如贿选窃僭之北京政府，其所借外债，非以增进人民之幸福，乃为维持军阀之地位，俾得行使贿买，侵吞盗用。此等债款，中国人民不负偿还之责任。

七、召集各省职业团体（银行界、商会等）、社会团体（教育机关等），组织会议，筹备偿还外债之方法，以求脱离因困顿于债务而陷于国际的半殖民地之地位。

乙　对内政策

一、关于中央及地方之权限，采均权主义，凡事务有全国一致之性质者，划归中央；有因地制宜之性质者，划归地方，不偏于中央集权制或地方分权制。

二、各省人民得自定宪法，自举省长，但宪法不与国宪相抵触。省长一方面为本省自治之监督，一方面受中央指挥以处理国家行政事务。

三、确定县为自治单位。自治之县，其人民有直接选举及罢免官吏之权，有直接创制及复决法律之权。

土地之税收，地价之增益，公地之生产，山林川泽之息，矿产水力之利，皆为地方政府之所有，用以经营地方人民之事业，及育幼、养老、济贫、救灾、卫生等各种公共之需要。各县之天然富源、各大规模之工商事业，本县资力不能发展兴办者，国家当加以协助，其所获纯利，国家与地方均之。

各县对于国家之负担，当以县岁入百分之几为国家之收入，其限度不得少于百分之十，不得超过于百分之五十。

四、实行普通选举，废除以资产为标准之阶级选举。

五、整订各种考试制度，以救选举制度之穷。

六、确定人民有集会、结社、言论、出版、居住、信仰之完全自由权。

七、将现时募兵制度渐改为征兵制度，同时注意改善下级军官及兵士之经济状况，并增进其法律地位，施行军队中之农业教育及职业教育，严定军官之资格，改革任免军官之方法。

八、严定田赋地税之法定额，禁止一切额外征收，如厘金等类，当一切废绝之。

九、清查户口，整理耕地，调查粮食之产销，以谋民食之均足。

十、改良农村组织，增进农人生活。

十一、制定劳工法，改良劳动者之生活状况，保障劳工团体，并扶助其发展。

十二、于法律上、经济上、教育上、社会上确认男女平等之原则，助进文化之发展。

十三、厉行教育普及，以全力发展儿童本位之教育，整理学制系统，增高教育经费，并保障其独立。

十四、由国家规定土地法、土地使用法、土地征收法及地价税法。私人所有土地，由地主估价呈报政府，国家就价征税，并于必要时得依报价收买之。

十五、企业之有独占的性质者及为私人之力所不能办者，如铁路航道等，当由国家经营管理之。

以上所举细目，皆吾人所认为党纲之最小限度，目前救济中国之第一步方法。

三　中国国民党改组后在广东奋斗的第一年

中国国民党改组后在广东奋斗的第一年，真是最艰难困苦的一年。因为环境的险恶，在事实上不能表现如何的大成绩，但国民革命军的基础，在这一年已经立定了。兹就当时的环境，和主要的设施及所遇事变，分别略述如次：

一、当时的环境　当时的中国国民党，虽有中山所主持的大元帅政府设在广东，但实际上大元帅政府的势力几乎不能出广州一步；广州以外，几乎无处不是敌人。东江一带，为陈炯明、林虎、洪兆麟辈所盘踞，军队共约三万人；粤南为邓本殷、申保藩等所盘踞，军队也有三万人上下：这是大元帅政府彰明昭著的敌人。站在大元帅旗帜下面的，有杨希闵所统的滇军，刘震寰所统的桂军，谭延闿所统的湘军，朱培德所统的滇军，许崇智所统的粤军，李福林所统的福军，樊钟秀所统的豫军，以外还有些零星部队，人数、实力彷佛也不弱。假使这些军队都能听大元帅的指挥，不难把东南两路的敌人立即扑灭。但是这些站在大元帅旗下的军队，实际上也有许多是大元帅政府的敌人，不过一时尚不能辨别得十分清白；其中最有势力的军队，要算是杨希闵、刘震寰的两部——因为驱逐陈炯明、拥护中山回粤的，是得此两部之力——但最不听命令、不受指挥的，也要算这两部。所以在国民党改组的前后，那个大元帅政府实在没有一点力量。中山很明白这种情形，所以在国民党改组、选定中央执行委员时，就把重要的军队首领也选定几个纳入中央执行委员会中——如谭延闿、杨希闵，都是第一届的中央执行委员——中山以为中央执行委员会是党的最高权力机关，把他们加入在里面，庶几可以真正行使党的最高权力，实现各种整理政务并发展党势的计画。谁知事实上却大不然。因为杨希闵、刘震寰之徒，都是借拥护中山的三民主义为名到广东来发财的，心目中并没有党；所有党的议决，都置之不理。当时广东的财政收入，几乎全在杨、刘部下的手中，不肯放松一点；谭延闿所部的湘军被杨希闵压迫，几有不能生存之势，当时湘军中有四句很可怜的话："饥不得食，寒不得衣，病不得药，死不得埋。"而杨、刘两部的滇桂军，则一手遮天，横行无忌。中山实在痛心不过了，有一次在军事会议席上，当着杨、刘等一班军官，作很沉痛的演说。他说：

　　……滇桂军各军官！你们赶走了陈炯明　我是很感激你们的。当时我在上海，没有一点实力，原本不想回到广州，只是想用心著书，把我的政见，向广东父老兄弟宣传。后来你们都派人来到上海，要求我即时回到广东，自誓要实心拥护我，服从我的命令，实行我的主义，我更是感激你们。因此我才决意回来。谁知你们都是戴着我的帽子，来蹂躏我的家乡。我是革命党人，牺牲是不惜的。如果于国家有益，我就约同广东的父老兄弟一齐牺牲，也都是愿意的。可惜你们把我的家乡这样蹂蹦，而于国事是毫无益处的，那我就不能再和各位一块办事，我不得不和你们离开，我要回香山去了。

当时杨、刘等听了中山这番话，也装着很感动的样子，都答复中山说："大元帅何必生气！你要我们怎样，我们此后都服从你就是了。"中山于是提出一件统一财政的议案来，当场一致通过了。但是散会以后，依旧一点不能实行，各军依旧分割防区，把持税收，肥区的军队饱欲死，瘠区的饥欲死，到底没有办法。到九月里，中山委廖仲恺做财政总长兼广东财政厅长，又兼军需总监，把所有财政全权交他一人，希望他把财政统一起来。廖仲恺当时发出一道通电，说明财政不统一之害与统一之利，大意说：如果各军都肯捐除私见，则把现在的收入分配各军是很够的；如果各军仍旧是任由所部的骄兵悍将、贪官污吏随意剥削人民，则必至军队不能打仗，官吏不能做事，人民也日益穷苦。他的意思是想各军将财权交还。各军接到他的通电，也发出许多响应的电来，答复得很漂亮，但都是空口说空话，没有一个人肯交出一个钱来。廖仲恺因此向中山辞职，说："使我做这样的财政当局，不过是替大元帅多担一个恶名；不如准我辞职，或者可以使人民知道是不法军队把持的罪过。"于是他把一切财政权交还大元帅，专在中央党部办理党务，并任黄埔军官学校党代表，从事政治训练的工作。这是当时大元帅政府内部的军队财政情形，可以说是与国民党改组前无丝毫分别。

再说当时广东的商民，对于大元帅政府的情感。原来广东自洪宪帝制战争以来，几乎没有一年不是在客军蹂躏宰割之下。广东在中国各省中，虽然是比较财力丰盛的省分，经过这样长期间的搜刮，一般商民实在也是疲敝不堪了。陈炯明假粤人治粤的名目，排挤客军；中山却依滇桂等客军的力量，来树立大元帅府作革命的事业；中山虽然说"我是革命党人，牺牲是不惜的。如果于国家有益，就约同广东的父老兄弟一齐牺牲，也都是愿意的"；一般商民，那里能够懂得这种道理呢！他们只觉得中山是要利用客军争政权报陈炯明的仇，连累他们受苦；不知中山自己对于那些"戴着他的帽子，蹂躏他的家乡"的豺狼，也是痛恨极了。所以自大元帅政府成立以来，一般商民已经不十分热心拥护；及到国民党改组，把"容共联俄"的政策明白表现出来，大家以为这就是赤祸来了。虽然国民党改组后对于经济方面的主张，并不曾反对私有财产制度，一面扶植农工，一面仍保护商民，但是改组后的宣传工作偏重农工方面（中央党部初仅设青年部、工人部、农民部；后来虽然添设了实业部和商人部，但宣传工作的进行，实偏重农工）。因此一般商民，对于大元帅政府的感情，更加恶化了。

还有一个大敌人，就是帝国主义的香港政府。该政府对广东的革命政府向来不怀好感，加以英帝国与苏俄，已成为"赤白"的劲敌；鲍罗廷一到广东，香港政府就寝不安席了，知道国民党与苏俄合作，要打倒帝国主义，首当其冲的便是香港——英帝国的殖民地。因此挑拨广东的商民，援助陈炯明等一班军阀，刻刻以推翻广东的革命政府为务。当时的香港，几成为各种反革命势力的策源地。

概括起来：当时广东的大元帅政府，里里外外，无处不是敌人；内部的骄兵悍将，东南两路的军阀，短视的苟民，帝国主义的金钱、武器和阴谋，四方八面压迫着，使得广州的革命势力，不容易生存。这便是当时的环境。

二、国民党的设施　国民党改组后第一年内最重要的设施，总要算黄埔军官学校的创立。中山革了几十年的命，办了几十年的革命党，从来不曾有过真正的革命军。革命的方法，只是用革命党去运动固有的军队，或插入固有的军队，使为革命党所用，从来不曾自己创造一种真有革命性的军队。所以革来革去，只革出无数的小军阀来。例如陈炯明所部粤军的全部，说是曾经宣誓入党的，并且是中山用全力培植起来的，总可以算是党军了（朱执信说它是党的遗腹子，因为民国七年中山去粤仅留此军在闽南，为后来驱逐桂系的基础），然而围攻观音山总统府的就是这种党军；我们考察这种粤军的来历，原来就是从前朱庆澜所部二十营的老军队，由中山在桂系手中争来，给与陈炯明的。中山自经过这一次的挫折后，知道一般拥戴他的旧军队都是不可倚靠的；要想革命事业发展，非自己创造一种党军不可；而创造党军的基础，就在首先养成一班澈底了解主义而有革命精神的军官。十二年夏间，派遣蒋中正往苏俄，考察赤卫军的训练组织，是他最重要任务之一。到国民党改组时，蒋中正由莫斯科回国，中山就命他筹备"中国国民党陆军军官学校"，以黄埔旧海军学校为校址（因此后来通称为黄埔军官学校），于十三年五月开学，即以蒋为校长。开学的那天，中山到校演说中有一段如下：

> ……民国的基础，一点都没有，这个原因，简单说，就是由于我们革命只有革命党的奋斗，没有革命军的奋斗。因为没有革命军的奋斗，所以一般官僚军阀，便把持民国，我们的革命，便不能完全成功。今天开这个学校的希望，就是要从今天起，把革命的事业重新创造，要这学校的学生来做根本，成立革命军。诸位学生，就是将来革命军的骨干……

黄埔军官学校的目的，既是如此，所以在招收学生时，就加了一番很严密的选择工夫，必定要对于中国国民党的主义精神，有相当的了解，年富力强、意气旺盛的人，然后才被收录。入校后的训练，精神方面与技术方面同时并重。内部的组织，就是后来党军组织的模范；校中设党代表，按部组织党部党团；党代表权力之大，与校长并行。这种组织后来扩充到军队中的各级（由军党代表到连党代表）。第一届中央执行委员会第三次全体会议，对于党军校及党军队之训令中，有下列二则：

甲、在军校及军队中所有一切命令，均由党代表副署，由校长或由该管长官执行；军中党的决议，其执行亦须遵此秩序。

乙、所有一切军校及军队中之法令规则，经党代表副署者完全有效（反之不副署者则无效）。

这种组织，就是要使这种军校和军队，真正成为党的工具，不使变为私人的工具，颇与中国从前的监军制相似，但实际是由苏俄赤卫军的组织模仿而来的。

黄埔军校初次开学时，据蒋中正的报告（十五年国民党全国代表会议席上报告）说："其时只有学生四百六十几人，军械既少，经费又没有着落；因为广东所有的财政收入，都由滇桂军把持去了。因之甚么事都不能做；不但学生求学不成，学校全部都几乎不能支持，当然这里面有许多曲折，更有许多障碍：因为反革命的军队，知道了军官学校的目的，就深怕我们成功；他们知道我们成立之后，一定要反对他们，他们就不能再搜刮人民了；所以千方百计来破坏。"看他这段报告，我们可以知道黄埔军校初成立时艰难困苦的情形。但是革命军的基础终于由此立定了，那些反革命的滇桂军生命纵能延长，也不十分久了。

三、北伐进行中的商团事变 黄埔军校在十三年五月才成立；三数月内，决不能有党军的产生；然则在短期间内也决不能有北伐的力量，这是很明白的。但是在十三年九月中旬，中山又出师韶关，进行北伐的事宜了。我们须知道，此次的北伐，也是由内外的环境逼迫而来的。第一次北方军阀的战争已经开始，苏浙战争于九月一日爆发，第二次奉直战争也在积极准备中。原来自曹锟篡窃总统的位置以来，国内各方面已形成一种反直的大联合。皖派的段祺瑞、卢永祥，奉天的张作霖等都与中山有联络；国民党虽与这些军阀都不相容的，但对于打倒曹锟、吴佩孚这一点，目前总是一致的。苏浙军事行动既起，中山不能坐视，让机会失去；这是进行北伐的一个动机。第二，广州的环境十分恶劣，颇有借此另辟新天地，别求新生路的意思。我们试看中山将行出师北伐前，向广东人民发表的宣言可知。(宣言的后段如下："……文率诸军四围冲击，转输供亿，苦我父老昆弟至矣。军事既殷，军需自繁，罗掘多方，犹不能给，于是病民之诸捐杂税，繁然并起，其结果，人民生活受其牵制，物价日腾，生事日艰。夫革命为全国人民之责任，而广东人民所担为独多，此已足致广东人民之不平矣；而间有骄兵悍将，不修军纪，为暴于民；贪官污吏，托名筹饷，因缘为利。驯致人民之生命自由财产，无所保障，交通为之断绝，廛市为之凋敝，此尤足令人民叹息痛恨，此革命政府所由旁皇夙夜，莫知所措者也。广东人民，身受痛苦，对于革命政府，渐形失望，而在商民为尤然。殊不知革命主义为一事，革命进行方法又为一事。革命主义，革命政府始终尽力以求贯彻；革命进行方法，则革命政府不惮应环境以求适宜。广东今日此等现状，乃革命进行方法未善有以使然，于主义无与。若以现状之未善而谤及于主义之本身，以反对革命政府之存在，则革命政府为拥护其主义计，不得不谋压服此等反对企图而使之销灭。……故为广东人民计，为商民计，莫若拥护革命政府，实行革命主义，同时与革命政府协商改善革命之进行方法。盖前此大病在人民守其不问国事之习，不与革命政府合作；而革命政府为存在计，不得不以强力取资于民，政府与人民间遂生隔阂。今者革命政府，不恤改弦更张，以求与人民合作，特郑重明白宣言如左：一、在最短期内，悉调各军实行北伐；二、以广东付之广东人民，实行自治，广东市政府克日改组，市长付之民选，以为全省自治之先导；三、现在一切苛捐杂税悉数蠲除，由民选官吏另订税则。以上三者，革命政府已决心实行。广东人民当知关于革命进行之方法，革命政府不惜徇人民意旨从事改善；惟我广东人民，对于革命之主义当以热诚扶助革命政府使之早日实现。政府、人民同心同德以当大敌……中华民国实嘉赖之。"）他知道广东一般的商民，因为受了各种骄兵悍将的剥削蹂躏，对于革命政府很有恶感，想假北伐的机会，把那些军队调遣出去，再由革命政府把广东内部的财政来整理，希望人民体谅政府这种意思，与政府合作（所以在出师北伐时，委廖仲恺为财政总长、军需总监兼广东财政厅长，见前段）。万一军队有不听他的调遣的，他也无可如何，就只好让一般人民知道这些军队的行为是反革命的行为，不是出于革命政府的意思；一面率领那些受调遣的军队向外另辟新生路，韶关就是另辟新生路的根据地（中山想以韶关为训练党军的根据地，在中山与蒋介石各书中可以看出。参看《中山先生手札墨迹》）。这大概是出师北伐的别一个动机。中山于九月十三日发表讨曹的宣言，以大元帅职务交胡汉民代行，已则偕谭延闿移驻韶关。结果，被调遣去的军队，就只有谭延闿所部的湘军、朱培德所部的滇军、樊钟秀所部的豫军，而杨希闵、刘震寰所部的滇桂军，依旧盘据广州附近各地，不受调遣，因此廖仲恺的财政统一计画依旧不能实现，不过杨、刘辈的反动情态，从此更为革命政府所明白认定了（所以蒋介石的军事报告说，十三年的北伐是革命政府辨别内部军队的"试金石"。凡不受调遣的，便知道是敌军，非把他解决不可）。至于北伐，在这种情形之下，当然得不到效果的。在北伐进行的当中，革命政府遇着一件很重要的事变，就是所谓"商团事变"。这件事变，也可以说是革命政府一个重要的生死关头。原因就是起于广东商民，对革命政府不满。英帝国的香港政府暗中操纵，想打倒国民党的革命政府，树立一个商人政府来代替它；陈炯明和内部滇桂军，也有从中勾结的举动。事变的发端，在中山出师北伐前很久。在五月后旬，广东市政厅宣布一件"统一马路业权案"，依此案须抽收铺底捐。广东全市商界七十二行因开代表会议，决定总罢市，并召集商团及乡团以防政府之武力压迫；后来政府把"统一马路业权案"取消了，罢市风潮虽得解决，而商团、乡团却从此议定了一种联防章程，是为商团案发生之始。八月一日，商团团长陈廉伯（英国汇丰银行买办）由粤汉路总理许崇浩介绍向军府领到一张买枪的执照。此照发出之后，不过四天，大批枪械（九千余杆）便已由一只丹麦船名"哈佛号"的运载入口。中山得到消息，知道陈廉伯与陈炯明有勾结，商团的作用是蓄意来反抗政府的；这批枪械是早已买定，并且已经运到，特候骗到执照，方行入口，否则入口没有这么快。中山因命将枪械全部扣留在黄埔军校。查悉军械数目与领发执照时所报数目亦不相符，政府认为私运，商团不服，便引起商团罢市的风潮来。英国总领事公然出来干涉，于八月二十七日，致一类似"哀的美敦书"的通牒于革命政府的外交部，说：听闻华军将要轰击商团，若果属实，英国海军司令官也将炮击华军。中山因向英帝国麦克唐纳内阁提出抗议。当时革命政府以所处环境太恶，很想向商团委曲求全。滇军范石生、廖行超等，本与商团有勾结，乃以第三者名义从中调停，与商团签约担保政府将枪械全数发还，而以商团报效政府军费五十万元为条件，因种种关系未能实行。后来中山允由各处乡团及商团，直接备价向大本营领枪，免致整批枪械落入商团少数野心家之手，而商团代表坚持须由代表全数领去转发。双方相持，不能解决。到十月初旬，政府酌定折衷办法，发还长短枪五千杆，交与商团代表转发，由商团缴足二十万元，并抽全市房租捐一个月，及各商店立即开市。商团允诺了。遂定于十月十日将长短枪五千杆由黄埔运赴西壕口，交商团领收。恰好这一天是双十节，有学生、工人、农民等集会庆祝游行，与那些领得枪支的商团发生冲突；商团开枪，把徒手游行的群众打死了许多人。到第二天商团联合会散发传单，称政府发还枪支不及半数，非俟全数发还，不可开市。故仍有半数商店，未曾开市。商团总部又发出布告说：本团派团兵巡街，如有不法之徒扰乱治安，准予痛剿，司时并迫令开市的商店，继续罢市。一面宣传东江陈军不日来攻，一面煽动北江方面许多民团准备应援，截断广州韶关间的交通。此时广州局势的严重，我们从中山与蒋介石的书中可以看出。中山在十月十一日几天之内，由韶关连发数函，要蒋把所有军械即速运往韶关（由俄国接济的第一批军械，也在十月初旬到广州，存于黄埔军校，许多军队想把它瓜分），并劝蒋舍去广州，同往韶关，把韶关作练兵场所（参看《中山先生手札墨迹》）。广州方面的领袖，也因为滇桂军不可靠，有主张退出广州，将一切机关及队伍移驻西江肇庆的；其形势的险恶可知。最后觉得广州根本之地不可轻易动摇，然后商同那些尚可调遣的军队，如许崇智的粤军、李福林的福军、吴铁城的警卫军，与黄埔军校的学生军合拢一起，于十月十四晚开始行动，至十五日把那些商团包围，全体缴械。所谓"商团事变"至此全行解决，广州的革命政府才去了一个大威吓。这是黄埔学生军第一次参与军事行动的小试其技。商团缴械后，黄埔军校便用这批枪械成立了一个教导团。那时候，滇军尚想设法破坏黄埔军校，取得这批枪械；蒋中正很强硬的向他们说："你们如果有本领，就来打黄埔，否则你们不要讲话。"（见蒋介石军事报告）可见此时的黄埔军校，已不可侮了。国民革命军的基础，可以说在此时已经立定。

四　曹、吴的倾倒

广州发生商团事件时，正在苏浙战争和第二奉直战争相继演进时；十月十五日起，商团事件解决不到十天，北方便有冯玉祥等倒戈（十月二十三日）的事件，曹锟、吴佩孚的政府因此颠覆。本节把它颠覆的始末，概括的叙述如下。

曹锟的势力全在吴佩孚，吴佩孚的潜势力全在他取得一部舆论的同情；自吴氏将顺驱黎、贿选以来，他所取得舆论的潜势力已经完全毁灭了。他必定失败已经很明白，不过是时间问题罢了。曹锟却也很明白他自己得志的由来，坐上总统的椅子后，向人家说："非子玉无以至今日。"因此任吴为直鲁豫巡阅使，（任王承斌督直兼直鲁豫巡阅副使，任齐燮元为苏皖赣巡阅使，萧耀南为两湖巡阅使。）事无大小，都要向洛阳取进止。吴佩孚以为他整个势力全在直系武力的团结，又从中山手里把法统的旗子抢了过来，现在已把曹锟扶在法统的椅子上作他的傀儡，还有谁能打倒他呢？他此时所注意的就只是乘机制服南方的中山、卢永祥和东北的张作霖。他对南方的计画，是用孙传芳图闽以制粤，而以陈炯明为内应，又用苏、皖、赣、闽以图浙；对东北则非自己再行大规模的秣马厉兵，打到关外去不可。但这种全部的计画，不是顷刻之间可以实现的，因此从十二年十月曹锟窃位成功后，到十三年夏秋间，表面上没有起甚么大变化。不过贿选最出力的所谓津保派的人物，对于曹锟事事倚重洛吴，未免有点不满；还有那位"猪仔"首领吴景濂和一班抢钱的官僚，制造甚么狐群狗党的政党，争内阁打架，闹出许多笑话；（吴景濂想作曹锟的第一任内阁总理，曹不与，以高凌蔚代阁，而提孙宝琦组阁，吴因欲制高，乃通过孙宝琦，孙与王克敏不合，到十三年七月辞职，由顾维钧代，至九月战事发生时，始由颜惠庆组阁，这是曹锟时代的内阁更迭史。）都于大局无甚关系，吴佩孚也不把他们放在意中。

上面是专就曹、吴的方面说。至于反对曹、吴各方面的活动，在曹锟贿选成功时已有"满天风云"的样子：中山于十月九日便通电全国宣言讨曹，并电段祺瑞、张作霖、卢永祥同时举义；十日（即"双十节"），曹锟在北京就任，上海、杭州、芜湖等处的市民，也在这一天举行反曹大游行；卢永祥于曹锟就任的第三日（十月十二日）便通电宣告停止与北京政府的公文往来，表示不认曹为总统；次日，复有由汪精卫、姜登选领衔以各省联席会议代表的名义发布反曹的通电；一般未参与贿选的议员和黎元洪派的政客，麇集于杭州、上海两地，颇有在杭州另组政府、以卢永祥作反直运动中心的意思。但是这个运动未能实现，因为黎派的政客仍想拥黎；中国国民党系的人不愿再拥黎作傀儡；江浙两省的商民虽然表示反曹，恐怕江浙变为两广，陷入战争的漩涡，以和平相号召；卢永祥察看当时的形势——广东方面尚在孙、陈相持之中，未必能实行出兵；奉天方面也因为准备未完成，未必能实行发难，不敢独当战争之冲；因此满天反直的风云，一时无形消散。但是后来反直的大战争，仍由江浙发动。

江浙战争，在十二年冬，本已有不可避的形势，因为江浙两省间还有一个淞沪争议的问题。（淞沪本属江苏，卢永祥由淞沪护军使升任浙督时，即以卢之部属何丰林继任，于是淞沪乃成为浙卢之势力范围，江苏督军之命令几有不能行乎淞沪之势。在李纯督苏时，曾欲收回，终以卢永祥强硬把持，未能如愿。及李纯因家庭暧昧事故被杀，齐燮元以李自杀告，乘机取得苏督；恒以淞沪成为浙省附庸为遗恨。加以两人在北洋军阀系统中一属皖，一属直，皖直之争既不能泯，则淞沪尤为必争之地。故淞沪问题，久成为江浙战争之导火线。）十二年十一月十日，淞沪警察厅长徐国梁被刺死，何丰林委陆荣钱接任，齐燮元、韩国钧（江苏省长）委申振刚接任；两方面争持许久，申终被拒，齐氏此时便决计以武力对浙。不过此时福建的问题尚未解决，吴佩孚不赞成齐氏动兵，齐氏不得已，与浙卢成立一种和平公约，藉以见好于两省的绅民。但自和平公约签订后，两方面仍积极的备战。到十三年夏秋间，再以福建臧致平、杨化昭的问题为导火线，两省实行宣战了。

原来福建方面，自十二年三月任命孙传芳为军务督理后，因为该省内部情形复杂，孙氏经营年余，未能得志。孙氏起初欲诱臧致平以制王永泉，未能达到目的；后得周荫人之力，将王永泉从福州驱逐，又将臧致平、杨化昭从闽南逐出，福建始略定。但周荫人既立如此大功，不能不给他一个重要位置，因于十三年四月任周为福建军务督理帮办（此时王永泉虽已解决，臧致平尚未被制服）；到五月中，北政府更欲依赖孙传芳以图粤，乃任孙为闽粤边防督办，以福建军务督理授周荫人，似为"一举两得"的办法；但所谓闽粤边防督办，实际督不到粤省去，而周荫人又不愿两大并处，于是孙传芳的地位落了空，想向浙江发展，因与齐燮元合谋图浙，向曹锟、吴佩孚建议。曹、吴对于卢永祥的行动，久已怀恨；现在闽省既已底定，对于孙、齐二人的建议自然赞成，于是所谓四省（苏、皖、赣、闽）合力攻浙的计画以定。浙江方面，卢氏的戒备本来未尝稍懈，自孙传芳、周荫人在闽得势，知道自己已陷入两面夹攻的形势中，因极力与广东、奉天方面联络；对于广东，并尽力调解孙、陈，一面劝陈炯明向福建发展，不要死守惠州与中山为敌，一面托人劝中山宽恕陈氏（故当时有孙、陈和解之议，并由吴敬恒向中山哀求宽恕陈氏一次）。臧致平、杨化昭由闽南被逐，率领部属由赣边转入浙江，卢永祥便把他们收容改编，以享兵力。因此对方便以卢氏收容叛军为口实，向他责问，卢氏不为稍屈。吴佩孚曾命河南省长李济臣代向浙卢电劝，要他把臧、杨的军队遣散；卢氏答他说："臧、杨在闽，分属国军，闽赣以十万之众．未能剪除，浙为自身安全计，为大局和平计，更无遣散之必要。"他的强硬态度于此可见。在八月后旬，江浙两方面调兵遣将，形势日趋紧迫；孙传芳于八月二十五日由福州率兵出发，向浙边进行。到九月初，江浙军队在沪宁路安亭附近接触，是为江浙战争的开始。

卢永祥在苏、皖、赣、闽三面包围的形势中，为何如此强硬？原因就是所谓粤、奉、浙的三角同盟已经成立，江浙一动兵，广东、奉天方面也必定出兵；广东方面的所谓孙、陈调和虽未能成事实，中山出兵北伐的计画已经确定，最低限度的效力可以牵制对方江西的兵力；奉天一出兵，可以把曹、吴援助苏省的力量打消；所谓苏、皖、赣、闽四省的攻浙，实际上主要的敌人不过是苏齐与闽孙，所以卢永祥敢于动兵抵抗。

江浙战端既开，粤奉两方果然同时发动。中山于九月五日发表宣言，克日移师北指；十三日，亲往韶关准备攻赣。（其不能有所发展的原因，前节已言之，此处不再备述。）奉天方面，新旧两派的意见初不一致，（旧派张作相、吴俊陞主张镇静，俟江浙战事解决，再定行止，可进可退；新派张学良、杨宇霆辈则谓直系有事东南，不暇兼顾，急宜乘虚直入，响应浙虚以为声援，此千载一时之机，万不可失。）后来张作霖还是听从新派的计画，决计进兵入关。当江浙战端将启时，张作霖屡电曹锟，劝他不要过信吴佩孚，轻起战端。到九月四日（时江浙军队已开火），又发出一道响应卢永祥、责备曹吴的通电。九月十五日，一面实行动兵（分六路出发，自任总司令），一面向曹锟发一类似"哀的美敦书"的电文，说："……今年天灾流行，饥民遍野，弟尝进言讨浙之不可，足下亦有力主和平之回答；然墨沈未干，战令已发，同时又进兵奉天，扣留山海关列车，杜绝交通，是果何意者？足下近年为吴佩孚之傀儡，致招民怨；武力讨伐之不可能，征诸苏军之连败而可明。弟本拟再行遣使来前，徒以列车之交通已断，不克入京。因此将由飞机以问足下之起居，枕戈以待最后之回答……"此时曹、吴亦已积极备战，吴佩孚于九月十二日由洛阳到北京，曹任吴为讨逆军总司令，王承斌为副司令，筹备后方，彭寿莘、王怀庆、冯玉祥为一、二、三三军总司令，十八日发布讨伐张作霖的命令。于是第二次奉直大战正式开始。

江浙方面的战事，起初卢永祥颇占胜利（故张作霖电曹，有"苏军连战连败"语），但因孙传芳的军队由闽入浙，于九月中旬占领衢州，卢氏受了后方的威吓，又疑浙省内部的军队有与孙传芳妥协的情事，便以赴沪督师为名，率所部离去杭州，准备将浙省放弃，集中兵力于淞沪，与苏军作"背城借一"之决斗。北政府因于九月二十日下令任命孙传芳督浙兼闽浙巡阅使，任夏超为浙省长。到十月初旬，卢永祥军事完全失败，于十月十二日通电下野，与何丰林、臧致平同走日本，江浙战争至此告一段落，算是反直派受了一大挫折。但是北方的奉直大战正在剧烈的当中，尚未知鹿死谁手。到十月二十三日，冯玉祥等倒戈的活剧出现了。

曹、吴对于冯玉祥，向来视为心腹。冯、吴两人且同以北洋系的模范军人自命，相与结为同志。当第一次奉直战争时，冯玉祥甘愿牺牲陕督的地位，替吴巩固豫省的后防；曹锟谋篡时，冯又为逼宫驱黎的导演员；此次忽然倒戈，在吴佩孚以为是突然发生的意外事情；他以为他的直系军阀势力还是整个的，不知道早由他自己造成了一些裂痕。第一次奉直战后，冯玉祥取得河南督军的地位，吴氏驻洛阳，以部属视冯，冯则不能事事承吴意旨，吴因夺其豫督之席，授诸部属张福来；初尚许冯氏以热察绥三特区巡阅使，后乃仅以陆军检阅使的空衔给他。冯氏有兵而无地盘，坐困北京，乃不能不听吴的摆布；在吴氏以为这是驾驭雄才的妙策，不知道这就是他内部势力发生裂痕的起点。曹锟篡位成功后，吴氏升任直鲁豫巡阅使，冯为吴氏所扼，一无所得，徒得逼宫的恶名，至此冯氏对于曹、吴的恶感更深，不能再为曹、吴的心腹了。这种情形，在反直派的人士已经看出一点痕迹，于是当江浙战争发生时，便有人向冯游说，冯在此时与国民党人已经发生了关系（此时虽未加入国民党，然与党中的要人已经很接近）；不过冯氏为人很深沉，不易被外人看出罢了。冯氏于江浙战事发动时，闻有请命援苏之事，意在向东南谋得地盘；吴则欲为孙传芳留地位，不许其请，而以不可必得的未来东三省巡阅使为饵，要他助攻关外，于是更促起冯氏的愤恨心。这是冯、吴间预伏的裂痕。吴氏的直属诸将中，因为吴氏平昔颐指气使，凡事独断独行，也有很不满于吴氏的，王承斌便是第一个；其他如胡景翼、孙岳都是与革命党有历史关系的，吴氏把他们当作心腹的将领，实际都是不满于他的人，暗中倾向于冯氏。在吴氏布置关外军事的进行中，反直派"联冯倒吴"的布置，也暗中进行；冯氏的方针也早已决定了。及讨伐令下，冯氏被任为第三军总司令，担任热河方面军事，榆关一路由吴氏自任；对于饷械的分配，吴氏一手把持，集中于榆关一路，分配给冯氏的异常刻啬，冯氏及所属将领更加愤恨。动员令下后，冯部迟迟不进，吴颇怀疑，然亦无可如何，最后曾命王承斌赴热河代冯行使总司令职权，谁知王氏也与冯氏结为同气。冯至前敌，电京索饷，便有许多愤激的话；十月九日榆关战事最剧烈时，冯又向曹锟及直系诸将领（并有段祺瑞、卢永祥诸人，独不及吴佩孚）发一通电骂曹锟、李彦青、王毓芝、王克敏，说他们"朋比为奸，致兵革遍于全国，人民沦于水火，欲靖国事，非将此辈小人一律驱逐不可"；曹颇骇怪，吴氏闻知，心中很不安然，但是大敌在前，别无办法。到十三日，冯部在热河前线已与奉军将近妥协；十九日，便秘密开拔，兼程回京；孙岳此时任北京警备司令，事前既与冯一致，故冯军入京一无阻碍；二十三日晨二时许，冯军已将北京各要地占领，总统府已在冯军的包围中了。是日，即由冯玉祥、胡景翼、孙岳、米振标（热河都统）及其所属师旅长等联名通电，主张停战。曹锟、吴佩孚好比听到一个青天霹雳。次日，曹氏被迫发下四令：一、前敌停战；二、撤销讨逆军总司令等职；三、吴佩孚免去本兼各职；四、特派吴佩孚督办青海屯垦事宜。吴佩孚一面分兵防御关外的敌人，一面反兵向冯作战；冯与胡景翼、孙岳等组织国民军分为三军，推冯为总司令兼第一军长，胡、孙为副司令，分任第二、三军长，准备对吴。吴前后受敌，自然必败；到十一月三日，吴氏率领残部由大沽浮海南下，战事暂告一段落。当吴氏向冯作战时，萧耀南、齐燮元、孙传芳颇想援助吴氏，一面通电讨冯，一面预备派兵北上；但京汉线方面，阎锡山派兵驻守石家庄，把路线阻断；山东方面，郑士琦（山东督军）宣布中立，也把津浦线阻断了（阎、郑皆与段祺瑞接近，与吴佩孚不合），所以救援不及。曹锟起初尚希望吴氏能够打败冯军，回到北京来，对于那把总统椅子尚恋恋不舍，但是冯氏不许他再坐了。十月二十五日，冯等进行改组内阁摄政，初拟由王正廷组阁，王不敢任，乃任黄郛。三十一日，以曹锟的名义下令准颜惠庆内阁辞职，任命黄郛为内阁总理，曹氏于十一月二日宣告退职，由黄氏摄政。贿选总统的命运至此告终。

五 临时执政政府的成立及其设施与中国国民党的态度

黄郛的摄政内阁，本来是把它作过渡的；因为当时对于将来的新政府应该如何组织，尚不能立刻决定，暂时总不免要几个人看守那些中央机关，所以令黄郛组织一个摄政内阁（外交由黄自兼，财政王正廷，陆军李书城，海军杜锡珪，司法张耀曾，内务王永江，农商王迺斌，教育易培基，交通王正廷兼任。阁员多未到任）。黄氏摄阁的期间约二十余日，至十一月二十四日，所谓"临时执政政府"成立了。（在执政政府成立以前，冯玉祥还作了一件果断的事，就是令清废帝溥仪出宫，废除帝号，事在十一月五日，旋由摄阁与清室修正优待条件。）

关于执政政府成立的经过，颇含有各派妥协的意味。赶走曹锟后，大家主张废弃法统，重新创造，关于这一点，大概无多异议（除了直系各省督军）。不过重新创造的方法形式如何，一时甚不一致。中国国民党在北方的人士，主张不要总统，采用合议的委员制，冯玉祥起初也是赞同的。并且有人假定这种委员制的政府，当以孙中山、段祺瑞、张作霖、冯玉祥为骨干，再加入几个名流，联合组织；因为此次打倒曹、吴，是由于他们的结合而来。但这不过是一种空气。段祺瑞不赞成委员制，却不便明白表示，张作霖也无所表示（颇有利用段氏的倾向）；故一时采用委员制的空气，颇觉浓厚。安福系的政客和军人想恢复他们的势力，很希望段祺瑞取得政府最高的权位（段氏自己也想，不过不便即时露出真面目来），对于委员制暗中极力反对。因为国民党联俄的事实已经很明白，冯玉祥和北京俄使馆的人员也已经发生了关系，而苏俄政府的形式也是一种委员制，于是反对委员制的政客利用一般人恐惧赤化的心理，说主张委员制的人有倾向于赤化的意味；帝国主义的外交团，蒙着一具嫉视苏俄的有色眼镜，也如是观察，吓得冯玉祥再不敢提委员制了。于是委员制的主张受了一大打击，无实现的可能。

　　当时长江流域直系各督军的态度，与新政府的组织也有很重要的关系。曹、吴虽然倒了，直系在北方的势力虽然破毁了，长江流域还是在直系党羽的手中，冯、段、张都尚不敢忽视他们。当冯氏初发难时，齐燮元、孙传芳、萧耀南等都表示极端拥护曹、吴；及吴氏一败涂地，曹锟宣告退位，齐、孙、萧等才到了左右为难的歧路上——要想与对方硬抗，恐怕实力不能抵敌，失了现有的地盘，并且地方一般的舆论都反对；想要与对方妥协，恐怕对方不相容，并且对于吴佩孚的情面上也有点过不去。曹锟退位后的二十日间，长江流域各督的态度，可以说是在一种半软半硬的情形中。他们知道对方的段祺瑞虽没有充分的实力，论资格却是老前辈，从前又本是同系首领；现在向他投降，尚不为耻辱，吴佩孚也不便反对。段氏既无实力，也乐得接受他们的降服，或者可以借他斡旋的力量，缓和冯、张的压迫；因此一面推重段祺瑞，一面向新成立的摄政内阁，表示不屈。十一月十日，由齐燮元、萧耀南、孙传芳、周荫人、蔡成勋、马联甲、刘镇华、李济臣、杜锡珪等联名通电，拥戴段氏；十三日，齐燮元在南京召集苏、浙、皖、赣、闽、鄂、豫、陕八省及海军联防会议，结果再由齐、萧等八人联名通电，声言中央政府中断，对北京所发命令概不承认。张作霖和冯玉祥于十一月十一日到天津，与段祺瑞会晤；冯、张自然是劝段出山，收拾时局；不过用甚么名义出山，尚无成议。及接到齐燮元等十三日不承认北京所发命令的通电，冯、张等为对付长江方面计，觉得有即行抬出段氏来的必要；因于十五日由张作霖、冯玉祥、胡景翼、孙岳等联名，推段祺瑞任中华民国临时总执政——"执政"两字的采用，一方面表示废除了崇高大总统，一方面表示不是委员制。这便是"执政政府"名称的由来。

段氏对于张、冯等的推戴，尚未立刻正式表示接受。吴佩孚由大沽浮海南下后，起初想在山东登岸，被郑士琦派兵阻止，于十五日由吴淞口溯江抵南京下关，与齐燮元会晤后，即向汉口上驶，十七日抵汉，便用齐燮元的名字领衔，由汉口发出十省及海陆军将领二十余人联名的通电，提议在武昌组织"护宪军政府"。齐燮元等对于此电实不同意，又不便否认，因于十九日一面由苏省长韩国钧出名发出反对设立护宪军政府的通电，一面再由齐燮元、孙传芳、萧耀南等八九人，联名电请段祺瑞早日出山。段氏至此，知道出山的时机到了，乃于二十一日通电宣告准于二十四日就临时执政职，组织执政政府；次日入京；二十四日就职，即日公布一种很简单的临时政府条例（计共六条），并发布执政政府的人员如次：

外交　唐绍仪（未到任，由次长沈瑞麟代）

内务　龚心湛

陆军　吴光新

海军　林建章

财政　李思浩

司法　章士钊

教育　王九龄（未到任，初由次长代，后由章士钊兼）

农商　杨庶堪

交通　叶恭绰

于是执政政府成立。依临时政府条例，"临时执政总揽军民政务，统率海陆军"，置国务员，分长各部，由临时执政召集国务员开国务会议，别无所谓国务总理。所以临时执政的实权，就是把从前的总统与国务总理合而为一。在表面上执政不是总统，实际上执政的职权绝无限制，比起从前的总统来要自由得多了。不过段祺瑞现在已经失去运用这种职权的能力，一方面被各派的武力所宰制玩弄，一方面中国国民党人不信用他。关于他与各武力派的交涉，待至下节再说，现在且把国民党对于他的态度约略叙述如下：

国民党此时在北方，除了在青年学生和教授团体中蓄有一种潜势力，表面上似尚无何种能力；所以那些军阀巨头，除了冯玉祥眼光比较的锐敏，极力和党中的领袖接近外，大都不十分注意国民党；其有注意及于它的，或者只把它看作一种思想简单的学生，附和雷同，无意识的胡闹，原则把它看作一种赤化过激的恶魔；对于孙中山依然以发空议论的"大炮"相看，没有真正与他合作的意思。但因联合反直的历史关系，未便骤然置之不理，当冯玉祥等电请中山北上，段祺瑞、张作霖辈也表示欢迎。在国民党的内部，对于中山的行动，起初却有两派意见：极左派的共产党系，恐怕中山和北方军阀妥协，反对他北上；极右派的人士，急谋接近政权，很希望中山和北方军阀妥协，惟恐他不肯北上。究竟两派都未能了解中山的意思；中山于十一月三日决定离粤北上，他决定北上的主要目的，就是谋与北方的民众接近，以便宣传他对时局的主张。十一月十日，以中国国民党总理的名义，发表一篇对时局的宣言，前面申述国民革命的目的：对内在扫除军阀，使军阀永不复起，对外在取消一切不平等条约；后面提出召集国民会议的主张，在召集国民会议以前，主张先召集一预备会议。宣言发表后，中山于十三日由广州起程，十七日抵沪；在沪召集全埠新闻记者谈话，说："我这次北上，是有两个目的：一、召集国民会议，是对待军阀的；二、废除不平等条约，是对待帝国主义的。"又说："我负着这种责任，是很危险的，但也不必怕，只要全国民众能够了解就是。"原来自国民党改组以后，由党员用一种党团操纵的方法，在国内各处宣传反对帝国主义，北京、上海各处都有所谓"反帝国主义大同盟"的组织，反帝国主义的空气已经很浓厚。中山向新闻记者这种谈话，自然惹起帝国主义领事团十二分的恐怖嫉视，想干涉他的居住行动。（《字林西报》谓："负政治上任务之大元帅果否适宜居于商务性质之上海，颇为疑问。"其意欲怂恿租界当局干涉其居住，中山告新闻记者某日本人谓："现在上海虽然是租界，但是中国的领土，我是中国的主人，寄居上海的那些外国人都是客人，主人在自己领土之内，要什么行动，当然可以做什么行动，他们客人决不能干涉。"）他于二十二日离沪赴日本，再由日本到天津（十二月四日），法领事竟不许他通过法租界，并且不许他在法租界住，可见帝国主义者对于他的愤恨嫉视了。段祺瑞看见十日中山对时局的宣言，主张召集国民会议，他在廿一日宣告入京就职时，也在通电里面主张于一个月内召集善后会议，三个月内召集国民代表会议，表示与中山主张一致；但实际上，他的善后会议和国民代表会议不过是一种敷衍中山，涂饰国人耳目的工具，他的主旨和中山全然不相容。中山于二十二日离沪，段氏于二十二日入京；中山到天津时，段氏的执政政府已经成立，并且已经拟定一种《善后会议条例》（于十二月二日已通过国务会议），待征求中山的意见后，便将公布施行（所谓征求中山的意见，也不过是敷衍的形式，实则不问中山赞成与否，已决计施行）。帝国主义的外交团，对于中山既怀恶感，对于执政政府则用一种诱饵要挟的手段。（在黄郛摄阁时，黄因急欲得外国人的援助，曾于就任后宴请公使团，公使团表示拒绝，黄复临时自动取消宴会。这是十一月十四日的事。段祺瑞就临时执政后，因得日本公使之斡旋，各国公使曾分班晋贺，对于临时政府为非正式承认之表示。十二月九日，由领袖荷使，以美、比、英、法、意、日、荷公使署名之照会，向外交部声明承认临时政府，惟要求尊重条约，不能任意变更。）执政政府生恐外交团不承认，当中山病卧天津时（中山到天津后，因感冒风寒触动肝病，即在津调养），正在和外交团以尊重不平等条约作取得承认的交换品；他们说中山在外交上感情不好，想用和中山相反的方法，买得外交上的感情。（据汪精卫的政治报告说，张作霖在天津与中山相晤后，转告汪精卫说："我从前以为孙先生是个什么难说话的人，今日才知道他是一个温厚君子。只是北京各国公使都不赞成孙先生，大概因为孙先生联俄的原故，你可否请孙先生放弃他联俄的主张，在我张作霖身上，包管叫各国公使都要和孙先生要好的。"因为他们此时正在和外交团商量以尊重不平等条约，作承认临时执政政府的交换品。）十二月十四日，段祺瑞派许世英、叶恭绰到天津欢迎中山，中山问他们："听说临时执政已经接受外交团尊重不平等条约的通牒，是不是？"许、叶答说："是的。"中山当时便很生气的说："我在外面要废除不平等条约，执政偏要尊重不平等条约！你们要升官发财，怕外国人，又何必来欢迎我呢？"中山对于他们所拟定的《善后会议条例》也不赞成。中山固然也主张在召集国民会议之前须召集一个预备会议，但他的预备会议，须用下列团体的代表来组织：一、现代实业团体；二、商会；三、教育会；四、大学；五、各省学生联合会；六、工会；七、农会；八、反对曹、吴各军；九、政党。以上各团体代表由各团体之机关派出，人数宜少，以期得迅速召集。

执政政府所拟定的善后会议，则用下列各员组织：一、有大勋劳于国家者；二、此次讨伐贿选、制止内乱的各军最高首领；三、各省区及蒙、藏、青海军民长官；四、有特殊之资望、学术经验由临时执政聘请或派充者，但不得逾三十人。前第一至第三款会员不能列席时，得派全权代表与议。

我们把前面两表对照，便知道彼此不能相容的原故了：前者以各种公民团体为主要成分，后者以军阀实力派为主要成分，这是表面形式上的不相容；骨子里面，中山是代表当时有严密组织的中国国民党，党员的潜势力已经钻入各公民团体中，若依中山的组织，国民党用党团操纵的方法，这个会议便可由国民党宰制；执政政府的生命托于实力派的军阀，对于各公民团体无深切的关系，岂能容纳中山的主张。到十二月二十四日，执政政府不管中山的赞成与否，便把所拟定的《善后会议条例》公布了。三十日，便依照条例所定通电各方，召集会员，定于十四年二月一日以前在北京会开，国民党自然表示反对。中山于十二月三十一日扶病入京，受盛大的欢迎。段祺瑞对于中山，表面仍极推崇；国民党的极右派，生怕孙、段决裂了，也极力从中弥缝敷衍，希望中山让步。中山为委曲求全计，于十四年一月十七日提出关于参加善后会议的两个条件：一、须加入现代实业团体、商会、教育会、大学、学生联合会、农会、工会诸代表；二、该会讨论军事、财政诸问题，最后解决之权当还诸国民会议。二十一日，执政政府开特别会议，决定对于中山提议的态度，因于二十九日答复中山，允聘任各省省议会、各教育会、总商会、省农会及天津、上海、汉口等处总商会各会长为善后会议专门委员。（《善后会议条例》第六条有特设专门委员的条文，但须由临时执政聘请或派充；专门委员又仅有出席报告及陈述意见之权。）中山此时病势已很重了，国民党对于执政政府这种敷衍的手段，知道已无合作的可能，便于三十日议决不参加善后会议。（但是有几个极右派的党员急欲接近政权，还是加入了善后会议，并且扬言说，反对加入善后会议的人是有过激的思想，利用中山病重，破坏孙、段合作。）二月一日，善后会议举行开幕典礼；二日，国民党通电全国各公团："本党中央执行委员会，仰体本党总理意旨，议决对于善后会议不能赞同。"十日，又通电主张国民自制《国民会议组织法》，声明善后会议构成分，非以人民团体为主要，决不可由此产生国民会议。自此，国民党对于执政政府一切行动，皆取反对态度。中山于三月十二日逝世，在北京举行极盛大隆重的丧仪，北京民众以国民党员的领导，群起参加；中山所抱的主张，虽未实现，但在此种丧仪中，主义的宣传却发生了相当的影响。执政政府的善后会议，于二月十三日开第一次正式会议，四月二十一日闭幕，议定了三种条例：一、《国民代表会议条例》；二、《军事善后委员会条例》；三、《财政善后委员会条例》，于四月二十四日由执政政府公布。这些条例，本来不过是一些涂饰耳目的具文，无论国民党人反对，不能发生效力，便是那些军阀巨头，也没有人注意它。但执政政府仍不能不假它作维持场面的工具。五月一日，又由执政政府公布一种《国民代表会议筹备处条例》；三日又公布一种《国宪起草委员会规则》；（依《国民代表会议条例》，宪法须由国宪起草委员会起草，提交国民代表会议议决。起草委员会委员由各省区各推一人，临时执政选聘二十人，均由临时执政召集。其规则由政府另定之。）七月一日，又公布一种《国民代表会议议员选举日期令》，定十四年八月十六日至三十一日为初选期，九月一日至二十日为复选期；八月三日，国宪起草委员会竟在北京举行开会式，选出林长民为委员长。到十二月十二日，国宪起草委员会并且通过了一种宪法草案，咨交政府；不过那种宪法草案，永远得不到国民代表会议来议它罢了。因为在执政政府所定国民代表会议议员选举日期的前后，各军阀间的妥协局面已经无法维持，战事已将爆发，没有人顾及这种无意义的选举。十月初旬，由奉军引起第二次江浙战争；到十一月，奉军内部又发生郭松龄倒戈的活剧，那位国宪起草委员会的委员长林长民已在郭松龄的幕中，而那个委员会还在那里议宪，岂不是极滑稽的事。执政政府的生命至此，虽无国民党反对，也不能久延下去了。

六　北方各军阀的大混战与执政政府的消灭

国民党与执政政府既不能合作，执政政府的命脉便完全操在各派军阀的手中。长江流域的直系军阀，对于段祺瑞的拥戴不过是一时权宜之计，段氏也知道，故他所依靠的又完全在张作霖的奉军与冯玉祥的国民军两派。国民军是新起的势力，羽毛尚未丰满，根基尚未稳固；奉军有东三省的丰厚地盘，根深蒂固，其势自比国民军为优；而段氏旧部的军人如卢永祥、吴光新辈，且早已奔赴张作霖的旗下，安福系的政客也是从前奔走于张氏之前，与张氏有旧关系的；所以段氏对于奉军与国民军的倚靠，又有侧重奉军一方的自然趋势。奉军与国民军的暗斗，在执政政府未成立时已露痕迹；（黄郛的摄阁组织，由冯氏指使，奉系的阁员王永江等多未到任，张氏对于摄阁甚为不满。国民军在天津附近败吴佩孚时，奉军尚未到，国民军乘势于十一月三日占领天津，吴光新率领奉军于四日占领塘沽。天津各公团恐奉军与国民军发生冲突，央求段祺瑞电吴，请其停止前进，奉军不理，直向天津前进，并进趋津浦路线。直督王承斌时在天津，收编吴佩孚残部，成立第二十三师；王于冯玉祥倒戈时已与冯一致，不过冯等通电停战，王未列名而已，故王之收编吴部，乃冯氏欲收王为己用之计；奉军李景林到津，王被迫于十一月十一日辞去直督之职，李景林于十二日将王所收编之二十三师全部缴械，王避英租界，冯玉祥所收编吴佩孚之残部亦被吴光新所部之奉军缴械改编。李景林假天津各团体之推戴为名，自任直隶保安司令，冯氏在天津之势力乃被奉军夺去。是为冯、张暗斗之开始。冯氏在摄阁期中之所布势力，仅于十一月七日由摄阁令免豫督张福来及豫省长李济臣职，任命冯之同志胡景翼继任豫督，孙岳继任豫省长，得在京汉路线上立定一点根据。）不过段氏尚未登台，未便左袒何方。十一月二十二日，段氏入京，冯玉祥和他同行，向他提议辞职，声言将出洋游历；段氏就职的那天，冯氏便通电下野，并约吴佩孚共同出洋；这就是因为受了奉军压迫的原故，以退让不争为讽。段氏很明白他的意思，极力敷衍他，表示决不偏袒一方。但奉军势力非由津浦线伸展到长江流域不止，卢永祥也急欲向齐燮元图报复，就是段氏自己也未尝不想替本系可靠的人恢复一部分地盘，藉以拱卫自身；因此段氏就职后，顺着已成的形势，以津浦线区域为奉军的势力范围，而以京汉线的豫省及西北区域敷衍国民军。（张作霖于十二月二日离京赴津，其军队一部已由鲁境进展；七日，在津召集卢永祥〔时卢已被任为直督〕及奉军将领并中央代表吴光新讨论解决长江各省办法，决定请段下令免齐燮元，并令奉军南下。十一日，执政政府即令苏督齐燮元免职，特派卢永祥为苏皖宣抚使，卢所遗直督一缺，则令李景林继任。十四年一月十七日，又特派张宗昌为苏皖鲁剿匪司令，张所率之奉军已早随卢永祥南下深入苏境，是为奉军占有津浦线为势力范围之事实。国民军之占有京汉线北段亦早成事实，孙岳于十一月五日攻入保定，胡景翼十一月十二日由京汉线开抵豫境，段执政于十二月六日正式任命胡景翼督豫，胡于十一日在郑州就职；十四年一月四日，执政政府令冯玉祥仍督办西北边防事宜，李鸣钟署绥远督统，十四日又派孙岳为豫陕甘剿匪司令，是为以豫省及西北区域，划为国民军势力范围之事实。）十四年的上半期，为奉军与国民军两派各就所定势力范围分途发展的时期，在东南有齐（燮元）、卢（永祥）的斗争，在豫省有胡（景翼）、憨（玉琨）的斗争，奉、国两派尚未发生直接冲突；到十四年的下半期，由东南的奉浙斗争演为东北的奉国斗争，再由东北的奉国斗争演为奉直结合共同对抗国民军的斗争：是为各军阀的大混战。执政政府的生命，便销灭于此混战场中。其演变的经过，大略如次：

一、齐、卢的斗争 　卢永祥要报仇，奉军要扩张势力，因有十二月十一日齐燮元免职、卢永祥宣抚苏皖的命令。此令发布后，江苏人民便恐惹起战祸，于十三日纷纷通电，反对卢氏南下，谓卢、齐二人同为前此东南战事祸首，卢无宣抚之资格，若果南来，必引起第二次战祸。此种反对，完全无效。齐燮元表示服从（因为部下苏军陈调元、宫邦铎等已与对方通款，齐氏难于指挥），十四日便依照执政政府命令，以苏督职权移交苏省长韩国均兼理，自行去沪。卢永祥于十二年一月七日南下抵蚌埠，张宗昌所部奉军第一军已进驻浦口，卢氏旧部第十师也由江北开赴南京；十日，卢氏偕张宗昌同入南京。卢氏的目的不专在逐齐，还有谋浙的意思；其旧部第四师师长陈乐山前此战败后，秘伏上海，其军队已归孙传芳；及执政政府成立，卢永祥暗中援助陈氏，勾引旧部，谋由淞沪攻浙，但在卢氏未到南京以前，已为孙传芳所败。陈乐山谋浙的计画虽未成功，齐氏既去，奉军南下，孙传芳当然有唇亡齿寒之忧，对于淞沪方面的戒备不能放松。及卢永祥既到南京，齐燮元于次日密令驻沪苏军旧部逐去师长宫邦铎，并联合孙传芳军，将淞沪护军使张允明（为摄阁所任命者）军队缴械；齐氏自称为浙沪联军第一路总司令，孙传芳称第二路总司令，联衔宣言反对奉军南下，于是浙江有牵入战争的形势。卢永祥得到上海事变的消息，便在南京组织所谓宣抚军，以奉军军长张宗昌为总司令，准备向上海东进。上海总商会恐怕上海将成为奉浙两军的战场，运动上海不驻军，不设军职，将该地兵工厂移设他处。孙传芳态度虽强硬，但以军备向未充实，恐怕敌不过奉军，便表示赞成总商会的意见；段祺瑞恐怕浙省牵入战事，不易了结，也赞成总商会的意见，于一月十四日即下令裁撤淞沪护军使，废止兵工厂，交总商会接收保管，此后上海永不驻兵及设任何军职。段氏欲安孙氏之心，又于十六日任命卢永祥兼苏督，同时任命孙传芳为浙督，周荫人为闽督，表示虽免齐燮元职，对于浙闽并无侵害之意。十七日，又派陆军总长吴光新南下，表面为查办齐氏，并与卢协同处理上海事变，实则为调和孙氏，使勿助齐。孙因此暂取观望态度，张宗昌挟多数奉军沿沪宁路节节进逼。齐燮元军势孤，一败涂地，至一月二十八日由苏州溃退上海，齐氏逃往日本；二十九日，张宗昌率奉军万余人抵上海，将齐军缴械；齐、卢的斗争至此结束。二月三日，吴光新所主持的江浙二次和平条约成功，孙传芳赴沪，与张宗昌会面，同签名于和约，并即联名电告前敌各将领准备退兵；次日，上海兵工厂由吴光新介绍实行交总商会接收保管。浙奉两方面军，皆陆续由上海撤退（但仍分驻太湖流域江浙毗连各处）。到三月十九日，张宗昌回抵南京，将所部移调徐州，东南的战争风云渐形稀薄；但由稀薄再变为浓厚的日子仍将不远，因为奉军对于段祺瑞和吴光新处置上海的方法，心中很不满足，蓄有乘机再发的秘谋。

二、胡、憨的斗争 胡景翼率领国民军第二军进入豫境时，豫省尚有吴佩孚的残部（由张福来统率，谋抵抗国民军），吴佩孚并已由汉口回到洛阳；段祺瑞恐怕吴氏死灰复燃，国民军不能独力销灭他，因密令陕督刘镇华派军由潼关东迫洛阳，刘即派憨玉琨师东下，吴佩孚乃于十二月一日由洛奔郑，再由郑南下（后在鸡公山略住，不久被迫赴鄂，由鄂走岳州）。吴氏在豫中势力，始完全销灭。

但是胡、憨两人却成了"连鸡"之势。段氏令陕军入豫，未尝不含有防范国民军，利用陕军以分其势的意思；但豫督的地位势不能不授诸胡，因于十二月六日正式任命胡景翼为豫督，胡于十一日在郑州就职。憨玉琨恃有驱吴之功，以不得豫督地位为恨，决不肯退回陕西。段执政至此无可如何，乃于十四年一月十八日任憨为豫陕甘剿匪副司令（前此已任孙岳为豫陕甘剿匪司令）。憨既不满，胡景翼对于段氏这种敷衍政策也甚愤恨，到二月中胡、憨两军的冲突渐趋激烈。冯玉祥曾出任调停，憨以冯氏的调停不利于己，不肯听从，二月二十一日段执政派孙岳以检查驻豫军为名，入豫调解，孙岳于二十三日率兵赴豫。孙为国民军第三军军长，与胡为同系，调解不过是名义，其实是来助胡制憨的；陕督刘镇华此时也为陕西镇守使吴新田所逼，于二十五日也以调解胡、憨的战斗为名离陕入洛（陕督职务交由吴新田暂代），其实也是来助憨制胡的。因此一面调解，一面战斗，到三月初，两方调解的人也变为有力的战斗员了。结果刘镇华、憨玉琨战败，刘于三月二十二日退山西运城，辞陕督职保吴新田继任（憨自杀），胡、憨的战斗告终。胡景翼于四月十日患病死，遗嘱以师长岳维峻代行职务；二十四日，执政政府正式任命岳维俊继任豫督，豫省始确定为国民军的势力范围。

以上所述两方面的斗争，是奉军和国民军各别发展的活动，两方面尚无冲突关系，此后渐渐地要发生关系了。

三、东南的奉浙斗争 东南的奉浙斗争，虽到十月中才爆发，但它的线索，实由春间的齐、卢争蝉联而来。张宗昌因为在长江下游未曾达到目的，将所部调驻徐州后，便想取得山东的地盘；张作霖也知道要经营长江下游，非将鲁境收为己有，津浦线恒有中断的危险，因向执政政府要求将鲁督郑士琦他调，而以张宗昌继任鲁督；段执政不敢违背，于四月二十四日特任张宗昌督鲁，而调郑士琦为皖督，于是奉系得了经营长江下游第一个基础。张作霖又以直、鲁两督不为奉系所得，而京师附近各要地尚为冯系的国民军所占领，段氏尚不能完全受他的指挥，心中很不满足，于五月中旬复派大部奉军入关分布近畿，逼令国民军将所驻通州、北苑、南苑各地让出，国民军以势力不敌，只得容忍退让。段执政因为在两种势力夹迫之中，仍未能事事适合张作霖的希望。到五月三十日，上海发生工部局枪杀徒手民众的大惨案（因日本人的纱厂枪杀工人，惹起学生、工人团体的义愤，罢工、罢课、游行、讲演，工部局捕去学生多人，群众向工部局要求释放，工部局命警局开枪，遂惹起"五卅惨案"），惹起大罢工的骚乱，张学良奉张作霖命令，于六月十三日乘机率奉军二千人进驻上海，以维持秩序为名（租界当局并要求其派兵入租界驻守），作废弃"江浙和平条约中上海永不驻兵的条件"第一步的试探。"五卅惨案"的问题许久未得正当的解决，张学良于六月二十一日率队北回，另由姜登选、邢士廉率大部奉军来沪驻扎；次日，郑谦以苏省长名义宣告淞沪戒严，委邢士廉为戒严司令；于是淞沪复成为奉军的势力范围。孙传芳因此大起恐慌，急修战备。到七月中，江浙战争的风云，又日趋浓厚了。此时段祺瑞与张作霖之间，因为张氏迫挟太甚，关系甚不圆满；卢永祥于七月十三日北上，调停段、张，未能有效，即辞去苏督之任；八月二十九日，段执政容纳张作霖的要求，任命杨宇霆接任苏督，姜登选为皖督（同时任命冯玉祥以西北边防督办兼任甘肃督军，孙岳为陕西督办，以敷衍国民军）。杨、姜皆奉系健将，于是奉系在东南的势力大张，浙省愈受威吓，战争的形势愈迫愈紧了。杨宇霆、姜登选于九月中分赴苏、皖接任。杨氏接任后，竭力表示和平，孙传芳也把淞江方面所增的援军撤退，一时彷彿无事了。但杨氏的和平表示，是因为兵方的布置一时尚未完备；孙传芳知道他的秘密，便决定用"先发制人"的方法，于"双十节"的那天假检阅为名，调集大军，秘密出动；十五日，自称浙闽皖赣苏五省联军总司令，分五路进发（任陈仪为第一军司令，谢鸿勋为第二军司令，向上海进，卢香亭为第四军司令，周凤岐为第五军司令，向宜兴进，自兼第三军司令）。杨宇霆知不能抗，为保全兵力计，十四日，已令邢士廉所部驻沪奉军撤退。十六日，孙军占领上海，通电指斥奉军，谓既违上海永不驻兵之约，又复妨害地方安宁和平，申明讨奉的宗旨。十七、十八两日，旧苏军师旅长白宝山、马玉仁、郑彦俊，和鄂、皖、赣三省军人，皆纷纷通电响应孙传芳，声讨奉军，并电请吴佩孚出山与孙传芳共同主持大计。原来在杨宇霆、姜登选被任为苏皖督军时，长江流域的直系军人为保持地盘计，已暗中联络，共同讨奉，故孙传芳一发动，群起响应。杨、姜初履客境布置既未周到，又恐防御线太长，北方的接应难恃，因皆不战而退，杨氏于十八日即偕苏省长郑谦离去南京北上。姜氏也在二十三日离去蚌埠，所有奉军皆迅速向徐州集合，与张宗昌派来的奉军相联接。吴佩孚于二十一日到汉口，通电自称受十四省的推戴，就讨贼联军总司令职，在汉口设司令部，想派兵假道河南，与孙军会攻徐州，但是河南不容他假道；孙传芳也不愿再作他的部属，一面表示推崇，藉张声势，一面暗中却谢他的援助。到十一月七日，奉军由徐州退去，徐州即为孙传芳所占领；孙氏至此，已心满意足，决计以徐州为止境，于十一月二十日通电返宁回杭，（孙于返宁前，曾在徐州开一军事会议，国民军系的豫督岳维峻亦到会，孙表示与国民军合作，令豫军进攻鲁西，孙军担任津浦线正面的军事，实则欲令豫鲁构难以缓苏敌也。）东南的奉浙斗争，至此告一段落。此后苏、皖、赣、闽、浙五省全为孙传芳所宰制，孙氏成为直系军阀最有势力的首领，吴佩孚远不及他了。

四、东北的奉国战争　在东南的奉浙战争爆发以前，国民军时时受奉军的压迫。岳维峻虽然据有河南，并不能完全宰制京汉线，因为京汉线的北段在直隶，而直省为奉系李景林的辖境；孙岳虽曾据有保定、大名两道，后因胡、憨战争时南下助胡，将保、大放弃，京汉线的北段遂全入奉系之手。驻在京畿附近的国民军第一军，几次受奉军的逼迫，冯玉祥只有忍受的一法。及孙传芳崛起讨奉，张作霖知道国民军将乘机思逞，一面派人向冯玉祥疏通，一面严兵防备；（张作霖知道长江下游不能守，因令抛弃苏皖，以鲁省张宗昌防守徐蚌方面，李景林防保、大，姜登选驻天津沧州间，郭松龄驻滦州山海关一带，以大部精锐之兵，防制京畿附近之国民军。）冯玉祥也派人赴奉报聘，一面表示希望和平，一面暗中布置，及奉军失守徐州，河南的国民军一面向鲁西发动，一面向大名、保定进兵；京畿附近的奉军，则向北京取三面包围的形势（时北京为国民军所驻守）：奉、国两系的战机已十分成熟了。段祺瑞极力调和，冯、张两人也各有所企图，不欲即时破裂，故在十一月中旬尚互派代表，在天津会商谋和条件。冯方要求奉方将直境京汉线让出，故段执政在十一月十三日所下的和平令中有"京汉铁路沿线应责成冯玉祥、岳维峻极力维持，津浦铁路线仍责成张作霖、李景林妥为办理"的话句。李景林因为地盘的关系，很不满意，但迫于目前形势无可如何，只得将保定放弃。十一月十八日，国民军第二军北路邓宝珊部进据保定（时李景林军正在撤退，曾与邓军发生冲突）。段执政以为冯、张的战争或可幸免了，谁知到了十一月二十三日复有郭松龄倒戈的活剧出现。

　　郭松龄为奉军第三军团副军长，在奉系军阀中为新派，虽为张学良所赏识，而为同侪所忌，与杨宇霆、姜登选尤不相能，（奉系军阀分新旧两派：领新派者为杨宇霆，总旧派者为张作相。新派之中又有士官派与大学派之别，士官派以杨宇霆、姜登选为中坚，大学派以郭松龄、李景林为领袖，互相倾轧，由来已久。当第一次奉直战争时，旧派势力最大；失败后，新党渐见信用，一切编制训练方法皆出新派之手，故姜登选、郭松龄、李景林等皆居要职。郭松龄最为张学良所佩服，张学良为其父所倚重，故奉军精锐虽在张学良手中，而事实上则为郭所把握，郭以是益见忌于同侪。第二次奉直战争时，郭与姜登选因事冲突，郭欲率军回奉，张学良力劝乃止，郭、姜感情益恶。入关后，张宗昌、杨宇霆、姜登选、李景林皆得地盘，独郭一无所得，欲求一热河都统，亦为杨宇霆所阻，因是益愤慨。）惟与李景林较为投合。冯玉祥自知势力不能敌奉，因以秘密离间奉军部下为制奉的方策，郭松龄便成了冯氏的同志，（冯、郭的勾结，闻系由冯氏之妻与郭氏妻相为缘引而来，其详不可得知，一说国民党员亦与有联络的关系。）冯、郭之间首先成了一种密约：一、由郭松龄迫请张作霖下野，拥张学良为偶像；二、郭反戈与张作霖作战时，由国民军监视李景林行动，使郭无后顾之忧；三、李景林若能与郭共同行动或中立，事定后调李为热河都统。因为冯氏想得天津的海口，又知道李景林不愿意放弃天津的地盘，故想借郭的力量以倒张而制李。密约成后，冯、郭方商诸李，求李合作。李问事定后直省地盘如何处置，冯答词含糊，李知冯将不利于己。但郭已与冯一致，又握有重兵，李无可如何，不敢反对。及郭松龄发动后，李景林宣布保境安民，拥护中央，脱离奉天关系。郭氏电请张作霖下野，李氏也电劝张下野，表示不与郭为敌，但对于直省地盘，则决计不肯放弃。

郭松龄于十一月二十二日发电请张作霖下野，二十三、二十四日等日，即由滦州发兵向关外出动，并将关内反对派之奉军将领姜登选及其他师旅多人一齐诱捕拘禁（数日后将姜登选枪毙）。张作霖父子闻变失措，虽极力抵御，因郭军进攻极猛，所向无前；热河都统阚朝玺回师援奉，冯玉祥部宋哲元即乘机占领热河；郭得宋军为声援，势益猛烈，到十二月中旬，郭军右翼达营口，沈阳震动。但因日本出兵干涉的原故，郭军受了日军的妨碍，奉张得了日军的援助。于十二月二十三日巨流河的激战，郭松龄终于完全失败，郭夫妇皆被擒，次日即被枪决，张氏父子方转危为安。

关内方面，李景林既表示不肯放弃直省的地盘，国民军也就不客气了；从十二月初旬起，郭军与张作霖父子在关外拼命的时期，国民军也用全力与李景林决斗。二十三日，郭军在巨流河失败；次日，李景林也在天津失败（李氏逃匿租界，其所部军队，除被冯玉祥军缴械者外，大部转逃山东），天津便为国民军所占领。国民军借郭松龄打倒张作霖的目的虽未达到，取得了直省的完全地盘，也算是得了一个小小胜利；不过这种胜利，只是顷刻间的胜利罢了。

五、奉直结合与国民军对抗的斗争　东北的奉国斗争，本是由东南的奉浙斗争演出来的；浙江的孙传芳又本是直系军阀的领袖，但孙自攻下徐州后便置身事外，回去经营苏、浙、闽、皖、赣五省的大地盘去了，把直系原来的首领吴佩孚冷清清地放在汉口不理；吴氏欲往北进，冲不过河南，欲往东行，孙传芳不欢迎，便是自己的嫡系旧部萧耀南对于他都不十分恭顺，真有"进退维谷"的景象，不料东北忽有郭松龄倒戈的事件出来，国民军大部分的兵力都注重直鲁方面与奉系军阀作战去了，河南方面有机可乘，吴佩孚便有跃跃欲动之势。吴氏此次出山，自称讨贼联军总司令。他所要讨的"贼"本是张作霖，但自郭松龄倒戈的事件发生，他忽然想与"贼"联络，打电报给张作霖，大意说：从前冯玉祥倒戈，令我痛心；现在郭松龄的倒戈，想必你也是很痛心的。我生平所最恨的就是这些反覆无常的小人，现在我很愿意援助你。因为冯玉祥是他眼中的"贼"，现在郭松龄作了与冯同样的"贼"，于是张作霖不是"贼"了，非与他联络不可。这是奉直结合对抗国民军的最初发动。河南的国民军向东路出动的李纪才于十一月中（郭松龄倒戈前）已进入鲁境，占领泰安，预备进攻济南；但他所部号称国民军的军队极复杂，有一大部分是由旧直系的豫军改编的（如王为蔚、王维城等军是）；吴佩孚因令靳云鹗入鲁，秘密勾引旧直系的豫军收为己用，王为蔚、王维城、田维勤等果投入靳氏的旗下，李纪才袭攻济南的计画因而失败，继更由泰安败退。靳初入鲁时，表面上也是去攻鲁的，彷彿与国民军为同志，但既取得旧豫军的统率权后，便与李纪才彰明昭著地冲突起来，并且秘密与张宗昌联络（这是十二月中旬的事）。张宗昌此时正在急难的时候，自然很愿意与他联络，及到十二月后旬李景林失败，鲁省更有唇亡齿寒之感；靳氏既是奉吴佩孚的命令而来鲁境的，张宗昌因极力将张作霖、吴佩孚拉拢；到十五年一月五日，张作霖致电吴佩孚表示谅解，于是奉直结合对抗国民军的形势以成。李景林被国民军打败后，他的军队大部分由天津退入鲁境；李氏自己也在十五年一月四日由海道南下到济南，将退入鲁境的残部改编，与张宗昌联合，称为直鲁联军，谋向直省进攻。东北方面，郭松龄留在山海关的残部由魏益三统率，改编为国民军第四军，通电继郭助冯；张作霖于十五年一月十一日，以讨伐魏益三为名，通电出兵向关内进攻。吴佩孚于一月十九日在汉口召集军事会议，也决定向河南进攻；靳云鹗于二十三日在泰安与张宗昌、李景林会晤，签订联合条约，由张助靳军饷，由鲁境向河南进攻。于是国民军所取得的京畿及直、豫两省的地盘，已在奉直两系三面的大包围中。冯玉祥于取得天津后，令执政政府委孙岳为直督，国民军内部略有不满的；又因郭松龄失败，知道张作霖必向己图报复，知道吴佩孚、张宗昌等也必向河南进攻；于十五年一月一日电段执政请开去本兼各职，并通电各方，解职后将出洋游历，此后对于关系政治之宾客文电一律谢绝，又听明"国民军"名义早经取消，不再沿用：这是他想把敌人所攻击的目标掩蔽的一种方法。他于一日通电后，四日便以职权交张之江，实行去职，赴平地泉，准备由库伦过俄往欧洲游历；所占西北地盘，与部属议决划分五区：一、京畿附近，二、口北及察区，三、绥远，四、热河，五、甘肃，以鹿钟麟、张之江、李鸣钟、宋哲元、刘郁芬分任总司令，向政府推荐分别任命。此时段执政完全在冯氏的掌中，自然听他的吩咐，一月九日，正式发表派冯玉祥前往欧美考察实业，任命张之江继冯为西北边防督办兼督察区；以外各区的委任也大都如他所期。这是冯玉祥防御敌方的布置。但是他这种防敌的布置只能保持西北区；对于京畿区及直、豫两省，是没有方法可以保持的。吴佩孚于一月后旬命寇英杰率五混成旅入河南，虽在信阳被阻（国民军由蒋世杰坚守信阳，经月不能下），靳云鹗由鲁攻豫的军队于二月二十七、二十八日已经占领开封；寇英杰因攻信阳未下，乃绕出信阳后方，于三月一日进占郾城、许昌，信阳的接济既断，岳维峻部在郑州方面的又东南两面受敌，岳氏便与李虎城于三月二日西退洛阳，一小部图北退直境，在石家庄被变化多端的阎锡山的军队截阻（阎电冯谓为防止樊钟秀侵晋，电吴佩孚则称与他合作）；于是河南方面的国民军全失败（岳维峻、李虎城在洛阳为红枪会所困溃散，岳、李只身西逃，刘镇华奉吴佩孚命，乘势进攻潼关）。东北方面，奉军于一月十九日已占领山海关，因为中东路与俄国发生纠纷，不敢积极的向关内进攻，不能与河南方面的直军同时活动，但张宗昌与李景林的直奉联军已与靳云鹗同时出动。靳军占领开封时，李景林军已突过马厂，天津南面的形势更形紧急；鹿钟麟即统率大军出京（北京由李鸣钟代鹿坐镇）防御。吴佩孚军占领郑州后，令靳云鹗分三路前进，三月十八日，前锋已抵石家庄。北京大起恐慌，便有王士珍等一班名流元老倡导和平；国民军见形势日非，三面受敌，便于三月二十日通电赞成王士珍等和平主张，将津浦京奉前线军队一律向北京撤退，把天津放弃；李景林军于二十三日占领天津，张学良、张宗昌等亦随即到津。鹿钟麟、张之江等尚想固守北京，谋与吴佩孚妥协，无奈吴氏已不信任他们。段祺瑞的左右则想勾结奉系，作奉军内应，为鹿钟麟所发觉；四月九日，国民军将执政政府包围，宣布段祺瑞罪状（段氏逃匿东交民巷），一面恢复曹锟自由，亦请吴佩孚即日入京主持一切，但吴不为所动，而北京已在三面包围之中，国民军因于四月十五日全部向西北退却，扼守南口，战事至此告一段落。后来奉直合攻南口，数月始下。

六、执政政府的销灭　执政政府在十四年上期，为冯、张两方面所胁制，尤以奉张的逼迫为难堪。但段祺瑞却舍不得那块"鸡肋"，一唯奉系之命是听。他在十四年春间曾经宣言：若到本年"双十节"时，国民代表会议开不成功，即行引退让贤；到了"双十节"将近的时候（九月十九日），召集左右商议去留问题，还是决计干下去；及至奉军由东南败退，接着郭松龄倒戈，奉系的压迫去了，段祺瑞的靠背山也去了一大半了；在北京的国民党人制造学潮，千方百计想把执政政府打倒，但是段祺瑞对于徒手的党人全不在意，他只希望有武器的冯玉祥仍旧保护他。在郭松龄倒戈后的第三天（十一月二十六日），段氏的亲信曾毓隽等为警卫司令所捕，接近奉张的安福系要人多逃匿使馆界。段又召集特别会议解决去留问题，结果派黄郛、许世英等赴张家口去迎接冯玉祥，试探冯氏的意旨；及许世英由张家口回报冯氏表示拥护，段即准备修改政府的组织，加设责任内阁，以敷衍国民党人；十二月三十日发表所谓责任内阁，以许世英为总理，阁员中还位置了几个国民党人（于右任、易培基、马君武等），但是国民党系的人不受他的愚弄，许世英也不敢就，结果，贾德耀以陆军总长代任（对于冯氏则奉命惟谨）。及至十五年四月，冯玉祥的国民军完全失败了，吴佩孚是段氏的老仇敌，张作霖也得罪了，段已一无所靠，非下台不可了；但他的左右安福系人，在那里作死中求生的梦，一面向奉系疏通，求张作霖的谅解，一面勾引唐之道作奉军的内应，以攻国民军，不料为国民军所窥破，因有四月九日鹿钟麟围缴执政政府卫队军械之变。段氏此时逃匿东交民巷内，听信安福系政客的话，还以为奉系要运用他作傀儡，不即宣告退职，但通电报告政变；及国民军退去北京，他又出来回到执政的椅子上坐起来，四月十九日派人到天津去迎接张学良，张学良不理，才知道执政的椅子坐不成了；四月二十日，得吴光新的疏通，直鲁联军准其通过防线，乃由北京退居天津；贾德耀也在这天辞去国务总理之职，特任胡惟德代任总理，摄行临时执政；实际上执政政府至此已销灭了。

执政政府销灭后，张作霖、吴佩孚两人对于后继政府发生了争议，许久不能解决。吴佩孚要恢复贿选的曹氏总统，曹锟纵可以不复任，须要曹氏颠覆时的国务总理颜惠庆再出摄政；张作霖对于此点绝对不肯承认。相持许久，到了六月后旬，卒准颜惠庆摄阁作一度形式的成立，即行去职，由颜氏任命杜锡珪以海军总长兼代国务总理摄政，问题才得解决。自此，北京就只有一个形式上的摄政内阁，守着那座古式宫殿的政府机关，等到十六年，张作霖再来演一回大元帅的过场，然后由南京的国民政府派人去接收。

七　中国国民党出师北伐前内部整理的工作

在北方各军阀的混战期中，国民党努力进行内部整理的工作；及至执政政府销灭时，整理的工作已告完成了。兹将其经过情形分别略述如下：

一、两广根据地的肃清　自从中山离粤北上，陈炯明以为有机可乘，便想回复广东的全地盘；及闻中山病重，更加暗喜，一面联络广州近郊的滇桂军作内应，一面派人到北京，勾结曾毓隽一班人要求段祺瑞援助他销灭赤化的广州政府；因此在民国十四年一二月间，便有陈军反攻广州的事件。此时广州形势颇觉严重，但自黄埔教导团成立，第一期毕业及第二期在学的已有一千一百人，入伍生已有一团，原来的粤军也整顿一番；开了一个紧急军事会议，便分兵三路东征：黄埔教导团及粤军任右路攻淡水，桂军任中路攻惠州，滇军任左路攻河源。黄埔教导团于二月一日出发，以次克复东莞、石龙、淡水等地，一直向前，到三月十九日，占领了五华、兴宁，粤军也把梅县、大埔占领，达到蕉岭了；但是中、左两路的滇桂军始终作壁上观，未曾发动，原来他们早与陈炯明私通；幸喜右路的军队行动迅速，不满两个月，便把陈军驱逐于潮汕以外，这是第一次东征的成功。东征军克复兴宁时，在林虎军司令部内，发现滇军杨希闵等与林虎等陈军私通的密电；此外又发觉了刘震寰亲往云南，约唐继尧派军队由广西来进攻广东；杨希闵驻在香港，一面与帝国主义者勾结，一面唆使商民电请段执政派他做广东督理。因此驻在潮汕的军事领袖和广州方面的领袖，都决意铲除滇桂军。湘军谭延闿、滇军朱培德都派代表到汕头去和蒋中正、许崇智会议，廖仲恺、汪精卫也到会，大家一致决定讨伐杨、刘。于五月下旬发动，到六月十三日在广州近郊，以不满六小时的工夫，把杨、刘所统的滇桂军二万余人完全缴械；于是广州内部的大敌铲除。杨、刘打倒后，内部还有些零星部队对于革命政府不大忠顺的，如梁士锋、梁鸿楷部及许崇智部下的郑润琦、莫雄等部，也在八九月之间很迅速的解决。（许崇智亦因郑润琦、莫雄等的关系，被逼离去广州。）但在东江方面还有陈炯明一个最坚固的壁垒——惠州；潮汕方面，陈军乘东江防军空虚之时，又由刘志陆发动侵入；到九月二十日以后便决计作第二次的东征。在第二次东征出发前，发现驻粤川军熊克武有通敌的形迹，因把熊氏扣留，其所部川军也全部被解决了。（熊克武本来也挂名于国民党，并为中央执行委员之一，其所部川军入湘，被湘人逼迫，来粤就食。）于是东征军于十月一日陆续出发，八日以前在增城、石龙、茶山一带集中完竣。按照作战计画，首攻惠州城，十二日晚合围，十四日午后便攻下；到十一月初旬，潮梅一带也肃清了。于是东江方面的敌人全行铲除。当第二次东征进行的时候，陈炯明为牵制东征军计，令粤南邓本殷部向广州进攻；一时，阳江、罗定、云浮等六七县相继失守；初由陈铭枢所部第十师独力抵抗，后把东征军抽回一大部分，加入援助，将所失各县次第恢复。到十二月后旬，粤南的高、雷、廉、钦各州县也全行收复了。（只有对海琼崖，至十五年春间始收复。）于是广东内部完全肃清。

广西方面，自中山回粤重建大元帅政府以来，因为广东内部的情势十分险恶，当然不暇西顾；旧桂系军阀陆荣廷想乘机恢复广西的地盘，又复潜入桂林；十三年一月三十日，曹锟便任命陆氏为广西军务督办。但是陆氏的旧部已经四分五裂，在广西内部的零星桂军都想割据自立，没有几个人肯听陆氏的指挥了。此时在广西内部比较有点实力的军队首领，一派为沈鸿英，一派为李宗仁、黄绍雄。李、黄与中山接近，沈则早为中山的敌人（后又向中山投降）；但都不愿意陆荣廷再来宰制广西。北政府为扶植陆荣廷计，想把沈鸿英拉拢，于十三年五月中，又任命沈鸿英为粤桂边防督办，但是沈鸿英要独霸广西，不受北政府的调和，围攻桂林；陆氏势蹙，马济由湖南借助湘军，以叶琪（叶本广西人）所部的军队入桂援陆，于六月十六日占领全州，旋即进至桂林附近。李宗仁、黄绍雄当沈鸿英与陆相持于桂林时，奉中山命令，进攻桂省的首府南宁，于六月二十六日占领。沈、陆闻南宁为李、黄所侵，相率媾和停战，但已无救于南宁之失，李宗仁于七月十六日在南宁通电请陆荣廷下野，自称"定桂讨贼联军总指挥"。到八月初旬，李宗仁军北进，占领柳州，沈鸿英见李、黄势力雄厚，便与结合，共同进攻桂林，驱逐陆荣廷，于八月二十四日将桂林占领，陆氏败退全州，旋即下野，湘军亦由全州退出。于是陆荣廷恢复广西地盘的幻梦全破。十月二十二日，李宗仁、黄绍雄、沈鸿英三首领在浔州开广西善后会议，两派势力相持，很不容易解决；中山于十一月初旬任命驻粤桂军首领刘震寰为广西省长，令率所部军队回桂（这是想使刘震寰向桂省去争食，免得他在广东把持一切的办法）；沈、李等看见又来了一个争地盘的了，便于十一日推定李宗仁为广西善后督办，黄绍雄为会办兼省长，邓瑞征为会办兼善后处长，拒绝刘震寰回桂。十一月后旬，黄绍雄应广州大元帅政府之召，赴广州；胡汉民（时中山已离粤北上）与黄商定，设"广西全省绥靖处"，以李宗仁为绥靖处督办，黄绍雄为会办；沈鸿英前此联合李、黄驱逐陆荣廷，本来是想独霸广西，现在李、黄却倚广东的援助，把握广西的全权，便与李、黄破裂，到十四年一月底两方就开战了。李、黄得粤军李济深（李本广西人）的援助，在二月中将沈鸿英军攻破（残部退入湘粤边境），于是广西全部由李、黄统一。但是沈鸿英方被解决时，又来了一个大敌人，便是云南的唐继尧。唐氏作了多年大云南主义的梦，向川滇发展失败，便想向两广发展；现在因为中山在北京病重，广东内部有杨希闵、刘震寰作内应，便派兵侵入广西；乘李宗仁等在桂林方面与沈鸿英决战时，向南宁猛进，于二月二十三日将南宁占领；分兵一路向梧州，一路向粤南钦廉方面进攻。在十三年秋间，中山将出师北伐时，唐氏也表示赞助，中山为广播声援计，曾任唐氏为副元帅，唐并未辞职；是年三月十二日，中山在北京逝世，唐氏得到了消息，于十七日便在云南声言就副元帅职，公然想作西南王了。于是广州政府一面通电讨唐，一面调驻粤滇军范石生部赴梧州，协同李宗仁、黄绍雄等往击唐军；经李、黄、范极力奋斗，才把唐军阻住。在五月十二日，唐氏曾公然以副元帅名义，任命刘震寰为广西军务督办兼省长，刘氏也公然想回广西去就任；及至六月中，刘震寰的军队在广州被解决，南宁方面的唐军也渐次失势；七月初旬，唐军由南宁败退龙州，回滇，至此广西全部才真正统一。到十五年春初，前面所述粤南各州县收复时，两广的根据地都完全肃清了。

二、成立国民政府及两广军政财政的统一　十三年一月，中国国民党改组，开第一次全国代表大会时，已经在大会里面提出一种"组织国民政府案"，拟将大元帅政府变为国民政府，当由大会议决。但是经过一年有半，到十四年七月一日才能实行。其所以不能从速实行的原故，第一就是因为在广东的一班骄兵悍将，如杨希闵、刘震寰之徒尚未除去，以中山居在大元帅的地位上，或者尚可勉强震慑；若把大元帅的名义撤销，改组合议制的国民政府，杨、刘辈势必列入国民政府的重要位置，徒然增重他们的把持势力，于政务改革的实际无补（观于中央执行委员会中虽加杨希闵而于政务改革的实行无补可知）。所以国民党改组后，仍旧保留中山的大元帅政府；中山离粤北上，由胡汉民代行大元帅职权。及至十四年三月中山在北京逝世，改组国民政府的时机迫切了。据汪精卫的政治报告（十五年一月第二次全国代表大会席上报告）说："……自去年（指十四年）一月二十六日总理入协和医院以后，在北京开过一次政治委员会会议，大家意思都是主张在总理逝世以后要实行委员制的，和在广东的政治委员的意思都是一样。因为总理在时，在本党有这个总理，同时在本国有这个元首；总理逝世以后，再无人可继了。而且在本党总章第四章上面也清清楚楚说明是'本党以创行三民主义五权宪法之孙先生为总理'，并不是说设总理一人的。当第一次代表大会时，本党总章草案原没有第四章那一章的，因为总统决心改组本党的意思，实在要把党的责任交付给全体同志。但大会各代表都请求总理加入第四章，就是关于总理的那一章。因为总理是有很长久的历史的，中国的革命事业自开始以至成熟，都是由他一人的领导，故本党愿意始终以总理为唯一之领袖。总理逝世之后，本党不复有总理了；推之以党治国的理论，则国家亦不复有元首了。而且就现世界来说，也推委员制为比较好些。总理若在，大家都愿意听他的独裁；总理不在之后，实无人能够承继他的，则委员制适为适应时势的要求。可是决议以后，为什么许久还不实行呢？就是因为其时杨、刘还盘踞广东，如果即时实行，他们一定有份列入委员，岂不是把我们澈底改造的计画通盘弄坏？……"故在中山方逝世时，广东方面的领袖曾经开过几次会议，想把大元帅的职位名义撤销，免得那些野心家如唐继尧之类，假借名义来捣乱，但究未实行。到六月初，在广州的中央执行委员会定了一个严重的决议案，大致说：欲整顿中国，必先从整顿广东入手；而整顿广东，又必先从整顿军事入手，所以第一要军事统一，第二要民政统一，第三要财政统一、军需独立，第四要各军都受党的政治训练。这件决议案，就是准备铲除杨、刘，销灭改组国民政府的障碍。六月十三日，杨、刘势力铲除后，便于二十五日发表改组国民政府的宣言。到七月一日，国民政府成立，采委员合议制，以汪精卫、胡汉民、孙科、许崇智、伍朝枢、徐谦、张继、谭延闿、戴季陶、林森、张静江、程潜、廖仲恺、古应芬、朱培德、于右任等十六人为委员，主持政务，并推定汪精卫为主席委员，许崇智为军事部长，胡汉民为交通部长，廖仲恺为财政部长。三日，广东省政府也依照国民政府所颁省政府组织法改组成立，设军事、民政、财政、建设、商务、教育、农工七厅，以许崇智、古应芬、廖仲恺、孙科、宋子文、许崇清、陈公博等分任厅长，推许崇智任省务会议主席；另设广州市政厅，以伍朝枢为委员长。于是在广州的政府机关组织一新。

其次便是实行军事的统一。统一的方法，就是由中央组织一个军事委员会，把各种地方军的名目通通取销，一律改为“国民革命军”。起初分为五军：黄埔新练的党军加入一部原来的粤军为第一军；谭延闿所部的湘军改为第二军；朱培德所部的滇军改为第三军；江西方面的粤军改为第四军；李福林所部的福军改为第五军。（程潜所部的攻鄂军此时尚未成为一军，第二次东征后始改为第六军。广西方面的桂军，两广统一后始改编为第七军。）八月一日，许崇智通电解除粤军总司令职，将军权交还国民政府军事委员会，湘军总司令谭延闿、滇军总司令朱培德、攻鄂军总司令程潜等皆发表同样的通电，于是军事统一的计画完成。

其次便是关于财政、民政的统一。以前财政民政的不统一，完全由于各地方军的把持；现在杨、刘既已铲除，军事既已统一，财政、民政的统一障碍物已经除去，自然迎刃而解了。

前面所述的，还只是关于广东一省以内的工作，到十五年二月下旬，国民政府设立一个两广统一委员会，计画两广军事、政治、财政的统一办法。三月十五月，由政治委员会将两广统一委员会所提出的统一案通过。该案的内容共分三项：一、广西政府受国民政府命令处理全省政务；二、广西军队全部改编为国民革命军；三、两广财政受国民政府指挥监督。六月一日，广西依照此项统一案，始正式组织省政府，一切皆以国民政府所颁定的"省政府组织法"为根据，推黄绍雄为主席（李宗仁为第七军军长）。于是两广的政治统一工作全部完成。

三、党内纠纷的调处　到了十五年春间，两广既已完全统一，差不多可以出师北伐了。那年一月，蒋中正在第二次全国代表大会的席上作军事报告说："现在的国民革命军完全在政府管辖之下；一个命令出来，完全可以动员；人数有八万五千人，兵士的饷额有一定预算，兵士的生活也已较前改善；又有各校陆军学生六千人，足抵一师之数；再用些精神积极整顿，本党力量就不难统一中国。"这并不是夸大的话。不过党内共产派与非共产派已经发生了很激烈的暗斗，惹起许多纠纷，还要经一番调处整理，方能向外出兵。原来国民党改组时，许多老党员对于容纳共产党员的一点，已经怀疑；改组后不久（十三年六月十八日），中央监察委员会委员张继、邓泽如、谢持，便已提过一次弹劾共产党员的案，揭举共产党对于国民党的阴谋。当时中山尚在，可以镇制各派，共产党也尚不敢过于跋扈；中山逝世后，共产党的气焰日盛，非共产派的恐惧心也日增。到十四年八月发生廖仲恺被刺的事件。廖被刺之主要原因，似为反动军人之失势者之所为，然亦有反共产派的关系。胡汉民因此被嫌，逼令赴俄。两派的倾轧暗斗，遂日趋激烈，所谓右派的重要分子，多失势离去广州。十一月，右派的中央执行委员集于北京，便在西山孙中山的灵前，开第四次中央执行委员会，议决：取销政治委员会，开除共产分子的国民党籍，解决鲍罗廷顾问的职，修正第二次全国代表大会选举法。广州方面，以西山会议不足法定人数，其议决无效，因在广州另开第四次中央执行委员会，议决于十五年元旦召集第二次全国代表大会；届期，大会议决将参与西山会议各员分别加以惩戒；自此西山会议派便在上海别成一种组织，但是没有实力。

　　自西山会议分立后，广州方面的暗斗仍是不息，因为不满于共产派行动的人，不仅是参与西山会议的那些老党员，便是青年的党员也有一大部分不以为然的，因是有"孙文主义学会"的产生。"孙文主义学会"的组织，是谋与"共产主义青年团"对抗的；在黄埔军校中，也成立了"青年军人联合会"，形成与"孙文主义学会"对抗的形势。到十五年三月二十日，便发生有名的"中山舰案"。（"中山舰案"的真相，至今未明白宣布，一说谓共产派与接近共产派的人见蒋中正在军队势力日重，想用中山舰劫走蒋中正。但蒋不肯将案情内幕宣布，声言非等到他死不能宣布。蒋以迅雷不及掩耳的手段处置，连汪精卫亦未与闻，汪因是称病去职，外间因此疑汪与是案有关系。）蒋中正以非常迅速、严重的手段，将海军局长兼中山舰长李之龙拘捕，解除第一军内各级共产派党代表的职务，并将军事机关中许多苏俄顾问解职，送回俄国。"容共联俄"的政策，在此时几有破裂之势；但因为两方都认定此时尚未到可以破裂的时候；蒋中正于执行非常处置后，又将"孙文主义学会"及"青年军人联合会"一并解散，并且对于右派的人也加以相当的抑制，才把两派的破绽弥缝下来。到五月十五日开中央执行委员会全体会议，通过整理党务案四件，其第一决议案列举整理党务的要点说：

一、改善中国国民党与共产党间的关系；

二、纠正两党党员妨碍两党合作之行动及言论；

三、保障中国国民党党纲、党章的统一威权；

四、确定共产党员加入国民党之地位与意义。

为实现此基点，解除党内纠纷计，特组织国民党、共产党之联席会议，其组织大纲另定之。(此案于调处两派当时的纠纷情形，因为应时的救济办法，但"容共"的政策，却从此变为"联共"了，是宜注意。)第二、第三及第四决议案，也大概都是根于第一案所举的要点为详密的规定，此处不必悉叙。自此党务整理案成立后，党内的纠纷一时暂告平息，于是可以实行出师北伐了。

八　北洋军阀的末路

当国民党由广东出师北伐时，北方各军阀的形势，大略如下：一、直系嫡派的吴佩孚，失败再起后，与奉系结合打败国民军，据有湖北、河南两省，(湖北督军原为萧耀南，十五年二月，萧氏暴死，由吴佩孚委陈嘉谟继任，受吴节制。河南自国民军败去后，靳云鹗、寇英杰皆有宰制豫省之野心，由吴佩孚调和，任寇为豫军总司令，靳为讨贼联军副司令兼豫省长。）及直隶之保定、大名一带，京汉线的全部都是他的势力范围。二、直系后起的巨头孙传芳，以南京为根据，宰制苏、浙、闽、皖、赣五省，对于吴佩孚虽表示尊崇，但已不欲居其下风，其实力亦在吴之上，自取得五省地盘后，颇想作三国时代的孙吴。三、奉系军阀，自将国民军赶出北京后，在关内据有京奉线及津浦线的北段，李景林为张作霖所恶被迫失势，直督的位置由张氏授诸张宗昌的部属褚玉璞，山东仍属之张宗昌。孙传芳表示不北犯，两张亦表示不南侵，已有放弃旧怨言归于好之势。此为北方的三大势力，与国民党绝对不能相容的。四、冯玉祥的国民军，困守西北，冯玉祥已赴俄国，其军队由部下张之江等主持，东面扼守南口与奉直军相持，南面死争西安与刘镇华相持。在广东出师北伐以前，虽已为国民党的友军，尚未正式加入国民党；及国民党进行北伐时，冯氏也知道独力难以自存，决计正式加入国民党了。（李鸣钟于十五年八月抵广州，报告冯率国民军全体加入国民党。广州政府即任冯为国民政府委员。）五、还有一个据守山西多年的阎锡山，论他的气味，本与段祺瑞相接近，可以说是北洋军阀的附庸；但自北洋军阀分裂以来，采用一种随风转舵的政策，使自己的地位永不动摇，山西不受兵祸，省内的人民也非常感激他。当国民党出师北伐时，奉、直两军方在南口与国民军作殊死战，阎氏也在晋北与奉、直军遥相应和，以困国民军；既不为国民军之友，也当然不能为广东国民革命军之友，不过阎氏随风转舵的政策，奉、直军也不能长久靠他罢了。

上面是北方军阀的大概形势，此外还有一个关系最重要的湖南，以前是揭举联省自治的旗帜以图自保的，实际上常为吴佩孚所支配。到十五年春间，赵恒惕被迫去职，由唐生智继任湖南省长。唐氏前此宰割湖南，已与广东发生秘密关系，继任省长后，想用快刀斩乱麻的手段，削夺省内其他各武人的势力，于是叶开鑫走依吴佩孚，引直系军入湘；唐不能支，退守衡阳，向广东请求加入国民党，所部军队也改编为国民革命军。国民政府受其请，将唐军改编为国民革命军第八军，派桂军先行入湘援助，于是构成由广东出师北伐的绝好机会。

十五年六月六日，国民政府军事委员会任蒋中正为国民革命军总司令，蒋于七月九日就职，举行极盛大的授旗典礼，即日下动员令；二十七日，蒋由广州出发。其作战大方针初为打倒吴佩孚，妥协孙传芳，放弃张作霖。吴佩孚方在北方指挥攻打南口的战争，等到八月中旬南口攻下时（南口于八月十四日攻下），国民革命军已深入湘境，岳州、平江一带已将为国民革命军所占领；吴佩孚匆促南下，亲临前线作战，节节败退；到八月底，国民革命军已迫武昌。武昌省城虽然到十月十日才攻下，汉阳、汉口则先已落入国民革命军之手，吴佩孚初退孝感，不久复退出武胜关，湖北便为国民革命军所有。此时吴佩孚虽未全倒，已到了将要全倒的时期。国民革命军对于孙传芳已不必要妥协了；孙氏也知道妥协是靠不住的空话了。国民革命军一面由赣西，一面由闽南，向孙氏所割据的地盘取大包围的形势进攻，在南昌附近经过很猛烈的战争，于十一月初旬把南昌攻下，孙氏由武穴退回南京；到十六年三月后旬，国民革命军的大包围圈将要逼近南京，孙氏再由南京退往江北，南京便为国民革命军所占领，于是长江以南全归入国民革命军势力范围。直系军阀的两派大势力，都已到了"日落西山"的境地。因为国民党内部发生了重大的裂痕，成为宁汉分立之局，吴佩孚、孙传芳复得苟延残喘，与奉系军阀打成一片，作最后的支撑。但在宁汉分立的期内，宁汉两方仍向北进攻，西北的国民军也由潼关出来了，阎锡山也变为国民革命军的朋友了（阎锡山于四月初旬令所部军队服从三民主义）。吴佩孚率领几个残兵便由江西亡命，让奉军来领受国民革命军的教训。到六月初旬，奉军大败，河南遂为汉方的国民革命军所占领；宁方也占领了徐州，孙传芳的地盘全失，成为奉系的附属品。到八月初旬，宁汉进行复合的时候，蒋中正宣告下野，孙传芳想乘机挽回已失的地盘，与奉军结合向南京猛进，但于八月将尽的几天，在龙潭方面被国民革命军打得横尸遍野，率领残兵仍旧退回江北，继复退入山东。十七年春初，蒋中正再出，领导国民革命军于三四月顷继续进行北伐，阎锡山、冯玉祥的军队也从正太、京汉线出动（奉军与山西军已于十五年冬间在晋北直东激战）；到四月底，国民革命军占领济南，孙传芳从此也作了亡命客了。张作霖于六月初三日由北京退回奉天，次日在皇姑屯京奉、南满两路的相交处，遇炸，数日后即死。北洋军阀嫡系的两大势力，完全销灭，奉系军阀的继承者张学良，不久也归化国民革命军，于十七年十二月二十一日宣言易帜。国民党与北洋军阀的斗争至此结束。

《国民阅读经典》（平装）书目

论语译注　杨伯峻译注

诗经译注　周振甫译注

楚辞译注　李山译注

孟子译注　杨伯峻译注

庄子浅注　曹础基译注

周易译注　周振甫译注

山海经译注　韩高年译注

大学中庸译注　王文锦译注

战国策译注　王延栋译注

道德经讲义　王孺童讲解

金刚经·心经释义　王孺童译注

人间词话（附手稿）　王国维著　徐调孚校注

唐诗三百首　蘅塘退士编选　张忠纲评注

宋词三百首　上彊村民编选　刘乃昌评注

元曲三百首　吕玉华评注

诗词格律　王力著

经典常谈　朱自清著

毛泽东诗词欣赏（插图本）　周振甫著

中国通史　吕思勉著

三国史话　吕思勉著

中国史纲　张荫麟著

中国近百年政治史　李剑农著

中国近代史　蒋廷黻著

乡土中国　费孝通著

中国哲学史大纲　胡适著

中国哲学简史　冯友兰著

东西文化及其哲学　梁漱溟著

世界美术名作二十讲　傅雷著

谈修养　朱光潜著

谈美书简　给青年的十二封信　朱光潜著

朝花夕拾　鲁迅原著　周作人解说　止庵编订

查拉图斯特拉如是说　〔德〕尼采著　黄敬甫、李柳明译

蒙田随笔　〔法〕蒙田著　马振聘译

宽容　〔美〕房龙著　刘成勇译

希腊神话 〔俄〕尼·库恩著 荣洁、赵为译

物种起源 〔英〕达尔文著 谢蕴贞译

圣经的故事 〔美〕房龙著 张稷译

人类群星闪耀时 〔奥地利〕茨威格著 梁锡江、段小梅译

菊与刀 〔美〕鲁思·本尼迪克特著 胡新梅译

沉思录 〔古罗马〕马可·奥勒留著 何怀宏译

理想国 〔古希腊〕柏拉图著 刘国伟译

国富论 〔英〕亚当·斯密著 谢祖钧译

名人传（新译新注彩插本） 〔法〕罗曼·罗兰著 孙凯译

拿破仑传 〔德〕埃米尔·路德维希著 梁锬江、石见穿、龚艳译

君主论 〔意〕马基雅维利著 吕健忠译

新月集 飞鸟集 〔印度〕泰戈尔著 郑振铎译

论美国的民主 〔法〕托克维尔著 周明圣译

旧制度与大革命 〔法〕托克维尔著 高望译